U0490765

每天读点
投资学

宿文渊 编著

中国华侨出版社
·北京·

图书在版编目（CIP）数据

每天读点投资学 / 宿文渊编著. —北京：中国华侨出版社，2014.12（2024.1重印）
ISBN 978-7-5113-5088-6

Ⅰ.①每… Ⅱ.①宿… Ⅲ.①投资经济学—基本知识 Ⅳ.①F830.59

中国版本图书馆CIP数据核字（2015）第000919号

每天读点投资学

编　　著：宿文渊
责任编辑：唐崇杰
封面设计：冬　凡
美术编辑：吴秀侠
经　　销：新华书店
开　　本：720mm×1020mm　1/16开　　印张：35　　字数：663千字
印　　刷：三河市兴博印务有限公司
版　　次：2015年3月第1版
印　　次：2024年1月第4次印刷
书　　号：ISBN 978-7-5113-5088-6
定　　价：78.00元

中国华侨出版社　北京市朝阳区西坝河东里77号楼底商5号　邮编：100028
发 行 部：（010）88893001　　传　　真：（010）62707370
网　　址：www.oveaschin.com　　E-mail：oveaschin@sina.com

如果发现印装质量问题，影响阅读，请与印刷厂联系调换。

前 言

投资学是一门旨在揭示市场经济条件下的投资运行机制和一般规律，并在此基础上分析各类具体投资方式运行的特点与规律，以使人们在认识投资规律的基础上提高投资效益的学问。随着我国市场经济的不断发展，股票债券市场的扩容，商业银行、零售业务的日趋丰富和国民总体收入的逐年上升，投资已不再是政府、企业和富豪的专利，开始走进平常百姓家，尤其近年来，神州大地更是掀起了一股家庭、个人投资的热潮。而投资学也开始成为普通老百姓迫切想了解的一门学问。我们日常生活中所说的投资就主要指的是个人和家庭的投资，也是本书要着重阐述的范畴。

个人投资是根据个人和家庭的财务状况，运用科学的方法和程序制订切合实际的、可以操作的投资规划，最终实现个人和家庭的财务安全和财务自由。通俗地讲，投资就是合理地利用投资工具和投资知识进行不同的投资规划，完成既定的投资目标，实现最终的人生幸福。投资有两个主要目标，一个是财务安全，一个是财务自由。财务安全是基础，财务自由是终点。投资开始得越早，获得的回报就越多，你也就能越早享受到舒适安全的生活。如果你从今天开始，重视投资理财这个问题，并且掌握科学的、正确的方法，持之以恒地做下去，它将带给你意想不到的巨额财富回报。比如，你的孩子刚刚出生，即使你收入微薄，只要一个月能挤出100元，而年投资回报率是12%的话，你的孩子在60岁的时候就能成为千万富翁。相反，如果你不能通过投资使自己的资产有效增值并超过CPI的增速，那么等待你的只有财富或快或慢地缩水。在1984年，如果你手上有1万元现金，按照每年5%的通胀水平，如今这笔钱只相当于1847元。如果我们不去投资，财富就会被侵蚀掉。这就是经济学中的马太效应：富者愈富，贫者愈贫。正如股神巴菲特所说："一生能够积累多少财富，不取决于你能够赚多少钱，而取决于你是否懂得投资理财，钱找钱胜过人找钱，要懂得让钱为你工作，而不是你为钱工作。"正是在这样的压力下，很多曾经不知投资为何物的老百姓，正充分发挥自己的智慧来维护和增值自己的财富。

然而，投资是一门大学问，涉及财务、会计、经济、投资、金融、税收和法律等多个方面，并且是一个综合的、全面的、整体的、个性化的、动态的、长期的金融过程。在投资过程中，你的财富在面临着或大或小的风险，可以极速暴涨，也可以瞬间消失。收益的大小不仅取决于大环境，更取决于对投资工具的选择和投资技巧的运用。因此，在投资中，如果不具备一定的投资知识，就无异于在大海的惊涛骇浪中盲目行舟。对于投资者来说，掌握必要的投资知识，熟悉必要的操作技巧，是有效规避投资风险的重要前提。有了这个前提，任何时候都有赚钱的机会，既可以用低风险的投资工具稳健赚钱，也可以用高风险的投资工具快速赚钱。投资者必须明白，投资不是一时冲动，不是投机取巧，也不是凭借运气，而是一个需要恒心、需要智慧、需要不断战胜自我的长期过程，是需要每个人通过学习和实践才能掌握的一门学问、一门艺术。投资最大的风险不是市场风险，而是投资者自身的知识和技术风险。所以，我们很有必要下大功夫学习投资学。掌握扎实的投资知识，运用正确的投资理念和投资方法，是老百姓成功投资理财的根本之策。

为了帮助广大不懂投资学的读者朋友全面系统地掌握投资学知识，我们编写了这本《每天读点投资学》。该书汇集了国内市面上众多投资书籍的精华，以培养财富眼光、练就赚钱本事、学会投资理财为出发点，用通俗易懂的语言系统地讲述了与老百姓密切相关的投资知识，为老百姓学习投资提供了切实可行的帮助。书中选取了老百姓最常用的几种投资方式——储蓄、股票、基金、房产、期货、外汇、保险、黄金、收藏、实业进行了详细的介绍，使老百姓能够结合自身特点，选择合适的投资方式，同时借鉴前人经验，更安全、更有效地进行投资。此外，本书还为读者进行组合投资提供了便利、有效的指导，你可以根据自身的条件和喜好，选择不同的投资工具进行投资组合，尽可能地规避投资风险。我们力争帮助每一个普通人成为精明的投资者，运用简单而有效的投资策略，获得最大程度的投资回报。

目 录

第一章
重建投资理念：高薪比不上会投资

第一节　懂得投资方能帮你打开财富之门 …………………… 1
　　只赚钱不投资永远不会拥有更多的财富 …………………… 1
　　学会投资，从根本上改变你的未来 …………………… 3
　　不要让钱"发霉"，而要让钱"发光" …………………… 5
　　制订切实可行的投资计划最重要 …………………… 6
　　投资可能会失败一时，但不可能会失败一世 …………………… 8

第二节　如何投资比做多少投资重要 …………………… 9
　　为什么说投资越早越好 …………………… 9
　　设定财富计划，一步步实现财富目标 …………………… 10
　　真正了解投资过程 …………………… 12
　　实现无忧人生五工程 …………………… 16
　　每天记账，每年制作一次财务状况表 …………………… 18

第三节　发挥金钱的最大效用，投资就要会"算计" …………………… 20
　　通货膨胀到底会对你造成多大伤害 …………………… 20
　　怎样消费才是最划算的 …………………… 22
　　如何加强对闲置资金的管理 …………………… 23

第四节　学习致富之道，尽早精通投资方法…………………27
　　找到诀窍，投资就是这么简单………………………25
　　充满致富的梦想………………………………………26
　　通胀和负利状况下首重资产保值……………………27
　　从小开始逐渐做大……………………………………29

·第二章·

"大环境"决定"小收益"：数字使投资简单化

第一节　什么是决定投资命运的生死符——宏观经济变化………31
　　宏观经济指标有哪些…………………………………31
　　通货膨胀对日常生活有什么影响……………………35
　　辨别虚假繁荣背后的泡沫……………………………37
　　物价是涨了还是跌了…………………………………39
　　GDP 背后隐藏着什么…………………………………40

第二节　经济周期与投资策略………………………………42
　　通货膨胀的避风港在哪里……………………………42
　　经济危机带来投资的良机……………………………44
　　加息下的投资策略……………………………………45
　　汇率变化中的投资理财机会…………………………47
　　根据经济周期把握最佳投资机会……………………48

第三节　时间和金钱一样珍贵：神奇的投资复利…………50
　　用时间换金钱，用金钱换时间………………………50
　　每月投资 700 元，退休拿到 400 万元………………52
　　人赚钱，最传统的赚钱方法…………………………53
　　"钱"赚钱，最赚钱……………………………………55
　　投资自己是最稳当的赚钱方法………………………56

第四节　税务规划做得好，投资没烦恼·············58
避税，你了解吗··············58
合理避税，让自己收益最大化··············59
高收入者如何进行避税··············61
从多处所得如何进行避税··············62

· 第三章 ·

左手投资，右手财富：富有一生的财富策略

第一节　20多岁，投资自己，培养"治富"能力·············64
百分之百的决心与毅力，填满第一桶金··············64
创造机遇，为自己加分··············65
培养你的职场竞争力，把自己的身价提高N倍··············67
"个人品牌"让你更有竞争力··············69
理财的不懈动力，是持续赚钱的能力··············70

第二节　30多岁，贷款投资要慎思·············72
投资房产自有和借贷资金最佳组合··············72
30多岁的白领阶层的投资计划··············74
30多岁的中高收入阶层的投资计划··············75
30多岁的高收入阶层的投资计划··············76
从二人世界到三口之家如何投资··············78

第三节　40多岁，资产结构调整需重视·············79
步入不惑之年的人如何投资理财··············79
人到中年：不惑之年求稳健··············80
40多岁人的投资计划··············82
40多岁人的最佳投资组合··············84
40多岁的人如何购房投资··············85

第四节　50多岁，投资方向转移是重点 ·················· 87
　　50多岁，抓紧时间赚取最后一桶金 ················· 87
　　50多岁，如何实现儿子结婚和自己养老的计划 ··········· 90
　　50多岁的"准退休族"如何谋划未来 ················ 92
　　"准退休族"，一技在手退休无忧 ·················· 93
　　50多岁的"准退休族"要注意的 ··················· 96

第五节　60多岁，养老投资两不误 ····················· 98
　　银发族的两大麻烦 ·························· 98
　　养老规划，先问自己3个问题 ··················· 101
　　亲手进行退休投资，架起安全防护网 ················ 102
　　每天只存40元，养老"不差钱" ·················· 103
　　告别伸手要钱的日子，多养几个"金子" ·············· 104

·第四章·
投资品种"迷人眼"：理性投资是关键

第一节　投资心态：投资，先过心理关 ·················· 107
　　入市前，先做好心理准备 ······················ 107
　　耐心是投资极为重要的素质 ····················· 109
　　克服恐惧与贪婪 ··························· 111
　　莫把"投资"当"投机" ······················ 113
　　自制力对投资很重要 ························· 114

第二节　分割和调配资金：如何设计科学合理的投资组合 ········ 116
　　钱不多的人也要进行资产配置吗 ··················· 116
　　投资组合的3种方式 ························· 118
　　实施投资组合应遵循的原则 ····················· 120
　　如何合理地选择投资组合 ······················ 121

如何进行家庭式投资组合 …………………………………… 122

第三节　与最适合你的投资工具"谈恋爱" ………………… 123
　　看对眼，适不适合很重要 …………………………………… 123
　　投资属性与投资成败之间的关系 …………………………… 127
　　不要钟情新工具，传统工具也不错 ………………………… 129
　　不妨掌握投资的12个法则 …………………………………… 132
　　八字不合，懂得放弃 ………………………………………… 134

第四节　拒绝非理性投资：把风险和陷阱扼杀在摇篮中 …… 135
　　投资的关键是要保住本金 …………………………………… 135
　　评估自己的风险承受能力 …………………………………… 138
　　防范投资中的各种陷阱 ……………………………………… 139
　　确保"后方"安全 …………………………………………… 140

· 第五章 ·

精明储蓄：复利的威力很可观

第一节　钱进银行，增多还是减少 …………………………… 142
　　储蓄：积少成多的"游戏" ………………………………… 142
　　储蓄是投资本钱的源泉 ……………………………………… 143
　　最优秀的投资者也要懂得储蓄 ……………………………… 145
　　家庭储蓄方案 ………………………………………………… 146

第二节　小钱里头的大学问——存款利益最大化 …………… 148
　　存活期好还是存定期好 ……………………………………… 148
　　盘活工资卡，别让工资睡大觉 ……………………………… 148
　　针对不同储种的储蓄技巧 …………………………………… 150
　　如何实现存款利润最大化 …………………………………… 152
　　保守型投资者的储蓄投资方式 ……………………………… 153

第三节　投资银行的理财产品，精打细算也赚钱 ……………… 155
　　银行目前主要的理财产品有哪些 ……………………………… 155
　　如何选择银行理财产品才能不差钱 …………………………… 156
　　如何选择保证收益和非保证收益理财产品 …………………… 158
　　如何选择结构性理财产品 ……………………………………… 160
　　债券型理财产品，分享货币市场投资收益 …………………… 161

第四节　银行贷款：量力而行 ……………………………………… 162
　　怎样办理质押贷款和抵押贷款 ………………………………… 162
　　个人住房贷款的基本政策是怎样的 …………………………… 163
　　办理个人住房贷款的操作流程 ………………………………… 164
　　办理公积金住房贷款有哪些注意事项 ………………………… 165
　　如何申请个人汽车贷款 ………………………………………… 166

· 第六章 ·

投资股票：高风险高回报

第一节　股票投资的看盘技巧 ……………………………………… 169
　　如何看开盘 ……………………………………………………… 169
　　分时图看盘技巧 ………………………………………………… 171
　　如何观察盘口动向 ……………………………………………… 172
　　如何从盘口判断资金的流向 …………………………………… 173
　　如何从盘中发现个股即将拉升的异样 ………………………… 174

第二节　如何选择一只好股票 ……………………………………… 176
　　选股8大原则 …………………………………………………… 176
　　3招实用选股技巧 ……………………………………………… 179
　　不同类型股民的选股技巧 ……………………………………… 180
　　如何选择最佳大盘股 …………………………………………… 182

如何选择最佳小盘股 ……………………………………… 183

第三节　股票买卖点的选择 …………………………………… **183**

买卖股票的基本原则 …………………………………… 183
买入时机的判断 ………………………………………… 184
卖出时机的判断 ………………………………………… 185
如何制定"目标卖价" …………………………………… 187
卖出股票4原则 ………………………………………… 188

第四节　不同市况下，如何操作股票 …………………………… **190**

牛市中，如何赚钱 ……………………………………… 190
熊市中，如何操作股票 ………………………………… 191
盘整市中，如何把握机会 ……………………………… 192
震荡市中，散户生存法则 ……………………………… 193
股票投资如何去抄底 …………………………………… 194

第五节　止损、解套的设置与操作 ……………………………… **195**

防患于未然——避免被套8招 ………………………… 195
果断止损，规避"套牢"风险 …………………………… 197
巧用补仓法，提前解套 ………………………………… 199
利用差价，快速解套 …………………………………… 200
换股操作，弥补套牢损失 ……………………………… 201

·第七章·
投资基金：省心又省力

第一节　投基之前，你心中有数吗 ……………………………… **202**

基金＝股票＋储蓄 ……………………………………… 202
基金与其他有价证券相比的投资优势 ………………… 203
投资基金前，先问3个问题 …………………………… 205

确定投资目标……………………………………206
确定投资期限和成本……………………………207

第二节　认识更多基金，给你更多投资选择……………209
货币市场型基金——高于定期利息的储蓄………209
股票型基金——收益与风险并存的基金…………210
指数型基金——低投入高回报……………………211
债券型基金——稳中求胜的基金…………………213
混合型基金——折中的选择………………………214

第三节　重量级基金投资类型之一——开放式基金的投资技巧……215
掌握与基金相关的信息……………………………215
抓住市场转折点……………………………………217
净值高低不重要……………………………………218
不要忽视新基金的不确定性………………………219
巧打"时间差"，购买开放式基金…………………220

第四节　重量级基金投资类型之二——封闭式基金的投资技巧……221
封闭式基金与开放式基金有何不同………………221
找准投资封闭式基金的切入点……………………222
封闭式基金的品种选择……………………………223
小盘基金潜力大……………………………………224
分红潜力很重要……………………………………225

第五节　基金定投——"懒人理财术"……………………226
基金定投有什么优势………………………………226
基金定投"复利"的魔力……………………………228
如何办理基金定投…………………………………229
什么人适合基金定投………………………………230
基金定投的投资策略………………………………231

第八章
投资债券：回报稳定、安全

第一节　购买债券前必须了解的 ········· **233**
　　债券投资有哪些优点 ················· 233
　　债券的生钱之道是什么 ··············· 234
　　债券投资的原则之"三足鼎立" ········· 235
　　债券投资的种类有哪些 ··············· 236
　　哪些债券品种投资者可以参与 ········· 239

第二节　债券交易的投资策略 ··········· **240**
　　在升息周期下，如何投资债券 ········· 240
　　宏观调控背景下的债券投资策略 ······· 242
　　整理行情中，如何投资可转债 ········· 244
　　熊市之下的债券投资策略有哪些 ······· 245
　　债券放大操作的投资策略选择 ········· 247

第三节　金边债券——国债投资 ········· **248**
　　国债 ································ 248
　　选择什么样的国债 ··················· 249
　　如何买卖国债 ······················· 251
　　怎样进行国债交易 ··················· 252
　　记账式国债的申购和兑取流程 ········· 253

第四节　没事多注意——债券投资中的若干事项 ········· **254**
　　是什么在影响债券投资收益 ··········· 254
　　如何提高国债的收益率 ··············· 255
　　不同人生阶段的债券投资 ············· 256
　　债券市场风险分析与防范 ············· 256
　　如何管理与控制债券风险 ············· 258

· 第九章 ·

投资外汇：真正以钱赚钱

第一节 外汇——聚敛财富的新工具 ································ 260
    外汇交易是一种概率游戏 ································ 260
    防守是外汇交易的最重要前提 ································ 261
    什么样的人可以进行外汇实盘买卖 ································ 262
    通过何种方式进行外汇实盘买卖 ································ 262
    外汇买卖的技巧 ································ 263

第二节 投资前的预热——外汇投资的准备 ································ 264
    了解炒汇基本术语 ································ 264
    个人外汇实盘买卖需要交纳的费用 ································ 266
    个人实盘外汇买卖对交易金额的特殊规定 ································ 267
    个人实盘外汇买卖中的汇率 ································ 267
    外汇交易的盈亏计算 ································ 268

第三节 熟悉经典的汇市K线 ································ 269
    K线三角形形态 ································ 269
    K线组合 ································ 270
    经典的星图分析 ································ 271
    红三兵形态的操作策略 ································ 272
    应引起高度重视的三只乌鸦形态 ································ 273

第四节 "攻"于技巧——外汇买卖的制胜之道 ································ 274
    如何建立头寸、斩仓和获利 ································ 274
    金字塔式加码的优越性 ································ 275
    巧用平均价战术 ································ 276
    反转战术的妙用 ································ 276
    买得精不如卖得精 ································ 278

第五节　"守"于准则——外汇投资的保本之学 ……………… 279
　拉响红色警报，熟悉外汇风险 …………………… 279
　不要在赔钱时加码 …………………………………… 281
　贪婪和恐惧是拦路虎 ……………………………… 281
　盲目跟风，损失惨重 ……………………………… 282
　切勿亏生侥幸心，赢生贪婪心 …………………… 284

· 第十章 ·

投资期货：冒险家的选择

第一节　投资期货的知识准备 …………………………… 286
　揭开期货的神秘面纱——基础知识 ……………… 286
　期货交易运作机制的特点 ………………………… 287
　期货价格的形成 …………………………………… 293
　买空和卖空 ………………………………………… 294
　做一个成功的期货投资者 ………………………… 295

第二节　投资期货的交易流程 …………………………… 296
　选择合适的期货经纪公司 ………………………… 296
　选择期货经纪人和操盘手 ………………………… 297
　开户 ………………………………………………… 298
　选择合适的交易方式 ……………………………… 299
　结算 ………………………………………………… 300

第三节　投资期货的策略 ………………………………… 301
　期货交易的基本面分析 …………………………… 301
　期货的技术图表分析 ……………………………… 305
　期货投资反向操作的方法 ………………………… 306
　期货投资的套利策略 ……………………………… 307
　如何进行套期保值 ………………………………… 308

第四节　股指期货套期保值技巧······309
- 股指期货与股票交易的区别······309
- 股指期货在套期如何保值······310
- 股指期货套期保值的步骤······311
- 股指期货投机常用的交易策略······312
- 如何巧用期现套利······313

第五节　投资期货的风险防范······315
- 期货市场风险······315
- 期货市场风险特征······317
- 如何防范期货市场的风险······318
- 散户如何在股指期货交易中避险······319
- 散户如何才能做好自身的风险管理······321

第十一章
投资黄金：财富保值增值的选择

第一节　走进金世界，开始淘金······322
- 通货膨胀与黄金冰火两重天······322
- 黄金独特的投资优势······324
- 揭开中国黄金定价的奥秘······325
- 预测黄金价格的三大方法······326
- 应对金价走势的投资策略······329

第二节　黄金投资策略选择······331
- 黄金的品种选择······331
- 黄金的成色、计量与换算······334
- 把握"钱途"无限的投资理念······335
- 把握大方向，踩准买卖节拍······337

长线持有、短线炒作与中线波段操作 ················· 338

第三节　纸黄金投资攻略 ································· **341**
　　通过概念透视纸黄金 ··································· 341
　　纸黄金的适宜人群 ····································· 342
　　如何分析纸黄金行情 ··································· 342
　　纸黄金的投资策略——放长线钓大鱼 ····················· 345
　　化解下跌风险的3大策略 ······························· 346

第四节　实物黄金投资技巧 ································· **348**
　　在哪里购买实物黄金更安全可靠 ························· 348
　　如何选择实物黄金 ····································· 350
　　实物黄金当今形势及投资策略 ··························· 352
　　金条投资指南 ··· 354
　　黄金饰品及天然金块投资知识 ··························· 356

第五节　黄金期货投资技巧 ································· **357**
　　"黄金时代"的黄金期货投资 ···························· 357
　　影响我国黄金期货价格的3大因素 ······················· 358
　　黄金期货的套期保值操作指南 ··························· 359
　　个人投资黄金期货的要点 ······························· 362
　　关于黄金期货投资的几点忠告 ··························· 364

· 第十二章 ·

投资房产："黄土"即黄金

第一节　投资房地产交易知识全掌握 ························· **368**
　　开盘买房是良机吗 ····································· 368
　　尾房里"淘金" ······································· 369
　　买房不可忽视哪些问题 ································· 370

买房上如何"杀价" ……………………………………………… 371
　　如何从合适的贷款中赚更多的钱 ……………………………… 373

第二节　商品房投资技巧全攻略 …………………………………… **374**
　　如何判断房产投资价值 ………………………………………… 374
　　哪种房产投资好赚钱 …………………………………………… 375
　　如何挑选商品房 ………………………………………………… 376
　　如何评估升值潜力 ……………………………………………… 376
　　如何选择好户型 ………………………………………………… 378

第三节　二手房如何投资得真金 …………………………………… **380**
　　如何挑选二手房 ………………………………………………… 380
　　二手房如何浪里淘金 …………………………………………… 382
　　投资二手房需要注意的问题 …………………………………… 383
　　如何从拍卖行购买房地产 ……………………………………… 386
　　小产权房是投资"雷区" ………………………………………… 387

第四节　如何投资商铺获取高利 …………………………………… **389**
　　社区底商最适合中小投资者 …………………………………… 389
　　投资产权式商铺要想清楚再出手 ……………………………… 391
　　警惕产权式商铺暗藏的投资陷阱 ……………………………… 392
　　如何投资带租约商铺 …………………………………………… 395
　　10招教你投资写字楼获利 ……………………………………… 396

· 第十三章 ·

投资收藏：寓财于乐

第一节　收藏品的种类有哪些 ……………………………………… **398**
　　邮票投资——方寸之间天地宽 ………………………………… 398
　　钱币投资——成为"有钱人家" ………………………………… 400

古玩投资——在玩赏中获取财富 …………………………………… 403
　　字画投资——高品质的艺术享受 …………………………………… 406
　　珠宝投资——收益新宠 ……………………………………………… 410

第二节　收藏品的投资策略 …………………………………………… **412**
　　收藏品的选择 ………………………………………………………… 412
　　收藏品的投资价格 …………………………………………………… 413
　　收藏品的投资程序 …………………………………………………… 415
　　收藏品投资的基本原则 ……………………………………………… 417
　　收藏投资的操作技巧 ………………………………………………… 419

第三节　收藏投资中的赝品 …………………………………………… **421**
　　赝品出现的原因 ……………………………………………………… 421
　　治理赝品：一个美丽的神话 ………………………………………… 424
　　如何识别瓷器赝品 …………………………………………………… 428
　　如何识别书画赝品 …………………………………………………… 430
　　如何辨别钱币赝品 …………………………………………………… 431

· 第十四章 ·

投资保险：花钱转移风险

第一节　投资保险，先热身 …………………………………………… **433**
　　必不可少的保险知识 ………………………………………………… 433
　　如何选择保险公司 …………………………………………………… 434
　　如何让保费省钱 ……………………………………………………… 435
　　购买保险前的预备工作 ……………………………………………… 437
　　保险投资应遵循的原则 ……………………………………………… 438

第二节　管中窥豹——认识保险产品 ………………………………… **440**
　　分红险如何获得更多红利 …………………………………………… 440

如何合理选择健康险 ·················· 442
　　家长必须知道的少儿保险 ················ 445
　　如何投保重大疾病保险 ················· 447
　　如何购买意外伤害保险 ················· 448

第三节　人们一生需要购买哪些保险 ············ **450**
　　人们的一生主要会投保哪些类型的保险 ·········· 450
　　单身时期——医疗保险做伴侣 ·············· 452
　　家庭形成期如何选择保险 ················ 453
　　准妈妈如何选择一份合适的保险 ············· 455
　　怎样给家中老年人买保险 ················ 456

第四节　快速获得理赔有绝招 ··············· **458**
　　怎样办理理赔手续 ··················· 458
　　解除合同后不能申请理赔 ················ 459
　　民事赔偿与保险赔付能相抵吗 ·············· 460
　　怎样分清遗产与保险赔付金 ··············· 461
　　故意伤害自己或被保财产能获得理赔吗 ·········· 462

·第十五章·

投资商业：借力生财赚大钱

第一节　如何发现商业投资机会 ·············· **464**
　　与市场亲密接触，寻找市场需求 ············· 464
　　人脉在手，投资商业就这么简单 ············· 468
　　科技型、创新型项目最适合白领投资 ··········· 471
　　你适合投资哪一行业 ·················· 472

第二节　商业投资模式的选择 ··············· **476**
　　巧借"东风"，合伙投资的智慧 ············· 476

加盟连锁，投资成功概率倍增 …………………………………… 478
　　"借鸡生蛋"也不失为上策 …………………………………… 481
　　浙商的14式"吸金大法" ……………………………………… 484

第三节　商业投资有门道 ……………………………………………… **489**
　　3步瞄准投资项目 ……………………………………………… 489
　　适合上班族投资的10大项目 …………………………………… 491
　　10万元小资金的最佳商业投资项目是什么 ……………………… 493
　　50万元资金最适合投资什么项目 ……………………………… 495
　　100万元资金如何投资商业 …………………………………… 499

第四节　商业投资，你需要注意什么 ………………………………… **501**
　　选择你熟悉的领域投资 ………………………………………… 501
　　发现你身边的机会 ……………………………………………… 503
　　不做没有把握的事 ……………………………………………… 504
　　闲谈中也有商机 ………………………………………………… 505
　　永远保持"零度"状态 ………………………………………… 507

· 第十六章 ·

家庭幸福才会财源广进：家庭是我们最大的资产和负债

第一节　家庭收入并不比别人少，为什么常常陷入财务困境 ……… **510**
　　大手大脚地乱花钱 ……………………………………………… 510
　　财商低往往导致贫困 …………………………………………… 511
　　家庭资产流失漏洞大 …………………………………………… 512
　　掉入家庭财务危机 ……………………………………………… 514
　　你的家庭也出现"堰塞湖"了吗 ……………………………… 516

第二节　夫妻携手合作，建立对投资的最大共识 …………………… **517**
　　为了婚后的富足生活，单身时就应该开始积蓄 ……………… 517

17

如何由"月光一族"到精明主妇 …………………………… 519
不是每个家庭都适合 AA 制 ……………………………… 521
动用"私房钱"作为家庭投资的"预备军" ……………… 522
揪出造成债务危机的杀手 ………………………………… 525

第三节　让你的孩子从小学会投资理财 …………………… 526

为什么要让孩子学理财 …………………………………… 526
如何让孩子学会理财 ……………………………………… 527
用压岁钱打理孩子的金钱观 ……………………………… 528
理财教育，让孩子提早认识金钱的价值 ………………… 531
如何做好孩子的财商教育 ………………………………… 534

·第一章·

重建投资理念：高薪比不上会投资

第一节 懂得投资方能帮你打开财富之门

只赚钱不投资永远不会拥有更多的财富

许多人，特别是二十几岁刚刚走出大学校门的年轻人，走上工作岗位，每月拿着固定的薪水，看着自己工资卡里的数字一天天涨起来，他们可以尽情地消费，总感觉高枕无忧。直到有一天刷卡时售货员告诉他们："这张卡透支了。"这时，他们才惊慌起来，也奇怪起来："每个月的薪水也不少，都跑到哪儿去了？"对年轻人来说，赚钱固然重要，但是投资更是不可或缺。只会赚钱不会投资，到头来还是不能成为一个拥有更多财富的人。

王慧已经工作两年了，现在的月薪是 5000 元左右。可她每到月底还要向朋友借钱。而她的同学中，许多人没有她挣得多，却从来没有借过钱。原来，王慧只会努力工作，努力挣钱，以为这样自己就可以富起来，从来没有考虑过如何投资。她经常晚上熬夜看电影，第二天起晚了只好打车上班。不喜欢吃公司的食堂，一到中午就出去吃。而每次去商场从来不带现金，都是刷卡。每个月都是这样，她从来没有投资的概念。也正是因为这样，她工作两年了，还没有任何积蓄。

从上面的故事我们可以看出：不注重理财、不善于投资，就可能要过拮据的生活。

只会挣钱不会投资的人是不会有钱的。投资至少有以下好处：

1. 达到财务目标，平衡一生中的收支差距

人生有很多梦想，这些梦想的实现需要经济上的支撑，例如，累积足够的退休金以安享晚年，建立教育基金为子女的将来考虑，积累一定的资金购车、买房，或者积累一笔资金用于到世界各地旅游，有些人还打算创立自己的事业，等等。这些目标的实现都需要你进行财务规划，对收支进行合理的平衡。

如果一个人在任何时期都有收入，而且在任何时候赚的钱都等于用的钱，那么就不需要去平衡收支间的差异，投资规划对这个人来说就不是必需的。可是实际上，人的一生中大约只有一半的时间有赚取收入的能力。假如一个人能活80岁，前18年基本受父母抚养，是没有收入的；65岁以前，则必须靠自己工作养活自己和家人；而退休后如果不依赖子女，且此时又没有工作收入，那么靠什么来养老呢？如果你有投资意识，在65岁退休以前这长达47年的岁月中，每个月省出200元，购买成长性好的投资品，假设年收益率为12%，那么，47年后会积累多少财富呢？是5453748.12元，接近550万元，这是一笔不小的数目，这样的话，你就可以享受比较富裕的晚年生活了。

2. 过更好的生活，提高生活品质

平衡一生的收支只是投资规划的基本目的。每个人都希望过好日子，而不仅仅是满足由出生开始到死亡为止的基本生活需求。你是否想买一幢或者一套豪华舒适的房子？是否想开辆黑色奔驰车驰骋在空旷的马路上？你是否想在周末或节假日去豪华餐厅享受温馨浪漫的晚餐？是否想每年旅游一次？这些都是基本生活需求以外的奢侈想法，但并不是幻想。追求高品质的生活是投资规划的另一个目的。

3. 追求收入的增加和资产的增值

人们除了辛勤地工作获得回报之外，还可以通过投资使自己的资产增值，利用"钱生钱"的办法做到财富的迅速积累。

4. 抵御不测风险和灾害

古人云："天有不测风云，人有旦夕祸福。"一个人在日常生活中经常会遇到一些意料不到的事情，如生病、受伤、亲人死亡、天灾、失窃、失业等，这些都会使个人财产减少。在计划经济时代，国家通过福利政策，几乎承担了城市居民生老病死的一切费用，人们的住房、养老、教育、医疗、失业等费用负担很小。改革开放以来，居民开始越来越多地承担以上的费用和风险。为抵御这些不测与灾害，必须进行科学的投资规划，合理地安排收支，以求做到在遭遇不测与灾害时，有足够的财力支持,顺利地渡过难关;在没有不测与灾害时,能够建立"风险基金",并使之增值。

5. 提高信誉度

常言道:"好借好还,再借不难。"合理地计划资金的筹措与偿还,可以提升个人的信誉,增强个人资金筹措的能力。当然,科学地规划个人的财务也能保证自己的财务安全和自由,不至于使自己陷入财务危机。

大学毕业了,我们开始挣钱了,更要学会投资理财。赚钱与投资就像是富人的两只手,只有用两只手才能捧住财富。

学会投资,从根本上改变你的未来

现在存款的利息总也赶不上 CPI 的增速,投资理财便成了这几年大家讨论的热点话题。

如果在 20 年前有 50 万元,你就是一个富翁。但现在你再看北京、上海、广州等大城市中心地带的普通居民,他们房子的价值就已经超过了 100 万元。如果不学会投资理财,你很有可能成为昔日的富翁,现在的普通人,未来的贫困者。假如 20 年前,你花 10 万元买一件古董,现在最起码值 100 万元。20 年前,你要是买 10 万元的万科原始股票,现在就已经是千万富翁了。因此,投资不仅能帮助我们抵御通货膨胀,还能为我们创造财富。

到底富人拥有什么特殊技能是那些天天省吃俭用、日日勤奋工作的上班族所欠缺的呢?富人何以能在一生中积累如此巨大的财富?答案无非是投资理财的能力。民众理财知识的差距是造成财富差距的真正原因。理财致富只需具备 3 个基本条件:固定的储蓄,追求高报酬以及长期等待。

1. 亿万富翁的神奇公式

假定有一位年轻人,从现在开始能够每年存下 1.4 万元,如此持续 40 年,他能攒下 56 万元;但如果他将每年应存下的钱都投资股票或房地产,并获得每年平均 20% 的投资报酬率,那么 40 年后,他能积累多少财富?一般人所猜的金额,多落在 200 万元至 800 万元之间,顶多猜到 1000 万元。然而正确的答案是:1.0281 亿元。这个数据是依照财务学计算年金的公式得出的,计算公式如下:1.4 万 +1.4 万(1+20%)+…+1.4 万(1+20%)40=1.0281 亿元。

这个神奇的公式说明,一个 25 岁的上班族,如果依照这种方式投资,到 65

岁退休时，就能成为亿万富翁了。投资理财没有什么复杂的技巧，最重要的是观念，观念正确就会赢。每一个靠理财致富的人，只不过养成了一般人无法做到的习惯而已。

2. 钱追钱快过人追钱

有句俗语叫"人两脚，钱四脚"，意思是钱有4只脚，钱追钱，比人追钱快多了。

和信企业集团是中国台湾排名前5位的大集团，由辜振甫和辜濂松领军。外界总想知道这叔侄俩究竟谁比较有钱，其实，有钱与否和个性有很大关系。辜振甫属于慢郎中型，而辜濂松属于急惊风型。辜振甫的长子——辜启允非常了解他们，他说："钱放进辜振甫的口袋就出不来了，但是放在辜濂松的口袋就会不见了。"因为辜振甫赚的钱都存到银行，而辜濂松赚的钱都拿出来投资。结果是：虽然两人年龄相差17岁，但是侄子辜濂松的资产却遥遥领先于其叔辜振甫。因此，一生能积累多少钱，并不取决于你赚了多少钱，而取决于你如何理财。致富的关键在于如何正确理财。

3. 将财产作三等份打理

目前，储蓄仍是大部分人的理财方式。但是，钱存在银行短期是最安全的，长期却是最危险的。银行储蓄何错之有？其错在于利率（投资报酬率）太低，不适于作为长期投资的工具。同样，假设一个人每年存1.4万元，而他将这些钱全部存入银行，享受平均5%的利率，40年后他可以积累1.4万+1.4万（1+5%）+…+1.4万元（1+5%）40=169万元。与投资报酬率为20%的项目相比，两者收益竟相差70多倍。

更何况，货币价值还有一个隐形杀手——通货膨胀。在通货膨胀率为5%的情况下，将钱存在名义利率约为5%的银行，那么实质报酬等于零。因此，一个家庭存在银行的金额，保持在两个月的生活所需就足够了。不少理财专家建议将财产作三等份打理：一份存银行，一份投资房地产，一份投资于灵活性较高的理财工具上。不妨使投资组合为"两大一小"，即大部分的资产以股票和房地产的形式投资，小部分的钱存在金融机构，以备日常生活所需。

4. 最安全的投资策略

理财致富是"马拉松竞赛"而非"百米冲刺"，比的是耐力而不是爆发力。对于短期无法预测，长期具有高报酬率的投资，最安全的投资策略是：先投资，等待机会再投资。

有些人认为理财是富人、高收入家庭的专利，要先有足够的钱，才有资格谈投资理财。事实上，影响未来财富的关键因素是投资报酬率的高低与时间的长短，而不是资金的多寡。以那个神奇的公式所讲述的方法为例，若你已经拥有36万元，则你可以减少奋斗10年，若你已有261万元，则可以减少奋斗20年，而只需20年就可以成为亿万富翁。要想拥有更多的本钱，不妨去借。投资理财的最高境界也正是"举债投资"。而银行的功能，则是提供给不善理财者一个存钱的地方，好让善于理财者利用这些钱去投资赚钱。

不要让钱"发霉"，而要让钱"发光"

芝芝是一名月薪2000元的上班族，扣除日常开支，每月可以攒下1000元。她今年23岁，现在与家人同住，希望在30岁以前结婚生子。芝芝通常把钱储蓄在银行，现在听说购买基金进行长期投资，投资风险低，回报可观，于是想转变投资方向。如果每月不把这1000元闲钱储蓄在银行，如何进行基金定投达到钱生钱的目的呢？

从芝芝的情况分析，虽然其月收入并不高，但由于与家人同住，没有供房等方面的压力，每月尚且有1000元的储蓄，所以财务情况还是比较乐观的。这笔钱如果芝芝不想用于储蓄，做基金定投用于投资是比较合理的。她可以将1000元分成3个部分，分别投资于股票型、平衡型和货币型基金。其中，500元用于投资股票型基金，300元用于投资平衡型基金，比如，易方达平稳增长、广发稳健等基金等。剩余的200元，可用于投资债券型基金。如果要寻求更加稳健的回报，则可将投资于平衡型基金的300元中拿出100元用于投资货币型基金。

假设每年的回报率为12%，芝芝今年是23岁，7年后，即当芝芝30岁时，可以获得一笔12~13万元的收入，足以满足生子的需要。至于结婚的花费，由于开支比较多，则要视芝芝的另一半的收入而定。另外，考虑到芝芝的月收入不高，如果没有社保等保障，很难应对个人风险，所以应该想方法增加个人保障。保费的支出，可以调整买基金的分配。将投资于平衡型基金改为投资货币型基金，每月投300元，一年后可确保获得4000元左右的收入。一年之后，将这笔4000元的资金用于购买保险，比如，购买重疾险等。由于是分期缴费，每年4000元的资金刚好可以支付一年的保费。

由此可见，不要让钱"发霉"，而要让钱"发光"，可以让生活过得很轻松，经济上也会富裕很多。

让钱"发光",主要有3个环节:

(1)攒钱:挣一个花两个,一辈子都是穷人。一个月强制拿出10%的钱存在银行或保险公司里,很多人做不到。那么,如果你的公司经营不好,老总要削减开支,给你两个选择,第一是把你开除,补偿两个月工资;第二是把你1000元的工资降到900元,你能接受哪个方案?99%的人都能接受第二个方案。那么,你给自己做个强制储蓄,发了工资后直接将10%的钱存入银行或保险公司,不迈出这一步,你就永远没有钱花。

(2)生钱:基金、股票、债券、不动产。

(3)护钱:保险。天有不测风云,谁也不知道以后会出什么事,所以要给自己买保险,保险是理财的重要手段,但不是全部。生钱就像打一口井,为你的水库注入源源不断的水源,但是光打井还不够,要为水库修个堤坝——意外、住院、大病。比如,坐飞机,一个月如果有时需要坐10次飞机,每次飞机起飞和降落的时候有的人会双手合十,并不是信什么东西,只是他觉得自己的生命又重新被自己掌握了,因为在天上不知道会发生什么。所以建议每次坐飞机都给自己买份50~200万元的意外险,这是给家人的爱心和责任,这50~200万元够家人和孩子生活一段时间。

从上面可以看出自己属于理财三环节中的哪一节,最主要的是,我们要熟记:不要让钱"发霉",而要让钱"发光"!

制订切实可行的投资计划最重要

投资的具体操作很简单,通常只要在投资机构开一个户头,看到什么好的投资项目,便可通过投资机构入市,等到升值了,认为已经升到顶,便可以出货,赚取其中的差额。很多投资基金项目的投资者,甚至不必去证券所,只要相信基金公司的管理,把资金交到他们手中,付给其一定数额的管理费,他们就会把资金集合起来,做全面性的投资,你就可以赚取一定的回报。从表面上看,投资根本不需要什么计划,但事实并非如此,没有计划的投资,一定是失败的投资。

投资讲究以一个投资方针贯穿整个计划,各项投资相互联系,不能孤立起来看,必须了解每一个投资项目在这个计划当中所占的地位、所扮演的角色,这样才能明白其中的意义。例如,在整个投资计划中,你可以主要倾向于低风险。那么,大部分资金便应该放在低风险而回报比较稳定的项目上,如债券等;小部分可选择风险稍高的，如可选择前景看好的新兴创业板上市的科技股。只有这样的计划，投资者才能规避风险。

投资理念是宏观概念，起指导作用。投资策略是中观概念，居于中间位置，起承上启下的作用。投资计划是微观概念，是最具体最实际的。投资大师巴菲特曾说过，他可以大谈他的投资哲学，有时候也会谈他的投资策略，但他绝不会谈他的投资计划。

因为，那是最重要的商业秘密，是核心竞争力的集中体现。每个投资者水平如何，业绩差异多大，最终落脚在投资计划上。由此可见投资计划的重要性了。

投资计划的第一项工作是确定投资目标，即选定具体的投资品种。

首先，投资目标要经过严格的标准检验。

其次，制订买卖计划，在什么价位买入、持有多长时间、什么情况下卖出。

再次，资金如何分配，动用多少资金，分几批买卖，等等。

这些都要有清晰的、具体的、明确的说法，最好是形成文字材料，有据可依，有证可查。

制订投资计划，是投资者最重要、最经常性的工作之一。但是要明白，做好这项工作要有充分的调查研究，有缜密的推理论证，要自己拿主意。不能听信小道消息，不能寄希望于幻想，也不能依靠灵机一动。制订投资计划，主要就是为了克服盲目性。如果投资计划不是建立在严谨的科学的基础上，那还不如不做。

投资计划若采用高风险的策略，保本的投资比例便会比较少，大部分资金集中在高风险的项目中。这些投资看准了便可以赚大钱，但看错了就可能全部输尽。投资者应给自己留一些后路，譬如，在手中预留大量现金，可以随时调用。这也是一个投资计划，若没有这个计划，投资血本无归时，后果是难以想象的。

投资计划也包括每一项行动中的细节，例如，止损点的价位如何，止赚点的价位如何，什么时候应该买入，什么时候应该出货等，都应该在入市之前有详尽的分析和结论。

从以上的分析可以看出，投资计划是帮助你增加投资胜算的。没有计划，投资就像航行在海上没有指南针的船一样。有了计划，投资就像有了掌舵人，有了前进的方向，知道自己下一步将会怎样发展下去，还差多少达到目标，离成功还有多远，以及还需多少资源、多少努力才会成功，之后就可以按照需要逐步实现自己的目标了。

投资可能会失败一时，但不可能会失败一世

2008年是巴菲特投资最失败的一年。伯克希尔·哈撒韦公司公布的年报显示，2008年第四季度投资收益骤降96%，2008年公司净利润比前一年下降了62%，净资产缩水115亿美元，是巴菲特1965年接手公司以来的最糟糕纪录。

不过，对于巴菲特来说，2008年的经历也是他投资生涯中一次难得的体验。既有大赚钱的日子，也有大亏损的岁月，巴菲特的投资生涯因而更加丰富多彩。这样，巴菲特既给我们留下了成功的投资经验，也为我们留下了投资失败的教训。尽管对于投资者来说，巴菲特的经验很值得我们来推崇，但实际上，巴菲特在2008年投资失败的教训，跟他成功的经验一样宝贵，同样值得投资者珍惜。

沃伦·巴菲特，全球著名的投资商，生于美国内布拉斯加州的奥马哈市。在2008年的《福布斯》排行榜上财富超过比尔·盖茨，成为世界首富。在第十一届慈善募捐中，巴菲特的午餐拍卖达到创纪录的263万美元。2010年7月，沃伦·巴菲特再次向5家慈善机构捐赠股票，依当前市值计算相当于19.3亿美元。这是巴菲特2006年开始捐出99%的资产以来，金额第三高的捐款。

总的来说，巴菲特可能一时失败，但整个一生非常成功。其实，投资的失败与成功都是存在的。不要因为投资的偶然失败而放弃投资。实际上，真正的成功学理论当然有其价值所在，通过不断的学习、训练和自信心的培养，可以提高自身能力和素质，弥补比较明显的弱点和不足，但是这些只是能够成功的前提条件之一，不代表只要学会了成功学所要求的东西就一定能够成功。所以，从此角度说，成功没有规律也没有什么所谓的固定模式，但是有一条可以确保你成功，那就是不要失败。而笔者作为投资行业职业人士，恰恰认为在投资行业要想持续成功，最重要的也是不要失败，也就是说先不亏钱，这才是投资准则中最提纲挈领的真理，无论你擅长技术分析还是基本面分析，都要遵守此准则。

股票投资方面，失败研究的最大应用在于避开"地雷"企业，在于如何排除一些表面风光无限，但实际危机四伏的企业或股票。我们作为投资者，最大的担心就是在不远的将来，自己投资的企业面临各种困难、危机而倒闭。那么，这样的投资无异于投资了美国雷曼兄弟的股票，必然血本无归。通过大量世界各地企业的失败研究，你会发现，大部分企业所犯的错误如出一辙，比如，由于过度扩张造成的资金链问题；再比如，由于企业领导者决策失误或者没有持续创新而被

行业淘汰，等等。绝大多数企业倒闭、破产的原因，无不是在过去世界的某个角落曾经发生过的。"太阳底下从来没有发生什么新鲜事"，这句古老的谚语阐释了问题的本质，也恰恰验证了巴菲特所说的，"我们从历史上学到的教训就是人们其实从不吸取历史的教训。"

所以，我们在寻找伟大企业和大牛股的同时，在憧憬企业未来的美好发展前景的时候，也应该运用逆向思维将那些失败企业的教训和原因一一列出，避开那些将来可能面临失败或危机的企业，这样我们的投资才可能做到不亏钱。长此下去，整个投资过程必是成功的。

第二节　如何投资比做多少投资重要

为什么说投资越早越好

很多年轻人总认为，理财是中年人或是有钱人的事，其实理财能否致富与金钱的多寡关系并不是很大，而与时间长短的关联性却很大。人到了中年面临退休，手中有点闲钱，才想到为自己退休后的经济来源做准备，此时却为时已晚。因为时间不够长，无法使复利发挥作用。要让小钱变大钱，至少需要二三十年以上的时间，所以理财活动越早越好，并养成持之以恒、长期等待的耐心。

被公认为股票投资之神的沃伦·巴菲特，他相信投资的不二法门是在价钱好的时候，买入公司的股票且长期持有，只要这些公司有持续良好的业绩，就不要把它们的股票卖出。巴菲特从11岁就开始投资股市，今天他之所以能靠投资理财创造出巨大的财富，完全是靠60年的岁月，慢慢地在复利的作用下创造出来的；而且他从小就开始培养尝试错误的经验，这对他日后的投资功力有关键性的影响。

越早开始投资，利滚利的时间越长，便会越早达到致富的目标。如果时间是理财不可或缺的要素，那么争取时间的最佳策略就是"心动不如行动"。现在就开始行动吧！

投资获利，一定是越早越好。时下的年轻人如果越早有这样的想法，那么恭喜你，你离成功就越近，将来你的晚年生活会过得轻松愉快。为什么说投资越早越好呢？以下就给大家举个例子。

杨先生从20岁起就每月定期定额投资500元买基金或股票。假设平均年报酬率为10%。他投资7年后就不再继续投入这每月的500元了，然后用本金与获利一路滚动成长。到了60岁的时候，本利和已经达到138万元。

李先生则27岁才开始投资理财，同样每月500元。10%的年报酬率，他就需要从27岁一直每月扣除500元的收入去投资理财。到了60岁才累积到139万元。

答案出来了。相比之下，杨先生早7年投资理财，杨先生的日子就可以比李先生的日子过得舒服很多。

如果杨先生到27岁没有停止500元的每月投资。那么，到了60岁累积的财富将是277万元，几乎是李先生的2倍。时间是世界上最大的魔法师，它对投资结果的改变是惊人的。还有，不要小看每个月100元的投资，如果可以坚持下来并以一定的复利的速度成长，那么时间长了，财富的效应同样是十分惊人的。同样，每月100元的投资，就是说一年1200元。但如果坚持30年那结果是怎样的呢？答案是如果年报酬率是25%，那么30年后就是484万元。但如果年报酬率是30%，那么就是1362万元了。如果像前面的每月是500元的投资，那么答案就是484乘以5和1362乘以5。那是多么可怕的数字。

试问一下每月逼自己投资100元或500元会影响大家的生活质量吗？答案是当然不会。但如果大家可以做到每月拿出100~500元用于投资，那么你的晚年将是幸福的。

设定财富计划，一步步实现财富目标

在生活中，常有人整天眯着眼睛考虑"有没有什么办法赚大钱"，恨不得一天就赚十万八万元。其实，越是这样的人，越不容易赚到钱。

要想赚大钱，成功的要诀是及早发现"赚钱并不是目的，而是一种手段"。预先设计一个路线图，再谈赚钱的计划。如果只是糊里糊涂地为钱卖命，那又何谈赚钱的意义？

在赚钱之前，必须给自己订立赚钱之后的计划，并学会用钱。当然，赚钱之后不一定完全按计划行事，计划也不可能十全十美，但是，起码的计划是必要的。

财富就像一棵树，是从一粒小小的种子长大的，你如果在生活中制定一个适合于自己的财富计划表，你的财富就依照计划表慢慢地增长。起初是一个种子，而在种子长成参天大树时，你就会渐渐发现，制定一个财富计划表对自己的财富

增长是多么的重要。

因此在设定财富计划表时，我们必须弄清楚以下几个问题：

（1）我现在处于怎样的起点？

（2）我将来要达到什么样的制高点？

（3）我所拥有的资源能否使我到达理想目标？

（4）我是否有获取新资源的途径和能力？

只有弄清以上几个问题后，才能制定明确的目标并设法达到。有了适当的财富目标，并以此目标来主导进军财富的行动，才能到达幸福的彼岸。

制定财富计划表是家庭的重大财务活动，必须要有目标，没有目标就没有行动、没有动力，盲目行事往往成少败多。在制定财富计划表时，应该把需要和可能有机地统一起来，在此过程中，必须要考虑到以下4点要素。

1. 了解本人的性格特点

在现在这样的经济社会中，你必须要根据自己的性格和心理素质，确认自己属于哪一类人。对于风险而言，每一个人面对风险的态度是不一样的，概括起来可以分为三种：一种为风险回避型，他们注重安全，避免冒险；一种是风险爱好者，他们热衷于追逐意外的收益，更喜欢冒险；另一种是风险中立者，他们对预计收益比较确定时，可以不计风险，但追求收益的同时又要保证安全。生活中，第一种人占了绝大多数，因为我们都是害怕失败的人。在众人的心中，只追求一个稳定，但是往往是那些勇于冒险的人走在了富裕的前列。

2. 知识结构和职业类型

创造财富时首先必须认识自己、了解自己，然后再决定投资。了解自己的同时，一定要记住自己的知识结构和综合素质。

3. 资本选择的机会成本

在制订财富计划的过程中，考虑了投资风险、知识结构和职业类型等各方面的因素和自身的特点之后，还要注意一些通用的原则，以下便是绝大多数犹太投资者的行动通用原则：

（1）保持一定数量的股票。股票类资产必不可少，投资股票既有利于避免因低通胀所导致的储蓄收益下降，又可抵御高通胀所导致的货币贬值、物价上涨的威胁，同时也能够在市道不利时及时撤出股市，可谓进可攻、退可守。

（2）反潮流的投资。别人卖出的时候你买进，等到别人都在买的时候你卖出。大多成功的股民正是在股市低迷无人入市时建仓，在股市热热闹闹时卖出获利。

像热门的名家书画，如毕加索、凡高的，投资大，有时花钱也很难买到，而且赝品多，不识真假的人往往花了冤枉钱，却得不到回报。同时，有一些现在年轻的艺术家的作品，将来也有可能升值。又比如说，收集邮票，邮票本无价，但它作为特定的历史时期的产物，在票证上独树一帜。目前虽然关注的人不少，但潜在的增值性是不可低估的。

（3）努力降低成本。我们常常会在手头紧的时候透支信用卡，其实这是一种最为愚蠢的做法，往往这些债务又不能及时还清，结果是月复一月地付利，最后导致债台高筑。

（4）建立家庭财富档案。也许你对自己的财产状况一清二楚，但你的配偶及孩子们未必都清楚。你应当尽可能地使你的财富档案完备清楚。这样，即使你去世或丧失行为能力的时候，家人也知道如何处理你的资产。

4. 收入水平和分配结构

选择财富的分配方式，也是制定财富计划表中一个不可缺少的部分。首先取决于你的财富总量。在一般情况下，收入可视为总财富的当期支出，因为财富相对于收入而言是稳定的。在个人收入水平低下的情况下，主要依赖于工资薪金的消费者，其对货币的消费性交易需求极大，几乎无更多剩余的资金用来投资创造财富，其财富的分配重点则应该放在节俭上。

在这里，投资资金源于个人的储蓄，对于收益效用最大化的创富者而言，延期消费而进行储蓄进而投资创富的目的是为了得到更大的收益回报，从而更多地消费。

因此，个人财富再分配可以表述为，在既定收入条件下对消费、储蓄、投资创富进行选择性、切割性分配，以便使得现在消费和未来消费实现的效用为最大。如果为这段时期的消费所提取的准备金多，用于长期投资创富的部分就少；提取的消费准备金少，则可用于长期投资的部分就多，进而你所得到的创富机会就会更多，实现财富梦想的可能性就会更大。

真正了解投资过程

除了日常的普通支出，以及年初就预算好的各项年度性支出，每个家庭都还要碰到一个问题，就是一些大笔计划外消费。对于这些事件，章妈妈采用了各种办法，化解这类支出对家庭现金流的强大"破坏力"。

比如，女儿购买大件物品要"申请预算"。虽然沈艳有每年的压岁钱存入自己的"小金库"，但她购买大宗物品时，当然也希望母亲能给予一定的"赞助"，这时候她就需要给妈妈打申请报告。如果申请获得通过，那么妈妈就会在未来几个月甚至一年内，调整自己的月度性或者年度性预算，把这笔开销均摊到后来的几个月中，或者列入下一年的家庭预算中。

"每个人都有自己想要的物品，但所有的家庭成员都需要有一个家的核心概念。有时候，个人的购物愿望不得不让位于整个家庭的财务预算。尤其是对于经济尚未独立的孩子来说，父母没有必要有求必应，一定要通过日常之事从小教给她理性的消费习惯和一定的理财观念，让她知道父母不是万能的。"说到对子女的理财教育，章妈妈也是自成一套理论。

章妈妈在家庭日常财务管理中能做到收支平衡，略有节余，采用分类管理的办法控制支出，这本身是科学的。一般来讲，家庭支出可分为两部分：一种是常性开支，如家庭人员每天的吃穿用等物品的开销；另一种是资本性支出，如购买家庭的固定资产，如电视机、家具等。

记录家庭开支，章妈妈家的电子账本有可借鉴之处，该表格采用"收、支、余"三栏，记录家庭收支情况，这是一种简洁的家庭记账方式，值得推广。对记账方法而言，这种方法以现金收支为基础，从而反映出家庭的收入从何而来，又用到什么地方去了，还结余多少。对结余数可以安排适当的投资理财，从而使财富保值升值。

对于家庭预算，仁者见仁，智者见智。一些不善理财的人，一到商店，就无法控制自己的欲望，挥金如土，没有自我控制力，花钱随心所欲。也许有人会说："有人生来是赚钱的，有人生来是花钱的。"但缺乏自我控制就无法进行预算管理，对于这种人就要明白"起家犹如针挑土，败家犹如浪淘沙"的道理。

从介绍来看，章妈妈是一个善于控制的家庭主管，因此做起预算来也比较理性。而对于有些家庭，其成员在收入的使用上缺乏自我控制，从没有"算"的概念。这种家庭在学习预算管理之前，首先要学会理性消费，否则一切家庭财务筹划都无从谈起。做好家庭预算，关键是"事前预算，事中控制，事后反馈，不断调整"。

故事主人公章妈妈用家庭预算的方法"节流"开支，并且能长期坚持记账，实在难能可贵。同时，善用钱财是家庭理财的一个重要方面，"开"对一个家庭而言同样重要。

该案例中，章妈妈和章爸爸早在1991年就能将日常奖金部分划出用于购买国库券，并在当时就有购买保险的意识，而且到了 2000 年后又有了投资房产的观念和行动，显示出他们不仅懂得用钱，而且有一定的投资理财意识，这一点也是非常不错的。

随着经济的快速发展，股票、债券、外汇、保险、房地产等投资工具的日益扩大，家庭投资也成为一种时尚，善于投资的家庭，其生活日渐富裕。不会投资的家庭，即便收入不低，也很可能在家庭经济上捉襟见肘。这类不擅长管理家用的家庭和个人，可以从章妈妈的家庭财务管理故事中得到一些启发。通过上面的例子相信大家对投资过程有了感性的认识，下面我们来分析一下投资过程。

1. 下定决心，开始自己理财

一般人的观念中都认为"理财"等同于"不花钱"，进而联想到理财会降低消费所得到的乐趣与生活质量。对于喜爱享受消费快感的年轻人来说，心理上难免会抗拒"理财"这个观念，理财此事，老一点再说吧。这是事实吗？答案当然是否定的。年轻人不喜欢理财或是不知道理财，最主要的原因就是漠视"人"与"钱"的差别。普天下的人都知道一个道理"钱能生钱"，西谚叫做"Money makes money"，意即钱追钱总比人追钱来得快捷有效。

那么如何用钱去追钱呢？首先，当然要拥有"第一桶金"——一笔骁勇善战的母钱，然后用这笔母钱产生"钱子钱孙"。但是这第一桶金应该怎么来呢？生活中我们常被"清仓大减价""免年费信用卡"等诱因让我们控制不住花钱的欲望，一次又一次地错过储蓄"第一桶金"最好的时机。所以只有先下定决心自己理财，才算是迈开成功理财的第一步。

2. 养成良好的理财习惯，学会开源节流

挣下的并不是攒下的，攒下的才是挣下的，要学会合理支配钱财。的确，如果想致富，同时又不依赖彩票中奖等概率极小事件的话，从章妈妈的家庭支出控制方法里学点小窍门，从每个月的收入中硬性存下一部分钱，也许今日的"月光族"们就不必为 30 年后的养老金过分担忧了。

一千元不嫌多，一块钱不嫌少。生活理财起初最常见的方式就是强迫自己每天存一笔钱到存钱筒里，而这个存钱筒最好是透明的，并每天记录下来。透明的存钱筒是为了让你随时查阅理财的成效。当你每日的储蓄随着时间的累积，达到一定数量后再转存到存折里，如此日积月累，就可以逐渐养成自己存钱理财的习惯。生活理财的第二步，是培养记账的习惯。记账的好处在于你可以知道每日所花费的钱都用在什么地方，在财务需要节流时，也知道从何处下手。加上现在许多电脑软件，如 Microsoft Money 等，能帮你分析日常记账的资料，所以记账在现代生活中已不像以往那样是件吃力而没有意义的事了。

3. 学习理财投资

其实财务独立只是一个观念的建立，在你实现财务独立之前还有许多准备工作，其中学习理财知识就是最重要的工作，在这个学习过程中有两点要注意。

第一，从事理性的投资。何为理性的投资？简单地说就是"投资者了解所欲投资标的再衍生产品市场，标的资产是指期货或期权合约以之为基础的金融工具或实物商品。就期权而言，标的资产是指期权持有人行使权利可买进或卖出的金融工具或商品。内含与其合理报酬后所进行的投资行为。为什么独立理财要强调理性投资的重要性呢？因为投资不当会导致出现严重负债的问题。理性、正确的投资不但可以将收入大于支出的差距扩大，使你的财务真正独立，并且能协助你达成人生的目标。

第二，理财要交给专家。专家可以全心投入理财的工作中，而且拥有较多的资源和工具，可以有效提高你的投资收益，这些都是专家理财的优势。但我们自己为什么要学习理财知识呢？因为在你把钱交给专家理财之前，对这个理财专家充满信心，而且确定这个理财专家会以你最大的利益为最终理财的目的，最后还要确定会把你所投资的钱在你指定的时间回到你的口袋中。如果你没有十足的把握，那么你自己学习理财知识就是必要的。

4. 设定个人财务目标及实行计划

设定理财目标：理财目标最好是以数字衡量，计算你自己每月可存下多少钱、要选择投资回报率是多少的投资工具和预计多少时间可以达到目标。因此，建议你第一个目标最好不要定得太高，所要达到的时间以 2~3 年左右为宜。如何才能在最短时间内达成这个目标呢？在不考虑其他复杂的因素下，一般理财目标的达成与下列几个变数有关：个人所投入的金额：可分为一次投入或多次投入。投资工具的回报率：投资工具可分为定存、基金、股票、期货、债券及黄金等。投资回报率越高，相对风险也越高。投入的时间：金钱是有时间价值的，投入的时间越长，所获得的报酬也越大。因此，最基本的设定方式为先确定个人所能投入的金额，再选择投资工具。此外，投资工具的回报率要超过通货膨胀，最后随着时间的累积，就可达到所设定的财务目标。

5. 定期检视成果

只要根据事前、事中、事后控制的方法，将你之前所做的理财投资步骤做一个整合后，你就可以了解在理财过程中定期检视成果的重要性了。

事前控制：设定理财目标，拟订达成目标再衍生产品市场。以下的问题可以帮助你：衡量目标设定是否合理？有配合你个人人生的阶段目标吗？达成目标的方法可行吗？你有能操作进行的步骤吗？

事中控制："记账"就是在事中控制的工作。你可以从自己的记账记录中得知你个人日常生活金钱运作的状况，当你发现现金流可为公司带来稳定且强劲收益的产品或业务，通常成长性较差，但市场占有率较高，可为其他产品的开发提供资金支持。若有异常的状况时，可以随时知道并做出应变。

事后控制：计划完成后的得失检讨结果，是另一阶段规划所必须参考的重要资料。

实现无忧人生五工程

2007年时，郑女士家庭年收入16万元，有房产，16万元左右的按揭，有社会保险，夫妻俩均过而立之年，没有小孩，准备要，现还想买房子和汽车，请帮忙做理财规划。

理财分析：郑女士夫妇家庭年收入为16万元，应该说此收入也属中上水平，在家庭的筑巢期就已经拥有房产，有一定的经济实力。但是对于郑女士家庭的三个财务需求，生孩子、再买房和买汽车，其家庭的财务显然还未做好应有的准备，存在的问题有三：第一，缺少一定的家庭存款，无法应付突发性的家庭支出；第二，家庭资产单一，仅有一处房产，无投资性资产以获取更高收益；第三，家庭保障需增加，以维持家庭财务的安全性。

理财建议：

第一，准备一定的应急资金和生育资金。家庭至少需要准备3~6个月的备用金，从其年龄和收入状况来说，我们认为留存15000元左右的资金应该是必需的。按郑女士现在的年龄，首先应该考虑的是要孩子，其生育资金需准备20000元左右。35000元的资金可以一次性投资货币基金，近期的货币基金的平均收益在3%左右，是活期存款息的3.9倍，而且其收益正处在上升通道中。

第二，可用基金投资来准备育儿、购房、购车的资金，在分散风险的基础上提高投资收益。

（1）郑女士未告知其家庭按揭的具体年限，如果按10年期、20年期来估算

（按2007年9月15日的利率），每月的还款额基本在1800元、1200元左右。

（2）如果需要再次购房，按100平方米的房子来估算，差不多需100万元的资金，物业维修基金加税大致在20000元，按最少30%首付，还需按揭70万元，根据郑女士的年龄，最长的贷款期限为30年，每月的还款额为4500元。

（3）如果要买汽车，即便按10万元的车子计算，10%的税费也需准备10000元左右，首付最少30000元，另贷款70000元，最长5年期限，每月需还款1400元（汽车贷款一般执行基准利率），而且购车后每年的保险费在4000元左右，每月的纯支出至少也在1000元左右。

（4）郑女士生育后，家庭的支出每月将至少增加1000元。

综上情况，如果郑女士需全部就近实现其目标，首付金额将在364000元，每月还款将在8100元，占所收入比例的60.9%，超过了警戒线，在财务不足的情况下，建议此目标暂缓，先实现生孩子和购车两个目标。育儿资金可采用基金定投的方式来投资。基金定投是一种较低风险中等收益的投资工具，按家庭实际情况，每月可定投3000元左右，按现在情况来看，定投每年可取得10%左右的收益率，一般而言其增长率还是能够覆盖房价的上涨幅度的，做定投最好是股票型基金，推荐紧随内需增长基金、广发小盘基金。

第三，加强家庭的保险保障。根据郑女士的情况，每年可提出10%，即至少10000元的资金投入保险。

从上面的例子可以看出，其实理财是一项工程。为了实现无忧人生，理财需要"五个一工程"。

1. 学习基础知识

不管投资股票还是基金，投资以前都一定要知道自己是在做什么。当然，我们不是专业人员，不用了解很多，但至少要懂得一些起码的常识，比如，我所将要投资的东西到底代表了什么？它们的价值为何会上涨或下跌？买入卖出时的费率又如何计算？……学会这些常识后你就能对未来发生的一些状况作出自己的判断，不会因为一时的涨跌而去慌慌张张地求教别人。

2. 充分了解自己的状况

知己知彼，百战百胜。在实际投资过程中，要完全做到知彼是不可能的，所以对自己的了解就更加重要。要多问自己一些问题：我投资的目的是什么？预期收益率是多少？我能投入多少资金？风险承受能力又如何？我打算做一个怎样的投资者?……把这些问题都好好地想一想,和家人坐下来讨论讨论。

很多有一定经济能力的人喜欢拿出自己的闲钱来投资,因为这样即使输光了也不要紧。这种心态并不可取,投资理财是一种事业,是为了赚钱,不是赌博,千万不要抱着输光了也无所谓的心态来投资。

3. 注意搜集媒体、专家、朋友的介绍推荐,确立一个大范围

我们每个人似乎都会经历这一步,没有人第一次选择的股票或基金是完全靠自己的判断分析得出的。所以平时多留心媒体、专家、朋友的介绍,多采集接收信息,把这些都记录下来,确立一个投资的大范围。

4. 精挑细选,缩小范围

在这个大范围中,逐一地进行了解、分析,一层层地筛选,把值得长期投资的目标长期跟踪,锁定目标。即使经过了层层选拔,留下来的也未必就是对的,长期地观察和全方位地了解——这就是所谓的知彼。当然,要做到完全知彼是不可能的,但一定不能偷懒,尽可能多地去了解,做到心中有数。最后把投资范围缩小到个人资金可承受的范围以内。

5. 等待一个好时机,大胆进入

即使你很看好一个基金、股票,也没有必要急着买入,耐心地等待它的回调,耐心地选择、耐心地等待,然后耐心地持有,千万不要忽视时间的力量。

每天记账,每年制作一次财务状况表

花钱的时候糊里糊涂、大手大脚,待清醒过来却为时已晚,这是很多人的消费通病。所以,从现在开始就赶快准备一个账本,记下你生活中的每一笔开支。这个方法看似简单,实则非常有效。平时居家过日子,进进出出的开支非常零散。一日三餐、交通、娱乐等,看上去好像很固定,但总是会有一些额外支出,月底时吓你一跳,不仅大大超出预算,而且思前想后也不知道钱花到哪儿了。

每天记账,每年制作一次财务状况表。通过记账,你可以明确,在这一年当中,你赚了多少钱,花了多少钱,又存下多少钱?你的家庭有多少财富可应用,又有多少债务未还?年终到了,除了家里要大扫除之外,财务也要来个年终结算,为明年做妥善的理财规划。

制作个人财务报表可以帮助我们理解自己的财务状况,现在有多少收入(毛利),多少存款(现金),有没有买房子(资产),有多少贷款(债务),每个月要花多少钱（成本），好的个人财务报表能让我们清楚地知道自己的财务状况，少花不该花的钱。当然，制作个人财务报表的时候要考虑未来的财务状况，将来收入变化、成本变化和风险。将来有没有要花钱的地方，比如失业，医疗，保险，结婚，供养老人小孩等（风险）。

下面有一个小例子，6岁的时候巴菲特已经有了自己的账本。

6岁的巴菲特就做起口香糖销售了。他很想卖掉口香糖，但只有买卖还不足以让他改变原则；如果拆开单卖1片，意味着他得承受另外4片卖不掉的风险，卖掉一整包，他可以赚到整整2美分利润，铜板实实在在地握在手心里面。2美分，就像最初的几片雪花，是（巴菲特）未来财富雪球的基础。小小年纪的巴菲特，把他赚到的每一分钱都记录在一本小小的紫红色登记簿，这是他人生的第一本账本。

记账很重要，知道如何记账就更重要了。

首先，一般人最常采用的记账方式是用流水账的方式记录，按照时间、花费、项目逐一登记。若要采用较科学的方式，除须忠实记录每一笔消费外，更要记录采取何种付款方式，如刷卡、付现或是借贷。

其次，要特别注意记好钱的支出。资金的去处分成两部分，一是经常性方面，包含日常生活的花费，记为费用项目；另一种是资产性方面，记为资产项目。资产提供未来长期性服务，例如，花钱买一台冰箱，现金与冰箱同属资产项目，一减一增，如果冰箱的寿命是5年，它将提供中长期服务；若购买房产，同样会带来生活上的舒适与长期服务。

最后，要搜集整理好各种记账凭证。如果说记账是理财的第一步，那么集中凭证单据则是记账的首要工作，平常消费应养成索取发票的习惯。平日在收集的发票上，清楚记下消费时间、金额、品名等项目，如没有标注品名的单据最好马上加注。

此外，银行扣缴单据、捐款、借贷收据、刷卡签单及存、提款单据等，都要一一保存，最好放置在固定地点。凭证收集全后，按消费性质分成食、衣、住、行、育、乐六大类，每一项目按日期顺序排列，以方便日后的统计。

除了记下平时生活花费以外，还要有家庭财产记录。

有人将钱放在棉被或衣服的夹层中，有人开一个秘密账户，与朋友合伙或借钱给朋友等。由于种种原因不愿告诉家人，借据、凭证或业务上的安排家人都不清楚。如果突然有一天他还来不及通知家人就出事了，银行的存款可能就成了公共财产，借出的钱可能永远收不回来，合伙的财产被别人吞了，而夹层里的重要东西也很可能被当成破烂丢掉。拥有自己的秘密不是罪过，但如何才不会使我们的钱财不会凭空飞掉，又能保住秘密呢？将自己所有的财产登记入账是非常必要的。

记账只是一种使自己了解财务状况的方法，一种控制金钱的手段，这里所说的记账并不是狭义地记下每天的现金账，而是你各项开支和财产记录。这些家庭财产的实际记录，不但能够帮助你合理地使用每一分钱，而且能够在意外发生时令家人避免不必要的损失。

第三节　发挥金钱的最大效用，投资就要会"算计"

通货膨胀到底会对你造成多大伤害

坐在银灰色的新宝来里，王晓峰才感觉自己真的迈进了白领阶层。"买车的想法已经有两年多了，直到去年这个时候真正把车买了，这颗心才真的落了地。"王晓峰将车开到一处僻静的道边然后停车打开车门，轻轻地将右脚放到车外，随手从车内工具箱中取出一支中南海（香烟品牌），点燃后迅速地吸了一口。

成了有车族后，他的花销也随之增加，这一点让他感到有些担心。根据他的测算，从去年4月到今年4月，短短一年时间里油价就上涨了1.3元，按照一个月加油150升计算，一个月下来仅在汽油方面支出就多了近200元。

除了汽油涨价，其他方面物价的上涨也令他感到担忧。由于职业本身的原因，每个月他都有固定的钱用来购买化妆品，他原来购买的套装在500元左右，而现在同样的一套已经涨至700元，再加上女朋友用的化妆品也涨价了，目前他仅用在购买化妆品上的支出就足足增加了400元。

"如果说开车、化妆品花销是可以控制的，那么日常生活支出就无法避免了。"王晓峰说，去年这个时候一个礼拜出去吃两次饭，100块钱基本可以下来，但现在吃一顿饭可能就要百八十元，如此算下来一个月也要多出四五百元。按照王晓峰的说法，尽管他的月薪已达五六千元，但相对于不断上涨的物价，这些钱还是显得少了些。"现在基本上一天的花费就得100元，一个月就是3000元，而去年这个时候一个月2000元已足够。"王晓峰最后感叹道。

从上面的生活小案例中，我们可以看出：货币贬值，通货膨胀，让钱不值钱。租房的费用上涨，食品也涨价，到餐馆吃饭的价格不知不觉地也在涨。无论是王晓峰，还是生活中的我们都遇到的同一个问题是尽管薪水在上涨，但是比起通货膨胀，物价上涨带来的苦恼，多开的这些钱貌似起不到多大的作用。"每月还没等发工资，上月的钱就已经花没了。"手中固定的"票子"再也换不回以前满足而且已经习惯的生活物资了，生活在大打折扣。

人们收入增加，支出同样也在增加。从某省统计局获悉的一组数据，虽不是直接体现这个问题，但数字背后的含义耐人寻味。2010年一季度事关民生的重点商品销售额增长较快，粮油类零售额同比增长36.6%；蔬菜类零售额同比增长32.6%，服装类零售额同比增长48.0%；体育、娱乐用品类零售额同比增长56.7%；煤炭及制品类同比增长1.83倍；汽车类同比增长30.8%。

增长的速度如此之快，是否全部是人们自主消费呢，这与物价上涨有着很大关系。从总体来看，物价上涨的种类很多。所以消费者感到人民币贬值确实不是空穴来风，而且将有可能是长期影响。

这里我们更全面地分析通货膨胀的影响，主要有以下3个方面。

1. 对经济发展的影响

通货膨胀的物价上涨，使价格信号失真，容易使生产者误入生产歧途，导致生产的盲目发展，造成国民经济的非正常发展，使产业结构和经济结构发生畸形化，从而导致整个国民经济的比例失调。当通货膨胀所引起的经济结构畸形化需要矫正时，国家必然会采取各种措施来抑制通货膨胀，结果会导致生产和建设的大幅度下降，出现经济的萎缩，因此，通货膨胀不利于经济的稳定、协调发展。

2. 对收入分配的影响

通货膨胀的货币贬值，使一些收入较低的居民生活水平不断下降，使广大的居民生活水平难以提高。当通货膨胀持续发生时，就有可能造成社会的动荡与不安。

3. 对对外经济关系的影响

通货膨胀会降低本国产品的出口竞争能力，引起黄金外汇储备的外流，从而使汇率贬值。另外，通货膨胀导致银行利率上升，其中贷款利率的提高，给百姓购买房子带来了更大的压力，房价将可能继续保持上涨的趋势。

在通货膨胀的年代，钱更不值钱，这个时候，作为普通人的我们，更要学会投资理财，才能让生活不受影响，才能不降低生活质量。这就是必须学会的生存的智慧，为避免因通货膨胀而受到损害，就要求每个普通人都得努力把自己锻造成理财好手。投资实物资产更保值。应对通胀的最好办法是进行投资，如果投资收益超过了通胀，资产就能保值增值，避免缩水。在通货膨胀的情况下，投资实物资产的资产保值作用比较明显；而投资于一些固定收益类的产品，随着通货膨胀，在一定程度上来说是贬值的，比如，债券。通货膨胀唤醒了百姓的投资理财意识，使得百姓的投资理财的意识越来越普及。目前存在的"负利率"使得大多数人不再愿意把钱放在银行，人们更愿意把自己的闲钱投向投资收益率较高的证券市场，如股票、基金等。

怎样消费才是最划算的

海是个白领，月收入不错，却坚决反对浪费，平日里最常挂在嘴边的名言就是：浪费有罪，浪费可耻。大家一同出去吃饭，碗里的饭吃得最干净的是他，将未吃完的饭菜打包带走的也一定是他。海身上的穿戴不乏名牌，但多数是在换季打折的时候买的……诸如此类，但几年前，DV刚兴起的时候，海却花了不菲的价钱买了一部，他说他很想将自己和家人的生活状态记录下来，留作纪念。后来，出国游刚热起来的时候，海又毫不犹豫地带着全家人出国兜了一圈，大开了眼界，按他的话说，这钱只要花得值，就该花！

花钱要花得值，比如说，每次去买东西之前都会先想想是否真的需要；上班时一般自带饭菜，既节省又卫生；买水果就去批发市场，要比超市里便宜很多；家务坚持自己做，不请钟点工，既省了钱又可以锻炼身体。其实花钱花得值，与人们从前概念中的吝啬抠门有本质的区别，从前的人们这样做是因为物质匮乏，收入有限，不得已为之；而新节俭主义者是在物质丰富，收入充足的情况下，不该花的钱不乱花，他们不是不消费，而是将钱用在最该用、最值得用的地方。

少一点物质的欲望，过简单却高品位的生活，在不浪费却也不降低生活质量的条件下，用最少的金钱获得最大的愉悦和满足，这样的新节俭主义其实很好。

好生活不仅是一个目标，而且是一种动力。生产是为了消费，劳动是为了收获。富足和时尚的生活，可以给人带来无比的愉悦和快乐。所以当有能力满足自我的时候，改善生活当然成为理所当然的事。比如，旅游、健身……"新节俭主义"的核心观点是，收入虽然不菲，支出却要精打细算。该消费时消费，该节省时节省，既要将日子过得五彩缤纷，又要摒弃过度的奢华。简言之，就是理性消费、简约生活。但是，也有人认为，"新节俭主义"与时下的扩大内需、拉动消费是矛盾的。真的是那样吗？

很多人是这样理解的——"新节俭主义"与眼下政府努力所做的扩大内需、拉动消费并不矛盾，提倡"新节俭主义"的人群同样支持消费，但他们会把钱花在刀刃上。有很多事想做，那就要先想清楚，哪种需要是最急需解决的，哪些可以先放一放。只有找准了生活的支点，才能撬起自己最大的快乐。

简言之，最划算的消费可以从以下几个方面开始做起：

（1）吃不穷，穿不穷，计划不周要受穷。20世纪五六十年代时，家庭能做到收支平衡就很不错了。当时大家常年记流水账，每月开支后第一件事就是把房费、煤气费、水电费和孩子的学费拿出来，其他的便用于日常支出。到了月底如果出现赤字，就从账目上查找，如果有节余就适时地改善一下生活。

（2）不浪费、低碳生活也是理财的一种。比如，利用"冰箱贴"的方法防止遗忘，提示冰箱里储存的食品，减少开冰箱的次数，省电不说，还吃新鲜东西。另外，把节日收到的礼品都做详细的登记，名称、种类、保质期一目了然。还有，将大衣服攒在一起用洗衣机洗，小衣服就用手洗，既省了水又锻炼了身体，还符合现在的低碳生活。

（3）储蓄应成为老年人的首选，但不要盲目储蓄，要选择最合算的方式。例如，把每个月的节余办个零存整取，它的利息比活期高不少。如果每月节余稍多，可将零存整取换成每月存一张定期，每月定存不仅可分享更高利率，而且每月都有资金到期，就现金流而言，也更为平衡。

如何加强对闲置资金的管理

为什么要管理闲置资金？加强对闲置资金的管理，有什么优势？

学会用现金管理工具，别让太多现金闲着；对于个人投资者来说，什么叫现金管理？除去日常开销、基金股票投资等，你每月有多少闲置的资金（也许是应急资金）？它们随时可能被用到，不适合做定期存款，也不适合投资于股票型、混合型基金，只好放在银行卡里赚着活期利息。你是否觉得这些钱闲置着很不值？

国庆节假日期间，沪深证券交易所、上海黄金交易所和上海期货交易所全部休市，空仓资金在节日期间难免要"睡大觉"。此外，计划在国庆节后用于购房、提前还房贷和购车等用途的大额资金也存在过节期间"睡大觉"的问题。如何让闲置资金过节时不闲置？投资者的资金量越大，就越需要认真考虑这个问题。以股票投资为例，100万元的闲置资金如果趴在保证金账户上不动，利率不多。然而，如果我们合理运用一些金融工具，收益率可能会高很多。

（1）银行青睐大资金，例如：农业银行、浦发银行、华夏银行、北京银行和北京农村商业银行推出的"国庆版"的产品，期限为7天至14天，主要投资于债券或货币市场等低风险金融工具，大多承诺保本。其中，针对高端客户的产品预期年化收益率最高达到2.75%。产品说明书显示，银行更青睐大资金。例如，深发展的国庆产品分成3个档次，起始购买金额如果为5万元，则预期年化收益率为1.8%；起始购买金额如果为20万元，则预期年化收益率为1.9%；起始购买金额如果为500万元，则预期年化收益率为2%。浦发银行的国庆产品也将起始购买金额分成3个档次，分别是10万元、100万元和500万元，对应的预期年化收益率分别为2.5%、2.6%和2.7%。

（2）留神理财产品时间差，需要注意的是，国庆节后股市、期市和黄金市场恢复交易时，有的银行理财产品尚未到期，存在时间差。以浦发银行产品为例，收益起始日期为9月30日，结束日期为10月11日，而股市于10月8日恢复交易。购买该产品的资金在10月8日无法投入股市。如果投资者希望"无缝对接"，那么可以选择更为灵活的常规性理财产品。

（3）买货币基金要趁早，货币市场基金也是一大工具。以2010年9月21日的市场数据为例，当天共有54只货币市场基金的7天年化收益率超过1.5%，17只超过2%，4只超过2.5%。需要注意的是，基金管理公司在长假前通常会提前暂停货币市场基金的申购和转入。货币市场基金也存在时间差问题。赎回资金通常是"T+2"到账，如果投资者在10月8日股市恢复交易当天发出赎回指令，则资金在下周才能到账。

（4）逆回购是高手利器，逆回购是投资高手青睐的工具。个人投资者可以通过证券交易所把资金借给机构投资者，这种操作被称为逆回购。逆回购的风险低，而如果操作得当，收益率可能颇为理想。

第四节　学习致富之道，尽早精通投资方法

找到诀窍，投资就是这么简单

巴菲特的工作方式，永远不会选择电影《华尔街》里的场景：慌乱的人们左手拿着一个电话，右肩和脸颊夹住另一个电话，右手则用铅笔在白纸上写写画画，眼前的行情机闪烁着绿色荧光，旁边不断传来"做多""做空"和证券代码以及骂人的声音……与之相反，巴菲特的生活与工作则显得悠闲得多，他甚至有大把的时间可以自由支配。他可以从容地为自己做早餐，或者躺在地板上与朋友煲电话粥。他总是给人一副气定神闲的模样，像一位深沉的思想者或哲人。

正是这位慈眉善目的巴菲特，从奥马哈白手起家，仅仅用了40余年时间便在华尔街创造出430亿美元。这种财富奇迹是怎样被创造出来的呢？

其实只要掌握了投资诀窍，投资就是一件很简单的事情。下面主要来谈谈投资诀窍。

巴菲特说，两个原则最重要："第一，把股票投资当作生意的一部分；第二，确立安全边界。"巴菲特表示，确立一只股票的安全边界尤为重要，这是保证成功投资的不二法门。"一只股票有其实际的价值中枢，当市场价格已经超过这只股票的实际价值很多的时候，就到了该卖出的时候了。你在'抄底'时也不要指望在已经跌了95%或者90%的时候能够买入，这是很难的。"

巴菲特幽默地说老朋友伯克希尔·哈撒韦投资公司的副总裁查理·芒格是使他投资能够保持常年不败的"秘密武器"。"查理总是教会我不要去买那些在统计上看起来很便宜的股票，查理在很多问题上都是很精明的。"巴菲特说。巴菲特发表一年一度的《致股东的一封信》，其中重申了让自己成功的投资"秘诀"：

（1）保持流动性充足。他写道，我们决不会对陌生人的好意产生依赖，我们对自己事务的安排，一定会让我们极有可能面临的任何现金要求在我们的流动性面前显得微不足道；另外，这种流动性还将被我们所投的多家、多样化的公司所产生的利润流不断刷新。

（2）大家都抛时我买进。巴菲特写道，在过去两年的混乱中，我们把大量

资金用起来；这段时间对于投资者来说是极佳时期，因为恐慌气氛是他们的最好朋友……重大机遇难得一见，当天上掉金时，要拿一个大桶而不是顶针去接。

（3）大家都买时我不买。巴菲特写道，那些只在评论家都很乐观时才投资的人，最后都是用极高的代价去买一种没有意义的安慰。从他这句话推导，显然是要有耐心。如果人人都在买进时你做到了按兵不动，那么只有在人人都抛售时你才能买进。

（4）价值，价值，价值。巴菲特写道，投资中最重要的是你为什么给一家公司投钱——通过在股市中购买它的一个小部分——以及这家公司在未来一二十年会挣多少。

（5）别被高增长故事愚弄。巴菲特提醒投资者说，他和伯克希尔·哈撒韦公司副董事长芒格不投那些"我们不能评估其未来的公司"，不管它们的产品可能多么让人兴奋。多数在1910年押赌汽车业、1930年赌飞机或在1950年下注于电视机生产商的投资者，到头来输得一无所有，尽管这些产品确实改变了世界。"急剧增长"并不一定带来高利润率和高额资本回报。

（6）理解你所持有的东西。巴菲特写道，根据媒体或分析师评论进行买卖的投资者不适用于我们。

（7）防守好于进攻。巴菲特写道，虽然我们在某些市场上扬的年头里落后于标普指数，但在标普指数下跌的11个年头里，我们的表现一直好过这一指数；换句话说，我们的防守一直好于进攻，这种情况可能会继续下去。

在动荡年代，巴菲特的这些建议都是符合时宜的。

充满致富的梦想

有人曾说："很难相信有谁会把追求财富当作罪恶，事实上，正是因为对财富的追求才使世界变得美丽。"

事实的确如此，从人类的历史看，对金钱的合理追求都是高尚的行为。德国的社会学家韦伯在解释为什么西方社会富翁辈出时指出，正是在宗教改革后，新的教义告诉人们追求金钱是上帝的合理安排，因此人们开始把通过合理渠道和勤奋工作赚钱看成是上帝赋予的事业，亿万富翁也因此不断地涌现了出来。财富对社会、个人都是重要的；财富是有益处的，它把人们从苦难中解脱出来，走向文明与幸福。

最重要的是，财富表现在它能够满足亿万富翁们贡献社会的欲望。那些亿万富翁们，在自己享受生活的同时，还通过设立基金，让其他人分享他的快乐。比尔·盖茨是巨富，他设立了世界最大的慈善基金，价值几十亿美元，可以使很多没有钱的人继续上大学。比尔·盖茨通过智慧赚取财富，又把它回馈给社会。追求比金钱更高的价值，这不是很高尚的行为吗？他们会有一种常人无法体会的成就感与甜蜜的幸福感。

财富还在于它能够给人以自信。口袋里有钱，银行里有存款，会使人轻松自在，不必为别人怎样看你而发愁，也不必为几百块钱的消费而过多忧虑，可以潇洒地出入商场和豪华的酒店。如果你还没有财富，请正视自己的处境，仔细研究一下财富的价值，把追求财富当作前进的动力。

但是，应当把追求财富当成一个事业，而不是单纯的享受。如果你把追求财富当作一种事业，就会站在一个更高的角度来看待它，因而也就更容易在生意场上取得成功。对于那些经济成功人士而言，赚钱使他们感到快乐，不在于自己的金钱增加了多少，而在于自己通过赚钱，证明了自己的能力，这种满足感才真正是快乐的源泉。这种满足感使自己在赚钱的时候感觉自己是在从事一种事业，从而极大地激发自己的创造性和幸福感。

不管你出身怎样，只要你愿意掌握自己的命运，你就能够获得财富。如果你投入了必要的精力和决心去追求财富，你就能感受到做这件事的幸福。

不管面对什么障碍，你能够为实现自己制定的财富目标而不停息地追求，那你也时刻充满着幸福。

赚取金钱的最大障碍源于内心，妨碍你做自己喜欢的事是你的思想，迷信对别人有效的方式可能会误导自己。

勇敢地走向通往富翁之路，排除恐惧、积极行动，你会获得成功。

通胀和负利状况下首重资产保值

张先生33岁，夫妻两人有15万元存款，无债务，生活开销一般，也没什么需要大笔支出的地方。感觉今年投资房地产不靠谱，对保险又不了解，银行存款利率太低，不知道如何做到保持资产保值。

根据张先生的情况，有一些理财师建议。张先生可以对15万元存款作一资产配置。建议保留3个月的支出作为紧急备用金，以定期存款的形式持有，按照资金的流动情况分别存以3个月、6个月和1年期；假定张先生为稳健型投资者，剩余资金可按5：3：2的比例分别投资风险资产和无风险资产，其中50%的资金可以投资大盘蓝筹股和股票型基金、债券型基金，30%的资金可以考虑国债或银行人民币理财产品，最后的20%资金可考虑分红型保险产品或实物黄金。其间，建议张先生将每月家庭的结余进行基金定投，长期不懈地投资。

在通胀压力不断升温、楼市股市吹冷风的背景下，首要的是使资产保值。资产保值可从以下几个方面做起。

1. 购买银行短期理财产品

银行理财产品最近重新受到投资者的青睐，其中低风险、期限短的固定收益品种更受追捧。目前市场上2个月期限短期理财产品，预期年化收益率达到3%左右，半年期产品的收益一般都能达到3.6%以上，一年期产品的收益大多能达到4%以上，远远超出同期的存款利率。通常情况下，银行理财产品的收益会受到资本市场大环境的影响。在通胀压力大增预期下，选择银行产品是有道可循的。但面对众多繁杂的理财产品，投资者要遴选出高收益的品种，策略上应有所侧重。首选挂钩商品类产品，比如，挂钩黄金、挂钩农产品的理财产品。

2. 长期可配置黄金

专家建议人们可以根据自己的资产情况以及风险承受能力配置资产，中长期的资产可选择配置部分能防御通胀的高预期收益资产，如股票、黄金和基金。专家认为全球经济可能面临二次探底，黄金牛市也无须怀疑，因为经济增长前景黯淡会推动对黄金的投资需求。不过，也有分析人士认为金价中期将走弱，但每年第四季度都将迎来上涨行情。对资金量不大的投资者而言，分析人士认为不适宜投资实物黄金；考虑到黄金抗通胀特性以及金价已大幅上涨的现状，看好黄金的投资者可少量配置黄金股抗通胀。由于美元走势对黄金投资影响较大，因此提醒短线投资者要多关注美国经济数据以及外汇市场的走势。

此外，宏观经济数据公布后，基金业内人士认为市场流动性宽裕整体格局没有改变，中长期来看，股市上涨可为投资者提供抵御通胀的机会。

3. 定期存款不宜超过6个月

在通胀预期下，将钱存在银行显然不划算。不过，专家也表示，市民短期资产可配置一些债券、存款等，但要结合个人的风险承受能力综合考量，较长期限的存款并不一定是最好的选择。考虑到加息预期，存款配置期限可以控制在6个月左右。此外，一般来说，家庭存款比例应保持在总收入的20%~40%，具体比例可以根据自己的风险偏好进行调整。

从小开始逐渐做大

请先来看一个小故事：

有一天，卡耐基与妻子一同去商场购物。

他们夫妇俩每人各带了1000美元。卡耐基的是一张500元钞和5张100元钞，妻子的是10张100元钞。

商场里的商品品种非常多，应有尽有。卡耐基和妻子仔细地选购自己喜爱的物品。过了约半小时后，卡耐基将5张100元钞票全部花掉了，只剩下一张500元钞。卡耐基找到妻子，发现她已花掉了差不多800元，皮夹中只剩两张100元钞和一些零钱。

从这次购物的经历中，卡耐基得出了这样一个结论：5张100元钞不等于一张500元钞。

他说："人们都有这样的心理：当自己花掉一张500元钞的时候，会感觉花掉了一大笔钱；但当花掉一张100元钞时就没有这种感觉，只是觉得花去了很少的钱，甚至花完5张100元钞，也没有花大钱的感觉。所以，如果你想节约的话，购物时使用较大面额的钞票效果要好得多。"

事实上，这完全出于人们的心理感受。这种矛盾从心理学上讲，属于"高额"与"低额"之间的差异，若干个"低额"事实上构成了"高额"，但心理感受不同。

一位精明的商店老板，正是抓住了人们的这种心理特征赚钱的。

这位老板在商店的门口设置了一个"兑银台"，并竖了一块牌子。牌子上写道："尊敬的顾客：您的包里有小额钞票吗？为了您在购买商品时方便，如果您没有小额钞票，欢迎您在此台兑换小额钞票。我们非常愿意为您服务。"

于是，很多顾客都在这个"兑银台"将大额钞票兑换成小额钞票。事实上，这正是老板的"精明"之处。

通常的情形是，很多顾客在不知不觉中把兑得的小额钞票全部花完了。比如，有一位中年妇女，带了一张500元钞，在"兑银台"兑成了5张100元钞，结果这些钱全部"留"在了商店。

因此，商店每天的生意都很好，商品像流水一样销售出去，既快又多。老板乐得合不拢嘴。

卡耐基说："尽管钞票数额完全相等，但不同面值的钞票，在使用时的情形却不一样。"在花费一些数额不大也不小的钞票时，人们都不会有太强烈的心理震荡，因此即使造成了浪费，也不会心疼。

小钱是商家赢利的法宝，而消费者却不怎么当回事儿。切记，养成积攒小钱的习惯，那是你拥有巨款的前提条件。而投资的道理同样如此，也需要你从小处着手，一点一滴地去积累财富。

·第二章·

"大环境"决定"小收益"：数字使投资简单化

第一节 什么是决定投资命运的生死符——宏观经济变化

宏观经济指标有哪些

一、国民经济总体指标

（一）国内生产总值

国内生产总值是指一个国家在某一段时期（通常为一年）内所生产的所有最终产品和服务的价值总和。国内生产总值是衡量一个国家经济运行规模的最重要指标。

理解国内生产总值这一概念要注意以下几点：

（1）国内生产总值是一个市场价值的概念，各种最终产品的市场价值就是用这些最终产品的价格乘以相应的产量，然后加总。

（2）国内生产总值在计算的过程中，中间产品的价值不计算在内，否则会造成重复计算。

（3）国内生产总值是一个国家在一定时期内生产的，而不是所销售的最终产品价值。

（4）国内生产总值是指市场活动所产生的价值，家庭劳动和自给自足等非生产活动不包括在内。

我们通常用支出法来衡量国内生产总值。所谓支出法就是通过计算在一定时期内整个社会购买最终产品的总支出来计量国内生产总值。在现实生活中，对最终产品的需求包括四个部分：居民消费支出、企业投资、政府支出和净出口。

（1）居民消费支出是指本国居民对最终产品的购买，比如，汽车、食物、服装、医疗、旅游等。在宏观经济学中，通常用 C 表示消费支出。

（2）企业投资包括固定资产投资和存货投资两部分。固定资产投资是指新厂房、新设备、新住宅的投资。存货投资是指企业库存的增加或减少。在宏观经济学中，通常用 I 表示企业投资支出。

（3）政府支出是指各级政府购买物品、劳务的支出和政府投资。政府购买是政府支出的一部分，我们通常将政府购买放到消费支出方面来处理；政府支出的另一部分是政府投资，我们通常将政府投资放到企业投资方面来处理。在宏观经济学中，通常用 G 表示政府支出。

（4）净出口是指一国出口额与进口额的差额。出口是指本国的产品和劳务输出到国外，由外国的居民、企业和政府形成对这些产品和劳务的购买。进口是指本国居民、企业和政府对国外生产的产品和劳务的购买。在宏观经济学中，通常用 X 表示出口，用 M 表示进口，净出口就是 $X - M$。

按照支出法，国内生产总值 $= C + I + G + (X - M)$。

国内生产总值的变动是一国经济成果的根本反映。国内生产总值的变动可以对证券市场产生影响，进而影响个人的理财行为。下面，我们就分析一下国内生产总值和股票市场的关系：

（1）国内生产总值的持续稳定上升表明国民经济良性发展，人们有理由对未来经济产生良好的预期，而伴随着经济的总体增长，上市公司的利润也会持续上升，这两方面的因素促使股票价格上升。

（2）如果国内生产总值处于不稳定的非均衡增长状态、高通货膨胀率下的增长时，这是经济恶化的征兆。如果政府不采取调控措施，就会导致经济的"滞胀"（通货膨胀和经济增长停滞）。这时，经济中的矛盾就会彰显出来：企业经营面临困境、居民收入增长缓慢、对未来的预期悲观，这将导致股价下跌。

（3）宏观调控下的国内生产总值减速增长。当经济呈现出失衡的高速增长时，政府会采用宏观调控措施来保持经济的稳定增长，这些调控措施会在一段时间内降低经济增长速度，但又为经济长期稳定增长创造了条件，这时的股价会呈现出止跌回升的态势。

（4）如果国内生产总值在过去的一段时间里呈现出负增长的态势，但负增长率逐步收缩，并呈现出向正增长转变的趋势时，表明经济环境正有所改善，证券市场也会转跌为升。

（5）当经济增长速度由低转高时，表明新的一轮高增长正逐渐来临，股价也将出现快速上涨的态势；反之，如果经济由高增长转为低增长，股价会出现大幅下跌。

证券市场一般会对国内生产总值的变化提前作出反应，也就是说，证券市场是反映预期国内生产总值的变动。因此，在股票投资中进行国内生产总值变动分析时必须着眼未来，这是最基本的常识。

（二）通货膨胀

我们将在下节中详细讲解。

（三）通货紧缩

通货紧缩与通货膨胀相反，是指在现行物价水平下，一般商品和劳务的供给量超过需求量，货币数量比商品和劳务少，物价水平下降。通货紧缩通常与经济衰退相伴，表现为投资机会减少，投资收益下降，信贷增长乏力，企业开工不足，消费需求减少，居民收入增加速度缓慢等迹象。

1. 通货紧缩的原因

（1）紧缩的财政政策和货币政策。紧缩的财政政策——减少政府支出和增加税收。减少政府支出和增加税收会造成国民收入的减少，压缩了社会总需求。而中央银行采取紧缩的货币政策——提高银行存款准备金率、提高贴现率等，同样可以达到紧缩通货的目的。

（2）经济周期的变化。经济周期是指经济活动的扩张和收缩反复出现的过程。在经济周期波动的扩张阶段，市场需求旺盛，企业产品需求饱满，经济繁荣；在经济周期波动的紧缩阶段，市场需求疲软，商品滞销，企业经营困难。可见，在经济周期的收缩阶段会出现通货紧缩。

（3）投资和消费的有效需求不足。有效需求不足和生产过剩互为因果，居民收入增长速度过慢也制约了有效需求。

（4）结构失调。结构失调是指一国的部门结构和产业结构或比例结构之间的不协调。比如，拥有8亿农村消费者的巨大农村市场被企业忽视而使农村市场的有效需求不足，许多企业只有在自己的产品被严重积压时才会想到农村市场的消费潜力，但是由于产品"不对路"，无法被农民接受。这样就使社会商品的供给总量和供给结构双重失衡，导致经济出现通货紧缩。

2. 通货紧缩的影响

（1）导致社会总需求不足。预期价格持续下降会减少对商品和劳务的购买，抑制当前的消费，从而导致经济的恶性循环，社会总需求会进一步下降。

（2）影响货币的正常运转。通货紧缩导致价格下降，从而使贷款人减少开支、出售资产，更使企业盈利下降，进而裁员减薪，经济需求进一步减少、进一步紧缩。

（3）社会动荡因素增加。企业利润减少，股票价格下跌；房价下跌，让贷款买房人资不抵债；失业率上升，家庭收入减少，这些都会导致社会的不安定。

3. 通货紧缩的治理

与通货膨胀相比，通货紧缩是一个更让各国政府头痛的问题，因为它更难以治理。通货紧缩会导致经济大范围内衰退，所以，政府必须实行扩张的财政政策和宽松的货币政策，通过刺激投资和消费来增加社会的有效需求。关于财政政策和货币政策，我们在后面会阐述。下面我们看看通货膨胀和通货紧缩对证券市场的影响。

（1）温和的通货膨胀对经济的增长是有好处的，也会推动股价的持续上升。

（2）恶性的通货膨胀会引发政府的政策干预，进而影响证券市场。

（3）在通货膨胀（超过温和的通货膨胀）时期，有些行业可能受益，比如，银行、地产、贵金属（黄金），而有些行业可能遭受损失。

（4）通货膨胀（超过温和的通货膨胀）不仅会影响经济，还会影响投资人的心理预期，进而影响股价。

（5）通货紧缩使企业经营困难，利润下降；投资人对股票没有信心；市场流动性紧缩。

这些因素都会造成证券市场的低迷，股票价格下跌。

（四）国际收支

国际收支是指一个国家在一定时期从国外收进的全部货币资金和向国外支付的全部货币资金之间的对比关系。收支相等称为国际收支平衡，收入大于支出称为国际收支顺差，支出大于收入称为国际收支逆差。一个国家保持国际收支平衡是一个国家经济状况稳定的表现。

二、投资指标

投资指标是指固定资产投资额，是以货币表示的建造和购置固定资产活动的工作量，它是反映一定时期内固定资产投资规模、速度、比例关系和投资方向的综合性指标。按照管理渠道，全社会固定资产投资总额分为基础建设投资、更新改造投资、房地产开发投资和其他固定资产投资4个部分。

三、消费指标

社会消费品零售总额。社会消费品零售总额所计量的是各种经济类型的企业销售给居民用于生活消费的商品和销售给机关、团体、部队、学校、企业和事业单位的用作非生产经营性的消费品的总和。它是研究居民生活、社会消费品购买力和货币流通等问题的重要指标。

城乡居民储蓄存款余额。它是指某一时间点城乡居民存入银行和农村信用社的储蓄金额。

四、金融指标

金融指标包括利率、汇率、货币供应量、金融机构存贷款余额、金融资产总量等。

五、财政指标

财政指标包括财政收入和财政支出。财政收支平衡是最佳状况，所谓平衡就是收支相抵，略有节余。如果国家财政支出大于财政收入，我们称之为财政赤字。中央政府一般通过发行公债（国债）的方式来弥补财政赤字。

通货膨胀对日常生活有什么影响

在第一次世界大战后的德国，有一个小偷去别人家里偷东西，看见一个筐里边装满了钱，他把钱倒了出来，只把筐拿走了。当时的德国，货币贬值到了在今天看来几乎无法相信的程度。

第一次世界大战结束后的几年，德国经济处于崩溃的边缘。

德国政府迫于无奈，只能日夜赶印钞票，通过大量发行货币来为赔款筹资。由此，德国经历了一次历史上最引人注目的超速通货膨胀。从1922年1月到1924年12月，德国的货币和物价都以惊人的比率上升。每份报纸的价格从1921年1月的0.3马克上升到1922年5月的1马克、1922年10月的8马克、1923年2月的100马克，直到1923年9月的1000马克。在1923年秋季，价格更以不可思议的速度"飞"起来了：一份报纸的价格10月1日是2000马克、10月15日是12万马克、10月29日是100万马克、11月9日是500万马克，直到11月17日是7000万马克。

在这样巨大的经济危机之中，德国人民遭受了极大的苦难。没有工作、没有粮食，走投无路。德国人民对生活现状极为不满，德国各地斗争、骚乱不断发生，德国处于严重的动荡之中。

从这场经济危机中我们可以看出，过度的钞票发行量所造成的通货膨胀是导致这次经济危机全面爆发的一个最重要原因。

那么，什么是通货膨胀呢？通货膨胀一般指因纸币发行量超过商品流通中的实际需要的货币量而引起的纸币贬值、物价持续上涨的现象。其实质是社会总需求大于社会总供给。比如说，商品流通中所需要的金银货币量不变，而纸币发行量超过了金银货币量的一倍，单位纸币就只能代表单位金银货币价值量的1/2，在这种情况下，如果用纸币来计量物价，物价就上涨了一倍，这就是通常所说的货币贬值。此时，流通中的纸币量比流通中所需要的金银货币量增加了一倍，这就是通货膨胀。在宏观经济学中，通货膨胀主要是指价格和工资的普遍上涨。

当物价水平的上涨，手中的钱越来越不经花的时候，我们应该怎样规划自己的理财计划呢？我们应该怎样做才能让自己辛勤工作积累的财富继续保值增值呢？

首先，对于年轻人来说，开源节流是保证他们的财产在通胀时期保值增值的最佳理财策略。年轻人由于刚刚走出校门步入社会，一下子就要面临严峻的生存压力，经济一般都不是很宽裕，甚至有些人还要依靠父母才能维持生计。因此，在这种情况下，勤俭节约、减少开支是他们理财规划中首当其冲的一项任务。但是，如果他们能在减少支出的情况下用闲置资金进行一些适当的投资，将能从根本上实现财富的保值增值。那么，选择什么投资产品才最适合这类人群呢？众所周知，在众多投资产品中，基金具有流动性强、风险性弱、收益性高、管理专业等特征，因此，对于经济状况不是很好的年轻人来说，基金的定投就是投资理财的首要选择。一方面，投资基金可以加速年轻人的财富积累，另一方面也可以帮助他们跑赢CPI。当然在具体品种的选择上，可以根据个人风险承受能力的不同，在股票型基金和平衡型基金等类型上做区别，风险承受能力较大的，可以在配置比例上多购买一些股票基金；反之，则增加平衡型基金等其他基金。

其次，对于那些已经成家、有了一定经济基础的中年人来说，适当考虑将闲置资金投入资本市场，减少银行存款、国债等理财产品所占的比例，将成为应对通货膨胀、让财产保值增值的最佳理财方式。一般来说，投资股票是一种职业行为，投资基金则是一种生活方式，长期持有优质的基金和股票一方面可以避免因错过上涨而遭受损失，另一方面也在一定程度上帮助股民免除了财富被通胀侵蚀的风险。因此，在通货膨胀时期，最适合中年人的理财方法是投资资本市场。就目前的经济形势来看，市场的通胀率一般为5%~6%，因此，要想真正实现财富的保值增值，他们的理财目标就必须高于这个比例，而股票、基金、房地产等理财产品的收益率往往高达20%，甚至100%，这就意味着这些经济能力较好的中年人可以将一部分资金投资到这个有着高收益的资本市场中来。但是，高收益就意味着高风险，因此不能将所有资金都投入进去，而应该将投资比例控制在总资产的40%~50%之间。对于债券类以及银行理财产品来说，投资比例也应控制在30%~40%之间，剩余的部分资金，可留作流动资金，用投资货币市场基金等理财产品的形式获取一定的收益。当然，对于那些少数资产特别富裕的中年人来说，投资房产也是一项迅速积累财富的捷径，但要注意的是：投资房产要注重控制家庭负债率，使其控制在30%~50%之间。

最后，对于已经退休的老年人来说，过去我们一直常说要以保守的理财方式为主，但是要想在通货膨胀时期让财富保值，就需要改变一下传统的老年人理财思路，用一种较为"激进"的理财方式平稳地渡过通胀危机。股票、基金等投资产品虽然对于老年人来说并不是最适合的投资理财产品，但是非常时期就必须采取非常策略，要想让自己的资金不缩水，就必须在通胀时期适当投资一些股票或者基金。但是，老年人要注意的是，投资股票和基金并不是为了赚取太多的利润，而是为了抵消通胀给资金造成的缩水，因此，不要选择那些高风险、高收益的投资产品，只要投资产品的收益率略高于通胀率就可以了。此外，除了传统的银行存款、债券等理财产品，老年人还可以投资一些银行推出的理财产品，比如，项目信托产品，收益性和安全性都很好，因此很适合老年人理财。另外，专家还提醒这些老年人，在选择银行理财产品的时候一定要自己先弄懂这些产品的属性，做到有备而来，万无一失。

如此看来，通货膨胀并不可怕，可怕的是我们在通胀时期束手无策，让自己辛辛苦苦积攒的资产白白流失。因此，只要大家能够根据自己的实际需要选择适合自己的理财方式，我们照样能在通胀时期赚取丰厚的利润。

辨别虚假繁荣背后的泡沫

西方有句谚语说："上帝欲使人灭亡，必先使其疯狂。"20世纪80年代后期，日本的股票市场和土地市场热得发狂。从1985年底到1989年底的4年里，日本股票总市值涨了3倍。土地价格也是接连翻番，到1990年，日本土地总市值是美国土地总市值的5倍，而美国国土面积是日本的25倍！两个市场不断上演着一夜暴富的神话，眼红的人们不断涌进市场，许多企业也无心做实业，纷纷干起了炒股和炒地的行当——全社会都为之疯狂。

灾难与幸福是如此地靠近。正当人们还在陶醉之时，从1990年开始，股票价格和土地价格像自由落体一般往下猛掉，许多人的财富转眼间就成了过眼云烟，上万家企业迅速关门倒闭。两个市场的暴跌带来数千亿美元的坏账，仅1995年1月至11月就有36家银行和非银行金融机构倒闭，当年爆发了剧烈的挤兑风潮。极度的市场繁荣轰然崩塌，人们形象地称其为"泡沫经济"。

20世纪90年代，日本经济完全是在苦苦挣扎中度过的，不少日本人哀叹那是"失去的十年"。

泡沫经济指的是虚拟资本过度增长与相关交易持续膨胀日益脱离实物资本的增长和实业部门的成长，金融证券、地产价格飞涨，投机交易极为活跃的经济现象。泡沫经济寓于金融投机，造成社会经济的虚假繁荣，最后必定泡沫破灭，导致社会震荡，甚至经济崩溃。

最近两年，国家都在通过宏观调控限制房地产的价格上涨，而且还出台了好多关于房地产的政策，限制房地产开发商，这是为什么呢？主要就是国家为了防止房地产开发商投资过热造成房地产投资泡沫。那么，什么是房地产投资泡沫呢？就是房地产商在投资的时候的增长率，应该和房地产的消费水平的增长率差不多，应该是供求平衡的。但是现在的房地产的投资过快，房子无法销售，造成了还款困难，这样有可能形成金融危机，形成经济泡沫。

日本"失去的十年"让我们充分认识到了泡沫经济的危害，但是，仍有一些人认为这是国家宏观经济环境所决定的，跟自己没有太大关系。其实，这是一种很错误的观点，因为对于那些准备买房置地和炒股炒汇的家庭来说，泡沫经济与他们有着极为重要的联系，并将直接影响到他们的行为。因此，家庭理财绝不能忽视外围的经济环境，而要与社会的经济形势相适应，并通过分析市场经济趋势尽可能地不让泡沫经济给自己带来过大的损失。

首先，买房置地时一定要善于识别房托和炒房团的骗局。如果我们注意观察，就会发现，在楼房开盘的现场时常活跃着这样两种人，一种是专业为新开盘楼盘"烘盘的托儿"，另一种是专业倒号的二道贩子。与专业炒房团相比，这两种人的出现往往会蒙蔽消费者的眼睛，让人无法辨别虚假繁荣背后的泡沫。因此，消费者一定要擦亮眼睛，警惕房产市场中的虚假行为。

其次，选择股票一定要慎重。我们在投资股市的时候，一定要对那些飞速上涨，形势看似一片大好的股票斟酌清楚后再购买，因为"暴涨必暴跌"，越是这样一路飘红的股票就越可能存在严重的虚假繁荣，弄不好就可能被套牢。因此，在选择股票的时候不要盲目轻信股评和专家预测，更不能跟风购买随波逐流，而是应该站在一个旁观者的角度去预测股票的未来走势，并对照上市公司的经营业绩来分析股票的前景，只有做到心中有数、胸有成竹，才能最大限度地避免泡沫经济给自己带来的损失。

物价是涨了还是跌了

不知从什么时候开始，许女士突然觉得，以前喜欢讨论时装、化妆品的女孩们也常常会说，上个月 CPI 何时出来？

CPI 是消费者物价指数（Consumer Price Index）的英文缩写，是反映与居民生活有关的产品及劳务价格统计出来的物价变动指标，通常作为衡量通货膨胀水平的重要指标。

CPI 告诉人们，对普通家庭的支出来说，购买具有代表性的一组商品，在今天要比过去某一时间多花费多少。在日常生活中我们更关心的是通货膨胀率，它被定义为从一个时期到另一个时期价格水平变动的百分比，公式为 $T=(P1-P0)/P0$，式子中 T 为 1 时期的通货膨胀率，P1 和 P0 分别表示 1 时期和 0 时期的价格水平。如果用上面介绍的消费价格指数来衡量价格水平，则通货膨胀率就是不同时期的消费价格指数变动的百分比。假如一个经济体的消费价格指数从去年的 100 增加到今年的 112，那么这一时期的通货膨胀率就为 $T=(112-100)/100×100\%=12\%$，就是说通货膨胀率为 12%，表现为物价上涨 12%。

如若在过去 12 个月，消费者物价指数上升 3%，那就代表，你的生活成本比 12 个月前平均上升 3%。这也意味着，你的钱不如以前值钱了。

我国 CPI 涨幅越来越快，那么，导致当前 CPI 高企的根本原因到底是什么呢？我们认为，根源就在于近几年来国内房价的快速上涨。道理很简单，在市场经济环境中，当国内房价快速上涨时，其他商品岂能不快速上涨？我们应该看到，在我国这一轮经济增长中，房地产市场快速发展早已成为整个经济增长的主要动力之一，不仅带动了我国的城市化进程，而且房地产价格的快速上涨也带动了相关 50 多个产业产品价格的迅速上涨，并带动整个市场商品价格的全面上涨。可以说，食品价格快速上涨只是这轮价格上涨的最后一端。

当国内食品价格出现全面、快速和持续上涨时，它预示我国可能已出现了全面通胀压力。因为，食品价格全面上涨又会以循环的方式向其上下游产品的价格传导，并可能会形成新一轮的价格上涨浪潮。

面对当前国内 CPI 继续高企压力时，我们既不会低估 CPI 快速上涨的负面经济后果，也急需找到导致 CPI 快速上涨的影响根源。特别是当银行信贷仍以超高速增长时，我们更要密切关注 CPI 上涨压力或通胀压力。

CPI 高企必然会导致居民存款出现严重的负利率情形，推升利率上调预期。由于随着银行信贷规模收紧及利率上升，将会对我国的房地产市场产生最为重要的影响。一旦房地产市场中的投资需求被遏制了，房价自然会回归理性。只要房价上涨得到遏止或这一问题得到解决，国内 CPI 波动趋势自然会随之调整。可以说，这是治理当前我国 CPI 高企问题的关键所在。

如果说，是股市的价值洼地吸引亿万股民入市，是基金的蝴蝶效应带领基民养"基"，那么，CPI 上涨则成为剩余市民理财意识觉醒的助推器。

对于普通居民来说，既然跑赢刘翔难于登天，那么就选择跑赢 CPI 吧，至少轻松点。但忙着理了一年财的人们会发现，跑赢 CPI 也不是那么容易的事。

"你可以跑不赢刘翔，但一定要跑赢 CPI。"正是朝着这一个共同的目标，以前习惯存定期的人们，纷纷为跑赢 CPI 开始理财。

在理财前，一定要树立正确的理财观念，学习一定的理财知识，不跟风、不听信传言。只要对家庭财务进行合理规划，跑赢 CPI 应该不是难事。

GDP 背后隐藏着什么

网上流传有一则有关 GDP 的笑话：

一天饭后去散步，为了某个数学模型的证明，两位青年又争了起来，正在难分高下的时候，突然发现前面的草地上有一堆狗屎。甲就对乙说，如果你能把它吃下去，我愿意出 5000 万元。5000 万元的诱惑可真不小，吃还是不吃呢？乙掏出了纸笔，进行了精确的数学计算，很快得出了经济学上的最优解：吃！于是甲损失了 5000 万元，当然，乙的这顿加餐吃得也并不轻松。

两个人继续散步，突然又发现了一堆狗屎，这时候乙开始剧烈反胃，而甲也有点心疼刚才花掉的5000万元。于是乙说，你把它吃下去，我也给你5000万元。于是，不同的计算方法，相同的计算结果——吃！甲心满意足收回了5000万元，而乙似乎也找到了一点心理平衡。

可突然，天才们同时号啕大哭：闹了半天我们什么也没得到，却白白吃了两堆狗屎！他们怎么也想不通，只好去请他们的导师，一位著名的经济学泰斗给出解释。

听了两位高徒的故事，没想到泰斗也号啕大哭起来。好不容易等情绪稳定了一点，只见泰斗颤巍巍地举起一根手指头，无比激动地说："一个亿啊！一个亿啊！我亲爱的同学，感谢你们，你们仅仅吃了两堆狗屎，就为国家的GDP贡献了一个亿的产值！"

吃狗屎能创造GDP，这是件可笑的事情。在笑了之余，我们更应该了解什么是GDP。GDP即英文Gross Domestic Product的缩写，也就是国内生产总值。通常对GDP的定义为：一定时期内（一个季度或一年），一个国家或地区的经济中所生产出的全部最终产品和提供劳务的市场价值的总值。

在经济学中，常用GDP来衡量该国或地区的经济发展综合水平通用的指标，这也是目前各个国家和地区常采用的衡量手段。GDP是宏观经济中最受关注的经济统计数字，因为它被认为是衡量国民经济发展情况最重要的一个指标。一般来说，国内生产总值有三种形态，即价值形态、收入形态和产品形态。从价值形态看，它是所有常驻单位在一定时期内生产的全部货物和服务价值与同期投入的全部非固定资产货物和服务价值的差额，即所有常驻单位的增加值之和；从收入形态看，它是所有常驻单位在一定时期内直接创造的收入之和；从产品形态看，它是货物和服务最终使用减去货物和服务进口。GDP反映的是国民经济各部门的增加值的总额。

在过去的二十多年里，中国是世界上经济增长最快的国家之一，但是，由于中国资源的浪费、生态的退化和环境污染的严重，在很大程度上抵消了经济增长的成果。

一直以来，一些地方政府始终将GDP放在第一位，往往忽视了环保。因为强调环保就要投入，许多工程就不能开工，就会影响GDP的增长。

为了正确衡量我国的经济总量并正确引导经济增长方式，我国正在积极推行绿色GDP的计算方法。绿色GDP是指一个国家或地区在考虑了自然资源（主要包括土地、森林、矿产、水和海洋）与环境因素（包括生态环境、自然环境、人文环境等）影响之后经济活动的最终成果，即将经济活动中所付出的资源耗减成本和环境降级成本从 GDP 中予以扣除。改革现行的国民经济核算体系，对环境资源进行核算，从现行 GDP 中扣除环境资源成本和对环境资源的保护服务费用，其计算结果可称之为"绿色 GDP"。

绿色 GDP 用公式可以表示为：绿色 GDP=GDP 总量 −（环境资源成本 + 环境资源保护服务费用）

通过绿色 GDP 的试点，我们可以勾勒出一个日渐清晰的蓝本：民众需要舒适从容的生存空间，国家要走可持续的良性发展道路。

第二节　经济周期与投资策略

通货膨胀的避风港在哪里

一般说来，当 CPI 增幅超过 3% 时，称为通货膨胀，通货膨胀压力不容回避。而目前一年期定期存款利率为 3.25%，这意味着存款实际上已经亏本。在负利率时期里，居民的钱通过银行存款的方式存在银行里已不能起到保值增值的作用。

中国老百姓大都喜爱储蓄，大部分人都认为，把钱存在银行里最省心，不但能保证自己的财产不发生损失，而且有稳定的利息收入来保持财富的增值。殊不知，当通货膨胀来临时，银行存款的利息收入已遭到了侵蚀。而且，通胀率越高，居民存款"缩水"就越厉害。

那么，在通货膨胀的形势下，可以选择什么样的投资理财方式来抵御通货膨胀所造成的影响呢？

1. 建立家庭理财安全组合

在动荡的金融形势下，投资者保持充足的家庭现金流非常重要。一般来说，不妨配置 50% 的资金在银行定期等收益稳定、流动性高、风险极低的产品上。在选择投资产品时首先要考虑保本的问题，其次才是追求增值，不妨配置 40% 的资金在债券等固定收益类产品。此外，行情的变换中随时有可能出现投资机会，还可准备 10% 的资金在市场连续下跌、投资机会凸显的时候，看准一些有长期投资价值的产品，采用分批分量的投资方式，做好长期投资的布局。

2. 理财策略要攻守兼备

在行情好的时候，投资者可以随时将自己的股票、基金变现，即便是收益不大，但至少亏损程度在可承受范围内。杨梦霞认为，在经济前景未明的情况下，投资者时刻都不能忘记投资风险，应该有短、中、长期的理财目标。

投资者应该根据不同的目标，配置适合的理财产品组合，比如，货币市场基金、国债、债券型基金和股票型基金等。如果家庭有短期购房、购车等理财目标的，选择理财产品时应尽量选择短期稳健型银行理财产品等，而不应选择股票或股票型基金等高风险理财产品。而对于孩子教育金、夫妻养老储备金等长期的理财目标，可采取商业保险和长期定投基金等方式。

在投资之前，家庭应注意规避风险，如人身风险、财产风险等。适合的保险规划是一个幸福家庭的守门员，因为保险产品具有其他理财产品不可替代的作用，如可提供高额医疗费用，提供患重大疾病或残疾后的补偿和生活费用，提供除社保外的更高额的养老保障等。

3. 选择理财"避风港"

在当前的金融形势下，投资者应该选择一些具有"避风港"作用的理财方式。

有不少投资者到银行将活期存款转为3年期、5年期的定存。新一轮降息周期已经来临，在此背景下，银行中长期定期存款无疑成为保本理财的一种理想方式。央行这次调整利率，即便是一年期存款利率目前也有3.87%，这比货币市场基金收益高，更比目前跌得一塌糊涂的偏股或股票型基金有优势。

货币基金流动性强，大部分货币基金都是T+2日到账，是理想的现金替代品。如果市场进入降息周期，货币基金的收益也会相应减少，目前货币基金的收益一年下来在4%左右。

此外，债券的投资价值逐步凸显。国债指数和企债指数频频创下历史新高，与"跌跌不休"的沪深股市形成了鲜明的对比。国债、企业债等债券品种纷纷大幅上涨，在全球金融危机蔓延的背景下，稳健性投资者可重点持有债券型基金。

4. 储备充足的"过冬"物资

金融危机期间，很多行业会受到影响和冲击，投资者的收入有可能会下降。在这样的经济环境中，个人或家庭的应急备用金要准备充足。

家庭成员应谨防减薪、失业等对家庭造成的冲击，保持家庭资产的流动性。比如，原来日常准备3~6个月生活开支即可。而在经济动荡的时期，如果有其他投资行为的，应急备用金应留够至少1年的生活开支。在金融资产方面，多储备一些既能保值又容易流通的金融资产。黄金具有抵御通胀、资产保值、规避金融风险冲击等作用，能减少投资组合的波动性，长期持有具有增值潜力和机会。工薪家庭可适当配置实物黄金资产，一般来说，占总资产比例的10%左右。

处于金融风暴时期的理财生活，应该降低理财预期收益率，以低风险理财产品为主，做好"过冬"准备，保存实力迎接下一个景气周期。

经济危机带来投资的良机

对于投资者来说，危机就是机会。每一次危机皆有一批巨无霸型的企业或倒闭或衰败，雷曼兄弟和通用汽车就是现实的案例，但这些百年老店的陨落，恰恰给创业者的崛起带来了机遇。对于这一点，联想控股总裁柳传志在参加第八届中国创业投资年度论坛时指出，中国现在也处于经济危机之中，但长远看来，实际上却给投资人带来了良好的投资机会。

许多世界富豪都是抓住了危机所带来的机会，从而成就了自己的事业。人们耳熟能详的财富标杆人物巴菲特、李嘉诚的财富新起点都是在20世纪70年代的危机时代，如同巴菲特所言：买在"市场先生"害怕时，而不是"市场先生"大胆冒进时。2007年无疑是"市场先生"大胆冒进时，人们可以看到巴菲特、李嘉诚选择了撤退；而现在经济危机肆虐，已是"市场先生"害怕时，那么创业者的机遇也正慢慢临近了。

巴菲特在1973年危机时刻投资华盛顿邮报的典故为人熟知，但是鲜为人知的是李嘉诚也是在同时期借助危机之机获得了事业的转折，20世纪70年代初正处于冷战高峰期，当时的危机比现在的危机更令人喘不过气来，其时香港地区的英资企业出现了迁册撤资的高潮，不少华商也紧随英资撤退步伐，大户撤离这就给当时李嘉诚这样的小户带来了逆风向上的机遇，李嘉诚反其道而行之，毅然"小虾米吞下大鲸鱼"从汇丰银行手中买下了和记黄埔的股权，并且进一步增持股票最终获得了经营权，现在李嘉诚已经被人誉为财富"超人"。

在20世纪70年代的危机之前，无论是巴菲特还是李嘉诚都仅是千万级的富人而已，远远不为人所知，不仅仅是李嘉诚在20世纪70年代初的收购行动被人视作是小虾米，巴菲特在1973年购买华盛顿邮报股票时也被人反复追问巴菲特是谁？可见，每一次危机都是诞生创业英雄的良机。

人们可能要问：巴菲特、李嘉诚是创业者，但是普通人可能终生依赖工薪为生，这危机只有困难哪有良机可言？巴菲特2008年10月16日投稿《纽约时报》，提醒投资者长期持有现金的风险，而且宣示加码股票投资。虽然至今全球股市仍处于筑底过程之中，巴菲特现在增持股票就与过去减持股票一样广受非议，但是最终"姜还是老的辣"，房利美和房地美近20年来一直是巴菲特下属哈撒韦公司重点持有的股票，但是在美国次级债危机爆发前的一年巴菲特以看不清基本面为由清仓了，而2007年借国际油价攀高每桶90美元之际清仓中石油H股也可谓经典，人们必须关注到在2007年之前全球资金流动性泛滥，"市场先生"大胆冒进的两年，巴菲特始终在抛售股票囤积现金，至2008年上半年累计囤积超过400亿美元现金。但是现在当"市场先生"害怕时，巴菲特已至少将2/3的现金变成了股票型资产，巴菲特的理由就是："政府为缓解危机而实行的政策势必引发通胀，现金是注定会贬值的，这时投资才是最好的策略。"

对于普通投资者来说，最主要的投资品种就是股票和房产。从长线来看，人类的货币史就是一部通货膨胀史，通货紧缩时间很短，通货膨胀占了绝大部分时间。2008年中国资产价格的调整给普通投资者投资A股指数和购置自住房产带来了极佳良机，现在如果战略上漠视投资机遇，那么未来将会极度扼腕叹息。

其实所谓危机，可以理解为险境降临，也可以理解为危境中的机会。当股市陷入最低迷的时候，正是抄底的大好时机；当整个社会经济低落时，真正的英雄正可以大显身手。

加息下的投资策略

对普通百姓来说，加息后，当务之急是尽快调整思路，以适应"加息通道"下的投资理财环境。

1. 盲目转存，得不偿失

面对加息，很多人肯定想到的是把手上的存款转存。但仅从一年期的存款利率来看，1万元在加息前后多得利息25元。而定期存款一旦转存，从以前的存入日到转存日这段时间的利息，将按照活期利率计算，转存日之后才按照新的定期利率计算。如果转存造成的利息损失大于新利率带来的收益，或基本持平，就没必要去银行"折腾"自己的存款了。

到底存了多久的定期存款提前支取后办理转存才划算呢？普通百姓可以通过

一个公式进行判断，即以"存入天数=计息天数×（调整后利率－调整前利率）÷（调整后利率－活期利率）"的公式计算：1年期存款在54天内、2年期存款在112天内、3年期存款在165天内、5年期存款在288天内提前支取，转存同期限定期存款是合算的。

2. 基金风水轮流转

债券基金由于其投资对象主要为我国的债券市场，而加息将直接导致债券的价格下跌，因此，加息将影响债券基金的收益，而且对于未来的加息预期，还将导致债券价格的下滑。不过，虽然加息对债券基金基本上是"利空"因素，却并不是所有的债券基金未来都没有投资价值了。对于投资者来说，应该关注债券基金公布的投资组合，如果持有的债券基金在今年上半年已经大幅调整了投资品种，增加了短期债券，减少了长期债券，把基金投资长期控制在比较低的水平，持有人就没有必要因为加息而赎回债券基金。而对于准备投资债券基金的投资者来说，相当于投资中长期债券比例较高的债券基金，投资短期债券比较高的债券基金受加息的影响较小，仍然能够维持比较稳定的收益率。

加息使债券型基金可能失宠，而一度被打入"冷宫"的货币市场基金，则有望"咸鱼翻身"。货币市场基金由于投资央行票据、银行定期存款、大额存单等，这些投资标的收益会随着央行的加息而上涨，随着货币基金现有的短期、低息券种不断到期，从中长期来看，货币基金的收益率将会随着加息不断上升。但是值得注意的是，对于绝大多数的货币基金来说，其享受"加息收益"还需要一段时间。

此外，有专家提醒，经过加息，CPI和存款利率仍然是倒挂的，在负利率的情况下，可适当负债进行消费和投资，特别是可以选择低风险的银行理财产品。在加息周期中，理财产品的收益率会随利率调整作同向浮动，每加一次息，市面上的理财产品收益就会水涨船高一次。眼下买理财产品，以3个月左右为宜，超过半年的不要买。买短期理财产品，能比较快地享受到加息带来的产品收益上涨。

除了传统的银行理财产品之外，在保险市场还有一种利息联动型保险，其最大的特点是"息涨随涨"，在持续加息的市场环境下，这是一个不小的优势。具体来说，就是一旦央行加息，加息后购买的此类保险就按新利率计算利息，已购买的产品收益也分段计息，加息之前按原来利率计息，加息后则按新利率计息。投资者在保险期间不论是否有过理赔，期满后都能得到投资本金和投资收益，投保人可以充分享受加息的利益。投资者可以向有关的保险公司进行咨询后再购买。

汇率变化中的投资理财机会

人民币升值，对于广大市民来说，可能意味着到国外旅游花费更少、购买商品时付更少的钱，简单点来说就是"人民币变得更值钱了"。特别对有孩子在外国留学的家庭来说，人民币的升值让家庭负担比以前减少一些。那么对于一般民众，人民币不断升值，在理财方面要进行怎么样的调整来达到规避汇率风险、增加投资收入的目的呢？

1. 换成人民币划算

按照一万美元计算，一年后到期的本息是10100美元。如果换成人民币（现按1：6.6汇率计算，一年后按人民币升值3%即1：6.4兑换），那么总共就是10100×6.4=64640元人民币；但如果现在换成人民币，那就是66000元，一年后到期是66000×（1+2.5%）=67650，比美元存一年的利息要多得3010元人民币。（美元一年定期利率1%，人民币一年定期利率2.5%）

如果所持有的美元长期不会使用，建议将其兑换成人民币、澳元等其他具有升值空间的货币。如果投资者在近一两年内有资产需求，如出国留学、移民、旅游等，可暂时持有，虽然人民币兑美元汇率不断上涨，但美元的购买力并不会马上降低。

2. 汇率波动影响金价

如果人民币兑美元一旦浮动较大，以美元计价的黄金投资就将加入汇率风险，以后很可能发生境外黄金价格上涨而境内黄金市场价格下跌的情景。因此，人们如果投资国内黄金，要注意短期汇率风险，正准备参与黄金交易的投资者，也要把握好参与时机。

对于正在做黄金杠杆交易的人来说，汇率的大幅波动，很容易造成损失。进行杠杆交易一定要关注汇率的浮动，谨慎操作。

3. 外汇理财不要碰

目前外汇理财产品多以短期为主，3个月的外汇理财产品收益在2.5%左右，美元理财产品收益率更低。购买人民币理财产品除了可以享受本身获得的收益外，还可以获得升值带来的附加收益，这是目前其他币种理财品所达不到的。

理财产品QDII受到的影响最明显，持有QDII理财产品的投资者要注意，人民币升值会对QDII构成直接利空。但总的来说，人民币升值对于个人理财产品的影响不大。

此外，也有业内人士认为，从国际经验来看，虽然股票市场进入调整周期，但是购买一些个股，特别是一直以来走势比较稳健的股票也是市民可以考虑的投资途径之一。他表示，一方面，大家对人民币升值有所预期，会刺激到优质人民币信托理财产品受到市场资金的追捧，而这些资金有部分最终会流向股票市场，刺激股票价格的上扬。另一方面，对于国内股票市场而言，人民币的不断升值属于利好消息，会吸引场外资金购买前景较好行业的股票，股票的交易频率会增加，机会也会更多。如果投资者不熟悉股票市场，也可以通过购买开放式基金的方式来"曲线救国"。一般家庭可以增持股票型基金来调整家庭资产的百分比，通过这种方式既可以"积小成多"地赚钱，又能规避很多非系统带来的风险。

根据经济周期把握最佳投资机会

当投资人考虑投资时间的时候，还要考虑相关的经济形势、资金使用的时间等因素。我们要想正确地判断这些时间因素，那么首先就要认识一个地区范围内的经济运行和房地产发展的周期，掌握了这一经济起伏的规律，对房地产投资非常有帮助。

经济周期这一概念，是指经济波动中一起一落不断交替和重复的现象，这种周期就像一个"生物钟"，有规律地再现不同时期的各类经济活动。房地产作为一个国家经济的重要组成部分，与经济周期性变化必然存在紧密的联系，投资者往往就是根据这种周期性的变化，对房地产市场价格的升降进行判断，确定其投资行为。房地产的价值变动，不是像股票市场那样大起大落，而是平缓波动的。这种平缓的升降波动，形成了一个往复循环的周期。这种不断的循环告诉投资者房地产价格在哪个时期处于上升期，哪个时期处于下滑阶段；什么时候房屋的租金可能被调高，什么时候又要降低。对各种短线炒作的地产商人来说，这种有机性的循环过程是极为重要的，帮助他们在合适的时机买进或卖出；对长线投资的人来说，掌握这种循环有利于他们掌握房屋贷款利息的调整情况和房地产价格变化的特点，更好地把握投资时机。

在房地产投资中，掌握这一经济周期是非常重要的，它有助于我们清醒地认识形势，及时地采取相应的策略。特别值得注意的是，房地产价格的升降，也往往与人们喜欢跟风的习性有关，一旦有人进入市场，许多人便不问青红皂白，一哄而起，尾随其后，短时间就把该地的价格抬高；当有人卖出手中的地产时，又有一批人紧追而来，抛出自己的物业，导致房地产价格回落。若想取得成功，那就应该清醒地认识房地产起落的规律，避免卷入这种跟风的旋涡之中。

房地产投资是一项生意，既然是生意，按照它的市场循环周期，可能有时兴旺，有时萧条。和一般生意在萧条期的表现不同，经济低潮期的房地产市场，可能还会给投资者带来相应的好处：

（1）经济萧条期对商业活动的打击很大，许多生意甚至由此濒于破产，但对房地产来说，即使在最不景气的时期，对业主基本上不会造成什么大的损害。此时，投资人反而由于房屋贷款利率下调享受到更低的利率，减少向银行支付偿还的资金。

（2）有些类型的房地产如住宅房地产，对经济涨落带给房地产的影响有很强的免疫能力，因为人们在任何时候都需要房屋来住。

（3）房地产的价格具有"越级回升"的特点，就是说，在上一轮的下滑后，它的价值将可能跳跃似的蹿升，达到一个新的顶点，不但填补了上次下降造成的缺口，而且还会有超出平均增长幅度的表现，给你带来可观的利润。

（4）即使那些房地产萧条的年头，房地产的价值仍然在上升，所谓萧条只是相较繁荣年代房地产以5%~10%的增长幅度而言的。

同时，你要注意一个问题：尽管长线投资是房地产投资的主要方式，但并不是说时间的因素显得不重要。恰恰相反，即使有了其他因素利好的支持，但如果错误地判断了买卖时机，对房地产投资来说，仍然会造成极大损失。因为房地产和股票不同，任何一间房地产的买卖对一个投资者来说，只有一次的获利机会，我们很少看到有投资人把一处房地产多次买进卖出。在必要的情况下，房地产市场出现可以投机的可能时，当然要抓紧，不要错过获利的机会。

投资时机决定着房价未来的走势，它受经济周期、供求关系、购买能力等因素的直接制约。在经济周期的峰顶和谷底，房地产市场过于旺盛或过于低迷时，进行房地产投资，都是不理智的，其结果是贬值或者长时间不升值。你可以采取"低吸高抛"的做法，在经济上升初期、供过于求时买入，然后出租，在经济狂热、供不应求时卖出。

第三节　时间和金钱一样珍贵：神奇的投资复利

用时间换金钱，用金钱换时间

小明高中毕业后考上了北京一所知名高校，但是他看到身边一些特别有能力的同学却放弃了上大学的机会而选择了工作，感到很不可思议。于是，他问这些同学为什么选择工作，一位同学拍拍他的肩膀说："这样，我给你算一笔账。"

很快，这个同学找来了一个小本子，一点一点给小明算了起来："我考上的那所大学是一个二流本科，而我所学的专业也不是那所学校里的热门专业，这样一来，即使毕业了就业前景也不是很乐观，这是我放弃上大学的第一个原因。第二，上大学就意味着每年要交5000元的学费，四年下来就是20000元，而如果我选择不上大学，凭我的能力找一份月薪在2000元左右的工作根本不是什么难题，这样四年下来我就能赚取96000元，当然，我算的这些钱并没有将衣食住行算进去，因为无论我上不上大学，这项支出都是必需的。这样算来，我上大学的机会成本就高达116000元，这个数字实在是太高了，这是我放弃上大学的第二个原因。第三，以未来五年的经济发展趋势来看，我所学的专业如果在我大学毕业后能够找到一份月薪3500元的工作就已经算是不错了，这样一来，我需要三年多一点的时间才能赚回我的机会成本，而如果我选择工作，四年以后我的月薪肯定也超过了3500元，如此算来，放弃上大学是明智的选择，因为机会成本太高了。"

听了同学的话，小明对他的超前思维佩服得五体投地，同时也萌生了放弃进大学深造的想法。这位同学听了连连摇头，并语重心长地说："你的录取院校是国家'211'工程的重点院校，你所学的专业无论是在这所学校还是在社会发展趋势中都是支柱专业，就业形势一片大好。这样，四年后你大学毕业时在北京找到一份月薪5000元的工作易如反掌。假设你的机会成本和我一样也是116000元，那么你只需两年的时间就能赚回你上大学的本钱，并在十年后赚到50万元的资产。而如果你不上大学，顶多和我一样，四年后赚取96000元，即使以后涨了工资提高了待遇，十年后顶多赚取50万元的资产，但是社会地位却远远不及高学历的人，这样算来，你上大学才是明智的选择。"

小明听了觉得很有道理，于是高高兴兴到北京上大学去了。

这个故事可以说将经济学中"机会成本"的概念诠释得淋漓尽致，让我们得以用一种全新的经济学眼光来看待目前逐渐普及的上大学现象。所谓机会成本，就是指你在做一个选择后所丧失的不做该选择而可能获得的最大利益，因此机会成本也称之为"选择成本"。简单来讲，机会成本是你为了把一定资源投入某一用途后所放弃的在其他用途中所能获得的利益。你选择花钱上大学，就等于放弃了工作赚钱的机会，因此你上大学的机会成本就是你工作赚取的薪水与你上大学的花销之和。你选择在周末看电影而不是打零工，那么你看电影的机会成本就是电影票钱与你打零工挣得的工钱之和。在新的经济环境下，人们多少要有一些财务知识，这就是通常所说的"财商"。而机会成本在财务经济学上是一种非常特别的、既虚又实的一种成本。它是指一笔投资在专注于某一方面后所失去的在其他方面的投资获利机会。

我们在家庭理财中应该注重考虑机会成本的因素，算一算是排很长的队买打折商品合算，还是买不打折商品省下时间做其他事情合算？是自己在家里慢条斯理地做饭合算，还是去吃快餐合算？是将钱存到银行吃利息合算，还是购买债券合算？如此一算，我们就会将家庭理财规划得头头是道，让我们的家庭理财计划不仅实用而且能为我们创造出更多的价值。

从上面一个个的例子中我们还可以看出，在机会成本中存在一种时间成本。"时间就是金钱""时间就是生命"这些耳熟能详的口号同样也适用于家庭理财，让时间为我们创造更多的价值。比如，家庭投资就应该多多考虑到货币的时间价值和机会成本，这就要求我们要尽可能减少资金的闲置，能今天存入银行的不要等到明天，能本月购买的债券不拖至下月，力求使货币的时间价值最大化。因为货币是会随着时间的推移而逐渐增值的，也就是说你存款时间越长、购买债券越早，就越能获取更多的价值。另外，现在有很多人都只顾眼前利益或只投资于自己感兴趣、熟悉的项目，而放任其他更稳定、更高收益的商机流失，这种行为其实是在增加投资的机会成本。因为你选择了某一项目的投资，就相应失去了投资其他项目的机会，而你选择的项目如果并不能给你带来丰厚的利润，那么就等于增加了你的机会成本。因此，我们在投资之前，一定要对可选择项目的潜在收益进行比较分析，以求实现投资回报的最大化。

综上所述，我们在家庭理财规划中一定要充分考虑到机会成本和时间成本的因素，不仅要学会用时间换金钱，更要学会用金钱换时间。当我们投资某一项目时，一定要算一算，如果我投资另一个项目的话，我的收益是多少？如果这个项目亏损的话，我的机会成本将增加多少？当我们在挥霍宝贵的时间或者是用大把的时间换一点没多大价值的积分、赠品的时候，我们应该仔细想一想：这样的行为到底有没有收益？我们获取的价值到底能不能弥补我们的亏损？

每月投资700元，退休拿到400万元

一个家庭，增加财富有两种途径：一种途径——通过努力工作储蓄财富；另一种途径——通过理财积聚财富。实际上，理财给家庭增加财富的重要性，远远大于单纯的通过工作赚钱。

如果每个月您有节余700元，能用来做什么？下几次馆子？买几双皮鞋？700元就花得差不多了吧。您有没有想过，每月投资这700元，您就能在退休时拿到400万元呢？

为什么每月投资700元，退休时能拿到400万元呢？那就是理财发挥的重要作用。假如现年30岁的你，预计在30年后退休，假若从现在开始，每个月用700元进行投资，并将这700元投资于一种（或数种）年回报率15%以上的投资工具，30年后就能达到你的退休目标——400万元。如下表：

年龄	年度	每月投资额（单位：元）	各年度投资本金（元）	按每年回报率15%算	总金额（元）
30	1	700	8400	1.15	9660
40	10		170551	1.15	196134
50	20		860526	1.15	989605
55	25		1787461	1.15	2055581
60	30		3651859	1.15	4199638
65	35		7615277	1.15	8757569

从上表可以看出，只要你从30岁开始每月投资700元，30年后，你的退休生活将会很舒适。

这就是利用了复利的价值。复利投资是迈向富人之路的"垫脚石"。

过去，银行的"零存整取"曾经是普通百姓最青睐的一种储蓄工具。每个月定期去银行把自己工资的一部分存起来，过上几年会发现自己还是小有积蓄的。如今，"零存整取"收益率太低，渐渐失去了吸引力，但是，如果我们把每个月去储蓄一笔钱的习惯换作投资一笔钱呢？结果会发生惊人的改变！这是什么缘故呢？

由于资金的时间价值以及复利的作用，投资金额的累计效应非常明显。每月的一笔小额投资，积少成多，小钱也能变大钱。很少有人能够意识到，习惯的影响力竟如此之大，一个好的习惯，可能会带给您意想不到的惊喜，甚至会改变您的一生。

更何况，定期投资回避了入场时点的选择，对于大多数无法精确掌握进场时点的投资者而言，是一项既简单而又有效的中长期投资方法。

人赚钱，最传统的赚钱方法

还记得你毕业踏入社会第一份工作的薪资吗？根据一份最近几年大学毕业生签约的薪资调查报告，目前大学毕业生的第一份工作的薪资持续下降，一般在2000元左右。就业市场供需失衡的情况使得大学生的签约薪资处于绝对弱势，同时也限制了一般在职人员的薪水上升空间。在消费成本逐年上涨的前提下，上班族如果要靠一份薪水来致富，几乎是不可能的事情。

"人赚钱"相当辛苦，靠劳动赚取薪资者，不劳动就没有收入，这样的生活很累，但是，对于刚毕业的年轻人，积累第一桶金，利用传统的赚钱方法，也是很必要的。

我们来看一个刚大学毕业的男孩的故事。

我记得大学毕业的时候，在一家贸易公司上班，当时生活过得真是惬意，薪水还算不错，最重要的是全部花自己的钱——自己在外面租房子，没事就和朋友唱唱KTV；到咖啡店品品咖啡；放长假的时候到喜欢的景点去旅游。每个月薪水都用到刚刚好，心想自己还有大把青春可以把钱赚回来。

25岁的时候，有一天我碰到自己的高中同学——他看起来还是像高中时代一样朴实，而且在一个很普通的软件公司上班，他很开心地找我聊天。我心想，他的日子一定过得很苦闷，于是请他去喝咖啡。

刚开始，我很快乐地与他分享我的"生活质量"，没想到，几句话之后才发现，这位貌不惊人的男同学，居然在薪水并不高的情况下，用3年的时间内存到了人生中的第一个10万元。毕业后他每个月所赚的钱，除了部分给家人之外，他都存下来买保单。他告诉我，再过半年，他就要拿这10万元去学习MBA。当时，我的脑海中突然浮现：

哪天他在自己买的房子里舒适地听着音乐的时候，或许我还在为租到好的房子而奔波。

哪天他开着自己的车子在街上溜达时，我或许还在公交车上被挤得东倒西歪。

哪天我去一家大公司面试时，发现面试考官居然是这个昔日并不如我的同学。

他现在就存了10万元，再过10年，会不会就有几百万元、几千万元？而我连1万元都没有！先乐后苦→醉生梦死→然后再苦中作乐→苦不堪言，这样的选择实在太不明智了！

二十几岁的男人，一定要下定决心，千方百计地节衣缩食，先存到10万元再说。因为，这不是比财大气粗，而是比理财有没有计划，否则，你和同年龄的朋友相比，在财富上的差距就会越来越大。

《穷爸爸富爸爸》的作者认为，大部分的工薪阶级首先要让收入大于支出，才有机会跳出"老鼠圈"，重获财务自由，所以，不管要如何节省，每个月都务必设法存个700元、1000元，长期累积之后，才能够跳出"老鼠圈"，晋级到"钱赚钱"的阶段。

其实，存钱不难。难的是，你是否有储蓄的习惯。在那些未曾存钱的二十几岁男人心目中，最迫切的一个大问题则是："我要怎样做才能存钱？"

其实，存钱纯粹是习惯问题。

任何行为在重复做过几次以后，就变成了一种习惯。而人的意志也只不过是从我们的日常习惯中成长出来的一种推动力量。一种习惯一旦在脑中形成之后，这个习惯就会自动驱使一个人采取行动。例如遵循你每天上班的固定路线，过不了多久，这个习惯就会养成，不用你花脑筋去思考，你的头脑自然会引你走上这条路线。更好玩的是，即使你今天要去另外一个地方，但是你没有提醒自己，那么，你将会发现自己不知不觉地又走上原来的路线了。

数以百万计的人之所生活在贫困中，主要是因为他们误用了习惯的法则。那些摆脱不掉贫困生活的人很少会知道，他们目前的困境其实是他们自己所造成的后果。

如果你向脑中不断灌输你的能力最多只能使你赚进多少钱的这种想法，那么，你所赚的钱永远不会超过这个限度。因为你的潜意识将接受这个限制。你将被"对贫困的恐惧"严密包围，机会将不会再敲你的门；你的噩运将被确定，你的命运将无法改变。

养成储蓄的习惯，并不表示这将会限制你的赚钱能力。正好相反——你在应用这项法则后，不仅将偶然性所赚的钱有系统地保存下来，也使你拥有更多的机会，并使你获得观察力、自信心、想象力、热忱、进取心，领导才能真正增加了你的赚钱能力。

当你彻底了解习惯的法则之后，由于你已能"开源节流"，所以，你一定能在赚钱的这个伟大的游戏中获得成功。

如果你要想在工作上有更大的选择余地，要想今后活得更洒脱一点，现在就得养成储蓄的习惯，不管这个习惯在开始的时候让你多么地不自在。一旦你养成了这个习惯，你会发现原来没有什么大不了的，而且感觉还很棒——手有余钱让你更有底气、更自信也更有安全感。

"钱"赚钱，最赚钱

如何用"钱"赚钱？尽管市面上理财书籍教的致富方法大多是以投资工具为媒介，但积累资产的方法不止一种，有人懂得善用投资工具，大赚机会财；有人则专营人际关系，年轻时愿意多付点交际费当学费，先蹲后跳，随之而来的是职位、薪水的提升以及见识的增加，已经不是可以用报酬率这类数字来衡量的了。

潇潇在一家国有企业的工会工作，前几年看到不少同事下海经商，事业有成，她也曾动心过，但毕竟单位的各种保障和福利还不错，她不想轻易丢掉这份工作而去涉足商场的风险。她想自己要做的是在工作之余学会科学理财！有了第一笔积蓄后，她没有"有钱存银行"，而把积蓄买成了国债。结果5年下来，算上利息和当时的保值贴息，她的积蓄正好翻了一番！然后赶上股市当时行情不错，潇潇又果断地把这笔积蓄投入了股市中。几年下来，股票总值也收益颇丰！

潇潇并未被胜利冲晕头脑，而是见好就收，把股票及时扔掉，又买成较稳定的国债。2004年初，她又将到期的国债本息一分为二，分别买了两年期信托和开放式基金，信托产品的年收益为6%，基金的申购价格为1.07元。不久前，信托产品到期兑付，那只基金的累计净值在经历涨涨跌跌之后也达到了1.27元，这样算起来，两年时间她共实现理财收益6.9万元，平均每年收益3.45万元，已经远超她的年工资收入了。

我们只有靠自己的大脑，靠钱来赚钱，才能开辟更广阔的财富天空。

除非对财经领域已经有点研究，不然一般人最好还是采取较为稳健、不贪心的做法，我们不鼓励用自己的辛苦钱去买经验，否则，失败造成的阴影，恐怕会破坏以后对投资的信心。

投资标的成百上千种，如果不懂该买什么，也没时间看盘，最简单的方式就是"站在巨人的肩膀上面"，投资具有良知的企业家，凭借他们稳健、优质的企业，让你的资产稳定增加。

如果你是积极型的投资人，不妨购买高速成长行业当中的龙头股，如兴业银行、恒生电子、东华合创、阳之光、金晶科技、恒瑞医药、百联股份、双汇发展、安徽合力、天地科技。如果你是稳健保守的投资人，不妨购买十大蓝筹股，如鞍钢股份、工商银行、建设银行、中信证券、中国平安、万科A、保利地产、贵州茅台、中兴通讯、宝钢。

选择龙头股的好处是获利稳定、股价波动不大，固定领取股息，绩效比定存好得多。另一方面，这些成长股与蓝筹股还可以获得因为人民币升值而带来的资产重估机会，尤其是公司主要成本在海外但收入在国内的企业，可因为人民币升值获利。

"用钱赚钱"三大注意事项：

第一，树立正确的理财意识。

拥有"第一桶金"后，要建立理财意识，排除恶性负债，控制良性负债。

第二，多看理财类专刊。

没有人天生会理财，建议你多看理财类报刊文章，逐步建立起理财意识与观念，或者认识一些专业的理财人士。

第三，设定个人财务目标。

理财目标最好是以数字衡量。建议你第一个目标最好不要定得太高，以2~3年左右为宜。

投资自己是最稳当的赚钱方法

"时间视野"是财富学上用时间来理财的观念，你将来的地位与财富，取决于你对未来有何长远规划。

如果你在每一笔钱都没有浪费的情形下，还是确实难以开源节流，那不妨投资自己吧，提升自己的学识，多培养与训练自己的做事能力，在公司当中建立不可取代的地位，超过同辈，那么你的投资报酬率还是相当高的。

例如，你现在的年薪只有5万元，但是职位经过不断跃升拔擢，不需几年薪资就有可能上调到10多万元，光是薪资上涨幅度就相当可观，比起操作投资工具的报酬率还要来得更稳当。

所以，选择具有潜力的行业或公司，把眼光放远，你才能垫高地位，年轻人不要为了一点点薪水就随意跳槽，俗话说"大公司看制度，小公司看老板"，意思是说大型公司要有制度才有前途，小型公司要有好的老板才有发展，不管待在什么规模的公司，一定要慎选对职业生涯有帮助的，而不是单单把它当作一份领薪水的"工作"。

另外，除非年轻人有一身好本事，否则，在没有经过体制化的训练时就贸然决定跳出来创业有很大风险。"好老板必然也是个好伙计"，从一个领薪水的员工转变成发薪水的老板，很多事情都要自己亲临火线，绝对没有那么简单，新闻报道中的成功案例毕竟只是少数。

另外，白天工作，晚上还兼职也不太好。因为现代人除了公务员之外，几乎个个工作繁忙，都要加班，就算下了班也很难跟工作完全脱离，如果你把它分得那么清楚，可能代表你对工作的付出不够多，那么老板为什么要器重你呢？

28岁的徐士怀，大学毕业后进入富邦金控，目前担任金融部门的襄理，年薪不足百万元新台币。单身、跟父母同住的徐士怀自嘲道："我现在不是'中产'，比较像'穿着西装的乞丐'！"

徐士怀曾虚心向公司多位主管请教升迁之道，除认真上班外，开始投资自己，报读英语、金融进修课程，平均每个月都要花近5000元新台币的进修费用。上课期间，徐士怀认识了许多朋友。

徐士怀的基金投资因为金融海啸缩水两三成，但还有近100万元新台币的存款，准备物色自己的第一套房子。"领人家薪水的，若不理财，一辈子都不用想变成'中产'！因为薪水不可能超过买房子、养小孩的支出，年纪越大，支出越多。"

尽管金融业正处于谷底，人人自危，徐士怀仍打算深耕金融专业，相信产业景气总是循环的，"这是一场淘汰赛，今年、明年能活下来，还能往上爬的话，就有出头的机会。"

把工作经营好、做出成绩、做得有声有色，也是一个很好的理财方法，如果你对投资理财工具的选择实在没有太多想法的话，那么"储蓄加上竞争力"就是你最大的财富，坚持"投资自己"一样是了不起的投资理念！

第四节　税务规划做得好，投资没烦恼

避税，你了解吗

说起避税，很多人都以为这是违法犯罪的事情。守法的老百姓怎么能去做这种事情呢？其实看待这个问题，也要一分为二。避税简单来说就是通过一定方式减少税收支付。减少税收支付的手段也有多种多样，如偷税、漏税、避税、节税等。避税只是其中一类。偷税、漏税，当然是违法的。但是还有一种方式并没有积极的违法，而是钻法律的漏洞，我们称它为"避税"。

不过避税也有不同类型。比如，有政府提倡的，有政府不鼓励的，有政府正在研究对策制定新法律法规制止的。我们在这里主要讲的是前两种。政府所提倡的避税，我们也可以称其为"合理避税"。合理避税是指符合政府税收立法意图，以合法的方式比较决策，避重就轻，减少其纳税义务的行为。判断避税是否合法的依据就在于政府是否承认纳税人有权对自己的纳税义务、纳税地点进行选择。通过以上分析，我们就知道了合法避税就是税收筹划。

合理避税有如下特点：

（1）合法性。合理避税只能在法律许可的范围内进行，违反法律规定，逃避税收业务，属于逃税行为。但是，现实中，企业在遵守法律的情况下，常常有多种税收负担高低不一的纳税方案可以选择，企业可以通过决策选择来降低税收负担、增加利润。

（2）超前性。要有事先的规划、设计、安排。在现实经济生活中，纳税义务通常具有滞后性：企业交易行为发生后，才缴纳流转税；收益实现或分配后，才缴纳所得税；财产取得之后，才缴纳财产税，这就在客观上提供了事先做出筹划的可能性。另外，经营、投资和理财活动是多方面的，税收规定则是有针对性的，纳税人和征税对象不同，税收待遇也往往不同，这就向纳税人表明可以选择较低的税负决策。

（3）目的性。表示要取得"节税"的税收利益。这有两层意思：一层意思是选择低税负。低税负意味着低税收成本，高资本回收率；另一层意思是滞延纳税时间（有别于违反税法规定的欠税行为）。纳税期限的推后，也许可以减轻税

收负担（如避免高边际税率），也许可以降低资本成本（如减少利息支出），不管哪一种，其结果都是税收支付的节约，即节税。

说起避税，很多人容易将它和节税、逃税混为一谈。其实三者是有区别的。避税上文中我们刚刚提过，在这里我们就不赘述。节税其实就是"合理避税"，是政府所鼓励和提倡的。逃税是指纳税人故意不遵守税法规定，不履行纳税义务的行为。广义上逃税还包括纳税人因疏忽或过失没有履行税法规定的纳税义务的行为。逃税不是专门的法律术语，但依据我国税法及有关规定，可概括出以下几点：

（1）逃税为法律明文规定禁止，它是一种违法行为。

（2）依法纳税是每个纳税人应尽的义务。

（3）扣缴义务人须依法代扣、代收、代缴税款。

（4）对逃税者采取一定的行政措施。广义的逃税，应包括偷税和抗税。后者已经是犯罪，严重扰乱了社会的秩序。偷是秘密的，抗是公开的，但性质无大区别。

避税和逃税，二者有明显区别：

（1）适用的法律不同。避税适用涉外经济活动有关的法律、法规；后者仅适用国内的税法规范。

（2）适用的对象不同。前者针对外商投资、独资、合作等企业及个人；后者仅为国内的公民、法人和其他组织。

（3）各自行为方式不同。前者是纳税义务人利用税法的漏洞、不完善，通过对经营及财务活动的人的安排，以达到规避或减轻纳税的目的；后者则是从事生产、经营活动的纳税人，纳税到期前，有转移、隐匿其应纳税的商品、货物、其他财产及收入的行为，达到逃避纳税义务的目的。一般情况下不构成犯罪，严重的构成偷税罪，手段情节突出的可构成抗税罪。

通过以上分析，我们看出虽然它们都和税有关，也都是为了减少交税额度，但是避税、节税和逃税是互不相同的3个概念。

合理避税，让自己收益最大化

很多人都知道在谈到避税的概念时，最后一句话是"……少缴纳税款，以达到避税的目的"。毫无疑问，避税的主要目的肯定是少缴税款，让自己收益最大化。那么，如何做到合理避税，让自己收益最大化呢？

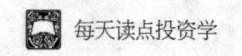

1. 多次申报如何进行避税处理

王某为某单位提供相同的劳务服务，该单位或一季，或半年，或一年一次付给王某劳务报酬。虽然是一次取得，但不能按一次申报缴纳个人所得税。假设该单位年底一次付给王某一年的咨询服务费6万元。那么交税时可能出现的情况有以下两种：

（1）如果王某按一次申报纳税的话，其应纳税所得额为：

应纳税所得额 = 60000 - 60000 × 20% = 48000（元）

属于劳务报酬一次收入奇高，按应纳税额加征5成，其应纳税额为：

应纳税额 = 48000 × 20% ×（1 + 50%）= 14400（元）

（2）如果该人以每个月的平均收入5000元分别申报纳税，其每月应纳税额和全年应纳税额为：

每月应纳税额 =（5000 - 5000 × 20%）× 20% = 800（元）

全年应纳税额 = 800 × 12 = 9600（元）

根据上述情况分析，按情况（2）纳税可避税4800（14400 - 9600）元。

个人所得税对纳税义务人取得的劳务报酬所得、稿酬所得、特许权使用费所得、利息、股息、红利所得、财产租赁所得、偶然所得和其他所得，都是明确应该按次计算征税的。由于扣除费用依据每次应纳税所得额的大小，分别规定了定额和定率两种标准，从维护纳税义务人的合法利益的角度看，准确划分"次"，变得十分重要。

对于只有一次性收入的劳务报酬，以取得该收入为一次。例如，接受客户委托从事设计装潢，完成后取得的收入为一次。属于同一事项连续取得劳务报酬的，以一个月内取得的收入为一次。同一作品再版取得的所得，应视为另一次稿酬所得计征个人所得税。同一作品先在报刊上连载，然且再出版；或者先出版，再在报刊上连载的，应视为两次稿酬所得缴税，即连载作为一次，出版作为另一次。财产租赁所得，以一个月内取得的收入为一次。

2. 年底奖金如何进行避税筹划

很多白领都盼望着尽快到年底，因为年底会有大笔的年终奖，但是很多人看到大笔奖金的同时，又得将大笔的钱交到税务机关手里，不免有些心疼。那么怎么合理策划，才能使年终奖不会大幅度的"缩水"呢？

小王和小张都在一家公司上班，到了年底发年终奖的时候，小王发了6100元，小张发了5900元。可是小王发现扣除所得税的奖金后，他的却反而比小张的少了。这是为什么呢？明明开始比小张还要多200元，怎么一交税自己的奖励反而少了呢？让我们来给小王算这笔账：

由于新的个人所得税起征点自2008年3月1日起才执行"由1600元提高到2000元"的政策，小王和小张2007年的年终奖税仍然按照1600元的标准计算。小王和小张的当月月薪都超过了1600元的起征点，所以适用第一种计税方法。小王应缴税额计算方法：6100÷12=508（元），处于2级税率，税率为10%，速算扣除数为25，应缴税6100×10%-25=585（元）；小张应缴税额计算方法：5900÷12=492（元），处于1级税率，税率为5%，速算扣除数为0，应缴税5900×5%-0=295（元）。由于小王和小张年终奖除以12个月后所属的税率不同，因此造成了小王税后奖金反而比小张少的情况出现。事实上，财务人员经计算发现，以下几个区间的年终奖额度都会出现上述结果，如年终奖在6000元至6305.56元之间，24000元至25294.12元之间，60000元至63437.50元之间等。如果遇到这种情况，最好能同公司进行协商，就低选择，余下的请公司之后再补。

据了解，目前一般工资、薪金所得按月计征应纳税款，税率为5%~45%。其中，工资收入越高，相应纳税就越多。比如，2005年，广州和佛山两地年工薪收入7.2万元以上的纳税人占工薪阶层比重分别为8.68%和1.34%，而缴纳的工薪所得税款比重却分别达到60.9%和46.5%。这样看来，随着工资薪金的提高，合理节税的重要性更加凸显。否则就会出现像小王这样税前工资高的税后反而比别人低的情况。

所以，在这里我们要记住一个合理避税的好方法：由于个人的工资、薪金所得采用超额累进税率征税，工资收入越高，适用的税率也越高，相应纳税就越多。因此年终奖等收入采取"分批领取"的方法，可适当减少缴税额度；而兼职的收入，采取"分次申报"也可合理地避税。

高收入者如何进行避税

对于高收入人群，应该增加平时收入，而减少年终奖。实行年薪制的企业老总，一次性领取年薪，适用税率较高。要使个人所得税负担减轻，便需要合理调整月工资总额与年终奖的分配。如年薪25万元的老总，可以和公司签订合同时将年终奖定为6万元，其他19万元改为月薪，每个月1.5万多元的收入可将原25%的税率降为15%。

不过需要注意的是，现在很多企业通过发放购物券或有价赠券等方式，减少职工的现金收入，从而达到少交税的目的。但购物券或有价赠券仍被视作职工收入，在税务稽查中很容易受到处罚。

高收入人群的个税申报制度让不少人提高了避税意识。实际上，做好个人税务筹划，进行合理避税，属于个人理财范围。

高薪者进行合理避税有以下几种方式：

（1）利用税基和税率的不同进行避税。由于现在我们实行的是超额累进税率，比如，员工可以将某些收入让单位以福利费的形式直接扣除，这样工资就会减少，适用税率就低。

（2）将年薪改为月薪，或者将年终奖金分到每月发放。比如，年薪30多万元的员工，一次性领取适用的最高税率为45%，但是要改为月薪，每个月大概只需要交25%的税。对于不少企业发放的季度奖、半年奖、过节费等，如果分摊到月份，对个人来说可以节省很多。

（3）进行一些免税的投资。比如，基金获得的股息、红利及企业债的利息收入，已由上市公司代扣代缴了个人所得税；股票型、债券型和货币型等开放式基金派发的红利以及国债、教育储蓄、一些保险利息收入，都属于免税范围。如果个人在进行资产配置的时候考虑税收这个因素，将会是不错的理财方式。

（4）公积金免税。只要每月实际缴存的住房公积金在其上一年度月平均工资12%的幅度内，就可以在个人应纳税所得额中扣除。

从多处所得如何进行避税

现在很多年轻人一身兼数职。收入大把大把进入的同时，税收一笔也不能少交，那么从多处领来的工资怎么避税呢？下面以经理赵某的例子来告诉大家。

某县科技发展公司的经理赵某，月工资收入1500元（包括各类津贴和月奖金），年终企业发给其年终奖金2000元，同时县政府因其企业经营得好，又发给其3000元奖励金。那么这些收入怎么交税呢？

以三个月为例做一下比较：

情况一

若赵某在12月份一次性领取5000元奖金，那么12月、1月、2月应纳个人所得税分别为（当地准予扣除费用标准为800元/月）：

12月应纳所得税为（1500＋5000－800）×20％－375＝765（元）；

1月应纳所得税为（1500－800）×10％－25＝45（元）；

2月应纳所得税同上45元。

所以，赵某三个月共缴纳个人所得税855元。

情况二

如果赵某在12月和1月分两次领取政府奖3000元，在1月和2月分两次领取本单位奖金2000元，那么应纳个人所得税为：

12月应纳所得税＝（1500＋1500－800）×15％－125＝205（元）；

1月应纳所得税＝（1500＋1500＋1000－800）×15％－125＝355（元）；

2月应纳所得税＝（1500＋1000－800）×10％－25＝145（元）。

那么，三个月共纳税款705（205＋355＋145）元。

通过以上比较分析可以看出，情况二比情况一共少缴个人所得税税款150元。即通过将多处收入均衡摊入各月的做法使适用税率档次降低，从而达到合理避税的目的。

·第三章·

左手投资，右手财富：富有一生的财富策略

第一节　20多岁，投资自己，培养"治富"能力

百分之百的决心与毅力，填满第一桶金

创业第一桶金怎么赚，简单吗？这里介绍的创业第一桶金的赚钱方法是相对简单的，也比较实用。创业其实并不难，第一桶金怎么赚也别想得那么复杂！

1. 一技在身

都说拥有万贯家财，不如有一薄技在身。就凭这身薄技，最低目标是能养家糊口，最高目标是能发家致富而创下万贯家财。

张果喜是中国大陆第一个亿万富翁，也是迄今中国唯一把自己的姓名写到行星上的企业家。他是一个木匠，在上海艺术雕刻品一厂学会了生产雕刻樟木箱。有了这一手艺，在广交会拿到订单，20个樟木箱，赚了1万多元。

第一桶金的掘得，使他把家当全部押在传统木雕业上，最终有了今天的成果。

陈逸飞到美国，先是替博物馆修画，报酬是3美金1小时。因画技出众而进入画廊，当听到有人出价每张画3000美金时，陈逸飞说："我一下觉得中了头彩，仿佛天上掉了个馅饼下来。"这样，才有了他后来的视觉产业。

没有手艺，便去学门手艺。首先最好是在你准备打天下的地方，学门拾遗补缺类的手艺。掌握手艺后，就要向精益求精发展，要在一个区域里竖起旗帜，并在其间进行区域的扩大。

2. 借鸡生蛋

王志东虽然已经离开了新浪网，但他借船出海的举措，是相当成功的一例。

1993年王志东向四通融资500万元港币，创办四通利方，后来，四通利方与华渊网合并，易名新浪。1999年，在国际上融资2500万美元，后来，又向戴尔电脑和软银等融资6000万美元。2000年，上市纳斯达克，融资打开新天地。

荀子对此早有总结："假舆马者，非利足也，而致千里；假舟楫者，非能水也，而绝江河。君子生非异也，善假于物也。"

3. 捕捉机遇

这个榜样是上海的杨怀定，人称杨百万。应该说，他的第一桶金是来自国库券的易地交易，108元买进，113元卖掉，4个小时赚了800元。

他说："赚了以后，我就开始想入非非，到外地108元买回，到上海112元卖掉。"

心动不如行动，他立刻到合肥，那里的国库券与上海的差价是30元。两天时间，他就赚了6000元。他认为自己"找到了一条挖金矿的路"。

发现机会要有眼光，兑现机会需要行动。这一切，还要有学识、毅力等内功的支撑。

4. 自己动手

不少富翁说过：有条件要上，没有条件创造条件也要上。

吉利汽车集团的董事长李书福的第一桶金是开照相馆掘得的。到南京路的冠龙，只买了几个灯泡。1000多元的反光罩买不起，自己动手做了一个，只要2元，他觉得与敲个白铁皮的水桶没有多大的区别，甚至连照相机上的皮老虎和装胶片的玩意儿，都是自己做的。在他眼里，"汽车只有4个轮子，1个方向盘，1个发动机，1个车壳，里面还有两只沙发"。

因此，对他后来敢造冰箱、造摩托车、造汽车，也没有什么可惊讶的。

创造机遇，为自己加分

好的机遇是用你的脑子发现而不是用嘴巴喊出来的。很多二十几岁的人只守着每个月有限的工资，没有办法致富是因为他们只知道坐在那里用嘴巴呼唤机遇，而不能站起来，用行动去创造机遇。

二十几岁的人都希望受到机遇的眷顾，他们都很清楚，自己的人生也许只需要一个机遇，就有可能发生天翻地覆的变化。但是，财智人和普通人对机遇的理解是不一样的。

普通人认为机遇是有形的，是贴着标签的，是任何人都能一眼看出来的价值连城的宝贝，是一种可遇而不可求的东西，它是属于某一个人的。所以，普通人总是坐在那里呼唤机遇，认为机遇一听到他的呼唤便会立刻跑过来帮他改变命运。

而财智人不同，他们不会在那里坐等机遇，而是主动地去设计机遇、创造机遇。

"设计机遇，就是设计人生。所以在等待机遇的时候，要知道如何策划机遇。这就是我，不靠天赐的机遇活着，但我靠策划机遇发达。"这是美国石油大亨约翰·D.洛克菲勒的一句话。这个世界为什么还有那么多穷人，因为穷人只知道等机会，像"守株待兔"故事中的农夫一样，从早到晚，从日出到日落，可机遇永远不会自动上门。

芳慧的家庭背景非常好，她的母亲是一所著名大学的教授，父亲是一家三甲医院有名的整形外科医生。芳慧的理想是做一名优秀的节目主持人。家庭对她的帮助很大，她完全有机会实现自己的理想。她相信自己有从事这方面工作的才能，因为她感到在与他人相处的时候，大家都愿意和她交谈，对她说出自己内心的想法，这对于一个节目主持人来说是非常重要的。她时常对别人说："只要有人给我一次机会，让我上电视，我相信准能成功。"离开学校参加工作以后，芳慧等了一年又一年，一直没有人给她提供一个上电视的机会。于是她变得焦急、苦闷，心情烦躁，她不断地乞求上天能赐给她一次机遇。可是，机遇始终没有光临。

而另一个女孩庆莉的情况和芳慧的完全不同。庆莉的家庭条件很差，父母都是极普通的人，他们每天为生活奔波，根本顾不上庆莉。庆莉读书也没有固定的经济来源，她只能靠打工自己养活自己。她和芳慧唯一的共同点就是拥有相同的理想，庆莉也很想成为一个节目主持人。大学毕业以后，庆莉为了找到一份主持人或主播的工作，跑了全国许多家广播电台和电视台，但是，所有的答复都令她失望："我们只雇用有工作经验的人。"怎样才能获得经验呢？她开始为自己创造机遇。一连几个月，她都仔细浏览关于广播电视的各种杂志，她还托人打探各种可能的工作机会。终于有一天，她在报缝中发现了一个令她激动不已的广告：黑龙江省有一家很小的电视台，正在招聘一名天气预报员。黑龙江那边经常下雪，而庆莉是很不喜欢雪的。可是，她已经顾不了那么多了，她急切需要到那里去。她想别说下雪，就是刮飓风也没有关系，只要能和电视沾上边儿，让我干什么都行。在黑龙江那个电视台工作了两年以后，庆莉积累了丰富的工作经验。当她再次回到之前那些电视台应聘的时候，几乎是轻而易举就找到了一个职位。又过了几年，庆莉得到提升，成了著名的电视节目主持人。

从芳慧和庆莉身上，我们可以清晰地看到智者和愚者不同的生活轨迹。庆莉不断地实践，不断地积累经验，为自己创造一切可能成功的机遇。芳慧却一直停留在幻想中，她坐等机遇，期望天上掉下个大馅饼，然而，时光飞逝，她什么也没做成。和庆莉相比，芳慧显然是生活中的弱者。

把握机遇的并非命运之神，机遇并不是只要你用嘴巴喊两声它就立马跑过来为你所用的，而是要你用智慧去创造。正如伊壁鸠鲁所说："我们拥有决定事情变化的主要力量。因此，命运是有可能由自己来掌握的，只要我们拥有智慧。"

当然，创造机遇的富人也有差别，有些人创造的机遇小一些，有些人创造的机遇大一些，机遇的大小也就决定了富人的差距。

苏格拉底有一句名言："最有希望成功的，并不是才华出众的人，而是善于利用每一次机遇并全力以赴的人。"

对待机遇，有两种态度：一种是等待，一种是创造。等待机遇又分消极等待和积极等待两种。不过，不管哪种等待，始终是被动的。二十几岁的人要想成就自己的一番事业，就应该主动创造有利条件，让机会更快地降临到自己身上，这才是真正的创造机遇。

机遇不会落在坐等机遇者的头上，只有敢于行动、主动出击的人，才能抓住机遇。有一句美国谚语说："通往失败的路上，处处是错失了的机会。坐待幸运从前门进来的人，往往忽略了从后窗进入的机会。"

所以，二十几岁的人，还等什么呢？你眼看着自己曾经的同学个个事业有成，财源滚滚，就感叹自己不如人家命好。殊不知人家在创造属于自己的机遇的时候你还在电脑前聊QQ或是在电视机前嗑瓜子呢！

培养你的职场竞争力，把自己的身价提高N倍

每个月发了工资，把钱慢慢地存到银行，对于年轻人来说，也很重要，但为了微薄的薪水，而忽略提高自己的水平是得不偿失的。如果把目前的收入存起来然后进行理财，算不上是最好的理财方法。虽然快点赚钱对以后有好处，但随着自我成长，我们更需要培养自己的职场竞争力，慢慢地提升自己的潜能，把自己

的身价提高 N 倍。

在现代社会，年轻人升职之前拿到的钱少得可怜，却还要存下来，实在不是一件容易的事。而且，我们不可能说在这快乐的世界里不吃、不喝、不花钱，我们只有像蚂蚁那样慢慢地存钱，因为我们想做的事、想学的东西实在是太多了。

世界上有多少快乐就会有多少痛苦。现在，就连只发一点点薪水的公司，也对员工要求得非常苛刻。在这种竞争激烈的社会里，要是你没有什么特殊或专业技能的话，就只有慢慢地被这个社会淘汰掉了。

若是无法提高专业能力，这社会将遗弃你。

有一年轻人 J，大学毕业以后在银行里找了一份工作。她一点也没想过提升自己的能力，只知道埋头努力地工作，然后把赚到的钱存到银行里。工作闲暇，她从没有学习过英文，就连电脑上最基本的 Power Point 软件都不会使用。

就在她以为银行的这份工作可以干一辈子时，突然发生了一件大事，她工作的那家银行被美国一家很大的银行兼并了。这可不是一件单纯的合并案，因为两家银行合并之后，就得把没有什么工作能力的人给解雇掉。所以，每天一起吃饭一起找乐子的同事们，一夕之间就变成了为生存而相互斗争的敌人。

像经理那样高的职位，已经让美国人给占据了，所以他们就连业务报告也得用英文来写。J 为了写个报告不得不通宵熬夜，连周末假期都泡汤了。

但是这么做能撑得了多久啊？英文又不是一天两天就能掌握的，而且在大众面前一次也没有发过言的人，怎么可能像电视剧里一样，一下子就很流利地发言呢？

J 慢慢地开始害怕上班，最终因为无法战胜自己的恐惧而辞职了。理所当然 J 就被社会给淘汰掉了。

突然辞职又找不到工作的 J 感叹："没有早点儿结婚可真后悔啊！"她把以前的积蓄拿了出来，却开始害怕生活了。

可能你会认为，J 在银行里工作那么长时间了，怎么会找不到工作呢？雇主却会想，与其聘用一个英文不好而且无能的人，还不如找一个没有什么经验但学历优秀的人来培训几个月，这样对公司而言，会更加有利。

如果 J 在把自己的工作当成铁饭碗的同时，还能努力地提升自己的能力，那么一定会在合并以后的银行里找到新的稳定的工作岗位。就算不在这个银行里上班，也可以跳槽到比这个银行更好的公司。

在这个竞争激烈的世界中，为了工作的发展，提升能力是必需的。我们不仅要努力地储蓄，还得要努力地提升自己的能力，这的确不是一件容易的事，可是生活在这个残酷的世界里，这也是没有办法的事。无法避免就只能快乐地接受，不要盲目地只是为了吃喝玩乐而赚钱。

"个人品牌"让你更有竞争力

商品都有商品的品牌，去商场买东西，我们宁可多花钱也要品牌商品。就是因为品牌商品有品质的保障。作为人，我们每个人也要打造"个人品牌"，你的名字就是你的"个人品牌"。一旦拥有了个人品牌，你在职场中就会所向无敌，你的名字就代表着你的工作能力，你的名字也就成了你的工作能力的象征。

要打造"个人品牌"，你就要时时保持竞争力。往往，你的"个人品牌"也代表着你的道德观、作风、形象、责任，好的品牌之所以强势，就是因为它结合了"正确的特性""吸引人的性格"，以及随之而来的与消费者的"良好互动关系"。"个人品牌"必须有"正确的特性""吸引人的性格"，只有这样，才会美名外扬，替自己创造更多的机会！

如何才能打造自己强势的"个人品牌"呢？

1. 不断提升自己的专业能力

专业能力代表了足够的知识、技能，可以满足工作的需要，拥有专业能力的专家，就是知识丰富加上执行力强，是可以帮企业解决问题的人。"拥有专业能力"是一种绝佳的个人品牌，是一种内涵的呈现。由于不断地有新知识及新技术的推出，为了避免过时，专家必须不断地增进专业能力，这是打造"个人品牌"首先要注意的！

2. 拥有谦虚的态度

谦虚是非常迷人的特质。许多社会中的名流，越是成功，越是对人谦和。无论什么时候，谦虚的人都会受欢迎。如果你能力有限，谦虚会让人感觉你诚实上进，如果你工作能力很强，谦虚会让人感觉你受过良好的教育，综合素质很高。

3. 维持学习力及学习心

学习力及学习心是不老的象征，也是延续"个人品牌"的手段。一个不断学习的人内在是丰富的，也会更容易拥有自信心及保持谦虚的态度。学习会让你时时刻刻感觉在进步。学习会让你找到自身的不足，从而改正陋习。

4. 强化沟通能力

沟通能力包括"倾听能力"及"表达能力"。"个人品牌"必须通过沟通能力传达出去。你必须有能力在大众前清楚地表达，透过文字传达思想，也要学习站在他人的角度看事情，尝试以对方听得懂的语言沟通，为了达到这个目的，倾听是必要的。

5. 亲和力

亲和力是一种甜美的气质，让人在不知不觉中被你吸引。亲和力也是一种柔软的积极性，是透过"与人亲善"的特质发挥更多的影响力。倪萍主持的节目上到七八十岁的老人，下到五六岁的孩子都喜欢看，这就是她的亲和力打造了她极有魅力的"个人品牌"。

6. 外表

职场中，外表也很重要。当别人还没有机会了解你的内涵，就会从你的外表开始判断你的好坏。学习让你看起来清清爽爽、专业诚恳，以整洁利落来诉说你充沛的精力及良好的态度，是职场女性必备的能力。

建立"个人品牌"，可以从自己的强项开始。每个人都有自己独特的能力，从自己独特的能力开始，是最容易建立"个人品牌"的方法。

理财的不懈动力，是持续赚钱的能力

说到底，理财还是要使自己具备持续不断的挣钱能力。试问，如果你不能坚持不懈地提高自己，又怎么能让自己获得更高的回报呢？

位于某省会城市的一家高档写字楼里的某语言培训中心，一到晚上就被前来培训的职场人士坐满了。在该语言培训中心，一位职场人士说，他在现在的单位工作了好几年，感觉现有工作已经没什么挑战性，准备换一家更高层次的单位。但是跳槽需要资本，多掌握一门语言就多一份资本，为此他不惜高额的学费来充电进修。但是，这不能让单位的领导和同事们知道，所以他每次来上课都小心翼翼，尽量避开领导和同事，若偶然遇到同事询问也只好打马虎眼含糊过去，来学习一点都不轻松，感觉像在做贼。

在某外企工作的张强也是偷偷来学习的，因为他所在公司最近有一个出国培训的机会，挑选的标准除业务技能外，最重要的就是语言水平，所以公司员工都对这个名额虎视眈眈。为了争取到这个机会，张强必须抓住最后的机会"恶补"一下，还不能让同事知道，"没办法，说不定其他同事也在偷偷恶补呢"。

不管怎么说，充电还是给白领们升职或加薪带来了好处。

毕业于东北大学化工学院的苏伟本着做复合型人才的目的，工作之余通过自考拿到了第二个学士学位，虽然这花费了他3年的时间，但薪水增长带来的实实在在的好处，让他感觉很值得。

在报纸上列出的各种热门充电课程中，外语进修占了近1/3，有29%；金融知识是4%；会计知识7%；实用IT技术9%；学位进修12%；其他专业知识15%；管理知识23%。虽然在这些技能中，英语排在首位，但人力资源顾问则认为，充电这事重要的是过程而不是结果。比如，最热的外语学习，企业对那些证明一般能力的英语证书、各种职业资格并不看重，因为通过面谈就能了解得八九不离十。而更看重的是员工的实际应用能力。

在充电的人群中，像苏伟这样以发展自己能力为目的的白领，可以不受时间限制，相对来说也比较轻松。相比之下，那些在工作上有危机感，急需更新知识来应付下一个挑战的白领们则辛苦得多。

在一家都市报工作的记者杨勇由于大学学的是历史专业，进入报社后有许多东西都需要补充，尤其对跑IT新闻的他来说，知识刷新非常快，他每周末都要上课，除此之外，每月报社还有专门的培训，这让原本就忙碌的他疲惫不堪，但深感学到的东西很多，非常值得。

驾照也是报考的一大热点，每年的春节和暑期，是这种培训班最红火的时候，学校虽然放假了，但是驾校的教练却更忙了。据一位姓李的教练讲，不少年轻人来驾校报名，要求周末和每天午休时间学习驾驶，有的甚至要求春节期间也能学习，驾校只好安排教练轮休。前来考驾照的人大多是刚刚毕业的年轻学生，他们普遍希望尽快掌握开车技能，给自己工作和生活提供更多方便。

有一句话很好，"大多数人不是富人，也不是穷人，是老百姓"。的确，就现在而言，我们的生活离优质还差很远，但因为把最大的投资投给了自己，自己的基本面越来越好，优质生活的基础也就越来越厚。

毫无疑问，充电，是防止人才"折旧"的有效办法，越来越多的职场中人选择充电来提高自己的竞争力，达到晋升、跳槽的目的。

某著名企业一位入职不久的业务员张小宝，由于自身的性格问题，在口头表

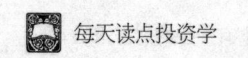

达上总是有些欠缺。在一次单位总结发言上，虽然他准备得极其充分，但一上台由于紧张过度造成完全忘词，因而丧失了一次升迁的大好机会。为此他后悔不迭。

过去，很多人忙于学历、专业技术培训、技能培训，而如今，口才、人际沟通、心理等体现综合素质的"软充电"在一些白领人士中开始悄然盛行。

目前，市场上推出的培训项目很多。从外语的强化班、托福、雅思，到考研辅导班，再到电脑学校、MBA、职业经理人认证培训班等，都成为白领们频繁的往来之地。有一个近似玩笑的文章里就把白领所要进行的培训和考试的项目做了介绍，从专业技能，包括财会金融、人力资源、市场营销、物流管理、营运管理，到电脑技术和语言类的英语口语、英语中高级口译、商务英语、通用英语等，近60个门类，数量之多，令人眼花缭乱。

当然，对自己充电也是有选择性的，不同的充电，应该区分不同的人群。例如，已经有一个满意的工作，但危机感很强的白领，可以选择短期培训；想跳槽进一家更好的企业的白领，应该选择能获取文凭，让自己全面提高的系统学习；而对于有丰富阅历的人来说，则更应该选择国际化的认证培训……这样都会对自己有不同程度的提高。

第二节　30多岁，贷款投资要慎思

投资房产自有和借贷资金最佳组合

张先生，38岁，在一家小广告公司任部门经理，月薪7800元，业余帮助别人做些小广告文案，赚些外快。目前已积蓄30万元的资金。张先生没有什么经济负担，除了每月支付1000元的房租后，开支项目就是日常的生活费用1500元。所以，他将自己定位为高风险承受者，决定做一项高负债的投资。

张先生的投资目标是通过融资杠杆（即借款投资）将30万元自有资金得到最大限度的放大投资，扩大投资金额，增加投资收益。

下面将以张先生为例，分析其房产投资策略。

张先生想利用融资杠杆来负债投资，扩大投资金额，是一个正确的想法。负债投资一个最主要的方式就是向银行借款投资，而负债投资不仅能扩大投资金额，还能提高投资收益率。

例如,有A、B两人都想进行一项相同的100万元的投资。A有自有资金50万元,向银行贷款50万元;B有自有资金100万元。一年后,获得投资收益20万元。但两人的自有资金的投资收益率是完全不同的,A实现的投资收益率为35%,而B只有20%。

可见,A利用负债投资,将50万元的资金做成了100万元的投资,同时也提高了投资收益率,比不利用负债投资的B多出15个百分点的投资收益。

但如何负债投资,也就是说通过怎样的负债形式,才能最大限度地扩大投资金额呢?从目前来看,只有投资房产,通过办理银行住房按揭贷款才能达到"最大限度地扩大投资金额"的目的。一般来说,购房的资金可以分为两个部分,一部分是自有资金,另一部分是银行贷款。投资首套商品房,自有资金通常为总价的20%~30%。以30%的首付款比例来计算,30万元的自有资金就可通过银行贷款购买100万元的房产,投资规模放大了3.33倍。

张先生目前正好没有房产,还租房子住,所以投资房产最合算。而且,从长远看,房产的投资收益是较佳的。具体来说,张先生购买房产,不仅能享受今后房价上升带来的增值收益,仅就目前来说,就省了每月1000元的租金,省下的也就是赚到的,也就是说每年也赚了1.2万元。

组合投资房产有以下注意事项。

1. 投资房产要适合自身情况

张先生现有30万元的自有资金,按30%的首付款,他可以购买100万元的房产。但所购买的房产最好是现房,因为选择现房比较合算,而且购买现房还能马上居住,可节省租房费用。

2. 合理规划房贷期限

目前张先生的月收入是7800元,扣除租房及生活费用后剩余5300元。因此,张先生的月供最好控制在4000元以内,这样贷款的年限比较长,当然,以后张先生的收入提高了,每月的余钱多了,可以到银行申请缩短还款期限。

3. 部分出租增加收益

在大城市,由于房子租金较高,一般的工薪阶层很难承受,所以合租房屋就成为一个潮流。按目前100万元商品房的户型来说,应该有3个房间。因此,张先生购房后,可另找两位房客来租住,每月可以增加不少的房租收入。

30多岁的白领阶层的投资计划

孙女士的家庭是一个三口之家，先生是一家公司的部门经理，今年32岁，年薪18万元。孙女士刚刚研究生毕业，26岁，准备在家做两年全职太太，孩子刚出生不久。家庭现在月开支在2500元左右，有5万元左右的债务和40多万元（15年）的房贷，房子目前市价50万元。双方父母都在60岁以上，没有养老保险，需要孙女士夫妇赡养。

先生所在公司竞争激烈，他又不是很年轻，而且将来孙女士重新工作的收入也不确定，因此孙女士夫妇觉得家庭经济压力比较大。现在先生对股票投资兴趣很大，准备在半年内还清5万元债务，并将全部资金投进股市。

对于孙女士的这种情况，专家替她分析：丈夫的工资是家庭唯一的收入来源，虽然收入颇丰，但家庭负担很重，而孙女士两年内无就业打算。目前，孙女士家中无存款，且债务负担过于沉重，建议孙女士尽快调整收支计划。

双方家庭一共有4位老人需要照顾，由于年龄太大，现在再买保险已不合算，因此需要平时从家庭开支中预留出一部分资金作为应急备用金，专门为老人看病或应付家庭临时开支储备。

孙女士的学历是研究生，找到的工作收入应至少在3000元左右。按照其家庭目前每月2500元的支出来说，这一收入水平至少可以满足一家人正常生活。因此，孙女士在两年之内还是应该尽快找一份工作。

此外，孙女士的家庭负债过多，且没有存款。其中5万元的债务可在半年内还清。这样，40多万元的房屋贷款是一个需要考虑的负债问题。

假设这笔贷款的金额为45万元，每月孙女士需要偿还3500多元；家庭每月日常生活支出为2500元；赡养4位老人，每人每月按500元计算，共需支出2000元；另外，商业保险费应占家庭收入的10%~20%，每月保险费支出3000元较为合适。

根据分析，专家建议：孙女士每月有5000元左右的收入节余，年节余6万元，其中1万元作为应急备用金存于银行，其他资金则可以投资收益较高的项目。

孙女士的先生想把家中所有资金都投入股票市场，这是极其危险的，俗话说"不能把所有鸡蛋放在一个篮子里"，一旦股票被套，家庭应付突发事件的能力将大大降低。建议多元投资，分散风险。

由于孙女士的先生已经30多岁，正处于上有老下有小的时期，各种开销都会不断增加，因此应采取稳健投资的策略。建议股票投资份额应控制在总投资金额的50%以下，其余部分可投资于股票型投资基金、货币型投资基金和债券，比例分别为：20%、20%、10%，也可选择一些银行的理财产品，收益相当于货币型基金及债券。另外，信托产品风险不大，年收益率可达4%左右，这也是不错的选择。

除此之外，孙女士的先生是家庭收入的唯一创造者，一旦发生意外，家庭将会陷入财务困难，因此要加大对他的投保力度，保额的确定可以以6个月的家庭生活开支数额为标准，主要投保意外伤害保险和大病医疗保险。

30多岁的中高收入阶层的投资计划

目前有许多中国城市家庭可以被称作"中高收入家庭"，这些家庭的年收入在10万元以上；其中有很多家庭拥有12万元以上的存款，这一"富裕"客户群实际占中国商业银行个人存款总额50%以上，且贡献了整个中国银行业赢利的一半以上。

不断增长的财富正促成中国中高收入者投资态度和行业的变化。这种变化首先表现在"富裕"客户愿意在挑选个人金融服务产品时进行多方比较。在调查中，有73%的受访者认为值得投入精力去挑选个人金融服务产品，而这一比例在亚洲的总体水平仅为56%。同时，这些"富裕"客户愿意通过付费来获得好的个人金融服务的比例也高于亚洲总体水平。换句话来说，中国的中高收入者比较愿意为享受好的金融产品和服务付出相对高的价格。

另一种变化表现在借款方面。人们越来越愿意向银行贷款，受访者中62%的人表示愿意贷款消费，这其中并不包括按揭产品，年轻受访者持此观点的比例竟高达93%。然而，目前中国银行不能满足这些贷款需求。麦肯锡的报告指出，中国中高收入者对目前金融机构的满意度比较低，仅有65%的受访者对目前金融机构满意，低于亚洲75%的总体水平，这一比例在亚洲受访国家和地区中排在倒数第三位。这些"富裕"客户已日益被外资银行吸引。

中国本地金融机构需要尽快建立零售客户风险评估体系，要从各客户群和产品的赢利能力考虑。但现在多数银行缺乏业绩衡量系统，既不能确定谁是最佳客户，也不能衡量各客户群的赢利能力。另外，还需要细分客户，特别为4%的"富裕"客户提供有区分性的服务。

所以，这些中高收入家庭的投资规划一般集中在个性化的金融服务上，各种新型的金融产品和金融工具都是他们青睐的对象。

可考虑下面的建议：

（1）储蓄。一般以每月15%的比例来安排自己的收入。

（2）股票和基金。这部分应适当调整。有了较安稳的规划后，财务也必须日趋稳定，你应用其中不大于40%的部分来投资股票和基金，减少相对风险。

（3）债券。可稍微提高此安全投资的比例，在25%左右投资。由于其风险较小，你即便多投些资也无妨。

（4）保险。此时仍可为5%。因为你的身体此时仍十分健康，突发疾病的可能性也较小，所以，适量保险即可。

（5）留下孩子的教育基金。可每月存5%~10%，以为孩子的发展早做准备，以免孩子的到来将生活秩序打乱。

（6）若仍有余钱，可适当考虑投资房产等。

30多岁的高收入阶层的投资计划

家庭年收入达到20万元以上，将增加旅游、教育消费和投资；收入6~10万元的家庭，有一半左右的人愿意增加旅游消费，然后是增加教育、家用电器、住房消费，还有购买计算机、家用汽车、通信工具、保险、健身娱乐的意愿。

高收入家庭在制订投资规划时，首先考虑的是汽车、住房、教育等。另外，高收入层次结构的人愿意把收入大部分用于投资。有数据显示，无论现有投资或未来投资，高收入家庭都把目标瞄准证券投资，如国债和股票。因此，在投资前要制订相应的消费计划和投资计划。

陈真是一家公司的副总经理，他的家庭月薪大约有1万元。为了能尽快拥有自己的流动资金，他将每个月约20%的收入存入银行，其他的自由支配，一年后，他就有了24000元。

他将这笔钱分成如下几类：

（1）买股票：大约6000元。因为他觉得，虽然股票投资风险较大，但收益与之是并存的，只要他抓准时机，挑好种类，就能带来高额的投资回报。

（2）买保险：大约2000元。与他同龄的年轻人对保险的认识都很肤浅，他却认为，保险对于保障自己和财富的安全至关重要。再者，购买保险也是一种较安全的投资方式。根据国家的税务规定，保险赔偿金不征收个人所得税，相对来说能享受到一些优惠。

（3）买债券：大约3000元。在他眼中，国债几乎没有风险，收益也不错。自己并不是太偏好风险投资，不想将太多的钱投资到股市上，但都存到银行又觉得浪费。拿这笔钱来投资债券刚刚合适。

（4）定期存款：大约5000元。他觉得，自己虽然收入很多，积累多，但也要有固定的资本，所以就选择了定期存款。通过计算，他发现短期的利率低，长期又怕资金活动受限制，而中期定期存款的利率比较合适，又能满足自己的需要，就将一部分资金定存。

（5）活期存款：大约5000元。他的收入高，但社交活动也多，花销也大，因此，他将这5000元留作自己的活动经费。如遇到紧急情况，可解燃眉之急，且存取又很方便，能及时解决问题。

（6）剩余的资金：大约3000元。他想用于自身投资。平时想买些与职业相关的书籍，接受一些新的培训。另外，他还想考个注册会计师证，以方便自己以后的管理工作。这3000元钱就派上了用场。

参考陈真的案例，有以下投资建议。

1. 股票基金投资

由于他的资金相对来说比较充足，所以，他可以优先考虑风险投资，以积蓄的30%~40%做风险投资。此处陈真选择的是股票，当然他也可以选择基金等其他投资产品。

2. 保险

可根据他的个人情况，放入大约10%左右的资金。这是人生各个阶段都不能少的一项生活保障，所以一定要固定下来。

3. 债券

若你和他一样是风险厌恶者，则可以尝试多买些债券，收益比储蓄要高，且风险较小，你可以投资大约15%的资金。

4. 存款储蓄

存款是"财富高楼"的基石，要知道，很多富豪都是从积蓄一点一滴开始，才有了自己的一份事业。为了你的"钱途"，必须要有适当的存款储蓄，大约可以占资金的20%~40%，根据个人情况而定。

5. 投资其他

可以投资自己，进一步提高自己的能力，也可以投资房地产、黄金等市场，总之，让闲钱流动起来，好为你换来更多的收益。

从二人世界到三口之家如何投资

爱情结晶的呱呱坠地，从二人世界到三口之家，你的生活又进入了一个崭新的阶段。养儿育女是人生的一个重要任务，当今社会，把一个小孩抚养成人，可真是一件不容易的事情。除费心费力外，各种开支，比如，参加补习班、兴趣班，教育经费高得惊人。子女教育支出人约占一生总收入的20%以上。但究竟花多少钱，很难预料。准备子女教育金要尽早预算、从宽规划。由于通货膨胀和费用增加，孩子年龄较小的时候费用较低，随着他年龄的增长，所需要的费用会越来越多，因此，要想使孩子受到良好的教育，从孩子一出生就必须进行规划。

在这一阶段里，家庭成员不再增加，家庭成员的年龄都在增长，家庭的最大开支是保健医疗费、学前教育费、智力开发费。同时，随着子女的自理能力增强，父母精力充沛，又积累了一定的工作经验和投资经验，投资能力大大增强。这一阶段，你应进行积极的投资，将资金合理分配于基金、保险和国债等各个投资渠道。保险应考虑定期寿险、重大疾病险及终身寿险。随着收入的增加，每年应保持年收入10%的比例投入保险才算合适。

在投资方面可考虑以创业为目的，如进行风险投资等。购买保险应偏重于教育基金、父母自身保障等。这一阶段子女的教育费用和生活费用猛增，财务上的负担通常比较繁重。那些理财已取得一定成功、积累了一定财富的家庭，完全有能力应付，故可继续发展投资事业，创造更多财富。而那些投资不顺利、仍未富裕起来的家庭，则应把子女教育费用和生活费用作为投资的重点。在保险需求上，人到中年，身体的机能明显下降，对养老、健康、重大疾病的要求较大。

不少父母有了孩子后会考虑买车。购车要根据经济承受能力，不可冲动。应估算自己每月节余多少钱，是否有能力养车。车子并非越贵越好。购新车困难时，可考虑二手车。一般情况下，只要新车一"落地"，价值上就会打七折。成长期的家庭每月可能还要还房贷。如今宏观经济正处于高增长的年代，有钱并不一定急着还贷，完全可以利用房屋的杠杆效应，获得比房贷利率更高的回报。

如果你不想整日拼命工作仅仅是为了生活需要和应付购买奢侈品的储蓄，那么你应该先用你的收入去投资，再以投资的收入去购买奢侈品。这样购买奢侈品的欲望不但不会成为你财务危机的原因，反而会是增加财富的动力。

此时的理财优先顺序：

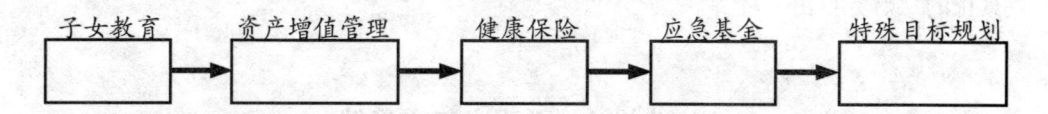

子女教育 → 资产增值管理 → 健康保险 → 应急基金 → 特殊目标规划

第三节　40多岁，资产结构调整需重视

步入不惑之年的人如何投资理财

40岁之后，步入不惑之年。家庭、工作和生活都已经进入正轨，子女通常处于中学教育阶段，教育费用和生活费用开销很大；父母又面临年龄增大，需要准备就医等资金。在"上有老下有小"的情况下，40岁人的家庭与年轻家庭相比往往难以承受较大的风险和动荡。

1. 理财目标定位

40岁以后，面临着退休的压力，不可能再像以前那样冒险投资，并且也没有多余精力分析太多的融资渠道。因此为了保险起见，可以分成4种理财渠道。第一种用于储备养老金；第二种用于准备大病费用；第三种用于旅游休闲；第四种用于为儿孙存留资产。

2. 理财产品计划

40岁时投资理财产品应该以稳健为主，稳步前进。对于此前已经通过投资积累了相当财富，净资产比较丰厚的家庭来说，可以抽出较多的余钱来发展其他投资事业，比如，再购买一套房产等。对于经济不甚宽裕，工作收入几乎是唯一经济来源但家庭拥有一至两套住房的家庭来说，在目前房屋租赁市场价格较稳定的情况下，退休后可以将这套房产出租，然后"以房养老"也是一个很不错的选择。

3. 理财风险控制

就投资理财类产品而言，房产投资是较为保值、升值的，所以风险相较于其他投资类产品如股票、债券等要小很多，风险控制也相对容易些。

4. 专家理财建议

如果在 40 岁投资房产，应注意的是在贷款买房时其贷款年限与成数可能不及年轻人那样高。另外，有什么样的收入水平就有什么样的支出水平，无论贷款者目前的家庭财务状况多么好，如果不能做一些提前规划的话，仍有可能达不到真正的"财务自由"境界。

人到中年：不惑之年求稳健

从年龄段看，20 世纪 60 年代出生的人，目前多在 40～50 岁之间。这个群体经历了半辈子的努力，如今大都上有老、下有小。肩负责任除自身的事业外，还须面对儿女教育、老人赡养等一系列问题，可谓担子不轻。因此，对他们而言，理财多以稳健为主，决不贸然投资。毕竟人生尚有几十年，倘能合理规划、理性投资，最终小有收获，那么当属"成绩可以"。

如果用一个关键词来形容 20 世纪 60 年代出生的人，那就是——踏实。

不是吗？与年青一代相比，他们是一个复杂的群体。他们成长于计划经济之下，经历过不少事，也吃过不少苦。或许，这么一路奋斗而来造就的丰富阅历，无意间亦使他们少了些自我，多了一些兢兢业业，甚至过于谨慎。但毕竟身处人生发展的黄金期，他们中的不少人事业有成，生活较为稳定。

由此，基于珍惜眼前所拥有的事业，急需承担起家庭育儿养老之重任，20 世纪 60 年代出生的人的理财之道，多给人以保守感觉。事实上，他们遵循的原则就是 4 个字——稳扎稳打。

杨阿姨现年 45 岁，因所在单位效益不好，加上身体状况欠佳，她两年前便待岗在家。尽管自己的工作没着落，但杨阿姨的丈夫早些年已辞去厂里公职，同友人一起下海经商，几年下来倒也收入颇丰。因此，一家人生活还属无忧。

不过，虽然家里有些"财力"，可一说到理财，杨阿姨却明显没有做到"与时俱进"。在她看来，钱放哪儿都不合适，只有存在"为人民服务"的银行，才是最保险的。

"虽说这几年老公的生意还不错，但他挣点钱也不容易，辛辛苦苦常往珠海那边飞，一去就是个把月。家里的生计、孩子的学费，基本都靠他辛苦赚来。都说投资有风险，所以我一直认为，把钱存在银行里收利息最安全。"在杨阿姨眼里，有了钱就存银行，堪称唯一的理财法宝。

"我知道现在外面都在谈理财，可以前这么多年，我们过的都是穷日子。也就近几年，经济状况开始好转，好不容易有点积蓄，拿出来做投资，万一亏了可咋办。所以，我自己不炒股，老公也听我的没有'冲'进去。想想看，当年股市从2200点一路跌到不足1000点，要是套在里面，最终不得不'割肉'就惨了。"

杨阿姨就是这么直白："20年前，根本就没有证券公司和基金公司，金融机构除了银行就没有其他的了。大家有点钱，除去日常开销都拿去储蓄，延续到现在也没啥不好嘛。只可惜现在的存款利息太低，跟以前没得比，还要缴纳利息税。如果存个活期，还真拿不到多少利息。"看来在存钱上，杨阿姨还是有那么点"小小的遗憾"。

虽说20世纪60年代出生的人都较为保守，但拿杨阿姨的理财观来说，显然有点保守过了头。其投资理念以"本金安全，适当收益"为宗旨固然不错，但只把鸡蛋（资金）放在一个篮子（银行储蓄）里的做法，未免会引旁观者"好笑"。

其实，像杨阿姨夫妇这样的准退休族，要实现在风险控制的前提下获得稳定收益，基本方法之一当然是分散投资。除了存款储蓄，杨阿姨大可购买一些各大银行推出的人民币理财产品，以另获收益。

此外，国债、货币市场基金等亦不失为良好选择。更重要的是，既然杨阿姨身体状况欠佳，那么买一份保险就显得相当重要，不妨可以考虑选择一些"实惠"的险种投保。更何况当今保险所具备的功能，除保障外，亦可做储蓄、投资、避税之用，何乐而不为？

现年42岁的汪先生，在某金融机构工作，目前月薪1万余元。妻子33岁，任职某公司职员，月薪4000余元。夫妻俩每月合计收入1.5万元。年收入税后20万元。两人都缴纳三险一金，住房公积金每月合计3000元。

对于理财，汪先生夫妇是标准的"稳健"一族，他俩严格遵循"不把鸡蛋放在一个篮子里"的原则，实行分散投资。目前，夫妇俩名下已有50万元左右的金融资产，包括10万元国债、1万美元的3年期外汇理财产品（预期收益3%）、30万元的2年期信托产品（预期收益4%），及大病保险（保额每人10万元/年）和意外保险（保额每人50万元/年）。

汪先生夫妇的金融资产配置几近完美，称得上是20世纪60年代出生的人的理财"模范"，其理财亮点在于合理规划。多年来，夫妇俩都与汪先生父母合住，未曾购置自己的房产。最近，他们开始考虑购房，为此当然需要做好充分的前期规划。一番合计，夫妇俩最终把购房时间定在了两年后，或是国债和信托都到期后。

汪先生认为，首先，夫妇俩年收入20万元，目前年支出约7.2万元。因从未购房，每年可积累公积金3.6万元，合计每年有16.4万元结余，且金融资产大都属中期投资产品。两年后，夫妇俩又可结余32.8万元。其次，上海楼市目前正处微妙调整阶段，后市可望稳中有降。两年后，楼市走向当基本明朗，适宜出手。

此外，汪先生夫妇打算购买120平方米左右的三室两厅。假设房产单价为10000元，总价约120万元。若购房利率水平和现在相差无几，则把所有到期金融资产本息约53万元加上这两年结余的32.8万元，留出半年日常支出所需现金3.6万元，剩余82万元用作首付，其余就办理38万元的按揭贷款。假定贷款期限10年，采用等额本息还款法，每月还款4240元，不到家庭收入的三分之一，对生活水平就不会造成很大影响。

汪先生的理财非常稳健。尤其在合理规划方面，显得甚为"道地"。不过，他也有多数这一年代出生的人的特点——保守有余，灵活不足。其实，国债、信托、外汇理财都属中长期低风险产品，收益率较低，均未超过5%。以汪先生夫妇的年纪和收入情况，在稳健之余，亦可考虑投资股票型基金，甚至可买些大盘蓝筹股。一句话：所谓理财，吸取各方经验才能更好地"打理"钱包。早一天理财，早一天享受生活。

40多岁人的投资计划

如今房价高高在上，一些40多岁工作稳定的家庭暂时打消了购房的想法，转而想在火暴的资本市场中试一试身手，博取一些投资收益。

李先生，某公司部门主管，夫妻双方均收入稳定，没有买房，有一个年纪尚小的孩子。最近李先生家有一笔50万元的定期存款到期，由于暂时不想买房子，因而想拿这笔钱做一些投资。

面对这种情况，理财专家建议：

（1）由于李先生是一个三口之家，又没有买房，所以买房必定是将来无法回避的一笔大额开支。再加上孩子今后的教育开支，以李先生目前的情况，即使是属于中等收入家庭，其风险承受能力也是有限的。因此，李先生首先需要注意的是控制投资风险。首先，家庭应急备用金及应付意外等大额开支的资金要留足，剩余资金再考虑投资。

（2）采取分散投资的方式，风险较低的理财产品如债券型基金和银行理财产品等，至少要占投资组合的20%，基金组合中可适当配置指数型基金和封闭式基金。关于孩子教育基金，可采取教育储蓄和基金定投的方式来解决，为孩子积累大学教育金。

（3）剩下的钱可适当购买必需的保险，如夫妻二人的健康险、重大疾病险、意外险等；在孩子身上的投入除购买一些儿童住院保险、医疗保险和意外保险外，还可以每年大概投入8000元左右，为孩子购买一份教育基金。

需要注意的是，许多家庭都把投资理财当作暴富手段，这是一个严重的误区。理财不是一夜暴富，而是一种生活方式，不要看着别人在股市中赚钱就眼红。对于绝大部分人来说，应更着眼于长期增值，抵御生活风险，保护和改善未来的生活水平，达成多年后养老、子女教育等长期财务目标。

李钠今年43岁，是一位个体经营户，年收入约30万元，"上有老下有小"，妻子38岁。每月全家支出约5000元，没有购买任何商业保险和人身保险。目前有存款40万元，20万元在股市，10万元买了基金。

针对类似情况，有以下理财建议。

1. 投保宜选终身保障型

李钠和妻子都没有保障，建议他和妻子预留年收入的10%~20%资金作为家庭保障的支出，选择缴费10年，风险保额高，并有重大疾病且分红，既理财又兼顾保障的双重产品。

此年龄段的爸爸们，身处"上有老人要孝敬，下有子女要培养"的阶段，社会竞争压力加剧，平时体力透支巨大。可以考虑直接投保意外伤害保险。上了年纪容易因为摔倒等意外事件导致住院，含有骨折的意外保障是非常合适的一个产品。不少保险公司都有专门针对此推出的意外险种。

保险专家建议，这个年龄段的父亲保险需求除了意外、健康之外，还有理财的需求。投保健康险时，要考虑"有病治病，无病养老"的终身保障型险种，这类险种具有长期投资回报、可灵活支配的特点。

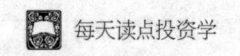

2. 教育规划，合理投资

在家庭投资中，子女教育投资是不可或缺的投资，所选产品应具有收益可预见性、获利性和抗风险性等特点。建议选择交费3~5年、收益性高的分红产品，通过红利分配、复利获得较高的收益。

此外，投资基金可选择风险相对较小的配置型基金，如保康消费品基金。养老金因期限较长，风险承受能力稍强，可在配置型基金之外搭配部分股票型基金。股票投资宜调减为10万元，作为有风险的收益增长点。与众多理财产品相比，信托是一项比较稳定、高效的理财方式。可以15万元认购信托产品，期限2~3年的基本建设项目信托产品可作为赡养金投资，一般预计年收益5%。

40多岁人的最佳投资组合

40岁，是人生的黄金阶段。事业也好，家庭也好，都处于人生的巅峰状态。目前绝大部分的40岁的人，把自己的眼光更多地投向了高生活质量的追求，把更多的资金储备用于子女的未来教育。但会想到15年或是20年后，自己退休的人还比较少。

在经历了20~40岁这20年来的春耕夏种，已届不惑之年的人们，必须通过各种投资途径让自己的退休金增值，否则就可能来不及了。

在稳健理财的基础上，追求更高的资金使用效率也是相当重要的，这一任务不妨交给证券投资基金来完成。具体来看，作为养老金的投资工具，无论是投资风险还是投资期限，指数基金和平衡型基金都可以登上推荐榜的首位。

投资于股指类基金，不仅获取了投资一揽子蓝筹股的机会，而且减少了为选个股而伤脑筋的事情。

此外，还可以考虑的基金品种就是平衡型基金。这种基金，动态地配置于股市和债市之间，所以能更加充分地发挥股票和债券两方面的投资优势。进可攻，退可守，"睿智擒牛、从容斩熊"，在养老金的投资组合中，能起到提高长期投资收益的作用。

平衡子女教育金与养老金。实际上，只要注意积累，多数40岁的中年人都可以攒下相当可观的养老金。但是不少40岁的人却并没有这样做，主要的原因可能是积累养老金与筹划子女的教育经费发生了冲突。

"目前，还是把子女教育作为家庭财务的首要吧。人才竞争激烈的社会，子女没有点教育资本，怎么立足社会啊？养老的事情还远着呢，不如等子女念完书再想这个问题。"

这代表了很多40岁的人的观点。他们把自己的财务天平倾向了子女教育金的筹划上，自己的养老账户则成了一个留到以后再说的话题。

收入比较有限的40岁人的家庭，不妨扳回自己的财务天平，更多地倾向于自己的退休养老账户。而子女的高等教育费用甚至留学费用，不妨鼓励孩子通过银行助学贷款、打工等形式获得。还有，鼓励孩子去争取金额更高的国家奖学金、学校奖学金和企业赞助的奖学金、助学金。

除了通过投资让自己未来的退休金账户长大，40岁的人如果还没有充分的人身保障，那么此时也该赶快动起来了。

对于目前经济比较宽裕的40岁的人，可以做些"重大疾病保险＋住院补贴型医疗保险＋费用报销型医疗保险"，以预防生病带来的损失；预算比较拮据的40岁的人，则可以省去医疗费用报销型保险，在保障大病医疗金的基础上节约一定的当前支出。无论选择哪些品种，40岁的人都要明白，过了50岁基本上就很难买到医疗类保险了，到时候买也不划算了，不如趁现在及早规划。

同时，人无法预知自己的生命到底有多长，因而难以清楚地把握该存多少钱才能够用，为了应对这种"活得太久"的风险，可以通过终身支付型的商业养老保险，养老金领取到身故为止。这样，如果你活得越久，领取的养老金就越多，从前缴纳的养老保险费就越划算。

相对个人通过储蓄和投资计划自备养老金，这类商业养老保险有一个很大的好处，就是它具有强制储蓄的功能。所以，这类保险也可以作为退休金配置计划中的一部分。

40多岁的人如何购房投资

胡先生，40岁，资深国企员工，月薪6000元，年终奖金10000元。胡先生的妻子刘女士，38岁，私企一般职员，月薪1500元，年终奖金3000元。他们的女儿萱萱，10岁。

胡先生一家是普通的工薪家庭，现有银行存款45万元；家庭住房一套，两居室60平方米，价值36万元，购房贷款已全部还清。胡先生单位为其缴纳了三险一金（养老保险、医疗保险、失业保险和住房公积金），刘女士公司为其购买

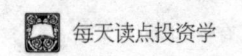

了三险，均没有购买商业保险。目前，胡先生想要购置一套房产作为投资，但看到当下媒体对房价是涨是跌争论不休，他也担心自己投资失败。

以胡先生为例，我们分析一下其投资策略。

胡先生和刘女士每月收入比较稳定，且没有负债，每月开支控制在2000元以内，不到总收入的30%，算是比较节俭的家庭。每年对孩子常规教育费用1000元和特长教育3000元左右的支出也是比较合理的，家庭年节余7.1万元，积蓄能力较强。

胡先生家庭净资产为81.3万元，其中房产占44.4%，剩余55.6%都是银行存款，资产组合太过单一。

胡先生家处于家庭成长期，是负担最重的时期，上有老下有小需要照顾，故胡先生家庭投资的风险承受能力将大大下降。目前，胡先生家庭投资理财的重点依次是：资产增值管理——家庭财务安全保险规划——子女教育投资规划——应急基金储备和其他金融产品投资。胡先生想选择房产投资方式作为家庭资产增值管理的主要途径，不妨参考以下意见：

正如胡先生所想的，房产投资存在一定的风险。针对胡先生的家庭情况，最好选择房产投资中风险较低的投资品种。新房因为配套设施较新，所以购买和出租的价格较高，但是其物业费、采暖费昂贵，使得房屋的运营成本较高。同时随着楼龄的增加，价格的下降较为明显。二手房购买和出租的价格较低，物业费大多数情况下没有或很低，运营成本较低。并且由于本身的租金较低，租价下降的空间非常有限，租金收入相对稳定，在正常情况下，租金呈缓慢上升趋势，其风险是最低的。

如果选择二手房投资，应尽量选择面积小的房子，目前北京市区租价为每月1500元左右的房子多为此种情况，出租率都非常高；另外，交通方便、靠近主干道路或繁华商圈的房子也容易租得一个好价钱。所以建议胡先生购买一套50平方米左右小户型的市中心区域位置较好的二手房，房屋价格不超过30万元。

由于胡先生目前没有别的高收益投资项目，所以支付方式可选择一次性支付房款，这样会省下贷款利息等费用。保守估计上述房产每月租金为1800元左右，扣除可能的空置情况和房屋维护修缮费用，平均一年中每月租金收入1500元，每年租金收入为1.8万元，平均年收益率可达到6%。

另外，可安排以下保险规划：胡先生作为家庭的经济支柱有一定的社会医疗保险，但保障能力仍然不足，建议追加购买商业保险。每年支付3000元左右购买20年期的分红型终身寿险产品主险和附加险，获得14万元的保额，其中重大疾病保障2万元，意外伤害保额4万元。

在子女教育上，胡先生家计划让女儿在国内读完大学后到加拿大继续研究生教育，那么萱萱的教育费用大约为本科4年每年1.2~1.5万元，硕士两年每年15万元，共计35万元左右。所以胡先生应该为女儿开设教育储蓄账户，从现在开始为孩子进行为期12年的教育储蓄，每年投入2.5万元，到女儿大学毕业时取出。教育储蓄作为零存整取储蓄将享受整存整取利息，利率优惠幅度在25%以上，而且享受利息免税优惠政策。

在其他投资方面，一般来说，胡先生家应准备3万元的应急基金以备不时之需，分为银行活期存款1万元，1年期存款2万元。剩下的资金可以选择一半投资于记账式国债；另一半投资于好的平衡型基金产品。

第四节　50多岁，投资方向转移是重点

50多岁，抓紧时间赚取最后一桶金

在这个大都市中，他们是最最普通的一个群体，普通得容易让如今时尚潮流中的年轻人将他们遗忘。如果你终日只是穿梭于高档写字楼和繁华商业区之间，如果你不仔细观察，很难发现还有这样一群人散居于城市的各个角落。他们年过五旬，赚钱能力有限，夫妻一方或双方都曾有过下岗的经历，儿女总是有一段长时间睡阳台或灶间的记忆，夫妻俩从来没在大商场里买过衣服，尝试过股票投资却深"套"其中。但他们和同龄的公司高管、大学教授们一样，也面临退休养老的问题。有所差异的是，由于这一群人的物质基础较薄弱，他们的养老问题更为棘手。

1. 收入低，来源少，保障不足

54岁的崔爱国和52岁的妻子黄敏就是这样一对收入较低的"准退休族"夫妻。

崔爱国是一家中型国有企业的工人，目前每月工资1300元，60岁退休后每月养老金为1050元。黄敏去年因为集团改制后就待退在家了，待退工资是720元，

55岁正式退休后每月可领850元。而全家每年的日常开支维持在1.2万元左右，加上孩子的学杂费、日常看病的自负部分等，每年的总支出差不多要2万元。也就是说，如今他们每年差不多能省下5000元左右。

儿子考上应用技术学院在学校寄宿后，夫妻俩才终于尝到了"二人世界"的滋味。崔家离儿子学校较近，是一套一室户的老公房。除了这套产权房，崔爱国夫妇20多年省吃俭用攒了6万元钱，主要为儿子将来结婚准备着。

看上去，除了收入较低以外，老崔一家生活还算过得去，至少他们还有一套属于自己的房子，比起那些至今仍然住在没有产权的房子里或某些与别人合用的家庭已经好多了。而且，等到老崔夫妇全都退休后，两人每月的养老金总计能有1900元，即便考虑到物价上涨等潜在因素，维持两人的基本生活开销应该不成问题。而且，儿子马上就要经济独立，不再需要他们抚养，负担减轻了一大半。

但两人虽然都参加了所在单位的社会医疗保险和社会养老保险，但无任何商业保险。黄敏的身体本来就不好，高血压和偏头疼困扰她多年，今后夫妻两人还可能患上各种重大疾病，但社会医保的覆盖面毕竟有限，不能完全应付生病支出，用药等也有限制。对他们这种低薪"准退休"族群而言，至今没有储存一份专门的重大疾病医疗金是最为头疼的事。

2. 想用家产帮助孩子成家

"宁可苦自己，不肯穷孩子。"这是崔爱国多年来一贯的想法和做法。好在崔家的儿子还算比较懂事，虽然从小到大成绩并不是班里最好的，但也懂得体贴家里的难处，很少要求父母给自己购买一些价格昂贵的衣服，而且中专毕业后直接升到了大专。

"虽然儿子很懂事，说过工作以后不会再要我们的钱。但现在社会竞争激烈，工作也比较难找。明年他毕业后刚开始的收入肯定也不会高，因此我和他妈商量着家里的存款就不要去动它，只等到时候帮儿子一把，无论是找工作还是结婚买房。"崔爱国眼神中流露出淡淡的无奈，但更多的是一种坚毅的父爱和对儿子未来前途美好的向往。

可面对目前的高房价，崔爱国也显得有点无能为力，6万元钱在郊区也只能买100平方米的住宅，儿子大专毕业后收入也不会太高，贷款买房短时间内肯定是买不起的。唯一的办法就是将现在住的房子让给儿子当婚房。可把房子让给儿子后，自己上哪去住呢？难道真的要去养老院吗？虽然现在也在提倡进养老院，但条件较好的养老公寓和养老院收费都在 2000 元 / 月以上，如此一来退休金就全部贡献给养老院了，自己的零花钱去哪找？再说，还没过 60 岁，并不觉得自己有必要去养老院和七八十岁的老人们生活在一起。

3. 抓紧时间赚最后一桶金

崔爱国觉得，要想让自己过得好一点，要想能对儿子有所帮助，关键是要增加家庭的收入，他考虑过让妻子去开个小店，做点小买卖，但因为没有这方面的经验，他们怕蚀本，所以至今没有行动。

前一阶段有一家便利店招营业员，黄敏去应聘并被录用，但干了几天她就觉得吃不消，干了一周就病倒了，最后只能不干了。现在，她每天去证券公司看看行情，可轻易不太敢买股票，每次也都只买 100~200 股，做了几笔交易，输赢都不大。

她也考虑过去做家政服务员，反正儿子平时不回来，家里也没什么活要干，还不如去帮别人家干点家务，赚点外快。可真到要行动的时候，她又犹豫了。以前，在工厂当工人，虽然清苦，但还算体面，毕竟是工人"老大哥"。现在，去外面给人做家政服务，自己能拉下脸来，儿子的脸往哪放。不过，听说市场上"上海阿姨"供不应求，薪酬水平也较高，她还是有点动心。而儿子对于妈妈的想法并不太支持，他说："妈妈的身体本来就不好，出去做家政是很辛苦的，没有好的身体根本坚持不下来。我明年就毕业了，找到工作后不仅可以养活自己，还可以补贴家里，用不着妈妈出去受累。"

崔爱国夫妇的想法代表了现在一大批家长的想法，无论自己多苦，也要帮孩子一把。但老实说，现在房价高企的情况下，像老崔家这几万元的存款，有点"杯水车薪"的意思。还不如留着给自己养老，尤其是作为医疗费用的基础金，减少孩子们将来的负担。现在把这部分钱留在自己身边，将来碰上生病就可以"自力更生"不依赖子女，不给处于"夹心族"状态的子女增加更多负担，何乐而不为呢？

对于手中只有一套小屋，而没有任何其他资产的"准退休族"而言，更要守住自己现有的房产。这套房子有点像"命根子"，比子女更为"保险"。我国目前正在积极酝酿"反向抵押贷款"政策和实施细则，对于低薪的"准退休族"而言，手中的房产在将来能派上大用场，在社会养老金不足以支撑自己生活必需的时候，可以将房产反向抵押取得现金流；在社会养老金能基本维持自己的基本生活情况下，也可以用这套房子来"换钱"，稍微提高一下自己的生活水平，或作为大病

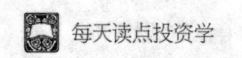

医疗金和长期看护费用。

像崔爱国夫妇这样有一个懂事的孩子是幸福的，但有些孩子就不同了，他们不考虑家庭的经济情况，经常需要家长补贴。像这样的家庭，更是不能再像以前一样，孩子要什么就给什么。即将步入退休年龄的家长们要"动之以情、晓之以理"，告诉孩子家里经济条件较差，不能在吃穿用上和别人攀比。同时，要培养孩子们"经济独立"的意识。比如，大学期间，让他们自己去争取勤工助学的机会，也可以向学校申请困难补助。从家长到孩子，都不要为了面子问题，在学校和社会里"打肿脸充胖子"。

但需要重点提醒的是，从子女这里省下来的有限资金，千万不要再去买股票。由于现在国内股票市场的系统性风险较大，非常不适宜只有几万元资金的"准退休"人群去投资，否则很有可能血本无归，还不如老老实实买点国债或货币市场基金来缓慢增值。

50多岁如果内退在家的人，应该趁着自己还年轻，多干点活，不要太计较面子问题，现在去做家政服务应该是不错的选择。开始的时候可以少做一点，如果体力能够支撑再多做一点，按照目前的市场行情，做家政每个月可以有1000元以上的收入。

在抓住最后的时机积累财富的同时，一定要提醒这批"准退休族"，要学会对自己好一些，不宜太过劳累，注意饮食健康，加强锻炼保重身体。一方面，身体是革命的本钱；另一方面，健康的身体就是为自己省钱为子女省心。老年不生病、少生病，也就等于"减免"了一半的养老需求。养生其实是养老的最高境界。

50多岁，如何实现儿子结婚和自己养老的计划

50多岁，由于自己的工作能力、工作经验、经济状况都已达到了最佳状态，加上子女开始独立，家庭负担逐渐减轻，因此，最适合积累财富，理财重点应侧重于扩大投资。但由于已进入人生后期，万一风险投资失败，就会葬送一生积累的财富。所以，在选择投资工具时，不宜过多选择风险投资的方式。

此时的理财优先顺序：

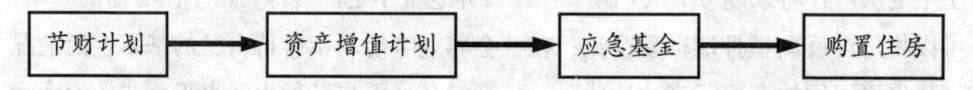

节财计划 → 资产增值计划 → 应急基金 → 购置住房

张小强今年45岁，和妻子两人的银行存款共15万元，股市上有10万元，亏损20%左右。有50万元贷款给亲戚做生意，每年10%的利息收益。两人除单位的基本保险外分别购买了意外保险。张小强每月工资6000元左右，妻子3500~4000元，家庭每月水电吃穿共消费2000元左右，现在居住三室一厅，108平方米，目前市价在70万元左右。

张小强的儿子和其未婚妻开始上班，两人每月共有5000元左右的收入，如今，张小强夫妇开始为儿子准备结婚事宜。

张小强的理财目标是：

（1）为儿子购置新房。

（2）准备儿子婚事所需的花费。

（3）做好老夫妻俩的退休规划准备。

家庭情况分析：

财务状况：月均收入9500~10000元

　　　　　月均基本支出2000元

资产情况：有一套市价70万元左右的自住房

　　　　　银行存款15万元

　　　　　股市市值8万元

　　　　　生意投资50万元，回报率10%

投资建议：

张小强的投资方式不是很多，而且其中借给亲戚做生意的资金占了50万元，比例较大，不利于分散投资风险。张小强夫妻俩的月均收入比较可观，基本支出只占收入的20%，但是夫妻俩目前处于一个很特殊的人生阶段——前空巢阶段，孩子即将成婚，有大笔的婚前支出预算。

目前社会上很多人谈"婚"色变，结婚的成本也随着房价和物价上升而不断提高。张小强一家为准备儿子的婚事承受了巨大的财务压力，买房和婚礼筹备的支出迫在眉睫。张小强的儿子和未婚妻也已经有了稳定的月收入，可以为父母减轻部分压力。所以张小强一家的理财规划重点应侧重在以下两点：儿子婚前包括购房规划、婚礼筹备的一系列财务规划，以及儿子婚后老夫妻俩自身的退休规划。

50多岁的"准退休族"如何谋划未来

古人云:"五十知天命。"走过人生最高潮、最精彩的阶段,50岁过后的人们慢慢走向人生的收获期,期待着美丽的人生夕阳,他们的生活状态有一些共同特点。

1. 生活经历动荡盼安逸

目前50~60岁年龄段的人们,他们与时代"同呼吸、共命运",经历过社会巨大的变迁。他们中年龄偏大些的人多数都上山下乡插过队,返城后,有些人当上了工人,有些人成为恢复高考后的第一拨大学生,并留在高校成了高级知识分子,还有些人赶上"洋插队"从海外镀金回国做上了公司高管,另有大批人为了祖国经济建设的转轨转制而下岗失业。

他们的前半辈子,为祖国建设和改革牺牲小我,为子女成长委屈自己,唯独没有想过为自己的老年生活留下点什么。辛苦工作几十年,经历了丰富而动荡的人生,他们其实更需要较为安逸的晚年生活。可以说,他们是目前各类在职人群中最迫切需要通过各种途径做好养老规划的人群。但综合各方面状况来看,他们又都还没有什么成形的养老计划,他们对于退休养老的规划意识比20世纪60年代出生的人,甚至比70年代出生的人群都还要低得多。

2. 生活状态趋稳筹养老

随着儿女们的逐渐成长、自立甚至组建起自己的小家庭,年过半百的人们处于从家庭稳定期逐步走向空巢期的阶段。在事业上,50岁上下的人们一般工作能力、工作经验、收入水平都已达到了高峰状态,退休之前的5~10年,无论是职位还是薪水,一般人已经不会再有大幅提高;家庭经济状况上,债务一般也已逐渐减轻甚至全部偿还,生活开销基本不愁。

在这种较为稳定的生活状态下,50岁人的养老规划可以遵循"查清现有基础,规划将来状态,调整现有方式,积极增加储备"的步骤来进行。当然,由于现有基础不同,对将来生活的目标追求不同,高中低不同收入档次的"准退休族"在理财上也要有所侧重。

3. 高收入阶层重在资产增值

对于基础较好,收入较高的50岁人群而言,为了不至于"坐吃山空",可以从现有积蓄中腾出一部分资金进行"大钱生小钱"的增值活动。由于靠工作来累积财富的过程即将结束,因此50岁左右的高收入人群可以扩大投资,依靠投资性行为来增加自己未来的非劳动性收入。但又因他们已进入人生后期，风险承受能力低，所以应多选择风险小、收益稳定的投资品种，少进行风险大的项目。

对于高收入、高储备，以及一些中等状态的50岁人群而言，其投资项目应该以国债和货币市场基金为主，尽管这些产品的收益可能仍旧无法完全抵御通货膨胀，但其收益稳定、风险较小、利于变现的特点比较适合老年人。尤其是货币市场基金，这个作为储蓄替代产品的投资项目其收益率通常高于银行存款利率，而且可以随时取现，是保守投资的首选工具。

4. 中低收入群切忌高风险投资

对于中低收入的准退休家庭而言，切忌进行股票、外汇等风险性较高的投资行为。在证券营业部或者银行的外汇交易大厅里，熙熙攘攘的常是退休工人的身影。不少人在50岁左右就办理了内退或各种形式的退休，生活重心一下子没了着落，于是很多人选择了股票或外汇投资作为自己业余生活的主要寄托，同时希望从中多多筹备一些养老费用，用上海话说就是"赚点小菜钱"。但实际情形是，过去几年股市低迷至今让许多老人非但没有"赚到小菜钱"，反而把自己的养老金深"套"其中。而汇市的高风险性，以及对于专业知识的高要求性，也常常让老人成为为别人"抬轿子"的典型。

本来养老储备就不充足，实在不宜将这些辛苦积攒的钱都拿去炒股。对于中等基础的人群而言，目前拥有一套便于出租和变现的小户型房产还算是一个比较好的养老储备渠道。

而对于收入更低的人群而言，手中的存款数额可能连房产投资的首付款都还不够，但也不能让这些存款在银行账户里干等，可以转为比较稳妥的货币市场基金或时下新开发的"人民币理财产品"，让资产保守增值。

"准退休族"，一技在手退休无忧

在"准退休族"中，有一批"幸运儿"，他们是改革开放时期的第一批青年人才。经过20多年的打拼，他们要么走上了领导岗位，要么成为技术骨干。在上海，他们的年薪一般在10万元以上，有些还有公司的股份等。他们不太将未来生活寄托在单位发的退休金上，因为1000~2000元的退休金无法维持现在的生活质量，他们更看重的是自己的资产——存折上的余额、股票的市值，当然还有房产的市场价格，对他们来说，重要的不是继续让这上面的数字增值，而是这些数字怎样

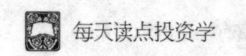

让自己更舒适更快乐地走完人生的后半程。

张建民就是这样一个让人羡慕的"准退休族"。55岁的他是北京某大学的博士生导师,平日里除了周三周五有课的时候出现在学校,大多数时间也是在家里搞研究,写些学术性论文,或者很潇洒地和自己的学生在MSN上交流。张教授如今的月薪在7000元左右,再加上各种各样的津贴等收入,张教授的月总收入在10000元以上。这些收入不过是张教授总收入中的一部分,由于在业内享有较高的权威,张教授主编的系列教材已经成为考研、考博的必读书目之一,单这一项每年分得的稿费,就达到100000元以上。另外,张教授还经常外出为一些大公司做技术咨询,有一笔不菲的咨询费收入。

问起退休后的打算,张教授还显得有些茫然:"退休?好像很遥远的事啊!"

的确,张教授在年纪轻轻升为博士生导师之后,其退休年龄就自动延长到65岁。而且由于学术上的权威,张教授极有可能被本校或者其他学校返聘,在65岁之后继续带博士生、上课,维持这样的收入也丝毫没有问题。张教授还有一项拿手绝活,那就是精通日文和英文。"我可以把日文和英文的技术手册对翻,这可不是一般人能做得了的,现在我是没时间,等退休了,时间富裕了,赚点外快还是挺容易的。有几家日本公司就找我联系过相关业务,我都以时间不够拒绝了。"

张太太过去是某报社的编辑部主任,如今退休在家仍然没有"封笔",报纸杂志上不时有其文章出现,加上退休金,一个月的收入有5000多元。

由于工作忙,张教授不太喜欢投资,家里现在住的还是单位分配的一套3室1厅的房子(产权已经买下来了)。这几年的房产市场这么好,也没有促使他们再购置房产。家中的主要资产就是银行存款,我们根据其收入和支出情况来进行推算,考虑到他们有能力一次性支付购买别墅和计划周游世界,估计家庭存款在300万元以上。而张太太却对投资颇有兴趣,喜欢时不时地玩玩股票,这几年也有50万元投进去。但自从股市2200点下来之后就缩水到20万元左右了。"我都没什么信心了,打算'割肉'出来到苏州买别墅去。"张太太说。除了股票,他们不再有其他任何投资。至于保险,用张太太的话说"一直想买,也没找到合适的"。他们也担心退休之后生病,但好在攒了一笔养老金,就准备着来应付医院了。

两人只有一个儿子,已经结婚,并在去年生下了一个小孙女。尽管张太太一再说儿子不够优秀,但在普通岗位上就就业业,所得收入能维持生活,夫妇俩也表示满意了。儿子在有了孩子之后,原来两室一厅的住房显得有点紧张,曾吞吞吐吐地向父母表示想换一套大点的房子。为这件事，老两口差点起了矛盾。张太太说："我的意思是家里反正有存款，买一套送给他们算了，孩子赚钱也辛苦，但我先生不这样想，他觉得年轻人应该自己奋斗，给他买套婚房已经足够了，再买一套实在说不过去。"

关于养老，他们并不指望儿子了。"生孙女的时候我就跟他们说好，不帮他们带孩子，同样我们老了也进养老院，或者在家里请保姆，不要他们养老。"张太太话说得干脆。

张教授夫妇规划的退休生活着实让人羡慕。他们能这样规划的一个重要前提是夫妇俩都有一技之长，这种专业技能保证了他们在退休后能在各自岗位上发挥"余热"，从而维持现在的收入水平，也就可以维持现在的生活质量。除了大学教授，高级工程师、公司高管、资深记者或编辑，不少50多岁的人们处在这样的岗位上。在这个知识经济的时代里，他们利用自己的专业技能和管理经验为社会忙碌了大半辈子，也为自己挣足了薪水和福利，奠定了今后养老的坚实基础。对于他们来说，退休不是一件让人担心的事，而只是收获劳动成果的时候。

享受当然是重要的。但综观张太太的退休计划，仍然有几点需要调整，比如说，在给儿子买房的问题上。正如张教授所言，儿子长大独立生活之后，夫妇俩的确没有必要帮儿子付清全款，这样一来就耗掉自己多年的积蓄，影响其他方面的退休规划。如果想在资金上拉儿子一把，张太太完全可以先帮儿子付清房款的30%首付，然后让儿子自己去每月偿还银行贷款。省下的资金，张太太就可以尽情地去挑选别墅，而不会有财务方面的困扰了。

另外，从股市里"割肉"的想法也有些唐突。张教授退休之后还可以继续工作，即使不工作也有版权费、稿费之类的收入进账，两人在维持生活质量上应该没有问题，当然也就不需要把股票折价抛掉了。尤其现在股市处于历史低点，等市场转好再抛出说不定还有获利。

享受当然不是"坐吃山空"。仔细观察张教授和张太太的退休规划，便发现他们和大多"准退休族"一样，少了保险尤其是医疗保险的计划。而在资金充裕的情形下，两人完全可以合理调配现有资金，购买一些医疗险或者传统寿险，让未来的生活来源更有保证，从容应对多种突发状况。

人老最怕"病来磨"，尤其对于高薪准退休族来说，紧张或者无规律的生活状态，巨大的工作压力都无可避免地留下一些"职业病"，或许你现在毫无感觉，然而一旦在退休后发作，总会带来一些经济上的被动。保险是应对这种风险的较佳策略。

如果在退休之前，子女皆已成年、房屋贷款也都付清，各项的人生及家庭责任亦已经完成，在风险管理方面，就可以完全依照个人的需要来规划。

一般而言，这个时期应重视更周全、保险金额更高的住院医疗保险、重大疾病保险及防癌保险等。由于住院医疗保险多是附加险种，"准退休族"可以选择一些万能险作为主险，然后根据自己的年龄和身体状况，适当调整其中保障和投资部分的比例。值得提醒的是，50~60岁左右的人，在保险方面的风险评估上，属于高风险的族群，其保费的结构中"风险成本"所占之比例特别高。

而如果你对资金闲置缺乏安全感，你也可以适当进行一些稳健投资来实现资金升值，开放式基金、货币市场基金和投资型保险都是比较好的选择。

50多岁的"准退休族"要注意的

对于50多岁的"准退休族"而言，退休不再是遥不可及的事情，在准备退休的过程中，以下4点是需要他们加以注意的。

1. 对子女"自私"一点

"准退休族"最大的问题就是对子女过于"慷慨"，一切都为子女着想，不仅供他们吃，供他们穿，供他们上学，子女工作后还要资助他们买房；有了第三代后，还要帮着子女照顾小孩，这自然也少不了要贴钱。而对自己却过于"吝啬"，只要是子女有需求，当父母的总是有求必应，而用在自己身上的钱则少得可怜。

对于多数的"准退休族"而言，他们是从低工资时代走过来的，积累并不多，面对日益高涨的医疗费用和养老费用，没有足够的资金储备，就势必要走上"养儿防老"的传统养老模式上去。但由于现在的"准退休族"大多只有一个子女，寄希望于子女来负责自己的养老问题越来越不现实。

因此，"准退休族"现在就应该"自私"一点，先安排好自己的养老金，再去帮助子女解决困难。只有自己不成为子女的负担，才是对子女最大的帮助。

2. 投资要安全一点

"准退休族"在投资方面一定要遵循安全第一的原则，因为他们手里的资金是未来的养老钱，如果因为投资失败而受到损失，将影响到退休后的生活。由于距离退休的时间不长了，他们缺少像二三十岁的年轻人能够从头再来的机会和时间。

我们经常看到一些上了年纪的老人出入于证券营业部，但这并不说明股市是一个值得"准退休族"去投资的地方。

对于"准退休族"来说，债券是一个值得关注的品种，尤其是国债，由于收益稳定，又能够保底，选择合适期限的国债进行投资，可以获得高于银行储蓄的收益。货币市场基金作为一种新的理财工具，在现金管理上具有优势，对厌恶风险的投资者来讲也是一个不错的投资品种。人民币理财产品一面世，就受到了大家的欢迎，说明这也是一个好产品。另外，资金比较充裕的"准退休族"还可以考虑投资一些租金收益较高的房产。

3. 身体要健康一点

和二三十岁的年轻人相比，"准退休族"在身体条件方面明显处于劣势。而在工作方面，"准退休族"承受的压力并不比年轻人轻。如果不承认现实的差距，仍然像年轻时一样忘我地工作，其结果就是落下一身的病。

俗话说："有什么别有病，没什么别没钱。"如果到退休的时候，病魔缠身，有再多的钱也无法享受。反过来讲，如果不生病，就可以节省大量的医药费开支，相应也减少了对养老金的需求。

因此，"准退休族"在工作中更应注意劳逸结合，保养好自己的身体，为退休后的生活奠定基础。

4. 技能要多掌握一点

在"准退休族"中，最不怕退休后没钱花的就是那些有一技之长的人，因为当他们需要钱的时候就可以通过自己的技能获得财富。有一位老人，他退休后就靠卖冷饮过日子。由于他经营有方，利润可观，几个子女反倒成了他的帮手，有的帮他进货，有的帮他送饭，有的帮他收钱，而他只要在那里吆喝两声生意就来了。赚钱了，他还愁自己的生活没着落吗？

前面的张教授和张太太，他们都有自己的专长，即使退休了，也有很多赚钱的路数。从这一点上看，技能的储备和资金的储备同样重要。有句话叫"活到老，学到老"，讲的就是这个道理。

第五节　60多岁，养老投资两不误

银发族的两大麻烦

人们可能要问，未来一个人要准备多少钱才够养老？一般说来，养老的费用主要由两部分组成，一是日常开支，二是医疗费支出。究竟准备多少钱才够养老呢？国际上常用的计算方法是：通过目前年龄、估计退休年龄、退休后再生活年数、现在每月基本消费、每年物价上涨率、年利率等因素来计算。

需要准备的养老金＝退休后每月基本消费×估计退休后生活年数×12，其中，退休后每月基本消费＝现在每月消费×（1＋每年物价上涨率）的N次方。（N＝估计退休年龄－现在年龄）

举例说，如果你现在的年龄是25岁，估计退休年龄55岁，估计退休后再生活年数25年，现在距离退休还有30年。假设你现在每月基本消费1000元，每年物价上涨率5%，年利率3%。退休后的每月基本消费（保持相当于现在1000元的消费水准）为：1000×4.322＝4322元，退休后再生活25年所需养老金总额为：4322×12×25＝1296600元。（备注：4.322是根据30年来累计物价上涨率计算得出，1.05的25次方就是4.322。）

你可以参照上述公式，根据自己的年龄和消费情况，计算出你可能需要的退休金，然后把退休时可拿到的社保金算出来，这两者之间的差额，就是自己要准备的退休金。由于医疗费用的不可预知，上述公式只是一个普通生活状态下的基本生活费用匡算，如果要考虑重疾风险，再增加一些高消费支出（如旅游、出国、社交费用等），所需养老金需要再增加不少才行。

社会保险给我们提供了最基本的养老金，但中国实行的是"保而不包"的政策。要想退休后能尽享天年，年轻时就必须重点规划好未来的养老金并存妥养老费用。这样等你到年老时不会让你的生活过得没有意义和色彩。

在养老压力中，通货膨胀对养老金的侵蚀作用也是不可不考虑的。有关发展报告预测，2006~2015年中国每年将至少保持3%~4%的通胀率。因此，中青年人的养老理财，应注重通过各种投资途径让自己和家庭的资产保值增值，以便抵抗通货膨胀带来的危害。

中青年人在准备养老金方面，有两件工作要做：一是手头的资金如何投资，二是每月的结余如何利用。如果能将这两部分资金用好，积累足够的养老金并不是一件难事。

43岁的孙先生和同龄的王太太收入丰厚，年薪加起来26万余元，年终还有总共50万元的奖金。女儿今年念初中，准备6年后出国深造。家庭每月开支在8300元左右，夫妻俩分别投有寿险和意外险，女儿也投了一份综合险，加上家庭财产险等，每年的保费总支出为3万元。除去其他各种不确定费用3万元左右，每年能有约44万元的现金流入。

孙先生家有一套现值为150万元的房产，用于自己居住。夫妻俩没有炒过股，也没有买过基金或债券，余钱基本上都存进了银行，现有活期存款5万元，定期存款40万元。夫妻俩对养老生活要求较高，希望至少不低于现在的生活质量，并且由于两人身体都不好，他们希望10年后能够提前退休。

一个人到40岁时，家庭一般处于成长期，工作和生活已经步入正轨。对于此前已经通过投资积累了相当财富、净资产比较丰厚的家庭来说，不断增长的子女培养费用不会成为生活的负担，一般性的家庭开支和风险也完全有能力应付。因此可以抽出较多的余钱来发展大的投资事业，因此，这部分人应该是投资的积极分子，努力通过多种投资组合使现有资产尽可能地增值，以不断充实自己的养老金账户。但是养老规划总的来说应该以稳健为主，稳步前进。以孙先生家为例，针对于这一年龄阶段的特点，专家指出，应该分三步制订未来的养老计划。

1. 估算需要储备的养老金

日常开支：孙先生家庭目前每月的基本生活开支为8300元。假定通胀率保持年均3%的增长幅度，按年金终值计算法，退休后孙先生家庭要保持现在的购买力不降低的话，老两口总共需要支付167万元的费用。

医疗开支：由于孙先生夫妇两人身体都不好，又没有购买任何商业保险，因此医疗方面的开支将是老两口最重要的一项开支。假定两人退休后平均每人每年生病4次，每次平均花费3000元，那么27年看病的总花销就是64.8万元。身体不佳，每月的护理更是少不了的，假定每人每月护理费为1000元，那么27年总共需要的护理费是64.8万元。如此一来，孙先生夫妇的养老金中仅医疗需求就达到了130万元。

旅游开支：假如平均一年旅游2次，每次平均花销1.5万元，总共需要的旅

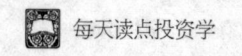

游费用为 81 万元。

因此,孙先生家庭需要的养老费用大约是 378 万元。

2. 估算未来能积累的养老金

我们来看看,孙先生和王太太从现在到80岁总共能拥有的资金用作养老资产:孙先生夫妇的收入来源比较简单,主要来源于以下两个方面:

工资收入:孙先生和王太太目前离退休还有 10 年,10 年中能积累的工资收入为 22000 元 ×12 月 ×10 年,即 264 万元,加上 10 年的年终奖金 50 万元 ×10 年,即 500 万,总共是 764 万元。

存款收入:假定年平均利率为 3%,按照复利计算,孙先生的定活期存款 45 万元存 37 年后本息总计为 134 万元。

孙先生夫妇的收入虽然比较高,但是,支出也较大,还有女儿留学等大笔资金需要支付,因此,我们假定上述 943 万元的总收入当中有 30% 可以留存下来用作养老,那么,夫妇两人能够为自己积累的养老金也就 283 万元。

另外,孙先生夫妇目前住的房子虽然市值高达 150 万元,但因为该套房仅用作自住,并非投资性房产,所以,不计入养老费中。

3. 估算养老金的缺口

孙先生夫妇需要储备的养老金减去能够积累的养老金,得出的结果相差 95 万元。

所谓"量入为出",有什么样的收入水平就有什么样的支出水平。从上述的案例中可以看出:孙先生一家虽然资产雄厚,但要高质量养老,仍有不小的资金缺口。这就提醒我们,无论你目前的家庭财务状况多么好,花钱不愁,但如果不能做一些提前规划的话,仍有可能达不到真正的"财务自由"的境界。

老于是一家公司中层管理人员,他的太太是一家国企的营销人员,两人均面临退休和内退问题,虽然我们知道退休后的养老保险金可能每人每月只有一两千元,但由于家底殷实,他从未担忧过自己的退休生活,目前他的月工资及奖金收入为 13000 元,年末有 3 万元分红,妻子月收入 4000 元;20 岁的女儿在上大二,3 万元的年末分红恰好足够支付她一年的教育费用。除去家庭月支出 8000 元和保费月支出 1000 元,每月可有 8000 元的节余。

他现住房价值 55 万元,按揭已还清,目前手中持有市值 30 万元的股票和 50 万元的人民币定期存款。为了两年后女儿出国留学,他还准备了 3 万欧元(折合人民币 29 万元）。于先生这样做是对养老金进行规划，存妥养老费用。等到于先生年老时，他和他太太生活会比一般人生活得幸福些，肯定会有一个高兴的夕阳红。

养老规划，先问自己 3 个问题

人生不同阶段面临不同的理财需求和理财目标，而养老规划是人生理财规划中最重要的一部分，在理财规划中排在首位，是每个人都要面对和必须考虑的事情。退休后要想过富裕、有尊严的生活，无忧无虑地享受晚年的金色时光，需要未雨绸缪，尽早开始养老规划。

与其他阶段性的理财需求不同，养老规划是一个长期规划，越早开始越好，即使开始规划的时间晚了，也总比等到退休才考虑养老问题要强得多。在开始养老规划前，不妨先问问自己以下 3 个问题，将有助于进行合理的养老规划。

（1）估计能活到多少岁？人人都希望长寿，做养老规划时，不妨将寿命预计久些，假定 100 岁。

（2）享受多少年的退休生活？这取决于你想什么时候退休，很多人希望早日实现财务自由的目标，无须工作还有足够的收入，尽情投入自己喜欢做的事情。假定 50 岁退休，用 100 - 50 = 50 年，数字很诱人，然而这个数字越大，你要承担的退休成本就越多。

（3）退休以后享受什么样的生活？退休后应酬费、服装费和交通费等项目会减少，而医疗费会相应增多，如果想在退休后维持现在的生活水准，这个数字还是蛮大的。假定包括生活成本、医疗费用等在内，每月的生活成本约为 5000 元，则每年平均需要 6 万元。当然，如果你想有更多的旅行、满足更多的爱好，这个数字会更多。

让我们简单算一下未来 50 年的退休生活需要多少钱：50 × 6 = 300 万元。如果考虑通货膨胀的因素，这个数字会更多。假定每年 3% 的通货膨胀率，24 年后通胀将把你的 300 万元吞掉一半，最终的实际购买力将只有 150 万元。问问自己以上 3 个问题，算一下退休后需要多少钱是很有必要的。

亲手进行退休投资，架起安全防护网

老年人经过了一生积累，到退休时，一般都有些积蓄。但面对市场经济的变化、通货膨胀和各项支出的不断增加，退休家庭若希望生活更宽裕，就要学会进行投资规划。

年轻人投资理财可以经受大起大落、承受大风大浪，但老年人经不住那些折腾。老年人理财，很重要的一点就是安全。别看"财"不大，却是他们一生的心血。既要让这点小财生财，又不能冒太大的风险。因此，老年人投资应以"稳"为主。购买理财产品时，最好选择那些有保本特色的产品。但是当前适合老年人可以选择的理财方式有多少？老年人理财的市场环境又怎样？老年人应怎样配置自己的资产？

刘大爷是一名退休职工，有70岁了，和老伴月收入共3000元。自2000年退休后，老两口省吃俭用有了15万元积蓄，他们用其中的50%买了国债和定期储蓄，另外50%从2007年开始投资股票、基金。可是，2008年股票、基金不断下跌，刘大爷心想总有一天会涨上来，谁知越套越紧。后来，他听朋友说，老年人最好买债券基金和货币市场基金，其风险小，收益比银行定期利息高，而且不扣利息税。刘大爷听后忍痛赎回股票、基金，改买债券基金和货币基金。投资股票基金共亏损了5000多元，这让刘大爷心疼不已。

理财专家认为，50%投资于股票或者股票基金对老年人来说比例过高，即使股市有反弹也不合适，转投债券基金和货币基金的方向是正确的，另外理财专家建议刘大爷可以将每月收入分为4块：

一是月收入的40%，即1200元，以现金方式作为生活费开支；

二是月收入的20%，作为医疗费及日常活动费用，较理想的是以"钱生钱"的方式储备，灵活两用；

三是月收入的20%，即600元的资金用来开立专门投资账户，投资渠道可选择国债、债券型开放式基金等风险低、稳定性强的理想投资方式；

四是对于月收入剩余的20%（即600元）储蓄，用于应付自己的临时状况，也能在关键时刻起到帮扶晚辈的作用。

对于老年人来说，根据他们的风险承受能力、年龄等，他们的资金配置方案可选择如下：

（1）激进型：投资股市占总金融资产约30%，投资债券、基金（可以考虑偏股型基金）占20%，投资保险占20%，储蓄占30%。此方案适于65岁以内、身体健康（尤其是无心脏病和高血压）、心态平衡的老年人。

（2）均衡型：投资股市约20%，投资债券、基金占30%，投资保险占20%，储蓄占30%。此方案适于70岁以内，身体条件允许、心理素质较好的老年人。

（3）保守型：投资债券、基金（只考虑债券型或者货币型基金）占25%，投资保险占25%，储蓄占50%，不入股市。此方案适于大部分老年人。

一般来说，老年人可遵循以下的投资规则：

（1）为了安度晚年，就要避免冒险的投资行为，拟订安全的理财计划。

（2）拿积蓄的50%作为"养老备用金"，在急需时有钱应急。

（3）积蓄在3万元以下的，最好不要去投资赚钱。

（4）如果积蓄较多，可以考虑投资门面房等不动产，稳稳当当地收租金过安乐日子。

（5）剩下的50%积蓄应该多买债券，少买股票，慎买基金。要尽量买债券，不做股票之类的高风险投资，对基金购买也要清楚其"来龙去脉"。

此外，老年人除日常消费外，医疗保健是最大的支出。调查显示，看病吃药约占这笔费用的80.9%，他们很需要一种保险产品来保障他们的晚年生活。保险就成为老人晚年的重要保障。

为养老做准备，有多种方式可供选择，但养老计划最基本的要求是追求本金安全、适度收益、有一定强制性原则，需要将养老计划与其他投资分开，商业养老保险作为养老保障体系的重要补充，是养老规划的一个不错选择。

每天只存40元，养老"不差钱"

2009年的春晚捧红了小沈阳，也捧红了一句话："人生最大的悲哀莫过于钱花完了，人还在……"这句看似幽默的调侃，却真切地折射出我国众多老年人晚年生活的尴尬。

随着我国社会保障体制改革的不断深入，过去"养儿防老"的传统观念逐渐转变为依靠社保养老金保障老年生活。可是，世界银行却公布了一份关于中国未来养老保障金收支缺口的研究报告，报告指出，按照当前的经济运行情况和制度模式，到2019年，我国养老保障金的缺口将高达6万亿人民币，而到了2075年，

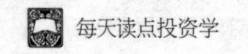

这个缺口将继续扩大甚至超过 10 万亿。

同时，我国 60 岁以上的人口已超过 14%，65 岁以上的人口超过 10%，按照国际社会标准，我国显然已经跨入了老龄化社会的门槛。目前，"4＋2＋1"（4 位父母，夫妻 2 人及 1 个孩子）的倒金字塔式家庭结构正逐渐成为主流，越来越多的人开始意识到，让一个年轻人在未来负担起 6 个老人的生活，根本就是不现实的。

如果你计划 60 岁退休，预计寿命为 80 岁，假设你在退休前的工资收入为 6000 元，若你希望在退休后过上与退休前一样的生活，你需要为自己准备多少养老金？

按退休后 1 个月 4200 元的生活费计算，到 80 岁，你的基本生活费就需要 101 万元，加上可能出现的医疗支出约 24 万元（按每月 1000 元计算），在不考虑通货膨胀的条件下，至少需要 125 万元才能过上安稳的晚年生活。

面对高昂的老年生活费用，你准备好了吗？给出的答案是，及早规划。很多人想早点儿退休，但同时他们发现，很难为退休做打算，房子、孩子的教育费用等占据了日常收入很大的比例。到了 40 岁，甚至更晚的时候，他们才突然意识到养老必须被提上日程安排，可惜为时已晚，"越早开始为退休做储备，付出的成本越少"。

几十年后，让人们一下子拿出一大笔钱来养老的确非常困难，正所谓"冰冻三尺，非一日之寒"，如果大家从年轻的时候就开始把未来老年生活的需求纳入家庭理财计划，适当购买一些适合自身情况的商业保险或理财产品，"也就是少吃一口饭的钱，就可以让你的将来天天有饭吃"。其实你每天只需要 40 元左右，相当于零存整取的方式，只要能坚持，将这样的方式持续 10 年至 20 年，"到老的那一天，你一定会佩服自己当初的先见之明"。

此外，养老金的规划和打理必须专款专用，千万别在积累的过程中突然将这笔钱抽离，一定要让这些钱真正成为未来晚年生活的储备，到了一定的年龄之后才使用，而不是作为股票投资或其他有风险存在的投资行为的临时备用金。只有做到专款专用，养老金的储备才能在若干年后成效斐然。

告别伸手要钱的日子，多养几个"金子"

中国传统观念一直是养儿防老。所以，大部分老人都会有这样的观点，老了就靠儿子、女儿来养。其实，现在的年轻人负担也很重，上有老下有小。如果老年人能自己多养几个"金子",告别伸手要钱的日子,你的老年生活将过得更加精彩。

俗话说,"坐吃山空。"用这句话来说明老年人也需要理财的重要性是最好不过了。老年人退休以后,无非主要有两种经济来源,存款或者退休养老金。老年人理财把握的大原则当然是投资安全,防范风险。而在面临理财市场上品种如此之多,风险大小不一的理财产品时,老年人应该如何选出适合自己的理财产品呢?主要从以下几个方面进行。

1. 选择适当的储蓄品种

老年人不必将退休金都存在活期储蓄账户上或是直接放在家中,而应该通过适当的操作使利息最大化。比如,通过零存整取的方式增加利息收益。如果预期将来某个时候可能要用一笔很大的资金,可以选择将这部分资金进行"通知存款"。"通知存款"的优点是取用都很方便,而且收益高于"定活两便"及半年期以下的定期存款;当然还可以去定存半年,哪怕只定存3个月,它的收益也比活期存款利息要高些。

2. 进行保险投资

老年人应购买一定合理的保险品种,特别是针对老年人的保险,如意外伤害险和疾病保险,以增强抵抗意外及重大疾病风险的能力,把可能产生的损失降到最低。老年人也可以购买一些保险理财产品,这样既能预防风险,也增加了收益,但理财产品的投资比例以不超过自有资金的30%为宜。

3. 进行风险投资

老年人一般都不能承受过大的风险,如果将少量资金用于购买股票或基金,比例最好不要超过自有资金的10%,避免遭受过大的损失。其中,基金投资要以保本型基金为主。另外,老年人可选择将资金用于购买银行的人民币理财产品,但要以容易变现的短期产品为主,不要投资收益比较高的理财产品,因为收益高的产品风险也比较大。可以试着选择货币市场基金。

和储蓄相比,货币市场基金具有一些优点。一方面,我国的存款利息收入要缴纳20%的利息税,但持有货币市场基金所获得的收入可享受免税政策。另一方面,对于收益稍高的银行定期储蓄来说,储户急需用钱时往往不能及时取回,能随时存取款的活期储蓄税后利息又极低。而货币市场基金却可以在工作日随时申购、赎回,一般情况下,申请赎回的第二天就可取到钱,收益率一般也要大于一年期的定期存款。

4. 进行健康投资

对于老年人来说身体健康十分重要，对不可预测疾病的发生，一定要做好先期投入，购买一份保险很有必要。这样既可以增加自己的风险抵抗力，也能减轻儿女的经济压力。可以选择购买一些特别针对老年人的险种，如意外伤害险和疾病保险。同时，还可以选择定期购买一些老人健康保健品，用以保养身体。另外，还可以选择经常出门短途旅游和参加适当的健身活动。

这4种理财方式尽管收益不高，但属于风险很低，安全系数很高的投资，手中有闲钱的老年人不妨一试。

风险承受能力相对较强的少数老年人也可适当进行多元投资。尝试"安全投资＋风险投资"的组合式投资，但切不可把急用钱用于这类投资。在选择投资组合的比例上，可考虑储蓄和国债的比例占70%以上，其他部分投资选择分布于企业债券、基金、股票、保险、收藏以及实业投资等之上。

·第四章·

投资品种"迷人眼"：理性投资是关键

第一节 投资心态：投资，先过心理关

入市前，先做好心理准备

各种投资中，了解心理基础是为了更好地认识自我，战胜自我，这是投资成功必须经过的一道门槛。尽管不同的人有着不同的风险偏好，但作为一个整体，人类的风险偏好具有某些共性，导致某些共有的行为特征和决策偏差。

有关实验揭示了人们风险偏好的规律，人们在做出选择时并非是理性的。在赢利和亏损的不同情况下，人们同样有着不同的风险偏好：当股票价格高于买入价（即主观上处于盈利）时，投资者是风险厌恶者，希望卖掉锁定收益；而当股票价格低于买入价（即主观上处于亏损）时，投资者就会转变为风险喜好者，不愿意认识到自己的亏损，进而拒绝卖掉实现亏损。在投资组合中，也存在较早卖出盈利股票，而将亏损股票保留的现象。回避实现损失，这就是所谓的"处置效应"，机构投资者也不例外。

"处置效应"违背了股市中"顺势而为"的原则，是投资的大敌，针对处置效应的唯一有力的武器就是：斩断亏损，留下利润奔跑！"斩断亏损"就是及时止损，学会止损是投资者必修的一课，应该从以下几个方面来做好心理准备：

第一，自负盈亏的心态。

投资者的心理素质是愿赌服输、自我担当的心态。也就是说，如果听取朋友意见，购买了某只股票，那么即使之后出现状况，也绝不会跑去埋怨别人，而是自己对自己的行为负责。只有担当起自己投资行为的负责人，才有心理能量去玩投资游戏。

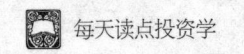

第二,建立高度安全感的"心情免疫投资模式"。

据研究发现,投资本金的20%,是一个人心理能承受的损失极限。也就是说,如果你投资1万元,心理停损点就定在2000元,赚了2000元就出手,赔了2000元就清仓。当然,也有人用10%定损,这取决于投资者的心理承受能力。

一旦建立起这个模式,投资操作就变成了理性的、基于数据的行为,而不是凭感觉的情绪性行为。即使发生天大的事情,也还有80%的资本在那儿,风险指数就大大降低了。

第三,自律和果决。

建立起心情免疫的投资模式后,就借助电脑工具,买进卖出都按照预设的心理线位。不要犹豫不决,心存侥幸,在涨时想多赚一点,跌时期盼回升少亏一点。你不是基金经理人,没有丰富的信息源,博弈也极小可能赛过机构,所以应遵守和自己约定的游戏规则,赚少量但安全的钱。根据理财心理学研究,自律性越高的人,越容易从投资中获利。

此外,"投机"需具备5字心理要诀:

1. 稳

在涉足股票市场中,以小钱作学费,细心学习了解各个环节的细枝末节,看盘模拟作单,有几分力量作几分投资,宁下小口数,不可满口,超出自己的能力。要知道,证券投资具有较高的风险,再加上资金不足的压力,患得患失之时,自然不可能发挥高度的智慧,取胜的把握也就比较小。所谓稳,当然不是随便跟风潮入市,要胸有成竹,对大的趋势做认真的分析,要有自己的思维方式,而非随波逐流。所谓稳,还要将自己的估计,时时刻刻地结合市场的走势不断修正,并以此取胜。换言之,投机者需要灵活的思维与客观的形势分析相结合,只有这样,才能够使自己立于不败之地。

2. 忍

股票市场的行情升降、涨落并不是一朝一夕就能形成,而是慢慢形成的。多头市场的形成是这样,空头市场的形成也是这样。因此,未形成之前决不动心,免得杀进杀出造成冲动性的投资,要学会一个"忍"字。小不忍则乱大谋,忍一步,海阔天空。

3. 准

所谓准,就是要当机立断,坚决果断。如果像小脚女人走路,走一步摇三下,再喘口气,是办不了大事的。如果遇事想一想,思考思考,把时间拖得太久那也是很难谈得上"准"字的。当然,我们所说的准不是完全绝对的准确,世界上也没有十分把握的事。如果大势一路看好,就不要逆着大势作空,同时,看准了行情,心目中的价位到了就进场作多;否则,犹豫太久失去了比较好的机会,那就只能望看板兴叹了。

4. 狠

所谓狠,有两方面的含义。一方面,当方向错误时,要有壮士断腕的勇气认赔出场。另一方面,当方向对时,可考虑适量加码,乘胜追击。股价上升初期,如果你已经饱赚了一笔,不妨再将股票多抱持一会儿,不可轻易获利了结,可再狠狠地赚一笔。例如,在台湾,1977年初买股票,到7月时已赚进30%,如果你这时出货,那么,两个月后当它涨幅超过百分之百时,你就会捶胸顿足,后悔不已!

5. 滚

在股票市场投资中,赚八分饱就走,股价反转而下可采用滤嘴原理即时撤兵,股价下跌初期,不可留恋,要壮士断腕,狠心了结。

当空头市场来临,在股票筹码的持有上应尽可能减少,此时最好远离股市,待多头市场来临时,再适时进入。

上面所谈的稳、忍、准、狠、滚5字心理要诀,在整体策略使用上,准还是其次,稳才是最重要的。因为在任何一种技艺中,准需要靠天赋,稳则靠策略及资金,进而可通过管理的手段来达到。所以,一般人应该建立在稳扎稳打的基础上,才能平步青云,一飞冲天。

耐心是投资极为重要的素质

彼得·林奇说:"投资成功的关键——耐力胜过头脑。"彼得·林奇作为一代大师,在投资方面对耐力有着特别的见地和推崇。巴菲特说:"不要试图在短期操作中运用集中投资,你至少愿意在某只股票上花5年或者是更长的时间。在实行集中投资战略时,长期的投资能体现出企业的真实价值,并增加投资的安全性。"巴菲特的成功使他成为一个令人敬仰的人物,可是你有没有想过,其实他成功的最大原因之一就是他的耐心。投资是一门艺术,在当前的金融危机下,具有一颗善于等候的心,才可能在投资中稳操胜券、胜利在握。

对于集中投资者来说,只有耐心等待才能保证投资获得成功。例如,投资股票,短期内利率的变化、通货膨胀等因素都会影响股价。如果我们把时间跨度拉长,反映公司基础商业经济状况的趋势线会逐渐主导股价的起伏。

巴菲特认为，他买某只股票就是想永久拥有它，而绝不是因为感到它要上涨。很多时候我们不能测定一只股票的真正价值，不过一旦我们发现自己认为值得购买的股票就要果断地买下来，并且无须每天都盯着计算机屏幕猜测股价下一步的变动方向。你要相信，如果你对某个公司的看法是正确的，而且你正好在一个合适的价位买下了它的股票，你只需耐心地等待便可以了。

价格波动是集中投资的必然副产品。不管从学术研究上还是从实际案例史料分析上，大量证据表明，集中投资的追求是成功的。从长期的角度看，所持公司的经济效益定会补偿任何短期的价格波动。巴菲特本人就是一个忽略波动的大师。另一位这样的大师是巴菲特多年的朋友和同事查理·芒格。查理是伯克希尔·哈撒韦公司的副总裁，那些倾心钻研并酷爱伯克希尔·哈撒韦公司出类拔萃的年度报表的人都知道巴菲特与查理彼此支持、互为补充，二人的观点有时如出一辙。查理与巴菲特在态度和哲学观念上亦丝丝相扣，互为影响。

大多数投资者不可能像巴菲特那样，将持股的期限定为"永远"，他自己当然也不太可能做到这一点。不过，巴菲特所认为的5~10年的持股时间，相对于那种第一天买进、第二天卖出的持股时间来说，可能也算得上是永远了。从高周转率走向零周转率，就像从一个极端走向另一个极端，是非常不明智的做法，因为你可能会因此丧失更好的机会。很少有投资者能做到持股5~10年，因为在这一漫长的时间段里，股价的波动可能会极为剧烈。利率、经济景气指数及公司的管理层都有可能发生很大的变化，进而影响到股价的波动。对大多数投资者而言，股价的波动将大大地刺激他们的神经。在传统的多元化投资组合中，不同个股的波动将最终产生某种平均化的效果，其带来的后果可能被抵消。但集中投资的特性，使得股价波动将可能产生巨大影响。所以，那些实行集中投资策略的投资者，更需要加倍的耐心与智慧来应对由股价波动所带来的巨大冲击。

有些投资者好不容易选中了一只股票，买入后却发现别的股票上涨，它却一直不动。一开始还有些耐心，心想下次也许就轮到它涨了，可是一等再等，它就是"瘟"在那里，而别的股票却涨个不停。这时也许你就没有耐心了，一气之下将它抛掉。可是一段时间后，它又使劲往上涨，叫你后悔莫及。

其实，成百上千只股票，不可能要涨一齐涨，总有个先后。而且，一只股票涨，也总有个能量积蓄过程。所以，当牛市来了，只要你所选的股质地好、价位低，公司基本面没有发生问题，别的股票都涨了，它就不可能永远不涨，这时你只需要有耐心，考量自己当初选它、买它的理由是否发生质的变化。相反，在等待中，别的股都涨上去了，你再将便宜筹码拱手让人而去追高，到头来往往是得不偿失的。

因此，对集中投资者来说，耐心是必备的素质，要想得到超出市场平均值的回报，你必须以超常的耐心等待，不要被短期行情所影响。只要你相信自己是对的，就一定要坚持。

理想的时间期限应当是多长呢？对于这点，并没有一个硬性的规则，它的目的并不是让你不要转手。要知道，非东即西的想法是愚蠢的，因为那样当机会来的时候，你就会错过它。作为一个一般的规则，我们可以考虑把转手率界定在10%~20%。10%的转手率表明投资者持有股票10年，20%则表明持有5年。

克服恐惧与贪婪

贪婪和恐惧是人类的天性，对利润无休止的追求，使投资者总希望抓住一切机会，而当股票价格开始下跌时，恐惧又占满了投资者的脑袋。市场是由投资者组成的，情绪比理性更为强烈，惧怕和贪婪使股票价格在公司的实质价值附近跌宕起伏。

华尔街有句古老的格言："市场由两种力量推动：贪婪与恐惧。"

毋庸置疑，人们的心理对投资决策具有举足轻重的影响。就连炒股票的老太太都知道，做股票要克服贪婪与恐惧心理。然而影响人们做出正确决策的绝非贪婪与恐惧这么简单，还有若干心理偏差影响着人们的决策。了解这些心理偏差，进而有意识地克服它们，并且通过分析投资者的心理，来分析市场、捕捉投资大众心理偏差带来的投资机会，是投资取得良好业绩的重要条件之一。

贪婪和恐惧，本身是一对矛盾，巴菲特修炼炒股的心态就是要战胜贪婪和恐惧。然而，这常常是说说而已，贪婪和恐惧是人与生俱来的，主力资金的操盘高手，都是对多数人心理状态相当了解的人，知道多数人在什么样的情况下容易贪婪，什么样的情况下容易恐惧。于是他们通过操盘不断制造出让人贪婪或恐惧的走势，让人们在贪婪和恐惧中抛弃原则进行错误的操作。

有些投资者经常"见跌就杀，见涨就追"，因为他们仅仅局限于当前，预测未来的情况会完全相反。当情形乐观时，就觉得大好的形势会持续下去，当通货膨胀高升，就以为它会一直上升，既然大多数人的投资都受到这种情绪的影响，有些股市专家就提出一种与大众看法相反的看法："反向操作的投资策略，即采取与大众相反的方式行动"。

　　对许多投资者来说,无论赚多少钱都嫌赚得太少,贪婪成了成功投资的杀手。不论从长期实际经验看,还是从极小的机会看,谁都无法以最高价卖出,因此,不要使贪婪成为努力的挫折,投资中应时刻保持"知足常乐"的心态。

　　同样,恐惧会妨碍我们作出最佳决定:第一,在股价下跌时,把股票卖掉,因为怕股票会跌得更深。第二,错过最佳的买入机会,因为股价处于低位时我们正心怀恐惧,或者虽然有意买入,但却找个理由使自己没有采取行动。第三,卖得太早,因为我们害怕赚来不易的差价又赔掉了。

　　当我们恐惧时,无法实际地评估眼前的情况,我们一心把注意力集中在危险的那一面,正如大熊逼近时,我们会一直盯住它那样,所以无法看清它会"有利"与"不利"两面因素的整体情况。当我们一心一意注意股市令人气馁的消息时,自认为行动是基于合理的判断;其实这种判断已经被恐惧感所扭曲了。当股价急速下降时,会感到钱财离我们远去,如果不马上采取行动,恐怕会一无所剩。所以,与其坐以待毙,不如马上行动,才能转输为赢。其实,即使是熊市期间,股价也会上下起伏,每次下跌总有反弹上涨的时候,毕竟股价不会像飞机一样一坠到底。然而,每当股价下跌,一般人会忘了有支撑的底价,也就是股价变得便宜大家争相购入的价格。

　　事实上,当我们心中充满贪婪和恐惧时,就会无法保持长期的眼光和耐心,而这恰恰是成功的投资者不可缺少的态度。倘若我们持有的股票急速跌价,最有用的方法就是反思被看好的这家公司所根据的基本因素仍然没有改变,即使很可能比预期的时间长,也应该把股票牢牢地攥在手中。

　　真正的投资者是在面临我们称为"民众影响"的时候,也能保持冷静。当一只股票、一个行业或一个共同基金突然落到聚光灯下,受到公众瞩目时,大量民众都会冲向前去。麻烦就在于,当每一个人都认为这样做是正确的并作出同样的选择时,那么就没有人可以获利。在1999年末的《财富》杂志上,巴菲特谈到了影响大量牛市投资者的"不容错过的行动"因素。他的警告是:真正的投资者不会担心错过这种行动,他们担心的是未经准备就采取这种行动。

　　股票市场并非零和游戏,也不是只有从别人的口袋中掏钱才能赢利。战胜市场、战胜庄家、战胜基金是热门投资书籍经常提到的字眼,而股票市场真正的敌人却很少有人提及。实际上投资者在股票市场中唯一的敌人是自己,贪婪、恐惧、害怕困难,不能坚持原则,没有信心、没有耐心、没有勇气、没有目标和信念,这些才是我们最大的敌人。深度解剖并清晰地认清自己，战胜人性的弱点，我们就能所向无敌，成功投资者制胜的法宝就是战胜自我。

莫把"投资"当"投机"

投机和投资的最终目的都是为了获利，都是通过交易的手段。因此，经常被人们混淆。但两者的交易原理和理念有着本质区别，必须遵循各自的规则，才可能实现交易目标，如果交易者对此没有明确认识，容易造成资产的损失。

二者的本质区别：

投机交易的核心是关注价格的相对变化，不考虑价值。

投资的核心是关注价格与价值的相对关系，不考虑价格的相对变化。

很多时候人们所说的"投资"其实都是投机行为，比如说"投资黄金""投资房产""投资郁金香"……人们认为自己是投资者，其实对自己"投资"对象的价值从未去设法了解，只是根据其价格的变化进行交易。因此，从本质上是投机交易。优秀的投机交易必须遵循一定的规则：入场、目标价格区间、获利出场、止损出场，必须要制订明确的交易计划并严格执行，才可能在投机市场取得长久的收益。投机交易是一种充满智慧和技巧的交易方式，交易者需要长时间的训练才能达到稳定获利的水准。

在炒股的时候，很多投资者始终不明白这样一个问题，做股票到底是投资还是投机？这是一个很实在的问题，不过并不是一个很复杂的问题，关键在于投资者要把问题理清楚。

投资就是长期持有股票，分享公司成长带来的收益。结合现在的市场，投资的概念还可以再缩短一些，只要是持有期限在一年以上的差不多就可以算是投资了。投机就是通过二级市场的差价获取收益，持有期限比较短，甚至可以短至一个交易日。

不同的投资者会选择不同的方式。有些投资者启动资金很少，但又希望通过炒股而成为富人，那就只有投机才有可能达到目标。

假设有资金5万元，用投资的方法，而且抓到了一家罕见的10年涨10倍的股票，那么10年后的资金是50万元，离富人的目标还相当遥远。同样是投入5万元，投资者用投机的方法每年翻一倍，这样5年后就是160万元。接着再进行投资，假设年收益率很低，只有30%，这样再过5年资金将近600万元。两种方法的差异在 10 倍以上。当然，其中的关键是如何在前几年中使资金快速增值，这是投资者必须攻克的一个难题，所以还必须做好以下几点：

首先是要保证有足够的时间和精力用于看盘，其次是必须自己琢磨出一套研判主力动向的方法，最后还要结合一些短期的基本面因素进行决策。其中研判主力的动向难度比较大，但只要功夫到了总是会有收获的。要坚定不移地坚持下去，要相信自己能够获得最终的成功。

大势对于投机并不重要，投机只看重个股，否则的话，手里拿着 5 万元永远也圆不了富人的梦。也一定会有人讥笑投机很累。但投资者都知道，所有的成功者都是累出来的。累也许不一定能获得成功，但不累肯定是不能获得成功的。

如果投资者只是为了资金的保值、增值，或者手头资金非常多，那么可以远离投机。

自制力对投资很重要

自制力是听起来很简单但做起来很困难的事情。投资是极其枯燥无味的工作，有的人也许会把投资当成一件极其刺激好玩的事，那是因为他把投资当成消遣，没有将它当成严肃的工作。如同围棋一样，围棋爱好者觉得围棋很好玩，但问问那些以下棋为生的人，他们一定会告诉你，整日盯谱多么枯燥单调，其中的道理是一样的。每天收集资料，判断行情，将其和自己的经验参照，定好投资计划，偶尔做做或许是兴奋有趣的事，但常年累月地重复同样的工作就是"苦工"。如果不把"苦工"当成习惯，无论是谁，成功的希望都不会太大。

投资必须要有自制力。我们没有必要比别人更聪明，但我们必须比别人更有自制力，必须能控制自己，不要让情感左右理智。

对个人而言，投资是一种自由度很大的投资行为，没有人监督、管理和限制你的操作，很多投资行为都是靠自己的决策来实施。

自制力可以帮助投资者排除干扰，坚定地执行合理的投资原则和操作计划，并顺利实现赢利。巴菲特认为，在投资中要清楚自己的行动范围，这样才能尽量避免犯重大的错误。

不同的人理解不同的行业，最重要的事情是知道你自己理解哪些公司的业务，以及什么时候是你正好在自己的能力圈内进行投资。清楚地知道自己的能力圈边界，并且以很强的自制力限制自己的行为，任何时候都清楚地知道自己该干什么和不该干什么,是投资成功的最关键因素。

成都股民陈先生就是这样一位有自制力,等待机会来临的人。

在长达4年的熊市折磨下,大多数股民心境悲凉,有的甚至已经麻木。不过,成都股民陈先生却是少有的"幸运儿"之一:从1993年到现在,他竟把5万多元变成了近70万元。

陈先生,憨厚的外表显得比实际年龄大。他是计算机专业的大学生,从1993年起就开始炒股,并辞去工作成为职业股民。

1999年初,陈先生把做销售和原先炒股积累下来的30多万元投进股市,2001年高位全线清仓,账户上的资金将近70万元。前几年行情好,有30%以上的年收益,最近几年还是稳赚,年年收益超过10%,赚了20%。"炒股还是比打工强得多。"陈先生感叹道。

大盘2005年下跌8.21%,陈先生的收益率是20%,不仅把大盘远远甩在身后,还超过了绝大多数基金经理的理财水平。他有什么绝招呢?

他的绝招说起来其实很简单:控制与耐心。

陈先生从不把炒股当赌博,而当成投资一家公司。他只关注基本面,不太注意每天的涨涨跌跌,去年取胜就靠天地科技和石油大明两只股票。

陈先生眼光精准,选股首先看行业,比如,天地科技是国内著名的煤矿安全设备生产厂家,石油大明则拥有油田,这两只股票同属于2005年市场上非常火暴的能源股。天地科技做过两次波段,累计赢利40%,石油大明5.95元买,7元多卖,赢利同样丰厚。

陈先生的操作频率非常低,首先是品种少,一年就在两三只股票上买卖。其次是动作非常缓慢,慢慢买、慢慢卖。比如,他在石油大明上建仓,前后花费半年,还不包括选票的时间。陈先生很在意买点,从来不追涨,一直等到石油大明市价跌破每股净资产后,才出手买进。为何缓慢买进呢?陈先生解释道:"不可能每次都能买到大牛股,比如,2005年买的新华医疗,买后走势很弱,遇到这种情况,我就不加仓,趁反弹时亏损10%出局。"

与多数股民光注重选股不同,陈先生非常重视控制仓位。陈先生说:"很多股民的亏损原因主要是没有管好仓位。连续几年,我都能做到在高点以现金为主,低点以股票为主。资金安排最好采用'倒金字塔'形式,指数越低仓位越重,指数越高仓位越轻。"

如果投资者希望像陈先生那样成为赢家，首先要做的便是学会控制自己、培养自制力。具体到操作上，我们要依据客观现实控制自己的投资行为，不要让投资行为反过来控制自己的投资思路。在情绪上，要排除投资市场涨跌的影响、排除个人盈亏的干扰，控制自己的情绪，才能胜不骄、败不馁，这是获得成功的基础；在思维上，可以进行创造性思维，可以运用反向思维，但不能人云亦云，要保持自己的独立思维；在节奏上，不需要像蜜蜂那样忙个不停，投资市场具有独特时令季节和快慢节奏的特点，投资者在对整个大势走向有一定把握的情况下，要懂得准时参与、适时休息。稳健的投资者应该注意"安全第一"，不要参与超过自己承受能力的炒作。

看过狮子是怎样捕猎的吗？它耐心地等待猎物，只有在时机适合的时候，它才从草丛中跳出来。成功的投资者具有同样的特点，例如，他绝不会为炒股而炒股，他等待合适的时机，然后采取行动。

等待时机也如种植花草。无论你多么喜欢花，也不能在冬天把种子播入土中。你不能太早，也不能太迟，在正确的时间和环境做正确的事才有可能得到预想的效果。不幸的是，对业余投资者而言，他们不是没有耐心，也不是不知道危险，他们也知道春天是播种的时机，但问题是，他们没有足够的知识和经验去判定何时是春天。

所有这些都需要漫长且艰难的学习过程，除了熬之外，没有其他的办法。当投资者经历了足够的升和跌，投资者的资金随升跌起伏，投资者的希望和恐惧随升跌而摆动，逐渐地，投资者的灵感就培养起来了。

第二节 分割和调配资金：如何设计科学合理的投资组合

钱不多的人也要进行资产配置吗

作为普通投资者，要想达到自己理财的目的，将个人风险降到最低，重点在于把握资产配置。很多人认为，只有资产雄厚的人才需要进行资产配置，如果钱本来不多，索性赌一把，就无须再配置了。其实不然，资产配置的本意就是为了规避投资风险，在可接受风险范围内获取最高收益。其方法是通过确定投资组合中不同资产的类别及比例，以各种资产性质的不同，在相同的市场条件下可能会呈现截然不同的反应，而进行风险抵消，享受平均收益。比如，股票收益高，风险也高；债券收益不高，但较稳定；银行利息较低，但适当的储蓄能保证遇到意外时不愁无资金周转。有了这样的组合，即使某项投资发生严重亏损，也不至于让自己陷入窘境。

举个例子来说，如果你有 100 万元的资金，我们用两种不同的方式来做资金配置，在面对投资市场变化的时候，你就能看出资产配置的重要性了。

第一种资产配置方式（情况 1）

资产	比例	预期报酬率	实际报酬率
股票	20%	30%	6.00%
债券	20%	4%	0.80%
另类投资（基金）	20%	20%	4.00%
房地产	20%	10%	2.00%
现金	20%	1%	0.20%
盈利		13%	

第二种资产配置方式（情况 2）

资产	比例	预期报酬率	实际报酬率
股票	50%	30%	15.00%
债券	0%	4%	0.00%
另类投资（基金）	30%	20%	6.00%
房地产	0%	10%	0.00%
现金	20%	1%	0.20%
盈利		21.20%	

以上两个组合让大家来选择的话，大多数的人会选择第二个投资组合，可以看出资产配置确实太重要了。那么，在国际金融风暴冲击下，普通家庭如何做好资产配置呢？

首先，风险偏好是做好资产配置的首要前提。通过银行的风险测评系统，可以对不同客户的风险偏好及风险承受能力作个大致的预测，再结合投资者自身的家庭财务状况和未来目标等因素，为投资者配置理财产品，基金和保险等所占的比重，既科学又直观，在为投资者把握了投资机会的同时又可以降低投资的风险，可以说是为投资者起到了量身定制的效果。

如果已经通过风险测评系统做好了各项产品的占比配置，接下来就要在具体品种的选择上伤一番脑筋了。因为同样的产品类型，细分到各个具体的产品上，投资表现往往有好有坏，有时甚至大相径庭，所以做好产品的"精挑细选"也是非常重要的一环。

在不同期限、不同币种、不同投资市场和不同风险层次的投资工具中，需要根据不同客户对产品配置的需求，才能达到合理分散风险、把握投资机会、财富保值增值的目标。

若以投资期限的不同来划分，可将资产配置划分为短期、中期和长期3种方式。短期产品以"超短期灵通快线"、七天滚动型、二十八天滚动型理财产品和货币基金为主；中期产品由"稳得利"理财产品及债券型基金、股票型基金组成；长期产品则以万能型、分红型保险、保本型基金居多。

若以风险程度的不同来划分，可将资产配置划分为保守型、稳健型、进取型三大类。保守型配置，由"灵通快线"系列理财产品、货币型基金、分红型保险等组成；稳健型配置，由"稳得利"理财产品、保本型基金、万能型保险等组成；进取型配置，由偏股型基金、混合型基金、投资连结型保险等组成。

若以投资币种和市场来划分，更有美元、澳元、欧元、港币等"安享回报"系列理财产品和QDII基金可供选择。

另外，作为资产配置的一部分，个人投资者也不应忽视黄金这一投资品种，无论是出于资产保值或是投资的目的，都可以将黄金作为资产配置的考虑对象。像工行的纸黄金、实物黄金和黄金回购业务的展开，也为广大投资者提供了一个很好的投资平台。

在如此众多的选择前提下，再配合以理财师的专业眼光和科学分析，为投资者精选各种投资工具的具体品种，让你尽享资产配置的好处与优势。

投资组合的3种方式

一般来说，根据投资组合实施时所依据的主要条件的不同，投资组合可以分为3种方式，即投资工具组合、投资比例组合、投资时间组合。

1. 投资工具组合

投资工具组合即投资者并非把全部资金都用来进行一种投资，而应该将资金分成若干部分，分别选择不同的投资工具，进行不同领域的投资。

市场环境相同时，投资工具不同，其风险程度也不同，有的甚至是截然相反的。例如，在国家银行利率上调时，储蓄存款收益率高，风险很小；而股票市场则面临股价狂跌的风险，不仅收益率很低，甚至还会成为负数。当银行利率下调时，储蓄投资的利率风险增大，收益降低。但是，此时的股票市场则会因股价大幅上涨，收益率获得空前提高。

如果把资金全部用于一种投资工具，如全部用于储蓄投资或全部用于投资股票，投资的回报率受市场变化影响波动很大，或者是大赚，或者大赔，风险很大。但是，如果投资者将资金分别投资于储蓄和股票，当利率上升时，储蓄获利会抵消股票投资上的损失。当利率下降时，股票投资上的收益又会弥补储蓄上的损失。将资金分别投资于储蓄与股票，形成组合投资模式，使得投资风险降低，收益维持在一定水平上。

投资者经常使用的传统投资工具组合一般采用"投资三分法"，即将资金分成三部分：一部分用来储蓄、购买保险；一部分投资股票、债券等；还有一部分用于房地产、黄金、珠宝等实物投资。

2. 投资比例组合

投资比例组合是指投资者在实际投资时，使用的不同的投资工具在数量、金额上存在一定的比例关系。

分散投资工具并非将投资资金机械地、完全均等地分配到各种投资工具上。由于投资工具不同，其风险和收益水平不同，流动性也不同；同时，由于投资者对收益的期望和对风险的偏好不同，投资者所选择的投资组合的比例就有所不同。一般来说，敢于冒险的人，追逐较高的投资收益，其投资重点偏向于高风险、高收益的外汇、期货等投资工具；追求平稳的人则将大部分资金用于储蓄、债券等收益基本稳定、风险较小的投资工具。

3. 投资时间组合

投资时间组合即投资者并非把全部资金一次性地用于投资，而是将资金分次分批，有计划地进行投资。一般情况下，不同投资工具在期限上应是长期、中期、短期相结合。

一次性投资全部资金，若市场预测与实际行情有所不符，投资者将会承受较大风险；或者会因手中无备用资金用于追加投资，而丧失获取更高收益的机会；或者会承受该投资环境下无法避免的系统风险。

另外，从投入资金的时间价值来看，投入时间越长，收益率越高；从资金流

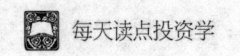

动性角度考虑，资金投入时间越短，变现能力越强。个人投资组合既要求较高的收益，又要保持一定变现能力，以应付突然的现金需求，因此，长、中、短期投资应结合起来。

实施投资组合应遵循的原则

投资者使用什么样的投资组合，要视具体情况而定，还应遵循以下原则。

1. 资金原则

在投资市场中资金丰裕的人可以选择风险较大的投资工具，即使损失掉这笔钱，也不会给自己的工作、生活造成多大影响；相反，资金少，尤其是靠省吃俭用、积攒投资资金的人，千万不要选择风险较大的投资工具，而应选取风险较小的投资组合。

投资者到底应该拿出多少资金用于市场投资，这没有一个绝对的界限，而要视投资者的自身情况而定。

2. 时间原则

投资不仅仅是一种金钱的投资，更是时间的投入。从投资准备、信息搜集、做出决策直至交易结束，所有的投资过程都需要时间。不投入时间就想取得收益是不可能的。而且，各种投资工具的特点各不相同，对投资者的知识、技能要求也不同，投资者从了解认识到熟练地掌握、运用一种投资工具，都需要花费一定的时间。因此，投资者在投资组合中选取的工具越多，就越需要投入更多的时间。投资者在确定投资组合时，必须考虑自己能用于投资的时间有多少。

3. 能力原则

投资者的知识越丰富，技能越高超，决断力越强，就有越多的获胜机会。

然而，投资者的能力都是有限的，投资工具如此之多，能够样样精通的人很少。兵法上讲究集中力量，力量越集中，杀伤力越强，越容易制胜。投资者也要发挥和集中自己的能力，如果投资者能力强，可以考虑较多投资工具的组合；如果投资者能力弱，则应选择较少的工具组合。同时要牢记一点，投资组合中的工具选择应是自己比较熟悉、力所能及的。

4. 心理原则

不同的人，心理承受能力是不同的。心理承受能力强的人，可以选择高风险、高收益的投资组合，因为他们能够冷静地面对投资中的波折与失败，不会惊慌失措；相反，心理承受能力弱的人，则不宜选择高风险的投资组合，因为他们总担心赔本、失败，总是惴惴不安，惶惶不可终日，一遇波折，顿时六神无主，无法做出正确的决策，导致损失越来越大。如果彻底失败，他们很容易陷入极度悲伤与绝望之中，甚至走上绝路。

这并不意味着心理承受能力强的人就可以去冒险，去追求高风险、高收益的投资组合；而心理承受能力弱的人，就永远与高收益无缘。事实上，经过投资实践的锻炼，大多数投资者都趋向于稳中求进，采取适度收益与风险的投资组合。

如何合理地选择投资组合

投资者进行的投资应该是一种理性投资，以不影响个人的正常生活为前提，把实现资本保值增值、提升个人的生活质量作为投资的最终目的。因此，个人投资首先必须使财产、人身有一定保障，无论采取什么样的投资组合模式，无论比例大小，储蓄和保险都应该是个人投资中不可或缺的组成部分。所以，要选择适合自己的投资组合模式。

由于投资者类型和投资目标不同，一般个人投资组合可以分为以下3种基本模式。

1. 冒险速进型投资组合

这一投资组合模式适用于那些收入颇丰、资金实力雄厚、没有后顾之忧的个人投资者。其特点是风险和收益水平都很高，投机的成分比较重。

这种组合模式呈现出一个倒金字塔形结构，各种投资在资金比例分配上大约为：储蓄、保险投资为20%左右，债券、股票等投资为30%左右，期货、外汇、房地产等投资为50%左右。

投资者要慎重采用这种模式，在做出投资决定之前，首先要正确估计出自己承受风险的能力。对于高薪阶层来说，家庭财富比较殷实，每月收入远远高于支出，那么，将手中的闲散资金用于进行高风险、高收益组合投资，更能见效。由于这类投资者收入较高，即使偶尔发生损失，也容易弥补。

2. 稳中求进型投资组合

这一投资组合模式适用于中等以上收入，有较大风险承受能力，不满足于只是获取平均收益的投资者，他们与保守安全型投资者相比更希望个人财富能迅速增长。

这种投资组合模式呈现出一种锤形组织结构。各种投资的资金分配比例大约为：储蓄、保险投资为40%左右，债券投资为20%左右，基金、股票投资为20%左右，其他投资为20%左右。

这一投资模式适合以下两个年龄段的人群：从结婚到35岁期间，这个年龄段的人精力充沛，收入增长快，即使跌倒了，也容易爬起来，很适合采用这种投资组合模式；45~50岁之间，这个年龄阶段的人，孩子成年了，家庭负担减轻且家庭略有储蓄，也可以采用这种模式。

3.保守安全型投资组合

这一投资组合模式适用于收入不高，追求资金安全的投资者。保守安全型投资组合具有以下特点：

市场风险较低，投资收益十分稳定。其选择基本上是一些安全性较高，收益较低，但资金流动性较好的投资工具。

保守安全型的投资组合模式呈现出一个正金字塔形结构。各种投资的资金分配比例关系大约为：储蓄、保险投资为70%（储蓄占60%，保险10%）左右，债券投资为20%左右，其他投资为10%左右。保险和储蓄这两种收益平稳、风险极小的投资工具构成了稳固、坚实的塔基，即使其他方面的投资失败也不会危及个人正常生活，不能收回本金的可能性较小。

当然，这只是几种具有典型代表性的模式，分别反映出高、中、低3种投资目标层次。事实上，在实际操作中，各种投资工具的选择及其比例并没有严格的限定，也没有必要尝试每一种投资工具。投资者主要是根据自己的实际情况，确定投资组合，适当增加或降低风险及收益水平。

如何进行家庭式投资组合

面对各式各样的投资，要想使自己的资产既安全又能得到较高的回报，理财专家对此建议人们实行组合投资，即将诸项投资按一定比例进行搭配组合，扬长避短，减少投资风险，以期获得最大的投资收益。目前，这种新型的家庭理财方式越来越受到百姓的青睐，成为现代投资理财的新理念。

组合式投资方式给现代家庭的投资理财观念带来了新的变革，人们越来越认识到单项投资具有风险性与局限性，开始由单项型向组合型转变。目前，国内各商业银行调整市场定位，纷纷把理财服务作为开拓金融业务的重点，使收入不高但相对比较稳定的人群大大受益，顺应了百姓理财的多元化和差异化。

另外，除以上将储蓄进行组合式理财外，不少城乡百姓将积蓄按比例分成几大块进行组合投资，一部分用来炒股或购买债券。股票市场风云变幻，起伏不定，虽说炒股收益大，但风险也大，可以以长期投资的心态少量购买，即使"套牢"也不会损失太大。投资国债，不仅利率高于同期储蓄，而且还有提前支取按实际持有天数的利率计息的好处；一部分用于银行储蓄，收益虽然低，但作为保本收益，普通家庭仍可选择，况且储蓄种类很多，可根据自己的用钱结构储蓄投资；另一部分则用来购买人寿保险。投保未出"险情"时如同储蓄，出了"险情"受益匪浅。虽说保险好处多，但现在它仍完全不能与银行储蓄相比，储蓄可以随时支取，保险不能不保，也不能过量，这几种投资方式组合既有可能通过股票或债券获取可观收益，使资金具有长期增值潜力，又能依靠银行存款取得稳定的利息收入。即使炒股失败，由于还有银行储蓄和人寿保险，仍能维持正常的生活。

在实行组合式投资时，理财专家还特别强调，要使资产结构合理，还必须注意所投资商品的持有期限和目标的完成期限相契合，绝不要以短期的投资工具（如短期债券）来完成长期的理财目标（如养老），也不要以长期的投资工具（如股票）来完成短期的目标（如购买电器）。无论采取何种投资组合模式，储蓄和保险投资都应该是不可或缺的组成部分。在考虑选择投资方案之前，最好能对有关方面的政策法规有一定的了解，以便结合自己的需要进行合理优化投资组合。

第三节 与最适合你的投资工具"谈恋爱"

看对眼，适不适合很重要

家住杨家坪的黄阿姨一早就打开了家里的电视机，将节目调到财经频道的股市评论，津津有味地听上半天。然而听是仔细听了，黄阿姨却一直不肯付诸行动，自从去年12月她将股市内的资金退出后，就再也不想尝试股票了。

黄阿姨家有房有车，收入稳定，儿子也已工作，简单的日常储蓄已经不能让黄阿姨满足，但是尝试过多种投资方式后，黄阿姨却依然不知道该如何投资，银行储蓄依然是她最重要的投资理财方式。

试水基金遇到大跌：黄阿姨家如同万千普通家庭一样，有一些投资欲望，却不知道该怎样投资。在她人生的 50 多年中，银行是她打交道最多的金融机构了。一家人靠工资收入供养了房贷车贷，还能存下一笔银行存款，黄阿姨和先生一直很满意这样的生活。

随着儿子大学毕业开始工作，黄阿姨却开始不满足现状了。"总听人说投资投资，钱生钱才是最好的方式，还说什么放银行跑不赢 CPI，脑子里听多了这些观点，心就开始活了起来。"

2007 年 7 月，在听周围的朋友如疯了一般谈论了半年多的投资经后，黄阿姨思前想后，保守地选择了基金，投入了 3 万元。"买基金的时候，听人说基金就不能像股票一样盯着，放那里就好。"黄阿姨坚定不移地执行了这条别人的经验，即使看到买到手的基金获得了超过预期的收益也没有妄动。然而随着之后股市的大跌，黄阿姨的基金也遭遇了灭顶之灾，亏损超过了 30%，有一只甚至达到了 50%。黄阿姨再也坐不住了，将手中的基金全部赎回了，从此基金投资被她丢到了脑后。

买股票累心干脆放弃：去年 3 月，沉寂了一年后，黄阿姨禁不住朋友的劝说，开始投入了 2 万元资金炒股，在整体行情大好的情况下，黄阿姨很快就赚了 5000 元，这让她欣喜不已。然而没有任何投资经历的黄阿姨对于股票完全是门外汉，只能听从朋友的意见，每天盯着同样的东西也让她头疼不已。就在她决定休息一周不紧盯股市时，大盘又出现了一次大跌，由于没有及时逃出，黄阿姨赚的 5000 元全部吐了出去，还牵连到自己的本钱。

这样的大起大落让黄阿姨觉得十分累心，又坚持了几个月后，黄阿姨将所有的资金从股市内撤出，决定短期内不再尝试这一投资方式。

一定要选择适合的投资方式：尽管基金、股票都让黄阿姨吃了些亏，但是黄阿姨并没有放弃投资赚钱的念头。"总听人说投资理财的方式有很多种，但是为什么我听到的无外乎是股票、基金，有没有适合我们中年人的投资方式？"黄阿姨不止一次地提到这个问题。

像黄阿姨这样有投资欲望，却找不到投资渠道的人不在少数。一提到投资，他们心中只会想到股票、基金，却又不愿意承受这样的高风险。比如，风险系数、分红信息和总回报率仍是超过一半投资者在投资基金时考虑的因素。而很多人对于基金投资渠道了解程度不高，对于风险、分红和回报率的不确定可能是导致基金投资相对不高的原因之一。

理财建议：其实根据黄阿姨的情况，建议选择定期定额，这种方式类似于银行储蓄"零存整取"的方式。所谓"定期定额"就是每隔一段固定时间（如每月25日）以固定的金额（如500元）投资于基金。

原因是：一般来说，以下几类人群，特别适合定期定额基金投资：一是比较忙，没有时间搭理股票的人；二是专业知识不足，需要专业人士管理资产的人；三是风险承受能力较弱，需要化解风险的人；四是不追求暴富，希望实现资产长期稳定增值的人。

从上面的例子可以看出，看对眼，适不适合才是最重要的，而只有结合经济的走势，也结合自己家庭的收入特点、自己的时间、经验等方面综合考虑，选择适合自己的理财方式，不能看到别人在某方面赚钱了，不加分析，盲目跟风。当然，跟风有时也会跟对，但从风险角度来说，盲目跟风的风险会比较大。尽量选择适合自己的理财方式，适合自己的理财方式就是最好的理财方式。在选择合适的投资方式时，以下几点可作为参考建议。

1. 股票的适合人群

真正适合炒股，并能在市场中长久生存的人，大部分都是具有很强的逻辑推理思维，心态稳定，接受失败的能力强，逆境中应变能力强，行事果断不拖泥带水，思维独立有见解，从不人云亦云地随风倒。这部分股市中的成功者，其中70%以上都是理科出身，在学校期间，他们就已经奠定了逻辑推理能力，相对非常理性。而文科出身的人，其推理能力相对就很差，由于所受的教育和后期的熏陶，思维上相对过于感性。其表现刚好与前一种类型的人相反。当然这都是相对而不是绝对的，很多人虽然是文科出身，但其在孩童时期就已经具备前一种人所具备的思维，后期的学习并没有把他们以前已经形成的思维模式改变。或者所学文科的科目本身就具有逻辑推理性，比如，心理学和哲学。所以，这部分人和前一种人一样在股市的资金博弈中获得了成功。

2. 债券的适合人群

中老年投资者，有一笔闲钱，用于养老，除了存银行，没有更好、更安全的投资产品。这是由于债券的优点：由于债券票面利率是固定的，所以老百姓买了债券就不用烦神，自己会拿到多少利息，只要到期去取，收益都是固定的。不足：相对来讲，国债的投资期限比较长，分别为3年和5年，如果这期间投资者急需用钱，虽然也可以提前支取，但是利息要受损失。

3. 基金的适合人群

基金产品适合所有人。基金以它省事、专业、较高的回报率吸引越来越多的人的眼球。中国目前基金数量已经很高，初具规模。基金从分类来说，分为公募基金以及私募基金。近年来，投资基金的风险也逐渐递减，当然收益也是逐渐递减的，不过大多数股票型基金近两年都有不俗的表现，给很多投资者带来了丰厚的回报。

（1）收入型基金。这种基金的目的是最大限度地增加当期收入，而对证券升值并不十分重视。收入型基金一般把所得的利息、红利都分配给投资者。这类基金虽然成长性较弱，但风险相应也较低，适合保守的投资者和退休人员。

（2）成长型股票基金。成长型股票基金是基金市场的主流品种。成长型基金以资本长期增值为投资目标，其投资对象主要是市场中有较大升值潜力的小公司股票和一些新兴行业的股票。这类基金往往有很强的投机性，因此波动也比较大。

（3）平衡型基金。平衡型基金是指以既要获得当期收入，又追求基金资产长期增值为投资目标，把资金分散投资于股票和债券，以保证资金的安全性和盈利性的基金。一般情况下，平衡型基金的平均回报率不低于股票型基金，甚至高于股票型基金的回报。另外，平衡型基金的波动相对于股票型基金要小。因此，对于风险承受能力较低的投资者而言，可将平衡型基金作为波动市场中重点关注的基金品种。

4. 实业投资

实业投资好的话也能带来丰厚的利润，但这样的投资需要机遇、勇气、商业智慧、商业手段等，而且很累神，累身。对于愿意挑战的人来说是一块乐土。

在繁多的投资品种中，你可以判断哪些产品不去买，在比较小的范围内再选择适合你自己的产品。根据你对经济形势的判断、你个人的情况和家庭情况、经济实力选择适合你自己的理财产品。

另外，要说明的是，投资理财一定要有承受风险的意识，主要有3点：

第一，如果你想做投资，你就要有承受风险的意识，不存在免费的午餐或者空手套白狼的机会，有收益必然有风险。

第二，根据自己的状况来正确认识和评估自己的风险承受能力，你在做投资之前首先要认识自己的风险承受能力，能承受多大的风险就做多大的投资。我们不是强调投资收益的最大化，而是你能够承受多大的风险。如果投资失败，它的损失是否在可以承受的范围之内，这时你再做投资。

第三，为了具备很好的承受风险的能力，对你的投资组合要做适当、科学的配置，使投资组合未来可能发生的负面的变化在你的承受范围之内。

投资属性与投资成败之间的关系

小王、小李、小丁同去买基金，小王是低风险偏好者，小李是中等风险偏好者，小丁是高风险偏好者。

正好赶上新推出了以下三种基金：

银华稳进和双禧A都是类固定收益产品，可以在保值的基础上适度实现增值。

兴业合润分级基金的杠杆比率、交易机制的设计都使得该基金特别适合于中等偏下和中等偏上的风险偏好投资者。

银华深证100分级基金和国联安双禧基金本身就是属于指数型基金，股票仓位较高，适合喜好风险的投资者。

小王较为合适的是分类基金中的份额A。其中，银华深证100中的银华稳进和国联安双禧基金的双禧A皆为此类基金。两只基金的收益分别为一年定存＋3%、一年定存＋3.5%。

因此，投资者可以认购银华深证100或者国联安双禧基金，分离后，可以卖出银华锐进或双禧B，保留银华稳进或双禧A。另外，投资者也可以在基金上市后再伺机买入银华稳进或双禧A。

小李适合低风险份额合润A。它兼具零息债券（基础净值1.21元以下时只有本金）和可转债券（基础净值1.21元以上时恢复）。而高风险份额合润B只是在基础净值1~1.21元之间获得杠杆放大效应，放大倍数也限定在1.67倍，因此，可以说是一种有限度的放大。

合润A尤其适合那些不愿承担高风险，但也不愿限制享受低收益的低风险偏好投资者；下跌风险有限，上涨收益较大，攻守兼备，兼具债券和股票型基金的双重特征。而合润B则适合于那些希望提高收益，但又不过分承担风险的积极型投资者。

小丁可以认购银华深证100分级基金和国联安双禧基金后持有；也可分拆后卖出银华稳进和双禧A；或者可以等上市后，买入银华锐进或双禧B。一般来说，银华锐进的杠杆相对于双禧B来说更高，因此更加激进，适合高风险偏好投资者。

风险承受能力与投资成败有着直接的关系。不同的风险偏好，即使对同一投资结果所获得的快乐也是不一样的，而风险承受能力即投资属性直接关系着对投资成败的判断。如上例，给小王推荐高风险的，给小丁推荐低风险的，显然，他们都不能获得该有的投资成就感，会直接导致投资的不成功。

不同的人应该选择不同的投资产品，因为有不同的风险偏好，也就是说，他们是属于不同的投资属性。投资属性指的是投资者对于风险的态度，不同的人对风险的感知是不一样的，以此产生的决策也是大大的不同。性别、年龄、投资经验、职业等决定了不同投资者的决策行为。一般来说，年轻人更偏好高风险、高收益的投资；中年投资人则追求低风险。随着年龄增长，投资者会越发保守，越看重长期增值，而年轻者更青睐于短期操作。此外，男性较为慎重，女性较为激进；资产规模大的、做实业出身的投资者尤其重视风险控制，而自由职业者基本上不进行长期投资，以短期操作为主；相对来说，企业职工和机关工作人员进行长期投资的比例较大……

根据个人的条件与个性，面对风险表现出来的态度基本有三种：积极型、稳健型、保守型。积极型的人愿意接受高风险以追求高利润；稳健型的人愿意承担部分风险，志在谋取高于市场平均水平的获利；保守型的人则为了安全并获取眼前的利益，宁可放弃可能高于一般水平的收益，只求保本保息。人类的个性与行为模式往往互为因果，例如，急躁的人走路比较快，说话像机关枪一样停不下来；温吞的人比较容易拖拖拉拉，很难下决定。对照在投资方面，胆小的人害怕赔钱，所以显得保守谨慎；大胆的人想要多赚一点，所以变得冒险；还有中庸的人则采取稳健的方式，追求稳定成长。

长久以来，很多搞不清自己投资属性的人，用错了投资方式，选错了投资工具，所以得到了很凄惨的下场，不是血本无归就是认赔出场。主要的原因就是许多投资属性相当保守的朋友，在媒体的吹捧与理财经理的怂恿下，常常作出不该属于他的投资决策。因为我们常常忽略了高报酬率的金融产品背后的两件事，其一是高报酬也伴随高风险，其二总是认为自己不应该那么倒霉就被套住。

投资人在投资时，最重要的是了解自己对风险的承受度，也就是所谓的"风险属性"，然后依据自己的风险属性，作出最适合自己的投资规划、资产配置，这才是正确的投资观念。

大多数投资人的决策过程是由心理因素来决定行为判断的，因此，明了自己的投资个性后，才能拟定投资战略，在理财的领域中好好发挥。正所谓知己知彼，百战不殆,不论积极型还是保守型的投资人,都有一套适合他们的让资产稳定增长的必胜策略。

因此,你只有先了解自己,才能在理财的过程中获得财富。个人理财应遵循以下6个原则:

(1)了解自己理财的目的:赚钱与赚多少钱。
(2)没有明确的理财目标一定会迷失理财的方向。
(3)不要高估报酬。
(4)不要低估风险。
(5)设定获利的满足点与赔钱的停损点。
(6)拒绝在股海中浮浮沉沉。

以上6个原则都有助于避免错估投资属性、对理财不适当的期望。

银监会已经再三表示金融机构在销售金融产品或推荐各类投资产品给客户之前,一定要了解客户的投资属性,不可以推销不符合客户需求的产品,更不可以夸大投资产品的绩效,其目的就是要保护投资人的基本权益并告知投资人潜藏的投资风险,以免投资期望与实际获利出现太大的落差。

其中的缘由在于投资人常常无法确定自己投资时对风险能够忍受的程度,以及对投资报酬率的需求,因此,需要用"投资性向分析"来帮助自己建立投资组合。投资性向分析通过询问了解投资人该资金的运用期限、对投资风险的忍受度、相对投资报酬率的情形、过去的投资经验、投资金额的大小等,再对个人投资组合作出建议和规划。

不要钟情新工具,传统工具也不错

投资理财工具的外貌也会进化的,ETF、投资型保单、外币理财等等崭新的商品不断问世,投资人不免焦虑,许多人连传统的股票、基金都搞不懂了,更何况是更新的产品。金融单位为了促销新的商品,当然想尽办法,动用资源推广这些新兴商品。它们也存在投资价值,有些工具的投资绩效甚至相当亮眼,但是除非你对投资理财已经稍有研究,对于选择标的的营运模式有最基本的认识,否则一般初级的投资人,还是多看多听多学习,毕竟这些新兴商品可能只是样貌更加多元化,它们的投资报酬率与传统的投资工具并不会相差悬殊。既然如此,先操作熟悉的就好,不必羡慕别人。比如说,以下就是几种熟悉的投资方式。

1. 定期定额投资，长期的摇钱树

方法非常简单，你只要选定好基金，去任何一家金融机构办理该业务就可以了，然后每个月像银行扣取水电费一样，扣取你的钱，用于基金投资，这样你就开始你的定投基金之旅了。从全球来看，定投基金的平均收益率在12%左右，按照中国目前的经济增长速度，有望每年获得15%以上的收益。这样你不仅可以抵御通货膨胀，还可以获得一笔不菲的投资收益。如果定投基金，每个月投资1000元，基金的平均收益率为15%，那么你10年后就可以获得27万元，而存在银行，按目前的利率（15%），你只可以获得14万元，定投基金整整多了1倍左右。无疑，定投基金是你的长期摇钱树。

举例来说，现年30岁的你预计在30年后退休，并备妥400万元的退休金，若现在就开始每个月用700元进行投资，并将这700元投资在一种（或数种）年报酬率在15%以上的投资工具，30年后就能达到你的退休目标。如果你能够再节省一点，每个月多储蓄300元，用1000元进行投资，并将这1000元投资在一种（或数种）年报酬率在15%以上的投资工具，30年后，你就能储备近600万元的退休金，给自己更舒适的退休生活。

2. 储蓄

投资大师约翰·坦普顿告诉投资人致富的方法里，曾经提到成功与储蓄息息相关，要利用复利效应的神奇魔力，就必须先懂得俭朴，所以必须挪出一半的薪水，作为个人在投资理财时候的第一桶金。存下一半的钱是一个不容易执行的重大决定，它考验着你的决心、毅力与生活方式的调整。简约生活，增加储蓄的金额，正是我们学习理财的必备课程。

复利的力量："钱赚钱"比"人赚钱"还要迅速简单的关键在于"复利"效应，这个被爱因斯坦称为比原子弹还要具有威力的工具，简单地说就是"利上加利"，其计算公式是：本利和＝本金×（1＋利率）^{N}。（N：期数）

举个例子来看：1万元的本金，按年收益率10%计算，第一年年底你将得到1.1万元，把这1.1万元继续按10%的收益投放，第二年年底是1.1×1.1=1.21万元，如果第三年年底是1.21×1.1=1.331万元，到第八年就是2.14万元了。同理，如果你的年收益率为20%，那么三年半后，你的钱就翻了一番，1万元就变成2万元。如果是20万元，三年半后就是40万元，效果相当惊人吧。

3. 黄金

现在在中国主要还是以纸黄金的交易为主，但实际上，实物黄金的储备可以说是世界上现在最安全的投资方式，无论在什么时候，黄金也不会失去其价值。而且黄金作为一种世界公认的投资工具，它本身的地位是任何货币都无法取代的，历史的发展也说明黄金值得投资，原因是它具有全球统一的报价，抗通货膨胀能力强，利税相对股票还要低得多，产权容易转移，对兑能力强，易于买卖及抵押的优点。况且中国人传统上都有购买和收藏黄金的喜好和习惯。

4. 不动产投资

不动产投资主要包括住宅、写字楼、商铺等。对于这样的投资，相对于金融投资首先需要一笔不小的资金，而且其变现能力相对较差，不要全部投入不动产。但不动产投资可以保值增值，尤其是对于现在的楼市。商铺投资如果形成规模也是客观的收入，而且生活会相当惬意，但也不是一般人能够处理好的。

5. 保险

大多数人认为，理财就是通过各种投资工具让手边的财富不断增长。事实上，要建构一个基础稳固的理财金字塔，至少需包含3个层次。最底层是保本架构，中间一层是增长架构，最上一层是节税架构。理财的金字塔要高要大，底层的保本结构就是最重要的关键。保本结构主要由两个部分组成，一个是没有风险的投资组合，譬如定存、活存、保本基金等；另一个就是保险。

举个例子，大多数人都没有想到，一位前途看好的专业经理人，拥有拼命向前冲刺的精神与能力，年薪高达数十万元，按照他的工作能力持续20年，一定可以带给他的家庭与孩子一个很宽裕的经济生活，他可能已经开始购置百万的房产，并已计划让孩子出国念书，一切都在他的计划中逐步往前进行。但是天不从人愿，因为过度疲劳辛勤工作，这位专业经理人在40岁左右的年纪，就因过劳死而离开职场，留给家人的除了遗憾、回忆之外，还有很多必须重新调整的家庭计划。显然，没有足够的保险，就没有保险的人生。

6. 其他投资

其他投资包括艺术品、收藏品等。这样的投资需要专业的知识以及独到的眼光，运气也是很重要的。现在最流行的商品的投资还是各种"币"。

这些都是传统的投资方式，其实，做好这些一样可以非常有成效。

这里还需要说明的是：巧妙地运用资产配置投资。保持合适的资产配置比例进行投资，既可以保证优质的生活，又可以使"钱生钱"。在家庭资产配置方面，"资产配置"简单地说，就是要把钱放在对的地方。至于如何把钱放在对的地方还必须考虑3个层次：第一个是对的资产比例；第二个是放在对的市场；第三个则是在对的时机投入资金。一般来说，我们将资产分为5大类，分别是股票、债券、房地产、另类投资（包括私募股权、外币、结构性产品、对冲基金、管理型期货等）与现金。根据统计，自2001年美国"9·11"事件后，全球股票市场之间的关联性提高了，因此，将资金放在不同的国家或地区来投资股市，已经没有办法有效地分散投资风险了。

目前比较流行的是理财4321定律，即家庭资产合理配置比例是，家庭收入的40%用于供房及其他方面投资，30%用于家庭生活开支，20%用于银行存款以备应急之需，10%用于保险。当然，4321定律只是一般规律，并不是对每个家庭都适用，只能做参考。对一些低收入家庭来说，供房和家庭生活开支就几乎占到了100%；对一些高收入家庭来说，10%用于家庭生活开支已经绰绰有余。

不妨掌握投资的12个法则

其实，理财界也有"适者生存，优胜劣汰"的金融达尔文哲学，市场不可能容许屡赔不赚的投资工具生存下去。也就是说，不同工具的游戏规则虽然不同，投资任何工具都有风险，但只要掌握大原则，谨慎操作，仍有获利的可能。下面介绍一些投资法则。

1. 多头空头都能赚到钱，小心贪心让你破财

一旦你的投资标的达到自己设定的目标价，就应该停利卖掉，尽快落袋为安，否则妄想获得超额利润，让贪婪击垮理性，就很难保证下次你会不会这么幸运了。

2. 精算净值、看准时机、分批进场

如果你想要购买某档投资标的，不妨慢慢将资金分批进场，不要一次就全部买进。如果市价跌破净值就多买一点，反之，就少买一点，这样一来，平均持股价格降低了，最终你拥有的会更多。

3. 买跌不买涨

有很多很棒的投资标的，其价值会被不公平地低估，通常都是因为市场对于若干坏消息反应过度。多做功课，留意有哪些投资标的是暂时性下跌，在"涨"声响起之前买进。不要浪费时间推测体质不健全的投资标的翻身的可能性，应该

寻找价值被不合理低估的好对象。

4. 分散投资是千古不变的定律

如果你只投资单一股票或某个产业，一旦发生风险，你就可能赔得一塌糊涂。因此，唯一能够让你保持获利，并且不会危及老本的方法就是"分散投资"到数个优质标的上面，避免孤注一掷。

5. 持股数量不要超过能追踪的范围

上市的股票共有2000档左右，你每天能够拨出多少时间关心其中一档的营运状况与市场行情呢？你固然需要拥有多只股票来分散投资风险，但也不能多到无法掌握的地步，理想的持股数量应该介于3~5只股票之间，千万不要超过自己能追踪的范围。

6. 买进后继续研究

投资人每周都应花上一定的时间和精力，阅读研究报告、分析产业的重要指标等，定期检视、研究手上的投资标的是否值得继续持有。

7. 投资绩优股，永远都值得

普通的投资人总是想买到便宜又大方的货色，但是实际的获利率却不见起色，反观专业的投资人，他们大多愿意多花一点钱买优质股票。多存点钱让你的选择变多一点，学学专业经理人投资市场上知名龙头股的策略，即使要花比较多的钱，但毕竟股票买了还可以卖，跌太多或涨不动，可是会让你亏本的。

8. 基本面比消息面更实际

消息面往往会制造利多假象，引诱你掉入陷阱，当你听到某家公司很快就会被并购，你会因为想抓住接下来的行情，而奋不顾身地购买该公司的股票吗？最好不要这样。如果要买，就要买进那些经过基本分析之后，发现价格被低估，但前景很好的公司。

9. 握有现金退场观望，等待出击时机

你不必随时都把所有的钱投入市场。许多时候市场就是停滞不动，没什么好操作的。股市下跌时，现金可能是非常好的投资。如果你能够在市场突然向上反转时卖掉股票，抱着现金坐在场边观望，直到你中意的股票跌到谷底再买进，这就是最高明的操作。

10. 市场修正反而是进场好时机

市场偶尔会出现窄幅震荡，有些人会因此不敢面对变化，而不愿意接触投资，这未免太消极了。周期性的市场修正是健康的，也是可以预料的。一旦发生时，不要惊慌，要利用这个机会买进那些你仔细研究过，而且跌破净值的优质股票。

11. 赚钱的标的继续持有，亏钱的标的快点卖掉

理财的世界很残酷，表现好的就能赚钱，表现差的几乎很难翻身，但没有经验的投资人总是会把手中最好的标的卖掉，然后把钱拿来买进最烂的标的。为什么会这样？他们的理由居然是"好标的有的赚，我可以拿来补贴买其他标的的钱"。千万不要落入这个陷阱。如果你手中投资标的的基本面在恶化，必须马上认赔卖掉。接着把手中资金拿来买基本面好的标的，然后继续操作。

12. 保持改变投资方向的弹性

谁说投资市场必须一直保持多头或空头操作？如果你的研究显示市场景气趋缓，不要犹豫，马上转买为卖；相反，景气上扬，也要看准目标，积极扫货。经济趋势瞬息万变，你对投资标的未来的看法也应该随之调整。

八字不合，懂得放弃

懂得放弃，是一种比不懈追求更高的境界，因为在合适的时候放弃，是让你有能力把握更大机会的开始。

前几天王靖和一位朋友李先生吃饭，聊起李先生最近的股票投资情况，李先生说："5000多点就开始不大参与了，5500点以上几乎就是空仓。"

"那你看到大盘天天走强，不觉得难受吗？"王靖这样问李先生。

"不会啊，估值有点偏高，上面空间不大，放弃了就放弃了，不觉得可惜。你看现在，跌到5100点附近，虽然指数和开始退出来的时候差不多，但是卖掉的个股都已经比当时的卖出价低一些，现在才开始慢慢买入一些看好的个股。"李先生这样回答。

是啊，放弃了上面500~600点的空间，换回的是完全的主动权——可以在较低的位置买入自己看好的品种。而有一些朋友则不同，觉得偏高退出了，但是天天上涨挠得心里痒痒的，结果按捺不住冲将进去，赚了指数没赚钱，现在是深度套牢，动弹不得。

案例分析：这两种鲜明的对比，其实在股票市场不断重演着，可是有很多朋友依然没有学会在高风险区域放弃一些其实已经不大的机会，结果不但蒙受了较大的损失，而且丧失了根据市场变化重新布局、把握下一波更大机遇的机会，更重要的是减少了把握日后机会的实力。要学会放弃，寻找新的投资机会。

其实，放弃的哲学还体现在其他的投资上，一窍不通的品种应该学会放弃。国内可以投资的品种在这几年越来越多，比如，最近的黄金投资非常热门，各种放大的黄金交易开始盛行，但是投资者如果不懂黄金交易的机制，不了解影响国内国际金价的诸多因素就进入这个市场，那无疑如同幼儿园小朋友和大学生、博士生同台竞技，结果可想而知。因此，如果你不能去深入学习、了解一种投资方式，那么这种投资只能选择放弃。

美国超级基金经理彼得·林奇一直认为，哲学、历史学得好的人，比学统计学的人更适合做投资。他为什么会这么认为呢？因为哲学是世界观，是方法论，哲学是人类了解世界的一种特殊方式，是使人崇高起来的一门学问。学好哲学，等于接受了人类大智慧的熏陶，增加了人的思想底蕴和内涵，这将在根本上有益于投资。懂得放弃与懂得坚定的投资同等重要。取与舍，坚持与放弃同样重要。八字不合，趁早分手，如同恋爱，这一点我们在投资中一定要熟记。

从某种意义上说，"投资不仅仅是一种行为，更是一种带有思想意味的东西"。成功的投资者固然离不开统计学和各种经济金融的统计数据，但更重要的是，投资者要能做到不仅仅拘泥于统计数据，应学会从更高的哲学层面来把握投资的风云变幻。这就要求投资者拥有更开阔的胸襟、视野和古今通达的哲学与历史智慧。彼得·林奇能长期战胜华尔街成为投资领域的佼佼者，跟他浓郁的哲学与历史学素养是密不可分的，而勇于放弃在他的投资史中更是起着功不可没的作用。

让我们再回到之前说过的那句话："工具无所谓哪个好哪个不好，重点是哪一个最适合你！"就好像世界上的美女帅哥那么多，不是选择长得好看的就会幸福，是否门当户对，互相看得顺眼，相处愉快才重要。

第四节　拒绝非理性投资：把风险和陷阱扼杀在摇篮中

投资的关键是要保住本金

通过炒股累积了不菲身价的沃伦·巴菲特，在谈到自己的成功秘诀时说："投资原则一，绝对不能把本钱丢了；投资原则二，一定要坚守投资原则一。"

韩国人徐永安是某消费信贷公司的总裁，掌管着数百亿资产的流动。消费信贷事业听起来有点玄，说白了就是"放高利贷的"。当然，利率没有高得离谱。徐永安从小就显示出了与众不同的运动员潜质，也迷恋花花绿绿的杂志，不过提起读书，他顿时没了兴趣。

他说："我真的对读书不感兴趣，当时父亲还经营着一家园林公司。他也知道以我的成绩想进大学算是没指望了，于是就给某私立大学'栽树'，让我进了那家私立大学体育系读书，说白了就是花钱'走后门'让我进了大学。但是，在进大学校门的前一天，父亲的话也给了我当头一棒，他说到大学毕业之前我要把他'走后门'用的钱全部还给他。"

徐父这样做的目的就是激发儿子去学习谋生的手段，既然儿子不能靠读书挣碗饭吃，那就只能另辟蹊径，父亲这样做也是为了儿子的未来着想。事实证明，徐先生的成功在很大程度上得益于父亲的严格教导。

徐先生说："没办法，我只有边读书边挣钱才行。正当我寻思赚钱的路子时，刚好有朋友出了急事，请求我借钱给他，于是我将攒到高中时的所有钱都借给了他，并要他以后连本带利一起还。虽然朋友一个劲儿地说朋友之间还谈什么利息啊，但我历来信奉'亲兄弟，明算账'，就这样我获得了平生第一笔贷款利息。"

光凭交情就借钱给别人，有时候别说利息，就连本钱都会鸡飞蛋打。几次教训之后，徐先生再借钱给别人的时候，就要求他人留下抵押物品，那时候，大部分的"客户"都是他的同学，抵押物品都是些厚厚的专业书籍和教科书。他们实在还不上钱的时候，徐先生就将这些书卖到旧书店去，好歹能收回一些本钱。

"我在放贷、从中抽取利息的过程中，明白了一件重要的事情，那就是'如何保住本钱'比'如何收回利息'更重要，抵押物品不能成为我保住本钱的保证。"

徐先生正式进军消费信贷行业，是滞留日本的时候。走在日本街头，他想："总有一天，韩国公民对于消费信贷企业的否定性认识会有所改变，消费信贷产业一定会成为朝阳产业。"

徐先生于是下决心对消费信贷产业的发源地——日本的消费信贷产业进行了一番翔实的探究，并决定在日本小试牛刀。

他首先将眼光瞄准了在日的韩国留学生，向他们提供小额贷款。积累了部分资金后，他开始在日本的韩国人聚居地做广告，逐步扩大自己的事业。目标群由最初的留学生转为在日本就业的韩国女性，抵押品是护照。他向用护照做抵押的留学生和来日工作的女性提供50~100万韩元（约合5~10万日元）的贷款。

他坚持只做小额信贷生意的理由,并不是因为没有能力提供大额贷款,而是他有因此连本钱都收不回来的经历。徐先生在日本"发财"回韩国之后,正式大规模进军韩国消费信贷行业。

徐先生说:"公司越来越大,我不停地思索,创造出那些能很容易地回收本钱的消费信贷产品。"

徐先生的主力产品是无抵押、无保证、无"先利"(预先支付利息)的日利率为0.36%的小额个人消费信贷商品。小额信贷的好处之一是由于其金额小,在无抵押、无保证的情况下亦可贷出;其二,回收的可能性比大额信贷要高得多,相反,利息却比大额信贷要高,万一连本钱都收不回来,他只需稍稍提升一点利息,就能将损失转嫁到其他顾客身上。

"如何挣大钱?非常简单,亏本没亏到本钱的份儿上,这就是事业。倘若连本钱都保全不了,这样的事业能坚持多久呢?"

成功投资的基本原则有三:稳定性、回报率、周转率。这三者成功协调的程度决定了富人们赚钱的多少,最完美的效果就是三者步调一致。但从徐先生的案例来讲,他是最重视稳定性的典型代表。当然,要说最具稳定性的投资商品,非银行的固定利息产品莫属。

但相对而言,稳定性强的投资对象,其收益性要低一些。回报率就是你投入的本金为你带来的收益回报和资本扩张的额度。例如,最近韩国的股票市场比较活跃,因而在韩国,股票就是回报率最高的投资对象。但回报率高的商品,在投资的过程中伴随的风险也较高,稳定性也较差。周转率就是能在多长的时间里把投资的本钱收回来。将相同的2亿韩元分别投资到银行商品、股票以及房地产当中,周转率最高的投资对象就是银行商品;反之,房地产的周转率最低,因为房地产要还原成现金,需要一段时间。

那么一般来说,在这三大原则当中,富豪们最看重的是哪一个原则呢?

大部分五六十岁的传统富豪最看重的是稳定性,在投资时也首选能稳定赚钱的商品,但是富人不像普通人那样,为还清贷款而努力,而是努力用贷款来进行投资。借债必然伴随着风险,在此没有必要再强调。不过新生代富豪们并不是顶着风险去投资的,他们都是管理风险的高手。他们为了将投资风险降到最低,鲜有选择短期债投资,而是选择长期债投资;还有,之前也强调过,新生代富豪致富的第一步都是储蓄,这也是他们重视稳定性的理由。

韩国人公认的房地产投资高手慎永根先生强调："未来能获益多少是做事业的关键，但比这更重要的是你能否在未来还能保住现在的本钱。"

慎先生再次强调，那些想一夜暴富而不安心稳定投资的人，最后连本钱都保不住，倾家荡产的人不计其数。

赚钱固然重要，但保住本钱更为重要。许多人都抱着赚大钱的梦想，但倘若不学习如何挣钱、管理钱和把钱守住的方法，这些梦想最终都是黄粱一梦。

徐先生有句名言："以我经营消费信贷业务的经验，我发现了一条于子孙后代都有利的原则，那就是'能把钱守住就算是赚了钱'。"

评估自己的风险承受能力

布袋和尚有首禅理诗："手把青秧插满田，低头便见水中天。六根清净方为道，退步原来是向前。"细品之下，其中蕴含的哲理跟现在热门的投资理财多有相通之处。

很多城里小孩都认为农民伯伯插秧就像走路一样，是向前一点一点插的，但这只是想当然的结果。如果你曾经观察过农夫在田中如何插秧苗，你就会发现农夫都是躬着身子，一步一步向后倒退着插的。看起来农夫的脚步是向后不断退让，实际上却是一步步前进，直到把秧苗插满了整个农田。以退为进，似退实进，事物的道理有时就是这么高妙。

投资理财也常需要我们抱着以退为进的想法，才能在风云多变的市场行情里立于不败之地。投资理财，如果能从一开始就抱有以退为进的想法，反倒更容易获取回报。

例如，当你准备投资基金时，不妨先假设买了基金之后，市场突然大跌，你惨遭套牢。然后，你再问自己："我会不会难过到吃不下饭、睡不着觉？我的工作、生活会不会因此受到很大影响？我可以忍受跌到什么程度？"如果答案是你根本无法承受下跌风险，那就表示你不适合投资基金，你就要有自知之明主动选择放弃。而如果答案是你可以忍受基金较大幅度的下跌，并且保证对你的工作生活没有什么不良影响，那么恭喜你，你可以放心投资基金了。

能看到大幅后退的人，才更能以安然的心态，成功渡过市场的惊涛骇浪，迎来丽日蓝天的大步前进。

以退为进，退是为了更好地进。看似在考虑退路，实际上却是为了让你能最终稳健前进，避免因恐慌而杀跌出局。恐惧与贪婪是投资者的两大心魔，让自己预先充分设想恐惧，正是克服恐惧心理一个很好的方法。

以退为进，暂退一点又何妨？只要你在投资之前就已经做好了最坏的打算，无论发生多么猛烈的下跌你也照样吃得香、睡得香，那还有什么风险能阻挡得了你通过投资理财，赢取财富回报的前进步伐呢？

防范投资中的各种陷阱

现在，中国投资市场异常火热，在投资过程中，投资者还要防范下面的几种陷阱，以防被诈骗。

1. 不要盲目跟随"炒股博客"炒股

股市火暴带动各种"炒股博客"如雨后春笋般涌现，投资者若盲目跟随"炒股博客"炒股，将可能面临财产损失求告无门的法律风险。同时，"炒股博客"可能成为"庄家"操纵市场的工具，股民若盲目将"炒股博客"上获取的所谓"专家意见"当成投资依据，只会大大增加投资风险，很有可能血本无归。

2. 谨防委托民间私募基金炒股

从2006年下半年股市逐渐升温以后，新入市的投资者有相当一部分对股票、基金等一窍不通，这就让民间私募基金有机可乘，他们常常以咨询公司、顾问公司、投资公司、理财工作室甚至个人名义，以委托理财方式为其提供服务。但事实上，民间私募基金本身并不是合法的金融机构，或不是完全合法的受托集合理财机构，其业务主体资格存在瑕疵。另外，民间私募基金与投资者之间签订的管理合同或其他类似投资的协议，往往存在保证本金安全、保证收益率等不受法律保护的条款。更有部分不良私募基金或基金经理存在暗箱操作、过度交易、对倒操作、老鼠仓等侵权、违约或者违背善良管理人义务的行为，上述做法都将严重侵害投资者的利益。

3. 不要私自直接买卖港股

调查显示，内地居民私自直接买卖港股的方式有两种，即内地居民利用"自由行"等机会到香港开立港股证券交易账户，投资港股；或者由证券公司协助开立港股证券交易账户进行投资。根据我国有关法律规定，除商业银行和基金管理公司发行的QDII（合格的境内机构投资者）产品以及经过国家外汇管理局批准的特殊情况外，无论是个人投资者还是机构投资者都不允许私自直接买卖港股。内地居民通过境内券商和其他非法经营机构或境外证券机构的境内代表处开立境外证券账户和证券交易都属于非法行为，不受法律保护。如果私自买卖港股，投资者的风险无形之中就将大大提升。

4. 谨防非法证券投资咨询机构诈骗

有些非法证券投资咨询机构利用股市火暴，趁机对投资者实施诈骗活动。例如，深圳有关执法机构就曾联合查处了罗湖和福田两区8家非法证券投资咨询公司的非法经营行为。这些公司通过电话、电视和网络等方式大肆向全国各地做广告，宣称推出了新的理财方式，会员无须缴纳会员费，只要将自己的资金账户、证券账户及交易密码告知公司的业务员，公司就可代会员进行股票买卖，联合坐庄，保证每年100%或者更高的收益，赢利后按约定的比例收取咨询费用。但实际情况却是，这种公司取得投资者的资金账户、证券账户和密码后，会以对坐庄个股保密为由，立即修改密码，然后将账户中的股票全部卖出或将资金全部转走。

总而言之，投资是自己的事，用的也是自己的钱，投资人在投资过程中务必谨小慎微，否则一个不小心，就可能给自己带来巨大的资金风险。

确保"后方"安全

正所谓"狡兔有三窟"，狡猾的兔子有三个窝。因此，可以防止狐狸的侵袭。虽然它有三个窝，若不提高警惕，也会成为狐狸的美餐，但至少有三个窝的安全性要相对高一些。投资的道理也是一样，如投资者仅有一笔资金，若这笔资金发生了问题，就会周转不灵，不能坚持下去。若是求全，便只能平仓止亏，把损失固定下来，当然，这也失去了反败为胜的机会。

在投资市场上这种情况经常发生。投资者若能坚持下去，也许只是多坚持一会儿，就可以赢利，但偏偏周转出现了问题，不得不暂停投资，这是一件很痛苦的事。若事后证明，能多坚持一会儿就可以突破难关、反败为胜，那么可想而知投资者会多么后悔。成功的投资者，都会给自己准备几笔后备资金，然后将资金进行分配，有前有后，分配成多笔资金，部分用来保本，做一些稳健低风险的投资，部分可冒稍高的风险，小部分用作高风险项目。有进取的，有保本的，有攻有守，有前有后，形成一套完整的投资计划。保本的投资安全性相对较高，回报较稳定，可作为高风险投资的后盾，一旦高风险项目出了问题，还有保本的资金支持。例如，炒股失手，损失了一笔，但还有后备金，可以在保本的资金里，拨出一些补充，继续再战。反过来也一样。若高风险的投资顺利，赚了大钱，则可以把一部分拨到保本投资当中，巩固投资的成果。

以上是从纵的角度看多笔资金的重要性，当然，从横向的角度看有多笔资金同样很重要。多笔资金可以放在不同的市场上，一些用在股票市场，一些用在外汇市场，一些投资在债券、基金市场等。这些市场各有不同的风险，任何时候，都不可能全部赚钱或全部亏损，有些赚，有些亏。这样，多笔资金便可以互补不足。分散投资，对大多数投资者来说，是再熟悉不过的。我们可以用一个通俗的比喻来定义："不要把所有的鸡蛋放在一个篮子里！"这句话简要而精确地捕捉住了分散投资的特性。实行分散投资的意义就在于降低投资风险，保证投资者收益的稳定性。因为一旦一种证券不景气时另一种证券的收益可能会上升，这样各种证券的收益和风险在相互抵消后，仍然能获得较好的投资收益。

分散投资要想做得比较专业，对广大中小投资者来说还需要听取理财专家的意见。因为做到一个合适的分散投资不是一件容易的事情，而一个合适的分散投资对我们的长期投资收益来说是至关重要的。很多研究表明一个投资的长期收益的 80%~90% 取决于所做的投资组合的搭配。从这里大家也可以看出做一个合理的、适合自己的投资组合并根据自己及经济情况的改变对投资组合作出适当的调整是投资过程中非常重要的一件事。在同一个投资组合里拥有过多不同的投资方式会导致每一个投资都不能高效发展，以至收益无法达到预期程度，过分多样化的投资组合最后往往会表现为指数化投资：风险高度分散，收益平稳但较低。在同时持有多笔高市值共有基金的情况下，重叠持有导致的各种费用，会给投资带来额外的风险与收费。另外一点值得引起大家重视的就是，投资一定要尽早开始，并坚持长线投资。

·第五章·

精明储蓄：复利的威力很可观

第一节 钱进银行，增多还是减少

储蓄：积少成多的"游戏"

投资理财计划中，一个最重要的环节是储蓄。储蓄是一种积少成多的"游戏"，这个"积谷防饥"的概念在中国人眼中并不陌生。

以西方国家为例，上一代的人仍知道储蓄的重要，但现在的人只懂得消费，已经忘记了储蓄，美国的人均储蓄率是负数，意思是美国人不单没有储蓄，反倒先使用未来钱，利用信用卡大量消费，到月底发工资时才缴付信用卡账单，有些更已欠下信用卡贷款，每一个月不是缴费，而是偿还债务。

人的一生中有一段赚钱的黄金高峰期，大约是40岁前后的20年时间，之前是刚开始工作的时间，收入有限且不稳定；之后的开支及家庭负担较大，赚钱能力也随着年龄而倒退。因此，这赚钱的高峰期就是筹备一生中，如置业、子女教育及退休等重大开支的最佳时期，每个人应好好把握。

还有这里所讲的储蓄，只需每月一部分的零钱，点点累积变洪流，长时间的储蓄好像滚雪球效应，可变成很大的收成。以每月储蓄1000元为例，储蓄20年，每年的回报以8%计算，预期总回报是60万元。

每一个月储蓄多少没有一个定律，各人的收支情况都不同，但简单的可按每月收入扣除开支所剩下的余钱作为参考，把这余钱的一半作为储蓄已很不错，其他的拨作应急基金，以应付不时之需。

储蓄是一种习惯，是一种积少成多的"游戏"。每一个月开始之前先把预定的金额存起来，这对日常生活没有很大的影响；相反，把钱放在口袋里，最后都是花掉，连花到哪里也忘记了。

储蓄宜早不宜迟，越早储蓄，你就会越早得到积累的财产，越早拥有积蓄展开投资的经费。不要再相信那句"车到山前必有路"的名言了，它带给你的只会是得过且过的平庸生活。所以，马上开始储蓄吧！

怎样才能养成储蓄的习惯？

1. 积攒零钱

很多人从小时候开始就有很多零钱，但是却不会想到要储蓄，总是把这件事延迟……结果到用钱的时候却发现自己手中没攒下多少钱。所以一定要在平时就把钱存起来。为此，你可以给自己买一个小储蓄罐。一有零钱，就立刻喂到它的肚子里，用不了一两个月，它就被塞得鼓鼓的了。

2. 银行储蓄

你可以强迫储蓄，就是一拿到薪水就先抽出25%存起来，长期以来，就可以发挥很好的效果。当然，方式可以不加限定，但你务必要在规定的日子里把钱存到银行，以形成储蓄的习惯。

3. 为储蓄设定目标

把存钱的目的写到纸上，然后把它放到易看到的地方，使自己能时时看到目标，以起到提醒的作用。

4. 不时回顾

不时地看到自己的储蓄在一点点增加，体会数字逐渐变多的喜悦。时间久了，你便会感受到金钱得来不易。这些钱都是自己独立挣来的，一定要珍惜，不能随意地支配。

储蓄是投资本钱的源泉

很多人错误地认为，只要好好投资，储蓄与否并不重要。实际上，合理储蓄在投资中是很重要的。储蓄是投资之本，尤其是对于一个月薪族来说更是如此。如果一个人下个月的薪水还没有领到，这个月的薪水就已经花光，或是到处向人借钱，那这个人就不具备自己经营事业的资格。要想成功投资，就必须学会合理的储蓄。

很多人不喜欢储蓄，认为投资可以赚到很多的钱，所以不需要储蓄；有的人认为应该享受当下，而且认为储蓄很难，要受到限制；有的人会认为储蓄的利息没有通货膨胀的速度快，储蓄不合适。然而，事实并不是这样。

首先，不能只通过收入致富，而是要借储蓄致富。有些人往往错误地希望"等我收入够多，一切便能改善"。事实上，我们的生活品质是和收入同步提高的。你赚得越多，需要也越多，花费也相应地越多。不储蓄的人，即使收入很高，也很难拥有一笔属于自己的财富。

其次，储蓄要有合理的规划。我们可以将每个月收入的10%拨到另一个账户上，把这笔钱当作自己的投资资金，然后利用这10%达到致富的目标，利用90%来支付其他费用。也许，你会认为自己每月收入的10%是一个很小的数目，可当你持之以恒地坚持一段时间之后，你将会有意想不到的收获。也正是这些很小的数目成了很多成功人士的投资源泉。

晓白工作已经有5年的时间，从一名普通的职员，慢慢做到公司的中层，薪水也一直稳中有升，月薪已有近万元，比上虽然不足，比下却有余地。可是昔日的同窗，收入未必高过自己，可在家庭资产方面已经把自己甩在了后面。

随着晓白的年龄逐步向30岁迈进，可还一直没有成家。父母再也坐不住了。老两口一下子拿出了20万元积蓄，并且让晓白也拿出自己的积蓄，付了买房首付，为结婚做打算。可是让晓白开不了口的是，自己所有的银行账户加起来，储蓄也没能超过6位数。

其实，晓白自己也觉得非常困惑。父母是普通职工，收入并不高，现在也早就退休在家。可是他们不仅把家中管理得井井有条，还存下了不少的积蓄。可是自己呢？虽说收入不算少，用钱不算多，可是工作几年下来，竟然与"月光族""白领族"没有什么两样。不仅是买房拿不出钱来供首付，而且前两年周边的朋友投资股票、基金也赚了不少钱，纷纷动员晓白和他们一起投资。晓白表面上装作不以为然，其实让他难以开口的是，自己根本就没有储蓄，又拿什么去投资？

晓白出现这种情况的原因就是缺乏合理的储蓄规划。虽说储蓄是个老话题，然而在年轻人中间这却始终是个普遍的问题。很多像晓白这样的人，收入看上去不少，足够应对平时生活中的需要，可是他们就是难以建立起财富的初次积累。原因就在于，他们在日常生活中没有合理的储蓄规划，花钱也是东一笔、西一笔。晓白说自己平时爱和朋友们交际应酬，因为好面子，自己经常是买单的那位。有时候贪睡，匆忙起来打着车就去上班了。这些费用加起来，不知不觉地就把一个月的收入耗尽了，最后得到的节余几乎为零。对于处在事业起步阶段的人来说，出现这样的状况可以理解。可是如果收入已经渐进稳定,依然保持着零储蓄的生活,你就该好好反省一下自己了。

最优秀的投资者也要懂得储蓄

其实随着时代的发展,今天的社会与从前发生了很大的变化,对许多优秀的投资者而言,他们也许拥有足够多的不储蓄的理由。比如,他们因为年富力强,往往都认为以后可以赚到很多的钱,所以现在不需要储蓄;他们钟情于享受眼前的生活,寻找自由、浪漫与快乐,而不愿意受到金钱方面的束缚;他们认为储蓄对家庭来说并不十分重要,他们没有金钱上的压力,并且坚持这种看法不会改变;他们没有看到储蓄的任何好处,因为现实中利息低、通货膨胀等因素确实都存在着。

鉴于上述的几个观点,优秀的投资者们当然认为储蓄不会带来什么好处,这是很正常的事情。但我们的看法并不是这样,让我们先来依次检验这些观点,从中优秀的投资者们会发现,其实从另一个角度来看这与他们自己原先想的结果并不太一样。储蓄能够让优秀的投资者们成为千万富翁,他们可以轻而易举地让银行存折中多出20%或更多的金钱,通货膨胀甚至还会帮助他们。

如果从这样的角度来看待储蓄,优秀的投资者们恐怕就不会认为储蓄是件一无是处的事情了。相反,它还会给你带来很多好处,下面我们就来详细地剖析优秀的投资者们一定要储蓄的理由。

1. 持续的储蓄能让你积累更多的投资基金

许多优秀的投资者都有一个错误的观点,他们认为投资会使自己自然而然地变得越来越富有。然而事实上,这是不可能实现的!也许优秀的投资者们并不认同这种观点,也许他们会问:为什么投资不一定使自己变得富有呢?

优秀投资者的投资越多,风险也越大。也许有的优秀投资者会这么说:"我同意储蓄,但我的方法是每年储蓄一次,把全年需要储蓄的金额一次放到银行里不就行了!"我们不得不说,这种想法也是很难实现的。

2. 储蓄是善待自己的最好方法

说到善待自己,许多优秀的投资者也许会觉得他们正在这么做,他们会每天吃最好的食物、把自己打扮得美丽动人、享受艺术与娱乐带来的休闲乐趣,但这一切在我们看来不过是表面的浮夸罢了。优秀的投资者们都忽视了一点:他们正在持续地付钱给别人,可从来没有付给过自己。买了最好的食物,他们会付钱给厨师或食品店老板；打扮自己，他们会付钱给美容院和理发师；享受艺术与娱乐带来的乐趣，他们会付钱给电影院和酒吧……

但是优秀的投资者们什么时候付钱给过自己？在你们的生活中，自己的地位应该不亚于厨师、理发师和电影院老板吧！

优秀的投资者们应该付钱给自己，而这是通过储蓄来实现的。每个月将收入的固定一部分（可能是 10% 或者 15%）存入自己的账户，这样一来，优秀的投资者们就可以利用这笔钱达到致富的目标。这样做以后，优秀的投资者们将会发现：前者是用收入的全部或 90% 或 85% 来支付生活所需的费用，而后者让优秀的投资者们拥有了 10% 或 15% 的储蓄。

3. 积累原始资本

储蓄还能够帮助优秀的投资者进行原始资本的积累。优秀的投资者们可以用固定的一部分收入来进行这种资本的投入。假设这部分资本金的固定额度是家庭总收入的 10%，那么优秀的投资者们应该如何累计这部分资本呢？首先，优秀的投资者需要开设一个存储账户，每个月初，将收入的 10% 存入这个账户；要把持住自己，任何时候都不要轻易动用这个账户里的钱；找到适当的机会，用这个账户里的钱进行投资；当这个账户里的金额越来越多时，优秀的投资者们将得到更多的投资机会和安全感。

家庭储蓄方案

家庭作为一个基本的消费单位，在储蓄时也要讲科学、合理安排。一个家庭平时收入有限，因此对数量有限的家庭资本的储蓄方案需要格外花一番工夫，针对不同的需求，家庭应该分别进行有计划的储蓄。在前面我们已经提到了这方面的一部分内容，那么现在我们就来系统地谈一谈这个问题：我们的建议是把全家的整个经济开支划分为以下 5 大类。

1. 日常生活开支

在理财过程中，每个家庭都清楚建立家庭就会有一些日常支出，这些支出包括房租、水电、煤气、保险、食品、交通费和任何与孩子有关的开销等，它们是每个月都不可避免的。根据家庭收入的额度，在实施储蓄时，家庭可以建立一个公共账户，采取每人每月拿出一个公正的份额存入这个账户中的方法来负担家庭日常生活开销。

为了使这个公共基金良好地运行，家庭还必须有一些固定的安排，这样才能够有规律地充实基金并合理地使用它。注意不要随意使用这些钱，相反的，要尽量节约，把这些钱当作夫妻今后共同生活的投资。另外，对此项开支的储蓄必不可少，应该充分保证其比例和质量，比如，家庭可以按照家庭收入的35%或40%的比例来存储这部分基金。

2. 大型消费品开支

家庭建设资金主要是用于购置一些家庭耐用消费品，如冰箱、彩电等大件和为未来的房屋购买、装修做经济准备的一项投资。我们建议以家庭固定收入的20%作为家庭建设投资的资金，这笔资金的开销可根据实际情况灵活安排，在用不到的时候，它就可以作为家庭的一笔灵活的储蓄。

3. 文化娱乐开支

现代化的家庭生活，自然避免不了娱乐开支。这部分开支主要用于家庭成员的体育、娱乐和文化等方面的消费。设置它的主要目的是为了在紧张的工作之余为家庭平淡的生活增添一丝情趣。比如，郊游、看书、听音乐会、看球赛，这些都属于家庭娱乐的范畴。在竞争如此激烈的今天，家庭难得有时间和心情去享受生活，而这部分开支的设立可以帮助他们品味生活，从而提高生活的质量。我们的建议是：这部分开支的预算不能够太少，可以规划出家庭固定收入的10%作为预算，其实这也是很好的智力投资，若家庭收入增加，也可以扩大到15%。

4. 理财项目投资

家庭投资是每一个家庭希望实现家庭资本增长的必要手段，投资的方式有很多种，比较稳妥的如储蓄、债券，风险较大的如基金、股票等，另外收藏也可以作为投资的一种方式，邮币卡及艺术品等都在收藏的范畴之内。我们认为，以家庭固定收入的20%作为投资资金对普通家庭来说比较合适。当然，此项资金的投入，还要与家庭个人所掌握的金融知识、兴趣爱好以及风险承受能力等要素相结合，在还没有选定投资方式的时候，这笔资金仍然可以以储蓄的形式先保存起来。

5. 抚养子女与赡养老人

这项储蓄对家庭来说也是必不可少的，可以说，它是为了防患于未然而设计的。今后家庭有了小孩，以及父母的养老都需要这笔储蓄来支撑。此项储蓄额度应占家庭固定收入的15%，其比例还可根据每个家庭的实际情况加以调整。

上述5类家庭开支储蓄项目一旦设立，量化好分配比例后，家庭就必须要严格遵守，切不可随意变动或半途而废，尤其不要超支、挪用、透支等；否则，就

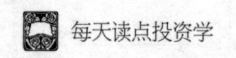

会打乱自己的理财计划，甚至造成家庭的"经济失控"。

第二节 小钱里头的大学问——存款利益最大化

存活期好还是存定期好

存款是银行的第一大业务。银行存款实行存款自愿、取款自由、存款有息、为储户保密的原则。

银行存款有活期和定期之分，作为普通大众的我们，到底是选择活期好还是定期好呢？我们先来看一下什么是活期存款和定期存款。

所谓活期存款是一种无固定存期，随时可取、随时可存，也没有存取金额限制的一种存款。而定期存款是指储户在存款时约定存期，开户时一次存入或在存期内按期分次存入本金，到期时整笔支取本息或分期、分次支取本金或利息的储蓄方式。它包括整存整取、零存整取和存本取息3种方式。

存款时是选择活期还是定期，具体要看你的资金对流动性要求如何。如果你的钱长期不用，可以存定期，而且最好分存为几张等额存单，这样就算有急用，也可以解存部分定期，不至于损失全部利息，而且存期越长，利率越高，肯定要比活期好。反之，如果你的钱很可能随时会用到，那还是活期比较好。

如果定期存款全部提前支取，你的存款只能按照活期的利率计算，与同档次定期存款利率相比，你将损失不少利息收入。因此，最好在存款时做好计划，合理分配活期与定期存款，大额定期存款可适当化整为零，这样既不影响使用，也不减少利息收入。

盘活工资卡，别让工资睡大觉

工资卡，一张大家再熟悉不过却又常常忽略的卡片。大家平时工作忙，只把工资卡里的钱随取随用，卡里没用完的资金只能待在银行这个"保险柜"，无形之中让自己的资金变成"睡钱"。目前处于加息通道之中，你千万别小看了卡里那些零零碎碎的钱，这些钱也会为你的经济增长发挥点作用，前提是你要把这些"睡钱"盘活。

当前，对于不少人来说，工资卡就是一张活期储蓄卡，需要用钱的时候取钱出来，不用的时候钱就当活期放在里面。这样做使工资卡收益很低，不能带来一些理财收益和便利。若是我们以理财的眼光去看工资卡，就可以将工资卡的效益提高。

1. 盘活工资卡之约定转存

约定转存，享受高额利息。工资卡的钱若都是活期的话，那么以目前的 0.36% 活期利率来看，可以说利息是少得可怜，而若是你办理了约定转存的业务，你给自己的工资卡约定一个最低的活期额度，超过这个额度的金钱以一个具体时段周期自动转存为相对应的定期，那么你就能享受对应的定期利率，比如说某银行定期三个月的利率是 1.75%，一年期利率高达 2.26%，定期时间越长，利率越高。这样你的工资卡既保证了一定量的随时可以动用的活期，也让那些闲钱享受到了高额的利息，而且是复利模式，时间长了，利息差异相当大。

2. 盘活工资卡之开通网银

开通网银，用来缴纳水电煤气等费用和办理网购汇款等业务。若是每次都要去柜台办理水电煤气的费用缴纳，不仅需要花费很多的时间，还可能需要坐车、排队，非常劳累。开通网银后，就可以在公司或者家里的电脑上缴纳费用了，非常方便。目前，网银的优惠政策很多，比如说汇款，手续费用比柜台办理便宜很多，同时也很方便。还有不少人有网购的习惯或开网店的爱好，那么网银的支付手段就必不可少。这一切，只需要你开通工资卡的网银功能就能在家办理好，同时随着网银安全技术的日益进步，只要规范操作，基本还是很安全的。如网上申购基金、股票资金划转以及外汇交易等业务，就不必耗时耗力地亲自去银行等地一一办理。这样缴费会更加及时，不会因为挤不出时间而拖欠水电费，导致白白损失一部分滞纳金。

3. 盘活工资卡之与信用卡挂钩

与信用卡挂钩，省心省钱。不少银行都推出了信用卡，而信用卡的及时还款问题却是很多人头痛的问题，不仅时间常忘记，而且要去一些网点办理还款手续，要专门抽时间，也比较麻烦。若是将工资卡与信用卡挂钩，让其自动到期扣款，不仅可以省去还款的麻烦，而且不会因此遭遇罚息和滞纳金，同时又能让你的信用记录保持良好。

要想实现存款利息收益的最大化，精打细算是必需的。

细小的累积，往往成就巨大的财富。

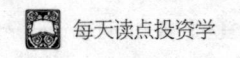

针对不同储种的储蓄技巧

在储蓄存款低息和储蓄仍然是家庭投资理财重要方式的今天，掌握各储种的储蓄技巧就显得尤其重要，掌握了这些技巧将使家庭的储蓄存款保值增值达到较好的效果。那么，家庭不禁要问：目前银行开办的储种可谓种类繁多，面对不同的储种，是否都有与其相对应的储蓄技巧呢？答案当然是肯定的。

1. 有关活期储蓄的技巧

对于活期储蓄来说，没有太多可供深究的技巧可言，家庭只需了解对于活期储蓄银行一般规定5元起存，由银行发给存折，凭折支取（有配发储蓄卡的，还可凭卡支取），存折记名，可以挂失。它的特点是利息于每年6月30日结算一次，前次结算的利息并入本金供下次计息。

活期储蓄适合被普通家庭运用在日常开销方面，因为它的特点是灵活方便。但是由于活期存款利率较低，一旦活期账户结余了数目比较大的存款，家庭就应及时把其转为定期存款。另外，家庭在开立活期存折时一定要记住留存密码，这不仅是为了存款安全，而且还方便了日后跨储蓄所和跨地区存取，因为银行规定：未留密码的存折不能在非开户储蓄所办理业务。

2. 有关定期储蓄的技巧

定期储蓄中又包含许多储种，它们的特点各不相同，因此在使用时的技巧也会有所不同。

整存整取是定期储蓄中历史最悠久的储种，它适用于家庭中节余的较长时间不需动用的款项。在高利率时代，储蓄的技巧是期限分拆，即将5年期的存款分解为1年期和2年期，然后滚动轮番存储，这样做可以达到因利生利的效果，使收益最佳。而在如今的低利率时期，家庭都应该明白，其储蓄的技巧除尽可能地增长存期外，别无他法。这就要求家庭能存5年的就不要分期存取，因为低利率情况下的储蓄收益特征是存期越长、利率越高、收益越好。此外，家庭还要能够善用我们在前文中提到的部分提前支取、存单质押贷款等方法来避免利息损失。

零存整取也是许多家庭非常熟悉的一种储蓄方法，它适用于较固定的小额余款存储，因为其积累性较强。目前银行一般规定零存整取定期储蓄5元起存，存期分为1年、3年、5年3个档次，尤其适合收入不高的家庭生活节余积累成整的需要。它的规定比较严格，存款开户金额由家庭自行决定。很明显我们可以看出，这种储蓄方法不具有很强的灵活性，有一些家庭存储了一段时间后，认为如此小额存储效果并不明显，因此放弃者不在少数，其实这种前功尽弃的做法对家庭来说往往损失很大，因此采用这种储蓄方式最重要的技巧就是"坚持"。

存本取息是定期储蓄中的另一个储种，目前银行一般规定存本取息定期储蓄是 5000 元起存。要使存本取息定期的储蓄效果达到最好，最重要的技巧就是把这种方法与零存整取储种结合使用。

3. 有关定活两便储蓄的技巧

目前银行一般规定定活两便储蓄 50 元起存，可随时支取，既有定期之利，又有活期之便。这种储蓄方法的技巧主要是要掌握支取日，确保存期大于或等于 3 个月，这样做可以减少利息的损失。

4. 有关通知储蓄存款的技巧

前文我们已经提到过，通知储蓄是银行最新开设的一个储种。目前银行一般约定通知储蓄存款 5 万元起存，一次存入，可一次或分次支取，存期分为 1 天和 7 天两个档次。支取之前必须向银行预先约定支取的时间和金额。这种储蓄方式最适合那些近期要支用大额活期存款但又不知支用的确切日期的家庭，例如，个体户的进货资金、炒股时持币观望的资金或是节假日股市休市时的闲置资金。

5. 有关教育储蓄的技巧

教育储蓄作为国家开设的一项福利储蓄品种，目前银行一般规定教育储蓄 50 元起存，存期分为 1 年、3 年、6 年 3 个档次。存储金额由家庭自行决定，每月存入一次（本金合计最高为 2 万元）。因此，教育储蓄具有客户特定、存期灵活、总额控制、利率优惠、利息免税的特点。由于教育储蓄是一种零存整取定期储蓄存款方式，在开户时家庭与金融机构约定每月固定存入的金额，分月存入，但允许每两月漏存一次。因此，只要利用漏存的便利，家庭每年就能减少 6 次跑银行的劳累，也可适当地提高利息收入。

另外，除上述对应不同储蓄类型的技巧外，就家庭储蓄本身而言，还是存在许多额外技巧的。在对待储蓄的态度上有的家庭会觉得花钱总是一种愉悦的享受，而储蓄却好似一种痛苦的惩罚。如果有这样的想法，那么，家庭大可以把储蓄看作一个游戏，一旦意识到这个游戏充满着智慧的挑战，那么就会取得成功。对于刚刚建立的新家庭而言，从小额储蓄起步是很正常的。家庭可以拿出月收入的 10% ~15% 来进行储蓄，最重要的是制定目标后要持之以恒。另外，家庭还可以采取定期从工资账户上取出 20 元、50 元或 100 元，存入新开立的存款账户中的方法，家庭会发现这种手中可支配现金比以往减少了的生活不会和从前有什么差别，一旦适应之后，家庭就可以逐步从工资账户中增加每次取出的金额，存入新的存款账户，这样你就会发现，银行账户上的钱会比想象的多。我们还有一个相似的办法，就是每天从钱包里拿出5元或10元钱，把它们放在一个自己看不见的地方，也可以当作被小偷偷走了，然后每月将这些积攒到一定数目的钱存入银行存款账户中。家庭仍然会感觉到，其实每天可支配的钱少了5元或10元并不会对生活产生什么影响，然而如果每天存5元，每月就是150元，一年就居然可以买得起一台电视了！

我们必须承认，储蓄也是需要动力的，它更是考验一个人自制力的最好方法。如果家庭成员对自己的自制力不那么自信，不如就把储蓄的目标贴在床头、冰箱门、客厅的墙上等家中醒目的地方，时常提醒自己，以增加储蓄的动力吧。

家庭一旦养成了储蓄的良好习惯，并能坚持下去，再配以一种或几种适合家庭的投资理财方式，以获得较高的投资回报，将来家庭的前途一定不可限量。储蓄永远都是一个家庭的坚实基石，有了它，家庭就可以无忧无虑地进行投资、享受生活了！

如何实现存款利润最大化

家庭理财中储蓄获利是最好的一种选择。那么，如何实现储蓄利润最大化呢？根据自己的不同情况，可以做出多种选择。

1. 压缩现款

如果你的月工资为1000元，其中500元作为生活费，另外节余500元留作他用，不仅节余的500元应及时存起来生息，就是生活费中的500元也应将大部分作为活期储蓄，这会使本来暂不用的生活费也能养出利息。

2. 尽量不要存活期

存款，一般情况下存期越长，利率越高，所得的利息也就越多。因此，要想在家庭储蓄中获利，你就应该把作为日常生活开支的钱存活期外，节余的都存为定期。

3. 不提前支取定期存款

定期存款提前支取，只按活期利率计算利息。若存单即将到期，又急需用钱，则可拿存单做抵押，贷一笔金额较存单面额小的钱款，以解燃眉之急；如必须提前支取，则可办理部分提前支取，尽量减少利息损失。

4. 存款到期后，要办理续存或转存手续以增加利息

存款到期后应及时支取，有的定期存款到期不取，逾期按活期储蓄利率计付逾期的利息，故要注意存入日期，存款到期就取款或办理转存手续。

5. 组合存储可获双份利息

组合存储是一种存本取息与零存整取相组合的储蓄方法。如你现有一笔钱，可以存入存本取息储蓄户，在一个月后，取出存本取息的第一个月利息，再开设一个零存整取储蓄户，然后将每月的利息存入零存整取储蓄。这样，你不仅得到存本取息储蓄利息，而且利息在存入零存整取储蓄后又获得了利息。

6. 月月存储，充分发挥储蓄的灵活性

月月储蓄说的是12张存单储蓄，如果你每月的固定收入为2500元，可考虑每月拿出1000元用于储蓄，选择一年期限开一张存单，当存足一年后，手中便有12张存单，在第一张存单到期时，取出到期本金与利息，和第二期所存的1000元相加，再存成一年期定期存单。以此类推，你会时时有12张存单。一旦急需，可支取到期或近期的存单，减少利息损失，充分发挥储蓄的灵活性。

7. 阶梯存储适合工薪家庭

假如你持有3万元，可分别用1万元开设1~3年期的定期储蓄存单各一份；1年后，你可用到期的1万元，再开设一个3年期的存单，以此类推，3年后你持有的存单则全部为3年期，只是到期的年限不同，依次相差1年。

8. 4份存储减少不必要的利息损失

若你持有1万元，可分存在4张定期存单，每张存额应注意呈梯形状，以适应急需时不同的数额，即将1万元分别存成1000元、2000元、3000元、4000元的4张1年期定期存单。此种存法，假如在一年内需要动用2000元，就只需支取2000元的存单，可避免需取小数额却不得不动用"大"存单的弊端，减少了不必要的利息损失。

9. 预支利息

存款时留下支用的钱，实际上就是预支的利息。假如有1000元，想存5年期，又想预支利息，到期仍拿1000元的话，你可以根据现行利率计算一下，存多少钱加上5年利息正好为1000元，那么余下的钱就可以立即使用，尽管这比5年后到期再取的利息少一些，但是考虑到物价等因素，也是一种很经济的办法。

保守型投资者的储蓄投资方式

潇潇手头有50000元，打算都存成定期获得利息，但是她又害怕这期间会有什么突发事件让她被迫中止存款，那样自己将会损失很多的利息。于是，本着保

险起见，潇潇将这 50000 元分成了 5 份，并分别以存期 1 年、存期 2 年、存期 3 年、存期 4 年、存期 5 年为期限存入银行。一年后，潇潇又将其中到期的 10000 元转存了 5 年期的定期存款，两年后，潇潇又将另一个到期存款转存，并也以 5 年期的定期存入银行。以此类推，5 年后，潇潇的所有账户都将变成 5 年期的定期存款，到期时间也都相差一年，这样，一旦潇潇急需用钱，就可以取出距离到期日期最近的一张存折，将利息损失降至最低。

这种储蓄策略就叫做阶梯式储蓄，它适合于保守型的投资者，是一种风险小、利益损失较低的储蓄投资方式。

虽说现在是微利时代，钱存银行，利乎其微，还要扣利息税什么的。不过相比较现在的投资渠道而言，储蓄也不失为一种稳妥的理财方式，钱闲着也是闲着，先存着吧。

怎样存着才能获取高利息，又不失流动性，适应国家对利率的调整呢？不妨采用"阶梯式储蓄理财法"。

这种方法对于"月光族"来说尤为有用，既可以安排日常生活的开支又不至于太浪费，同时还能最大限度地获取定期利息。

王小姐，26 岁，在某中学任教，月收入 3500 元左右。每月生活开销 1000 元，逛街买衣服每月 2000 元，交通费每月 500 元，是彻彻底底的"月光一族"。单位提供"三险一金"。父母均有退休金和医疗保障，身体健康。

专家认为，像王小姐这样消费欲望特别强的年轻人，要想摆脱"月光女神"的"光环"，就要尽量压缩不必要的开支，如交际应酬、购买奢侈品。建议王小姐使用记账的理财方法，坚持一个月，就会逐渐养成不乱花钱的好习惯。

对于王小姐来说，可考虑阶梯式组合储蓄法。在前 3 个月时，根据自身情况每个月拿出收入的 30% 进行理财。理财的前提是有财可理，首先要"节流"攒钱。最开始可将 900 元存 3 个月定期，从第 4 个月开始，每个月便有一个存款是到期的。如果不提取，银行可自动将其改为 6 个月、1 年或者两年的定存；之后在第 4 到第 6 个月，每月再存入一定资金作为 6 个月的定存。这样的"阶梯式"操作，不仅保证了每个月都有一个账户到期，而且自由提取的数目也在不断增长。

第三节　投资银行的理财产品，精打细算也赚钱

银行目前主要的理财产品有哪些

银行理财产品的诞生由来已久，但要说银行重视并大面积推出理财产品是2000年以后的事。这几年银行理财业务以每年18%的速度在高速增长。相应的，经过几年的发展，目前银行的理财产品已经盛行并呈现品种丰富的局面。仅在2007年的10个月，就共有34家商业银行（25家中资银行和9家外资银行）推出个人理财产品1870款。

特别值得一提的是，由于2007年股市的巨幅震荡和深度调整，投资基金也会"受伤"。受过风险教育的许多投资者又将目光转向银行理财产品。因为目前银行理财产品、股票与基金相比，具有"分享市场收益同时降低投资风险"的优点。正是这个原因，2007年上半年，银行业平均每月发行理财产品约140款，而下半年的数量就增加到每月210款左右。

根据产品的特点，银行理财产品可分为两大类：

一类是人民币理财产品和外币理财产品。根据币种不同，理财产品一般包括人民币理财产品和外币理财产品两大类。从风险来看，外币理财产品的风险要高于人民币理财产品。

另一类是保证收益理财产品和非保证收益理财产品。根据客户获取收益方式的不同，理财产品还可以分为保证收益理财产品和非保证收益理财产品。保证收益理财产品，是指商业银行按照约定条件向客户承诺支付固定收益，银行承担由此产生的投资风险，或银行按照约定条件向客户承诺支付最低收益并承担相关风险，其他投资收益由银行和客户按照合同约定分配，并共同承担相关投资风险的理财产品。非保证收益理财又可以分为保本浮动收益理财产品和非保本浮动收益理财产品。保本浮动收益理财产品是指商业银行按照约定条件向客户保证本金支付，本金以外的投资风险由客户承担，并依据实际投资收益情况确定客户实际收益的理财产品。非保本浮动收益理财产品是指商业银行根据约定条件和实际投资收益情况向客户支付收益，并不保证客户本金安全的理财产品。

根据投资领域与运作方式不同来分类，目前市场上的银行理财产品主要分为

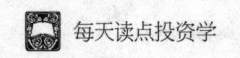

六大类：债券融资类产品、信托类产品、结构性产品、银行系 QDII 产品、新股申购类产品和外汇理财产品。

如何选择银行理财产品才能不差钱

现在的银行理财产品品种多得让人眼花缭乱，目不暇接，大有乱花渐欲迷人眼之势，投资者如何挑选到适合自己的银行理财产品呢？

其一，中短期银行理财产品优先选择原则。

2010 年以来，由于受央行加息预期的影响，银行理财产品的结构期限正在悄然发生变化，大多数银行停售一年期以上的人民币理财产品，转而主攻 6 个月及以下期限的理财产品。与此同时，即时买卖、周末理财、7 天理财、15 天、30 天……超短期理财产品则成为最大卖点。来自普益理财的一份统计表明，曾经唱主角的一年期以上期限理财产品已经明显失宠。数据显示，银行新发 1 个月、3 个月及 6 个月期限短期理财产品市场占比居高不下，占到银行理财产品发行额度的 70% 以上，与 2009 年理财产品结构相比，占据理财产品半壁江山的 1 年及 1 年以上期限理财产品，市场占比退到个位数。相比之下，1 年以上理财产品发行数仅为 7 款，减少 4 款，市场占比回落至 3.98%。

对于不愿冒太大风险的投资者，可以考虑投资中短期的银行理财产品。银行理财产品最大的风险是央行加息，而目前加息的预期日趋强烈，当加息来临，投资长期理财产品将增加机会成本，大部分理财产品收益水平，不可能随着利率上升而上调。所以在通胀预期下，投资者应当选择中短期银行理财产品进行投资。

就目前一年期信贷类理财产品的收益率来看，其平均收益率一般能达到 4% 左右，明显高于一般意义上 3% 的平均通胀率，可以避免资产贬值。同时，由于中短期产品时间不长，也利于投资者调整投资配置比例。

其二，风险承受能力是选择银行理财产品的关键所在。

银行理财产品按照风险级别划分为三大类，即信贷资产类、票据类、结构性产品类，风险依次递增，收益与风险当然呈现出正相关的关系。

首先，有较高固定收益要求的稳健投资者关注信贷资产类理财产品。

信贷资产类产品的运作模式是银行通过信托公司平台，从普通投资者那里募集到资金，然后放贷给需要资金支持的企业，企业与银行、信托约定的权益融资利率，基本为产品的预期收益率。

目前，同类产品的期限从几十天至1年半不等，年化收益率最低在5%左右，最高甚至达到9%。该类产品的风险主要根据信贷资产保质量而定，即来源于企业无法到期偿还本金和利息的投资风险。在选择此类理财产品前，投资者需要重点关注的是资金最终将流向哪些企业，该企业一贯的信用状况如何，上马的项目是否有前景等。由于监管层取消了商业银行为收益支付提供担保，因此理论上投资同类产品有亏损本金的可能。以某银行一款同类产品为例，虽然预期收益较高，但其投资对象为上汽通用汽车金融有限责任公司的信贷资产，而由于信贷资产的质量难以估计，因此风险难以估量；如果资金流向最终是行业垄断性企业为主，甚至包括政府机构，则对方违约的可能性非常小。

其次，风险承受能力较低者、中老年客户宜选择票据资产类理财产品。

票据类理财产品一般有两类：一类主要投资于已承兑或保贴的商业汇票等票据资产，还有一类是直接投资市场上票据类中信用等级最高的央行票据。对于后一类投资，由于是以国家信用为保证，几乎不存在风险，除非央行出现信用破产。但如果是前一类产品，理论上最坏的局面是，所投资的银行承兑汇票到期托收过程中，承兑银行（即开票银行）由于经营不善导致破产，不能按期付款，在这种情况下投资者将损失全部或部分本金。

现在票据资产类产品年化收益率水平在4%左右，虽然收益率并没有明显的吸引力，但由于产品期限最短仅七八天，最长也仅有6个月左右，其流动性一直是股民最为看重的优势，同时也是经商人短期流动资金最好的存储方式。由于各家银行同类产品收益率有细微差别，因此，投资者需要细心比较选择。

最后，结构性理财产品适合风险承受能力较强者购买。

所谓结构性产品，即固定收益投资与衍生品交易的组合，通过预设收益实现条件，使投资收益能跳出单一投资品走势的影响，而由一篮子挂钩标的物的相对表现决定。据统计，今年以来，银行结构性理财产品的标的物主要以利率、股票、商品和混合类为主。

从投资期限上来看，目前结构性产品普遍在1年半以上，最长甚至可以达到3~4年，且一般不能提前赎回，流动性较差。此类产品预期收益最低也在12%左右，但实际收益的好坏还要看产品的设计是否合理。从前期爆出部分银行结构性理财产品零收益事件来看，到今年以来部分挂钩商品的结构性产品最高实现了年化超过20%的收益，可以看出这类产品的风险是比较大的。一般来说，以观察日表现的平均值来计算产品收益，有利于分散风险。

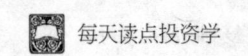

其三，货比三家，优中选优使你不差钱。

人们常说，"闻道有先后，术业有专攻。"在目前金融机构林立的投资环境之下，各家银行都有自己的传统优势项目，擅长不同的投资领域，这些特长也会在其发行的理财产品身上得到充分体现，优中选优就是选择各家银行根据专业优势形成的品牌理财产品。中国工商银行是国内最大的国有控股商业银行，拥有专业化的银行理财产品、投资管理团队和丰富的金融市场投资经验，拥有银行间市场所有类型交易的交易资格，中国工商银行秉承稳健经营的传统，发挥自身优势，在各类金融市场为投资者甄选投资项目，通过对子市场投资资产的动态管理，随时把握投资机会，提高客户投资收益，工商银行作为银行间债券市场最大的交易商和做市商，能够为客户提供高效安全的咨询、投资及信息服务。

购买理财产品一定多比多看一下，同样期限同等金额仔细对比看一下，理财产品预期收益是各不相同的，选择你满意的期限和预期收益的理财产品。

最后，需要提醒投资者的是：一是银行理财产品是有投资风险的，预期投资收益并不代表实际收益；二是由于购买银行理财产品存入资金进来，就是把个人的资金使用权、支配权全部交给了银行，所以银行理财产品有流动性的风险，在存续期内是无法提前支取的，也不能做质押贷款，一旦客户购买之后急需资金时是无法获得的，只有耐心等待到期使用这笔资金。

简言之，投资者在购买银行理财产品之前，需要综合考虑自己的资金用途、风险承受能力、年龄等因素，正确估算好自己家庭资金使用空间和收益之间的关系，对理财产品收益要有个合理的预期，在选择银行理财产品之前，一定要估算好自己家庭资金的使用空间，而不是因利率的诱惑忘记自己的风险承受能力，选择银行理财产品需要掌握量力而为的基本原则，才能让你的理财产品不差钱。

如何选择保证收益和非保证收益理财产品

面对品种繁多的银行理财产品，要选择一款适合自己的，也有不少学问。从获得收益的不同方式来看，银行理财产品可以分为保证收益理财计划和非保证收益理财计划，投资者可以对照自身情况进行选择。

1. 保证收益型

目前银行推出的部分短期融资券型债券理财、信托理财产品、银行资产集合理财都属于这类产品。投资对象包括短期国债、金融债、央行票据以及协议存款等期限短、风险低的金融工具。例如,招商银行的分3个月、6个月的票据集合理财计划就属于固定收益理财计划,银行将理财资金投资于包括转贴现银行承兑汇票、固定收益产品等。

这类产品计算简单,投资期限灵活,适合那些追求资产保值增值的稳健型投资者,如毕业不久的年轻人、退休人员等。

2. 保本浮动收益型

保本浮动收益理财计划是指商业银行按照约定条件向客户保证本金支付,本金以外的投资风险由客户承担,并依据实际投资收益情况确定客户实际收益的理财计划。

保本浮动收益型理财产品的优点是预期收益可观,缺点在于投资者要承担价格指数波动不确定性的风险。例如,华夏银行推出的"慧盈一号"人民币理财计划就属于保本浮动收益型,投资在香港上市的5只中资银行股票,预期最高年收益率6.76%。该类产品比较适合有一定承受风险能力的进取型投资者,如一些组建了家庭的中青年人士,收入稳定增长而且生活稳定、注重投资收益的投资者。

3. 非保本浮动收益型

非保本浮动收益理财计划是指商业银行根据约定条件和实际投资收益情况向客户支付收益,并不保证客户本金安全的理财计划。

该类产品一般预期收益较高,有些产品投资期限会较长,因此,该类产品比较适合风险承受能力强、资金充裕的投资者。

投资者在购买理财产品之前,应该仔细了解产品的情况,主要注意以下5点:

一是要了解清楚产品的性质,是保本的还是非保本的,收益是固定的还是浮动的,本金是否可以提前收回,费用怎样收取等,结合自身对于风险的承受能力选择合适的理财产品。

二是用富余的资金进行投资,即使是保证收益理财计划的债券型理财产品也具有一定的风险,即流动性风险,因为这类产品往往不允许投资者提前中止合同。

三是要看产品的投资方向。预期收益就是根据这些投资市场的表现来决定的,包括汇率、利率、黄金、信托项目、股票、期货、基金,等等。如果投资者看好某些投资领域,但是不懂操作的技巧,不愿冒太大的风险,或者无法直接进行投资,就可以选择挂钩这些领域的理财产品。

四是一定要认清预期收益。投资者要千万注意,不要将预期收益当作实际收益。预期收益是银行认为在正常的市场走势下获得的收益,银行并没有保证支付义务。在实际操作中，由于种种因素的影响，实际收益往往与预期收益有着偏差，即使是相对安全的固定收益理财品种，也会有实际收益低于预期收益的可能。

五是计算收益率。投资者购买理财产品时要注意收益率的计算方法。如一款理财产品年收益率为9%，另一款理财产品15个月的到期收益率为10%，单纯从数字上看后一款理财产品的收益率更高，实际上，把后一款产品15个月的收益率换成年收益率，仅仅是10%×12/15 = 8%，低于前一种产品。

如何选择结构性理财产品

结构性理财产品亦称挂钩型本币理财产品，其本金用于传统债券投资，而产品最终收益率与相关市场或产品的表现挂钩。有的产品与利率区间挂钩，有的与美元或者其他可自由兑换货币汇率挂钩，有的与商品价格主要是与国际商品价格挂钩，还有的与股票指数挂钩，等等。为了满足投资者的需要，这类产品大多同时通过一定的掉期期权，设计成保本产品，特别适合风险承受能力强，对金融市场判断力比较强的消费者。尤其是股票挂钩产品，已经从挂钩汇率产品，逐渐过渡到挂钩恒生、国企指数，继而成为各种概念下的挂钩产品，种类十分丰富。资本市场型的理财产品，其实就是基金的基金。理财产品投资于股市，通过信托投资公司的专业理财，银行客户既可以分享股市的高成长，又因担保公司的担保可以有效地规避风险。

从2010年市场情况来看，挂钩股票、基金类理财产品数量很多。导致这种现象的原因主要在于资本市场繁荣周期的到来、股票赚钱效应的显现等因素的影响。

银行理财产品预期收益率高低与挂钩标的物的风险收益特征有关。按照不同标的物的风险大小，相应结构性理财产品的收益率由高到低依次为：挂钩股票类产品、挂钩基金类产品、挂钩汇率类产品、挂钩信用类产品、挂钩利率类产品、挂钩债券类产品。指数挂钩类与挂钩价格类产品由于不同指数风险收益差异较大，因此无法量化该类产品平均风险收益特征。

结构性产品的收益模式一般是根据挂钩标的物的基期数值设定一个收益获得区间，按照观察日挂钩标的物是否处于收益获得区间计算产品收益。针对不同标的物的特征，基期的选择有所不同，给予的收益获得区间也不同。

对于波动较大的市场如股票市场，挂钩股票产品给出的收益获得区间是基期股价的上限或者下限。如以基期股价的80%作为收益获得区间的下限，虽然看上去20%的浮动宽度很大，但是对于股票市场这样一个动辄震荡几十点的市场而言，20%的浮动空间很可能转瞬即逝，这样的震荡幅度依然不能有效地减少此类产品所要面临的风险。如果股票表现良好的话，投资者获得的收益也较高。

信用挂钩类产品则相对特殊，因为承担连带担保责任的机构一般是政策性银行等高信用等级机构，所以该类产品风险极小，其收益模式也独具特色，如果不存在违约或担保方承担违约责任，投资者就可得到预期的固定收益率。

债券型理财产品，分享货币市场投资收益

债券型理财产品（亦称债券融资类理财产品），是指银行将募集到的资金主要投资于货币市场，一般投资于央行票据和企业短期融资券。因为个人无法直接投资央行票据与企业短期融资券，所以这类人民币理财产品实际上为客户提供了分享货币市场投资收益的机会。

债券型产品是早期银行理财产品市场中唯一的品种。在这类产品中，个人投资者与银行之间要签署一份到期还本付息的理财合同，并以存款的形式将资金交由银行经营。之后，银行将募集的资金集中起来开展投资活动，投资的主要对象包括短期国债、金融债、央行票据以及协议存款等期限短、风险低的金融工具。在付息日，银行将收益返还给投资者；在本金偿还日，银行足额偿付个人投资者的本金。

2010年，银行发行的债券融资类理财产品多数为浮动收益型，但其收益的浮动仅体现在相关参与方是否违约上。考虑到理财机构确定预期收益率通常较为保守，加之政策性银行的全额担保，以及目前已经到期的产品均能实现预期收益率等情况，债券融资类产品其实质可以被看作固定收益理财产品。

债券融资类理财产品目前面临的主要风险是流动性风险，因为该类产品一般不允许投资者提前赎回。另外，作为实质性的固定收益理财产品，债券融资类理财产品可能面临利率风险，即利率上升带来的投资损失。2010年，随着人民币不断加息从而导致的市场利率上升，银行债券融资类理财产品的预期收益率从3%逐步提升到5%，整体呈上升趋势。

债券融资类理财产品因为其安全性较高的特点，比较适合稳健型投资者。另外，投资者可以将债券融资类理财产品与其他较高风险理财产品进行合理配置，以实现稳定收益和较好地分散风险的作用。

第四节　银行贷款：量力而行

怎样办理质押贷款和抵押贷款

一、质押贷款的办理

在我国，个人也可以办理质押贷款。个人质押贷款因其办理时间短、手续简便、贷款额度高等特点正受到越来越多人的青睐。

个人质押贷款有什么样的申请条件呢？

（1）在中国境内居住，具有完全民事行为能力。

（2）具有良好的信用记录和还款意愿。

（3）具有偿还贷款本息的能力。

（4）提供银行认可的有效权利凭证作质押担保。

（5）在银行开立个人结算账户。

（6）银行规定的其他条件。

借款人申请办理个人质押贷款需要提交以下资料：

（1）申请人本人的有效身份证件，以第三人质物质押的，还要提供第三人的有效身份证件。

（2）有效质物证明。以第三人质物质押的，还须提供受理人、借款申请人和第三人签署同意质押的书面证明。

（3）银行规定的其他资料。办理个人质押贷款时，银行经办人要验看申请人的身份证件、名章，《借款申请书》是否真实有效，质押物是否已被冻结等。

根据《个人质押贷款办法》规定，贷款期限在1年（含）以内的，采用一次还本付息的还款方式；贷款期限超过1年的，可采用按月（季）还息、一次还本，或按月等额本息、等额本金的还款方式。当借款人无法按借款合同约定如期偿还贷款本息时，银行有权处理质押物，用以抵偿贷款本息。

二、抵押贷款的办理

抵押指债务人把自己的财产押给债权人，作为清偿债务的保证。而抵押贷款是指借款者以一定的抵押品作为物品保证向银行取得的贷款。

办理抵押贷款时能作为抵押品的通常包括有价证券、各种股票、房地产，以及货物的提单、栈单或其他各种证明物品所有权的单据等。

抵押贷款最基本的形式是动产抵押贷款和不动产抵押贷款。动产抵押贷款是指以车辆、船舶、有价证券等作抵押品的贷款。不动产抵押贷款是指以不动产作抵押品的贷款。能够作为抵押品的不动产主要有住房、仓库、办公楼、厂房及土地等。

抵押贷款到期，借款者必须如数归还，否则银行有权处理其抵押品。

抵押贷款一方面使商品、票据、有价证券等提前转化为货币现款，这对于加速资本周转、刺激经济增长再生产，起到一定的作用。但是，另一方面，这种贷款容易造成虚假的社会需求，助长投机活动。因此，我国各大银行在对抵押贷款进行审核时都非常慎重。

个人住房贷款的基本政策是怎样的

住房，对一个人或一个家庭来讲，恐怕是头等大事，但是要解决住房问题需要很多金钱，这可不是一个小数字，对许多人来讲都有一定的难度，这时我们就需要求助于银行。

现在，银行一般都开设了个人住房贷款业务。有了个人住房贷款，就算你还没有足够的财力购买一套房子，也可以凭借你的信用，通过个人住房贷款来实现安居梦。

下面是关于个人住房贷款的一些基本政策。

1. 贷款金额

按照中国人民银行的规定，个人住房贷款最高不超过房价的70%，也就是说，购房者至少要准备30%的首期付款。

2. 贷款方式

个人住房贷款主要有3种方式，分别是个人住房商业性贷款、住房公积金贷款和个人住房组合贷款。个人住房商业性贷款是银行用信贷资金发放的贷款。住房公积金贷款的资金来自职工缴存的住房公积金存款，因此这类贷款只贷给那些住房公积金缴存人，但有金额上的限制。个人住房组合贷款是上述两种贷款的组合。

3. 贷款利率

个人住房商业性贷款利率与公积金贷款利率一般也会随时调整，理论上将使用这种利率的贷款称为浮动利率贷款。浮动利率的具体调整方式由借款人与商业银行在签订贷款合同时协商确定。近年来，一些商业银行推出了固定利率的住房贷款。所谓固定利率贷款，指的是在一定时间内，不管国家如何调整利率，贷款人只根据贷款合同中规定的贷款利率支付利息。固定利率贷款和浮动利率贷款各有利弊。如果未来利率上调，选择固定利率贷款比较划算，可少付利息；如果未来利率下调，选择浮动利率贷款更合适。

4. 还款方式

个人住房贷款一般有 3 种还款方式：一是一次性还清本息，这种方式比较少见；二是等额本息，就是每月以相等金额偿还本息，每次数额明确，便于购房者安排收支，适合未来收入稳定的购房者；三是等额本金，就是每月等额偿还本金，利息按月计算，这种办法的利息总额支出比前一种方法小，但前期还款压力较大。

5. 贷款期限

个人住房贷款的最长期限为 30 年。购房者可以提前还款，不过需要向银行提出书面申请，征得银行同意。

办理个人住房贷款的操作流程

了解了关于一些住房贷款的政策后，在实际生活中如何办理个人住房贷款呢？办理个人住房贷款的整个过程大致分为 3 个阶段：

第一阶段，提出申请，银行调查、审批。

借款人在申请个人住房贷款时，首先应填写《个人住房贷款申请审批表》，同时须提供如下材料：

1. 借款人材料

（1）借款人合法的身份证件。

（2）借款人经济收入证明或职业证明。

（3）有配偶借款人须提供夫妻关系证明。

（4）有共同借款人的，须提供借款人各方签订的明确共同还款责任的书面承诺。

（5）有保证人的，必须提供保证人的有关资料。

2. 所购房屋材料

（1）借款人与开发商签订的《购买商品房合同意向书》或《商品房销（预）

售合同》。

（2）首期付款的银行存款凭条和开发商开具的首期付款的收据复印件。

（3）贷款人要求提供的其他文件或资料。

第二阶段，办妥抵押、保险等手续，银行放款。

贷款批准后，购房人应与贷款银行签订借款合同和抵押合同，并持下列资料到房屋产权所辖区房产管理部门办理抵押登记手续。

（1）购房人夫妻双方身份证、结婚证原件及复印件。

（2）借款合同、抵押合同各一份。

（3）房地产抵押申请审核登记表。

（4）全部购房合同。

（5）房地产部门所需的其他资料。

房地产管理部门办理抵押登记时间一般为15个工作日。抵押登记手续完成后，抵押人应将房地产管理部门签发的《期房抵押证明书》或《房屋他项权证》交由贷款银行保管。

第三阶段，按约每月还贷，直到还清贷款本息，撤销抵押。

借款人未按借款合同的约定按月偿还贷款，贷款银行根据中国人民银行有关规定，对逾期贷款按每日计收万分之二点一的罚息。当发生下列任何一种情况时，贷款银行将依法处置抵押房屋。

（1）借款人在贷款期内连续6个月未偿还贷款本息的。

（2）《借款合同》到期后3个月未还清贷款本息的。

办理公积金住房贷款有哪些注意事项

住房公积金一直是人们比较关注的。随着房产在人们生活中的比重越来越高，住房公积金和人们的生活日益密切。对于公积金，很多准购房者不清楚怎么使用才合法有效。那么，办理公积金住房贷款有哪些注意事项呢？

1. 申请条件

符合我国国土资源和房屋管理局规定的定向销售经济适用房购买条件；申请贷款前应连续足额缴存住房公积金满6个月；未负有住房公积金贷款债务；具有完全民事行为能力。

2. 贷款期限

公积金住房贷款的最长贷款期限为 20 年。

3. 自筹资金

公积金住房贷款需要支付不低于所购住房全部价款 30% 的自筹资金。

4. 担保方式

必须采用本市住房公积金管理中心和贷款银行认可的保证担保。

5. 需要提供的借款人资料

借款人身份证；本市户口簿，或蓝印户口簿或暂住证；借款人住房公积金储蓄卡，支行凭借款人住房公积金储蓄卡打印《住房公积金查询单》，并加盖支行业务印章；借款人正楷人名章；加盖房地产管理部门登记备案章的买卖合同和预售款专用收据等市住房公积金管理中心和贷款银行要求提供的其他资料。同时，使用配偶额度的还须提供：配偶身份证；配偶住房公积金储蓄卡；支行凭配偶住房公积金储蓄卡打印的《住房公积金查询单》，并加盖支行业务印章；结婚证或民政部门开具的结婚证明文件，或与借款人同户籍户口簿；配偶同意借款人用其住房公积金贷款额度申请贷款的《承诺书》。

6. 贷款流程

（1）借款人持贷款所需资料到贷款银行提出申请。

（2）贷款银行进行贷款审查，借款人与贷款银行签订借款合同及相关的合同或协议。

（3）办理担保手续。

（4）住房公积金管理中心对贷款材料进行审批。

（5）借款人到贷款银行办理划款手续。

7. 贷款银行

申请个人住房公积金贷款购买定向销售经济适用住房的职工，应到所购房屋座落区的建设银行支行办理有关贷款手续。

如何申请个人汽车贷款

你不仅可以贷款买房，还可以贷款买车，提前变成"有车族"。个人汽车贷款是指贷款人向借款人发放的用于购买汽车的贷款。在一般情况下，申请个人汽车贷款也需要提供住房、有价证券等形式的担保。

一、关于个人汽车贷款的基本政策：

1. 贷款对象及条件

（1）具有完全民事行为能力的自然人。

（2）具有当地城镇常住户口或有效居留身份，有固定和详细的地址。

（3）有正当的职业和稳定的收入，信用良好，具备偿还贷款本息的能力。

（4）持有与汽车经销商签订的汽车购买协议或合同。

（5）已支付不低于首期付款数额的购车款，并以愿购车辆作为抵押。

2. 贷款额度

（1）以贷款人认可的有效权利质押或银行、保险公司提供连带责任保证方式的，贷款最高额不超过质押物面额的90%或购车费用的90%。

（2）以所购车辆或其他经贷款人认可的财产抵押申请贷款的，贷款最高额不超过抵押物价值的70%。

（3）以除银行、保险公司以外第三方保证方式申请贷款的，贷款最高额不超过购车费用的60%。

3. 贷款期限

贷款期限一般为3年(含)，最长不超过5年(含)，如采用贷款到期一次性还本付息的，贷款期限控制在一年(含)之内。

4. 贷款利率

贷款利率原则上按照中国人民银行规定的同期同档利率执行，如遇贷款利率调整，贷款期限在1年(含)以下的，执行合同利率，不分段计息；贷款期限在1年以上的，实行分段计息，于下一年度1月1日开始，执行同期同档贷款新利率。

5. 还款方式

个人汽车贷款的还款方式和住房贷款类似。常见的也是两种：一种是等额本息还款，另一种是等额本金还款。可以申请提前归还贷款本息，也可申请贷款展期。不过，只能申请一次展期，展期期限不超过一年。

二、个人汽车贷款的程序

（1）咨询：客户到银行营业网点进行咨询，网点会为用户推荐已与银行签订《汽车消费贷款合作协议书》的特约经销商。

（2）选购汽车：到经销商处选定拟购汽车，与经销商签订购车合同或协议。

（3）贷款申请：到银行网点提出贷款申请，必需的材料有：

①个人：贷款申请书；有效身份证件；职业和收入证明以及家庭基本状况；

购车协议或合同；担保所需的证明或文件；购车协议或合同；贷款人规定的其他条件。

②法人：贷款申请书；企业法人营业执照或事业法人执照，法人代表证，法定代表人证明文件；人民银行颁发的《贷款证》；经会计（审计）师事务所审计的上一年度的财务报告及上一个月的资产负债表、损益表和现金流量表；抵押物、质押物清单和有处分权同意抵押、质押的证明，抵押物还须提交所有权或使用权证书、估值、保险文件，质押物还须提供权利证明文件，保证人同意保证的文件；贷款人规定的其他条件。

（4）资信调查：银行在受理借款申请后有权对借款人和保证人的资信情况进行调查，对不符合贷款条件的，银行在贷款申请受理后15个工作日内通知借款人；对符合贷款条件的，银行将提出贷款额度、期限、利率等具体意见，及时通知借款人办理贷款担保手续，签订《汽车消费借款合同》。

（5）办理保险：借款人在银行指定的保险公司预办抵押物保险，并在保单中明确第一受益人为银行，保险期限不得短于贷款期限。

（6）银行向经销商出具《汽车消费贷款通知书》，借款人同时将购车首期款支付给经销商。

（7）经销商在收到《汽车消费贷款通知书》及收款凭证后，协助借款人到相关部门办理缴费及领取牌照等手续，并将购车发票、各种缴费凭证原件及行驶证复印件直接移交到银行。借款人以所购汽车作抵押的，其保险单、购车发票等凭证在贷款期间由银行保管。在合同期内，银行有权对借款人的收入状况、抵押物状况进行监督，对保证人的信誉和代偿能力进行监督，借款人和保证人应提供协助。

·第六章·

投资股票：高风险高回报

第一节 股票投资的看盘技巧

如何看开盘

开盘是一个交易日的开始，也是大盘一天走势的基调，除非特大利多或利空消息刺激，否则，当日内一般不会发生高强度的震动和大比例的逆反走向。

（1）开盘后，必须立即查看委托买进笔数与委托卖出笔数的多寡，分析大盘究竟会走多走空。一般而言，如果一开盘委买单大于委卖单达2倍以上（如买单10万张，卖单5万张），则显示买气十分旺盛，做出胜算较大，短线进出者可立即买进，待股价拉高后立即于高价抛出获利；反之，若卖单大于买单2倍以上，则代表空方卖盘十分强大，当日作空比较有利，开盘立即卖出手中持股，逢低再回补。

（2）如果每笔买进张数与笔数之比值为8.0以上，代表大户买进。如有连续数次8.0以上之大比值出现，代表大户在做盘，可放心大胆逢低承接；反之，如卖单在8.0以上，可速杀出手中持股。

（3）可通过涨停板或跌停板家数的增减观察大盘的气势强弱。国内股市常有涨时抢涨、跌时杀低的现象，因此如果发现大盘涨停板家数迅速增加，代表大盘气势强劲，上涨有力，收盘有上涨可能，必须立即抢进；反之，如跌停家数出现20家以上，且卖单大于买单时，很快就会有更多家下跌，则代表大盘气势极弱，必须立即杀了手中持股，以免惨遭套牢。

（4）把一开盘即涨停或跌停的个股记录下来，并密切注意及追踪其价量变化，如果此时大盘买单大于卖单，上涨家数大于下跌家数，代表大盘偏多（买气较强),此时短线进出者可立即以市价买进正跌停之个股,一拉高至平盘即抛出1/2,再拉高再抛余下的1/2即获利。反之,大盘偏空且某一个股连涨数日,以大成交量打开涨停时可立即卖出,如跌低至平盘再回补。

集合竞价是每个交易日第一个买卖股票的时机,机构大户借集合竞价跳空高开拉高"出货",或跳空低升打压"入货"。开盘价一般受昨日收盘价影响。若昨日股指、股价以最高位报收,次日开盘往往跳空高开,即开盘股指、股价高于昨日收盘股指、股价;反之,若昨日股指、股价以最低报价,次日开盘价往往低开。跳空高开后,若高开低走,开盘价成为当日最高价,股民手中若有昨日收于最高价之"热门股",应参加集合竞价"出货"。卖出价可大于或等于昨日收盘价(最高价)。若热门股昨日收盘价低于最高价,已出现回落,可以略低于昨日收盘价出货。

此外,若投资人准备以最低价抓一暴跌之"热门股",抢反弹,也可以参加集合竞价。因为昨日暴跌的最低价收盘的股票,今日开盘价可能是今日最低价。

当然,以集合竞价卖出"热门股",买入超跌股。倘若热门股(超跌股)仍有上(下)行空间配合"利好"消息("利空"消息)及大成交量,可突破上档阻力位(下档支撑位),就不应参加集合竞价"出货"("入货"),待观察开盘后走势再决定。

但是,当9时25分集合竞价出现时,投资人若发现手中热门股缺口很大且伴随成交量巨放,应立即以开盘价之卖出价"出货",以免掉入"多头陷阱"套牢。此时,一般不应追涨买入"热门股"。反之,"热门股"集合竞价跳空缺口不大,成交量较大,经分析仍有上行,又有最新"利好"消息、传言配合,有可能冲破上档阻力位,可考虑在冲破阻力位后"追涨"买入或回档至"支撑"位时买入;若开盘价靠近"支撑"位,可立即买入。

(5)9时30分至10时为修正开盘。若大幅高开则有一定幅度拉回,大幅低开则会适当上调。之后,大盘得到修正再按照各自的走势运行。由于人为的拉抬和打压因素,开盘指数与股价都有一定的泡沫性,此时进场风险甚大,必须等到修正开盘,消除盘面盲点后,才能看清大盘的真实情况。如果一旦开盘两极分化且迟迟未见修正迹象,则可立即确认大盘强弱和收盘涨跌走势。

(6)注意开盘三线。开盘三线是指开盘后三上阶段的指数线位置。若以10分钟为一计算单位,则盘面涨跌情况如下:开盘三线在9时40分、9时50分和10时始终在开盘平行线上方游动,且一波比一波高,为涨势盘面。开盘三线一路走低，始终在平行线下方且与平行线的距离越拉越大，此为跌势无疑。

开盘三线还有一些不很明显的态势也要注意。如开盘三线二上一下和一下二上仍趋涨势，而开盘三线一上二下或二下一上则趋跌势，操作者宜密切注视开盘三线变化，灵活掌握，及时做出准确判断。

分时图看盘技巧

盘面的变化，多数都是从分时的走势来判断的。强庄股的特性，第一感觉也是从分时图看出来的。在大盘处于非常强劲上升之时，我们可以充分利用分时图的价格线与均价线的关系找出大黑马。

（1）当股价向上偏离均价线股价的10%的时候，很有可能会出现加速上涨的行情。投资者可快速介入做一回短线快枪手。

当大盘处于弱势时，当股价向下偏离均价线10%的时候，就很有可能出现加速暴跌的行情。个人投资者应回避风险，果断卖出止损。

（2）成交量看盘。价开量先行，是市场人士都认同的事实。一只股票的上涨，肯定要有成交量的配合才可以有信心买进或持有。但要学会识破主力在成交量上的骗线，注意对敲单的情况。

（3）看盘除看综合指标排外表外，还要看"61"和"63"，沪市股票行情按涨跌幅排名，深市股票行情按涨跌幅排名。经常出现在涨幅第一版的股票是好股票，经常会有连续上攻的黑马出现。而有些黑马不喜欢涨停，经常涨3%~7%不到，隐秘而不易发现，只有在股价已经高位的时候，才会改变控盘方法，以涨停板拉抬出货。

（4）在涨幅百分比1%~3%之间的股票上发现黑马股。如果一只股票在均价线附近窄幅波动（最好是在均价线上方运行）两三个小时左右，涨幅在1%~3%，震幅很小，那么一旦有大买单出现，涨幅会非常可观。

总之，看盘要自己不断地分析和思考、验证、再验证。

看盘失误不可怕，更重要的是要相信自己的操作应变策略。

最后，看盘需要有好的心态，乐观、开朗、自信、心情好、精神好，自然会看盘更专注、更正确。

如何观察盘口动向

分析盘口是看盘的关键，而观察盘口变化也是了解主力动向的重要方法。

1. 大幅高开

开盘时以涨停或很大升幅高开，瞬间又回落。这样做既突破了关键价位，又不会由于红盘而引起他们跟风，也有震仓的效果。另外，庄家可能还有两个目的：吸筹或是试盘，试上方抛盘是否沉重。

2. 大幅低开

开盘时以跌停或很大跌幅低开。其目的是：出货。为了收出大阳使图形好看，操盘手把筹码低价卖给自己或关联人。

3. 盘中瞬间大幅拉高

盘中以涨停或很大升幅一笔拉高，瞬间又回落。其目的是试盘动作，试上方抛盘是否沉重。

4. 盘中瞬间大幅打压

盘中以跌停或很大跌幅一笔打低，瞬间又回升，其目的可能是试下方接盘的支撑力及市场关注度；或者操盘手把筹码低价卖给自己或关联人；再或者做出长下影线，使图形好看，吸引投资者；又或者庄家资金不足，抛出部分后用返回资金拉升。

5. 长时间无买卖

由于庄家全线控盘或多数筹码套牢在上方，又无买单，所以长时间无买卖。

6. 在买盘挂大买单

在买盘处挂大买单往往是庄家资金不雄厚的表现，企图借此吸引散户买入，把价位拉高。庄家若欲建仓，并大幅拉高，隐蔽还来不及，怎么会显露于人？

7. 尾盘瞬间拉高

由于庄家资金实力有限，为节约资金而能使股价收盘收在较高位或突破具有强阻力的关键价位，尾市"突然袭击"，瞬间拉高。

另外，一些基金重仓的股，在要计算基金净值的那一日为使基金净值提高，也曾有尾市瞬间拉高的现象。

8. 尾盘瞬间下砸

在全日收盘前突然出现一笔大卖单减低很大价位抛出，把股价砸至很低位。其目的有3种可能：

（1）使日K线形成光脚大阴线，或十字星，或阴线等较"难看"的图形，使持股者恐惧从而达到震仓的目的。

（2）使第二日能够高开并大涨而跻身升幅榜，吸引投资者的注意。

（3）操盘手把股票低价位卖给自己或关联人。

如何从盘口判断资金的流向

盘口信息是判断资金流向的重要渠道之一。从盘口判断资金流向可用以下的方法。

1. 从成交额上观察资金流向

可重点观察每天成交量（成交额）排行榜前20至30名的个股，这些个股往往反映了主流资金的动向，投资者还需观察这些个股是否具备相似的特征或集中于某些板块，并且占据成交榜的时间是否够长（半天、一天、三天等时间长短和对资金吸引的力度的大小成正比）。这里需要注意的是，当大盘成交量低迷时，部分大盘股占据成交榜的前列，而这些个股的量比又无明显放大，则说明此时大盘人气涣散而不是代表资金流向集中。

2. 从涨跌幅榜观察资金流向

大资金的进场与闲散小资金进场是有所不同的，大资金更善于发掘有上升空间的投资品种，而闲散游资是否集中进场更多取决于当时大盘行情是否好。因此从盘面上来看，板块个股具有轮动性，并且大资金总体上进出市场的时间早于小资金进出的平均时间。如何发现庄家已动手了呢？看涨跌幅榜：最初发动行情的个股（涨幅居前，成交量放大）往往最具备示范效应，你如果没有买到领头羊就买像龙头的但还没大涨的个股，因为资金具有轮动性。此外，就是看跌幅榜居前的一些个股是否前两天有过上涨行情，这两天成交量是否也比较大。如果是，则说明人气被聚集起来了，跟风的资金比较坚决，有利于行情的持续发展，当然，大幅上涨后放量下挫则不在此列。

若成交量排行靠前而且股价涨幅也靠前，说明大资金持续流入该类个股，成交排行靠前股价不涨反跌，就需警惕是大资金在出逃了。

另外，庄家建仓完成与否，通过盘口信息也可以看出。

1. 拉升时挂大卖盘

一只股票不涨不跌时，挂出的卖盘较正常，一旦拉升时，立即会出现较大的卖盘，有时甚至是先挂出卖盘，尔后才上涨。在这种情况下，如果卖盘不能被吃掉，说明庄家吸筹不足或不想发动行情；如果卖盘被逐渐吃掉且上攻速度不是很快，说明庄家已相对控盘，既想上攻，又不想吃进更多的筹码，所以拉升的速度慢些。

2. 下跌时没有大承接盘

如果庄家建仓不足，在洗盘时不希望损失更多的筹码，下跌时低位会有一定的承接盘，自己卖给自己，有时甚至是先挂出接盘再下跌。而在庄家已经控制了较多筹码的股票，下跌时卖盘是真实的，低位不会主动挂出大的承接盘，目的是减仓，以便为下一波拉升做准备。

3. 即时走势的流畅程度

庄家机构介入程度不高的股票上涨时显得十分滞重，市场抛压较大。庄家相对控盘的股票，其走势是较流畅和自然的，成交也较活跃。在庄家完全控盘的股票中，股价涨跌则不自然，平时买卖盘较小，成交清淡，上涨或下跌时才有意挂出单子，明显给人以被控制的感觉。

4. 大阳线次日的股价表现

一只没有被控盘的股票，大阳线过后，次日一般会成交踊跃，股价上蹿下跳，说明多空分歧较大，买卖真实而自然，庄家会借机吸筹或出货。而如果在大阳线过后，次日成交清淡，波澜不惊，多半说明已被控盘，庄家既无意出货，也无意吸筹。

如何从盘中发现个股即将拉升的异样

在实际操作中，投资者如果能通过观察大盘，敏锐地发现个股即将拉升的异样，适时进场，一般都能获得很好的投资回报。那么，我们如何从盘中发现个股即将拉升呢？个股即将拉升时，盘中都会出现一些异样。

1. 较大的卖单被打掉

个股交易尽管比较清淡，但总会有一些较大的卖单出现的。比如，日成交在30万股以内的行情必定会有一些万股以上的买单或者卖单出现，我们可以特别关注这些离成交价比较近的大卖单。如果这些卖单经常会在较短的时间内被买单主动打掉（所谓主动就是不在下面挂出来，直接对准大卖单打进的说法），这就是一种主力拉升前的征兆。

众所周知，主力在拉升前的理想状态就是股价不再下跌，市场割肉盘减少。而当股价拉起来以后，主力最害怕的就是前面相对低位的获利盘蜂拥而出。因此，只要主力的资金状况允许,在拉升前会尽可能地吸纳掉一些抛盘稍大的卖单,也可以理解为是主力在一个相对小的范围内完成一个相对小的阶段性建仓任务。将大卖单打掉的同时也制住了市场的跟风抛盘。一旦股价拉升成功,那么这些以相对低位买进的单子就成为主力自己的获利盘(至于主力原先的大量仓位不在考虑之列),主力可以根据自己的需要一路锁定或者适当地派发到市场上。

如果运作得当,主力做一波回升行情是可以获利的,也就是说,是可以降低自己的持仓成本的,尽管降低的幅度相当小。

2. 盘中会出现一些非市场化的大单子

比如,在日成交30万股的行情中有时候会出现3万股甚至5万股以上的单子,而且不止一两次,挂单的位置距离成交价较远,往往在第三价位以上或以下,而且有时候还会撤单。这种数量较大的单子由于远离成交价,实际上成交的可能性是非常小的,因此属于非市场性的单子。这些单子的用意只是告诉市场:已经有人在注意这家股票了,股价有可能上涨。当然,主力拉升股价的目的有时候是为了做一波大的行情,但在整个市场都处于一个弱势的情况下,主力也经常会有出货的意图。但这对于我们准备割肉的筹码来说并不是十分重要,因为不管怎么样,即使主力是为了拉高出货至少还是会有拉高的过程,我们还有一个在相对高位割肉的机会。

一旦股价真的起来以后,我们将面对的是准确判断主力拉升的意图。如果是做一波大行情,那么我们应该继续持有,直到主力做不动为止。如果主力只是拉高护盘甚至拉高出货,那么必须寻找合适的机会割肉。

3. 盘中出现脉冲式上冲行情

所谓脉冲式行情,是指股价在较短的时间内突然脱离大盘走势,而上冲接着又很快地回落到原来的位置,而且在这一波快速行情中,并没有对倒之类放大的成交量。

盘面清淡的成交已经告诉我们,主力在这一段时间内也没有参与市场的运作(但不表示主力没有关注这家股票),所以主力的市场感觉也不会很好。换句话说,主力也不知道万一将股价打上去,市场上会有多少抛盘出来,而跟风的接盘又会出来多少,因此主力在正式拉升股价前必须要先试拉一下,业内称为"试盘",看看市场的反应,所以就出现了脉冲式的上冲行情。

也有一种可能是主力多打掉一些抛盘。为了在以后的拉升中减轻一些压力,主力希望要抛出来的卖单尽量在股价拉升前出来,这样在以后拉升股价的过程中,卖压就会小一些。如果股价起来以后，市场跟进的买单比较多，那么主力还可以作为卖方将筹码倒给市场。

所以，主力是想通过往上打一下引出市场的抛盘，然后再选择适当的时机进行拉升。

这种情况表明主力的资金比较充足，对股价的上升高度也比较有信心。

4. 盘中出现压迫式下探走势，但尾市往往回稳

这种走势比较折磨人，盘中出现较大的卖压。股价步步下探，但尾市却又往往回升。

谁都知道，这样的走势的结果就是引来更多的割肉盘。但为了使这种走势成立，主力一般都需要加一些力，否则，单靠散单的力量肯定是不够的。这里所说的力无非就是筹码，卖出的筹码。因此，盘中会出现一些较大的卖单，甚至为了加深市场的影响还会做一些向下的对倒盘。

我们可以仔细观察其交易的自然性，一般来说，会有很多非正常的接抛盘现象出现。

主力作出这种态势的目的是想加大建立短期仓位的力度，也就是希望买到更多的低价筹码，属于诱空的手法。

让市场在此位置大量割肉给主力，然后主力再做一波行情，顺利的话，主力会在股价回升的过程中将前面买进的筹码倒给市场。

如果通过一些征兆分析，我们得到了主力要拉升股价的信息，那么割肉的事情就可以再等待一下，起码我们知道能够以更高的价格割肉。

第二节 如何选择一只好股票

选股 8 大原则

市场上有千万种股票，面对各种股票，任何一个投资者即使有雄厚的资金，也不可能同时购买市场上的所有股票。如何选择风险小、收益大的股票进行投资，实在是一件难事。对于资金数量不多的小额投资者而言，在眼花缭乱的大量股票中选择好投资对象，就更为不易。正因如此，便有"选股如选美"的感叹。但是，选股并非毫无策略可言，下述方法可谓选股之真谛。

1. 根据公司业绩选股

公司业绩是股票价格变动的根本力量。公司业绩优良，其股票价格必将稳步持续上升，反之，则会下降。因此，长线投资者应主要考虑公司业绩进行选股。衡量公司业绩的最主要指标是每股赢利及其增长率。根据我国公司的现状，一般认为每股税后赢利0.8元以上且年增长率在25%以上者，具有长期投资价值。

2. 根据经济周期选股

不同行业的公司股票在经济周期的不同阶段，其市场表现大不一样。有的公司对经济周期变动的影响极为敏感，经济繁荣时，公司业务发展很快，赢利也极为丰厚；反之，经济衰退时，其业绩也明显下降。另一类公司受经济繁荣或衰退的影响则不大，繁荣时期，其赢利不会大幅上升；衰退时期亦无明显减少，甚至还可能更好。因此，在经济繁荣时期，投资者最好选择前一类股票；而在经济不景气或衰退时，最好选择后一类股票。

3. 根据每股净资产值选股

每股净资产值即股票的"含金量"，它是股票的内在价值，是公司其资产中真正属于股东的且有实物或现金形式存在的权益，它是股票价格变动的内在支配力量。通常情况下，每股净资产值必须高于每股票面值，但通常低于股票市价，因为市价总是包含了投资者的预期。在市价一定的情况下，每股净资产值越高的股票越具有投资价值。因此，投资者应选择每股净资产值高的股票进行投资。如果市价低于每股净资产值，其投资价值极高。当然，净资产值低而市价也低的股票，也可适当选择，但无论如何最好不要选择净资产值低于股票面值的股票。

4. 根据股票市盈率选股

市盈率是一个综合性指标，长线投资者可以从中看出股票投资的翻本期，短线投资者则可从中观察到股票价格的高低。一般地说，应选择市盈率较低的股票。但市盈率长期偏低的股票未必值得选择，因为它可能是不活跃，不被大多数投资者看好的股票，而市场永远是由大众行为决定的，因此，其价格也很难攀升。至于市盈率究竟在何种水平的股票值得选择，并无绝对标准。从我国目前经济发展和企业成长状况来看，市盈率在20左右不算高。

5. 根据股票的市场表现选股

股票的净资产是股票市场表现的基础，但两者并非完全对应，即净资产值高的股票，其市价不一定都有良好的表现，相同或相近净资产值的股票，其市价可能有较大差异。因此，对短线投资者而言，市场价格如何变动，即其波动幅度大不大,上升空间广不广,亦是选股的重要依据。一般地说,短线操作者最好选择那些短期内有较大上升空间或市价波动幅度大的股票,这些股票提供的短期获利机会较大。

6. 根据个人情况选股

大多数投资者常对某些股票有所偏好,这可能是因为对这类股票的公司业务较熟悉,或是对这类股票的个性较易驾驭,或是操作起来得心应手,等等。根据个人情况选股时,要全面考虑自己的资金、风险、心理、时间、知识等方面的承受能力。比如,有的股票经常大起大落,变动无常,就不宜作为在上述方面承受能力不强的投资者的选择。

7. 根据股价涨幅超前与否选股

通常同一行业中最好的两三只股票会有强劲的走势,而其他的股票则步履维艰。前者被称为"领导股",后者便是所谓的"同情股"。"领导股"也是涨幅超前股,是投资者应选择的对象。如何发现这些"领导股"呢?一个简易的方法是股票相对价格强度测定法。所谓"相对价格强度",是指某种股票在一定时期内涨价幅度与同期的股价指数或其他股票的涨幅度的比值。通常认为,相对价格强度在 80 以上的股票极具选择价值。

8. 根据多头市场的 4 段行情选股

多头市场的行情走势通常可分为 4 段行情。

第一段行情为股价急升行情,整个市场的升幅极大,通常占整个多头行情的 50%。在这段行情内,大多数股票从空头市场过度压抑的水准下反弹时,几乎所有的股票都会上涨。在这期间可以试进高风险股票。当空头市场转向,公司破产的威胁减少,这类股票会回复到较正常的水准,其升幅将有优良的表现。

第二段行情也是相当有利的,股价指数的升幅超出整个多头行情的 25%。通常,在这段行情中,成长股开始有好的表现。投资者普遍看出经济发展的未来美景,并且寻找参与成长的方式。在这种投资气候里,成长股会更快地升高价位,此时的绩优成长股走势也相当好,其可能涨幅比股价指数还要高。因此,在这一段行情内,最好选择成长股的绩优股。

第三段行情的涨幅明显较小,一般少于整个多头行情的 25%,而且只有极有限的股票继续上升。对这段行情的可能策略是,慢慢卖出次等成长股,转移部分资金用于具有在多头市场里维持价位能力的绩优成长股,以及购进那些能在未来经济困境中特别获益的顺应大势的股票。总之,此段行情内必须开始对空头市场作准备。

第四段行情是多头市场即将完结的行情，此时该涨的股票都已涨得差不多，只有绩优成长股以及可在经济困境中获利的少数股票，才可能继续上升。因此，这段行情的选股是最困难的，通常这时应是准备撤离市场的时候。但空头市场究竟何时来临很难确定，故此时全部清盘未必明智，最佳的保障办法是维持某些绩优成长股，而不要空仓。

3招实用选股技巧

技巧一：查日前涨跌排行榜

涨跌排行榜分为日涨跌幅排行、即时涨跌排行、板块分类涨跌排行、地区分类涨跌排行榜等。在选股前，一般应先查清各类排行前20名的一月升涨情况，以便尽快地找出整个大市中的龙头股。其中龙头股一般为引领大盘的领头羊，升速既快升幅又大。除了大盘一波行情行将结束时，一般情况下龙头股常会连月高涨，与一般的个股有天壤之别。例如，2006年一波中的宏达、多佳等。同期比较时，它们与其他的个股升幅相差很大，当大盘第一波势走完时，它们总升涨率都已在100%以上。选到这样的好股，无论中线或短线（长线列外），如能在其中低价位进入，都是能有所收获的。抓住这样的中线好股，胜似长线10年。股市最终以资本利润说话，如持股3年的总兑利润为10%，这跟持3天的兑利10%没什么区别。因为在同等的比价条件下，风险和利益也均等，唯一的区别仅是方式不同而已。入市前多查查各类的涨跌排行榜，有利于了解当前的大概龙头股群的局势。特别是成交量的排行榜，假如当月的换手率大于20%，无论涨跌阴阳，都能说明该股是活跃的。活跃是个股的潜力所在，即使是有量的阴跌，至少也能说明有人在此价位有大量的接手。而无量的空涨空跌却很危险，因为陷阱的比率往往大于实际成交，所以很容易被假象所迷惑。不过，散户最需要避免的就是高位追高低位杀跌。因为高位追高正是庄家所需要的，低位杀跌正是庄家洗盘的目的，故要谨慎从事。

技巧二：看图定策略

以K线形式为主的参考图谱——走势图，是技术判断派的重要参考依据，它反映了股指或股价的即时动向、历史状况、内在实质、升降数据等。故无论短炒长做，最好是学会看图定策略。尤其是月K图，一般都会潜藏着个股的可能后势，对炒股的进出决策会有很大的帮助。如长庄股的走势大都十分流畅；并列巨阴巨阳的个股短期内会有大的变化；在左上线低部买进的股票一般都会有不同的利润空间；熊下势大多越买越跌不如观察一段时间等。仅凭运气虽然有时可行，但总不如"胸有成竹"来得更踏实一些。如2006年的大盘走势，开年就已在1300点的波段上，不懂势的人会很犹豫不决的。因为此波起于998点，回调于1223点，大熊之后心有余悸，看一看再说是最稳妥的办法。但其实大盘在它的月K图上已有暗示，即2005年的8月已有巨量配合股指跃上5日均线，11月和12月分别守底1074点，5月均向上交10月均，并回5上。这种走势表明，大盘后势向上的欲望相当强烈。在任何K线图中，凡5.10向上交叉的走势，我们称为金叉走势，即后势大多会继续它的升势。其中日K以天为计，周K以周为计，月K自然以月为计了。也就是说，当股指的月K爬上5月均线时，后势一般会有几个月的上走升势期，此时买股，会有较大的赢利系数，是建仓的大好机会。

技巧三：判别大行情

大势的判断是很重要的，判对了，可事半功倍，坐享行情带来的升涨喜悦。判错了，高位被套，在贬值的同时，还得受到亏割的打击。故长线得判个股的质地，中、短线得判大盘的可能后势。在一般的情况下，个股的大势比大盘的大势更为重要。其实，所有的个股在月K峰势中，都会有周K和日K的许多个回调点，我们可称之为假跌或洗盘。那么，当投资人确信对一只个股的长期走势判断没错的话，则每一次的回调，都是庄家大资金的进货点，也是小散户的跟风上调点。但须注意的是，个股的大行情是以年为计算单位的，故每年的最低价和最高价都会不一样，每年同一个价位的性质也会不一样。

不同类型股民的选股技巧

每个人都有自己的个性，不同类型的股民在投资上会表现出不同的特点。按照自己的个性选股，是比较稳妥可靠的方法。

1. 稳健型投资者

如果投资组合中无风险或低风险证券的比重较大，那么投资者的投资姿态是稳健型。稳健型的投资者都很强调本期收入的稳定性和规则性，因此，通常都选择信用等级较高的债券和红利高而且安全的股票。所以，选股时应把安全性当作首要的参考指标。

具体应注意以下几个方面：

(1) 公司经营状况和赢利能力都比较稳定。

(2) 股票的市盈率较低。

(3) 红利水平较高。

(4) 股本较大，一般不会有市场主力光顾。

为了兼顾本期收入的最大化，稳健型投资者可将股票、基金和债券融合在一起，共同组成股资组合。另外，证券投资基金作为一种由专家管理的金融工具，也不失为一种较好的投资对象。

2. 激进型投资者

若投资组合中高风险证券所占比重较大，说明投资者的投资姿态是激进型的。激进型投资者的目标是尽量在最短的时间内使其投资组合的价值达到最大。因此，其投资对象主要是震荡幅度较大的股票。

激进型的投资者通常运用技术分析法，认真分析市场多空双方的对比关系、均衡状态等情况，而不太注意公司基本面的因素，并以此为依据做出预测，选择有上升空间的股票。

激进型的投资者在选择股票时要参考以下几条标准：

(1) 股票以往表现较为活跃。

(2) 最好有主力资金的介入。

(3) 有炒作题材配合。

(4) 量价关系配合良好。

(5) 技术指标发出较为明显的讯号。

激进型投资的优点是重视技术分析的运用，往往能在短期内取得较大的收益，缺点是忽略了基本分析，是一种不全面的分析方法，因此预测成功率通常不会很高，风险系数也较大。

3. 进取型投资者

进取型投资者介于激进型投资者和稳健型投资者之间。进取型投资者讲究的是在风险尽可能小的前提下，使利润达到最大化。当然，其风险系数要高于稳健型投资，而低于激进型投资者。

进取型的投资者在选择股票时，通常采用基本分析法，深入了解各公司的竞争力、管理水平、产品特点、销售状况等情况，并以此对各公司的赢利和红利做出预测，从而根据各股票的内在价值与市场价格的对比，选择价格被低估的股票。

可参考以下几点进行分析：

（1）赢利和红利的增长潜力大。

（2）红利水平较低。

（3）预期收益率较高。

（4）赢利增长率较高。

进取型投资最大的优点在于其基本分析，投资者通过对公司基本资料和国家政策的分析，往往能预测出将来市场行情的变化。如果投资者预测经济将由危机转为复苏，就应加大高风险证券在投资组合中的比重，也就是说转成激进型投资者；若投资者预测经济将由繁荣走向衰退，则应提高低风险证券在投资组合中的比重而转为稳健型投资者。

由于股票市场是一个高风险的市场，投资者往往追求高收益而忽略其风险因素，所以我国的大部分投资者都是激进型和进取型的投资者。

如何选择最佳大盘股

在过去一段时间，投资者都热衷于盘子较小的股票，小盘股更受到很多投资者的欢迎。但随着机构投资者的壮大，太小盘子的股票已经容纳不了他们巨大的身躯，他们开始将投资目标转移到那些超级大盘身上，特别是大盘蓝筹股。在这场前所未有的大转移过程中，投资理念也发生了革命性变革，开始推崇价值投资。

所以，投资者要花费相当大的精力，以全新的视野来筛选大盘股，从中找出精品股。这类大盘股最大的优点就是大盘的走势无法对它们产生巨大的牵制力，往往能够顶住大势的重压而走出一波独立行情，它们是大市指数的中流砥柱。

一般来说，最佳大盘应该具备以下几方面的特征：

（1）行业处在景气周期内，并且还将持续一段时间。

（2）成交萎缩到极点。

（3）绝对涨幅不大，应该少于50%。

（4）行业的低谷周期即将结束，股价徘徊底位已经有相当长的时间。

（5）媒体开始大谈价值投资观念。

（6）短线升幅不大，经过一定时间的调整。

（7）短线出现回调，产生难得的低位区。

总的来说，大盘股能产生令人惊讶的回报，但并不是说在大盘股里遍地是黄金。实际上，在大盘股中还存在不少的劣质品，只有少数的大盘股才能助你在股市中赚大钱，这需要投资者用自己的慧眼去识别。

如何选择最佳小盘股

小盘股一向深受市场人士的追捧。因为，小盘股与大盘股相比有以下优点：

（1）振荡幅度大，这本身就是一种机会的存在。

（2）只需较小规模的资金便可将股价推高，因而可以吸到大大小小的庄家介入。

（3）潜在的题材较丰富，如送股等。

（4）股权变更较容易。

（5）重组也易进行。

（6）很多黑马股都出身于小盘股。

（7）主营业务转型难度相对较小。

所以投资者在选择股票时，选择流通盘小于1亿的小盘股，更容易在股市中赚大钱。

但是，要选择最佳的小盘股，需要具备以下几个条件：

（1）绝对价格应该小，最好小于15元。

（2）盘中主力的获利尚不大，最好小于50%。

（3）成交量进入密集区。

（4）股权分散。

（5）国家股和法人股等非流通股比例小。

（6）公司业绩尚可，绝不能连续3年亏损，绝不能有退市风险。

第三节　股票买卖点的选择

买卖股票的基本原则

在股票投资中，如果遵循正确的原则和买卖纪律，高收益和低风险是可以并存的。以下是投资者在股票买卖过程中应遵循的买卖法则：

（1）大盘原则：大盘下跌时尽量空仓或轻仓，大盘盘整时不贪，有10%或以下的利润就考虑平仓，大盘上攻时选择最强势的个股持有。

（2）板块原则：大盘上攻时，个股呈现板块轮涨的特征，判断某一时期的主流板块，选择板块中的龙头追入。记住，资金有获利回吐的特性，没有永远的热点，努力寻求新的热点，在启动时迅速介入。

（3）价值原则：选择未来两年价值增长的股票，至少未来一年价值增长。记住价格围绕价值波动的价值规律，它和波浪理论和江恩理论等同是自然法则。

（4）资金流原则：资金流入该股票，慎防股票的获利回吐。

（5）趋势原则：股价呈现向上波动的趋势。

（6）资金管理：现金永远是最安全的，定期清仓，保障资金的主动性，等待机会，选择合适的时机重新建仓。

（7）共振原理：价值趋势向上，价格趋势向上，股票价格短线、中线、长线趋势向上。基本面和技术面都无可挑剔的股票是最好的股票。

（8）努力避免浮亏：被套是痛苦的事情，即使暂时被套也令人难以忍受。正确地选择买点和卖点是避免被套的良方，写下买进和卖出的原因，严格地遵守买卖纪律，就能保障资金的主动性，虽然有时候要付出微亏的代价。

长线投资的理论依据是价格围绕价值波动，价值引导资金和决定股价长远走势。应判断股票的价值及成长性，选择交易冷淡的底部介入，跟踪个股的价值变化情况，耐心等待，以时间换取空间；短线投资注重趋势，如果趋势改变，就要止损，切忌把短线做成长线，让亏损无限制扩大。中线应在20日或30日均线介入，当均线系统破坏时就出局。

买入时机的判断

由于在股市中，投资者相互冲突的理论、风险的恐吓性应用、投资收益的机会、认识多头市场和空头市场、识别行情中的技术骗线、识别市场中言论的真伪、识别主导市场走向的主力机构的"诡计"、投资者自身的投资理念及与投资行为相匹配的知识与技巧，加上人心中存有的自身很难控制的贪欲……凡此种种融合在一起，便构成决定买入的困难。

那么，什么时候才是买进的最佳时机呢？我们可从以下几个方面进行分析判断：

（1）股价已连续下跌3日以上，跌幅已逐渐缩小，且成交也缩到底，若成交量突然变大且价涨时，表示有大户进场吃货，宜速买进。

（2）股价由跌势转为涨势初期，成交量逐渐放大，形成价涨量增，表后市看好，宜速买进。

（3）市盈率降至 20 以下时 (以年利率 5% 为准)，表示股票的投资报酬率与存入银行的报酬率相同，可买进。

（4）个股以跌停开盘，涨停收盘时，表示主力拉拾力度极强，行情将大反转，应速买进。

（5）6 日 RSI 在 20 以下，且 6 日 RSI 大于 12 日 RSI，K 线图出现十字星，表示反转行情已确定，可速买进。

（6）6 日乖离率已降至 -3~-5 且 30 日乖离率已降至 -10~-15 时，代表短线乖离率已在，可买进。

（7）移动平均线下降之后，先呈走平势后开始上升，此时股价向上攀升，突破移动平均线便是买进时机。

（8）短期移动平均线（3 日）向上移动，长期移动平均线 (6 日) 向下转动，二者形成黄金交叉时为买进时机。

（9）股价在底部盘整一段时间，连续两天出现大长红或 3 天小红或十字线或下影线时代表止跌回升，可买进。

（10）股价在低档 K 图出现向上 N 字形的股价走势及 W 字形的股价走势便是买进时机。

（11）股价由高档大幅下跌，一般分三波段下跌，止跌回升时便是买进时机。

（12）股价在箱形盘整一段时日，有突发利多向上涨，突破盘局时便是买点。

（13）收盘价比 5 日均价低 4%，确保信号发生在跌势。

（14）开盘价低于昨日最低价 1%。

（15）收盘价反弹至昨日最低价以上。

卖出时机的判断

一旦股票价格超过其实质价值，就应选准时机卖出。

当某只股票的价格已经达到它的实质价值时就是卖出的时机。因为一旦股票券价格超过其实质价值，就几乎不具有潜在利益，投资人最好再寻找其他价格被低估的股票。

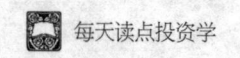

实际上，一般投资者也可当股票的价格达到一定程度时获利卖出。这也就是通常我们所说的止盈卖出。

止盈就是保护赢利的意思。主要是针对买股票后，股票价格走高，自己有一定的浮动赢利，如卖出股票又担心该股价格会继续上冲，赚少了；不卖出又担心股票价格快速回落，使自己的赢利化为乌有，这时就需要止盈单来帮忙了。而止损主要是针对投资者买入股票亏损后，防止损失进一步扩大。止盈强调既有的赢利不会再失去，甚至可以使自己的赢利尽可能地最大化，避免出现"赚了芝麻，丢掉西瓜"的现象发生。

许多投资者都有这样的经历：当自己在10元左右买入某股，价格升到12元，差不多自己已赢利20%时，立即就卖出；但谁知该股却直线上扬，升到18元，自己后悔不迭。埋怨自己虽骑上黑马，却被颠下了马背。还有一种情况就是在10元买了，当价格升到15元时，不想卖出，谁知该股却跌回13元，想想赚50%没有走，现价格赚30%也不能走；谁知却跌到11元，想想再不走就有亏损的可能，只好勉强了结，自己几乎白忙活一场。

从以上事例可以看出：此现象与投资者本身没有选准获利时机卖出有极大的关系。

作为投资者，选准获利时机卖出时可遵循以下准则。

1. 选准获利时机卖出的观念

许多投资者都有止损观念，都知道亏损时卖掉股票认赔，却从来却没有止盈观念。有时投资者赢利后看到股票略有下挫就及时出局，全然不顾该股上升势头良好，仍可看高一线的情况，错失后面一大截的利润。或者只知道先落袋为安，不清楚有止盈这回事。因为有了止盈观念，才可能会有止盈的计划，也才可能让赢利充分增长，也就是"先有思后有行"。也许有人问："我都不知道赢利多少，怎么制订止盈方案？"制订止盈的计划，一般在现在的赢利数的8%以内。就是说，当自己买入股票后，该价格走高，自己已赢利30%，则该股开始回落；回落了约8%，就立即卖出，以防止该股继续下跌，吞了自己已有的赢利。一般来说，一只个股能从高位回落8%以上，就有可能继续回落20%~30%以上；如果回落幅度在8%以内说明该股仅是暂时调整之后会重拾升势，不必急于出局，以争取更大的赢利。

2. 获利幅度也要注意大盘的走势

一般来说，在大牛市时，个股震荡起伏空间较大，因此止盈幅度可适当放大。因为牛市时，尽量以持股为主，偶尔出现大回调，也会逐渐走高，因此放宽条件后，就不会被震荡出局，而会错失后市回稳的机会。而在大熊市时，止盈幅度可适当收窄。因为在熊市时个股均难逃下跌的厄运，即使有强庄进驻的个股，也往往会有走跌的可能，或者是价格也不会升幅太大，因此一旦上升乏力，自己就及时出局为上策，避免出现止盈单执行不了的情况。

3. 选准获利时机卖出后不要后悔

有时个股走跌或回落，其价格正好触及自己的止盈价格，然后又步入升途，如不设止盈单，则就会出现赚得更多的情况，但这时不应有后悔心理，或认为没必要设止盈单，而应想想可能自己设置的止盈幅度不合理，要改进。另一方面，自己止盈出局，毕竟也赚了钱，不要因为自己少赚而自责，要有点"阿Q精神"，同时，也可及时想办法进行补救，同样仍有机会。

4. 获利的幅度要适当地调整

由于许多个股在上升过程中，或者由于主力洗筹，或由于外来突发因素会使该股价格出现意料不到的变化，在此时要适当地调整止盈幅度，赢利越大则止损幅度可适当放宽，如8%调整为10%、15%；赢利幅度不大时，则止盈的幅度也应适当地缩小，如5%，这样可以尽可能地保护住已有的胜利果实。也许有人会说："我如有8%的赢利，肯定早已卖出了。"其实这种做法有一定的危害性，因为尽管股市上个股极多，但真正在一段时间内，个股有较大升幅的不多，能买到应说非常地走运。赚了一点就出局，一是交易成本大，二是出局后，总希望该股回落到自己卖出股票的价格以下，但往往是该股不会再回落，只好在更高价格追入，从而导致赢利减少。

总的来说，投资者在投资过程中要懂得如何选准获利时机卖出自己的股票。同时，要牢记巴菲特的至理名言："在别人担心时投资人要贪心，而当其他人贪心时投资人则应当担心。"

如何制定"目标卖价"

目标价位法是指投资者在买入股票时，已经给这一只股票定好了一个赢利目标价位。一旦这个股票的价格达到这一目标价位，投资者便抛出股票。一般来说，运用这一投资策略的投资者大多数都是运用基本分析的方法，通过对股票基本面的分析，包括对公司财务状况、业绩增长前景等因素的考虑，确定出一个他们认为合理的目标价位，然后就是希望该股票能够达到这一目标价位。当然，目标价

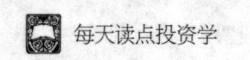

位法也可能采用的是技术分析方法，比如，黄金分割线等。

事先并不给自己的股票确定一个目标价位，直到其股价显示出有见顶迹象时才抛出股票的方法称为顺势探顶法。一般而言，采用这一卖出策略的投资者通常采用的是技术分析法，他们判断见顶迹象主要是从股价走势的角度。具体来说，他们所关注的见顶迹象主要包括"最后的疯狂"与"后劲不足"。很多投资者相信，当股票价格持续稳步上升了一段时间后，如果某一天忽然放量大涨的话，往往是显示有最后一批投资者冲了进去，或者是主力准备拉高出货，后续空间已经不大，所以称之为"最后的疯狂"。而"后劲不足"则反映在股票价格的走势逐渐趋缓，后续买盘不足，也是将要见顶的迹象。尤其是当股价在上升过程中小幅回调后，第二次上涨又无法突破前期高点时，很多投资者相信这是到了必然要卖出的时候。当然，运用顺势探顶法的投资者也有可能运用基本面的分析方法，不过，这时候他关心的不是股价的走势，而是公司利润的增长是否会有见顶的迹象，以决定是否要卖出。

目标价位法是世界上许多成功的投资者与基金经理运用的方法。投资人可以选择其中某一种也可以把这两种策略结合起来运用。但是这两种方法，都各自有其不足之处。

运用目标价位法，通常首先必须掌握一套对公司基本面进行分析的方法，对公司的经营情况、市场环境都相当了解，否则，又凭什么说投资人所判断出来的目标价位是合理的？可能它是定得太高，实际的股价永远也达不到这一高度，投资人只能一直持股。反过来，投资人也可能定得太低，结果仍然有大量的利润投资人却无法赚到。当投资人决定买入某一股票时，投资人所设定的"目标价位"肯定要高于其当前的市场价，否则，投资人不会买。但凭什么投资人就比其他投资者聪明，人家认为只值目前这个价格，而投资人却知道其目标价位更高呢？很显然，投资人必须有超过其他大多数人的消息或分析判断能力。所以，除非投资人在股票投资上有自己的独到之处，否则，投资人可能会因设定了错误的"目标价位"而陷入困境。

卖出股票 4 原则

买股票是为了赚钱，但也会让投资者发生亏损。为了避免资金发生大的损失，投资者需要学习如何卖股票。学习和使用卖股票的方法，第一是要学习一些有用的卖出规则；第二是在所有的市场活动中遵循这些规则；第三是永远不要违反这些规则。如果买了好的股票，未能选择好的卖出时机，将会给股票投资者带来诸多遗憾。以下就是卖出股票的原则。

1. 低于买入价 7%~8% 坚决止损

投资最重要的就在于当你犯错误时迅速认识到错误并将损失控制在最小，这是 7% 止损规则产生的原因。通过研究发现：40% 的大牛股在爆发之后最终往往回到最初的爆发点。同样的研究也发现，在关键点位下跌 7%~8% 的股票未来有较好表现的机会较小。投资者应注意，不要只看见少数的大跌后股票大涨的例子。长期来看，持续地将损失控制在最小范围内，投资将会获得较好收益。

因此，底线就是股价下跌至买入价的 7%~8% 以下时，卖掉股票！不要担心在犯错误时承担小的损失，当你没犯错误的时候，你将获得更多的补偿。当然，使用止损规则时有一点要注意：买入点应该是关键点位，投资者买入该股时判断买入点为爆发点，虽然事后来看买入点并不一定是爆发点。

2. 高潮之后卖出股票

有许多方法可以判断一只牛股将见顶而回落到合理价位，一个最常用的判断方法就是当市场上所有投资者都试图拥有该股票的时候。一只股票在逐渐攀升 100% 甚至更多以后，突然加速上涨，股价在 1~2 周内上涨 25%~50%，从图形上看几乎是垂直上升。这种情况是不是很令人振奋？不过，持股者在高兴之余应该意识到：该抛出股票了。这只股票已经进入了所谓的高潮区。一般股价很难继续上升了，因为没有人愿意以更高价买入了。突然，对该股的巨大需求变成了巨大的卖压。根据研究，股价在高潮后很难再回到原高点，如果能回来也需要 3~5 年的时间。

3. 获利 20% 后抛出股票

不是所有的股票都会不断上涨的，许多成长型投资者往往选择在股价上涨 20% 以后卖出股票。如果你能够在获利 20% 后抛出股票，那么你投资 4 次对 1 次就不会遭受亏损。对于这一规则，华尔街最顶尖的资深投资人威廉·欧奈尔给出了一个例外，他指出，如果股价在爆发点之后的 1~3 周内就上涨了 20%，不要卖出，至少持有 8 周。他认为，这么快速上升的股票有股价上升 100%~200% 的动能，因此需要持有更长的时间以获得更多的收益。

4. 当一只股票突破最新的平台失败时卖出股票

大家都知道春夏秋冬四季变化，大牛股的走势也有相似的循环。这些股票经历着快速上涨和构筑平台的交替变化。一般来讲，构筑平台的时间越长，股价上升的幅度越大。但这也存在股价见顶的可能，股价有可能大幅下挫。通常，股价见顶时，赢利和销售增长情况非常好，因为股价是反映未来的。无疑，股价将在公司增长迅速放缓之前见顶。当有较大的不利消息时，如果预计该消息将导致最新平台构建失败，投资者应迅速卖出股票。

股票和股票市场都是遵循一定规律的，成功地卖出股票的要诀在于毫无例外地简单执行我们以上总结的规律。买入股票后就应该时刻保持警惕，在符合卖出规则的情况发生时坚决卖出股票。严格执行卖出规则，不仅可以帮助你避免大的损失，而且将帮助你增长财富。

第四节　不同市况下，如何操作股票

牛市中，如何赚钱

有人把牛市划分为3个阶段：牛市初期、牛市中期和牛市末期。针对市场的变化可以采取不同的操作策略。

1. 牛市初期赚钱法则

熊末牛初过渡期，股市呈现恢复性上涨，大部分股票都会上涨，这是对熊市过分下跌的修正。牛市初期，会产生由几只大盘蓝筹股为代表的上涨行情，而且这些龙头股的上涨会贯穿整个牛市。

熊市末期和牛市初期时，买入并持有最能赚钱的优质公司（其中含有大市龙头个股），这期间采取"乌龟政策"，只买进不卖出。账户上基本上长期不做交易，这样会把利润赚饱、赚足。

2. 牛市中期操作方法

行情如果进入牛市中期，市场中会出现一批较为优质的公司股票的上涨，而且市场会给它们轮流上涨的机会，这时换股炒作会变得很重要。

深沪股市会逐步向牛市中期演变，这可能需要一段时间。于是，需要抓紧调研一批较优质的公司，作为进入牛市中期可能选择的"猎物"。当然，这批公司多数已经进入你的视野多年，目前你的首要任务就是把这些公司彻底搞清楚，为牛市中期的大决战做好充分的准备工作。

3. 牛市末期操作方法

到牛市末期，市场中大多数股票都会上涨。

根据过去的实战经验，到了牛市的中后期，才是最赚钱的时期。你当然一切以赚钱为最高目标，当有别的事与之发生冲突时，你会选择以商业利益为首。正所谓行情不等人，投资者必须时刻做好准备，待有利时机到来时，立即介入。

熊市中，如何操作股票

在牛市中可以赚钱，在熊市中照样能赚到钱，关键就是你如何操作熊市中的股票的问题了。

操作熊市中的股票，一是要忍痛"割肉"，意思就是说，你在高位买入的股票，一旦遇到熊市，就应当果断地、速战速决地、极早地将它抛出，如果股票继续下跌，就可少亏一部分；二是可采用逐次平均买进法，多至6次，少至3次。以3次为例，每次各投资三分之一，算出均价，在股价反弹后上升到你购入的平均价，并除去各种费用后抛出，就可获取利润；三是可采用加倍买入摊平法，就是在第一次用三分之一资金买进后，如继续下跌，则第二次用三分之二的资金投入，以求摊平成本。如资金宽裕，也可用三段加倍买进平摊法，即将资金分成8等份，第一次至第三次分别投入八分之一、八分之三和八分之四的资金，这个办法在第三次买进后，股票价位回升到第二次买进的价位，再除去各种费用后抛出，亦有利可图。

另外，进行短线操作，不能不仔细研究K线图，K线图是一种记录股价走势的特殊语言，每一条日K线相当于一个短语，描述了当天的股价变化情况：由许多条K线构成的图形则相当于一个语句。精通K线图的人会从图表上读到"看涨语句""看跌语句"及"不明朗语句"。在读到"看涨语句"时进，读到"看跌语句"及"不明朗语句"时在场外观望。必能在跌势中保存实力，同时又能赚一点短线差价，只是K线图这门语言相当深奥，需下工夫去研究。不过，为了利润，多下点功夫是值得的。当然，除K线图外，其他的技术分析工具也需参考。

股市是一个风险市场，因此入市者应对所面临的风险进行细致的推敲，并预先想好对策，做到这一点才能在亏损时不慌不乱。股价不会永远上升，也不会永远下跌，股市最悲惨之际就是最佳入货时机，因此不要因亏损而乱了方寸，应审时度势，在跌势中保存实力，股价见底时大胆出击。胜败乃兵家常事，为将者在逆境中应保存有生力量。以图有朝一日重整旗鼓，东山再起，卷土重来。

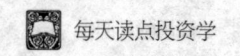

总之，熊市之中操作股票并不可怕，关键是，只要投资者精心设计，用心去做，不将手头的资金一次用光。你不妨按上述办法去操作，看看是否能最终获取利润。

盘整市中，如何把握机会

盘整市是一种股价在盘整中逐渐下沉的低迷市道，即通常所说的"牛皮偏软行情"。处于盘整市中的市场既不可能持续下跌，也不可能持续上涨，只能是反复震荡。一般，相伴的成交量都很小，因此，"逢低吸纳、逢高派发"也就成为在盘整市中最基本的操作原则。对于股民来说，在这种市况期间是招兵买马、整顿旗鼓的大好时机。也就是说，在股价偏软、交投清淡的时候，不宜太迷恋市场，而应当趁此机会做一些细致的研究工作，包括对各个上市公司的调查和比较，对宏观经济情况的分析以及对一段较长的时间以来大市所走过的历程的详细的图表分析。通过这些在作战间隙的研究工作，可以使自己比较清楚地了解到大市所处阶段以及发现一些潜质好的上市股票，以便下一个机会到来时能准确地抓住战机。

那么，假如当市场进入牛皮偏软状态时，投资者还没有来得及从市场上脱身，该如何处理日常的操作呢？

这要分几种不同的情况来对待：

情况一，盘整市出现在股价相对高位时。

一般来说，在相对高价位区，股价横向盘整是盘不住的。尤其是在人气逐日消散、成交渐渐疏落的情况下，走势非常危险，后市很可能在连续几天的阴跌之后出现向下的加速运动。所以，这时的操作策略应当是坚决离场。当然，有一种情况是例外的：那就是大多头市场中的强势调整，在强势调整中也会出现股价的高位横盘和成交量的萎缩，调整之后股价却会继续上升，这期间显然不能采取"坚决离场"的策略。强势调整容易与高位的牛皮偏软行情区分开来，区分的办法是观察三方面因素，第一，观察成交量萎缩的程度，牛皮偏软行情中对应的成交量是极度萎缩的。而强势调整期间成交量虽大幅萎缩，但由于人气未散，会比较活跃，成交量不会太小。第二，市场对利好消息反应的敏感度。在强势调整过程中，市场对利好消息的反应仍然相当敏感，个股的利好消息往往会相当强烈地体现在其股价的波动上。而在高位的牛皮弱市期间，市场对于利好消息反应相当迟钝，有时甚至根本不理睬市场上的利好传闻，个别情况下还有可能把实际上是利好的因素当作利空来对待。第三，强势调整一般不会历时太长，而在高位的牛皮弱势则可能会维持比较长的时间，直到股价磨来磨去，把多头的信心磨掉之后，股价就会跌下来。

情况二，盘整市出现在中间价位时。

作为一般性的原则，在中间位的横盘向上突破与向下突破的可能性都有，因此，应当在看到明确的有效突破之后再顺势跟进。不过，这只是一般性的原则，在多数情况下，发生在中间价位，牛皮弱势往往最终会向下突破，其原因一方面可归结为弱势的惯性；另一方面，由于人气已散，市场上看好后市的资金不多，如果没有一个较大的跌幅出现，持币者是不肯在此不伦不类的价位轻易追高入市的。所以，在上述一般性原则的基础上，还应当注意不要轻易追高进货，见反弹及时减磅。在此期间，区分反弹与向上有效突破不是很难。反弹行情中，成交量在低价位投机股上的分布较多；而向上的有效突破应当是一线优质股价升量增，并且这种价升量增的程度须是远远大过二、三线股。

情况三，盘整市出现在低价区时。

在低价区出现牛皮偏软行情是大额投资者可以趁机吸纳的大好时机。因此，在此期间斩仓操作是不明智的。较好的做法是每次见低时分批次地少量吸纳，见高不追。也就是说，可以当成短线来做，如短线因无出货机会而被暂时套住则可越跌越买。吸纳的对象宜以优质股为主，手中如还有长期被套的投机股也最好将其换成一线优质股。

震荡市中，散户生存法则

大盘持续震荡，市场热点不一，散户往往把握不准市场中的机会。在震荡市中炒股，散户需遵循4大生存法则。

1. 坚持少操作原则

在牛市中选什么股都是对的，牛市中选热门股是赚得最多的，谁涨得好就买谁，可以不断做多，这种行情在2007年三四月份的券商概念中已经得到了充分体现。而在股市震荡，个股走上熊途的情况下，散户最好减仓兑现，减少操作。

2. 选股要与时俱进

以前，日本股市从40000点跌至10000点时，大多数个股都惨不忍睹，尤其是地产股，但丰田汽车一直没怎么跌，甚至还有涨幅。美国的纳斯达克指数在科技泡沫中从5000点跌至1500点，但道琼斯指数的成分股并未出现大跌。类似的情况也发生在香港，1997年金融风暴中，恒指从16000点下跌至6000点左右时，出口股板块表现并不太差，特别是出口业务在欧美的股份，因为当时金融危机主要发生地在亚洲。

事实上，即使在A股处于熊市的时候，也有股票可做，有些股票涨得也是不错的。例如，2001年到2002年底，中国股市一直处于大的熊市之中，但东风汽车、哈药集团、界龙实业等股票的走势就十分牛气。

3. 跳出惯性想法

在股市上涨至6000点以上时，还有散户高歌猛进，甚至对风险提示置之不理。这是散户投资者没有从根本上改变多头思维所致，若在此时买入，熊就会一掌拍死你。事实都已经得到验证，利用惯性想法是空头主力最后的撒手锏，出货的主力就是利用这习惯性的思维，把股民套在"支撑线"上的"空头陷阱"中。

4. 不要轻易补仓

下跌趋势中买入个股被套，为摊低成本，在低位买入，谁知像踏入沼泽地，越陷越深。补仓是无奈的选择，是被动性的建仓，其成功率很低。因为股价每次的反弹都是暂时的修整。向下破位是最后的结果，补仓损失越补越大，像去救触了电的人一样，被全部击中。

在震荡市中，宁可错过也不要做错，大势所趋，不要做无谓的抵抗。如果确实经不住，要买入一些股票，可以选一些热点板块做做T+1，绝不能在股市长期蹲守。

股票投资如何去抄底

成功抄底可以说是风险最小的炒股操作了。股票在一段时间内跌无可跌，投资者买入后即使是不涨也只是赔了时间，绝不会赔钱。作为短线投资者，判明股票是否进入一个短期底部也就成了一项重要工作，因为短期底部一旦确认，随之而来的就会是一波反弹的机会。

短期底部，是指股价经过一段不长时间的连续下跌之后因导致短期技术指标超卖，从而出现股价反弹的转折点。

短期底部以V形居多，发生行情转折的当天经常在日K线图上走出较为明显的下影线，在探到底部之前，常常会出现2~3根比较大的阴线。也就是说，每一次加速下跌都会探及一个短期底部。在短期底部前几天的加速下跌之中，一、二、三线股的跌幅差不大。短期底部之后，将是一个历时很短的反弹，这一反弹的时间跨度多则三五天，少则一两天，反弹的高度在多数情况下很难超过加速下跌开始时的起点。在反弹行情中，一般以低价位的三级股表现最好，而一线优质股则波幅不大。

操作上，应严格控制资金量，并坚持按照止损纪律进行操作，那种逢低便抄的投资者必然损失惨重。

另外，短线抄底的投资者还必须有以下几点认识，否则，极易操作失败。

1. 不要指望抄到最低点

大部分股民认为反弹即是底部，担心错过买入时机，次日无法追高，但由于抢反弹是高风险的行为，建议股民千万不要希望能买到一个最低点。等待底部形态成熟后再大量买进，这样才能避免在跌势中被最低点套牢。

2. 不要迷信地量

价跌量缩，大家都知道，但量缩了还可以缩。所以，只有等待大盘指数走稳后，6日均量连续3日增加才能确认。

3. 不要认为底部是一日

俗话说，"天上三日，人间一年"，就是这个道理。

4. 底部确认的标准

底部的确认有阶段性的不同考虑，一般而言，底部出现必须符合3大条件：

（1）各种技术指标必须向上突破下降趋势线。由于各阶段其下降趋势线均有所不同，一般以25日平均线为准。

（2）从形态上看，以前的最低底部都是参考点。如果在一年内有几次都是在某一最低位置反弹上升的，那么该位置即可认为是一处中期的底部。

（3）在KDJ和RSI的周线已成多头排列时，6日均量连续3日猛增。在技术面，技术线指标已严重超跌，走势上也出现有利于多方的形态。

第五节　止损、解套的设置与操作

防患于未然——避免被套8招

进入股市，投资者最害怕的就是被套，被套实际上是可以防备的，做好以下8点，基本上就可以避免被套。

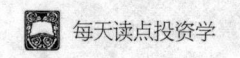

1. 有备而来

无论什么时候，买股票之前就要盘算好买进的理由，并计算好出货的目标。千万不可盲目地进去买，然后盲目地等待上涨，再盲目地被套牢。

2. 一定设立止损点

凡是出现巨大亏损的，都是由于入市的时候没有设立止损点，而设立了止损点就必须执行。即便是刚买进就套牢，如果发现错了，也应卖出。做长线投资的必须是股价能长期走牛的股票，一旦长期下跌，就必须卖！

3. 不怕下跌，怕放量

有的股票无缘无故地下跌并不可怕，可怕的是成交量的放大。尤其是庄家持股比较多的品种绝对不应该有巨大的成交量，如果出现，十有八九是主力出货。所以，对任何情况下的突然放量都要极其谨慎。

4. 拒绝中阴线

无论大盘还是个股，如果发现跌破了大众公认的强支撑，当天有收中阴线的趋势，都必须加以警惕。尤其是本来走势不错的个股，一旦出现中阴线，可能引发中线持仓者的恐慌，并大量抛售。有些时候，主力即使不想出货，也无力支撑股价，最后必然会跌下去，有时候主力自己也会借机出货。所以，无论在哪种情况下，见了中阴线都应该考虑出货。

5. 只认一个技术指标，发现不妙立刻就溜

给你100个技术指标根本就没有用，有时候把一个指标研究透彻了，也就完全把一只股票的走势掌握在心中了，发现行情破了关键的支撑马上就走。

6. 不买问题股

买股票要看看它的基本面，有没有令人担忧的地方，尤其是几个重要的指标，防止基本面突然出现变化。在基本面确认不好的情况下，谨慎介入，随时警惕。

7. 基本面服从技术面

股票再好，形态坏了也必跌；股票再不好，形态好了也能上涨。即使用特大资金做投资，形态坏了也应该至少出30%以上，等待形态修复后再买进。对任何股票都不能迷信。对家人、朋友和祖国可以忠诚，对股票，忠诚就是愚蠢。有人10年前买的深发展到今天还没卖，这是不足取的。因为如果真的看好它，应该在合适的价格抛出，在合适的价格再买进。始终持股不动，是懒惰的体现。

8. 不做庄家的牺牲品

有时候有庄家的消息，或者庄家外围的消息，在买进之前可以信，但关于出货千万不能信。出货是自己的事情,任何庄家都不会告诉散户投资者自己在出货,所以出货要根据盘面来决定,不可以根据消息来判断。

果断止损,规避"套牢"风险

世界上最伟大的交易员有一个有用且简单的交易法则——"鳄鱼原则"。这项原则就是:当你知道自己犯了错误时,立即了结出场!不可再找借口、理由或有所期待!

该法则源于鳄鱼的吞噬方式:猎物越试图挣扎,危险就越大。假定一只鳄鱼咬住你的脚,而你试图通过手臂把脚解救出来,则你的脚与手臂将会被鳄鱼的嘴巴同时咬住。你越挣扎,便陷得越深。所以,万一鳄鱼咬住你的脚,务必记住:你唯一的生存机会便是牺牲一只脚,以最小的损失逃脱险境。

1. 止损的必要性

波动性和不可预测性是市场最根本的特征,这是市场存在的基础,也是交易中风险产生的原因,这是一个不可改变的特征。交易中永远没有确定性,所有的分析预测仅仅是一种可能性,根据这种可能性而进行的交易自然是不确定的,不确定的行为必须得有措施来控制其风险的扩大,止损就这样产生了。

止损是人类在交易过程中自然产生的,并非刻意制作,是投资者保护自己的一种本能反应,市场的不确定性造就了止损存在的必要性和重要性。成功的投资者可能有各自不同的交易方式,但止损是保障他们获取成功的共同特征。世界投资大师索罗斯说过,投资本身没有风险,失控的投资才有风险。学会止损,千万别和亏损"谈恋爱"。止损远比赢利重要,因为任何时候保本都是第一位的,赢利是第二位的,建立合理的止损原则相当有效,谨慎的止损原则的核心在于不让亏损持续扩大。

2. 止损为什么这么难

了解止损的重要意义是每位投资者必须弄明白的常识,然而,了解并不是目的。事实上,投资者设置了止损而没有执行的例子比比皆是,市场上,被扫地出门的悲剧几乎每天都在上演。止损为何如此艰难?原因有三:其一,侥幸的心理作祟。某些投资者尽管也知道趋势上已经破位,但由于过于犹豫,总是想再看一看、等一等,导致自己错过止损的大好时机。其二,价格频繁的波动会让投资者犹豫不决,经常性错误的止损会给投资者留下挥之不去的记忆,从而动摇投资者下次止损的决心。其三，执行止损是一件痛苦的事情，是一个血淋淋的过程，是对人性弱点的挑战和考验。

其实，每次交易投资者都无法确定是正确状态还是错误状态，即便赢利了，投资者也难以决定是立即出场还是持有观望，更何况是处于被套状态下。人性追求贪婪的本能会使每一位投资者不愿意少赢几个点，更不愿意多亏几个点。

3. 将损失控制在持有成本的 7%~8% 内

个人投资者一定要很明确坚持这样一个原则：每只股票的最大损失要限制在其初始投资额的 70%~80% 之内。由于投资额较大和通过投资种类多样化降低总体风险，大多数机构投资者在迅速执行止损计划方面缺乏灵活性。对机构来说，很难快速买入卖出股票，但快速买卖股票对它们执行该止损准则来说又是非常必要的。所以，对于个人投资者来说，这是一个相对于机构投资者的极大优势。

如果投资者把限额定在 7% 或 8%，平均受损总额要更少一些，也许是 5% 或 6%。如果投资者能将所有失误和损失控制在平均 5% 或 6% 的水平上，投资者就会变成一支让对手无法向前运球的球队。

现在这里有个秘诀：如果投资者用图表使买入时间与正确的买入时机精确地吻合在一起，或是使买入点和图表所示的区域（价格巩固区）相吻合，股票很少会从买入价下跌 8%。这是在未来取得成功的关键之处。

另外，该原则并不是说投资者一定要等到每只股票损失达到 7% 或 8% 时才可以把它们卖出去。有时，投资者会感觉到整个股市指数处于卖出压力之下，或是自己所持的股票走势不对，自己的出发点不对。在这种情况下，或许一只股票只下降了 1 个或 2 个百分点，投资者就可以更早进行止损。

记住，7% 或 8% 是绝对的止损限额。投资者必须毫不犹豫地卖出那些股票——不要再等几天，去观望之后会发生什么或是期盼股价回升；没有必要等到当日闭市之时再卖出股票。此时，除投资者的股票下跌 7% 或 8% 这一因素外，就不会有什么东西会对整个行情产生影响了。一旦赚了钱、获了大利，投资者就可以针对正常的股价波动给予比 7% 或 8% 限额多一点的空间。不要卖掉那些从股价最高点下跌 7% 或 8% 的股票。区分两者十分重要。一种情形是，投资者的出发点有可能错了。股票的走势并非如投资者所预期的那样，投资者开始损失掉辛辛苦苦挣来的钱，也可能损失更多。另一种情形是，出发点是正确的，股票走势很好，你赚钱了。投资者用的是赚来的钱，所以投资者可以给予股价波动大一点的空间，也不会因为正常的 10%~15% 的价格波动而提心吊胆。关键是要精确地在突破点时购入股票，从而使股价下跌8%的可能性最小化。

有一句投资谚语是这样说的，入市的第一次损失是最小的。进行投资决策的方法就是始终（毫无例外地）迅速进行止损，而股票赚钱时则要耐心一些。

巧用补仓法，提前解套

被套后该怎么办呢？补仓是被套后的一种被动应变策略，它本身不是一个解套的好办法，但在某些特定情况下它是最合适的方法。股市中没有最好的方法，只有最合适的方法。只要运用得法，它将是反败为胜的利器；如果运用不得法，它也会成为作茧自缚的温床。战略性补仓在时机的选择方面要遵循以下原则。

1. 熊市初期不能补仓

这个道理炒股的人都懂，但有些投资者无法区分牛熊转折点，怎么办？有一个很简单的办法：股价跌得不深坚决不补仓。如果股票现价比买入价低5%就不用补仓，因为随便一次盘中震荡都可能解套。要是现价比买入价低20%~30%以上，甚至有的股价被腰斩时，就可以考虑补仓，后市进一步下跌的空间已经相对有限。

2. 大盘未企稳不补仓

大盘处于下跌通道中或中继反弹时都不能补仓，因为股指进一步下跌时会拖累绝大多数个股一起走下坡路，只有极少数逆市走强的个股可以例外。补仓的最佳时机是在指数位于相对低位或刚刚向上反转时。这时上涨的潜力巨大，下跌的可能性最小，补仓较为安全。

3. 在大盘处于下跌通道中时坚决不补仓

因为，"覆巢之下，焉有完卵"，股指的进一步下跌往往会拖累绝大多数个股一起走下坡路，其中仅有极少数逆市走强的个股可以例外。所谓的"抛开大盘选个股"的做法是不切实际的。战略性补仓的最佳时机是在熊市末期，大盘处于相对低位时或大盘探底成功后刚刚向上反转时。这时往往上涨的潜力巨大，下跌的空间最小，补仓较为安全。

4. 弱势股不补

特别是那些大盘涨它不涨，大盘跌它跟着跌的无庄股。因为补仓的目的是希望用后来补仓的股的赢利弥补前面被套股的损失，既然这样大可不必限制自己一定要补原来被套的品种。补仓补什么品种不关键，关键是补仓的品种要取得最大的赢利，这才是要重点考虑的。所以，补仓就补强势股，不能补弱势股。

5. 大盘处于下跌中继反弹时不能补仓

所谓:"反弹不是底,是底不反弹。"反弹现象本身就说明了市场中仍有多头在负隅顽抗,间接地说明后市仍有进一步下跌的可能,在这种情况下使用战略性建仓是不合适的。

6. 把握好补仓的时机,力求一次成功

千万不能分段补仓、逐级补仓。首先,普通投资者的资金有限,无法经受多次摊平操作。其次,补仓是对前一次错误买入行为的弥补,它本身就不应该再成为第二次错误的交易。所谓逐级补仓是在为不谨慎的买入行为做辩护,多次补仓,越买越套的结果必将使自己陷入无法自拔的境地。

战术性补仓时机的选择:对于以短线操作为主的战术性补仓来说选择的范围较大,不论投资者现在是处于深套或浅套状态中,都可以考虑补仓。只要大盘不是正好处于加速下滑途中时,都可以积极参与战术性补仓操作,关键是要把握好个股到达阶段性底部的时机。

利用差价,快速解套

在短线投资过程中,投资者可利用差价操作,达到快速解套的目的。在具体操作时,投资者应注意以下3个基本的技巧:

第一,投资者可以参照个股30日均线来进行反弹操作。同大盘一样,个股的30日均线也较为重要,在股价上升时它是条支撑底线,个股下挫后反弹它又是条阻力线。如果个股在下调后企稳,向上反弹时冲击30日均线明显有压力,上攻30日均线时成交量也没有放大配合,股价在冲击30日均线时留下的上影线较长(表明上档阻力强),那么投资者可以进行及时的减磅。相反,如果个股上攻30日均线有较大成交量支持,股价冲过30日均线后是可以再看几天的,也就是说,在个股于30日均线处震荡时是投资者进行差价操作的好时机。

第二,注意对一些个股的操作应有利就走,这些个股就是那种累计涨幅巨大或是在反弹时涨幅较大的个股。有些个股的确在一段时间内有较大的下挫,反弹之后一些持股的投资者就认为不立即抛出风险不大,这种观点有偏差。对一只个股,我们要整体地看,绝不可单看某个时间段的表现。有些个股累计升幅大,下挫后出现反弹,不及时抛出是有风险的。这些个股在开始从高位下跌后都有过反弹,但反弹后的下跌仍是非常大的,此类个股的短差要做到有利就走。对一些

在大盘横向整理时出现较大涨幅的个股也不要恋战,而那些原来就未大涨,下调却较猛而且质地并不坏的个股,股价出现反弹后不及时抛出风险倒不是很大。

第三,做短差讲究一个"快"字,还讲一个"短"字,要避免短线长做。有些投资者介入原本做短线的个股后的确马上获利,但此时往往产生获更大利的心理,因此改变自己的初衷,也打乱了原来的操作计划,一旦被套,获利转为亏损,会大大影响投资者的操作心态,这是十分不利的。长期按计划进行操作可以养成投资者良好的操作心态,形成稳定的操作思路,对投资者长期立足于股市是有很大益处的。

换股操作,弥补套牢损失

换股是一种主动性策略,运用得当的话,可以有效降低成本,增加获利机会。但换股也是风险较大的投资手法,一旦操作失误就会赔了夫人又折兵。所以,投资者在换股时要非常慎重,实际应用中要掌握换股的正确思路。

(1)要准确分析市场整体趋势发展方向,以及热点的轮换和分化现象,不要漫无目标地随意追涨杀跌,而应该做到有的放矢。只有认清趋势并确认股指运行于上涨趋势中,而打算换入的股票价格离底部区域不远时,才适宜使用换股策略。在大盘处于下跌通道中,如果手中持有套牢的股,应该采取坐等和斩仓方式,切不可急于换股,只有等到股指确认企稳,才能考虑换股。

(2)要选股准确,因此要密切关注并选择主流热点板块个股。换股时需要注意留强换弱,投资者要根据行情的市场特点和个股的表现情况,卖出手中持有的非主流热点的个股,买入目前属于主流热点板块的强势个股;卖出手中持有的弱势股,把握时机,逢低买入前期明显有增量资金介入,近期能在大盘强势整理期间保持缩量抗跌的强势股,才能取得跑赢大势的收益。

(3)要注意个股的成交量,当个股成交量过度放大,入驻其中的主力获利丰厚时,个股往往容易见顶回落,这时往往不适宜换股。当个股成交量过小时,有的甚至一天成交仅数十或数百手时,一些资金较大的投资者不能急于换股,因为市场中根本没有足够的买盘或卖盘接手。

(4)不宜过于频繁。即使投资者对大盘后市发展方向有肯定的把握,也绝不能频繁换股,最有效的换股是一次成功的。多次换股是非常错误的操作行为,说明投资者存在选股思路紊乱、实施操作轻率等问题,这是很容易失误的。

·第七章·

投资基金：省心又省力

第一节 投基之前，你心中有数吗

基金 = 股票 + 储蓄

在所有的投资项目中，利润与风险都是成正比的；炒股获利最多，但风险最大；储蓄获利较少，但风险也最小。如果把股票与储蓄的优势集中在一起，体现出"取长补短"的形式，就形成基金的优势了。

有人说，基金很像股票，有"准股票"之称。但是，两者之间也有很多不同之处，主要表现在以下几个方面。

1. **具有不同的权限**

股票投资者对股票发行公司具有一定的直接管理权限。而基金投资者与基金的投资对象则没有直接关系，不能对其具体的经营活动进行干预。

2. **具有不同的逆反性**

股票发行后，只能在证券交易市场上流通，不可逆反发行股票的公司；基金则正好相反，封闭型基金在发行之后一定的年限内可以返给基金管理公司，退回自己的本金；开放型基金则可以随时逆反。

3. **不同的获利水平**

基金投资与股票投资一样，都可以根据投资对象的实际业绩获取分红，并使分红升值。但二者却具有不一样的获利水平和稳定性：股票投资获利来源于股票二级市场的价格波动水平，与股票发行公司的经营状况密切相关；投资基金与投资股票相比，投资者每年都可根据其投资的份额获取相对稳定的收益。然而，基金并不像股票那样能够获取暴利。

4. 具有不同的风险度

股票投资受其所投资的公司经营效益及市场状况影响，在所有投资形式中是风险最大的。与其相比，投资基金则可以通过平摊的方式最大限度地规避风险。投资股票主要是投资者直接与上市公司打交道，其盈亏直接关系到投资者的收益状况；投资基金则不同，是投资者委托基金管理公司向股票或其他方面投资，这样，就可以节约交易成本，提高投资收益。基金往往能够明确地告诉投资者这类基金将投向何处，赢利是多还是少，风险是大还是小。投资者想赢利多少，想担多大风险，完全可以凭借自己的欲望选择不同种类的基金。

通常，当基金规模较大时，往往可以通过分散投资来减少投资风险，也可以在一些政策和交易费用上得到许多优惠，降低交易成本；当基金规模较小时，能迅速从一个投资品种转向另一个投资品种，表现出极大的灵活性。规模较小的基金往往有可能买到升值潜力较大的小型公司股份，从而获得较大的投资收益。

一般而言，从获利方式看，基金可以分为以下3类。

1. 追求资本收益最大化的成长型基金

这类基金往往投资于刚兴起的行业或发展前景广阔的企业。一般能获得相对较多的收益，但这类基金在当期或短期内收入可能较小。

2. 确保收益稳定的收入型基金

这类基金主要投资于能带来稳定当期收入的各种有价证券。一般能获得较稳定的当期收入，风险低。

3. 收益均衡型基金

这类基金主要以当前有较稳定收益，且又有长期发展前景的公司股票为投资目标。通常既能提高当期收入，又能使资本收益实现长期增长，其风险处于成长型与收入型两类基金之间。

基金与其他有价证券相比的投资优势

基金同其他有价证券相比拥有其自身的优势，我们来一一解析。

1. 基金与股票的差异

有的投资人将基金和股票混为一谈，其实不然。一方面，投资者购买基金只是委托基金管理公司从事股票、债券等的投资，而购买股票则成为上市公司的股东。另一方面，基金投资于众多股票，能有效分散风险，收益比较稳定；而单一的股票投资往往不能充分地分散风险，其收益波动较大，风险也较大。

2. 基金与债券的差异

债券的本质是一种负债和借款证书，它是发行人的资本证券，是投资人的收益证券。债券的收益基本是一种确定的收益，它的增值有两个方面，即债券利息和资本利得。由于债券体现的是一种债权债务关系，它在二级市场上的流动性与风险性直接与债券发行单位的资信程度有关。一般来说，资信程度越高，流动性越强，风险就越小。债券的构成要素中，期限和利率是两个重要的概念，它决定了债券在有价证券市场上独特的魅力。随着债市的逐步发展成熟，债券的种类也越来越多，投资者常见的有政府债券、公司债券、金融债券、企业债券等。债券具有约束性特征，到期必须偿还，因而债券的周转率低，收益稳定，风险小，投机性弱。

但是，对于个人来说，投资债券有一些劣势。一方面，普通个人财富有限，无法通过持有大量股票进行低成本的组合管理；另一方面，在投资股票方面，普通的个人投资者不够专业，同时精力有限，对风险的控制和承担能力不强。而证券投资基金集合大众资金化零为整并由专家管理，采用组合投资等新工具可以弥补以上两点不足。它保证了投资者资本的安全、流动、收益，并且以规模大、专家经营、组合投资等优势，帮助投资者规避了风险。

基金相对于债券的另一个主要优势在于其收益性较好，对于投资者来说，这是实实在在的益处。比如1991年，香港股票基金回报率达40.5%，远东认股权证基金回报率为37.8%，澳洲的股票基金回报率为27.7%，美国的20世纪增长投资者基金等25只基金在1976年至1981年这5年的收益增长率，最高者达465%，最低者亦达243%。中国投资基金虽起步较晚，但投资回报却普遍不错，尤其是在2006年和2007年的大好行情之下。

3. 基金与银行储蓄存款的差异

由于我们国家开放式基金主要通过银行代销，许多投资者误认为基金是代销银行发行的，从而认为基金与银行储蓄存款没有太大的区别。其实两者有本质的区别：储蓄存款代表商业银行的信用，本金有保证，利率固定，基本不存在风险；而基金投资于证券市场，要承担投资风险。储蓄存款利息收入固定，而投资基金则有机会分享基础股票市场和债券市场上涨带来的收益。同时，银行吸收存款之后，没有义务向存款人披露资金的运行情况，而是按照自身的意愿将储蓄存款的资金通过企业贷款或个人信贷投放到生产或消费领域，其间操作储户不得干涉。

由于信息披露的不完善，在监管不健全的国家和地区就会经常发生贷款回收困难最终导致储户利益损失的情况。而证券投资基金管理人则必须定期向投资者公布基金投资情况和基金净值情况，如净值公告、定期报告等，相关的损失会小很多。

投资基金前，先问3个问题

在投资之前，我们一定要先问自己3个问题：

我有房产吗？

我有余钱投资吗？

我有赚钱能力吗？

投资基金是好是坏，更多的是取决于投资者对于以上这3个问题如何回答，这要比投资者在其他的投资类刊物上读到的任何信息都更加重要。

1. 我有房产吗

可能会有人说："买一套房子，那可是一笔大买卖啊！"在进行任何投资之前，你应该首先考虑购置房产，因为买房子是一项所有人都能够做得相当不错的投资。

实践证明，有些人在买卖自己的房屋时表现得像个天才，在投资基金时却表现得很差。这种情况并不让人感到意外，因为房主可以完全按照自己的意愿买卖房屋，你只要先支付20%或更少的首期房款就可以拥有自己的房屋，这样利用财务杠杆给你增添了很大的经济实力。每一次当你购买的基金价格下跌时，你就必须在账户上存入更多的现金，但是在买房子时就不会发生这种事情。尽管房屋的市价下跌了，你也从来不用向银行提供更多的现金，即使是房子坐落在由于石油开采造成下陷的地块内。而购买基金的投资者却经常会碰到被迫赎回基金以补充保证金的情况，这是购买房屋的另外一个非常大的好处。

房地产跟基金一样，长期持有一段时间赚钱的可能性最大。人们买卖基金要比买卖房屋便捷得多，卖掉一套房子时要用一辆大货车来搬家，而赎回一只基金只需打一个电话就可以搞定。

2. 我有余钱投资吗

这是投资者在投资之前应该问自己的第二个问题。如果手中有不急用的闲钱，为实现资金的增值或是准备应付将来的支出，都可以委托基金管理公司的专家来理财，既分享证券市场带来的收益机会，又避免过高的风险和直接投资带来的烦恼，达到轻松投资、事半功倍的效果。

但是，在以下情况下，你最好不要涉足基金市场。

如果你在两三年之内不得不为孩子支付大学学费，那么就不应该把这笔钱用来投资基金。如果你的儿子现在正在上高三，有机会进入清华大学，但是你几乎无力承担这笔学费，所以你很想投资一些稳健的基金来多赚一些钱。在这种情况下，你即使是购买稳健型基金也太过于冒险而不应考虑。稳健型基金也可能会在3年甚至5年的时间里一直下跌或者一动也不动，因此如果碰上市场像踩了一块香蕉皮一样突然大跌时，你的儿子就没钱上大学了。

3. 我有赚钱能力吗

如果你是一位需要靠固定收入来维持生活的老人，或者是一个不想工作只想依靠家庭遗产产生的固定收益来维持生活的年轻人，自己没有足够的赚钱能力，你最好还是远离投资市场。有很多种复杂的公式可以计算出应该将个人财产的多大比例投入投资市场，不过这里有一个非常简单的公式：在投资市场的投资资金只能限于你能承受得起的损失数量，即使这笔损失真的发生了，在可以预见的将来也不会对你的日常生活产生任何影响。

确定投资目标

基金的投资目标是基金成立的宗旨。投资目标表明该基金投资所具有的风险与收益状况，因此在募集基金时，募集单位必须在基金招募说明书中对投资目标加以明确，以供投资者选择。

投资目标不同，主要投资工具则不同，基金获取收益的方式也不同。收入型基金会有较高的当期收入，平衡型基金在分配到利息和股利的同时也能够实现一定的资本利得，成长型基金只注重长期的资本利得，对当期的股利和利息收入并不注重。

每一只基金都会有自己的投资目标。投资目标明确了该基金日后具体的投资方向，在股票和债券上面的选择依据，等等。根据投资目标，投资者也可以了解到基金投资所具有的风险与收益状况。

个人投资者的投资目标很多，比如，教育、养老、购房等，这些目标所能够承受的风险是不同的，养老是低风险承担水平，教育是中等风险承担水平，而购房一般属于高风险承担水平，即使收益率要求相同，也需要投资不同类型的基金才能够实现正确的投资。

确定理财目标是成功投资的第一步。确定理财目标，首先要了解自己的财务状况，根据自己的实际情况，设定理财目标。

理财目标并不是一成不变的，所有的目标都是动态的。在不同的阶段，理财的目标也是不一样的，它应该有长期、中期、短期之分。在设定具体目标时，有几个原则必须遵循：一是要明确实现的日期；二是要量化目标，用实际数字表示；三是将目标实体化，假想目标已达到的情景，这样可以加强人们想要达到目标的动力。

例如，三种常见的理财目标——养老金储备、教育储备及应急储备和其他短期目标。许多个人投资基金是出于长期理财目标，尤其是储备养老金。据测，如果个人退休后的生活质量要与退休前相差不大，那么其退休后收入至少应该有他退休前的税前收入的70%~80%。如果你计划在60岁退休，那么你至少要准备22年的养老金，因为对60岁的人而言，平均寿命预期是82岁，而且呈上升趋势。最理想的状况是，个人通过多种途径来储备养老金，比如，社会保险金、企业养老金和个人储蓄（包括个人养老账户投资理财）。

许多父母或者祖父母投资基金是为孩子将来上大学的费用做准备。对教育储备而言，投资期限格外重要。如果你在孩子一出生就开始储备，那意味着有18年的投资期限。

应急储备是为了满足难以预料的紧急支出需求。许多投资者用货币市场基金来做应急储备。单独投资货币市场基金，或者同时投资于债券基金，都是短期投资的理想选择。

确定投资期限和成本

投资期限对于正确估计投资风险和进行适当的投资配置十分重要，投资期限较长便可以采取相对积极的投资方式，比如，选择成长型股票基金；反之，就需要选择货币市场基金等近似无风险的基金品种。一般而言，在其他条件相同的情况下，建议投资者选择较长期限的投资方式，以期取得较好的投资效果。

投资者可能会问：到底多长期限算是长期投资？20年以前的茅台酒的价格在今天已经翻了好几十倍，明代上等官窑瓷器的价格可能会数以千倍计。是不是投资一定要10年、20年以上才算是长期呢？其实，长期投资并不是字面意义上的，只要长期持有，必然可以获得比较好的回报。投资期限的长短要视具体的产品而定，对于不同的投资品种来说，这个长期的尺度也是不同的。像债券投资只要做好持有到期的准备，那么在到期之前债券的涨跌风险都可以规避；股市和基金的长期投资的合理期限主要根据经济周期的走势来判断，但具有很大的弹性；而信托投资的期限则比较灵活，短至一年甚至半年，长期的可以在10年以上。长期投资中的长期应该与自己期望的投资期限相吻合，所以投资者在投资之前，就需要作投资目标规划，以了解自己的投资期限究竟是多长，在此基础上再选择与期限匹配的投资产品，就更具合理性了。当然，无论怎样，一般做3年以上的投资打算还是必要的，短于此期限的话，就会受到更多的投资限制。

除了考虑投资期限，我们还需考虑投资成本。

投资者可以从以下5个方面充分考虑基金投资的成本：

第一，基金购买价格上的成本。不同的基金产品，其净值是不同的，从而决定了其价格的不同，直接影响到投资者购买的成本。也就是说，是否能够运用最少的资金购买较多的基金份额，或者运用最少的资金创造最高的收益。

第二，基金进场时机上的成本。影响基金净值高低的因素众多，而不同的市场环境下，不同的投资时机，基金的购买成本是完全不同的。如在证券市场的阶段性高点购买基金及在证券市场的阶段性低点购买基金的成本是完全不同的，即使是同一基金产品，也会存在很大的差异。

第三，基金基本面成本。由于不同的基金产品，采取不同的投资策略和资产配置特点，也就呈现出了基金管理人不同的管理和运作基金的能力，从而造成基金运作上的净值差异化。这种潜在的投资成本是投资者所不能忽略的，也是决定一只基金成长性，是不是能够有效补偿基金成本的重要因素。

第四，基金投资的时间成本。作为一种专家理财产品，基金管理人管理和运作基金的能力直接决定着基金净值增长的幅度，同时也影响着投资者持有基金的时间成本。净值增长较快，将使投资者的投资周期得到缩短，从而创造更多的累积利润。相反，基金的净值增长缓慢，收益受到影响，也会在一定程度上延长投资者持有基金的时间成本。

第五，基金的创新成本。可以说，这是一种投资者容易忽略的成本。主要表现为通过基金管理人对基金产品、交易制度、收益分配创新而带来的投资成本的变化。如基金通过大比例分红、复制和拆分而带来的基金份额的变化和投资者重新选择的成本。

成本总是越小越好的，要比较大小，首先就要量化成本。基金不一定赚钱，但一定要缴付费用。比如，基金交易费用是多少，基金托管费用是多少，有没有成本更低的以及自己为这些收益所支付的成本是不是值得。对于投资者而言，至少投资收益要与支付的成本成正比。投资人要想得到专业理财服务，必须缴付申购费、认购费、赎回费、转换费等费用，但是费用过高，也不合算。这些费率水平每年基本维持不变，但基金投资于股票和债券的回报却是起伏不定的。你无法控制市场突如其来的变化，也无法控制基金组织的投资操作，但是你可以控制费用。

第二节　认识更多基金，给你更多投资选择

货币市场型基金——高于定期利息的储蓄

货币基金是指投资于货币市场上短期有价证券的一种基金。该基金资产主要投资于短期货币工具，如国库券、商业票据、银行定期存单、政府短期债券、企业债券、同业存款等短期有价证券。

货币基金的特色是安全性好、流动性高，因为其投资的货币市场工具大多数风险较低，易于变现。货币市场基金往往被投资人作为银行存款的良好替代物和现金管理的工具，享有"准储蓄"的美誉，而其收益水平通常高出银行存款利息收入1~2个百分点，所以又被称之为"高于定期利息的储蓄"。

货币基金单位资产净值通常保持在1元。尽管这种"1元净值"并不是硬性规定和保底要求，但由于其投资的短期证券收益的稳定性，使基金经理得以经久不变地把单位净值维持在1元的水平，波动的只是基金支付的红利水平。

倘若你有1000个基金单位，那么你的基金净值就是1000元，衡量该基金表现的标准是收益率，体现在红利的多少。例如，上述投资1年后的收益率为6%，而且你选择了红利再投资，则届时你就拥有1060个基金单位，净值1060元。

上述保持1元净值的一般属于收益分配型的基金，即投资人可以选择红利再投资或者现金分红。另一类为收益积累型基金，即把红利自动转为再投资，该类型的基金中有一部分基金的净值可能在分红后调整到1元以上。

选择投资货币基金，要注意以下3个问题：

首先，要考虑流动性。一般来说，份额越大的货币基金流动性越好。以南方

现金增利为例，基金份额高达410亿份，流动性风险相对较小。另外，也要综合考虑赎回后资金的到账时间早晚。

其次，要考虑安全性能。对货币基金来说，自2005年4月1日估值新规实行后，投资的安全性得到极大提高。选择时应尽量选择每天收益相对稳定的基金品种，同时还要用一段时间的累计收益来进行比较。

最后，要考虑的才是收益性。由于投资对象的同一性，除少数几个基金外，大部分的投资收益均不相上下。考虑到货币基金20%的融资比例，合理的应在2.8%~3%之间。

股票型基金——收益与风险并存的基金

所谓股票型基金，是指以股票为投资对象的投资基金，是基金的主要种类。股票型基金的主要功能是将大众投资者的小额投资集中为大额资金，然后将其投资于不同的股票组合，是股票市场的主要机构投资者。

不论是与其他基金相比，还是与投资者直接投资于股票市场相比，股票型基金都具有很大的优势。

第一，与其他基金相比，股票型基金具有流动性强、变现性高的特点。股票型基金的投资对象是流动性极好的股票，基金资产质量高、变现容易。对投资者来说，股票型基金经营稳定、收益可观。不仅如此，封闭式股票基金上市后，投资者可以在交易所交易获得买卖差价。合约期满后，享有分配剩余资产的权利。同时，与其他基金相比，股票型基金还具有在国际市场上融资的功能和特点。就股票市场而言，其资本的国际化程度比外汇市场和债券市场低。一般来说，各国的股票基本上在本国市场上交易，股票投资者也只能投资本国上市的股票或在当地上市的少数外国公司的股票。在国外，股票型基金则突破了这一限制，投资者可以通过购买股票型基金，投资于其他国家或地区的股票市场，从而对证券市场的国际化具有积极的推动作用。从海外股票市场的现状来看，股票型基金投资对象有很大一部分是外国公司股票。

第二，与投资者直接投资于股票市场相比，股票型基金具有分散风险、费用较低等特点。对一般投资者而言，个人资本毕竟是有限的，难以通过分散投资种类而降低投资风险。但若投资于股票型基金，投资者不仅可以分享各类股票的收益，还可以通过投资于股票型基金进而将风险分散于各类股票上，大大降低了投资风险。此外，投资者投资了股票型基金，还可以享受基金大额投资在成本上的相对优势，降低投资成本，提高投资效益，获得规模效益的好处。

当然，风险与收益总是如影随形。股票型基金的收益高，但也不能因此而忽略了其风险。投资股票型基金，我们需要注意以下几个问题：

首先，看投资取向。看基金的投资取向是否适合自己，特别是对没有运作历史的新基金公司所发行的产品更要仔细观察。基金的不同投资取向代表了基金未来的风险、收益程度，因此应选择适合自己、收益偏好的股票型基金。

其次，看基金公司的品牌。买基金是买一种专业理财服务，因此提供服务的公司本身的素质非常重要。目前，国内多家评级机构会按月公布基金评级结果，尽管这些结果尚未得到广泛认同，但将多家机构的评级结果放在一起也可作为投资时的参考。

最后，面对国内市场上众多的股票型基金，投资者可优先配置一定比例的指数基金，适当配置一些规模较小、具备下一波增长潜力和分红潜力的股票型基金。

指数型基金——低投入高回报

沃伦·巴菲特曾经说过："大部分机构投资者和个人投资者都会发现，拥有股票最好的方法是收取最低费用的指数型基金。投资人遵守这个方法得到的成绩，一定会击败大部分投资专家提供的结果。"

那么，深受巴菲特喜爱的指数型基金到底是什么呢？它有何特点？我们该如何投资指数型基金？

所谓指数型基金是一种以拟合目标指数、跟踪目标指数变化为原则，根据跟踪标的指数样本股构成比例来购买证券的基金品种。与主动型基金相比，指数型基金不主动寻求取得超越市场的表现，而是试图复制指数的表现，追求与跟踪标的误差最小，以期实现与市场同步成长，并获得长期稳定收益。

指数型基金具有以下特点。

1. 低成本性

低成本性指数型基金往往具有低管理费及低交易成本的特性。由于指数投资不以跑赢指数为目标，只需根据指数成分变化来被动地调整投资组合，不需支付投资研究分析费用，因此可收取较低的管理费用；另一方面，指数投资倾向于长期持有买入的股票，相对于主动式管理因积极买卖形成高换手率而必须支付较高

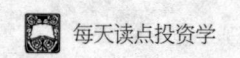

的交易成本，指数投资不主动调整投资组合，换手率低，交易成本低。

2. 具有透明度

由于指数投资完全反映投资组合及投资报酬率，因此基金的投资组合内容非常明确且公开，投资人较易明了组合特性并完全掌握投资组合状况，作出适当的预期。

3. 可以分散投资

被动式投资组合通常较一般的主动式投资组合包含较多的标的数量，随着标的数量增加，可减低单一标的波动对整体投资组合的影响程度，同时通过不同标的对市场风险的不同影响，得以降低投资组合的波动程度。

指数型基金虽然具有低投入高回报的特点，但是我们在投资指数型基金时，仍然要注意一定的投资策略。

依据市场行情把握投资时机。对投资时机的把握是难之又难的，即使是专业的投资分析师也难以对时点进行准确的判断。但投资指数基金时，仍需对大势作出判断，如果判断为牛市行情，即可选定一个相对低的点位买入并长期持有，将会获得与市场相近的回报。但如果只是想做短线投资，则需更为慎重，低吸高抛的目标无法实现时就会给投资者带来很大的损失。

立足于选择一个好的指数来选择指数基金。结合市场行情，看指数有没有很强的赢利能力，是否有较高的投资价值。对市场主要指数进行比较和选择主要从以下几个方面进行：

第一，市场指数的代表性。这主要通过总市值和流通市值来比较。

第二，市场指数的发展前景。这主要通过每股收益、净资产收益率、税后利润、资产负债比率和市盈率等指标来比较。

第三，市场指数的风险收益特征。这主要通过对指数的收益和风险指标来比较。

选择对指数跟踪效果好的指数基金。我们可以观察指数基金跟踪指数的偏离度，偏离度越小，跟踪误差越小，其有效性越好。举例说，假设指数涨了20%，但是跟踪误差偏离了5%，这样可能你只赚了15%，相当于少赚了5%。

这里还要提醒投资者，从指数基金本身的特点来看，产品更适合于进行长期投资，投资人应在对产品有了充分的了解后进行资产配置。

债券型基金——稳中求胜的基金

所谓债券型基金，是指以债券为主要投资标的的共同基金。除了债券之外，尚可投资于金融债券、债券附买回、定存、短期票券等，绝大多数以开放式基金形式发行，并采取不分配收益方式，合法节税。目前国内大部分债券型基金属性偏向于收益型债券基金，以获取稳定的利息为主，因此，收益普遍呈现稳定增长。

根据投资股票的比例不同，债券型基金又可分为纯债券型基金与偏债券型基金。两者的区别在于，纯债券型基金不投资股票，而偏债型基金可以投资少量的股票。偏债券型基金的优点在于可以根据股票市场走势灵活地进行资产配置，在控制风险的条件下分享股票市场带来的机会。

一般来说，债券型基金投资具有以下优点：

第一，不收取认购或申购的费用，赎回费率也较低。

第二，风险较小。由于债券收益稳定、风险也较小，相对于股票基金，债券基金风险低，回报率也不高。

第三，收益稳定。投资于债券定期都会有利息回报，到期还承诺还本付息，因此债券基金的收益较为稳定。

第四，注重当期收益。债券基金主要追求当期较为固定的收入，相对于股票基金而言缺乏增值的潜力，较适合于不愿过多冒险，谋求当期稳定收益的投资者。

如果你不想把投资都放在股市中，就可以考虑在组合中纳入现金或者债券。对于基金投资人来说，就可以买一些债券型基金。但投资之前至少需要关注以下几点：

第一，了解债券型基金的持仓情况。

在国内，债券基金的投资对象主要是国债、金融债和企业债等固定收益类品种，也可投资可转债甚至少量股票。为了避免投资失误，在购买前需要了解你都持有哪些债券基金。

要想了解债券型基金的持仓情况，我们可以从两方面入手：利率敏感程度与信用素质。债券价格的涨跌与利率的升降呈反向关系，利率上升的时候，债券价格便下滑。要知道债券价格变化，债券基金的资产净值对于利率变动的敏感程度如何，可以用久期作为指标来衡量。久期越长，债券基金的资产净值对利息的变动越敏感。假若某只债券基金的久期是5年，那么如果利率下降1个百分点，则基金的资产净值约增加5个百分点；反之，如果利率上涨1个百分点，则基金的

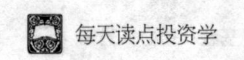

资产净值要遭受 5 个百分点的损失。

第二，选择适合的费率方式。

国内不少债券型基金都提供多种费率模式供选择。以工银强债券基金为例，该基金推出了 A、B 两类收费模式，两类模式对应的基金代码也不一样。主要区别是，A 类有交易手续费，收取认购、申购、赎回费用，可选择前端或后端收费模式；B 类则免收交易手续费，但需从基金资产中每日计提销售服务费（年费率为 0.4%）。A 类与 B 类仅仅是在收费方式上有所区别，在基金运作方面，如投资管理上，两类基金份额是合并运行、完全一致的。只不过，由于 B 类按日计提销售服务费，在公布基金净值时，会出现 A 类基金份额净值稍高于 B 类的情况。对此，投资人可根据自己不同的需求来选择适合自己的费率方式，能够起到降低成本、提高收益的作用。

具体来说，投资人在选择收费类型时可参考以下建议：

如果购买金额不大、持有时间不确定（两年以内）适宜选择 B 类。

如果购买金额在 100 万元以下、持有时间超过两年的投资者，适宜 A 类的后端收费模式。因为 B 类需向投资者收取每年 0.4% 的销售服务费，而选择 A 类的后端收费模式，仅收取一次性 0.4% 的认购费用（两年以上赎回费为零），则成本更低。

如果是 500 万元以上的大额投资者，适宜 A 类的前端收费模式。对一次性购买超过 500 万元以上的客户，选择 A 类的前端收费模式，仅需缴纳 1000 元每笔的认（申）购费，成本最低。

投资债券型基金时除了应该关注其持仓情况和收费标准之外，投资者至少还应该关注债券基金的业绩、风险、基金经理是谁等，这些对于投资赢利都有很大影响。

混合型基金——折中的选择

通过前面的分析，不论是货币基金、股票型基金还是指数型基金、债券型基金，都是有利有弊，投资者如果在它们中间没有合意的选择怎么办？这里有一个折中的方案——混合型基金。

混合型基金是指投资于股票、债券以及货币市场工具的基金，股票投资可以超过 20%（高的可以达到 95%），债券投资可以超过 40%（极端情况下可以达到95%）。混合型基金的风险和收益介于股票型基金和债券型基金之间，股票投资的比例小于股票型基金，因此在股票市场牛市来临时，其业绩表现可能不如股票型基金。但是由于仓位调整灵活，在熊市来临时，可以降低及规避风险。

混合型基金与传统基金相比具有相当大的优势，主要体现在：

第一，牛市可以积极加大股票投资，熊市可以完全放弃股票投资。换言之，它根据时机的不同，可以成为最积极的股票基金（股票投资比例可以达到净资产的80%），也可以成为最纯粹的债券基金（股票投资比例为0）。在国外成熟市场，混合型基金在投资人的资产结构中占据了相当的比例。美国投资公司协会2001年对共同基金家庭持有的调查显示，34%的持有人拥有混合型基金。随着中国债券市场的发展和成熟，混合型基金投资机会在国内也逐渐出现。譬如2005年债市走牛使得当年的债券基金收益一举超过了股票型基金，而债券市场吸引力的不断增强也为混合型基金树立了良好的财富效应，促进了其快速发展。

第二，风险更小、收益更稳定。由于混合型基金关于股票投资下限的规定，一般会远远低于股票型基金，这样基金经理可以通过更为灵活的资产配置策略，主动应对股指的高波动。在股市走牛时，基金可以加大股票投资力度、降低债券配置，以获取更大的投资收益；在股市下跌中，又可以反向操作，调低股票仓位，回避风险。因此，混合型基金被认为具有"进可攻、退可守"的特性，可以根据市场趋势进行大类资产的灵活配置。

值得投资者注意的是，由于混合型基金具备投资的多样性，因此其投资策略也具备灵活性。譬如在股市走牛时，可采取加大股票投资力度以获取更大投资收益；在股市下跌中，则将采取调低股票仓位的方式应对股市下跌。因此，混合型基金尤其适合那些风险承受能力一般，但同时又希望在股市上涨中不至于踏空的投资者。

第三节 重量级基金投资类型之一——开放式基金的投资技巧

掌握与基金相关的信息

开放式基金作为一种重量级的基金类型，其投资当然是讲策略的，其中第一点便是要及时掌握与基金相关的信息。投资开放式基金不是一劳永逸的事，一旦你把资金投进去，你得到的只是不同种类的开放式基金，它不是现实的货币。换句话说，你期望中的基金的增值也只是纸上富贵。也许你还寄希望于定期的分红派息，但这些股息只是投资收益中很少的一部分，所以你应该密切关注你所投资的开放式基金的表现，随时收集各种信息，联系基金经理人，以便调整策略。

为了及时掌握与所投开放式基金相关的信息，我们需要做到以下两点：

第一，随时关注报刊上披露的相关信息。

我国法律明文规定，基金公司必须定期在指定的报刊上公开报价，有关的年报、基金市场指数及各类基金每日、每周的升降名次等。这个信息源对于投资者随时了解所投资基金的状况是非常重要的。这些信息主要包括基金的报价、业绩的报告、认购、赎回基金的统计数字和基金的费用支出、派息的数目、股息、收入等，这里主要说一下报价。开放式基金的报价一般在报纸上公布。但有一点需注意的是，新闻媒体上的基金报价由于估值时间以及买卖方法的不同而各有不同，只能作为投资者买卖基金时的参考，并不表示投资者可以按此报价进行即时的基金买卖。投资者在递单买卖前，需要把所获得的各项数据和各种信息综合起来加以考虑，以便分析出比较有利的价值再进行买卖。

开放式基金的报价通常包括卖出价和买入价两种价格。卖出价又称认购价，是投资者认购基金单位的价格；买入价又称赎回价，是投资者向基金公司卖出基金单位的价格。

第二，随时关注基金公司的人事动态。

开放式基金的主要持有人以及他们持有基金的数目占基金单位总数的比例，是影响该项基金稳定性的两大因素。也就是说，大股东的任何变动都会影响到该项基金在市场上的价格，从而引起价格的波动，甚至是较大幅度的价格升降，这对其他小额投资者来说，影响也是非常大的。

一般来说，如果基金内的大部分持有者是机构投资者，那么该项基金的稳定性就不如持有者大部分为个人投资者的基金强，这是因为机构投资者的投资额一般都较大。在这种情况下，如果机构投资者大规模地赎回，由于大量的基金被卖出，定会导致该项基金的市场价格猛降。所以，基金公司为了保持基金资产的相对稳定，都会想方设法采取各种措施使资金持有者按大、中、小的划分保持一定的比例关系，避免出现比例失调或严重倾斜的情况。对于投资者而言，在买卖基金时，一定要对该项基金持有者的状况有所了解，随时留意跟踪该项基金持有人的变动情况，及时地作出调整，以避免受到大户的操纵和控制而遭受损失。

基金稳定性的另一个影响因素是基金经理人的变动。选择一个经营状况良好、管理严谨、人才济济、投资目标与本人的投资目标相一致的基金公司是每个投资人的愿望。如果这一切都归功于某几个基金经理人的话，而在你准备购买该基金前，这些经理恰恰又有重大的人事变动，那么投资者最好还是三思而后行。

做到了以上两点，投资开放式基金获利便有了基本的保障。

抓住市场转折点

投资开放式基金的关键在于抓住转折点，有人称之为抓住公司命运发生变化的转折点，也有人将其称为规划资本的时效技巧。通常情况下，在公司实质方面的变化和相应的证券市场的变动之间有1~12个月的间隔，而此期间正是投资者需要利用的。

一般来说，在市场经过一段时间下跌之后，没有人期盼它能再次上涨了，人们都不谈论股市了，这个迹象正表明了股市有可能出现转折点。

要想在投资开放式基金中获利，就得寻找市场上的重大转折点，寻找由盛而衰的拐点，这样随波逐流与逆流而动都可以赚钱。

每一位投资人都知道这样的投资原则：逢低买进、逢高出手。很多人知道这一原则，但很少有人真正坚持这个原则，因为很多投资者抓不住投资的最佳点。投资时选择适当的时机非常重要。其实，投资的最佳点就是市场转折点，既然抓住转折点如此重要，那么应该怎样识别转折点，也就是说，什么时候投资市场开始发生转折呢？

我们以某只股票型基金为例来说明一下。中西部一家电子公司以劳资关系十分融洽著称，可是单单由于规模成长，公司就不得不调整对待员工的方式。在个人相互影响下，导致劳资摩擦、怠工式的罢工、生产力低下，而这家公司不久前才因劳资关系良好和劳工生产力高而普受好评。该公司本来很少犯错，偏偏在这个时候犯下错误，误判某种新产品的市场潜力，结果盈余急剧下挫，其股价也一样。

该公司的管理阶层马上拟订计划，矫正这种状况。虽然计划几个星期内就能做成，但付诸实施产生效果所需的时间远长于此。这些计划的成果开始反映到盈余上时，股价到达一个价位，我们将此价位称之为买点A。但所有的利益充分实现在盈余报表上，花了约一年半的时间。这段期间快结束时，第二次罢工发生。这次罢工没有拖得很久，不过，消息传到金融圈，说该公司的劳资争议愈演愈烈。虽然公司高级主管大量买进，股价还是下跌。可是价格没有跌太久，从进出时机的观点来说，这是另一个正确的买进机会，我们称之为买点B。愿意深入表层去观察真正发生什么事的人，买到了价格会上涨好几倍的股票型基金。

现在我们来看看，投资人如在买点A或买点B买进这只股票型基金，可望获得多大的利润。在买点A，这只股票型基金仅仅几个月内便从前一个高点下跌24%左右。约一年内，在这个价位买进的投资人，市值增加55%~60%。接着罢工潮带来买点B，价格回跌约20%。但是几个月后，这只股票型基金的价格已比买点B上涨50%，也就是比买点A涨了90%以上。更重要的是，这家公司的前景十分明朗，从每个角度看，未来几年都将有很高的成长率。一如异常且暂时性的不幸遭遇带来买点A和B之前几年的情况，在这两个买点买进该股票型基金的人，都在正确的时机买到正确的公司。

由此看来，股票型基金的投资人在股市出现大波动时，不妨分析一下股票价格走势，在市场的转折点买入。

净值高低不重要

新手选择开放式基金时十分看重净值，有人将净值高作为不买的理由，更有人将净值作为是否买入的最重要指标。我们可以牢记这样一句话：净值高不是任何障碍。原因如下：

（1）有人认为净值高份额就少，所以不买。

我们要看的只是投入该基金"每1块钱"的获利能力，而不是份额。

（2）有人认为高净值容易跌得多，而1块钱的好像很少会变成几毛钱。

其实，如果你买股票看市盈率、价格（相当于基金的净值）是有道理的，而对于基金没有任何道理。

事实上，基金净值高和股票的价格高是有区别的。股票的价格高有可能导致与它的内在价值相背离，从而使价格回调。一般来说，基金经理这时会进行换仓或者调仓，选择更具有持续增长性的股票组合。而基金的净值高则是因为它的净资产价值高，说明它的管理资产在增长。基金净值不断上涨的动力是由于基金所选择的股票组合在基金经理的调整下仍具有持续增长性。所以，基金的净值高并不代表风险就大。

（3）净值高的基金的历史业绩肯定好，手中往往有不少超级牛股。

打个比方，高净值的基金就像在一次考试中取得前十名的学生，他们在下次考试中取得前十名的可能性要远大于那些成绩排名靠后的学生（相当于净值低、往常表现不好的基金），也就是说，高净值的基金往往能给你带来更好的收益。

不要忽视新基金的不确定性

国内开放式基金市场这两年有较快的发展，品种也在不断丰富之中。对于新的开放式基金，投资者要关注其产品设计与市场上已有产品的差异有多大，是否是原来市场上没有的新产品等。因为产品特征不同，在很大程度上决定了基金风险收益特征的不同，加上新产品上市还有一个市场适应的过程，这就可能导致新的开放式基金与老的开放式基金在表现上会出现差异。

总的来说，新的开放式基金的不确定性较多。

其一，新基金的基金经理有可能是我们所不了解的新人，或者资历不深，或者之前未有公开信息显示其投资业绩；新基金的团队磨合情况、研发实力等信息也不得而知。而老基金的基金经理过往业绩及团队磨合情况和研发实力已有公开信息，一目了然。

其二，新基金短期业绩具有不确定性。虽然历史并不代表未来，但历史数据仍可给投资者提供参考。老基金净值每天公布，其持仓情况也每季公告一次，这使得投资者的投资分析有迹可循。而新基金无历史业绩，其起点为零，加上还有一个募集、建仓的过程，而此间市场的变化可能很大，因此新基金短期业绩的不确定性增大。

其三，新基金给投资者带来的总费用率具有不确定性，尤其是新基金公司的新募集基金。

此外，投资者认购时新基金还未成立，所以规模也不确定。而且根据以往的经验，国内新基金一旦开放，就会有较多投资者赎回，这种额外的份额波动也会影响基金的短期运作结果。

所以，投资者在考察一只新的开放式基金时，不要只根据基金公司旗下其他基金的表现来决定自己是否认购其发行的新基金，管理团队固然十分重要，但有

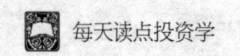

时产品特征直接限制了管理团队某方面能力的发挥。既然基金以长期投资为好，所以投资者应尽可能多地了解相关信息，可以在观察新基金运作一段时间后再决定是否申购，以减少新基金因为信息不完备而带来的负面问题，或尽量在新基金销售后期认购，以减少由于规模等方面的不确定性带来的问题。

巧打"时间差"，购买开放式基金

投资者购买基金的主要目的是为了省去较多的资产配置时间，通过专家理财，来实现既得利益。但在人们实际购买基金时，常常具有时间管理的意识，而缺乏时间管理的方法。主要表现在对基金产品的购买时点、资金组合等缺乏应有的时间观念，不能巧打"时间差"，从而错过了很多获取收益的机会。

1. 认购期和申购期的"时间差"

开放式基金认购期一般为1个月，建仓期却需要3个月。从购买到赎回，投资者需要面临一个投资的时间跨度，这为投资者选择申购、赎回时间点进行套利，创造了"时间差"。因此，对于偏好风险的投资者来说，只要掌握了股票型基金的建仓特点，就能获取较高的基金建仓期收益。

2. 场内与场外转换的"时间差"

在基金的投资品种中，有一种LOF、ETF指数基金既可以进行场内的正常交易买卖，还可以进行场外的申购、赎回，并存在多种套利机会。怎样研究分析和把握套利时点，对投资者购买此项基金是十分重要的。

3. 前端和后端收费的"时间差"

为了鼓励基金持有人持有基金时间更长，同时增强基金持有人的忠诚度，各家管理公司在基金的后端收费上设置了一定的灵活费率，即随着基金持有人持有基金时间延长而呈现后端收费的递减趋势。对于资金量小，无法享受认购期大额资金费率优惠的，不妨选择交纳后端收费的方式，作一次长期价值投资。

总之，投资者只要善于把握不同基金产品的特点，捕捉基金产品投资中的机会，就能因巧打"时间差"带来获利机会。

第四节　重量级基金投资类型之二——封闭式基金的投资技巧

封闭式基金与开放式基金有何不同

（1）基金规模的可变性不同。封闭式基金均有明确的存续期限（我国为不得少于5年），在此期限内已发行的基金单位不能被赎回。虽然特殊情况下此类基金可进行扩募，但扩募应具备严格的法定条件。因此，在正常情况下，基金规模是固定不变的。而开放式基金所发行的基金单位是可赎回的，而且投资者在基金的存续期间内也可随意申购基金单位，导致基金的资金总额每日在不断地变化。换言之，它始终处于"开放"的状态。这是封闭式基金与开放式基金的根本差别。

（2）基金单位的买卖方式不同。封闭式基金发起设立时，投资者可以向基金管理公司或销售机构认购；当封闭式基金上市交易时，投资者又可委托券商在证券交易所按市价买卖。而投资者投资于开放式基金时，他们则可以随时向基金管理公司或销售机构申购或赎回。

（3）基金单位的买卖价格形成方式不同。封闭式基金因在交易所上市，其买卖价格受市场供求关系影响较大。当市场供小于求时，基金单位买卖价格可能高于每份基金单位资产净值，这时投资者拥有的基金资产就会增加；当市场供大于求时，基金价格则可能低于每份基金单位资产净值。而开放式基金的买卖价格是以基金单位的资产净值为基础计算的，可直接反映基金单位资产净值的高低。在基金的买卖费用方面，投资者在买卖封闭式基金时与买卖上市股票一样，也要在价格之外付出一定比例的证券交易税和手续费；而开放式基金的投资者需缴纳的相关费用（如首次认购费、赎回费）则包含于基金价格之中。一般而言，买卖封闭式基金的费用要高于开放式基金。

（4）基金的投资策略不同。由于封闭式基金不能随时被赎回，其募集得到的资金可全部用于投资，这样基金管理公司便可据以制定长期的投资策略，取得长期经营绩效。而开放式基金则必须保留一部分现金，以便投资者随时赎回，而不能尽数地用于长期投资，一般投资于变现能力强的资产。

找准投资封闭式基金的切入点

封闭式基金是一种适合稳健型投资者的理财产品，由于其交易价格长期低于净值，2003年曾走向边缘化。但自2005年至2007年，封闭式基金在高折价、净值增长、到期概念、分红预期等动力驱动下又走向繁荣，使其投资价值逐步得到了投资者的认同。

虽然历史数据表明封闭式基金净值与大盘基本同步，但是自2005年下半年以来，基金净值表现明显超过大盘。我们判断，随着全流通时代的到来，这一趋势和优势将越来越明显。

首先，封闭式基金估值水平仍然偏低，反弹要求交易价格向净值回归。截至2007年底，封闭式基金加权平均折价率为37.03%，仍处在绝对高折价区域；扣除基金资产中现金与债券部分后计算持仓股票内在折价率，平均水平有所下降，但还有半数基金的该指标在5000以上，理论上还是相当于以5折的价格购买其持仓股票。而擅长挖掘估值偏低品种的QFII、社保等机构投资者的介入程度正不断加深，也说明其对封闭式基金的前景看好。

其次，到期套利与制度创新题材是未来几年保持高度活跃的重要题材。

由于前期封闭式基金普遍涨幅较大，未来封闭式基金净值增长与相对估值水平更多是取决于A股走势。假设上述两个因素不变，我们引入"内部收益率"指标，该指标即是假设基金净值不变，持有基金到期的投资收益，那么，未来封闭式基金到期选择的方案不同，投资者超额收益水平将有一定区别。

在到期清算情况下，基金管理公司须提前进入清算状态，根据国际平均水平，到期清算成本在5%左右，因此投资者所获超额收益水平为理论内部收益率扣除清算成本部分。封转开情况下，在方案实施的过程中二级市场交易价格已经基本向净值回归，转为开放式基金后，赎回套利空间已相对较小，与其他开放式基金一样仅保持相对固定的赎回比例，对市场的冲击力度也较小，投资者所获的超额收益率水平与理论内部收益率相差无几。

在封转开情况下，方案实施的时点不同，对投资者超额收益的影响也不同。分析表明，美国封闭式基金实施封转开时，持有基金的折价与内部收益呈正相关。但是没有封转开预期的高折价基金，其折价与内部收益没有明显的关系。联系到我国封闭式基金封转开下的套利机会，可见方案实施的时点不同，具体基金品种的套利空间则不同，投资者所获的超额收益亦不同。

如果方案是在到期日前提前进行封转开，那么就与基金到期日的远近无关了，投资高折价的大盘基金获利空间就较大；如果方案是到期才进行封转开，则只有到期日近的小盘基金能够在较短时间内实现超额收益，到期日远的大盘基金只能在类似效应下，寻求二级市场交易价格的反弹机会。目前大批封闭式基金折价率普遍在 40% 以上，一旦有封转开方案的出台，高折价基金将加速回归，投资者有望获得超过理论内部收益的超额收益。

我们建议投资者进行封闭式基金投资时，抓住以上两大切入点，即在关注净值增长潜力的同时，兼顾折价率水平，从而获取较高超额收益。

封闭式基金的品种选择

按照我们对影响封闭式基金价格的各要素的分析，如何挑选封闭式基金具体品种的思路也就很清楚了。

（1）寻找有较强股票投资管理能力的基金管理公司旗下的品种。更强的战胜市场的能力、更强的基金净值增长能力仍是封闭式基金市场价格上涨的重要力量。

（2）寻找高折价、高净值的基金品种。股指期货一旦成为现实，封闭式基金折价可能迅速下降，在同等情况下，折价越高意味着涨幅越大。高净值基金则表明该基金存在更高的分红预期，而关于分红因素的作用，我们前面已经分析得很清楚了。

（3）投资者利用"时间差"，积极投资即将到期的封闭式基金。比如，2007 年 2 月 9 日，基金普华的折价率是 7%，其到期日是当年的 5 月 28 日，若投资者此时买入并持有到期，待其"封转开"后赎回，可接下来投资 7、8 月份到期的基金，包括基金裕华、基金安久等，之后可以再投资 11、12 月份到期的基金，包括基金同德、基金兴安、基金隆元、基金景阳等。这样如果每次都能成功获取 6% 左右的收益，一年下来收益有机会超过 20%。

需要注意的是，如此短线操作易受大盘波动的影响，投资者需要根据市场变化及时调整策略。

下面是封闭式基金的投资亮点。

1. 大规模分红是重大利好（分红进一步扩大折价率）

封闭式基金分红潮使得投资者面临一个很好的投资时机，封闭式基金分红成为了封闭式基金持有人的特大利好。一方面，可以按净值赎回部分份额；另一方面，

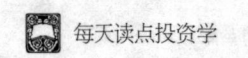

由于分红进一步提高的折价率也为基金价格上涨提供了一个契机。

2. 提前转开放预期不断增强

创新型封闭式基金正不断逼近，但如果现有的封基折价率还超过15%，创新型封闭式基金是很难被推出的。

3. 股指期货助推大盘蓝筹股

股指期货、融资融券等一系列政策将进一步提升大盘蓝筹股的估值水平，进而带动市场重心上移，对封闭式基金的净值无疑也会起到正向作用。在股指期货推出之后，封基存在很大的套利机会，相信大多数机构是不会放弃的。

4. 折价率将逐步降低

股指期货将改变封闭式基金普遍高折价的历史。可以预期，包括保险资金、社保资金和QFII在内的机构投资者入市限制将会得到大幅度的放宽，其他风险厌恶型投资者入市的积极性也会提高，甚至即将阳光化的私募基金也表现出了极大的兴趣，上述几种投资者绝不会对高折价率的套利机会无动于衷，套利交易将取代传统的封转开等因素成为降低封闭式基金折价率的主要动力。

重视折价率的同时也不能忽视其他因素，折价率确实是投资基金时必须参考的因素之一，但对基金的赢利能力分析更重要。打个比方，现在有两只基金都是3年后到期，前一个基金折价率是20%，其每年的赢利率能达到10%，后一个基金折价率是30%，但每年亏损10%。等到期的时候，到底哪一只基金的累计净值高和更有价值呢？不用说，当然是前一只基金了。所以，单单看折价率来投资是不行的。

小盘基金潜力大

从1995年出现基金热开始，小盘基金一直受到主力资金的青睐，小盘基金的活跃性和炒作空间也强于大盘基金。小盘封闭式基金优于大盘基金，是有其内在原因的。

首先，是政策优势。

我国新的《证券投资基金法》规定：持有基金总份额的10%，可以要求召开基金份额持有人大会，50%以上的基金持有人可以召开持有人大会，决定基金是否"封转开"，这将为封闭式基金由"封转开"带来良好的预期。如果未来某一只封闭式基金拟转为开放式基金，其价格必然会向净值附近回归，因此，"封转开"的预期使封闭式基金存在重大的投资套利机会。存续期相对较短的基金其"封转开"的预期更大，而一般来说，较小的基金规模，即使引发集中赎回，其影响面也比较小，而其中一些业绩良好的小盘基金甚至可以借"封转开"扩容，从而使得管理层和基金管理公司更能接受实行"封转开"。所以，投资小盘基金具有政策上的优势。

其次，契约到期带来投资机会。

2008年，部分小盘封闭式基金的"契约陆续到期"带来投资机会。这些小盘封闭式基金契约延期的可能性非常小，而最可能的选择是：要么"封转开"，要么"到期清盘"。那么，由于契约陆续到期而带来的小盘封闭式基金的投资价值空间到底有多大呢？2007年，小盘封闭式基金平均约21%的折价率。考虑到清盘或"封转开"的可能损失(由于基金被迫"清盘"，这些基金将被迫卖出所持股票；或者由于基金"封转开"，这些基金将面对大规模的基金赎回)，也被迫卖出所持股票，从而引起股价下跌，最终导致基金净值下降，该损失约在10%范围内，因此，购买可能"封转开"或清盘的小盘封闭式基金时的投资回报约在11%左右。

虽然小盘封闭式基金具有诸多优势，但是我们在投资小盘封闭式基金时要小心选择购买时点，如果投资者在2007年8月中旬至9月中旬大盘处在高位时投资小盘封闭式基金，到2008年1月，大多数小盘封闭式基金的价格并没有明显提高，甚至有一些出现了小幅下跌。这是因为这段时间股市下跌10%左右，小盘封闭式基金净值下降了4%左右，而在这几个月，封闭式基金折价率只降低了3%左右。专家预计，在股市不出现大的上涨和下跌的情况下，在8月和9月购买小盘封闭式基金的投资者需要持有基金半年以上才能获得比较好的收益。

此外，专家建议，稳健的投资者应该以获取小盘封闭式基金折价率降低带来的收益为目标，选择较好的购买时点，持有基金期限超过半年。在选择具体基金时，投资者要综合考虑小盘封闭式基金的业绩、折价率和投资风格。在投资规模上，由于目前小盘封闭式基金成交量不是很大，比较适合投资规模在20万元以下的中小投资者。

分红潜力很重要

每年年底和第二年年初，封闭式基金的分红或者是分红预期都会对其市场价格产生较大影响。要想把握住封闭式基金的分红行情，就要从多个方面入手，首

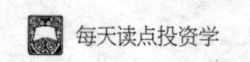

先是预期分红规模，然后在分红规模基础上把握投资机会。

预期分红规模其实主要是预期基金的可供分配基金收益，因为法律规定可供分配基金收益中90%以上需要进行分红。和可供分配基金收益关系最大的是基金单位净值。能够实现高比例分红的基金首先都是单位净值较高的基金，基金在分红后的单位净值一般不会低于1元。

其次是基金的净值增长率，多数基金习惯于把每年的净值增长都兑换成基金收益，但是要特别注意那些2004年出现大额损失而2006年业绩优秀的封闭式基金，要考虑到这些基金在弥补基金损失之后的收益才可以进行分红。

此外，封闭式基金投资者还要看每只基金的2007年未分配收益和2007年前三季度已实现基金净收益情况，某些基金由于2007年基金分红比例不高，剩下的未分配收益也较为可观。

在相同分红比例的情况下，折价率越高的封闭式基金市场价格越敏感。在基金净值超过1.05元的10只基金中有3只为大盘封闭式基金，这几只基金的折价率为35%~40%。

在基金公布四季报和基金分红方案的时候，基金分红多少会成为游资炒作封闭式基金的热点话题，而封闭式基金到底能够分红多少存在不确定性，在正式公告前后，封闭式基金的波动会更加剧烈。

关于封闭式基金的分红，在此提醒一点，有的基民在分红后立刻抛售，这是要引起注意的。

第五节 基金定投——"懒人理财术"

基金定投有什么优势

基金定期定额投资，简称基金定投，是指投资者通过有关销售机构申请，约定每期扣款时间、扣款金额及扣款方式，由销售机构于每期约定扣款日在投资者指定银行账户内，自动完成扣款及基金申购申请的一种投资方式。

这种投资方式，俗称"懒人理财术"，又称"傻瓜理财术"，顾名思义，就是适合那些没有时间、没有金融专业知识的大众投资者的简易投资方式，它借鉴了保险"分期投保、长期受益"的营销模式，就是每隔一段固定时间（如每月1日）

以固定的金额（如2000元）投资于同一只开放式基金或一个预定的基金组合。比如，你决定投资2万元买某只基金，那么按照定期定额计划，你可以每月投资2000元，连续投资10个月，也可以每月投资1000元，连续投资20个月。

对广大投资者而言，选择定期定额业务的好处是分散风险、减轻压力。在不加重投资人经济负担的情况下，做小额、长期、有目的性的投资。

第一，定期投资，积少成多。定期定额投资的金额虽小，但累积的资产却不可小觑，长期投资下来，其获利将远超过定存利息所得。而且投资期间越长，相应的风险就越低。一项以台湾地区加权股价指数模拟的统计显示，定期定额只要投资超过10年，亏损的概率则接近零。

这种"每个月扣款买基金"的方式兼具强迫储蓄的功能，比起自己投资股票或整笔购买基金的投资方式，更能让花钱如流水的人在不知不觉中每月存下一笔固定的资金。让你在三五年之后，发现自己竟然还有一笔不小的"外快"。

第二，懒人理财，手续简便。股票市场涨跌变化快速，一般的投资大众没有大量的时间观盘，也没有专业的水平判断走势。在这种情况下，采用定期定额投资的方式不失为好的选择，这些投资者可以通过效率投资获得专业级的投资回报率。

基金定投虽然被称为"懒人理财术"，但是投资者在选择具体的基金对象时却不能偷懒，选好种子才能使财富的成果更加丰硕。

货币基金和中短债基金是首选品种。在定投业务中，货币基金和中短债基金收益比较低、风险相对小，从投资安全的角度考虑，这两者是工薪阶层首选定投的对象。

一般债券型基金和偏股型品种是提高收益不可缺少的组合。货币基金和中短债基金产品流动性、安全性较高，但收益也相应较低。为了提高收益，能承担较高风险的投资者可选择一些债券型基金和偏股型基金。对于这些品种，由于有一定的费率，更有必要精选，要多考虑基金的净值增长率、分红比率、波动等方面。

第三，平均成本，分散风险。定期定额投资计划的最大特点就是利用"逢低加码，逢高减码"的平均成本投资概念，长期不断地分期投资，也免去选择投资时机的麻烦，分散投资风险。

平均成本法就是定期投资固定金额的投资产品，分散投资时点，可因平均投资成本的效用而避免套牢亏损，避免在时机未成熟时一次性买入投资单位。用"平均成本法"来分散投资时机，只要市场未来有上涨的机会，无论下跌趋势持续多久，投资者都没必要担心回报（据统计，国际上基金长期投资平均收益率为8%）。举例来说，若你每隔两个月投资100元于某一只开放式基金，1年下来共投资6次，总金额为600元，每次投资时基金的申购价格分别为1元、0.95元、0.90元、0.92元、1.05元和1.1元，则你每次可购得的份额数分别为100份、105.3份、111.1份、108.7份、95.2份和90.9份，累计份额数为611.2份，则平均成本为600÷611.2=0.982元，而投资报酬率则为（1.1×611.2-600）÷600×100%=12.05%，比起一开始即以1元的申购价格投资600元的投资报酬率10%为佳。

经验证明，定期定额回报率不比一次性投资差，当市场一路上涨，定期定额的回报率比一次性投资略差。当市场一路下跌，定期定额的回报率一定比一次性投资好。当市场先跌后升，定期定额的回报率大大高于一次性投资。当市场波动频繁，定期定额的回报率也可能比一次性投资高。因此，定期定额的优点主要是可以借着分批进场降低市场波动风险，比较适合长期投资理财计划，是可以随时开始的比较便利的一种投资工具。

基金定投"复利"的魔力

关于复利的魔力，不少理财书籍都曾举过这样的例子：如果你新设一家公司，只发行100股，每股10元，公司净资产1000元。一年后，公司的利润是200元，净资产收益率为20%。然后，将这些利润再投入公司，这时第一年年底公司的净资产为1200元。第二年公司的净资产收益率仍为20%，这样到第二年年底公司的净资产为1420元。如此运作79年，那么1000元的原始投资最终将变成18亿元的净资产。

复利的这种魔力同样体现在基金定投中。那么，在基金定投中，这种复利的效果从何而来呢？

在基金定投中，复利的效果主要取决于两个因素：时间的长短和回报率的高低。两个因素的不同使复利带来的价值增值也有很大不同：时间的长短将对最终的价值数量产生巨大的影响，时间越长，复利产生的增值越多。回报率对最终的价值数量有巨大的杠杆作用，回报率的微小差异将使长期价值产生巨大的差异，以6%的年回报率计算，最初的1元经过30年后将增值为5.74元，以10%的年回报率计算，最初的1元经过同样的30年后将增值为17.45元，4%的微小回报率差异，却使最终的价值差异高达3倍。

由此可知，复利效果的前提是：每年均有正报酬的获利率，才能利滚利。但任何一项投资工具报酬率都会有波动（除非投资者投资的是保本型理财产品），所以股票、基金投资未必能发挥如此惊人的复利效果，主要原因是股价、基金净值是变动的，并非像例子中那样每年都有固定的回报。

如果投资得法，仍然可以享受长期复利的效果。例如，通过基金定期定额投资法长期投资，虽然报酬率仍会有波动，但时间将分散净值波动的风险，并发挥最大的复利效果。如果第一期基金净值下跌，第二期又进一步下跌，当然就没有复利效果，因为这两期的投资根本没有获利，也就不能利滚利。但是换一个角度来看，净值下跌的时候，正是买入基金的好时机，因为同样的投入可以获得更多的基金份额，等到净值反弹时，一次就可以赚回来。

举例来说，每月固定投资2000元，基金净值连续走低，前四期分别为2元、1.6元、1.2元、1元。与此同时，基金份额迅速累积，分别为1000份、1250份、1667份、2000份。如果某一天基金净值回升到1.5元，投资本利就变成了10875元（7250份×1.5元），这就开始获利了。如果是在第一期花10000元一次性买进，那么，净值必须再回到2元才能保本，这就是定期定额投资的效力。有了这一法宝，享受长期复利就不再是梦想了。

如何办理基金定投

投资者到基金代销网点办理基金定投业务申请时，会与销售机构签订约定定期定额投资合同，合同中规定每月执行申购的时间及申购金额，由销售机构于每月约定申购日在投资者指定资金账户内自动完成扣款和基金申购申请。

销售机构每月在约定日扣款一次，如果当日余额不足，则申购不成功，即使第二天补足金额，也不能办理；如果在扣款日因投资者选择了多只基金扣款，但资金账户余额不足，则银行按基金代码从小到大的顺序依次扣款，无法扣款的基金按交易失败处理。

有些银行规定，如当期扣款不成功，代销网点将不再为投资者办理当期定期定额的申购业务，下期的定期定额申请将继续执行；如果连续3个月扣款不成功，则自动取消此项业务。投资者办理变更、终止定投计划时，须注意以下事项：

（1）投资者变更每期扣款金额、扣款日期、扣款账户等，须携带本人有效身份证件及相关凭证到原销售网点申请办理业务变更，具体办理程序遵循销售网点的规定。签订定期定额投资协议后,约定投资期内不能直接修改定投金额,如想变更只能到代理网点先办理"撤销定期定额申购"手续,然后重新签订《定期定额申购申请书》后方可变更。

(2)投资者终止"定期定额投资计划",须携带本人有效身份证件及相关凭证到原销售网点申请办理业务终止,具体办理程序遵循销售网点的有关规定。客户如想取消定投计划,除赎回基金外,还应到销售网点填写《定期定额申购终止申请书》,办理终止定投手续;也可以连续3个月不满足扣款要求,以此实现自动终止定投业务。

(3)"定期定额投资计划"业务变更和终止的生效日须遵循销售网点的具体规定。

什么人适合基金定投

一般来说,以下投资者适合定期定额买基金:

第一,领固定薪水的上班族,尤其是那些刚走入社会的年轻上班族。上班族一般无法亲自在营业时间到金融机构办理申购手续,刚上班的青年也没有更多的积累,选择以小额资金去购买基金,采用定期定额投资计划,每月自动于银行账户中扣款,既省时又省力。

第二,有特殊需求者,如需筹备子女的教育基金、退休养老基金等。提早以定期定额投资基金,不但不会造成经济上的负担,更能让每月的小钱在未来变成大钱,不必为未来大额的资金需求烦恼。

第三,退休族。老年人最好不要将退休金都存在活期储蓄账户上或是放置在家中,要通过适当的操作实现利息最大化。比如,通过定期定额买货币基金以增加利息收益。

第四,不喜欢承担过大投资风险者,觉得股票市场起起落落、投资风险太大,难以忍受。

对于以上定期定额投资者来说,既可有效地管理自己的资产,又达到了预期的效果,所以说"定期定额投资基金"是相当省时省力的投资方法。

但是,收入不稳定的投资者则应慎用定期定额投资。这种投资方式要求按月拿出一定资金供基金公司扣款。按基金公司规定,扣款日内投资者账户资金余额不足,即被视为违约,超过一定的违约次数,定期定额投资计划将被强行终止,由此可能会给投资者带来一定的损失。所以，收入不稳定的投资者应尽量采用一次性购买、多次购买等方式来投资基金。

另外，采用定期定额的方式申购基金必须要有长期投资的打算，如果投资人在定期定额买进基金后，因某种原因而办理赎回，就无法体现"长期均摊成本"的优势，也就难以达到定期定额的投资效果。

基金定投的投资策略

基金定投理论的逻辑推理是这样的，当市场呈现上涨走势时，基金单位价格（即基金净值）相对较高，此时同额度资金买到的基金单位数量相应较少；而当市场呈现下跌走势时，基金单位价格降低，此时能够买到的基金单位数量增加。从一个较长时间段看，总投资由大量相对低位的基金份额和少量高价基金份额组成，摊薄的结果是每一单位的平均成本将会比单笔投资的单位成本低，这就减少了套牢的风险。

上面的逻辑推理似乎非常严谨，可以推导出基金定投是空头市场中很好的防御性投资方式的结论。但投资者不能忽视的一点是，是否能够取得收益在根本上仍然取决于所选择基金的投资能力；而且不同类型的基金实施定投后，也会出现明显的分化。

实践证明，并非每只基金都适合定期定额投资，只有选对投资标的，才能为投资者带来理想的回报。

1. 定期定额投资最好选股票型基金或者是配置型基金

债券型基金等固定收益工具相对来说不太适合用定期定额的方式投资，因为投资这类基金的目的是灵活运用资金并赚取固定收益。投资这些基金最好选择市场处于上升趋势的时候，市场在低点时，最适合开始定期定额投资。只要看好长线前景，短期处于空头行情的市场最值得开始定期定额投资。

2. 定期定额投资最好选择波动大的基金

一般来说，波动较大的基金比较有机会在净值下跌的阶段累积较多低成本的份额，待市场反弹可以很快获利。而绩效平稳的基金波动小，不容易遇到赎在低点的问题，但是相对平均成本不会降得太多，获利也相对有限。

3. 依财务能力调整投资金额

随着就业时间拉长、收入提高，个人或家庭的每月可投资总金额也在提高。

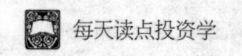

适时提高每月扣款额度也是一个缩短投资时间、提高投资效率的方式。

4. 达到预设目标后需重新考虑投资组合内容

虽然定期定额投资是需要长时间才可以显现出最佳效益，但如果投资报酬在预设投资期间内已经达成，那么不妨检视投资组合内容是否需要调整。定期定额不是每月扣款就可以了，运用简单而弹性的策略，就能使你的投资更有效率，早日达成理财目标。

5. 要活用各种弹性的投资策略，让定期定额的投资效率提高

投资者可以搭配长、短期理财目标选择不同特色的基金，以定期定额投资共同基金的方式筹措资金。以筹措子女留学基金为例，若财务目标金额固定，而所需资金若是短期内需要的，那么就必须提高每月投资额，同时降低投资风险，这以稳健型基金投资为宜；但如果投资期间拉长，投资人每月所需投资金额就可以降低，相应可以将承受的投资风险度提高。适度分配积极型与稳健型基金的投资比重，使投资金额获取更大的收益。

·第八章·

投资债券：回报稳定、安全

第一节　购买债券前必须了解的

债券投资有哪些优点

有人戏称债券是理财的天堂，认为在众多的金融产品中，债券独受宠爱，是投资者眼中较为理想的投资对象，尤其是对那些厌恶风险的投资者来说，债券简直是最好的选择。

对于投资来说，每种投资项目都有其优势，你如果不能掌握其特点，就不可能对其加以利用，扬长避短。

那么，债券到底有什么优点？

1. 较高的安全性

债券一般是由相关的机构直接向社会发行的，与企业和政府相关机构挂钩，但与它们的业绩没有联系，收益比较稳定。一般政府的债券有绝对的安全性，而对于企业的债券，只要它不违约，就能够保证投资者的利益。

2. 较好的流动性

投资者可以直接进入市场进行交易，买卖自由，变现性颇高，且不会在转让时在价值上出现很大损失。

3. 扩张信用的能力强

由于国债安全性高，投资者用其到银行质押贷款，其信用度远高于股票等高风险性金融资产。投资者可通过此方式，不断扩张信用，从事更大的投资。

4. 收益性略高

对投资者来说，债券属于"比上不足，比下有余"的类型。它的收益高于银行存款，但低于股票投资。可是它又比股票投资稳定，所以很适合略趋保守的投资者。

正是因为以上这些优点，人们才愿意选择债券作为自己的投资项目。一般情况下，即使经济环境有所变化，债券的收入也大都会很稳定，不会受到太大的影响，投资者大可放心。

债券的生钱之道是什么

人们购买债券的一个重要原因是知道它能带来收益。个人投资者和投资机构一样，他们购入债券是基于两种考虑：一方面是期待在一定时期内，比如，3年、5年或者10年，甚至更长时间内有定期的利息收入；另一方面是期望能安全地保住本金。

如果你有一笔钱，然而在几个月之后就可能动用，你希望这笔钱在动用之前的几个月能为你提供利润，等要用的时候又能立即兑成现金。在这种情况下，这笔钱较好的去处是购买短期债券。债券的另一大类是长期债券。在长期债券这一类中，有几种情形可以决定投资期限的选择，包括期待的利息率，以及在这一段时间里可供使用的钱和设想的收益。

下面介绍一下短期债券、中期债券和长期债券：

（1）短期债券：偿还期限在1年以下的债券为短期债券。短期债券的发行者主要是工商企业和政府。企业发行短期债券大多是为了筹集临时性周转资金。在我国，这种短期债券的期限分为3个月、6个月和9个月。

（2）中期债券：偿还期限在1年以上5年以下的为中期债券。

（3）长期债券：偿还期限在5年以上的为长期企业债券。

一般说来，最长期的债券的利率也应该是最高的，因为它们的风险经历相当长的时间。在大多数时候，实践与理论一致，但也有一定的时期，长短期利率倒挂，这主要是对远期通货膨胀率看跌造成的。

有规则地支付利息，到期还本付息，这些都是债券吸引人的地方，但并不只限于此。它们还有另一个吸引人的特点：即使没有到期的债券，在必要时也可以很容易地兑换成现金。

但是投资债券要注意通货膨胀，即使到期时本金全数拿回，但这些钱并不见得能买到在最初购买债券时所能买到的东西。由于通货膨胀造成的购买力损失，不仅仅限于本金，通货膨胀同样也影响购买债券时的利率所得。

债券投资的原则之"三足鼎立"

在决定投资债券时，应该遵循以下原则，它们经常被人们称为债券投资原则之"三足鼎立"。

1. 安全性原则

虽然投资债券是较安全的投资方式，但这是相对的，其安全性问题依然存在，因为经济环境不断变化、经营状况不尽相同，债券发行人的资信等级也不是一成不变的。就政府债券和企业债券而言，政府债券的安全性是绝对高的，企业债券的安全性远不如政府债券，仍然有违约的风险，尤其是企业经营不善甚至倒闭时，偿还全部本息的可能性不大。不过，抵押债券和无抵押债券不同，有抵押品作偿债的最后担保，其安全性就相对要高一些。可转换债券可随时转换成股票，作为公司的自有资产对公司的负债负责并承担更大的风险，安全性要高一些。

从安全性的角度出发，债券投资过程中可以运用组合投资理论来进行分散化投资，以便有效地降低投资中的风险，增加投资收益。分散化投资可以将资金分散投资在不同期限的债券上，或将资金分别投资于多种债券上，如国债、企业债券、金融债券等。

2. 流动性原则

流动性原则是指收回债券本金的速度快慢。债券的流动性强意味着能够以较快的速度将债券兑换成货币，同时以货币计算的价值不受损失；反之，则表明债券的流动性差。影响债券流动性的主要因素是债券的期限，期限越长流动性越弱，期限越短流动性越强。不同类型债券的流动性是不同的，如政府债券，在发行后就可以上市转让，故流动性强。企业债券的流动性往往就有很大差别，对于那些资信卓著的大公司或规模小但经营良好的公司，它们发行的债券其流动性是很强的；反之，那些规模小、经营差的公司发行的债券，流动性要差得多。除了对资信等级的考虑之外，企业债券流动性的大小在相当程度上取决于投资者在买债券之前对公司业绩的考察和评价。

3. 收益性原则

获取利润就是投资者投资的目的，谁都不希望投了一笔血本后的结果是收益为零，只落得空忙一场，当然更不愿意血本无归。

从收益上来说，短期收益率一般受市场即期利率、资金供求的影响较大，而长期收益率则要受未来经济的增长状况、通货膨胀因素、流动性溢价和未来资本回报率等不确定性因素的影响。

国家（包括地方政府）发行的债券，是以政府的税收作担保的，具有充分安全的偿付保证，一般被认为是没有风险的投资；而企业债券则存在能否按时偿付本息的风险，作为对这种风险的报酬，企业债券的收益性必然要比政府债券高。当然，这仅仅是其名义收益的比较，实际收益率的情况还要考虑其税收成本。我国目前上市企业债券的信用等级没有拉开，因而收益率也没有拉开，但相对于国债来说，企业债券已体现了一定的信用等级差异以及相应的收益率差异，因此在投资企业债券的时候还应该注意这一点。

根据以上原则，投资者在做出债券投资前要考虑各方面因素，包括信贷评级、利率与年期之间的关系、债券价格与孳息率之关系、债券的流通性、债券的发行条款及市场宏观因素等。

在衡量有关债券投资的风险时，可参照一些国际评级机构对个别债券发行人的信贷评级。假设其他因素不变，信贷评级较高的债券所给予的孳息率一般会较低。

债券的年期越长，风险越大，投资者也就会要求更高的利息回报作弥补。假设其他因素不变，年期越长，债券的利率越高。定息债券的价格会随着市场利率升降而变动，债券价格的走势与市场孳息率背道而驰，此升彼跌。一般而言，息口变动对越迟到期的债券价格影响越大。

除此之外，在投资时，投资者还应考虑自身整体资产与负债的状况以及未来现金流的状况，达到收益性、安全性与流动性的最佳组合。

债券投资的种类有哪些

债券的种类繁多，且随着人们对融资和证券投资的需要又不断创造出新的债券形式，在现今的金融市场上，债券的种类可按发行主体、发行区域、发行方式、期限长短、利息支付形式、有无担保和是否记名等分为九大类。

1. 按发行主体分类

根据发行主体的不同，债券可分为政府债券、金融债券和公司债券三大类。

第一类是由政府发行的债券称为政府债券，它的利息享受免税待遇，其中由中央政府发行的债券也称公债或国库券，其发行债券的目的都是为了弥补财政赤字或投资于大型建设项目；而由各级地方政府机构，如市、县、镇等发行的债券就称为地方政府债券，其发行目的主要是为地方建设筹集资金，因此都是一些期限较长的债券。在政府债券中还有一类称为政府保证债券的，它主要是为一些市政项目及公共设施的建设筹集资金而由一些与政府有直接关系的企业、公司或金融机构发行的债券，这些债券的发行均由政府担保，但不享受中央和地方政府债券的利息免税待遇。

第二类是由银行或其他金融机构发行的债券，称之为金融债券。金融债券发行的目的一般是为了筹集长期资金，其利率也一般要高于同期银行存款利率，而且持券者需要资金时可以随时转让。

第三类是公司债券，它是由非金融性质的企业发行的债券，其发行目的是为了筹集长期建设资金。一般都有特定用途。按有关规定，企业要发行债券必须先参加信用评级，级别达到一定标准才可发行。因为企业的资信水平比不上金融机构和政府，所以公司债券的风险相对较大，因而其利率一般也较高。

2. 按发行的区域分类

按发行的区域划分，债券可分为国内债券和国际债券。国内债券，就是由本国的发行主体以本国货币为单位在国内金融市场上发行的债券；国际债券则是本国的发行主体到别国或国际金融组织等以外国货币为单位在国际金融市场上发行的债券。如最近几年我国的一些公司在日本或新加坡发行的债券都可称为国际债券。由于国际债券属于国家的对外负债，所以本国的企业如到国外发债事先需征得政府主管部门的同意。

3. 按期限长短分类

根据偿还期限的长短，债券可分为短期、中期和长期债券。一般的划分标准是指期限1年以下的为短期债券，在10年以上的为长期债券，而期限在1年到10年之间的为中期债券。

4. 按利息的支付方式分类

根据利息的不同支付方式，债券一般分为附息债券、贴现债券和普通债券。附息债券是在它的券面上附有各期息票的中长期债券，息票的持有者可按其标明的时间期限到指定的地点按标明的利息额领取利息。息票通常以6个月为一期，由于它在到期时可获取利息收入，息票也是一种有价证券，因此它也可以流通、转让。贴现债券是在发行时按规定的折扣率将债券以低于面值的价格出售，在到期时持有者仍按面额领回本息，其票面价格与发行价之差即为利息。除此之外的就是普通债券，它按不低于面值的价格发行，持券者可按规定分期分批领取利息或到期后一次领回本息。

5. 按发行方式分类

按照是否公开发行，债券可分为公募债券和私募债券。公募债券是指按法定手续，经证券主管机构批准在市场上公开发行的债券，其发行对象是不限定的。这种债券由于发行对象是广大的投资者，因而要求发行主体必须遵守信息公开制度，向投资者提供多种财务报表和资料，以保护投资者利益，防止欺诈行为的发生。私募债券是发行者向与其有特定关系的少数投资者为募集对象而发行的债券。该债券的发行范围很小，其投资者大多数为银行或保险公司等金融机构，它不采用公开呈报制度，债券的转让也受到一定程度的限制，流动性较差，但其利率水平一般较公募债券要高。

6. 按有无抵押担保分类

债券根据其有无抵押担保，可以分为信用债券和担保债券。信用债券亦称无担保债券，是仅凭债券发行者的信用而发行的、没有抵押品作担保的债券。一般政府债券及金融债券都为信用债券。少数信用良好的公司也可发行信用债券，但在发行时须签订信托契约，对发行者的有关行为进行约束限制，由受托的信托投资公司监督执行，以保障投资者的利益。

担保债券指以抵押财产为担保而发行的债券。具体包括：以土地、房屋、机器、设备等不动产为抵押担保品而发行的抵押公司债券、以公司的有价证券（股票和其他证券）为担保品而发行的抵押信托债券和由第三者担保偿付本息的承保债券。当债券的发行人在债券到期而不能履行还本付息义务时，债券持有者有权变卖抵押品来清偿抵付或要求担保人承担还本付息的义务。

7. 按是否记名分类

根据在券面上是否记名的不同情况，可以将债券分为记名债券和无记名债券。记名债券是指在券面上注明债权人姓名，同时在发行公司的账簿上作同样登记的债券。转让记名债券时，除要交付票券外，还要在债券上背书和在公司账簿上更换债权人姓名。而无记名债券是指券面未注明债权人姓名，也不在公司账簿上登记其姓名的债券。现在市面上流通的一般都是无记名债券。

8. 按发行时间分类

根据债券发行时间的先后，可以分为新发债券和既发债券。新发债券指的是新发行的债券,这种债券都规定有招募日期。既发债券指的是已经发行并交付给投资者的债券。新发债券一经交付便成为既发债券。在证券交易部门既发债券随时都可以购买,其购买价格就是当时的行市价格,且购买者还需支付手续费。

9. 按是否可转换分类

按是否可转换来区分,债券又可分为可转换债券与不可转换债券。可转换债券是能按一定条件转换为其他金融工具的债券,而不可转换债券就是不能转化为其他金融工具的债券。可转换债券一般都是指的可转换公司债券,这种债券的持有者可按一定的条件根据自己的意愿将持有的债券转换成股票。

哪些债券品种投资者可以参与

购买债券,要处理好长期收益和短期收益以及风险与收益的关系,把长期收益、短期收益和风险结合起来考虑。既要量力而行,也要有长远眼光和承担风险的准备。一般来讲,有资金实力、敢于承担风险而又注重长期收益的人,可购买长期债券;相反,则应购买短期债券。

此外,还要考虑所发行的债券能否上市。如果允许上市,可适当投资于中长期债券;如果不允许上市,最好投资于短期债券。

当然,作为投资者都希望选择期限短、流动性强、安全性高并且收益好的债券。但同时具有这些条件的债券是不存在的,投资者只能根据自己的资金实力、用途和目标侧重于某一方面,作出切合实际的投资选择。

不同的债券流通场所决定了个人投资者介入债市的途径。我国债券市场分为交易所市场、银行间市场和银行柜台市场。交易所市场通过交易指令集中竞价进行交易,银行间市场通过一对一询价进行交易,银行柜台市场则通过挂牌价格一对多进行交易。

交易所市场属场内市场,机构和个人投资者都可以广泛参与,而银行间市场和柜台市场都属债券的场外市场。银行间市场的交易者都是机构投资者,银行柜台市场的交易者则主要是中小投资者,其中大量的是个人投资者。

目前,在交易所债市流通的有记账式国债、企业债和可转债。在这个市场里,个人投资者只要在证券公司的营业部开设债券账户,就可以像买股票一样来购买债券,并且还可以实现债券的差价交易。而柜台债券市场目前只提供凭证式国债一种债券品种,并且这种品种不具有流动性,仅面向个人投资者发售,要更多地发挥储蓄功能，投资者只能持有到期，获取票面利息收入；不过，有的银行会为投资者提供凭证式国债的质押贷款，具有一定的流动性。

个人投资者要想参与更广泛的债券投资，就只好到银行间市场寻宝了。除了国债和金融债外，2007年债市创新的所有品种都在银行间债券市场流通，包括次级债、企业短期融资券、商业银行普通金融债和外币债券等。这些品种普遍具有较高的收益，但个人投资者尚无法直接投资。

但这并不意味着个人投资者无法参与到银行间市场债券市场。个人投资者可以通过储蓄存款、购买保险和委托理财等渠道，把资金集中到机构投资者手里，间接进入银行间市场。

近年来，基金管理公司发展迅速，除非银行金融机构设立的基金管理公司外，商业银行设立的基金管理公司也已经起航。基金被认为是个人投资者进入银行间债券市场的一种更为规范的做法，基金和理财业务在本质上是相同的，但也存在一定的区别。目前，商业银行开展的理财业务，通常先是以自有资金先在银行间债券市场购入一定数量的债券，然后按其总量，向个人投资者进行分销。理财资金与商业银行资金在银行间债券市场上的运作并没有明确的区分。基金则不同，其资金与银行资金没有任何关系；并且投资者借基金投资于债市所取得的收益完全取决于该基金管理公司的运作水平。

第二节　债券交易的投资策略

在升息周期下，如何投资债券

加息后，债券类型理财产品并没有受到太多的困扰和影响，仍然受到众多投资者的关注。实际上，加息除对中长期债券类型理财产品的困扰稍大外，投资者其实还是有很多债券类型理财产品可以选择。如果投资债券的话，继续加息后债券价格仍有下跌的风险，前期投资债券所能获得的收入可能比银行同期存款还要低，投资债券类型理财产品会不会不划算？其实加息只是宏观调控的一种手段之一，当前货币政策的主要目的是为了调控经济过热。尽管继续紧缩的预期仍然存在，但较之持续性的加息，上调准备金利率是主要的调控手段。因此，当前投资债券类型理财产品并不存在挑选时机的问题，关键还是看如何选择适合自己的投资品种。

目前，市场上的债券类型理财产品大致有国债、企业债、债券型基金和货币市场基金等类型，可选择的范围很大。不过，如果要投资债券理财产品，需要综合考虑后才能作出投资决策。

从投资需求来看，投资者最好从收益率、流动性以及投资风险这几个角度来综合分析。

从收益率来看，凭证式国债、货币市场基金等产品相对较为稳定；尽管企业债等债券的收益率较高，但投资者所承担的风险也相对较大。收益稳定的国债比那些结构复杂的理财产品更受稳健型投资者的青睐。在流动性方面，投资者可以多加关注货币市场基金和凭证式国债、交易所挂牌交易的债券等产品。比如，凭证式国债，其变现较为灵活，流动性较强，对于有加息预期的投资者而言，此类产品更有吸引力。从风险方面看，风险最小的当属凭证式国债，其余依次为货币市场基金、债券型基金以及企业债等。只有结合这些产品的特点，从自己的需求出发，才能正确地选择最适合自己的债券类型理财产品。

尽管债券类型理财产品相对于投资股票而言风险要小得多，但并不能保证投资该类型产品就不存在风险。投资债券类型理财产品，投资者目前最需关注的就是货币政策方面的风险。

因此，投资债券的投资者必须提前估算好风险的大小。以投资凭证式国债为例，尽管国债被称为"金边债券"，但如果遇到再次加息，收益很可能会"缩水"。根据财政部的规定，发行期内如果遇到存款利率调整，尚未发行的国债票面利率将在利率调整日按3年期、5年期银行储蓄存款利率调整的相同百分点做同向调整。然而发行期过后，国债利率就不能与储蓄利率同步调整。因此，投资者很可能会遇到加息后自己所投资国债的收益和存款相差无几的尴尬。

从以往的经验来看，债券收益的变动往往要比加息"慢半拍"，所以投资者在购买时最好能考虑到加息的因素。在现在这种不确定的情况之下，投资者最好还是选择短期债券类型理财产品或者流动性较强的产品。对于那些购买了流动性较好的产品的投资者来说，及时调整自己的投资品种就显得非常重要。如此次加息后，如果投资者手中持有的国债购买时间不长、离兑付期限尚有一段较长的时间，提前兑付原来购买的国债并重新购买加息后利率上调的国债就会更划算。

而对于机构投资者来说，处于利率上升期的阶段时，只有选择更短期限的债券，以便于配合升息步骤来实现收益与损失的平衡，追逐更有利于自身投资安全性的合理收益。这种操作模式使得机构投资者在银行间市场上具有相当大的雷同性，造成目前市场中需求一致、操作一致，热券更热、冷券更冷的局面。

与此同时，在投资债券采用市值评估方式来衡量的情况下，升息通常会有两种方式被大家采用，一是快速减少债券投资总量，二是保持投资总量，但缩短债券整体久期。这两种方式都将以实现当期亏损为代价，快速降低债券资产的利率风险。这是理想化的操作模式，在实际操作中，会遇到很多问题：

首先，由于目前债市投资者操作的同向性造成的债券流动性严重不足，更会加剧损失，而这种损失并不是每个机构都能够承受的。

其次，这种操作带来的再投资选择面窄且集中，会进一步降低投资收益以及带来新的投资风险。

综上所述，处于利率上升期的阶段时，机构投资者和散户都有必要调整投资策略，增强投资科学决策手段，体现不同类型机构的散户自身资产负债匹配需求，充分发挥债券市场功能，实现投资人合理的投资回报。

宏观调控背景下的债券投资策略

近几年来，由于贸易顺差的不断扩大和国际游资的存在，国内市场流动性极大。随着股票市场的向好，资金通过基金、理财产品以及其他方式流入股市，投资股市的收益明显高于投资债市，而且收益增长速度之快也吸引了银行储蓄资金向股市的流动。

从2006年开始，人民银行小幅频繁地提高存款准备金率、实行差额准备金率、发行定向央票、提高存贷款基准利率，这些措施主要是通过银行资金的供求来调控宏观经济，但对债市的影响逐渐显现。债券收益率经历了2004年的高点走向2005年的低点，现在又逐步走高。目前，投资者对各期限品种的选择日益谨慎，投资决策越来越难。那么，在这样的背景下投资者应该如何制定投资策略呢？

1. 降低系统风险，做好阶段性操作

系统性风险无时不在、无处不在，债券市场也存在系统性风险。尽管我们不能完全规避系统风险，但可以通过投资组合和阶段性操作降低其影响程度。一般来说，投资组合的久期越短，抵抗利率风险的能力就越强，但收益也就相对较低。投资组合要根据资金情况和承担风险的能力控制在一个合理的水平，这样既可以控制风险，又可以获得一个较好的收益。品种结构的配置应该考虑流动性赢利情况，根据税前和税后利润目标作调整。阶段性操作主要是做好交易类账户的管理和操作，通过交易获得利差收入，提高投资组合的整体收益。所以在各交易品种的选择上，要注意选择交易活跃的债券，在市场上流动性比较好的债券，变现快，有利于控制风险。

2. 把握宏观形势，做好近期投资

在债券发行利率不断上升的情况下，债券投资应该主要考虑以下几方面的因素：

（1）选择短期债券进行投资。在此种形势下，控制利率风险应该是首先考虑的问题，获取高收益应该服从于风险控制。因为近期市场对利率上涨的预期基本一致。品种选择上，可考虑将国债、金融债及央票进行配置。短期融资券也是一个很好的可供选择的品种，但融资能力不如国债、金融债和央票。大中型企业发行的短期融资券，信用风险很低。地方企业和民营企业的短期融资券评级相对低一些，信用风险相对高，发行利率也高，可以有选择地购买其中比较了解的企业，以获取相对较高的收益。

（2）选择投资浮息债。在市场升息预期较大的情况下，投资浮息债是规避利率风险的一种比较好的选择，但收益会比相同期限的固息债低。浮息债应该是目前或者以后一段时间内比较活跃的投资品种，在频繁的交易中也许会有很多机会。

（3）适当投资一些长期债券。部分长期债券已经具有了一定投资价值，因为发行利率已接近历史高点。有担保的10年期企业债的发行利率已经超过5%，适当地建仓应当风险不大。

3. 着眼长远，确定可持续的投资策略

债市投资，不应以频繁交易博取利差作为主要目标。如何把资金运用得最好、最合理，既有很好的流动性，又有较好的效益性，非常重要。对一个投资组合，短期、中期、长期债券都要配置一定比例，短期债券由于陆续到期陆续补充，是保证流动性的重要品种，而中长期债券也要占有一定比例。如果一个投资组合中没有中长期债券或者占比非常小，那就过于保守。有目的地定期定量配置中长期债券，随着时间的推移就会形成一个梯次结构，对一个投资结构来说也是比较优化的。对于有自有资金支持的中长期投资来说，如果有充足的现金流，可以不考虑因为流动性而被迫出售长期投资的问题。随着持有期的增长，债券的久期在缩短，相同期限的市场收益率要低于票面利率，就会产生溢价。如果市场利率平稳，即在一定期限内不加息或降息，那么按照理论计算，债券溢价就会有一个最大值。一般来说，长期债券利率风险都比较大，所以在投资长期债券时需要谨慎行事。目前的市场制度建设和各种新业务品种的创新，给广大投资者提供了很多可以规避风险又可以获得较高收益的机会。

作为投资者，既要追求低风险，也要追求利润最大化。所以，应该在债券溢价最大值时把债券卖掉，以获得持有期的最大收益。那么就会产生一种观念，即中长期债券投资永远不要持有到期，要在债券存续期间选择好时机卖出。

整理行情中，如何投资可转债

在整理行情中，可转债市场往往蕴含着较大的风险，投资者应当谨慎，但如能抓住机遇的话，仍然是有利可图的。

1. 可转债如何定价

可转债的价格由债权价格和期权价格两部分组成。由于可转债是一种企业债券，且有债权的属性，持有人可以选择持有可转债到期，得到公司支付本金和利息收益，所以债权价格是可转债价格的一个基本组成部分。同时，可转债又有期权的属性，投资者可以在规定的时间内将可转债转换成股票，享受股票的红利分配或实现套利，所以期权的价格也是可转债价格的一个重要组成部分。

可转债债权价格是由可转债的久期、票面利率和风险等因素综合决定的。一般来说，可转债离到期日越近，可转债的债权价格越接近发行面值，可转债发行时的票面利率越高则债权价格越高，发行债券的公司风险则与可转债价格成正比。投资者可以把相同期限档次的企业债的市场价格作为可转债债权价格的一个重要参考标准，也可以在相同期限档次的国债收益率的基础上加上风险溢价作为可转债的参考收益率。

可转债的期权价格是目前正股价格和转股时正股的预期价格共同决定的。一般投资者没有必要按照专业的期权公式进行可转债理论价值的精确计算，只需把正股价格除以转股价格后乘100，即可近似地计算出可转债的理论价格。在通常情况下，可转债正股价格高于转股价且股价处于上升通道时，可转债价格也会随之不断上涨。而在弱市行情中，可转债价格会随着正股价格的回落而下跌，因此可转债的期权价格与正股的走势紧密相关。

2. 整理行情中可转债的风险

中国经济存在流动性过剩、通胀继续上升、实际利率为负和资产价格泡沫等问题。出于投资者对国家采取宏观紧缩政策的担忧，债市已经一改前两年的牛市，处于下跌通道。受国债和企业债各券种市场价格不断走低的影响，可转债的债权价格目前也正处于下降通道。

因此，随着股市和债市的强势行情双双转为整理行情，可转债的债权价格和期权价格都受到影响，部分可转债已经出现了市场价格高于内在价值的情况，特别是对一些即将到期的券种，投资者无论是选择持有到期或是转股都将出现损失，其中蕴含了较大的风险。

在可转债市场蕴含着较大风险的情况下，投资者应该把控制风险放在首位，在此基础上再适当选择一些长期看好的券种进行长线投资。有4点投资建议：

（1）应尽量购买接近面值的可转债。接近面值的可转债投资风险相对较低，即使在投资者买入可转债后正股和可转债价格一路下行，投资者也可以选择将可转债持有到期，投资损失可以锁定在购买可转债时的溢价部分。

（2）选择价格被低估或是接近理论价格的可转债。可转债和正股的价格每天都在变化，一般情况下，可转债和正股价格的波动幅度是相近的。但由于种种原因，某些可转债的涨幅可能小于正股的涨幅，而某些可转债的跌幅可能大于正股的跌幅，可转债的价格可能会出现低估的情况。

（3）可转债不宜短炒，应长线投资。现在不宜转股的可转债可能在将来存在套利的机会，因此可转债的期限越长机会也就越多。如果投资者对某正股长期看好，那么可在可转债下跌时逢低买入并进行长期投资。在一段时间后，可转债的收益可能超过投资正股的收益，而且风险也较投资正股小。

（4）投资一级市场优于投资二级市场。投资者可以通过一级市场认购新发行的可转债获得丰厚的收益。

熊市之下的债券投资策略有哪些

随着加息周期的来临，人们较普遍地预期我国的中长期利率将呈现上升的趋势，债券投资市场结束了长期的牛市局面。所以，为规避债券投资的利率风险，战略性地降低债券投资组合的久期非常必要。

由于我国的债券市场运行时间不长，我们还没有真正经历过完整的债券市场周期，熊市下收益率曲线将如何演绎我们并无经验可循，但美国的情况可以给我们提供一定的借鉴。通过对历史数据的考察我们发现，美国国债收益率呈现明显的规律性运动特征。经济周期处于扩张初期，国债长短期收益率利差扩大，经济扩张中期达到最大。扩张初期，利差在1.5%~2.5%的概率是56.4%。在进入扩张期后12个月，利差在1%以上的概率为80.97%，在1.5%~3%的概率为44.7%。这主要是因为短期收益率一般受市场即期利率、资金供求的影响较大，而长期收益率则要受未来经济的增长状况、通货膨胀因素、流动性溢价和未来资本回报率等不确定性因素的影响。由此看来，我国债券市场的调整似乎才刚开始。

因此，投资者应该采取与降低组合久期的战略相一致的思路，即应重点关注债券短期品种。另外要适当增加企业债在组合中的权重。因为债券投资的收益或风险主要来自两方面，一是利率；二是信用。在利率成为主要风险来源的情况下，信用就将成为主要的利润来源。一般而言，对于相同期限不同票面利率的债券，利率高的抗利率风险能力强。同时，我国的企业债的信用等级很高，违约风险极小。

我们既然不能卖空国债，就只能做多企业债。虽然我国目前上市企业债的信用等级没有拉开，因而收益率也没有拉开，但相对于国债来说，企业债已经体现了一定的信用等级差异以及相应的收益率差异，所以在弱市下应该适当增加企业债在组合中的权重。

积极利用套利交易增加赢利套利交易，不论在债券强市和弱市都是可用的策略，然而在弱市条件下，套利尤显重要，因为这是在有效规避风险情况下获取收益的手段。此外，可以预见，我国未来国债市场利率将处在变动期，相对频繁而较大的利率变动将为套利操作提供更多的机会，因为套利需要的前提条件就是利率短期内的失衡以及重新获得平衡。

套利的机会来自两方面：一是跨市套利，即利用我国债券市场分割的现状，发现交易所市场与银行间市场可跨市交易的相同品种收益率的差异，如果该差异大到足以抵偿交易成本并有赢利，那么理论上就可以进行套利操作；二是跨期套利，即利用一定时期内不同期限券种收益率的失衡性差异，同时买卖这些券种。例如，经过近段时期的收益率调整，交易所市场出现了5年期品种收益率低于部分3年期品种的失衡状况。这时从套利操作的角度出发，我们就可以买入3年期品种，卖出5年期品种，直到它们的收益率结构回归均衡。

虽然我国债券市场尚未具有远期、期货或期权等金融避险工具，但由于债券品种的创新，某些类型的债券自身嵌含有期权的因素，因而也在一定程度上具有了避险的功效，在弱市环境下它们特别值得关注。

（1）浮息债。在缺乏规避利率风险有效工具的情况下，浮息债是较好的投资品种，它实际上相当于嵌含了一个利率的看涨期权。

（2）可转债。可转债被人们称为"进可攻、退可守"的投资工具，因为它嵌含了一个对基础股票的看涨期权。同时，可转债设计条款中通常包含的回售条款和转股价修正条款，也是对投资人利益的一定保护。

（3）可回售债。可回售债相当于嵌含了对该债的看跌期权，因而它是债券弱市状态下较好的防御型投资品种。

债券放大操作的投资策略选择

为了增加债券投资收益，投资者开拓了很多方法，放大操作就是其中之一。常见的放大操作方式是投资者通过回购融资，扩大持券规模，从而获取持券与融资成本的利差收益。

放大操作相关的损益主要包括两部分。一是利差，只要融入资金买进债券的收益率高于回购利率，就可以获取持有期的利差收益。二是资本利得，若所持债券的净价在放大操作期间出现上涨，则可以获取价差收益。

一般来讲，资本利得在不同的市场环境下各有正负。在牛市中所持债券净价不断上涨，因而可以获取价差收益，资本利得为正；在熊市中，情况则恰好相反，资本利得为负。

在不同市场环境下，利差收益的绝对值与变化趋势各有特点。以一年期央票与银行间市场7天回购利率之差作为衡量利差空间的指标，剔除因资金面短期波动所带来的利差异常点，对该指标进行分析，可以发现，利差自2006年3月至今均值约为65bp，在不同市场环境下波动较大。例如，2007年上半年，债券市场呈现单边下跌走势，利差一直保持高位，均值约为90bp。而在2008年下半年，债市上涨较快，利差均值仅为20bp。从利差的历史波动规律来看，利差绝对额在牛市中较小，在熊市中较大。短债的收益率和回购利率主要是由债市资金面决定，一年期央票利率和7天回购利率在波动上基本同步。因此二者利差的变化，可以看作债券市场内部的资金分配问题，也就是投资者在二者之间的偏好问题。牛市当中，在做多冲动的作用下，回购资金的需求较多、利率不易快速下降，同时债券的收益率下降较快，二者利差缩小。在熊市当中，债券投资者对于现金的偏好程度高于牛市，并且持有现金为随时进入股票等其他市场提供了便利，因此回购资金供给充裕、利率较低，债券收益率却存在上升趋势，二者利差扩大。

综合两方面因素的分析，在不同的市场环境下，放大操作的收益构成并不相同。在牛市中，资本利得贡献较大，利差收益贡献较小，但获取的实际利差不断增加；在熊市中，资本利得为负，利差收益贡献较大，但获取的实际利差不断减少。

无论在何种市场环境下，放大操作都可能为投资者带来超额投资收益。

在牛市中，因放大操作获取的实际利差不断扩大，并且资本利得为正，因此操作策略上具有很强的自由性。机构可以根据自身的流动性要求和风险承受能力去配置套利品种：如果对流动性要求较高，则可以选择中短期利率品种，虽然资本利得和利差都比较有限，但可以随时获利了结；如果对流动性要求较低，则可以选择中长期利率品种或短期信用品种，获取较多的资本利得和更高的利差收益。

在熊市当中，放大操作的难度会有所加大，策略上需要相对谨慎。可以选择的策略包括：一是以短久期的品种作为套利对象，可以是剩余期限处于考核期内的短期信用品种，因其能够规避市场下跌的风险，只要保证在持有期利差为正即可获取超额收益；也可以是利率风险较低的浮息债，其票面利率不断跟随市场情况调整，能够基本锁定利差。二是结合融资和利率掉期操作，买入对应的浮息债券，基本锁定利差。

当前宏观经济稳步向好，CPI同比涨幅转正后还将继续回升。采取稳健的放大操作策略有助于增加投资收益。

第三节 金边债券——国债投资

国债

国债，这个名词大家都不会陌生，尤其是那些中老年朋友。他们比较保守的理财观念使得国债在多年前曾风靡一时。那时候，最流行的名词就是"国库券"。不过，后来随着金融改革，"国库券"退出了人们的视野，直到1981年我国恢复发行国债后，才又一度掀起购买国债的浪潮。人们之所以这样欣赏它，主要是因为它的低风险，以及确定期限，持有人可以到期收回本金和利息。这在那个追求安稳的年代，无疑是投资的上好选择。时代发展到今天，国债还是有它独特的魅力，依旧受人追捧。

国债又称公债，是政府举债的债务，具体指政府在国内外发行债券或向外国政府和银行借款所形成的国家债务，中央政府向投资者出具的、承诺在一定时期支付利息和到期偿还本金的债权债务凭证。

它是国家信用的主要形式，在国家资金紧张或者需要进行经济上的宏观调控时，都会发行国债。例如，在通货膨胀的时候，政府为了减少流通中的货币，就可能采取财政上的措施，发行大量的国债。由于国债有国家财政信誉作担保，信誉度非常高，历来有"金边债券"之称，为稳健型投资者所喜爱。

国债主要有3种：凭证式国债、无记名式（实物）国债、记账式国债。

1. 凭证式国债

它的性质是一种国家储蓄债，可记名、挂失。它以"凭证式国债收款凭证"记录债权，但不能上市流通，并从购买之日起计息。在持有期内，持券人如遇特殊情况需要提取现金，可以到购买网点提前兑取。提前兑取时，除偿还本金外，利息按实际持有天数及相应的利率档次计算，经办机构按兑付本金的2‰收取手续费。

2. 无记名式（实物）国债

它的性质是一种实物债券，以实物券的形式记录债权，面值不等，不记名，不挂失，但可上市流通。在发行期内，投资者可直接在销售国债机构的柜台购买。在证券交易所设立账户的投资者，可委托证券公司通过交易系统申购。发行期结束后，实物券持有者可在柜台卖出，也可将实物券交证券交易所托管，再通过交易系统卖出。

3. 记账式国债

它的性质是以记账形式记录债权，通过证券交易所的交易系统发行和交易，它可以记名、挂失。投资者进行记账式证券买卖，必须在证券交易所设立账户。由于记账式国债的发行和交易均为无纸化，所以效率高、成本低，交易安全。

选择什么样的国债

目前，我国个人投资者可购买的国债共分两大类：一类为可上市国债，包括无记名国债和记账式国债两种；另一类为不可上市国债，主要是凭证式国债。

凭证式国债并非实物券，各大银行网点和邮政储蓄网点均可购买，由发行点填制凭证式国债收款凭单，内容包括购买日期、购买人姓名、购买券种、购买金额、身份证号码等。凭证式证券不能上市交易、随意转让，但变现灵活，提前兑现时按持有期限长短取相应档次利率计息，各档次利率均高于或等于银行同期存款利率，没有定期储蓄存款提前支取只能按活期计息的风险，价格（本金和利息）不随市场利率而波动。凭证式国债类似储蓄又优于储蓄，通常被称为"储蓄式国债"，是以储蓄为目的的个人投资者理想的投资方式。

记账式国债又称无纸化国债，通过交易所交易系统以记账的方式办理发行。投资者购买记账式国债必须在交易所开立证券账户或国债专用账户，并委托证券机构代理进行。因此，投资者必须拥有证券交易所的证券账户，并在证券经营机构开立资金账户才能购买记账式国债。和凭证式国债不同，记账式国债可上市转让，价格随行就市，有获取较大利益的可能，也伴随有相当的风险，期限有长有短。

凭证式国债和记账式国债特点各异，投资者可结合自身情况进行取舍。但有业内专家指出，后者实际上比前者收益更高。

首先，从利率（收益率）来看，凭证式国债虽然比银行利率高，但却比记账式国债低。

其次，从兑取成本来看，假定记账式国债在交易所流通的手续费与凭证式提前兑取的手续费同为2%，但记账式国债可以按市价在其营业时间内随时买卖，而凭证式国债持有时间不满半年不计利息，持有1年以后按1年为一个时段计付利息，投资者如提前兑取，须承担未计入持有时间的利息损失。

购买国债也并非如人们想象的那样只赚不赔，如果操作不当，不仅不能获利，而且还可能带来一定的经济损失。假设一投资者5月1日购买当年二期凭证式国债，他选择3年期共购进10000元。半年后，因急需用钱，该投资者持券到原购买点要求提前兑付。根据有关规定，应按年利率0.81%计算，可得利息41元，再扣除按2%计收的手续费20元，实际回报21元。与同期银行储蓄相比，他实际少收入28.5元。凭证式国债持有期越短，相对"损失"就越大。仍以上述投资者为例，假设他于6月1日购买，一个月后提前兑付，根据有关规定，购买期限不满半年不予计息，而且仍应向银行支付手续费20元，与同期银行储蓄存款相比较，投资者实际损失已近30元。就凭证式国债而言，投资期限在一年以内的，都不如选择同期银行储蓄存款。

此外，还有无记名国债。无记名国债为实物国债，是我国发行历史最长的一种国债。投资者可在各银行储蓄网点、财政部门国债服务部以及承销券商的柜台购买，缴款后可直接得到由财政部发出的实物券或由承销机构开出的国债代保管单。有交易所账户的投资者也可以委托证券经营机构在证券交易所内购买。无记名国债从发行之日起开始计息，不记名也不挂失，一般可上市流通。

了解了以上几种国债，投资者可以按照自己的偏好和风险承受度来选择适合自己的国债品种。

如何买卖国债

国债，因收益率较高、风险小而引起很多人投资。如何买卖国债可以得到较高收益，这里有一些技巧。

1. 比较一二级市场收益率

买国债时，首先要看它的收益率。收益率=（出售价－购买价）/时间。如在一级市场上购买国债后持有到期，兑付时的收益率，就是票面利率。在一级市场买国债，有人认为收益率一定比二级市场的收益率高，其实未必。目前，我国利率体系主要是以计划利率为主，国债的发行虽然有一部分是采取招标的方式发行，票面利率与市场利率比较吻合，但仍然有一部分国债是由政府直接确定利率来发行的。这样难免会导致国债发行利率与市场利率不一致，要么偏高，如1992年发行时出现热销；要么偏低，如1997年发行的无记名国债，票面利率为9.18%（3年期），而当时二级市场上的收益率在10%以上，这期国债一上市就跌破了面值，这样在一级市场上购买还不如在二级市场上购买。因此，进行国债投资时要比较一二级市场不同国债品种的收益率，选择收益率较高的品种投资，不要只盯住一级市场。

记账式国债的二级市场价格波动也有规律，往往在证交所上市初期出现溢价或贴水。稳健型投资者只要避开这个时段购买，就能规避国债成交价格波动带来的风险。对偏爱国债的投资者，电子式储蓄国债的问世，将开辟新的理财方式。据悉，储蓄国债的期限较长，并设置多个持有期限档次。例如，投资者可在持有满3年、5年、7年后选择兑付与持有。金融专家认为，与凭证式国债不能交易流通，也不能提前兑付，需要资金时只能抵押融资相比，储蓄国债更多地考虑了投资者的流动性需求。

2. 多选择几种券种

目前，我国发行的国债种类很多，有记账式、凭证式、无记名式；从期限上看有长期（10年期、7年期）、中期（5年期、3年期、1年期）、短期（半年、

3个月）等，投资者可以根据自己的资金使用情况合理选择券种。如果长期投资国债，并只想持有到期兑付，应选择不可上市的凭证式国债，或其他可上市的较长期国债；如果是短期性，则可投资上市的国债，在需要时，可方便地买入或卖出兑现，并获取一定的收益。投资国债品种要有不同的期限搭配，因为期限不同的国债利率水平也不同，在经济发展的不同时期，利率水平也会有所变化，这样可以避免资金集中在少数券种上，一旦利率上升时，所持有国债的收益就会显得相对较低。

3. 分析预测利率走势

国债是以国家信用为基础，投资国债具有很高的安全性。但是，在二级市场买卖国债就具有投资风险了。也就是说，当投资者购买（或卖出）国债以后，市场利率上扬（或下跌），国债价格必然下跌（或上涨），投资者将会蒙受损失（或赢利）。因此，投资者应注意分析我国经济发展情况，对今后的利率走势做出预测。当经济发展比较稳定，宏观经济调控成效明显，通货膨胀率持续稳定在低水平时，政府为刺激投资和消费，支持经济发展，会调低利率。因此，在预测今后市场利率将走低的情况下，国债价格将会上扬，这时，应该从二级市场上买入国债；当经济高速发展，通货膨胀居高不下，投资需求和消费需求过热时，政府为抑制过度投资和消费，防止产生"泡沫经济"，会提高利率，国债价格将会下跌，这时，应该在二级市场中卖出国债。

怎样进行国债交易

国债交易需要一定的策略。记账式国债虽然与凭证式国债均有固定的利息收入，但是价格在波动，这就意味着如果低买高卖，就能赚取差价。与股票不同，国债的波动总会在一个合理区域内，因此能够赚取的差价收益远小于股票，但风险也要小得多。

由于国债对利率较为敏感，买入的时机不一定选择在发行时，投资者完全可以等到国债出现大幅下跌之后再考虑买入。由于其面值为100元，利息是固定的，因此一旦价格跌破100元，相应的实际收益就会提高。例如，2003年发行的7期国债，发行面值100元，票面年利率2.66%，但由于目前交易价格仅为89.1元，因此实际年利率达到了4.73%。

在国债市场要成功做到低买高卖，就一定需要重点考虑同期限品种的实际收益率。比如，如果市场7年期的实际利率均在3%，而目前有一只7年期国债的实际收益率却达到了5%，由于其实际收益率高，在选择同样品种时，投资者应买入5%的7年期国债。由于买的人多，而卖的人少，其实际收益率就会逐步向3%靠近，价格就会出现上涨，如果以此作差价，就能在短时间获得2%的收入。

另外，对国债影响较大的是利率，如果市场对于银行利率的增加反应较为强烈，则国债价格将下跌，风险最大的是长期债；反之，利率如果有下降，长期债会受到追捧。

记账式国债的申购和兑取流程

1. 记账式国债的申购

记账式国债是现在很常见的一种债券类型，它和实物形态的票券相对，没有实物形式而是在电脑账户中记录。在我国，上海证券交易所和深圳证券交易所已为证券投资者建立电脑证券账户，因此可以利用证券交易所的系统来发行债券。我国近年来通过沪、深交易所的交易系统发行和交易的记账式国债就是这方面的实例。如果投资者进行记账式债券的买卖，就必须在证券交易所设立账户。所以，记账式国债又称无纸化国债。记账式国债具有成本低、收益好、安全性好、流通性强的特点。

记账式国债通过证券公司进行申购和交易，因此需要开立交易账户，已有股东账户的不用另外开立。由于国债主要在上海市场交易，因此不必开设深圳股东账户。开户费用为40元，办理时间为工作日的上午9:30~11:30，下午1:00~3:00。开户后第二天办理完指定交易后即可申购新债或买卖已上市国债。

交易流程：通过柜台委托或者电话委托进行。

首先，输入股东账户号码和交易密码；其次，输入需要买卖的国债代码；然后，输入委托的价格和数量。

2. 记账式国债的兑取

记账式国债一般分为在交易场所发行、商业银行柜台、银行间债券市场及三个市场同时发行这几种方式。其中，前两种发行，散户投资者都可以购买，而银行间债券市场的发行多是针对机构投资者。个人投资者不是所有品种都可以购买。已经开立账户的客户只需要携带本人身份证、账户卡和存折到代理销售的证券营业部或银行柜台，填写预约认购单，开立保证金账户，转入认购资金，就可以办理。

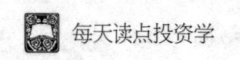

在交易所买卖不收取印花税等费用。

记账式国债的兑取，与无记名实物券和凭证式证券有很大不同。记账式国债的兑取通过证券账户、基金账户、国债专用账户办理。

记账式国债到期兑付时，交易场所于到期交易前停止挂牌交易，将到期的本息直接划到投资者账户中。

第四节 没事多注意——债券投资中的若干事项

是什么在影响债券投资收益

这个标题就说明了投资债券不是一个收益绝对稳定的项目，你很难取得一个固定值，而是在大多数情况下遇到一个变动的量。如果你对债券投资理解得还不够深，你可能无法明白为什么。

其实，债券的投资收益主要由两部分构成：一是来自债券固定的利息收入，二是来自市场买卖中赚取的差价。这两部分收入中，利息收入是固定的，而买卖差价则受到市场较大的影响。那么在市场上，是什么在影响债券的收益呢？

1. 债券的票面利率

债券的票面利率因为发行者的信用度不同、剩余期限不同等原因而各有差异。一般，债券票面利率越高，债券利息收入就越高，债券收益也就越高。反之，则收益越低。

2. 银行利率与债券价格

由债券收益率的计算公式可知，银行利率的变动与债券价格的变动呈反向关系，即当银行利率升高时，债券价格下降；银行利率降低时，债券价格上升。

3. 债券的投资成本

根据成本与收益原理，成本高了，收益自然会降低。而在债券投资中，成本大致有购买成本、交易成本和税收成本三部分。购买成本是投资人买入债券所支付的金额，交易成本包括经纪人佣金、成交手续费和过户手续费等。要想收益高，就要注意降低相关的成本。

4. 市场供求、货币政策和财政政策

微观的市场供求关系，宏观的国家货币政策和财政政策都会对债券价格产生影响，从而影响到投资者购买债券的成本。因此，这三个因素也是我们在考虑投资收益时不可忽略的。

5.通货膨胀率

一般，通货膨胀率越高，债券的收益就越低，资金也就会被无形地损耗；而通货膨胀率降低时，债券的收益就会相对高些。

现今，人们理财投资的意识逐渐确立起来，对于不同投资项目的收益率变化分析及其影响因素的分析越来越仔细，对较小的利益也开始追逐。而债券就是那较小利益的一种。但债券贵在其自身的低风险，所以仍然吸引了不少投资者。

如何提高国债的收益率

国债曾经是老年投资者最钟爱的投资方式，也是最简单、最易接触债券市场的方式。对于投资者来说，国债最大的吸引力就是安全性上的保障，而且目前国债的收益率仍然比银行存款收益率高，同时收益所得无须缴纳利息税。所以无论市场怎样，投资者对于国债的定位仍应是储蓄替代品种。

目前，股票市场仍在持续震荡调整，国债由于其稳定性成为投资理财的安全后盾。而购买国债最大的风险在于资金流动性风险，尤其是购买记账式国债，如果投资者很可能在到期前就提前支取资金，那么还是应该选择凭证式国债，因为它有提前支取的特点。在有加息预期的前提下，购买凭证式国债更加安全。

那么，如何提高国债的收益率呢？

国债的收益率与投资时间长短密切相关。尽管有分析人士认为，长期国债收益率受通货膨胀率、贷款利率的影响，其收益率经过前期的大幅调整，加息对其收益率提高的效应逐渐减弱，投资价值逐渐显现。然而，投资专家认为，长期债券的收益虽然相对较高，但有着流动性差、难以抵抗长期市场波动风险的缺点。那么，怎样配置国债才能既安全又能达到收益最大化呢？据悉，中期债券支付的利率大约是长期债券利率的80%~85%，通过合理的组合，国债投资其实可以取得一个最佳的收益。理财专家说，由于宏观调控仍然充满变数，不建议投资者过多地配置长期国债，而是成立一个自己的"国债组合"：把计划用于投资国债的资金分成6份，分别去投资2~10年期的国债，这样一来，每一年或两年就可以把到期的债券兑现，再投入新的长期债券上，以便稳定获取长期债券的利率，并承担较小的风险。

不同人生阶段的债券投资

处于人生不同的年龄阶段,理财目标与理财攻略也有不同。

(1)单身时期。年轻人刚开始工作,往往消费起来没有节制,甚至成为"月光族"。专家认为,单身青年应提高储蓄率,有计划地积累第一桶金,既为今后扩大投资奠定基础,也为结婚、置业做好筹划。不少单身青年误认为自己输得起,可实际上对高风险投资要适当控制,投资目的更多在于积累投资经验。

(2)蜜月时期。这是一个已经建立家庭但还没有孩子的时期,或许很短暂。不少家庭有购房还贷压力,有的打算购车,现金资产不多。建议合理使用信用卡,通过无息贷款获取差额收益。投资应追求收入的成长性,核心资产可按股票70%、债券10%和现金20%的比例进行配置。

(3)家庭成长期。三口之家被称为"幸福家庭",但30多岁夫妇的任务不轻松,既要考虑子女教育,又须为养老做打算。理财专家指出,教育金筹集在这一阶段最重要,孩子从小到大连续支出的总金额可能不亚于购房花费。在保险需求上,人到中年,对养老、健康、重大疾病的需求较大。那些有房贷和车贷的家庭,更应合理安排好个人信贷,逐步减少负债。

(4)家庭成熟期。此阶段从子女完成学业到自己退休,经济收入达到高峰状态,债务逐渐减轻,理财重点是扩大投资,制订合适的养老计划。建议将投资的50%购买股票或股票型基金,40%用于债券或定期存款,10%用于投资货币型基金等。

(5)退休养老期。理财专家建议,退休后就应该健康第一,财富第二。老年人的主要收入是退休金、积蓄和理财收入,风险承受能力弱,保本最重要。可安排储蓄和国债在80%以上,合理搭配,以防止通胀让财富缩水。对于资产较多的,还需要采用合法手段节税。

债券市场风险分析与防范

试问,在投资的一切形式里,能没有风险这两个字吗?不能。所以,你就不要妄想投资债券能为你规避所有的风险。从某种角度看,实际上,世界上没有不存在风险的事物。

债券,作为一种金融投资工具,它的风险主要有以下几种。

1. 利率风险

利率风险是指利率的变动导致债券价格与收益率发生变动的风险。这主要与国家的宏观经济调控有关系。

为了减小这种风险带来的损害，你应当在债券的投资组合中长短期配合。不论利率上升或者下降，都有一类可以保持高收益。

2. 价格风险

债券市场价格常常变化，若其变化与投资者预测的不一致，那么，投资者的资本将遭到损失。这点，就是债券本身带有的风险。要规避它，就只能靠投资者的眼光和长远的谋划。

3. 违约风险

在企业债券的投资中，企业由于各种原因，比如，管理不善、天灾人祸等，可能导致企业不能按时支付债券利息或偿还本金，而给债券投资者带来损失的风险，这就存在着不能完全履行其责任的可能。

为了减少这种风险，投资者在投资前，不妨多了解一下公司经营情况，再参看一下相关部门对企业的信用评价，然后再做决策。

4. 通货膨胀风险

债券发行者在协议中承诺付给债券持有人的利息或本金的偿还，都是事先议定的固定金额。当通货膨胀发生时，货币的实际购买能力下降，就会造成在市场上能购买的东西相对减少，甚至有可能低于原来投资金额的购买力。

对于这种风险，你最好在投资国债时，也投资一些其他的理财项目，如股票、基金等。

5. 变现风险

这是指投资者在急于转让时，无法以合理的价格卖掉债券的风险。由于投资者无法找出更合适的买主，所以就需要降低价格，以找到买主。为此他就不得不承受一部分金钱上的损失。

针对这种风险，你最好尽量选择流动性好的、交易活跃的债券，如国债等，便于得到其他人的认同，也可以在变现时更加容易。

6. 其他风险

（1）回收性风险。有回收性条款的债券，因为它常常有强制收回的可能，而这种可能又常常发生在市场利率下降、投资者按券面上的名义利率收取实际增额利息的时候，投资者的预期收益就会遭受损失。

（2）税收风险。政府对债券税收的减免或增加都会影响投资者对债券的投资收益。

（3）政策风险。指由于政策变化导致债券价格发生波动而产生的风险。例如，突然给债券实行加息和保值贴补。

如何管理与控制债券风险

债券投资的最大特点就是收益稳定、安全系数较高、又具有较强的流动性。稳健的投资者们往往放弃股票投资的高收益，摒弃银行储蓄的低利息，进行债券投资之处就在于此。因此，继收益性之后，安全性便成为债券投资者普遍关注的最重要问题。

债券作为债权债务关系的凭证，它与债权人和债务人同时相关，作为债务人的企业或公司与作为债权人的债券投资者就债权与债务关系是否稳定来说，起着相同的作用，任何一方都无法独立防范风险。企业或公司作为债券的发行者所采用的确保债券安全、维持企业或公司信誉的措施堪称预防措施，是防范风险的第一道防线。而对于投资者来说，正确选择债券、掌握好买卖时机将是风险防范的主要步骤。

1. 债券投资风险防范的预防措施

对债券的发行做出种种有利于投资者的规定是重要的一步。在发达国家如日本，法律规定公司债券发行额都有一定的限额，不能超过资本金与准备金的总和或纯资产额的两倍。

金融债的限额一般规定为发行额不能超过其资本金和准备金的5倍。债券发行一般是由认购公司承担发行，安全系数高的债券当然容易被认购，这对企业或公司本身也是一种约束。

同时，企业或公司都有义务公开本公司财务、经营、管理等方面的状况，这种制度对企业或公司无疑起到监督和促进作用，对投资者也是一种保护。

2. 债券投资风险防范措施

（1）选择多品种分散投资。这是降低债券投资风险的最简单办法。不同企业发行的不同债券，其风险性与收益性也各有差异，如果将全部资金都投在某一种债券上，万一该企业出现问题，投资就会遭受损失。因此，有选择性地或随机购买不同企业的各种不同名称的债券，可以使风险与收益多次排列组合，能够最大限度地减少风险或分散风险。这种防范措施对中小户特别是散户投资者尤为重要。因为这类投资者没有可靠的信息来源，摸不准市场的脉搏，很难选择最佳投资对象，此时购买多种债券，犹如撒开大网，这样，任何债券的涨跌都有可能获益，除非发生导致整个债券市场下跌的系统性风险，一般情况下不会全亏。

采用这种投资策略必须注意一些问题：首先，不要购买过分冷门、流动性太差且难以出手的债券，以防资金的套牢。其次，不要盲目跟风，抱定不赚不卖的信心，最终才有好收益。最后，特别值得注意的是，必须严密注视非经济性特殊因素的变化，如政治形势、军事动态、人们心理状态等，以防整个债券行市下跌，造成全线亏损。

（2）债券期限多样化。债券的期限本身就孕育着风险，期限越长，风险越大，而收益也相对较高；反之，债券期限短，风险小，收益也少。如果把全部投资都投在期限长的债券上，一旦发生风险，就会猝不及防，其损失就难以避免。因此，在购买债券时，有必要多选择一些期限不同的债券，以防不测。

（3）注意做顺势投资。对于小额投资者来说，谈不上操纵市场，只能跟随市场价格走势做买卖交易，即当价格上涨人们纷纷购买时买入；当价格下跌时人们纷纷抛出时抛出，这样可以获得大多数人所能够获得的平均市场收益。这种防范措施虽然简单，也能收到一定效益，但却有很多不尽如人意之处。

必须掌握跟随时间分寸，这就是通常说的"赶前不赶后"。如果预计价格不会再涨了，而且有可能回落，那么尽管此时人们还在纷纷购买，也不要顺势投资，否则价格一旦回头，必将遭受众人一样的损失。

（4）以不变应万变。这也是防范风险的措施之一。在债券市场价格走势不明显、此起彼落时，在投资者买入卖出纷乱，价格走势不明显时，投资者无法做顺势投资选择，最好的做法便是以静制动，以不变应万变。因为在无法判断的情况下，做顺势投资，很容易盲目跟风，很可能买到停顿或回头的债券，结果疲于奔命，一无所获。此时以静制动，选择一些涨幅较小和尚未调整价位的债券买进并耐心持有，等待其价格上扬，是比较明智的做法。当然，这要求投资者必须具备很深的修养和良好的投资知识与技巧。

（5）必须注意不健康的投资心理。要防范风险还必须注意一些不健康的投资心理，如盲目跟风往往容易上当，受暗中兴风作浪、操纵市场人的欺骗；贪得无厌，往往容易错过有利的买卖时机。

·第九章·

投资外汇：真正以钱赚钱

第一节 外汇——聚敛财富的新工具

外汇交易是一种概率游戏

外汇交易是一种金融投资，因为风险巨大，所以每次交易要如履薄冰，要像作战一般做到"知己知彼，知天知地"，对各种优劣条件做出充分估计，考虑到各种影响因素，然后制订作战计划，交易中也是如此。

由于外汇交易中涉及的情况都是非确定性的，所以概率和统计的思想在交易中占据着核心地位，在思维习惯上我们必须坚持以概率思维进行交易，以统计思维进行评估。桥牌和国际象棋，以及赌博都是这样。

那么，如何培养概率和统计思维呢？首先，在交易系统的设计中要利用历史数据对系统进行检验得出各种统计特征，比如，最大单笔亏损，以及胜率等，只有凭借大量的统计数据得出的检验结论才能形成优良的交易系统。接着，利用新的行情数据对已经初步建立的交易系统进行外推检验，并根据统计结果对系统进行针对性的检验。然后，在正式交易中利用交易日志对系统进行定期的修正和改进。另外，在非自动化交易和多系统综合分析中涉及一个概率分析，也就是说，当诸多矛盾因素合成时，必须在赋予不同因素的不同权重的基础上进行交易决定，而这涉及概率、潜在风险和报酬分析。

由于交易系统的胜率存在改进的余地，导致我们存在朝着100%胜率迈进的冲动，这种冲动有两个误区：

第一，胜率100%不是持续成功交易的决定性因素，很多成功的交易员胜率不足50%，但仍然能以可观的速度积累利润。相反，很多胜率很高的交易者却因为一两笔单前功尽弃，关键的原因在于，每笔赚的要多，每笔亏的要少，也就是单笔最大亏损要小，平均赢利比平均亏损要大。追求胜率是一个新手的主要冲动，其实在交易中有很多试探性的举动，这些举动必然有很多都是亏损的，但赢利的那单必定能在弥补所有的亏损后还能带来丰厚的赢利，就像期货交易中的突破一样，虽然假突破占了多数，但我们很难区分突破的真假，所以即使是假突破，在事前我们不知道的情况下，多半还是要进去，因为毕竟相比损失而言，潜在的利润是丰厚的。

第二，追求胜率会导致模型的过度优化，也就是增加太多限制条件来力图囊括所有的数据。我们在宣传中经常看到胜率在90%多以上的交易软件，其实这明显是过度优化的伎俩，其中的流程是这样的：首先根据数据建立交易系统，然后将交易系统不能阐释的数据找出来，接着在交易系统中加入新的规则使得这些数据能够得到说明。随着这个过程的持续，几乎所有的数据都得以在交易系统中得到阐释，而每段行情都可以抓住，这个系统在这段数据上表现完美，但如果运用在其他数据段上要么发不出信号，要么错误信号太多。这就是过度优化。一般来说，胜率超过90%以上就存在过度优化的伎俩。

防守是外汇交易的最重要前提

再怎么样强调防守的重要位置都不为过，防守是保存自己实力的唯一办法。严峻的现实统计表明，90%的交易者会在一年之内被市场清洗出局。因为他们缺乏防守意识，他们的主要精力集中于"将利润翻倍"，心存幻想是人类的天性，但金融市场不太喜欢这个天性，墨菲定律是金融游戏的最大定律。

防守，是最重要而且是唯一重要的事情，只要你学会防守，市场就会在1/2的概率游戏中让你尝到甜头。下面几句话要理解清楚：没有相当把握，坚决不操作；在追逐利润前先留后退路。防守的理念已经阐述得差不多了，那么怎么具体执行呢？防守最重要的方式之一就是严格止损。

严格止损包括两个步骤：

第一，合理设立止损。合理地设置止损保证自己的交易错误后能及时地，并且以最小损失退出交易，还能最大可能地减少错误的结束交易，也就是被市场的噪音清洗出局，失去了很好的赢利头寸。合理设置止损包括两个方面：一是找到天然位置，这固定了最小止损值，具体说，做多时止损设立在支撑线下方，做空时止损设立在阻力线上方；二是最大止损比率，一般在8%以下，最好是5%以下，也就是止损金额是账户总额的 8%~5% 以下,这个则固定了最大止损值。上面两个因素确定了一个止损的客观区域,我们则根据自己的风险偏好在客观的基础上,进行主观的取舍。

第二,严格执行止损,在下单交易的时候,就要定好止损的位置,并且在碰到止损位置时坚决执行。纪律是市场生存的保证因素。严格止损包括进场设立止损,还有就是根据行情的有利发展,可以将止损跟进到下一个天然位置,但是却不能根据行情的不利发展将止损改大。另外,在市场没有否定你的前提之前,不要提前止损,因为市场没有否定你的假设前提之前,你的判断仍旧是正确的。

什么样的人可以进行外汇实盘买卖

凡持有有效身份证件,拥有完全民事行为能力的境内居民个人,均可进行个人实盘外汇交易。

这里需要注意两点:

(1)有效身份证件包括身份证、军官证、武警警官证、士兵证、军队学员证、军队文职干部证、军队离退休干部证和军队职工证,港、澳地区居民和台湾同胞旅行证件、外籍旅客的护照、旅行证、外交官证等;民航总局规定的其他有效乘机身份证件。

对 16 岁以下未成年人,可凭其学生证、户口簿或者户口所在地公安机关出具的身份证明办理。

(2)拥有完全民事行为能力的人是指 18 周岁以上、精神正常、能够辨认自己的行为的公民。此外,16 周岁以上不满 18 周岁的公民,以自己的劳动收入为主要生活来源的,也视为完全民事行为能力人。

因此,只要你持有有效证件,同时拥有完全民事行为能力,你便可以进行外汇实盘买卖。

通过何种方式进行外汇实盘买卖

外汇实盘买卖的方式主要有以下两种。

1. 市价交易

市价交易,又称时价交易,即根据银行当前的报价即时成交;在时价交易时,投资者知道自己的心理目标，在打通电话后，问清汇价，立即作出买卖决定。市场的价格是在不断变化的，需要投资者当机立断，犹豫之间就会错失良机。

同时，由于市价交易是即时交易，在确认交易后，就即时成交了，不得更改。

2. 限价交易

限价交易，又称挂盘交易，即投资者可以先将交易指令留给银行，当银行报价到达投资者希望成交的汇价水平时，银行电脑系统就立即根据投资者的委托指令成交。

在限价交易中，汇民可以指定成交价格，一旦市场价格达到或优于你指定的价格，银行就按你指定的价格成交。同时还可以设定止损价，在有的市场可以挂止损单。

止损价是指防止亏损或保障赢利，在某个价位若突破，就视为后期的走势对我不利，达到此价位就平掉手上的头寸，这个价格就是止损价。

外汇买卖的技巧

任何事物的发展都有一定的规律，外汇市场的变化也不例外。因此，投资者可以根据外汇市场的变化规律运用一些技巧来获得收益。

1. 利上加利

利上加利，即在汇市对自己有利时追加投资以获取更大利益。但投资者必须对行情判断准确，并且坚定信心。例如，当汇市朝着预测的方向发展，且已升到你预测的某个点时，本来出手即可获利，但如果你不满足于这点小小的利润，并坚信汇价还会上涨，而且也无任何表明汇价将下跌的迹象，则应加买，扩大投资额。如果行情接着高涨，那么，即使不能全胜，但大胜已是确定无疑了。同样道理，当汇市明显下落的时候，也可以采用加利技巧，只不过需要改变交易位置罢了。

2. 自动追加

当汇市比较平稳，没有大的波动，而只在某一轴心两边小幅度摆动，即汇市处于盘局时，便可以采用自动追加技巧。具体操作是：当你已确认汇市处于盘局时，便在最高价位卖出而在最低价位买入，如此反复操作。表面上看，这种操作似乎违背顺势而作的做法，而且每次获利不多，但因为多次反复操作，收益是积少成多，总的利润是相当可观的。

3. 积极求和

当入市后,发觉市势向相反方向运动,则必须冷静,认真分析所出现的情况,不可盲目交易。如果你经过认真分析后,确认市势已经见底,不久即可反弹,便可一直追买下去。这样,等到汇价反弹时,便可以逐步获利。即使汇价反弹乏力,也可以抓住机会打个平手。

4. 双管齐下

如果确认行情是上下起伏波动,呈反复状态,则可以在汇价升到高价位时追买,当汇价跌至低价位卖出,以平掉开始入市时的淡仓而套取利润,同时用再一次的高价位点入市以平掉前次的追仓获得。这样不仅没有亏损,反而有利可图,这种双管齐下的技巧(即低价位时卖出而高价位时买进),实际上是以攻为守和以守为攻的技法。但运用这一技巧时必须小心,绝不可多用,因为一旦汇市趋势呈单边状况而不是反复波动,就会无法套利平仓。

第二节 投资前的预热——外汇投资的准备

了解炒汇基本术语

1. 直盘和交叉盘

直盘是指非美货币与美元比率的货币对,我们主要交叉的直盘货币对包括:美元/日元、欧元/美元、英镑/美元、美元/瑞郎、澳元/美元、美元/加元。

交叉盘则是指美元之外的货币相互之间的比率,比如,欧元/日元、欧元/英镑、英镑/日元、欧元/澳元,等等。

2. 多头、空头

大家常听到的做多、做空;Long、Short。这些成对的术语,前面一个词都是表示买进某个货币对的看涨合约,后者都是指买进某个货币对的看跌合约。买进某个货币对的看涨合约之后,称之为该货币对的多头;买进某个货币对的看跌合约之后,称之为该货币对的空头。

比如,我们常说的:持有欧元/美元多头头寸,即表示已经在此前买入了欧元/美元,现在处于持有状态。

3. 头寸、平仓

头寸，也称为部位，确切的概念应该是市场约定的合约。应用说明：投资者买入了一笔欧元多头合约，就称这个投资者持有了一笔欧元多头头寸；如果做空了一笔欧元，则称这个投资者持有了一笔欧元空头头寸。当投资者将手里持有的欧元头寸卖回给市场的时候，就称之为"平仓"。

4. 揸、沽

源于粤语，分别是做多和做空的意思。

5. 波幅、窄幅波动

波幅是指汇价一段时间内的最高价和最低价之间的幅度，比如，单日波幅指某个交易日汇价的最高价和最低价之间的幅度。我们在了解某个货币的习性的时候，需要注意观察这个货币的常规波幅，不要经常性地做超出常规波幅的判断，以减少分析的准确率。

窄幅波动，一般指一段时间内汇价的波幅处于30点以内。窄幅波动的内在含义是汇价短线处于酝酿过程，往往刚刚经历了一轮波幅比较大的走势，出现窄幅波动是在为下一轮较大波幅走势积蓄动能。

6. 支撑、阻力

支撑和阻力都是技术分析中的基本术语，在日常分析和操作中会经常用到。

支撑，表示某货币对在向下运行的过程中可能遭遇买盘支持的价位；阻力，则是某货币对在上涨过程中可能遭遇卖盘打压的价位。支撑和阻力价位可能由趋势线产生，也可能由百分比分割产生，还可结合多种分析方法进行推断。

关键的支撑和阻力价位往往能起到确认汇价运行方向的效果。

7. 突破、假突破

突破往往指对关键支撑或者阻力价位的越过走势，对汇价接下来的运行节奏有指示意义。而假突破则是指汇价越过了关键的支撑或者阻力价位，但是很快又回到突破前的价格范围内，并能表明汇价不会按照突破的指示意义继续运行。

8. 反抽

又叫回抽，是指在突破某些关键的支撑或者阻力价位之后，汇价再回撤到原来的支撑或者阻力价位附近的过程，此后汇价再按照突破的方向运行。

9. 空头回补，多头回补

空头回补是指某货币对的多头拉动汇价突破某关键阻力，导致的空头做出的被动离场行为，空头的离场自然会以买入多头头寸为实际行为，这样做的结果是推动汇价进一步向多头有利的方向运行。

多头回补则刚好与空头回补相反,是多头头寸持有者离场的行为,推动汇价向空头有利的方向运行。

当汇价越过关键阻力或者支撑的时候,空头回补或多头回补一旦发生,可能引发速度较快的短线行情。

10. 止损

离场的一种方式,主要目的是为了保护资金安全,在市场走势与判断有差异时,需要及时地止损离场,避免损失无谓地扩大。学会及时止损是在外汇市场生存的必要技能,止损的放置基本原则是放在关键支撑的下方、关键阻力的上方。

11. 基本面、技术面

基本面分析和技术面分析是外汇走势分析的两大方法,其中基本面分析主要分析的是全面的经济、政治、军事等数据,它们是决定汇率长期走势的根本因素,借助基本面分析主要有利于把握汇率走势的大方向;技术面分析重在借助技术指标来分析汇率运行的阶段性趋势、节奏、价位、支撑阻力等,并以此来指导操作。

12. 交割日

外汇即期或远期交易的结算如期,我们更经常地在外汇期货、期权的交易中用到,交割日在其到期日之后的约定日期,而我们最常见的外汇实盘和保证金交易都是采取当日为交割日,所以一般不会用到这个名词。

个人外汇实盘买卖需要交纳的费用

一般来说,各种金融商品买卖,除了价差之外,投资人还必须额外负担佣金或手续费。但是外汇交易是免佣金的,交易费用主要产生于投资者选择的银行和交易工具。

所以,汇民在进行个人实盘外汇买卖时只需按照公布的外汇牌价进行买卖即可,不需另外交纳交易手续费。

除外汇买卖外,很多金融产品的买卖都需要交纳一定的手续费。譬如,股票的交易需交纳:印花税(交易金额的1‰)、过户费(交易股数的1‰)、交易佣金(最高为交易金额的3‰)、其他费用。

债券交易也需交纳一定的费用:在交易所进行交易,国债免佣金,其他债券则每一手债券（10股为一手）在价格每升降0.01元时收取的起价为5元，最高不超过成交金额2‰的佣金；企业债券还要缴纳占投资收益额20%的个人收益调节税。

期货交易也有费用：手续费基本上在0.2‰~0.3‰左右，加上经纪公司的附加费用，一般来说，单次买卖手续费还不足交易额的1‰。

个人实盘外汇买卖对交易金额的特殊规定

个人实盘外汇买卖客户通过柜台进行交易，最低金额一般为100美元，电话交易、自助交易的最低金额略有提高，无论通过以上哪种方式交易，都没有最高限额。为了最大限度地为客户提供优惠，部分银行的最低金额在50美元或更优惠的水平。

同时，很多银行对个人实盘外汇买卖的大额交易都有优惠。

譬如，根据国际市场惯例，中国银行对大额交易实行一定的点数优惠，即在中间价不变的基础上，缩小银行买入价和卖出价的价差。实行大额优惠的具体条件，由各分行视自身情况而定。

个人实盘外汇买卖中的汇率

个人实盘外汇买卖中总共有36种汇率。

1. 基准汇率8种

美元/港币 USD/HKD、美元/日元 USD/JPY、欧元/美元 EUR/USD、英镑/美元 GBP/USD、澳元/美元 AUD/USD、美元/瑞郎 USD/CHF、美元/新元 USD/SGD、美元/加元 USD/CAD

2. 交叉汇率28种

日元/港币 JPY/HKD、欧元/港币 EUR/HKD、英镑/港币 GBP/HKD、澳元/港币 AUD/HKD、加元/港币 CAD/HKD、瑞郎/港币 CHF/HKD、欧元/日元 GBP/JPY、英镑/日元 GBP/JPY、澳元/日元 AUD/JPY、加元/日元 CAD/JPY、瑞郎/日元 CHF/JPY、英镑/欧元 GBP/EUR、欧元/澳元 EUR/AUD、欧元/加元 EUR/CAD、欧元/瑞郎 EUR/CHF、英镑/澳元 GBP/AUD、英镑/加元 GBP/CAD、英镑/瑞郎 GBP/CHF、

澳元/加元 AUD/CAD、澳元/瑞郎 AUD/CHF、瑞郎/加元 CHF/CAD、新元/港币 SGD/HKD、新元/日元 SGD/JPY、澳元/新元 AUD/SGD、英镑/新元 GBP/SGD、加元/新元 CAD/SGD、瑞郎/新元 CHF/SGD、欧元/新元 EUR/SGD。

外汇交易的盈亏计算

1. 机会成本

任何投资都是需要计算机会成本的，外汇投资当然也不例外。

所谓机会成本，通俗地理解就是假如我们不做这项投资，而把资金另外安排所可能赚取的收益。这个另外安排的投资方式必须是非常稳妥的，几乎可以认为无风险的投资，这种几乎无风险的投资我们一般可以认为是银行的存款。

比如，美元一年的存款利率是3%，那么我们在其他市场投资或者说进行外汇交易的时候，如果一年的收益率小于3%，仍然是亏损，达到3%才刚好达到了平手，毕竟我们在进行外汇交易的时候付出了风险，所以只有得到更大的收益才能算是物有所值。

2. 实盘交易的盈亏计算

实盘外汇买卖的盈亏计算与股票基本一致，是1：1的实际买卖。

比如，某投资者在 1.1900 价位用 10 万美元买入欧元，后平仓于 1.2100，赢利 200 点，赢利金额为：100000 美元/1.1900×1.2100－100000 美元＝1680.67 美元；如果平仓价位在 1.1800 产生亏损，则亏损金额为：100000 美元/1.1900×1.1800－100000＝－840.34 美元，即亏损了 840.34 美元。

计算公式为：

本金/买入汇率 × 卖出汇率 － 本金 ＝ 盈亏金额

3. 外汇保证金的盈亏计算

外汇保证金交易是一种合约交易，所以它的盈亏计算方式与实盘有很大的差异。这里采用放大比例为 100 倍的杠杆交易进行说明，100 倍放大比例是海外保证金交易最常见的比例，而风险大小并不取决于倍数，只取决于投资者所采用的仓位的大小。

（1）做多。比如，某投资者在 1.1900 价位做多欧元，仓位为 1 个标准单（占用保证金 1000 美元），后平仓于 1.2100，赢利 200 点，欧元每点价值 10 美元，赢利金额为：（1.2100-1.1900）×10=2000 美元。

如果亏损，上述头寸平仓于 1.1850，那么亏损金额为：（1.1850-1.1900）×10×1=-500 美元。

计算公式为：

每点价值 ×（平仓价 – 入场价）× 仓位 = 盈亏金额

（2）做空。比如，某投资者在 1.1900 价位做空欧元，仓位为 1 个标准单（占用保证金 1000 美元），后平仓于 1.1800，赢利 100 点，欧元每点价值 10 美元。

赢利金额为：（1.1900-1.1800）×10×1=1000 美元。

如果亏损，上述头寸平仓于 1.1950，那么亏损金额为：（1.1900-1.1950）×10×1=-500 美元。

计算公式为：

每点价值 ×（入场价 – 平仓价）× 仓位 = 盈亏金额

不同货币的每点价值也有所差异，比如，欧元、英镑、澳元等货币标准单每点价值都是 10 美元，而日元、瑞郎、加元的标准单每点价值均不到 10 美元，交叉盘的每点价值也分别不同。

在保证金交易的盈亏计算中，如果持仓过夜，还应考虑到各个货币的隔夜利息差异。就某个货币对而言，做空低息货币/高息货币，可以得到隔夜利息，做多低息货币/高息货币需要付出隔夜利息；做多高息货币/低息货币可以得到隔夜利息，做空高息货币/低息货币需要付出隔夜利息。隔夜利息是会经常变动的，主要由资金在国际市场上的信贷需求和各货币的自身利率决定。

第三节　熟悉经典的汇市 K 线

K 线三角形形态

K 线又称阴阳线、棒线、红黑线或蜡烛线，就是将各种外汇每日、每周、每月的开盘价、收盘价、最高价、最低价等涨跌变化状况，用图形的方式表现出来。

在 K 线的诸多形态中，三角形形态是非常经典的一种。

在 K 线图中，典型的三角形形态一般会出现正三角形、上升三角形、下降三角形三种。

1. 正三角形形态

正三角形又被称为"敏感三角形",不易判断未来走势,从K线图中确认正三角形主要要注意以下条件:

(1)三角形价格变动区域从左至右由大变小,由宽变窄,且一个高点比一个高点低,一个低点比一个低点低。

(2)当正三角形发展至形态的尾端时,其价格波动幅度显得异常萎缩及平静,但这种平静不久便会被打破,汇价将会发生变化。

正三角形态时我们该如何操作呢?

由于正三角形的形成是由多空双方逐渐占领对方空间,且力量均衡,所以从某种角度说,此形态为盘整形态,无明显的汇价未来走向。在此期间,由于汇价波动越来越小,技术指标在此区域也不易给出正确指示。故投资者应随市场而行,离场观望。

2. 上升三角形形态

上升三角形,其趋势为上升势态,从形态上看,多方占优,空方较弱,多方的强大买盘逐步将汇价的底部抬高,而空方能量不足,只是在一水平颈线位做抵抗。

由于上升三角形属于强势整理,汇价的底部在逐步抬高,多头买盘踊跃,而大型投资机构也趁此推舟,一举击溃空方。如果大型投资机构在颈线位出货的话,汇价回跌的幅度也不会太大,最多会跌至形态内低点的位置,而将上升三角形形态破坏,演变为矩形整理。

3. 下降三角形形态

下降三角形同上升三角形一样属于正三角形的变形,只是多空双方的能量与防线位置不同。下降三角形属于弱势盘整,卖方显得较积极,抛出意愿强烈,不断将汇价压低,从图形上造成压力颈线从左向右下方倾斜,买方只是将买单挂在一定的价格,造成在水平支撑线抵抗,从而在K线图中形成下降三角形形态。

所以,在下降三角形形态出现时,投资者不可贸然将支撑线当作底部区域,更不可贸然吃货,等到真正底部出现时再进场不迟。

K线组合

K线图中蕴含着丰富的东方哲学思想,以阴阳之变反映出多空双方的力量对比。但是单根K线的表现力度比较弱,不足以反映市场的连续变化,K线组合才能详尽地反映出一段时间内多空双方的力量对比转化。

K线组合就是指多根K线组合在一起形成的图形。比较经典的K线组合主要有以下几种。

1. 连续跳空阴阳线

这种组合是指一根阴线之后又一根跳空阴线。当出现这种组合时，表明空方全面进攻已经开始。如果出现在高价附近，则下跌将开始，多方无力反抗；如果在长期下跌行情的尾端出现，则说明这是最后一跌，到逐步建仓的时候了。要是第二根阴线的下影线越长则多方反攻的信号越激烈，阳线则相反。如果在长期上涨行情的尾端出现，则是最后一涨（缺口理论中把这叫做竭尽缺口），第二根阳线的上影线越长，越是要跌了。

2. 跳空阴阳交替K线

一阳加上一根跳空的阴线，说明空方力量正在增强。若出现在高价位，说明空方有能力阻止股价继续上升。一阴加一跳空阳线则完全相反。多空双方中多方在低价位取得一定优势，改变了前一天空方优势的局面，今后的情况还要由是在下跌行情的途中，还是在低价位而定。

3. 两阴和两阳

连续两根阴线，第二根的收盘不比第一根低。说明空方力量有限，多方出现暂时转机，股价回头向上的可能性大。两阳正好相反，它是空方出现转机，股价可能将向下调整。如前所述，两种情况中上下影线的长度直接反映了多空双方力量大小的程度。

经典的星图分析

在K线形态中，星形的K线占有非常重要的位置。由于它们经常出现在股票走势的转折位置，因此对分析短期走势有非常重要的意义。

星图的形态主要有早晨之星和黄昏之星。

1. 早晨之星

早晨之星是由三根K线组成的形态，它是一种行情见底转势的形态。这种形态如果出现在下降趋势中应引起注意，因为此时趋势已发出比较明确的反转信号，是一个非常好的买入时机。

2. 黄昏之星

黄昏之星是一种类似早晨之星的 K 线形态，可以认为是后者的翻转形式，因此黄昏之星在 K 线图中出现的位置也与后者完全不同。

黄昏之星的情况同早晨之星正好相反，它是较强劲的上升趋势中出现反转的信号。黄昏之星的 K 线形态如果出现在上升趋势中应引起注意，因为此时趋势已发出比较明确的反转信号或中短期的回调信号，对于我们来说可能是非常好的买入时机或中短线回避的时机。

红三兵形态的操作策略

红三兵亦称"三红兵"，是 3 根阳线，依次上升，形成红三兵形态。它是一种很常见的 K 线组合，这种 K 线组合出现时，后势看涨的情况居多。具体的 K 线显示情况如下：

使用时，红三兵如果发生在下降趋势中，一般是市场的强烈反转信号；如果股价在较长时间的横盘后出现红三兵的走势形态，并且伴随着成交量的逐渐放大，则是股票启动的前奏，可引起密切关注。

一、红三兵的特殊形态

红三兵有三个特殊形态，即三个白色武士、升势受阻、升势停顿。

1. 三个白色武士

三个白色武士形态基本与红三兵相似，不同的是最后一根阳线的上升力度比较大，出现这种形态（汇价）将会呈上升趋势。

2. 升势受阻（前方受阻红三线）

升势受阻与红三兵有相似之处，不同的是三根阳线逐渐缩小，其中最后一根阳线的上影线特别长，出现这种形态（汇价）将会呈下跌走势。

3. 升势停顿

升势停顿也与红三兵有相似之处，不同的是三根阳线也是逐渐缩小，特别是第三根阳线实体比前二根小得多，出现这种形态（汇价）将会呈下跌走势。

二、红三兵的形态特征

（1）红三兵形态发生在市场的底部。

（2）价格突破一个重要阻力位时，形成上升行情，拉出第一根阳线，然后继续发力拉出第二根阳线。

（3）价格每一次拉升，一般以光头阳线收市，表明买盘意愿强劲。

（4）红三兵所连成的3根阳线实体部位一般等长。

价格处在市场底部振荡，市场沽空一方无力再度做空；而做多一方觉得价格经过下跌，已处在超卖状态，可以做多；观望一方比较了多空力量，认为多方有利，而进场建立多仓。市场受此合力影响，形成3天连续上扬局面。红三兵意味着多方力量刚起步，随着力量的不断释放，将会形成真正的上涨。

三、红三兵的交易策略

（1）寻找到红三兵下方的重要支撑位，比如说，黄金分割位。如果下方有重要支撑位支持，可以考虑把止损设在此支撑位之下。

（2）审视K线交易的前提——结合整体的风险收益比和成功率，来判断是否值得建仓。

（3）在适合建仓的情况下，当第一根阳线出现，并依托重要支撑位向上拉升时，激进者可进场建立小型试探单，止损就设在重要支撑位之下。

第二天，如果价格形态走的标准符合红三兵形态，多单可继续持有，早先没有进场的，也可以进场建多。第三天，红三兵形态正式确立，也是继续建立多仓的机会。

应引起高度重视的三只乌鸦形态

汇市K线中还有一种形态需要引起汇民的高度注意，那就是三只乌鸦形态。三只乌鸦的意思是3根向下的阴线持续下跌，后市看淡。它是红三兵的反面"副本"，在上升趋势中，三只乌鸦呈阶梯形逐步下降，当出现三只乌鸦的组合形态，表明当前市场要么靠近顶部，要么已经有一段时间处在一个较高的位置了，出现此类K线形态一般表明股价后势将进一步下跌。

三只乌鸦出现在下跌趋势启动之初，空头取得优势并开始发力，务必注意这种K线成立的前提，是发生在下跌趋势成立的初期。在下跌趋势的末端，有时也会有三连阴的K线形态，但这与三只乌鸦无神似之处。

三只乌鸦形态的特征是：

（1）在上升趋势中连续3天出现长阴线。

（2）每根阴线的收盘价都低于前一天的最低价。

（3）每天的开盘价在前一天的实体之内。

（4）每天的收盘价等于或接近当天的最低价。

对于三只乌鸦，我们务必注意其交易策略：

（1）如果看见三只乌鸦形态，一般可以酌情建立起突破跟进的空单。

（2）第一天多为观望期，此时市场不明朗，市场信心不强烈，后市走向把握度不高。第二天，三只乌鸦形态雏形已现，可考虑轻仓建空。止损可设在重要阻力区之上。第三天，三只乌鸦形态确立，可进场建空。

第四节 "攻"于技巧——外汇买卖的制胜之道

如何建立头寸、斩仓和获利

"建立头寸"是开盘的意思。开盘也叫敞口，就是买进一种货币，同时卖出另一种货币的行为。开盘之后，长了（多头）一种货币，短了（空头）另一种货币。选择适当的汇率水平以及时机建立头寸是赢利的前提。如果入市时机较好，获利的机会就大；相反，如果入市的时机不当，就容易发生亏损。

"斩仓"是在建立头寸后，所持币种汇率下跌时，为防止亏损过高而采取的平盘止损措施。例如，以1.60的汇率卖出英镑，买进美元。后来英镑汇率上升到1.62，眼看名义上亏损已达200个点。为防止英镑继续上升造成更大的损失，便在1.62的汇率水平买回英镑，卖出美元，以亏损200个点结束了敞口。有时交易者不认赔，而坚持等待下去，希望汇率回头，这样当汇率一味下滑时会遭受巨大亏损。（剖析主流资金真实目的，发现最佳获利机会）

"获利"的时机比较难掌握。在建立头寸后，当汇率已朝着对自己有利的方向发展时，平盘就可以获利。例如，在1美元等于120日元时买入美元，卖出日元；当美元上升至122日元时，已有2个日元的利润，于是便把美元卖出，买回日元使美元头寸轧平，赚取日元利润；或者按照原来卖出日元的金额原数轧平，赚取美元利润，这都是平盘获利行为。掌握获利的时机十分重要，平盘太早，获利不多；平盘太晚，可能延误了时机，汇率走势发生逆转，不盈反亏。

金字塔式加码的优越性

在账户出现浮动利润，走势仍有机会进一步发展时加码，是求取大胜的方法之一。加码属于资金运用策略范畴。

增加手中的交易，从数量而言，基本上有3种情况：第一种是倒金字塔式，即每次加码的数量都比原有的旧货多；第二种是均匀式，即每次加码的数量都一样；第三种是金字塔式，即每次加码的数量都比前一批合约少一半。

如果行情是一帆风顺的话，那么上述3种处理都能赚钱。如果行情逆转的话，这三种处理哪种比较科学、哪种比较合理就立见高下了。

假设我们在1920元买入大豆合约，之后价格一路上扬，随后在1955元加码，到2005元又再加码。又假设手头上的资金总共可以做70手合约，如果以上述3种方式分配，就会产生3个不同的平均价。

（1）倒金字塔式：在1920元买10手，1955元买20手，2005元买40手，平均价为1978元。

（2）均匀式：在1920元、1955元、2005元3个价位都买入同等数量的合约，平均价为1960元。

（3）金字塔式：在1920元买40手，1955元买20手，2005元买10手，平均价只为1942元。

如果大豆期价继续上扬，手头上的70手合约，均匀式加码比之倒金字塔式每吨多赚18元的价位；金字塔式加码更是比倒金字塔式多赚36元的价位。赚也是金字塔式的优越。

反过来，如果大豆期价出现反复，升破2010元之后又跌回1965元，这样一来，倒金字塔式由于平均价高，马上由赚钱变为亏钱，原先浮动利润化为乌有，且被套牢；均匀式加码虽勉强力保不失，也前功尽弃；唯有金字塔式加码的货由于平均价低，依然有利可图。

做空头时也是同样道理。在高价空了货跌势未止时加码，也应一次比前一次数量要减少，这样，空仓起点时的数量保持最大，最后一次加码数量最少，维持金字塔式结构，这样平均价就比较高，在价格变动中可以确保安全。

巧用平均价战术

在外汇买卖的一般策略中，平均价战术被很多人奉为经典，不少专业书刊、训练教材都有介绍，相当一部分交易者亦以这套战术来从事外汇买卖。

平均价战术的要点是：当汇价于 A 点时，根据所搜集的资料判断行情会上升而买入，但可能基于某些因素而暂时下跌。故当汇价下跌至 B 点时，更应买入（因原有资料显示行情会上升），这总体买入的价位就是 A 点与 B 点之间的平均价，比 A 点低。一旦行情涨回 A 点，便可反败为胜。依照这个策略，如果行情从 B 点继续下跌，则 C 点再买，再跌又在 D 点再买。总之平均价越拉越低，只要市价回升至平均价以上则可获利丰厚。跌市做法亦同此理。

这套战术是否确实可行呢？虽不排除有时会成功的可能，但基本上是相当危险的。首先，这种做法属于逆市而行，并非顺市而行，既然在 A 点买入后而行情下跌，已证明了原先认为大市会升的判断是错误的。"不怕错，最怕拖"是外汇交易的首要原则。无论你信心有多大，只要你手上的单子出现浮动损失，就应按事前设好的止损点迅速认赔出场。如果太坚持自己最初的看法，一而再、再而三地逆市投入，只会招致越来越大的损失。外汇保证金交易是信用扩张 100 倍以上的交易，当你在 B 点再买时，你要先补足在 A 点买入的浮动损失；又跌在 C 点再买时，又要先补足在 A 点和 B 点买入加起来的浮动损失。这样就不是什么两套本钱、三套本钱所能应付的。有些人没有想到这一点，往往资金预算无法控制，半途就被断头。

有人说，如果拥有充裕的资金，在小幅震荡的行情中可以利用这一招平均价战术，但遇到周期险转势，这套平均价战术就变成了担沙填海，等于踏上不归路。所以，尤其对于新手来说，平均价战术真的不可乱用。

反转战术的妙用

当外汇市场出现重大的突发性新闻时，行情就会大幅波动。如果原来已持有的头寸刚好与消息市走势相反的话，就有必要运用反转战术了。

反转的做法是：比如，在 A 点做了多头之后，新的刺激因素使价格下挫，对行情重新认识，确认原先的判断是错了，则立即在 B 点双倍卖出，变多头为空头，当价位下跌至 C 点时，除弥补原先的亏损外，尚可获利。

反转其实包含了两个层面：一是原先的头寸作认赔处理，符合"不怕错，最怕拖"的原则；二是调转枪头，争取反败为胜，符合顺市而行的原则。反转战术在大市发生转折，即由上升轨道转为下降或由下降轨道转为上升时，具有特别的效果，可谓扭转乾坤全靠它。

反转战术并非时时可以使用。遇到反复起落市或牛皮行情等，就不能乱用了。当行情在狭窄幅度内呈箱形来回穿梭，上到某个价位左右就调头而下，落到某个界线附近又调头而上时，如果你仍做反转的话，就会被打得晕头转向。这时倒是一动不如一静，以不变应万变为宜，需观察一下再做反转比较妥当。

在外汇交易中，如果看错了就要及早认赔出场，至于是否马上采取行动往相反的方向入市，就得一慢二看三通过了。

因为每一个价位作为出发点，在下一个价位出来之前都有向上或向下两种可能性，我们不能绝对地肯定走势必涨或必跌。做了多头止损是担心会继续跌，是否跌还有待观察；做了空头止损是防止会继续涨，是否涨仍要看发展。止损认赔之后不容有失，再做要很小心，如果立刻做180度大转变，采取反向行动的话，除非是概率很高、把握性很大，否则不应如此匆忙。谁敢断定下一步必涨或必跌呢？

事实上，在买卖过程中，往往一错到底还不至于带来多么巨大的亏损，最惨的是一错再错，错上加错。立刻做反转，就存在这样的危险。

顺市而行或拨乱反正，即做反转战术，这种原则是对的，之所以要观察一下才下手，就是为了判断原先自己意想不到的这个趋势究竟方兴未艾抑或临近尾声。综合基本因素、技术分析、数据信号等，认为是仍有足够活动空间时才能实施反转做法。一个趋势总有一定幅度，原先认赔损失越少，越值得立刻反转，因为相对剩余空间大；原先认赔损失越大，越不值得立刻反转，因为相对剩余空间小。

不要主观设想顶和底。一手合约对于整个市场来说，不过是大江中的一滴水，涨潮，随大流上溯；退潮，随大流下游，才能显现出它的存在意义。买卖宜重势不重价，只要供求、经济、政治及人为各种因素仍然利多，市场人气仍然看好，只要资金仍然流入市场转化为买单，那么，行情就会一浪高一浪地向上，不断摸顶。反之，走势就会一浪低一浪地向下，不停探底。所谓高价，只不过是相对于前一阶段的价位较高，如果下一个价位又升上去了，原来的高价马上变成低价；所谓低价，只不过是相对于前一阶段的价位较低，如果下一个价位又跌下去了，原先的低价立刻变成高价。每一个价位的下一步发展都有向上和向下两种可能。

如果你主观上认定某个价位是顶，等于否认了它仍然会向上的任何可能性；你主观上认定某个价位是底，无非排除了它仍然会向下的任何可能性。但是，市场的无形之手是不由你指挥的。不要奢望自己能在顶价卖出和在底价买入，因为放眼一个月，成交的价位有很多个，但顶和底只有一个；回顾一整年，成交的价位有多个，但顶和底只有一个；翻开整个历史，成交的价位有无数个，顶和底亦只有一个！看对大势能赚钱已经不错了，何必强求卖到顶、买到底呢？就等于打乒乓球一样，能扣杀得分已经很不错了，如果还要每球都扣杀成擦边球，恐怕世界冠军都做不到！

买得精不如卖得精

把握好正确的买点只是成功了一半，加上正确的平仓才是完全的成功。这是任何投机市场亘古不变的法则，外汇市场也不例外。

有些汇民朋友在外汇分析上很有一套，无论基本面、技术面都有自己的独到见解，但是他们的操作业绩却往往不尽如人意。其中一个原因就是平仓的时机几乎总是错的，要么过早地平仓，没有取得随后的丰厚利润；要么就是迟迟不平仓，以至于最后行情又回到买入点、起点，甚至被套牢。可见，把握好平仓时机是非常重要的基本功。

1. 高抛法和次顶平仓法

投资者都希望能够有一种方法，一种灵丹妙药，就像技术分析中的某一指标，一旦指标达到某一数值时，就可以准确平仓。然而，遗憾的是到目前为止没有这样的技术指标。其实，只要不过分追求精确，方法当然是有的。高抛法和次顶平仓法可以做到正确平仓，但不是精确平仓。

所谓的高抛法是指投资者在买入货币时，已经给这一货币定好了一个赢利目标价位。一旦汇价达到这一目标，投资者就平仓。一般来说，运用这一投资策略的投资者大多数都是运用货币基本面和技术面结合分析，比如，黄金分割线、平均线、形态等确定出一个合理的目标价位，然后等待货币达到这一目标价位就立即平仓。

次顶平仓法不是事先给自己确定一个目标价位，而是一直持仓直到看汇价显示第二次有见顶迹象时才抛出。一般而言，采用这一平仓策略的投资者通常通过技术分析法来判断见顶迹象，主要是从汇价走势的形态和趋势来判断。具体来说，是通过双顶、头肩顶、三重顶判断中期头部确立，果断平仓。

2. 两法结合效果更好

无论是高抛法还是次顶平仓法，都可以取得相当好的投资效果。世界上许多成功的投资者与基金经理，都是运用其中的一种方法。不过，无论是采用哪一种方法，都各自有其不足之处。对于运用高抛法的投资者来说，必须首先掌握一套对货币所在国经济基本面进行分析的方法，投资者所设定的目标位肯定要高于其当前的市场价。所以说，除非你在外汇市场上确有自己的独到之处，否则的话，设立目标价位可能是比较危险的。

而对于运用次顶平仓出法的投资者，则主要是根据汇价走势来判断，并不事先给自己确定一个目标价位。当然不足之处也是显而易见，这要求投资者必须投入较多的时间和精力盯盘。这就是为什么部分人孜孜不倦地钻研什么是"真顶"，什么是"假顶"，以免上当受骗。

将两种方法结合起来使用效果会更好一些，这样平仓比较理性。当汇价到达买入之初设定的目标价位时，就应该立即平仓。因为投资者在定目标价位时，总有自己的理由，而开始设定的目标位，一般还能比较理智。当汇价不断上涨，多数人的脑子开始发热。为了避免犯错，最好还是及时平仓。投资者平仓后可能汇价还会上涨，这只能说是投资者判断失误，而不是由于投资者头脑发热的缘故。如果行情真的还有继续上涨的空间就应该有勇气再次买入，不过这是又一笔新的操作，重新理智地设定目标位，而不要受前一笔单子的影响。

第五节 "守"于准则——外汇投资的保本之学

拉响红色警报，熟悉外汇风险

有一天，莫小姐在一家银行里看到一款外汇理财产品。她本不想买，可是一方面觉得心里有着试试新的理财方式的冲动，另一方面发现当时的外币利息很低，而这家银行的理财产品利率达2%。她认为尝试一下未尝不可。

但是她忽略了观察外汇信息，没想到外汇有年限的问题，而这段时间里，可能就有所波动。当时，她还认为这样的决定很明智，毫不犹豫地购买了几千元的这种产品。

过了一段时间，她有一笔外汇储蓄到期了，这回她选择了一款收益大于3年期的，而期限只有一年的理财产品。后来，随着美元利率的不断攀升，外汇理财产品的收益逐渐攀高。在时下，一年期美元利率也快超过她的3年期外汇理财产品时，她后悔自己是多么没有远见！

从此，她总结出一点经验，那就是在投资外币时，一定要关注外汇利率的变动，要有超前意识，最好不要选择过长期限的理财产品。

风险，并没有因为外汇市场具有公开、透明、不为人所控制等优点所屏蔽，你仍能清楚地在外汇市场上感受到它的存在。所以，你不得不再次拉响头脑中的红色警报，让我们来关注一下外汇投资中的主要几类风险！

1. 储备风险

它是指一国所有的外汇储备因储备货币贬值而带来的风险。这种风险会让所有投资者的资产都受到影响，大到国家，小到个人持汇者，无一幸免。一个国家的外汇储备可能因为汇率的变动而遭受巨大的损失，国库资金也将跟着吃紧。而由于外汇储备是国际清偿力的主要构成成分，是一国国力的重要象征，因此储备风险一旦变为现实，其后果将十分严重。

2. 交易风险

它是指在以外币为支付币种的交易过程中，由于汇率的变动，即结算时的汇率与交易发生时的汇率不同而引起收益或亏损的风险。

因为一般以外币为支付条件的贸易，大多是以即期或延期付款为支付条件的，很可能在货物交付后，货款仍未支付，这时就存在外汇汇率变化的风险。这点在国际贸易中是十分普遍的，所以很多人在交易时，会对支付的额度有所调整。

3. 会计风险

它是指由于外汇汇率的变动而引起的企业资产负债表中某些外汇资金项目金额变动的风险。从表面看，它只是一种账面风险，并没有体现到实际的交易中来，但是它却会影响企业资产负债的报告结果。

4. 经济风险

它是指由于预计之外的外汇汇率变化而导致企业产品成本、价格等发生变化，从而导致企业未来经营成本增减不能确定的风险。例如，在香港交易所上市的南方航空公司、东方航空公司公布的报告显示，尽管2002年上半年经营收入大幅上升，但由于其在融资租赁飞机方面产生的负债主要是美元和日元，而2003年上半年日元兑美元的汇率大升，直接导致日元对人民币汇率上升了约10%，结果使其净利润大幅下降30%以上。香港的分析师认为，两家航空公司的外汇汇兑损失总共达1.58亿元。

不要在赔钱时加码

在形势好的时候，加码可能将利润放大；而在形势不好的时候，加码则容易促成亏损的加重，那投资者为什么会选择在亏损的时候加码呢？原因很简单，有些投资者眼看赔钱，便想在汇价下跌的过程中趁低买入一笔，企图拉低前一笔的汇价，并在其反弹之时一起平仓，弥补亏损。这种操作思维其实也无可厚非，但问题是如果汇价总不回头的话，等待你的无疑就是恶性的亏损了。在这样的情况下，万一你的账户资金不够充足的话，爆仓也就不足为怪了。

以欧元/日元的操作为例，某投资者于某年2月26日在160.05价位买入了一手欧元/日元，之后汇价也不负众望，不断地向高点攀升。不过，连日来的上冲让欧元筋疲力尽，终于在2月27日当汇价抵达161.37的高点时来了个急转身，大幅下挫至161的下方。虽然事已至此，但由于对汇价的反弹仍抱有一定的希望，该投资者并没有急于平仓出场。相反，他还在2月29日汇价下破160的时候加仓——又买入了0.5手的欧元/美元，企图在其相对底部获得机会。可"天下事不如意十之八九"，汇价不仅没有"回头"的意愿，还接连破了159、158。这时，投资者只能看着那离买入价越来越远的汇价黯然神伤，并且追悔不及。只是一切都已成为事实，唯一的挽救方法就是斩仓，以免在资金不足的情况下让爆仓来解决一切问题。

当然，其中不乏幸运者的存在，现实生活中也有在亏损的时候加码而最终赢利的例子，但不可否认的是，他们所承受的压力也会随之加大。所以，投资者在外汇保证金交易中若是碰上这样的问题，尽量不要在赔钱的时候加码，以免得不偿失。

贪婪和恐惧是拦路虎

外汇市场是一个高风险、高收益的市场，不经过长时间的锤炼很难成为高手。从事外汇买卖，特别是保证金交易，最关键的是要克服自己的贪婪和恐惧心理，贪婪和恐惧是任何高风险行业从业人员获得成功的"拦路虎"。只有在交易中克服这些心理上的弱点，你才能战胜自己，进而获取利润。

汇市是24小时全天候的市场，每天都存在很多机会，如果事先没有认真准备，并制订明确的交易计划，人们就很容易被市场的短线波动干扰，盲目入市，造成非常被动的局面。事实上，这是贪婪的心理在作怪，任何事情"欲速则不达"，机会只留给有准备的人。

另外，恐惧也是一种可怕的心态。在市场中追涨杀跌最容易产生这种心态，最常见的情况是，价格一开始上涨，头脑就发热，把交易计划抛在脑后，匆忙入场，事后证明这样入场的价位往往是买在最高价。然后，又会产生一种侥幸心理，祈祷汇价会朝着有利于自己的方向发展，但市场无情，价格一路下跌，于是恐惧心理产生，总以为跌势已经形成，于是平仓或追沽，结果常常是卖了个地板价。

在市场波动中，如果通过追涨杀跌有了赢利，就会更加相信自己是正确的，也就不害怕了，在贪婪的驱使下，把目标位定得更高或更低，盲目乐观。而此时市场一般会发生比较大的转折，一举将自己套牢。在最需要冷静的时候，投资者往往冷静不下来。汇价快速下滑或上升，其实应该是最好的买入或卖出的机会，但是由于贪婪或是恐惧心理的存在，往往作出相反的决定。如此反复，心态彻底恶化，你就再也无法从容地面对市场的压力了。

相信上述问题对许多初涉汇市的投资者来说是很常见的，应该如何解决呢？

首先，当产生入场冲动的时候，先问问自己有入场的理由吗？有交易计划吗？如果答案是肯定的，那么严格地按计划执行。如果计划与现实一致，这是市场对你努力的奖励；如果计划无法完成，也不要后悔，找出失败的原因，避免重蹈覆辙。

其次，注意保住自己的本金。对新手而言，下单前不管你有多大的把握，请将你的委托单减半！因为你不可能只凭运气在市场中生存下去，此时你最需要的是总结经验，而不是将自己暴露在太大的风险之下。

还有，在连续出错的时候，应该离开市场好好休息一下。如果你连续出现亏损，请关上电脑，不要再关注价格变化，给自己放假，等情绪稳定的时候再入市。

盲目跟风，损失惨重

曾经调查过银行炒汇的投资者入市的依据是什么？结果令人惊讶，超过50%以上的投资者回答是"因为大家都这么说"。投资者未进行具体分析，思想上既无法把握，操作上也未作出任何准备工作，看见许多人在买入或卖出，便跟随入市，结果往往是钱没有赚到，陪着亏钱倒是常事，然后再安慰自己："不止我一个，很多人也亏了。"外汇投资不同于商品买卖，100个人中，80个人说好，那就是一个好的商品，但100个人中，即使有99个人共同买入一个币种，也可能全是输家。人的多少不是问题，关键在于能否赢利。

汇市被动受诸多复杂因素的影响，其中汇民的跟风心理对汇市影响甚大。有这种心理的投资人，看见他人纷纷购进某种货币时，也深恐落后，在不了解的情况下，也买入自己并不了解的某种货币。有时看到别人抛售某家货币，也不问他人抛售的理由，就糊里糊涂地抛售自己手中后市潜力很好的货币。有时谣言四起，由于"羊群心理"（跟风心理）在作怪，致使汇市掀起波澜，一旦群体跟风抛售，市场供求失衡，供大于求，汇市一泄千丈，往往会上那些在汇市上兴风作浪的用意不良的人的当，会被这些人所吞没而后悔莫及。因此，投资者要树立自己买卖某种货币的意识，不能跟着别人的意愿走。

也有很多投资者举棋不定，具有这种投资心理的投资人，在买卖某种货币前，原本制订了计划，考虑好了投资策略，但当受到他人的"羊群心理"的影响，步入某种货币市场时，往往不能形成很好的证券组合，一有风吹草动，就不能实施自己的投资方案。

例如，投资者事前已经发觉自己手中所持有的某种货币价格偏高，是抛出某种货币的时机，同时也作出了出售某种货币的决策。但在临场时，听到他人你一言我一语与自己看法不同的评论时，其出售某种货币的决策马上改变，从而放弃了一次抛售某种货币的大好时机。或者，投资者事前已看出某只股票、某种货币价格偏低，是适合买入的时候，并作出了趁低吸纳的投资决策。同样的，到临场一看，见到的是卖出某种货币的人挤成一团，纷纷抛售某种货币，看到这种情景，他又临阵退缩，放弃了入市的决策，从而失去了一次发财的良机。

还有一种情况是，事前根本就不打算进入某种货币市场，当看到许多人纷纷入市时，不免心里发痒，经不住这种气氛的诱惑，从而作出了不大理智的投资决策。

由此看来，举棋不定心理主要是在关键时刻不能作出判断，坐失良机。

切勿亏生侥幸心，赢生贪婪心

外汇市场价位波动基本可分为上升趋势、下跌趋势和盘档趋势，不可逆势做单，如果逆势单被套牢，切不可追加做单以图扯低平均价位。大势虽终有尽时，但不可臆测市价的顶或底而死守某一价位，市价的顶部、底部，要由市场自己形成，而一旦转势形成，是最大赢利机会，要果断跟进……这些顺利做单的道理，许多散户投资者都知道，可是在实际操作中，他们却屡屡逆市做单，一张单被套几百点乃至一二千点，亦不鲜见，原因何在呢？一个重要的原因是散户由于资本有限，进单后不论亏、盈，都因金钱上的患得患失而扰乱心智，失去了遵循技术分析和交易规则的能力。

散户大群在做错单时常喜欢锁单，即用一张新的买单或卖单把原来的亏损单锁住。这种操作方法是香港、台湾的一些金融公司发明的，它使投资者在接受损失时心理容易保持平衡，因为投资者可期待价位走到头时打开单子。

实际上，散户投资人在锁单后，重新考虑做单时，往往本能地将有利润的单子平仓，留下亏损的单子，而不是考虑市场大势。在大多数情况下，价格会继续朝投资者亏损的方向走下去，于是再锁上，再打开，不知不觉间，锁单的价位便几百点几百点地扩大了。

解锁单，无意中便成了一次次的做逆势单。偶尔抓准了一二百点的反弹，也常因亏损单的价位太远而不肯砍单，结果损失还是越来越大。

大概每个投资者都知道迅速砍亏损单的重要性，新手输钱都是输在漂单上，老手输钱也都是输在漂单上，漂单是所有错误中最致命的错误，可是，散户大群还是一而再、再而三地重复这一错误，原因何在呢？原因在于散户大众常常凭感觉下单，而"大户"则常常按计划做单。

散户盲目下单导致亏损，垂头丧气，紧张万分之余，明知大势已去，还是存侥幸心理，优柔寡断，不断地放宽止蚀盘价位，或根本没有止蚀盘的概念和计划，总期待市价能在下一个阻力点彻底反转过来，结果亏一次即足以大伤元气。

和这种亏损生侥幸心相对应的散户心理，是赢利生贪婪心。下买单之后，价位还在涨，何必出单？价位开始掉了，要看一看，等单子转盈为亏，更不甘心出单，到被迫砍头出场时，已损失惨重。

许多人往往有这种经验：亏钱的单子一拖再拖，已亏损几百点，侥幸回到只亏二三十点时，指望打平佣金再出场，侥幸能打平佣金时，又指望赚几十点再出场……贪的结果往往是，市价仿佛有眼睛似的，总是在离你想出单的价位只有一点点时掉头而去，而且一去不回。

亏过几次后，便会对市场生畏惧心，偶尔抓准了大势，价位进得也不错，但套了10点8点便紧张起来，好不容易打平佣金赚10点20点后，便仓皇平仓。

亏钱的时候不肯向市场屈服，硬着头皮顶；赚钱的时候像偷钱一样不敢放胆去赢，如此下去，本钱亏光自然不足为奇。

·第十章·

投资期货：冒险家的选择

第一节　投资期货的知识准备

揭开期货的神秘面纱——基础知识

期货（Futures），通常指期货合约。是由期货交易所统一制定的、规定在将来某一特定的时间和地点交割一定数量标的物的标准化合约。这个标的物，可以是某种商品，也可以是某个金融工具，还可以是某个金融指标。期货合约的买方，如果将合约持有到期，那么他有义务买入期货合约对应的标的物；而期货合约的卖方，如果将合约持有到期，那么他有义务卖出期货合约对应的标的物，期货合约的交易者还可以选择在合约到期前进行反向买卖来冲销这种义务。广义的期货概念还包括了交易所交易的期权合约。大多数期货交易所同时上市期货与期权品种。

1. 期货合约的组成要素

（1）交易品种。

（2）交易数量和单位。

（3）最小变动价位，报价须是最小变动价位的整倍数。

（4）每日价格最大波动限制，即涨跌停板。当市场价格涨到最大涨幅时，我们称"涨停板"，反之，称"跌停板"。

（5）合约月份。

（6）交易时间。

（7）最后交易日。

（8）交割时间。

（9）交割标准和等级。

（10）交割地点。

（11）保证金。

（12）交易手续费。

2. 期货合约种类

（1）商品期货。商品期货是指标的物为实物商品的期货合约。商品期货历史悠久，种类繁多，主要包括农副产品、金属产品、能源产品等几大类。主要包括：

a. 农产品期货：1848年CBOT（美国芝加哥商品交易所）诞生后最先出现的期货品种。主要包括小麦、大豆、玉米等谷物；棉花、咖啡、可可等经济作物和木材、天然胶等产品。

b. 金属期货：最早出现的是伦敦金属交易所（LME）的铜，目前已发展成以铜、铝、铅、锌、镍为代表的有色金属和黄金、白银等贵金属两类。

c. 能源期货：20世纪70年代发生的石油危机直接导致了石油等能源期货的产生。目前市场上主要的能源品种有原油、汽油、取暖油、丙烷等。

（2）金融期货。金融期货是指交易双方在金融市场上，以约定的时间和价格，买卖某种金融工具的具有约束力的标准化合约。主要包括：

a. 外汇期货：20世纪70年代布雷顿森林体系解体后，浮动汇率制引发的外汇市场剧烈波动促使人们寻找规避风险的工具。1972年5月，芝加哥商业交易所率先推出外汇期货合约。目前在国际外汇市场上，交易量最大的货币有7种，美元、日元、英镑、瑞士法郎、加拿大元和法国法郎。

b. 利率期货：1975年10月，芝加哥期货交易所上市国民抵押协会债券期货合约。利率期货目前主要有两类——短期利率期货合约和长期利率期货合约，其中后者的交易量更大。

c. 股指期货：随着证券市场的起落，投资者迫切需要一种能规避风险实现保值的工具，在此背景下，1982年2月24日，美国堪萨斯期货交易所推出价值线综合指数期货。

期货交易运作机制的特点

期货交易运作机制有其自身的特点，它与证券市场存在着很大的不同。如果不熟悉这些运作机制特点而盲目进入，将会直接影响投资运作的结果。因此，把握期货交易与证券交易的不同点，对于投资者有效控制风险、提高投资效率非常重要。

1. 关于保证金制度

保证金制度是期货交易的最显著特征。它充分体现了期货市场的便利性。投资者在进行期货交易时，无须支付期货合约全额价值，只需支付合约价值一定比例的保证金，一般为合约价值的5%~8%。以5%保证金为例，相当于把"投资资金"放大了20倍。例如，在股票市场，10万元资金，按100%的足额保证金制，只能买10万元的现货股票，假如改为按5%的保证金制，则相当于可买200万元的股票。这样，无疑极大地提高了资金的使用效率，从而扩大了可能的利润空间，当然风险也被放大了。

在进行期货交易过程中，应特别注意保证金制度的这样几个特点：一是保证金制度具有十分明显的杠杆作用，这种制度一方面极大地提高了期货市场的投资运作效率，投机者能够以较少的资金实现较大数量合约的交易。当市场向着有利于自己的方向变动时，能够获取较高收益。套期保值者则能够用少量资金规避较大的现货市场风险。但是，另一方面，保证金制度是一把双刃剑，在增强期货市场资金利用效率的同时，也会放大市场风险。当市场价格向着不利于自己的方向变化时，亏损也将被放大。例如，大商所大豆期货交易，保证金比例为5%，一天的最大价格波动幅度即涨跌停板为3%，也就是说，一个涨跌停板对于投资者来说就是所投资保证金金额60%的盈亏。因此进行期货交易前制订严谨而充裕的投资计划和策略十分重要。二是追加保证金制度，期货交易实行每日无负债结算制度，即每日收盘后根据当日期货结算价进行结算。当客户保证金不足以维持其所持有的期货合约（持仓）时，要求投资者及时补足保证金，当不能及时追加保证金时其持仓将被部分或全部强制平仓，直到达到规则规定的保证金水平。三是同一品种不同期货合约的保证金水平不尽相同，一般从进入交割月前一个月开始逐步梯度增加保证金，交割月前一个月为10%，以后每5个交易日保证金增加5%。从交割月第一个交易日增加到30%，交割月第五个交易日增加到50%。四是当市场某项合约持仓达到一定规模时梯度增加保证金，以及当市场某项合约价格同一方向连续变动两个停板时增加保证金。

证券市场实行全额交易制度，投资者购买证券必须交纳足额的资金。当然，在有些国家证券投资也是可以通过部分融资（透支）来进行的。但是，总体上讲，融资的比例是受到限制的。目前在我国，透支交易证券是一种违规作为。人们意识中，一般认为证券比期货交易的风险小。事实上，经过计算证明证券交易与期货交易的风险幅度几乎是接近的，即损失率为投入资金的100%。但是，比较而言，在单位时间内，期货市场的波动要比股票市场的波动大得多。即期货市场一天的行情等于股票市场一年的行情。两者的区别在于投资效率。单位时间内风险同盈利是呈正比例的。因此，我们说，证券市场的资金利用效率明显低于期货市场，是指证券投资的赢利（或损失）效率明显低于期货投资。

2. 关于做空机制

期货市场具有双向交易机制，既可以在未来行情看涨时买进，又可以在对未来行情看跌时卖空，即所谓的做空机制。也就是说，当投资者认为未来期货价格会上扬，便可以买入期货合约，若判断正确，价格上涨以后在高价位卖出平仓即可获利；相反，当投资者认为未来价格会下跌，则可以卖出期货合约，若判断正确，价格下跌以后在低价位买入平仓即可获利。因此，若投资者对未来走势判断正确，通过期货价格上涨或是下跌都可以获利；反之，若投资者对未来走势判断失误，则无论期货价格是涨是跌都要亏损。可以说，期货市场的做空机制为上市商品合约相关涉及行业和企业提供了"全天候"管理现货经营风险，即套期保值的场所。当然，这种双向交易机制也为投资者提供了便利的双向投资工具。理论证明，双向交易机制下的多空双方"频繁"的价格撮合，会在一定程度上促进期货市场在充分竞争和公平合理条件下形成价格的真实性和有效性。

我国的证券市场目前还没有做空机制，即投资者在不持有股票的情况下不可以进行卖出。即使在一些国家和地区较成熟的证券市场上，现货股票做空机制的运用条件也是受到一定限制的。因此，在没有做空机制条件的证券市场上股票投资者只能在看涨时买进入市，在看跌时将所持有的股票卖掉或者只能持币观望。这种单向交易机制在一定程度上影响了投资者的资金利用效率，使投资者在漫长的熊市中缺少投资机会。同时，单向交易机制下会造成股市中多空力量的不均衡，从而会形成大量资金的集中进退，加剧股市的波动。

3. 关于交易制度

期货交易制度最显著的特点是保证金制度。保证金制度使期货交易在本质上区别于现货交易，也使期货交易具有了进入成本低、盈利（或风险）效率高、风险大的特征；其次是期货合约的期限性。期货交易的交易对象即是期货合约，都具有不同的时间期限，不同的期货合约拥有不同的时间价值；市场流动性不一样，价格代表性以及影响其价格变化的因素也不一样。

此外，我国现存的期货交易制度还具备以下特征：

（1）每日无负债结算制度，即对每笔交易当天进行清算。当保证金不足时，必须在规定时限内及时追加保证金，或是对所持有的期货合约进行平仓至满足保证金规定要求为止。

（2）涨跌停板制度，指限制期货合约一个交易日内最大价格波动幅度。

（3）持仓限制制度，将客户和会员的持仓量根据不同上市品种，不同合约按照一定规则限制在一定比例或一定数量范围内。

（4）套期保值制度，指现货相关企业根据其参与现货市场交易情况，需要在期货市场规避风险的，提出申请并经过交易所批准的套期保值者，将不受持仓限制制度所规定的持仓限量的限制。

（5）大户报告制度，当会员或客户持仓达到规定数量时，需要向交易所提交书面报告。

（6）强制平仓制度，当出现保证金不足并未能在规定时间内补足，以及超出持仓限额所规定数量等情况时，要实施对所持有的期货合约进行强制平仓风险控制制度。

由于上述期货交易特点，一般期货市场都实行严格的风险控制制度。如当某个期货合约的市场持仓规模达到一定数量时，对该合约提高一定比例的交易保证金；当某合约价格3个交易日向同一方向连续涨停板或跌停板时，规则规定允许持仓不利一方且愿意平仓的对冲出局。

在证券市场上，股票交易是现货交易。现货交易与期货交易的显著不同就是全额货款与货物的即时交换，股票现货交易一般不存在期限性问题、保证金制度、追加保证金制度、强制平仓制度和做空机制等。当然，证券交易有时候也会借鉴期货市场的涨跌停板制度。

4. 关于交易对象

期货交易的对象是交易所上市的标准化期货合约。与商品期货的合约对应的是合约所代表的标准化的商品。因此，商品期货交易的对象具有这样几个特点：一是上市品种多是易标准化、易储存运输的大宗商品；二是每个期货合约都有其固有的期限；三是上市合约价格与其所对应的现货市场价格一样，在一定市场因素影响下会产生相当幅度的变化，是现货市场价格变化的温度计，不是现货市场价格变化的发动机，并在临近交割月及交割月向现货市场价格回归；四是由于期货合约所对应的上市商品拥有其自身价值，因此，无论合约价格围绕着供需关系如何变化，都不会使其接近或等于零。

以大商所大豆期货为例，影响上市品种价格变动的主要因素：一是现货市场的供求关系，包括国际现货市场供需情况、国内现货市场供需情况、进口情况；二是大豆相关产业、农业、贸易、食品政策；三是大豆国际市场价格变化的影响，大商所大豆价格变化与美国芝加哥期货交易所大豆价格变化具有很强的相关性并多受其影响；四是大豆相关商品价格的影响。

证券市场股票交易的对象是上市公司的股权。一个公司的股票价格会因该公司自身经营、财务方面及市场环境等情况的变化而发生变化。当该公司资不抵债时，若不考虑中国股票市场的诸多因素，理论上其价格将接近或等于零。影响其股票价格变动的主要因素：一是该企业自身情况如经营业绩、资产状况、发展战略等；二是上市公司所属行业情况、相关产业政策的变化以及国家监管政策的变化；三是国家宏观经济政策和经济发展情况的变化；四是国际股票市场相关情况的影响。

5. 关于期限问题

期货市场的每个期货合约都具有其固定的期限。根据合约所剩时间期限的长短可以分为远期合约、近期合约、临近交割月合约和交割月合约等。一般远期合约交易为一年时间，随着时间的推移，远期合约将逐渐变成近期合约、临近交割月、交割月合约。期货合约的期限性，决定了期货合约远近月份具有不同的特点，在欧美商品期货市场，一般3个月合约比较活跃；在亚洲商品期货市场，一般远期合约比较活跃。

在期货合约由远至近的推移过程中，随着期货合约到期日的临近，围绕该期货合约的相关市场要素将发生重大变化：

一是随着合约期限的临近，时间价格不断减少，投资者主动选择的余地减少，也就是越来越接近于必须做出是平仓还是进行实物交割的选择；有时甚至不排除发生被动交割。

二是市场流动性变弱。由于期货市场的保证金制度和持仓限制制度，一般远期合约交投活跃、流动性较好、大单量进出容易；近期合约交投逐渐清淡、流动性较差、大单量进出较难。这是因为投机资金追求较好的市场流动性而不断转向远期月份合约，近期合约流动性便越来越差。

三是价格代表性由广泛到逐渐区域化。由于我国铜、大豆等大宗商品进口渠道畅通，国际国内现货期货市场联系密切，因此远期合约价格基本反映世界范围内的供求关系，价格代表性广泛。但随着合约交割期的临近，受交割现货货物备货期限的制约，临近交割月的合约价格逐渐向该品种指定交割仓库所在地的现货市场价格回归，价格代表性逐渐区域化。

四是影响价格变化的因素发生变化，影响远期合约价格变化的因素可以更广泛、宏观和形象化；而影响临近交割月合约价格变化的因素则更区域化、微观和具体，影响价格的不确定因素减少。进入交割月前一个月后因保证金梯度增高而市场中逐步仅剩下等待进行实物交割的接货者和交货者，在交割月通过接货资金和注册仓单的匹配，最终实现交割月合约价格向交割仓库所在地现货价格的回归。可以说，期货合约的期限设定有助于增强期货市场与现货市场的关联性，随着期货合约从远及近的变化，逐渐挤出期货价格中所谓的"泡沫"部分，有效释放市场风险，促进期货价格与现货价格走势的趋同。

证券市场中的股票代表着上市公司的股权，通常没有固定期限，随着公司的存在而长期存在。上市公司破产清算应视为其股票交易的最终期限。在我国的股票市场上，由于退市机制还处在建立过程中，因此上市公司的破产清算而导致其股票交易结束的，仍只占市场总体股票数目的很小比例。在西方发达国家成熟的股票市场上，企业股票退市早已成为一种市场机制，是整个证券市场"游戏规则"的重要组成部分。

6. 关于交割制度

商品期货交易一般实行实物交割制度。实物交割是连接期货市场与现货市场的桥梁和重要手段。它通过一手交钱一手交货，即时进行买卖的现货市场和可能承担未来实物交收买卖义务的期货市场最终成为一个单一的商品市场，是使期货市场价格在向交割月临近过程中向现货市场价格回归的重要保证，是期货交易的重要环节。商品期货市场的运行是以现货商品为基础的，而现货商品的生产流通体系也有其固有的特点。以农产品为例，自然条件决定了某种农产品的产地，并成为这种农产品比较固定的流通体系的起点，同时其种植、加工、储藏、运输等也都具有内在的特殊规律。因此，建立在现货市场基础上的农产品期货市场就必须遵循现货供应市场的运行规律。也就是说，农产品期货的实物交割制度一定要符合现货市场流通的特点。

在期货市场进行交易时，投资者可以通过两种方式了结其所持有的未平仓合约，一种是在所持有的期货合约到期前，通过对冲进行与入市时数量相等方向相反的买卖交易，平仓了结所持有的持仓；另一种则是在所持有的期货合约到期时，以符合期货合约规定标准的现货商品的买入或卖出，了结未平仓合约，也就是通过实物交割方式了结期货交易。

证券市场没有实物交割问题。在股票交易无纸化的条件下，投资者将手中所持有的股票卖出是投资者结束交易的唯一方式。从这个意义上说，股票是一种更加虚拟化的资产，缺少其价格向其真实价值回归的有效机制。股票价格的真实性难以及时、有效地在现实市场中得到检验。

7. 关于市场操纵

期货市场是难以操纵的。这是因为，一是期货市场的总持仓规模不是固定的。期货市场中交易的期货合约是以相应的现货商品为基础，并将其标准化了的合同。因此，期货市场规模与相关现货市场规模存在一定关系，但不存在总量限制问题。随着市场参与者的变化而变化，所以所谓持仓集中程度或是持仓比例也都是相对的、变化的。由于期货市场的双向交易机制，多空双方的机会是同等的，市场是相对均衡的。因此，任何一方都难以仅仅凭借资金优势对期货市场价格进行长期操纵。二是期货价格与现货市场价格联系紧密。期货市场价格走势与其交易的标的物，即相应的现货商品价格走势是密切相关的，并在交割月最终实现期货价格向现货价格的靠拢。

期货价格的形成

期货价格是指在期货市场上通过公开竞价方式形成的期货合约标的物的价格。期货市场的公开竞价方式主要有两种：一种是电脑自动撮合成交方式，另一种是公开喊价方式。在我国的交易所中，全部采用电脑自动撮合成交方式。在这种方式下，期货价格的形成必须遵循价格优先、时间优先的原则。

所谓价格优先原则，是指交易指令在进入交易所主机后，最优价格最先成交，即最高的买价与最底的卖价报单首先成交。时间优先原则是指在价格一致的情况下，先进入交易系统的交易指令先成交。交易所主机按上面两个原则对进入主机的指令进行自动配对，找出买卖双方都可接受的价格，最后达成交易，反馈给成交的会员。

根据价格优先原则，买方的最优报价为 C 的 2630 元/吨和 B 的 2630 元/吨，卖方的最优报价为 A 的 2630 元/吨。根据时间优先的原则，在买方报价中，C 的入市时间最早，因此，C 先与 A 撮合成交 100 手。然后是 B 的 80 手与 A 剩下的 50 手以 2630 元/吨撮合，成交量为 50 手。

期货价格的频繁波动，是受多种因素的影响而成的。在大豆期货交易中，天气的好坏、种植面积的增减、进出口数量的变化都将在很大程度上影响价格的波动。在股票指数期货交易中，人们对市场利率升降、公司业绩好坏的预期，都会影响指数期货价格的变化。由于期货价格是由众多的交易者在交易所内通过集中竞价形成的，市场参与有的报价充分体现了它们在今后一段时间内，该商品在供需方面可能产生变化的预期，在这种价格预期下形成的期货价格，能够较为全面、真实地反映整个市场的价格预期，具有预期性和权威性。

期货价格中有开盘价、收盘价、最高价、最低价、结算价等概念。在我国交易所中，开盘价是指交易开始后的第一个成交价；收盘价是指交易收市时的最后一个成交价；最高价和最低价分别指当日交易中最高的成交价和最低的成交价；结算价是全日交易加权平均价。

买空和卖空

1. 买空

买空亦称"多头交易"，与卖空相对，是指交易者利用资金，在市场上买入期货，等到将来价格上涨时，再高价抛出，从中获利的投机活动。在现代证券市场上，买空交易一般都是利用保证金账户来进行的。当交易者认为某种股票的价格有上涨的趋势时，他通过交纳部分保证金，向证券公司借入资金购买该股票期货，买入的股票交易者不能拿走，它将作为货款的抵押品，存放在证券公司。如以后该股票价格上涨，当上涨到一定程度时，他又以高价向市场抛售股票，将所得的部分款项归还证券公司贷款，从而结束其买空地位。交易者通过买入和卖出两次交易的价格差取得收益。当然，如果市场股价的走向与交易者的预测相悖，那么买空者非但无利可图，并且将遭受损失。由于在以上过程中，交易者本身没有任何股票经手，却在市场上进行购买股票的交易，故称之为"买空"交易。

一般投资者在进行证券交易时，都是运用自有资金，而交易者在买空时，除交付少量保证金外，其购买股票的大部分资金由证券公司垫付，也就是借入资金。买空交易的全过程是由先买入后抛售股票两次交易构成。

2. 卖空

卖空就是现在没有某种期货，而先从别的地方借入该期货卖出，等到自己有了该种期货后再归还给他人的一种期货交易方式。

对于卖空，需要注意的是：

卖的是合约，不是实际的物品。物品一定要先买后卖，但是你只是卖合约，就好比你约定用8000元卖一台电脑给别人。

卖出也是需要保证金的。由于卖空交易的投机性强，对市场影响较大，卖空者的行为具有明显的投机性，因而各国的法律都对卖空有较详细的规定，以尽量减少卖空的不利影响，在某些国家通过法律形式禁止股票的卖空交易。

做一个成功的期货投资者

1. 成功的期货投资者的必备素质

（1）正确的投资理念——顺势与止损。

（2）稳定有效的交易方法。

（3）良好的交易习惯。

以上三条素质的获得需要经历长期刻苦的学习。

2. 成功的期货投资者的特点

期货是与普通投资不同的风险交易领域，因此这个市场上的成功者也必然具备与其他行业成功人士不同的特点：

（1）成功的期货投资者通常受过良好的教育，但是学历与赢利不成正比。

（2）遇到过重大挫折而不气馁。

（3）不贪钱。

（4）热爱投资事业。

（5）性格坚强且爱独立思考。

反之，喜欢合群扎堆的人、遇事没有主见的人、做错交易喜欢推卸责任的人、看重面子的人、太想钱的人、怕孤独的人都不大可能在期货投资上成功。

从交易方法上看，成功的期货投资者有两种类型：

（1）第一种是拥有自己设计的经过长时间模拟和实战考验的交易和风险控制系统的投资者。他们拥有自己的交易系统，并且能把握系统的成功率和死穴，赚钱时是系统意料中的事，亏钱时认识到这是系统中的死穴。在20%的失败概率下该亏钱的就亏，没有太大压力，因为知道自己设计的系统每次发出的信号有80%的成功率。

（2）第二种就是"半桶水"的期货投资者。"半桶水"是指自知自己的水平有限，不可能像第一种成功的期货投资者那样建立自己的交易系统，但却敢于

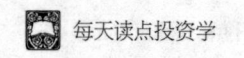

根据别人验证过的、成功的交易系统，一丝不苟、前后一致地跟着做，像简单得不能再简单的"格兰威尔移动平均线八大法则"，因此能保证相当的成功率。

第二节　投资期货的交易流程

选择合适的期货经纪公司

在进行期货投资时，会遇到选择经纪公司的问题，有很多投资者也头痛于如何选择期货经纪人或经纪公司，是选择贴现经纪公司还是选择专职经纪公司，经纪公司又会为他们起到哪些作用？事实上，因为投资人和经纪公司千差万别，所以很难找到一种完美的答案。

像其他行业一样，经纪人和经纪公司存在质量差异。毫无疑问，你的目标是要选择一家声誉良好的期货经纪公司。你个人的经纪人应该诚实，把客户的利益放在第一位。毫不夸张地说，一些交易人的成败完全控制在他们的经纪人手里。

对于正在寻找新的经纪人或者经纪公司的投资者来说，以下一些建议可以参考一下：

（1）你可以通过登录国家期货协会来选择一家经纪公司或者经纪人。期货协会的网站上有一栏叫做"基本信息"。进入这一栏目，你可以查寻到经纪公司或者经纪人，看一下他们是否有过被期货协会查处的违规记录。另外，商品期货交易协会还有一个信息网站帮助你评判期货经纪人或者经纪公司。

（2）对于那些初入市的期货投资人来说，跟着过于莽撞的经纪人做单可能是一个令人胆战心惊的过程。尤其是许多新入市者对一些专业术语还比较陌生，常常被一些交易术语弄得不知所措。

（3）个人投资者，永远记住这一点：你要始终控制好自己的交易账户，操单做市主意自拿——即使你经验平平也一样。如果你的经纪人给你提供投资建议，你当然可以根据他们的意见去做单。但是，资金是你自己的，交易计划最终由你来定。如果你的经纪人盛气凌人，主观又武断，让你感到局促不安，趁早另换一位经纪人好了。不过有一点需要澄清：商品交易顾问(CTA)有权对客户注入的资金进行自由交易，因为客户希望CTA为他们出谋划策。但是中介经纪人并没有为客户自由交易的权利。

（4）许多职业交易人撰写的书中建议个人投资者要踏踏实实做好基础工作，诸如，市场研究、入市计划等，然后据此交易。他们强调个人投资者的决策和行动不要受任何人干扰，包括他们的经纪人。

（5）许多经纪公司自己进行市场研究，向其客户提供它们的信息，包括投资时机。这类型的研究报告很可能是上乘之作，这一点本无可非议。事实上，许多投资人非常欢迎经纪公司能够提供这样的服务。

（6）选择贴现经纪公司还是专职经纪公司，这要看个人投资者的需求。假如个人投资者想得到更多的客户服务，包括公司自己的研究报告和投资建议，那么专职经纪公司也许是最好的选择。专职经纪公司在佣金费用的收取上略高一些。

（7）对于那些依靠个人研究，并且能够获得外围信息，如独立分析服务机构的信息，贴现经纪公司是最好的选择。贴现经纪公司在佣金收取方面较专职经纪公司确实优惠一些。

（8）对于一个信誉良好的期货公司来说，无论是专职期货公司，还是贴现经纪公司，在场内下单质量方面没有什么区别。

一些经纪公司有时要遭受某些个人投资者和媒体的攻击，常常因此而背上"黑锅"。有时，投资者在受到挫折之后，不愿意谴责自己，而是怨天尤人，经纪公司理所当然就成了替罪羊。诚然，期货市场同其他行业一样，内部良莠不齐，也确实有一些害群之马，但是多数期货公司的经纪人还是诚实可信、踏实肯干的，他们在交易时总能尽力为客户的利益着想。所以，一旦你选择了他，就要有充分的理由相信他。

选择期货经纪人和操盘手

对于初入市场的投资者，经纪人就是你的启蒙老师，所以投资者要慎重选择经纪人。那么，选择经纪人要从哪些方面入手呢？

1. 从经纪人称职合法角度考察

投资者只有与合法的期货从业人员合作，期货交易行为才能得到法律的保护。考察合法与称职性一般注重以下几个方面：

（1）经纪人是否具有期货从业人员执业资格证书。

（2）从业时间及业务记录好坏。从业时间长的未必一定比从业短的做得好，但一般来说，从业时间长的人员对业务知识和交易制度等都要更熟练些。

（3）期货行业是高风险行业，经纪人应能客观地提示交易风险。

2. 从经纪人的职业道德方面考察

由于期货经纪人的收入主要来自客户的交易手续费，而客户的交易情况与经纪人的建议又有直接关系，这就需要期货经纪人具有较高的职业道德和自律性。

3. 考察经纪人的服务水平

服务水平主要考察两个方面：一是信息传递的及时性、有效性。期货市场是一个非常讲求时效性的行业，因而期货经纪人能否在第一时间利用各种先进的手段将信息传达给客户是一个很关键的问题。二是期货经纪人是否具有与时俱进的求知欲望和服务理念。期货经纪人的内涵直接关系到对行情的研判及服务的理念，所以要选择高质量服务的经纪人，就必须考察该经纪人的求知能力和获取知识的能力。

除了要慎重选择经纪人之外，投资者还需要慎重选择操盘手。投资者选择管理投资资金的操盘手应注意以下几点：

（1）操盘手历史业绩记录是否详细。一般来说，操盘手必须掌握与基金的投资目标、投资策略和投资限制相一致的交易系统。

（2）操盘手是否有良好的声誉，良好的信誉和声誉会让投资者放心。

（3）操盘手是否在目前管理着一定数量额度的资产，并且具有这些资产连续3年以上的业绩记录。

（4）操盘手是否要保存交易的记录。每个操盘手必须保存有交易记录，以便计算出相应的指标与其他操盘手或其他资产管理公司相比较。通常使用的比较指标有月平均收益率、月平均收益率的增长率、年均收益的增长率。

开户

开户是投资者进行投资的必经程序。如果你一直想投资期货，但是还从未实际操作过，那么下面的一些知识可能是你想要知道的。

开户要求投资者至少应具备以下条件：

（1）具有完全民事行为能力，一般年龄是18周岁以上。

（2）有与进行期货交易相适应的自有资金或者其他财产，能够承担期货交易风险。

（3）有固定的住所。

（4）符合国家、行业的有关规定。

开户需准备以下材料：

（1）客户开户必须携带本人有效身份证及银行卡或存折，到期货公司或者当地营业部办理，或在有公司或营业部员工在场的任何地方办理。

客户签订《期货公司合同文件》，并如实填写《期货市场投资者开户登记表》。《期货合同文件》中涉及的非开户人的其他人员，也必须亲自在现场办理相关手续。客户及合同所涉及的其他人员的身份证须复印存档，作为合同附件。

客户在开户时必须填写《结算账户登记表》。

公司客户服务部根据客户填写的《期货市场投资者开户登记表》和提供的身份证复印件、申请交易所的交易编码。

公司客户服务部为客户开通交易权限，设定初始交易密码。

（2）向客户出具《风险揭示声明书》和《期货交易规则》，向客户说明期货交易的风险和期货交易的基本规则。在准确理解《风险揭示声明书》和《期货交易规则》的基础上，由客户在《风险揭示声明书》上签字、盖章。

（3）期货经纪机构与客户双方共同签署《客户委托合同书》，明确双方权利义务关系，正式形成委托关系。

（4）期货经纪机构为客户提供专门账户，供客户从事期货交易的资金往来，该账户与期货经纪机构的自有资金账户必须分开。客户必须在其账户上存有足额保证金后，方可下单。

选择合适的交易方式

期货的交易方式有很多种，既有传统的老方式，也有随着科学技术的进步而新增的交易方式。我们在交易的过程中首先要了解有哪些方式，然后再根据自己的情况进行选择。一般来说，传统的交易方式有书面方式和电话方式。书面方式是客户在现场填写交易指令单，通过期货经纪公司的盘房接单员将指令下达至交易所；电话方式是客户通过电话将指令下达给期货经纪公司的盘房接单员，接单员在同步录音后再将指令下达至交易所。

随着计算机技术的进步，期货经纪公司在提供上述交易方式之外，现在又增加了如下的电子化交易方式：

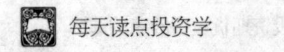

1. 计算机自助委托交易

有些地方也叫"热自助委托交易"。它是指客户在交易现场,通过电脑(该电脑通过期货经纪公司的服务器与交易所交易主机相连接)进行交易。这种方式和后面要讲的网上交易都是利用电脑,但是两者有很大区别,要注意区分。

2. 电话语音委托交易

客户通过电话键盘将交易指令转化为计算机命令,再由计算机传输给交易所主机。由于其操作过程非常烦琐,必须按照提示语音分步骤完成,每个步骤之间还要等待,操作起来很麻烦,也很费时。所以,即使有一些期货经纪公司推出了这种交易方式,实际使用的人也并不多。

3. 网上交易

利用互联网进行交易。由于网上交易不受地域限制,具有成交及回报快、准确率高、成本低等优点,故深受交易者和期货经纪公司的欢迎,也是目前推广速度最快的一种交易方式。但是在网上交易的时候要注意定期维护电脑及互联网设备、采用防病毒及防黑客产品、妥善保管个人资料、及时分析各种信息、准备备用交易委托方式等方面,以防范电子化交易可能发生的各种风险。

总之,新的交易方式虽然便捷也更人性化,但可能会因计算机系统或通信传输系统出现一些额外的风险。因而,客户如果选择电子化交易方式,期货经纪公司会要求客户在签署《期货经纪合同书》的同时,还要签订《电脑自助委托交易补充协议》《网上期货交易风险揭示书》《网上期货交易补充协议》等相应的协议。这些协议大概列举了一些可能出现的风险,有些条款也注明了公司可能不承担责任的情况,所以客户在签订时,一定要仔细阅读,了解相应的规则。

结算

结算是指交易所结算机构或结算公司对会员和对客户的交易盈亏进行计算,计算的结果作为收取交易保证金或追加保证金的依据。因此,结算是指对期货交易市场的各个环节进行的清算,既包括了交易所对会员的结算,同时也包含了会员经纪公司对其代理客户进行的交易盈亏的计算,其计算结果将被记入客户的保证金账户中。

在期货市场中,了结一笔期货交易的方式有3种:对冲平仓、实物交割和现金交割。相应的也有3种结算方式。

1. 对冲平仓

对冲平仓是期货交易最主要的了结方式，期货交易上的绝大多数合约都是通过这一方式进行了结的。

结算公式：

盈利 =（卖出价 – 买入价）× 合约张数 × 合约单位 – 手续费

亏损 =（买入价 – 卖出价）× 合约张数 × 合约单位 – 手续费

2. 实物交割

在期货交易中，虽然利用实物交割方式平仓了结的交易很少，只占合约总数的1%~3%，然而正是由于期货交易的买卖双方可以进行实物交割，这一做法确保了期货价格真实地反映出所交易商品的实际现货价格，为套期保值者参与期货交易提供了可能。因此，实物交割是非常重要的。

结算结果：卖方将货物提单和销售发票通过交易所结算部门或结算公司交给买方，同时收取全部货款。

3. 现金结算

只有很少量的期货合约到期时采取现金清算而不是实物交割。

第三节 投资期货的策略

期货交易的基本面分析

期货交易的基本面分析法是根据商品的产量、消费量和库存量（或者供需缺口），即通过分析期货商品的供求状况及其影响因素，来解释和预测期货价格变化趋势的方法。基本面分析主要分析的是期货市场的中长期价格走势，即所谓大势，并以此为依据将中长期持有合约，不太注意日常价格的反复波动而频繁地改变持仓方向。

在现实市场中，期货价格不仅受商品供求状况的影响，而且还受其他许多非供求因素的影响。这些非供求因素包括金融货币因素、政治因素、政策因素、投机因素、心理预期等。因此，期货价格走势基本因素分析需要综合考虑这些因素的影响。

1. 期货商品供给分析

供给是指在一定时间、一定地点和某一价格水平下，生产者或卖者愿意并可能提供的某种商品或劳务的数量。决定一种商品供给的主要因素有：该商品的价格、生产技术水平及其他商品的价格水平、生产成本、市场预期等。

商品市场的供给量则主要由期初库存量、本期产量和本期进口量3部分构成。

（1）期初库存量。期初库存量是指上年度或上季度积存下来可供社会继续消费的商品实物量。根据存货所有者身份的不同，可以分为生产供应者存货、经营商存货和政府储备。前两种存货可根据价格变化随时上市供给，可视为市场商品可供量的实际组成部分。而政府储备的目的在于为全社会整体利益而储备，不会因一般的价格变动而轻易投放市场。但当市场供给出现严重短缺，价格猛涨时，政府可能动用它来平抑物价，则将对市场供给产生重要影响。

（2）本期产量。本期产量是指本年度或本季度的商品生产量。它是市场商品供给量的主体，其影响因素也甚为复杂。从短期看，它主要受生产能力的制约，资源和自然条件、生产成本及政府政策的影响。不同商品生产量的影响因素可能相差很大，必须对具体商品生产量的影响因素进行具体的分析，以便能较为准确地把握其可能的变动。

（3）本期进口量。本期进口量是对国内生产量的补充，通常会随着国内市场供求平衡状况的变化而变化。同时，进口量还会受到国际国内市场价格差、汇率、国家进出口政策以及国际政治因素的影响。

2. 期货商品需求分析

商品市场的需求量是指在一定时间、一定地点和某一价格水平下，消费者对某一商品所愿意并有能力购买的数量。决定一种商品需求的主要因素有：该商品的价格、消费者的收入、消费者的偏好、相关商品价格的变化、消费者预期的影响等。

商品市场的需求量通常由国内消费量、出口量和期末商品结存量3部分构成。

（1）国内消费量。国内消费量主要受消费者的收入水平或购买能力、消费者人数、消费结构变化、商品新用途发现、替代品的价格及获取的方便程度等因素的影响，这些因素变化对期货商品需求及价格的影响往往大于对现货市场的影响。

（2）出口量。稳定的进口量虽然量值大但对国际市场价格影响甚小，不稳定的进口量虽然量值小，但对国际市场价格影响很大。出口量是本国生产和加工的商品销往国外市场的数量，它是影响国内需求总量的重要因素之一。分析其变化应综合考虑影响出口的各种因素的变化情况，如国际、国内市场供求状况，内销和外销价格比，本国出口政策和进口国进口政策变化，关税和汇率变化等。例如，我国是玉米出口国之一，玉米出口量是影响玉米期货价格的重要因素。

（3）期末商品结存量。期末结存量具有双重的作用，一方面，它是商品需求的组成部分，是正常的社会再生产的必要条件；另一方面，它又在一定程度上起着平衡短期供求的作用。当本期商品供不应求时，期末结存将会减少；反之就会增加。因此，分析本期期末存量的实际变动情况，即可从商品实物运动的角度看出本期商品的供求状况及其对下期商品供求状况和价格的影响。

3. 经济波动周期

商品市场波动通常与经济波动周期紧密相关。期货价格也不例外。由于期货市场是与国际市场紧密相连的开放市场，因此，期货市场价格波动不仅受国内经济波动周期的影响，而且还受世界经济的景气状况影响。

经济周期一般由复苏、繁荣、衰退和萧条4个阶段构成。复苏阶段开始时是前一周期的最低点，产出和价格均处于最低水平。随着经济的复苏，生产的恢复和需求的增长，价格也开始逐步回升。繁荣阶段是经济周期的高峰阶段，由于投资需求和消费需求的不断扩张超过了产出的增长，刺激价格迅速上涨到较高水平。衰退阶段出现在经济周期高峰过去后，经济开始滑坡，由于需求的萎缩，供给大大超过需求，价格迅速下跌。萧条阶段是经济周期的谷底，供给和需求均处于较低水平，价格停止下跌，处于低水平。在整个经济周期演化过程中，价格波动略滞后于经济波动。这些是经济周期4个阶段的一般特征。认真观测和分析经济周期的阶段和特点，对于正确地把握期货市场价格走势具有重要意义。

经济周期阶段可由一些主要经济指标值的高低来判断，如失业率、价格指数、汇率等，这些都是期货交易者应密切注意的。

4. 金融货币因素

商品期货交易与金融货币市场有着紧密的联系。利率的高低、汇率的变动都直接影响商品期货价格的变动。

（1）利率。利率调整是政府紧缩或扩张经济的宏观调控手段。利率的变化对金融衍生品交易的影响较大，而对商品期货的影响较小。如从1994年开始，为了抑制通货膨胀，中国人民银行大幅度提高利率水平，提高中长期存款和国库券的保值贴补率，导致国债期货价格狂飙，1995年5月18日，国债期货被国务

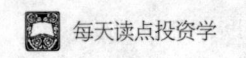

院命令暂停交易。

（2）汇率。期货市场是一种开放性市场，期货价格与国际市场商品价格紧密相连。国际市场商品价格必然涉及各国货币的交换比值——汇率，汇率是本国货币与外国货币交换的比率。当本币贬值时，即使外国商品价格不变，但以本国货币表示的外国商品价格将上升；反之则下降，因此，汇率的高低变化必然影响相应的期货价格变化。据测算，美元对日元贬值10%，日本东京谷物交易所的进口大豆价格会相应下降10%左右。同样，如果人民币对美元贬值，那么，国内大豆期货价格也会上涨。主要出口国的货币政策，如巴西在1998年其货币雷亚尔大幅贬值，使巴西大豆的出口竞争力大幅增强，相对而言，大豆供应量增加，对芝加哥大豆价格产生负面影响。

5. 政治、政策因素

期货市场价格对国际国内政治气候、相关政策的变化十分敏感。政治因素主要指国际国内政治局势、国际性政治事件的爆发及由此引起的国际关系格局的变化、各种国际性经贸组织的建立及有关商品协议的达成、政府对经济干预所采取的各种政策和措施等，这些因素将会引起期货市场价格的波动。

在国际上，某种上市品种期货价格往往受到其相关的国家政策影响，这些政策包括农业政策、贸易政策、食品政策、储备政策等，其中也包括国际经贸组织及其协定。在分析政治因素对期货价格影响时，应注意不同的商品所受影响程度是不同的。如国际局势紧张时，对战略性物资价格的影响就比对其他商品的影响大。

6. 自然因素

自然条件主要是气候条件、地理变化和自然灾害等。期货交易所上市的粮食、金属、能源等商品，其生产和消费与自然条件因素密切相关。有时因为自然因素的变化，会对运输和仓储造成影响，从而也间接影响生产和消费。例如，当自然条件不利时，农作物的产量就会受到影响，从而使供给趋紧，刺激期货价格上涨；反之，如气候适宜，又会使农作物增产，增加市场供给，促使期货价格下跌。因此，期货交易必须密切关注自然因素，提高对期货价格预测的准确性。

7. 投机和心理因素

在期货市场中有大量的投机者，他们参与交易的目的就是利用期货价格上下波动来获利。当价格看涨时，投机者会迅速买进合约，以期价格上升时抛出获利，而大量投机性的抢购，又会促进期货价格的进一步上升；反之，当价格看跌时，投机者会迅速卖空，当价格下降时再补进平仓获利，而大量投机性的抛售，又会促使期货价格进一步下跌。

与投机因素相关的是心理因素，即投机者对市场的信心。当人们对市场信心十足时，即使没有什么利好消息，价格也可能上涨；反之，当人们对市场没有信心时，即使没有什么利空因素，价格也会下跌。

期货的技术图表分析

随着期货的不断深入研究，技术图表分析成为期货市场的重要交易手段。由于对统计概率分析，图表技术分析者好比掌握一种"兵法"，在市场总能领先一步。因为大豆本身受现货市场和国际市场制约，因此大连大豆更易于以技术分析角度来诠释。为此，KD线、RSI、波浪理论、黄金分割等研究成为一种时尚。市场有人认为，懂得技术分析就不是在盲人摸象。

然而，正因为概率的某种不确定性因素，使得技术分析也不总是那么灵验，特别是市场出现重大政策及消息时。而KD、RSI、威廉指数在真正大行情时反应迟钝，甚至是反技术的。于是市场每出现一次大行情，在政策市和消息市影响下，就多了一些技术分析派的叛逆者。

那么，市场的行为到底是呈技术性还是反技术的呢？

应该肯定的是，市场是呈技术性的。图表分析是一种技术分析，它研究的是价格波动变化规律。基本面分析是另一种技术分析，因为它研究的是政策性及现货的供求关系。而追踪操盘大户动态也是一种技术分析，它是从研究大户的动向出发分析交易中寻找大趋势变化方向。实际上，正因为间谍的重要性，反间谍也不可少，正因为图表技术的重要性，反技术就应运而生，反技术本身也是一种技术。

事实上，图表技术分析者的窘态还是自己功底不过硬。目前在使用图表分析方面上有两点不足。其一，使用者只注重技术图表的表象，却忽略了其使用条件和缺陷。所谓真正的大行情是反技术的，主要是指类似KD线、RSI等摆动指数，日指标在上升中横在天花板上，下降时躺在底板下，甚至是出现伪信号的情况。实际上，摆动指数日指标指导行情判断并不是最好的。相对来说，周指标更为有效，而市场分析应用中摆动指数最重要的用法是利用其指标背驰来研判方向。图表技术分析中重要的点是价格呈趋势形态变化，为什么不把移动平均线和道氏趋势线作为指导我们判断的依据呢？图表分析人士会说这太简单了。实际上市场变化并不是那么复杂，只是我们把它搞复杂了。最简单的事情最难为。其二，很多使用者缺乏自律性。期货市场好比是战场，守纪律是重要的，坚持止损同样重要。

一位中国台湾专家说得好，"你如果非常严格地按照技术分析来做，我敢把我的所有财产让你去做，你会有输的时候，但不会大输，你赢得概率总的来说还是比较大，就像保险公司并不是每次保险都赚钱一样，也有亏的时候，但总体上还是赚钱的"。严格按技术指标做，实际上一般人是做不到的，这需要有非常高的理性和非常强的自我控制能力。有人说，一个人能够对市场进行正确判断并能坚持自己的意见并容易做到，这是世人最难学的事情之一。

期货投资反向操作的方法

在期货投资中，为了完成进场——加码操作——出场——进场的循环操作，投资者必须要反做空，但是因为风险的不同，投资者尽量不要以期货部位做空。有一种较安全，但成本稍高的方法，就是以选择权的方式操作，买进卖权。

投资者可以根据对期货市场的观察和实际的操作经验发现：在商品的高档时，因为行情震荡激烈，期货投资进场点的决定和风险控制会变得较困难。但是经验告诉我们，若以选择权来操作，可以使风险固定，再用资金管理的方式来决定进场点，就可以建立仓位。使用选择权的好处是不管行情如何震荡，即使期间权利金大幅下降，只要在到期价格大跌，仍旧可以获利，而不管行情来回洗盘的次数。若是同一笔资金用来作期货的停损，可能几次就赔光了，因此，投资者实施选择权可以在行情转空时，有效建立空头部位。

在经过期货观察后，以当时标的期货总值的10%为权利金。所谓权利金，是指购买或售出期权合约的价格。对于期权买方来说，为了换取期权赋予买方一定的权利，他必须支付一笔权利金给期权卖方；对于期权卖方来说，他卖出期权而承担了必须履行期权合约的义务，为此他收取一笔权利金作为报酬。由于权利金是由买方负担的，是买方在出现最不利的变动时所需承担的最高损失金额，因此权利金也称作"保险金"。

投资者应把权利金划分成两部分。投资者用权利金的第一部分在价格跌破前波低点，多头仓全部离场时，进场买进卖权，并且尽量接近市价或价内。第二部分在价格作第一次反弹进场，方法同前述。

投资者买进卖权时，要比较合约月份的强弱去买进最弱合约月份的卖权。选择权是买方的关键，若是买了一个不怎么会跌的卖权，那就会很吃亏。看着到期日的接近和权利金的减少，并且看着其他合约的期货价格下跌，这种遗憾会很难接受。

投资者在选择权快到期或是下跌幅度减小时就可以准备平仓，因为这时的卖权常是深入价内，可能没有交易量，使其选择权市场平仓，因此必须要求履约，成为期货部位平仓。

由于从要求履约到取得部位会有时间差，因此投资者在这之前需在期货市场先行买进锁住利润，然后要求履约待取得期货空头部位后，即可对冲平仓，完成此操作。

若是在履约价选择良好的情况下，反向操作方法的获利可达数十倍以上。

期货投资的套利策略

期货套利有什么策略？在操作过程中怎么进行套利？可以从以下几个方面了解。

1. 利用股指期货合理价格进行套利

从理论上讲，只要股指期货合约实际交易价格高于或低于股指期货合约合理价格时，进行套利交易就可以赢利。但事实上，交易是需要成本的，这导致正向套利的合理价格上移，反向套利的合理价格下移，形成一个区间，在这个区间里套利不但得不到利润，反而会导致亏损，这个区间就是无套利区间。只有当期指实际交易价格高于区间上界时，正向套利才能进行；反之，当期指实际交易价格低于区间下界时，反向套利才适宜进行。

股指期货合约的合理价格可以表示为：$F(t,T)=s(t)+s(t)\times(r-d)\times(T-t)/365$。也就是说，涨得越高正向套利赢利空间越大，跌得越低反向套利赢利空间越大或越安全。

2. 利用价差进行套利

合约有效期不同的两个期货合约之间的价格差异被称为跨期价差。在任何一段时间内，理论价差的产生完全是由于两个剩余合约有效期的融资成本不同产生的。当净融资成本大于零时，期货合约的剩余有效期越长，基差值就越大，即期货价格比股指现货值高得越多。如果股指上升，两份合约的基差值就会以同样的比例增大，即价差的绝对值会变大。因此市场上存在通过卖出价差套利的机会，即卖出剩余合约有效期短的期货合约，买入剩余有效期长的期货合约。如果价格

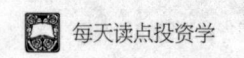

下跌，相反的推理成立。如果来自现金头寸的收入高于融资成本，期货价格将会低于股票指数值（正基差值）。如果指数上升，正基差值将会变大，那么采取相反的头寸策略将会获利。

如何进行套期保值

套期保值有两种基本类型，即买入套期保值和卖出套期保值。套期保值应该大致遵循交易方向相反、商品种类相同、商品数量相等、月份相同或相近原则。

例如，某国家粮库按计划2001年度每月销售小麦10000吨，为了避免7月份新麦上市引起麦价下跌而减少收益，该粮库决定在郑州商品交易所进行期货交易（卖出套期保值），3月1日小麦的现货价格为1200元/吨，而此时小麦7月份的期货合约价格为1350元/吨，该粮库以这一价位在期货市场上卖出1000手（10吨/手）7月合约（保证金比例为8%），其后麦价果然下跌。7月2日，该粮库在现货市场上以1050元/吨的价格卖出小麦10000吨，同时在期货市场上以1150元/吨的价格买入1000手7月小麦合约来对冲3月1日建立的空头头寸，交易情况如下表：

日期	现货市场	期货市场
3月1日	小麦现货价格为1200元/吨	卖出1000手7月小麦合约，价格1350元/吨
7月2日	卖出10000吨小麦，价格为1050元/吨	买入1000手7月小麦合约，价格为1150元/吨
套期保值结果	亏损150元/吨	赢利200元/吨
不仅避免了麦价下跌带来的风险，而且获利：1000×10×200-10000×150=50万元	

套期保值分析：

（1）粮库不利用期货市场进行套期保值交易，由于现货价格下跌，到7月2日卖出1万吨现货时将会减少10000×（1200-1050）=150万元的销售收入，还可能发生无法及时卖出的情况，导致供求脱节，影响预定的销售计划。

（2）粮库利用期货市场进行套期保值交易，则只需资金1000×10×1350×8%=108万元，不但有效回避了现货价格下跌带来的风险，同时获取50万元（在这里交易费用忽略不计）的风险收益，又可以实现顺价销粮，及时回笼货款，避免发生三角债务问题。

第四节　股指期货套期保值技巧

股指期货与股票交易的区别

股指期货上市初期，证券投资者参与的积极性相对会比较高。国内证券市场发展已逾20年，很多的投资者对大盘的判断和分析都很有心得，常听到有人说"赚了指数没赚到钱"，方向判断正确了，但个股选择不当，赚钱的概率就小了。本着"高标准、稳起步"建设金融期货市场的原则，国内股指期货交易建立了投资者适当性制度，参与者不但要有资金实力，还需要有投资知识水平、风险承受能力。但长年参与股票的投资者往往比较容易走进误区，认为股指期货与股票的标的物差不多，规则也差不多。虽然股指期货以股票为资产衍生出来的，但股指期货属于期货领域，股票则属于现货领域，因而在交易上存在明显的区别。

（1）在交易方式上，股指期货采用保证金交易，投资者只需支付一定比例的资金作为履约保证就可以参与交易；股票交易则需要支付股票价格的全部金额。因此，股指期货交易应更加注重资金管理，控制持仓比例，避免追保或强平的状况出现。

（2）在交易对象上，股指期货是股指期货合约，最早上市的标的物是沪深300指数期货合约；股票的交易对象则是个股。

（3）在交易方向上，股指期货可以做卖空，不但可以先买后卖，也可以先卖后买，期货是双向交易，同时股指期货可以T+0交易，当天买进当天就可以卖出平仓。股票在融券未上市前只能先买后卖，目前只是单向交易，交易也只能T+1交易，也就是说，当天买进只能到第二天才能卖出。

（4）在到期日上，股指期货合约都有到期日，不能无限期持有，到期必须进行现金交割。股票则不同，一般而言，只要上市公司没有摘牌，其股票可以永久交易下去，投资者可以无限期持有股票。

（5）在结算方式上，股指期货交易采用当日无负债结算。因为股指期货价格变动，需要的保证金也会连带发生变动，交易所每日要对交易保证金进行结算，如果账户保证金不足，必须在规定的时间内补足，否则可能会被强行平仓。而股票交易采取全额交易，并不需要投资者追回保证金。

成熟理性的投资者是市场内在的约束力量，也是市场健康发展的重要基础之一。股指期货在国内还是一个新事物，作为股票市场必不可少的风险管理工具，股指期货专业性强，涉及面广、传导迅速、具有杠杆特性，是一把双刃剑。只有认真了解了股指期货与股票交易的不同之处，才能有效地规避股指期货交易的风险。

股指期货在套期如何保值

在股指期货市场，投资者有可能将其对于整个股票市场的预期风险转到期货市场，通过股指期货的买卖，来抵冲股票市场的部分风险。

在现货市场，不存在套期保值，回避持股风险的机会只能是高抛低吸。股指期货上市后，产生了相对现货的期货产品，有了套期保值的基础，而且股指期货采用现金交割方式，使得投资者进行套保成为现实。股指期货套期保值是通过在期货市场上建立一定数量的与现货交易方向相反的股指期货头寸，以抵消现在或将来所持有的股票价格变动带来的风险。一般有下面两种形式。

1. 空头套保

股票持有者为避免股价下跌而卖出股指期货来对冲风险。特别是股票价格从高位下跌的时候，一般投资者可能不愿割肉退场，也可能尚未清楚此次回落是熊市的开始或只是一次短暂回调，此时就可以通过卖空股指期货部分或全部以锁定盈利，待后市明朗之后再选择是否卖出股票。

2. 多头套期保值

指准备购买股票的投资者，为避免股价上升而买入股指期货，操作与空头套期保值的方向相反。通过在股票市场和期货市场上的同时操作，既回避了部分市场风险，也可以锁定投资者已获得的盈利。

下面的例子可以很好地说明股指期货套期保值的策略。

某投资者在10月8日看中A、B、C 3只股票，价位分别是5元、10元、20元；他打算每只股票各投资100万元，分别买进20万股、10万股和5万股。但是，资金要到12月10日才能到位，在行情看涨的情况下等到资金到位时股价会上涨很多，投资者面临踏空的风险。于是，投资者决定买进股指期货合约锁定成本。

12月份到期的沪深300期指为1322点，每点乘数300，3只股票的β系数分别是1.5、1.2和0.9。先计算该股票组合的β系数，该股票组合的β系数为$1.5×1/3+1.2×1/3+0.9×1/3=1.2$，因此应买进期指合约：$3000000/（1322×100）×1.2≈27$（张）。假设保证金比例为12%，需保证金：$1322×100×27×12\%≈43$（万元）。

到了12月10日，资金如期到位，这时期指已经上涨15%，涨到1520点，A股票上涨$15\%×1.5=22.5\%$，涨到6.13元；B股票上涨$15\%×1.2=18\%$，涨到11.80元；C股票上涨$15\%×0.9=13.5\%$，涨到22.70元。如果分别买进20万股、10万股和5万股，则需资金：$6.13×200000+11.8×100000+22.7×50000=3541000$（元），资金缺口为541000元。

由于投资者在指数期货上做了多头保值，12月10日那天将期指合约卖出平仓，在股指期货卖出平仓。收益为：$（1520-1322）×100×27=534600$（元），弥补了绝大部分资金缺口。

由此可见，该投资者用了不到43万元的资金实现了对300万元资产的套期保值，避免了踏空行情的风险，收到了很好的保值效果。

股指期货套期保值的步骤

随着资本市场的参与者对股指期货理解逐步深刻、运用逐步熟练，各种基于股指期货的避险策略（包括套期保值）将会被越来越多地应用到日常的投资中，而基于这些避险策略的保本、类保本产品也会逐步打开市场，为广大的投资者提供避险的渠道和工具，整个中国资本市场对于资产风险管理的水平将会提高到一个新的高度。

国内某机构在A股市场买入A、B、C 3只股票，假如在某年的9月2日，3只股票分别涨至20元、25元、50元，每只股票价值约1000万元，总值达3000万元，收益率已达到28%。鉴于后市不太明朗，下跌的可能性很大，为了保持这一成绩到1、2月，该机构决定利用沪深300股指期货进行保值。假定9月2日现货指数为2450点，1、2月到期的期货合约为2500点；1、2月2日现货指数跌到2200点，1、2月到期的期货合约跌到2250点。3只股票的β系数分别为1.5、1.3和0.8，到1、2月2日分别跌了15%、13%和8%。

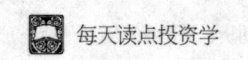

那么，进行套期保值的步骤如下：

第一步：了解什么情况需要套期保值。如果持有的头寸比较庞大，股票构成复杂，而且需要持有较长时间，可以考虑进行套期保值。案例中某机构买了3只股票，股票总值达到了3000万元，而且对后市看不清，这种情况要考虑套期保值了。

第二步：确定套期保值的类型。买入套保是担心价格上涨，卖出套保是担心价格下跌。案例中某机构是鉴于后市不太明朗，下跌的可能性很大，为了保持成绩，所以应该选择卖出套保。

第三步：选择套期保值的具体合约。进行决策时首先考虑的一个原则是：月份相同或相近，即选择的期货合约的交割月份最好是与未来买入或卖出股票组合的时间相同或相近。其次，要考虑期货合约的成交活跃度。案例中进行套保的目的是为了保持成绩到1、2月，所以要选1、2月的合约进行套保。

第四步：计算套期保值的期货合约数。通常，这需要根据股票组合的β系数来确定和调整，以尽可能地使系统风险得到防范。

第五步：入市建仓。在选择好期货月份合约，以及确定好用于套期保值的股指期货合约数量之后，就可以进入市场买卖所需的期货合约，建立期货头寸。案例中的机构在9月2日就可以入市建仓。

第六步：结束套期保值。保值结束主要有两种方式：平仓结束和交割结束。因为在股指期货交易中交割十分方便，因此，结束套期保值的时间刚好是在交割期时，可以选择以交割方式结束套保，否则就以平仓的方式结束。

这只是最基本的股指期货套期保值实施步骤，具体操作过程中还要控制好基差风险、交叉保值风险、变动保证金风险等风险，才能使套期保值更有效地进行。

股指期货投机常用的交易策略

投机是指根据对市场的判断，把握机会，利用市场出现的价差进行买卖从中获得利润的交易行为。根据股市的大趋势，投机可分为牛市投机和熊市投机。根据交易者买卖方的方向，投机可分为两类：做多投机和做空投机。

根据交易者持有股指期货合约时间的长短，投机可分为3类：

（1）中长线投机者。此类交易者在买入或卖出股指期货合约后，通常将合约持有两天、一周甚至几周，待价格对其有利时才将合约对冲平仓。

但中长线投机对投资者的大势判断和心理素质要求很高，既要认准大方向，咬定青山不放松；又要经得起大风大浪，即使股市上蹿下跳，也要沉着镇定。

（2）短线交易者。一般进行当日或某一交易时段的股指期货买卖，其持仓不过夜。

短线交易对投资者的技术分析水平要求较高，而且投资者对这个市场越熟悉就越有感觉，操作的成功率会更高。

（3）逐小利者。又称"抢帽子者"，他们的技巧是利用价格的微小变动进行交易来获取微利，一天之内他们可以来回做很多次的买进卖出交易。

在过去，只有做市商和场内自营商才有机会"抢帽子"，但随着电子化交易和网上交易的广泛使用，现在一般的投资者也可以进场"抢帽子"了。这种交易策略关心的不是市场大趋势，甚至不是短暂的趋势，而只关心价格的瞬间波动。因此，投资者运用这种交易策略，除了拥有良好的盘面感觉，还必须拥有交易成本低廉的优势。

如何巧用期现套利

期现套利作为一种无风险的套利策略必然得到众多投资者的青睐。我国股指投资者专业性非常高，许多人早已对期现套利虎视眈眈。如果市场套利者众多，能有效地提高股指期货的市场效率，降低价差出现错误定价的概率，沪深300指数的期现套利很可能没有太大收益空间。但是一旦出现良好的期现套利机会，届时"亡羊补牢"已晚矣。机会总是留给有准备的人，投资者应该提前做好研究，深入分析，等待期现套利"盛宴"的到来。

最重要的是要进行资金管理。资金管理，顾名思义就是在交易中如何安排资金，以保证交易策略的实现。由于股票交易实行的全额交易（即100元资金才能交易100元股票）和交易完成时结算的制度（即卖出时才实现盈利或亏损），因此不存在资金管理的问题。股指期货交易则不同，由于保证金交易、当日无负债结算和强行平仓制度的执行，使得资金管理在股指期货交易中尤为重要，甚至是交易成功所必须的条件之一。

在期现套利开仓时，交易和维持期货头寸所需准备的资金包括3部分：第一部分是交易保证金，这包含交易所收取的部分和期货公司收取的部分，一般为合约金额的15%~18%；第二部分是在套利期间由于期货价格的不利变化所亏损的部分，这部分资金的数量与套利期限、历史期货价格变动幅度和置信水平有关，比如，过去5年内95%的情况下期货价格的上涨幅度小于22.79%，那么正向期现套利所需准备的应付期货头寸亏损的资金就应大于合约金额的22.79%，以保证在套利过程中不会因亏损过大而被迫平仓。这里的20天就是我们的套利期限，套利期限越长，所需准备的资金越多；而95%就是所选择的置信水平，该置信水平越高，被迫平仓的概率越小；第三部分则是由于期货价格上涨所需追加的交易保证金，这部分资金的量等于第二部分的资金量×保证金标准。初步核算之下，对于一个套利期限为20天、置信水平为95%的期现套利交易而言，其交易和维持期货头寸所需准备的资金为合约金额的41.2%，交易一手期现套利所需的资金量为140万，而非某些投资者认为的115万元。

与期现套利一样，由于跨期套利也使用了股指期货，因此也需要对其进行资金管理。建立和维持跨期套利头寸所需的资金也包括3部分：第一部分是交易保证金，这包括两个合约的交易保证金，分别为合约金额的15%~18%，双边合计为30%~36%；第二部分为应付不利价差变动所需准备的资金。由于跨期套利一般是附带止损标准的，比如，不利价差变动（止损标准）为指数点位的1%（33点）或2%（66点）时止损，因此第二部分资金的量为止损标准与合约乘数的积；第三部分资金是由于开仓后期货价格上涨所追加的交易保证金，这部分资金的量与期现套利资金管理中的第三部分所需资金类似，既在一定的套利期限和置信水平下，通过回顾历史期货价格的变动幅度来确定，资金量为历史期货价格的变动幅度×2×15%。这里之所以乘以2，是由于我们同时交易的两份到期日不同的期货合约，这两份期货合约在一般情况下都呈现同涨同跌，为了简化，我们直接计算单份合约所需资金量的两倍即可。

以一个套利期限为5天、置信水平为95%、止损标准为指数的1%的跨期套利为例，为交易和维持该跨期套利头寸，第一部分所需准备的资金为合约金额的30%，约为30万元，第二部分所需准备的资金为1万元，第三部分所需准备的资金为合约金额的2.877%，约为3万元，合计为34万元。对于一个100万元资金的投资者，其同时最大可交易的跨期套利头寸为3手。

第五节 投资期货的风险防范

期货市场风险

期货市场风险主要包括：市场环境方面的风险、市场交易主体方面的风险、市场监管方面的风险。

一、市场环境方面的风险

股票指数期货推出后将引起证券市场环境发生变化，而带来各种不确定性。主要来自以下几个方面。

1. 市场过度投机的风险

股指期货推出的初衷是适应风险管理的需要，以期在一定程度上抑制市场的过度投机。但在短期内难以改变交易者的投机心理和行为，指数期货对交易者的吸引力主要来源于其损益的放大效应，在一定程度上，指数期货工具的引进有可能是又引进了一种投机性更强的工具，因此有可能进一步扩大证券市场的投机气氛。

2. 市场效率方面的风险

市场效率理论认为：如果市场价格完全反映了所有当前可得的信息，那么这个市场就是高效的强势市场；如果少数人比广大投资者拥有更多信息或更早得到信息并以此获取暴利，那么这个市场就是低效的弱势市场。

3. 交易转移的风险

股指期货因为具有交易成本低、杠杆倍数高的特点，会吸引一部分纯粹投机者或偏爱高风险的投资者由证券现货市场转向股指期货市场，甚至产生交易转移现象。市场的资金供应量是一定的，股指期货推出的初期，对存量资金的分流可能冲击股票现货市场的交易。国外也有这样的例子。如日本在1998年推出股指期货后，指数期货市场的成交额远远超过现货市场，最高时曾达到现货市场的10倍，而现货市场的交易则日益清淡。

4. 流动性风险

如果由于期货合约设计不当，致使交投不活，就会造成有行无市的窘境。撇开其他因素，合约价值的高低，是直接影响指数期货市场流动性的关键因素。一般而言，合约价值越高，流动性就越差。若合约价值过高，超过了市场大部分参

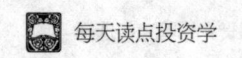

与者的投资能力,就会把众多参与者排除在市场之外;若合约价值过低,又势必加大保值成本,影响投资者利用股指期货避险的积极性。因此,合约价值的高低将影响其流动性。

二、市场交易主体方面的风险

在实际操作中,股票指数期货按交易性质分为3大类:一是套期保值交易,二是套利交易,三是投机交易。相应地,有3种交易主体:套期保值者(Heders)、套利者(Arbitrageurs)和投机者(Speculator)。而参与交易的投资者包括证券发行商、基金管理公司、保险公司以及中小散户投资者,投资者因参与不同性质的交易而不断地进行角色转换。虽然股票指数期货最原始的推动力在于套期保值交易,但利用股票指数进行投机与套利交易是股票指数期货迅速发展的一个重要原因。

1. 套期保值者面临的风险

参与股票指数期货交易的,相当数量的人是希望利用股指期货进行套期保值以规避风险的投资者。虽然开设股指期货是为了向广大投资者提供正常的风险规避渠道和灵活的操作工具,但套期保值交易成功是有前提条件的,即投资者所持有的股票现货与股票指数的结构一致,或具有较强的相关关系。在实际操作中再高明的投资者也不可能完全做到这点,尤其是中小散户投资者。如果投资者对期货市场缺乏足够的了解,套期保值就有可能失败。

套期保值失败主要源于错误的决策,其具体原因包括:

第一是套期保值者在现货市场上需要保值的股票与期货指数的成分结构不一致。

第二是对价格变动的趋势预期错误,致使保值时机不恰当。

第三是资金管理不当,对期货价格的大幅波动缺乏足够的承受力,当期货价格短期内朝不利方向变动时,投资者没有足够的保证金追加,被迫斩仓,致使保值计划中途夭折。

2. 套利者面临的风险

根据股指期货的定价原理,其价格是由无风险收益率和股票红利决定的。从理论上讲,如果套利者欲保值的股票结构与期货指数存在较强的相关关系,则套利几乎是无风险的。但获取这种无风险的收益是有前提的:套利者对理论期货价格的估计正确。如果估计错误,套利就有风险。由于我国利率没有市场化,公司分红派息率不确定,并且股票价格的变动在很大程度上也不是由股票的内在价值决定的,种种原因使得套利在技术上存在风险。

3. 投机者面临的风险

投机者面临前面所讲的3大风险:"杠杆作用""价格涨跌不具确定性"和"交易者自身因素"。简单地说,就是投机者是处在一个不具确定性的市场中,任何风险在杠杆作用下都将放大几十倍,包括自身的一些因素。

投机交易在股指期货交易成交量中往往占很大比重,香港期货市场1999年市场调查表明:以投机盈利为主的交易占了整个市场交易的74%(避险占17.5%,套利占8.5%)。期货市场中,参与交易的资金流动快,期货市场的价格波动一般比别的市场更为剧烈。

三、市场监管方面的风险

对股指期货的监管依据不足,带来股指期货的交易规则上变数较大,游戏规则的不确定性将蕴藏着巨大的风险。虽然这种风险不会时常出现,但在出现问题时,不可避免地用行政命令的方式干预市场。

证券、期货市场是由上市公司、证券经营机构、投资者及其他市场参与者组成,由此证券、期货交易所的有效组织而得以正常进行。在这一系列环节中,都应具有相应的法律规范。

期货市场风险特征

中国期货市场风险具有以下几方面的特征。

1. 风险存在的客观性

期货市场风险的存在具有客观性。这种客观性一方面体现了市场风险的共性,即在任何市场中,都存在由于不确定性因素而导致损失的可能。随着交易方式、交易内容日益复杂,这种不确定性因素带来的市场风险也越来越大。

另一方面,期货市场风险的客观性也来自期货交易内在机制的特殊性,期货交易具有杠杆放大效应等特点,也会带来一定的风险。

此外,期货市场风险的客观性还来自股票市场本身的风险。股指期货市场之所以产生,是出自规避股票市场风险的需要,影响股票市场的各种因素也会导致股指期货市场的波动。为了规避股票市场的风险,股票市场投资者通过股指期货市场将风险对冲,期货市场便成为风险转移的场所。

2. 风险因素的放大性

股指期货市场的风险与股票现货市场的风险相比,具有放大性的特征,主要

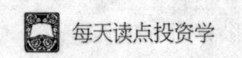

有以下两方面原因：

其一，期货交易实行保证金交易，具有"杠杆效应"，它在放大收益的同时也放大了风险。

其二，期货交易具有远期性，未来不确定因素多，引发价格波动的因素既包括股票市场因素，也包括股指期货市场因素。

3. 风险的可控性

尽管期货市场风险较大，但却是可以控制的。

从整个市场来看，期货市场风险的产生与发展存在自身的运行规律，可以根据历史资料、统计数据对期货市场变化过程进行预测，掌握其征兆和可能产生的后果，并完善风险监管制度，采取有效措施，对期货市场风险进行控制，达到规避、分散、降低风险的目的。

对于单个投资者来说，期货市场风险主要来自期货价格的不利变化，这也是期货交易中最常见、最需要重视的一种风险。除此之外，对于初次进行股指期货交易的新手，还可能因为对期货市场制度和规则了解不够而带来风险。投资者可通过认真学习相关规则避免此类风险。

期货市场采取的"T+0"交易方式，为投资者及时止损化解风险提供了条件。在期货市场上，尽管由于保证金交易制度使得投资者的收益和风险有所放大，但实际上，只要投资者根据自身特点制订交易计划，遵守交易纪律，期货交易的风险是可以控制的。

如何防范期货市场的风险

期货市场风险的防范是期货市场充分发挥功能的前提和基础，是减缓或消除期货市场对社会经济造成不良冲击的需要，是适应世界经济自由化和国际化发展的需要。

作为期货市场的投资者，在进行期货交易时对于风险的防范，最主要的是注意以下几个方面：

（1）严格遵守期货交易所和期货经纪公司的一切风险管理制度。如若违反这些制度，将使你处于非常被动的地位。

（2）投资的资金、规模必须正当、适度。如果资金渠道有问题，一旦抽紧，势必影响交易；而交易规模如果失当，盲目下单、过量下单，就会使你面临超越自己财力、能力的巨大风险。切记，期货市场是风险投资市场，绝不是赌场，不要把自己降格为一个赌徒。

（3）要有良好的投资战略。根据自己的条件（资金、时间、健康等），培养良好的心理素质，不断充实自己，逐步形成自己的投资战略。

（4）关注信息、分析形势，注意期货市场风险的每一个环节。期货市场是一个消息满天飞的地方，要逐步培养分析能力，充分掌握有价值的信息。同时，时刻注意市场的变化，提高自己反应的灵敏度。记住，市场永远是对的。

市场风险是不可预知的，但又是可以通过分析加以防范的。在这方面，投资者要做的工作很多，最主要的就是，在入市投资时，首先要从自己熟悉的品种做起，做好基础工作，从基本面分析做起，辅之以技术分析，能从套期货保值做起更为稳妥。千万不能逆势而为，初期一定要设好"止损点"，以免损失不断扩大，难以全身而退。

散户如何在股指期货交易中避险

投资大师巴菲特说："第一是安全，第二还是安全，第三是牢记前两条。"作为散户假如要投资股指期货，就应充分了解股指期货有哪些风险。

首先，股指期货有3大风险：

（1）基差风险。基差是指股指期货当时的现货价格与指股指期货交割日的期货价格之差，可分为买入基差和卖出基差，与买期保值和卖期保值互为反方向，买入期货的同时卖出现货称为买期保值，它们之间的价差称为卖出基差。现货价格与期货价格走势大体是相同的，这是套期保值得以实现的前提，但走势相同不等于价格变动幅度相同。在实际操作中，由于基差变化不一致，使操作结果不是稍有盈余就是小有损失，为避免基差变化带来的损失，可按一定基差买卖现货进行保值，基差风险是股指期货相对于其他金融衍生产品（期权、掉期等）的特殊风险。从本质上看，基差反映着货币的时间价值，一般应维持一定区间内的正值（即远期价格大于即期价格）。但在巨大的市场波动中，有可能出现基差倒挂甚至长时间倒挂的异常现象。基差的异常变动，表明股指期货交易中的价格信息已完全扭曲，这将产生巨大的交易性风险。

（2）标的物风险。股指期货交易中，标的物设计的特殊性，是其特定风险无法完全锁定的原因。股指期货由于标的物的特殊性，使现货和期货合约数量上的一致仅具有理论上的意义，而不具有现实操作性。因为股票指数设计中的综合性，以及设计中权重因素的考虑，使得在股票现货组合中，当股票品种和权重数完全与指数一致时，才能真正做到完全锁定风险，而这在实际操作中的可行性几乎为零。

（3）交割制度风险。股指期货采用现金交割的方式完成清算，相对于其他结合实物交割进行清算的金融衍生产品而言，存在更大的交割制度风险。如在股指期货交易中，百分之百的现金交割，而不可能以对应股票完成清算，假如没有足够的保证金，就有可能暴仓。

其次，防范股指期货的风险，应做到以下几点：

（1）熟悉期货交易规则、期货交易软件的使用，以及期货市场的基本制度。控制由于对交易的无知而产生的风险，特别是对习惯做多股票交易者而言，要学会做空。

（2）仓位和止损控制。由于每日结算制度的短期资金压力，投资者要学会抛弃股票市场满仓交易的操作习惯，控制好保证金的占比，防止因保证金不足被强行平仓的风险。不可抱侥幸心理硬扛或在贪婪心理驱使下按自我感觉逆趋势加仓。

（3）合约到期的风险控制。由于股指期货存在到期日，投资者一方面要把握股指期货合约到期日向现货价格回归的特点；另一方面要注意合约到期时的交割问题。

（4）坚持纪律，不能把套期保值做成投机交易。套期保值者要根据自己的经营情况或股票投资规模制订相应的套期保值计划。套利者一般是风险厌恶者，其追求的是资金的稳健增长，不可一时冲动改变自己的投资策略进行单向的投机，导致押注似的盲目下单。

股指期货交易的风险和收益是成正比的，期货的风险不可小视，有的投资者认为它是新生事物，必然会逢新必炒；也有人认为股指期货和股票一样，万一套牢"死了都不卖"总有机会"解套"，那就真的只有等死了。有的更弄不清股指期货以股票指数为标的物的期货合约，不涉及股票本身的交割，其价格根据股票指数计算，合约以保证金交易，以现金清算形式进行交割。它的特点是高回报、高风险，既能一夜暴富，也可能一夜归零。

股指期货交易关键在于要掌握好风险控制的方法和原则，克服赌博心理，坚持纪律，才能在股指期货交易中游刃有余。

散户如何才能做好自身的风险管理

只要是投资都是有风险的。就像是教育投资，比如，让孩子读大学，而不去上大专、技校等，这样花费了时间和金钱，但是也会遇到高学历人才供过于求，而技术工人高价难请的情况。我们很难做到把风险完全看透并且控制住，但是可以利用各种方式把大的风险杀死。比如，在孩子上大学的时候，给他选择好的专业，并且在大学期间让他多参加实践活动。

在期货交易中出现的风险大体有以下3种方式被控制住：

（1）交易所制度帮助投资者控制风险。例如，2008年上半年期货中的典型代表——豆油主力0809合约，从2008年1月24日9890元/吨连续上涨一个多月，价格涨至最高14630元/吨，紧接着从3月4日开始连续下跌（当中多次跌停）至最低10360元/吨。在豆油行情如此剧烈的情况下，大连商品期货交易所采取了扩大涨跌停幅度和提高保证金比例等一系列的风险控制措施来化解市场风险，其做法有利于使动荡的期货市场价格回归理性。

（2）资金管理风险控制。对于个人投资者甚至套期保值的机构投资者来说，资金管理非常重要。一方面，由于期货市场是以小博大、杠杆比例放大的市场，如果满仓操作，相当于购买了5~10倍左右的物品价值，其涨跌幅度直接对可用保证金产生巨大影响，如果期货价格有小波动，可用金不足会导致投资者看对了方向却被强行平仓出局。建议投资者在资金比例上使用一半左右的资金操作，控制可能发生的单边市场风险。另一方面，套期保值的期货头寸比例设计也不能太大，近期一位拥有现货的机构投资者在某期货品种上投入保证金100万元，结果80万元用于做套期保值，最终由于行情单边下跌速度太快，该品种套期保值头寸在持续补保证金的情况下还是由于资金不足而被强行平仓。

（3）止盈止损的风险控制。不少投资者在做期货交易的过程中常常开仓价格点位不错，但由于贪心导致了利润高位没有变现，行情走完反而出现亏损。

第十一章

投资黄金：财富保值增值的选择

第一节　走进金世界，开始淘金

通货膨胀与黄金冰火两重天

1. 关于通货膨胀

2010年，央行多次加息提高银行存款利率，但是仍然抵挡不了通货膨胀率的升高。2010年，CPI连续走高，10月份的CPI涨幅更是创下新高。目前1年期定期存款的年利率远低于CPI，存在银行里的钱随着时间的流逝在贬值，形象地说，就是去年的存款能买12平方米的房子，今年却只能买10平方米的房子了。

在我们的生活中，随着猪肉、粮食等各种涨价消息接踵而至，老百姓实实在在地感觉到了通胀的压力。通货膨胀是财富的天敌，对于现金、存款等货币形式的财富来说，通货膨胀的侵蚀作用最为明显。在通货膨胀周期里，储蓄的购买力将下降，债券和银行存款尤其脆弱，这对拥有大量债券和银行存款的中国老百姓来说不是一个好消息。从理财的角度来说，人们应该选择能在一定程度上回避通货膨胀风险的投资品种。应对通货膨胀的办法之一，就是在通货膨胀上升之前，将货币资产转化实物资产。

2. 关于黄金市场

2000年，黄金市场经过长达半年的盘整，特别是度过美国次级债的不利影响后，开始稳步上升。金价上扬速度让人欢喜雀跃，两个多月时间，金价涨幅超过20%。支持金价走强有多方面因素，主要是美元降息预期和原油价格大涨；另外，美国股市走软，也促使了大批资金流入黄金和石油市场。

尽管国际金价一路攀升，但并没有因此而影响中国消费者对黄金消费的持续热情，他们一如既往地投资黄金，把黄金作为对冲投资风险的工具，因而黄金投资也成为国内投资市场上的一个新热潮。强劲的黄金需求横跨首饰和投资领域，中国内地黄金销售的抢眼表现是中国经济高速发展所带来的消费者收入提高后的必然结果。

放眼目前的投资市场，热得烫手的除了股市，还有黄金。来自银行的信息显示，除了老客户继续购买之外，一些从股市、房市获利的投资者也抽出大量资金投入黄金市场。南京、成都等城市不少交易网点的金条断货，反映出人们对黄金市场的走势普遍看好。

现今金店遍布商业街，各类黄金公司不时有生肖金条、贺岁金条、纪念金砖等砸向市场，个人投资实物黄金的渠道不少，但很多投资者对于黄金投资的认识存在误区，尤其对如何直接参与金交所的黄金交易还是一头雾水。

从上面的分析可以看出，通货膨胀与黄金冰火两重天，它们如此相关，其实主要源于通货膨胀推升黄金价值，具体原因要从国际经验和中国经验来分析：

从国际经验来看，黄金兼备保值和投资品的功能。黄金是抵御长期风险的较佳投资品，同时黄金投资的风险低。黄金有其自身的特性，首先，黄金不是股票、债券这样的信用工具，它不存在信用上的风险；其次，黄金可以在全球任何一个市场变现，而且目前买卖容易，交易费用很低；最后，从近4个世纪来看，黄金的购买力没有什么变化，用来对抗通货膨胀非常合适。事实上，在温和的通货膨胀下，投资者几乎感觉不到黄金投资的"诱惑力"。而当通货膨胀加剧时，货币实际购买力会下降，而由于全球黄金几乎没有增加，所以黄金的价格也会随着货币购买力的降低而迅速上涨，投资者投入黄金市场的钱就会得到有力的"保护"。

黄金投资在中国的形势：黄金投资可能是最具潜力的一个投资品种。自2009年后的两三年之内，黄金将会有至少两到三倍以上的涨幅。时隔20年后，黄金其实已迈入第二个大牛市。从国内来看，目前中国黄金的储量是4000吨到5000吨，内地范围内人均拥有量仅为3.5克。在这样的市场上，一定会有更多人买黄金进行保值和增值。任何一个市场开放得越晚，它的投资机会就越大，黄金市场在中国是2003年才开放的，具有很大的投资机会。

此外，对技术层面的研究和对全球货币供应量分析，在黄金近40年的走势中，总共出现了两次大的牛市行情，第一次是在20世纪70年代至80年代初。在这段时间，金价从每盎司103美元一路上涨到了850美元，足足翻了7倍之多。

分析只是为了更好地应用，更好地行动，既然黄金牛市已经出现，那么对个人而言，投资黄金的比重又应如何来把握？

对大多数普通家庭来说，储备10盎司黄金就足以应对一般性的金融风险和通货膨胀，这也是初级藏金计划。如果是中等富裕家庭，建议持有的黄金在80盎司以上，这个标准也达到了世界级中产家庭的水平。根据百年来全球金融市场经验看，拥有80盎司黄金的家庭，可以轻松地应对大规模的世界级金融风险和通货膨胀带来的影响。对于拥有百万元以上资产的富裕家庭，黄金储量应不低于200盎司。据称，从全球金融市场经验看，任何规模的金融危机和通货膨胀因素都无法影响到这类家庭的生活水平，甚至在极端情况下还能起到财富杠杆的效果。

黄金独特的投资优势

黄金是人类最早发现并利用的金属之一，它的稀缺性，使得各个朝代的人都视其为贵重物品、财富的象征。而在千百年后的今天，在投资市场上，投资者们仍十分喜欢购买黄金。因为黄金不仅由于其本身的稀缺性而有较高的商业价值，而且有着令所有人倾倒的美学价值。正因如此，黄金投资有它独特的优点。

1. 无风险

单纯从风险上看，黄金投资基本没有，所以是良好的财产保值、增值的方式之一。因为它的世界货币地位和为国际所认可的流通能力，使它可以打破地域和语言的限制，在各个国家内使用。在这个世界上，没有人不认识黄金——有了黄金，就等于有了永恒的财富。因此，黄金可以用来抵抗通货膨胀及政治动荡等因素造成的对财富的影响。于是，很多投资者将黄金作为投资对象之一。而黄金之所以能够抵抗通货膨胀，主要是因为它具有高度的流通性，全球的黄金交易每天24小时进行，黄金是最具流通能力的硬体资产。

2. 无折旧

无论何种投资，主要目的不外乎是使已拥有的财产保值或增值，即使不能增值，最基本的也应维持在原有价值水平上。但是，如果财产价值逐渐减少的话，就完全违背了投资目的。黄金就不必担心这点，它不会有折旧的问题。

3. 流通无阻

黄金是流通性良好，并能在世界上通行无阻的投资工具。这点只需要举个例子就可以说明——只要是纯度在99.5%以上，或有世界级信誉的银行或黄金运营商的公认标志与文字的黄金，都能在世界各地的黄金市场进行交易。

4. 投资必备

没有一种投资理论不强调黄金投资的重要性，它们都会建议投资者尽量利用投资组合来进行投资，并且投资组合必有的一项就是黄金。尤其是在政局动荡不安或者经济萧条的年代，黄金才是最能保值的东西。

5. 收藏价值

如今我国黄金市场上关于奥运会的纪念金条、金砖等金制品都已经全面推出，它们都经过工艺化、艺术化的加工，图案精美，极富收藏价值。

个人炒金可通过银行开户交易。目前对于个人投资者，银行黄金投资业务主要有3种，分别是账户金、个人实物黄金买卖和个人实物黄金投资。

账户金又称纸黄金，只能投资，不能提取实物，账户金适合中短期投资。中国银行（简称中行）、中国工商银行（简称工行）和中国建设银行（简称建行）均提供账户金代理业务。

个人实物黄金买卖是指为银行代销黄金公司产品，投资者能提取黄金实物，但仅高赛尔公司有回购业务。中国工商银行、中国建设银行、招商银行、中国农业银行则在网点柜台代销招远、高赛尔等黄金公司产品。

个人实物黄金投资是指代理银行得到上海黄金交易所授权，代理交易业务，投资者既能通过交易系统低买高抛，也可提取实物金，但金交所不设回购。华夏银行、兴业银行、深圳发展银行、中国工商银行上海分行提供个人实物黄金投资代理服务。

把钱放在银行里，只能越存越少；投资房产，流动性太差；用来炒股，很多人又难以承担高额的风险；此时炒金则成了普通投资者最理想的选择。

揭开中国黄金定价的奥秘

在我国黄金统收专营的管理体制中，是国家行政定价，原定价权属于国务院，定价权下放归属中国人民银行。2001年以前，黄金定价的原则是在历史金价的基础上，根据生产成本的变化小步逐年上调金价。2002年10月2日，上海黄金交易所正式运行，金价在交易的过程中形成，原行政定价及周报价制度废止。上海黄金交易所采用的价格是参照国际黄金价格，根据国内供求关系，通过计算机交易系统自由报价，按照时间优先、价格优先的原则撮合形成的。

2008年，黄金期货在上海期货交易所上市。此后，许多境内黄金投资者都养成了看着外盘做内盘的习惯。因为上海黄金期货的价格几乎完全跟着COMEX(纽约商品交易所)走，可以说是纽约金价的"影子"。

从交易时间上看，上海期货交易所的开盘时间，在纽约市场开盘之后，沪金开盘价主要由纽约期金的开盘价决定；纽约市场收盘后，其电子盘继续，沪金收盘价又追随电子盘的波动。大陆期货的研究表明：上海期金价格波动与国内黄金供需变动的关系不大，主要是受外盘的影响。上海期金与纽约期金开盘价同涨同跌，存在极大的相关性，相关系数达0.94。

期货是纽约金价的"影子"，国内黄金现货则是伦敦金价的"影子"。伦敦黄金市场是世界上最大的现货黄金交易市场，其每天的金价都深刻影响着世界黄金现货的价格。国内"影子"般的金价，意味着黄金定价权的旁落。

在黄金价格方面，中国的价格一直充当"影子"的角色，主要是中国没有黄金定价权。中国黄金产量2008年首次超越南非，成为世界第一产金大国，这一纪录一直保持至今。同时，中国也是世界上最大的黄金消费国。然而极不相称的是，世界黄金定价权一直牢牢掌握在欧美市场手中。这种局面，与澳大利亚垄断铁矿石价格，欧佩克决定全球石油价格，形成了鲜明对比。

谋求黄金定价权，究竟有什么意义？黄金并非普通商品，它同时具有货币、金融两种属性。争取其定价权，有利于提高我国在国际金融市场的地位，昭示中国的影响力。当然，谋求定价权并非只是为了"面子"，更是为了"里子"。谋求黄金定价权，有利于保持人民币汇率的稳定，为将来人民币国际化打下坚实的基础。任何一种主权货币成为世界各国信任的通用货币，必然需要强大的黄金储备作为基础。黄金市场价格的影响力将直接决定我国黄金储备的价值和交易成本，争取定价权尤为重要。

预测黄金价格的三大方法

对于黄金投资者而言，最关心的问题莫过于黄金价格了。对价格的准确判断是赢利的基础，然而黄金是兼具商品和货币双重属性的特殊产品，它的价格走势有什么特点，其价格又如何准确预测？

在介绍预测黄金价格的方法之前，可以先总结一下多年来黄金价格走势的基本特点，这样才能对预测黄金价格的方法有一些较好的理解和把握。目前，我们公认的黄金价格走势特点为：

首先，从超长时段来看，黄金价格基本上是持续上涨的。黄金与信用货币的各自特性决定了以信用货币标记的黄金价格长期来看必然上涨。另外，1944年布雷顿森林体系建立后，以美国为首的西方国家纷纷采用了以信用泡沫刺激经济增长和作为配置资源的手段，从而导致了在第二次世界大战后国际经济体系内累积的信用泡沫越来越多，进一步加大了黄金价格上涨的内在动力。

其次，趋势一旦形成，则多年不会逆转。黄金可以说是世界货币，其美元价格的长周期变化趋势反映了世界地缘政治格局和国际经济、世界货币体系的重大变化，而这种内在决定因素的变化往往是长周期的，一旦发生变化，则将延续多年。黄金价格机制的上述特点直接决定了黄金价格走势的特点，即黄金价格的趋势一旦形成，则在相当长的时间内都不会变化。还有，突发事件影响较大，一般情况下单位时间内的波幅较小。

最后，黄金价格对重大事件会提前反映。黄金价格的转折或重大变化往往能够对重大地缘政治事件、国际经济金融事件的发生做出提前反映。

根据这些年来黄金的历史趋势，可以总结出黄金的预测方法：

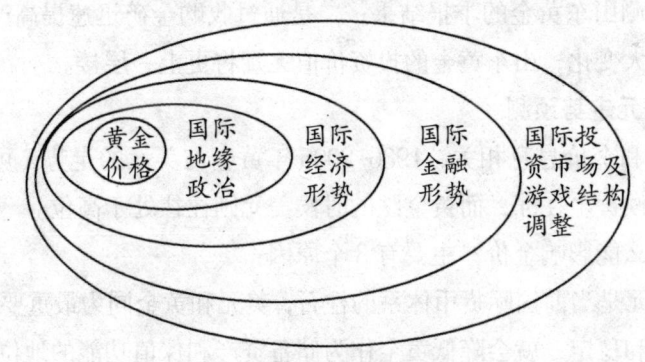

黄金价格的宏观联动影响因素

1. 根据供需变化预测

众所周知，把握供需平衡点是预测金价的利器，了解黄金的供需情况就能把握黄金的特点，进而掌握金价的走向。

从黄金的商品属性来看，近年来国际黄金的供给（矿产金和再生金）保持在3300吨左右，制造用金（包括首饰需求）的需求为3700吨，由于矿产金有7~8年的投资周期，所以金价上涨的刺激很难在短期内促使国际矿产黄金的供给增加，对黄金的需求也比较稳定。

供需间的缺口则由官方售金和投资需求来填补，投资需求受金价的影响很大。近20年来，受到黄金非货币化进程的影响，官方售金成为一股不受金价影响的决定性力量。

例如，1999年，当金价在270美元/盎司的低谷时，英国等国大量抛出黄金储备；而在2002年、2003年金价开始上升时，很多国家又反过来增加了黄金储备；又如"华盛顿协议"后，欧洲各国每年达到400吨稳定的抛售量等。

由此可以看出，决定黄金基本面变化的因素主要是官方对黄金储备的态度，这取决于黄金货币职能的强弱，它在不同历史时期的表现也不同。就像当前国际货币体系不稳定，黄金的货币职能就强些，官方减少售金量，需大于求，金价不断上涨。

对供需的预测能使我们很好地把握金价的长期走势，更能运用在对黄金企业股票的预测上。例如，在上海证券交易所上市的山东黄金（600547）股票，行业特点决定了其每年的产金成本和产量变化不会很大，那么，山东黄金提高每股收益的途径只有两个：一是等待金价上涨，通过计算可以得知，目前的产能金价每上涨10元，山东黄金的每股收益就能提高0.18元，所以，根据每季度的平均金价，基本上就能预测山东黄金的季报结果；二是通过收购金矿迅速提高产量。如果这两个因素有很大变化，山东黄金的投资价值无疑将更上一层楼。

2. 根据美元走势预测

美元走势和金价息息相关，1986~2006年黄金与美元的走势，可以直观地看到美元跌的时候黄金在涨，而黄金跌的时候美元则往往处于高位。

美元为什么能影响金价？主要有3个原因：

第一，美元是当前国际货币体系的柱石，美元和黄金同为最重要的储备资产，如果美元坚挺和稳定，就会降低黄金作为储备资产和保值功能的地位。

第二，美国GDP占世界GDP总量的20%以上，对外贸易总额名列世界第一，国际经济深受其影响。

第三，国际黄金市场一般都以美元标价，美元贬值势必会导致金价上涨。比如，20世纪末金价走入低谷时，人们纷纷抛出黄金，这与美国经济连续100个月保持增长、美元坚挺关系密切。

3. 根据黄金生产成本预测

"商品的价值取决于凝结其上的一般劳动价值。"也就是说，价格不会大幅度偏离商品的成本，成本可以挤掉价格的泡沫，以便更好地看清商品的本质。

黄金的平均生产成本是290美元/盎司，南非的优质高技术矿产企业的成本更低些，生产商通过对冲交易，可以把短期黄金的最低净生产成本降到250美元/盎司左右。该生产成本与目前超过1000美元/盎司的金价比较，金价是否过高呢？其实并没有过高，黄金和石油一样是资源性商品，矿储量是有限的。当政治局势动荡不安时，人们更能体会到石油和黄金的价值，黄金的成本溢价会更高。

2001年，金价跌入最低谷，全年平均金价只有271美元/盎司，也就是说，其低于大多数生产商的生产净成本，生产黄金越多越亏损。这是一种极其不合理的现象，但这却是个绝好的投资机会。当所有的不好消息都出现之后，特别是那年还出现了"9·11"事件，但这恰好成了黄金市场走向牛市的开始。运用成本预测法，往往可以提前预知这样的行情。

由于观察黄金价格的角度不同，基于不同的逻辑，黄金价格预测有以下几类方法：其一，以黄金属性和黄金价格形成机制为起点的预测方法。其二，基于黄金普通商品属性的供求分析方法。其三，基于经济因素的基本分析方法。其四，基于价格走势的技术分析、时间序列分析神经网络分析方法。其五，基于历史价格走势和相应影响因素相互关系的统计模型分析方法。上述5种方法，以黄金属性和黄金价格形成机制为起点的预测方法考虑到了不同条件和背景下黄金价格形成机制的差异，能够对未来黄金价格有准确的把握，其他方法均没有充分考虑黄金价格在不同背景条件下起主导作用的属性和影响因素变化，没有区分不同背景条件下黄金价格机制的变化，因此在预测的逻辑基础上具有明显缺陷。

对于投资者理财来说，金价的涨跌深受汇率、经济形势、证券市场、通货膨胀、国际局势以及石油等主要原料价格的影响，通过对这些相关因素的判断，能较好地预测短期金价。

应对金价走势的投资策略

黄金从1900年到2007年的价格走势，可以把黄金的价格波动大致分为4个阶段：

（1）1900年到20世纪70年代中期，黄金处于金本位时代，价格恒定，已经明确界定，没有交割波动风险。

（2）从20世纪70年代中期到1980年，黄金非货币化后受世界政治经济因素影响，金价大幅波动，从103美元一度冲上850美元的历史高位区间。

（3）从1980年到2001年，供需形势平缓，黄金一度脱离投资者视线，价格持续回落。

（4）从2001年到目前，黄金价格从252美元持续上扬，有不断创出新高的动能。

纵观黄金的4个阶段的价格走势，可以看出，黄金价格波动具有明显的长周期和季节性价格波动特点。统计1996年到2006年国际黄金现货价格波动，发现日内价格最大波动幅度在5%以内，单日波动5%出现的概率非常之低。大部分交易时间日内价格波动幅度在2%以内。在周波动幅度方面，黄金现货周波动幅度在5%左右的交易周也是屈指可数。这些数据都表明黄金期货日内价格波动并不算活跃，日内短差交易如果保证金投入大，市场容量相对小的话，可能不易获得预期的收益。当然，由于黄金期货受国际政治、经济多方面的因素影响，尤其是一些突发性事件影响，价格会出现快速的反应和异动，这个时候是短线交易者的好机会。

期待已久的黄金期货2008年登场。从目前情况看，按200元/克的价格，交易所和期货公司合计收取10%的保证金计算，每手保证金约需要2万元。投资者要结合自身能力和状况慎重考虑。

黄金市场主要有3种投资策略：一是日内短线的价差波动交易，二是几个交易日到十几个交易日内的波段交易，三是单一方向长期趋势交易。从大多数商品期货交易者的实际需求看，前两种投资策略占了明显比例。这主要是因为商品期货杠杆交易比例高，行情转化快。但对于参与黄金期货的投资者来说，就必须结合黄金市场的特点来进行自己的选择和把握。

总之，综合当前黄金市场的结构特点以及黄金期货合约设置，投资者在参与黄金期货时，可以确定投资方向，以长期趋势为准，滚动操作单边方向。也可以积极结合黄金季节性结构特点和技术波段，进行波段交易。除非技术比较突出，不鼓励进行日内短线交易，除非出现突发性事件导致行情波动并预判正确。

黄金的最低国际交易价发生在1999年的7月20日，252美元/盎司，折合人民币大约67元/克。最高价格发生在2006年的5月12日，725美元/盎司，折合人民币大约187元/克。这些价格均是黄金的国际原料第一手交易价格。

2001年"9·11"事件以后，国际黄金价格走势图一直呈现上升势头，2003年以来继续大幅上扬。美元面临大幅下跌风险，黄金成为避风港。一般来说，一个国家的经济表现强劲应该支持该国的货币汇率上扬，但2003年美元汇率与美国经济的走势却背道而驰。2003年美国经济加速回升，美元兑欧元汇率在2003年1~5月份一路下跌，由2003年初的1美元兑0.9653欧元下跌到5月底的0.8405美元。2003年1~9月，美元兑日元汇率基本在121.43~115.84日元间波动。地缘政治持续紧张，加剧市场恐慌，黄金的保值功能凸现。中东日益加剧的恐怖袭击事件成为投资者心中挥之不去的隐忧。

对黄金价格走势图的长期走势，市场分析家们有不同看法。一些专家认为，目前美元仍处弱势，国际恐怖袭击会随时发生，金融市场投资气氛存在不明朗因素，全球利息普遍偏低，金矿公司的回购使供应减少，《华盛顿协议》也变相控制着黄金的供应。因此，2004年黄金价格有望突破420美元大关，并保持若干年的强势。

也有专家认为，黄金价格未来的走势主要将受美国经济发展的影响。美国经济眼下虽有复苏苗头，但失业率仍居高不下，投资者信心不足导致大量资金流入黄金市场。目前这种非理性购买黄金的浪潮，将在美国经济出现真正好转、美元恢复强势之时平息。如果美国经济出现强劲复苏，就业状况大幅改善，消费市场畅旺，资金将由金市再度回流股市和汇市，金价将会下跌。

特别值得注意的是，黄金成本是影响黄金价格的重要因素。从长期来说，黄金在总体上是供大于求的，其价格不会长久停留在离成本太远的高位上。另外，不容忽略的是，黄金投资是有一定的风险的，影响黄金价格走势的因素是很多的，其中战争、经济、就业、供求、利率、股市、政治等各个方面都会使黄金价格产生波动。

第二节　黄金投资策略选择

黄金的品种选择

黄金天然是货币，无论是世界经济开始下滑还是快速发展，黄金永不磨灭的"永恒价值"一直都被投资者视为最佳的避险工具。从2008年全球金融危机爆发以后，投资黄金更是成了全球老百姓最为热衷的家庭避险方式。接近2009年岁尾，国际黄金价格重新站稳1000美元关口并刷新历史新高，又一轮的黄金投资热情也再次被点燃。美欧经济复苏乏力，美元和欧元走弱。在此背景下，一路飙升的国际金价似乎印证了"乱世买黄金"的古训。目前，黄金期货价格已突破每盎司1300美元大关。2010年9月29日，现货黄金开盘1308.80美元，收盘1309.20美元，最高1313.20美元，最低1304.90美元，再创历史新纪录。那么，在纷繁复杂的市场中，普通家庭如何才能买到符合自己投资风格又能保价增值的理想黄金呢？

1. 实物黄金

作为抵御通胀的"天然货币"，实物黄金具有非常好的变现性，在全球任何地区都可以很方便地买卖，大多数地区还不征收交易税，这也是为什么实物黄金是目前最为广泛和流行的黄金投资品种之一的原因。例如，工商银行如意金条和建行的龙鼎金。

实物黄金就是所谓的现货黄金，是实实在在拿到手里的黄金，包括金条、金块、金币和金饰品等。它以保值为主要目的，占用的资金量大，变现慢，变现手续繁杂，手续费较高。金条和金块是黄金投资中最普通的投资品种。门槛比较低，操作也比较简单，交易方式多样，且交易成本远较实物黄金要低，可以作为中短线交易的品种，适合普通大众投资。

金币分为普通金币和纪念金币。普通金币对于投资者而言选择的余地比较大，变现性也非常好，但保管难度比金条和金块大。纪念金币是钱币爱好者的重点投资对象，其价格波动风险要大于普通金币。

在这里要特别一提的是金饰品。普通大众对黄金进行投资时首先想到的是买金饰品，这是对黄金投资知识极其匮乏的表现。在本书里讨论的黄金投资不包括金饰品，黄金投资者一定要把金饰品排除在投资之外。

2. 纸黄金

"纸黄金"是一种个人凭证式黄金，投资者按银行报价在账面上买卖"虚拟"黄金，个人通过把握国际金价走势低吸高抛，赚取黄金价格的波动差价。但纸黄金是黄金的虚拟买卖，没有保值功能，并不能抵御通胀风险。例如，中国银行黄金宝。

对于纸黄金交易而言，银行与个人投资者之间不发生实物的提取和交收，所以纸黄金交易实质上就是一种权证交易方式。纸黄金所有人所持有的只是一张物权凭证而不是黄金实物。

纸黄金的报价类似于外汇业务，即跟随国际黄金市场的波动情况进行报价，客户可以通过把握市场走势低买高抛，赚取差价。

在纸黄金交易过程中,节省了实金交易中必不可少的保管费、储存费、保险费、鉴定及运输费等。

3. 黄金衍生品

对一般投资者来说,投资要适度,远期或期权应注意与自身的生产能力或需求、风险承受能力基本一致。由于黄金期权买卖投资战术比较多并且复杂,不易掌握,应注意因价格变动的风险太大,不要轻易运用。主要包括黄金期货和黄金期权。

(1)黄金期货:黄金期货是一种保证金交易,黄金保证金交易是指在黄金买卖业务中,市场参与者不需对所交易的黄金进行全额资金划拨,只需按照黄金交易总额支付一定比例的价款作为黄金实物交收时的履约保证。黄金期货风险较大,投机性强,适合激进型的专业投资者。

(2)黄金期权:黄金期权是指买卖双方在未来约定的价位,具有购买一定数量标的的权利而非义务。如果价格走势对期权买方有利,则会行使其权利而获利;如果价格走势对其不利,则放弃购买的权利,只损失当时购买期权时的期权费。买卖期权的费用(或称期权的价格)由市场供求双方力量决定。

黄金期权包括买入和卖出期权两种,客户买入黄金期权就是期金宝业务。如某投资者在2006年10月24日买入一笔黄金看涨期权,协定价格为585美元/盎司(1盎司=31.1035克),以期权面值100盎司,期限1个月,所报期权开仓价20美元/盎司计算,投资者付出期权费为20×100=2000美元。

假设到2006年11月24日,期权到期金价涨到638美元,表明投资者看对方向,银行替其执行该期权,客户的收益为100×(638-585)=5300美元,投资者的净收益为5300-2000=3300美元。

如果在2006年11月24日期权到期,金价下跌到585美元以下,表明投资者看错黄金上涨方向,投资者的期权将无法执行,其全部损失为付出的期权费2000美元。但与实盘黄金买卖相比,损失有限地被锁定,并且不会把所有的本金套牢。

又如在2006年11月9日,金价涨到633美元,但是投资者预期黄金价格在期权到期日(11月24日)前不会再涨了,这时投资者可以选择将该期权反向卖回银行,锁定利润,如银行报出平仓价30美元/盎司,则投资者的净收益为(30-20)×100=1000美元。

由于黄金期权买卖涉及内容比较多,期权买卖投资战术也比较多且复杂,不易掌握，因此目前世界上黄金期权市场并不多。黄金期权投资具有较强的杠杆性，以少量资金进行大额的投资，如果是标准合约的买卖，投资者则不必为存储和黄金成色担心，从而具有降低风险的功能等。实物黄金的特点决定其适合有长期投资、收藏和馈赠需求的投资者，短期操作也许并不能获得期望的收益率。

4. 纪念金币

纪念金币具有一定的投资价值，但投资纪念金币要考虑到其不利的一面，即纪念金币在二级市场的溢价一般都很高，往往远远超过了黄金材质本身的价值。另外，我国钱币市场行情的总体运行特征是牛短熊长，一旦在行情较为火暴的时候购入，投资者的损失会比较大。例如，中华人民共和国成立60周年纪念金币。

黄金的成色、计量与换算

1. 黄金成色的表示方法

黄金成色也就是黄金的纯度，指黄金物品中金元素的含量。流行的黄金成色表示方法有两种：

（1）K金法：K数与含金量的关系是1K=4.1666%，因此，人们把含金量为100%的黄金称为24K金。按此公式，18K金的含金量为75%，14K金的含金量58%，9K金的含金量37.5%。

（2）比例法：将黄金物品中金的含量用百分数、千分数的方式表示，比如，Au99.95即为含金量为99.95%的黄金，Au999.5为含金量999.5‰的黄金。

2. 黄金的计量

世界不同地方的黄金衡量单位各有不同，常见的黄金衡量单位有以下几种：

（1）欧美地区的金衡制盎司制，1金衡盎=31.103495克。

（2）中国香港常用的交易计量单位1司马两=37.42849791克。

（3）日本、中国古代的衡两制。1日本两=3.75克；1市斤=16小两=500克，1两=31.25克。

（4）市制计量单位。现在上海黄金所用克为单位。1市斤=10两=500克。

（5）南亚新德里、卡拉奇、孟买等托拉衡制，1托拉=11.6638克。

3. 黄金换算法

我们通常说24K的黄金是指纯黄金即100%的黄金。（其实只是一种理论）实际上，一般首饰用的黄金有千足金（含量99.99%）999金和足金（99.90%）990金。

含金量高于 99.90 的黄金，我们就认为是 24K 金了。它的摩氏硬度为 2.5，一般统称为足金。黄金的标准计量单位是"盎司"。1 金衡盎司 =31.1035 克，1 常衡盎司 =28.3495 克，1 钱 =3.125 克通常在市场上所出售的金牌相当于 1 两 2 钱（37.42 克）。

在回收旧金时，要特别注意组合金。所谓组合金就是成色不同的几部分组合成的一件金饰品。如一对耳针，其各部分的含量分别为：耳叶 99.72%，耳塞杆 93.72%，耳塞扣 88.65%。为什么会出现这种情况呢？因耳针在佩戴的时候，如果耳塞杆和耳塞扣纯度很高，则会显得太软，佩戴起来不安全，所以适量加入其他金属，令其硬度变高，会增加佩戴时的安全感。当然最好的方法是到有测金机的金行去测量金饰的纯度。

另外，鉴别黄金时，黄金分为生金和熟金两大类，生金主要有砂金和矿金两种；熟金又有清色金（含有白银）、混合色（含有银、铜、铅等金属）和 k 金 3 种。黄金的鉴别主要是"四鉴法"。即初步鉴、磨石鉴、硝酸鉴、焊药鉴。后 3 种方法带有较强的专业性，并需要一定的条件。初步鉴比较容易掌握，主要有 4 种方法：辨色、掂重、折性、敲声。

把握"钱途"无限的投资理念

投资理念在投资黄金中至关重要，首先需要了解以下几种比较重要的投资理念。

1. 钟摆原理

所谓钟摆原理，简单地讲就是任何一种资产的价格都不可能无限地上涨，也不可能无限地下跌，就如同钟摆一样终究会回归到平衡状态。偏离程度越大，反向调整的幅度也越大，反之亦然。但需要指出的是，投资者往往死板地运用这个原理，而在明显单边市势中希望抓住转势的转折点而不断进行逆市操作，因而造成巨额亏损。价格本身不会告诉投资者何时转势，只有依靠基本面的把握，同时结合技术分析中的趋势分析，顺势而为，这样才能正确运用这一理论来把握金价中长线的运行走势。

2. 水床原理

水床的特点就是从一边按下去，另一边因为水的挤压而凸出来。如果把水床比喻成整个金融市场，那么水床里的水就是资金流，各个金融市场之间的资金流动就表现为此涨彼消的关系。资产价格是由资金来推动的，短期内金融市场的增加或减少的资金量相对于总存量来说可以忽略不计，通过分析把握不同子市场之间资金的流向来判断基金经理们的操作思路，从而把握市场中长期的走势。分析的参考指标通常包括股指、收益率曲线、CRB指数，等等。当然不同市场有不同的特征属性，也决定了资金一般难以在不同属性的市场之间流动，这样我们可以将金融市场根据不同属性划分为不同的层次和范围，分别运用水床原理来进行分析。

3. 市场焦点的把握

即市场中线的走势方向一般都是某一个市场焦点所决定的，同时市场也在不断寻找变化关注的焦点来作为炒作的材料。以2005年的走势为例，2月份的朝鲜和伊朗的核问题使国际局势紧张，使金价在一个月内从410美元迅速上扬至447美元的高点。之后随着美国的退让，紧张的气氛逐渐缓和，适逢美联储议息会议强调通胀压力有恶化风险，使市场焦点立即转变为美国的息口走向，金价随之从447美元滑落。3月底4月初，经过一段时间的盘整之后，一系列的美元经济指标显示高油价及利率上升已打击制造业，并使消费信心恶化，市场对美国经济降温的忧虑逐渐占据市场主导，金价从牛皮中突围上扬至437美元。但5月初，美国贸赤、零售销售和非农就业数据表现强劲，经济降温的担心一扫而空，基金多头陆续止损离市，金价再度从437美元滑落。5月中旬之后，市场目光转向欧盟宪法公投，在公投失利引发欧洲政治危机的情况下，欧元拾级下跌，同时金价亦创出413美元的年内第二低点。

从上述可以看出，市场在不断变换关注的焦点，使金价在相应时段确认方向性的走势。当然市场焦点的转换也是在不知不觉当中完成的，不可能有一个明显的分界线，只有通过市场舆论和某些相关信息才能做出推断，而且不能排除推断错误的可能。

4. 纪律至上

在决定入市之前，必须先认清自己的风险和期望回报是否对等，以此来决定目标入市价格和止损价格。特别是对于新手而言，往往在入市之后即把原先的计划忘得干干净净，或者即便记得也不能严格遵守，尤其是价格即将到达其止损价时便向自己妥协，临时变动既定的止损价甚至干脆取消，结果落得巨额亏损。在瞬息万变的金融市场上如果不遵守纪律，不严格止损，是根本没有办法生存的，因为你还远没有达到在价格面前心若止水的境界。

5. 市场永远是对的

投资者犯的最大错误往往就是在市场面前不肯认输，不肯低头，固执己见。

很多人总是装作百思不得其解的模样，认为从任何角度都没有理由是这样的走势，它很快就会反弹的，因此不肯止损。越聪明的人，越容易自以为是。但是请记住，市场价格已经包含了市场的一切信息，市场永远不会错，错的在于你自己。不要自以为是，不要有虚荣心，按市场给你的信息来决定行动计划，一有不对即刻认错，这才是在市场生存下去的长久之道。

6. 不要相信规律

任何金融工具的走势绝对不存在所谓的规律，也没有绝对保证获利的公式可循，否则岂不是人人都成为百万富翁？相信市场走势有规律存在的心理是假定了历史会重演。许多专家经常研究以往造成涨跌的原因，而后期待只要这些原因重复出现，大势也会因此涨跌。不过在你接受任何这类说法时不妨自问，为什么成千上万的聪明人穷尽数十年之精力研究，却未因此而致富？或许这样就能让自己的脑筋清醒一点，不轻易相信所谓的规律。

7. 顺势而为

黄金市场作为一个全球性的市场，即使是拥有巨额资金的投机基金也无法决定市场价格，何况个人投资者？所以最明智的方法就是跟随市场趋势顺势而为，和市场对博无异于是螳臂当车，自不量力。人性使然，一般的投资者不愿意相信价格会涨或跌到某个价位，因此不敢追涨或追跌，而在稍微出现一点回调迹象的时候即迫不及待地入市以博取蝇头小利。如果一旦出现亏损便不肯止损，更有甚者为了摊开均价而不断泥足深陷不可自拔。

把握大方向，踩准买卖节拍

如果你现在想要投资黄金，应该有什么方法呢？目前市面上的黄金投资工具不外乎黄金条块、金币、黄金存折、黄金账户、黄金期货和黄金基金等。

1. 把握大方向

基本上，黄金存折适合于对黄金市场较不熟悉或者投资属于稳健型的人；积极型和风险承受度较高者，则可以考虑黄金存折加上黄金基金；专业又喜欢冒险者，可以黄金存折为基本避险部位，再增加黄金基金、期货、选择权等投资。

2. 踩准买卖节拍

正确分析只是成功投资的第一步。而在分析方面，投资者把注意力放在如何判断进场点上，而不知道判断出场点比判断进场点更重要，也是更难的一个操作技巧。

　　把握大方向与踩准买卖节拍同等重要。在分析方面，对整个市场的趋势判断，俗称方向对了。但如果买卖时间不科学、不理性，同样可能是高点进低点出；而如果买卖时间是科学的，那么，整个赢利状况将大为改观。市场分析是操作的前提。从正确的市场分析出发，才能建立起具有科学的交易系统；理性的买卖时间是把正确的分析发挥最大效果的一个过程。而心理控制则是这两者的基础和纽带。一个人如果心理素质不好，即便有了正确的分析，也可能因为心理素质的不完善从而直接影响买卖时间的科学性，这样就使最后的赢利结果不是自己应得的那部分。投资市场不同于社会生活的任何其他方面。当人们从事任何其他社会职业时，人性的弱点往往还可以用某种方法掩饰起来，但是在投资市场上，每个人都必然把自己的人性弱点充分地表现出来。这是根本无法遮掩的。所谓公开竞价，其实就是公开展示人性。人性弱点在投资黄金时会有4个方面：懒、愿、贪、怕。

　　所说的"懒、愿、贪、怕"，要完全克服是不可能的，因为它们是人性的表现，是与生俱来的。但是它们的表现程度是可以控制的。成功的投资家是能够成功地把它们控制在一个适度的范围内，不使其影响理智的思维。道理虽然简单，但做起来却非常之难。因为它要求一个人能脱胎换骨地改造自己。

　　所以，要想战胜对手，就要先战胜自己。不能战胜自我的人，是绝不可能在投资市场最后成功的。投资者应该明白一句话：投资黄金三分靠分析，掌握大方向，七分靠操作，准确把握买卖时点。

长线持有、短线炒作与中线波段操作

　　黄金是一种良好的投资品种，根据投资者的偏好，可以适合短线、中线和长线各种投资策略。下面分别具体论述各种操作策略。

1. 长期持有的操作策略

　　长期持有的操作策略主要是选择合适的投资品种，金条金块是很好的选择。金条金块的变现性非常好，在全球任何地区都可以很方便地买卖，大多数地区还不征收交易税。除保值增值外，还可以用来收藏、馈赠。缺点是投资门槛高，占用较多的现金，有一定的保管费用。由于黄金价格飙升，国内收藏市场的黄金品种也随之水涨船高，各大机构竞相发售金条、金币，其中的某些产品甚至成了目前市场上升值最快的品种。2008年发行的奥运会金银纪念币（第一组），其发行价从9880元左右一直飙升到17000元，翻了近一番；而次年5月发行的第二组金银币也比发行价9494元翻了近50%！其实，金子、金币仍属于收藏品，除了金条中的个别品种，基本属于长线投资的"慢热品"；出现短时间内价格暴增的状态，完全是市场的炒作行为。中小投资者需要端正心态，购买金币，仍以长线收藏为主。

从长期保值功能方面来看，金条比金币略胜一筹。普通投资者以金条投资为宜，从长期全世界黄金走势来看，比较容易操作，保值增值空间相对较大。金条由商业银行或中金的直销旗舰店发售，可根据国内外市场每天挂出的价格进行交易，可随时变现。若长期持有，利润匪浅。

有一定收藏专业基础的投资者，可适度投资金币。如果投资金币，具体来看，收藏者不妨根据自己的爱好选择某些题材重点收藏，这样比打"游击战"更有针对性。金银币一般有多种规格，比如，1/2盎司、1盎司、5盎司、1公斤等，而且通常重量越大，发行量就越少。收藏者可以考虑选择某一规格的币作为收藏重点，结合其发行量挑选一些有升值潜力的币来收藏。比如，专门收藏所有题材发行过的1公斤金币等。

2. 短线炒作操作策略

短线操作的真正目的不是不想赚大钱，而是为了不参与走势中不确定因素太多的调整。"走势中的不确定因素"就是一种无法把握的巨大风险，用短线操作的方法，就可以尽量避开这种风险。因此，只要一只股票的攻击力消失，无论它是否下跌，都必须离场——这是短线操作的原则。短线投资主要有以下几个操作技巧：

第一，略懂技术分析，三分靠本事，七分靠感觉。那要学些什么呢？会用极短期平均线，会解释价与量的表现，如此而已。其他就是看看市场指数，听听基本面消息凭感觉从事。

第二，要快乐。你如果觉得短线投资不简单，很痛苦，就不要做。所谓短线投资最短者就是日投资，当日进当日出，不放过夜。长期持股长期伤脑筋，短线投资不过夜，晚上睡得安稳。因持股时间短，担心时间也短。当然，一两天或两三天的持股期也归类为短线投资。短线投资在寻刺激找快乐，不成就这小目的就不要试。

第三，要有数学中学程度。知晓概率是短线投机制胜因素。事实上，说中学程度的概率是好听而已，也许这种小问题没念过算术的人也知道。一个有六面的骰子从1到6，三个偶数三个奇数，偶数出算赢，奇数出算输。长期掷骰，奇偶出的概率约各半。短线投资买后，涨或跌的情况，通常也是各半。那短线投资如何赢呢？让赢的时候赚1份，输的时候赔0.5份。100次中，赢50次，赚50份，输50次赔25份，最后总结赚25份。这是短线投资应该记住的唯一胜计，别无他方良策。所以进场后，方向对了，让它去跑一下以达目的；方向不对，立刻出场没有心理因素考虑去留的余地。

第四，短线投资不是天天投资。做极短线者叫日炒黄金者，但并不能日日投资。如果你今天投资赚了900份的钱，不要期待明天再进场去再赚900份的钱。短线投资的好处是好像自己做生意，可选择哪天做哪天不做。

第五，大形势不对，不管时间长短，绝不投资。形势对时，胜算会比前述50对50高出许多。形势不对如逆水行舟，高明的短线投资者必为自己放长假，与势争绝无必要，且有可能引来平白伤亡。什么叫形势对与不对？20世纪90年代的大牛市到2000年3月形势逆转，此时投资人尚无从得知大事不妙，到了10月后技术图50天平均线向下破到200天平均线之下，形成死亡交叉，此时投资人该全面退场，短线投资更不可为。这情况后来完全改变，50天平均线又翻上200天平均线形成黄金交叉。此时短线炒黄金者长达两年半的假期结束，又是好投资时节的到来。

3. 中线波段操作策略

当然，在金价长期看涨的大势中，甚至可以大胆预期涨到2000美元每盎司的前景中，也需要警惕其中的大幅度回调行情。回顾过去10年以来金价的走势，我们可以看到，在每一次金价大涨的行情中，都酝酿着强大的回调风暴，而且来势凶猛，时间极短。这就告诉投资者，在进行黄金投资时，要采取波段操作，顺势而为，并严格控制风险，这样才能稳操胜券。

每一个市场都会循环经历牛市和熊市，相比传统市场投资者只可低买高卖，陷入熊市时只能割肉离场。黄金现货保证金交易则允许投资者在任何时候双向买卖，只要投资者看准方向，不论金价升跌，均可获利。在双向交易的机制下，投资者可通过技术分析和基本面分析把握好大市的方向进行交易。但假使大市走向与投资者预期相反，在注意维持保证金水平的基础上，投资者亦能够利用黄金保证金交易的止损功能，或是在反方向建仓等方法，减少损失。

以上3种操作方法，长线、短线、中线，没有好与坏之分，重要的是把握局势，选择适合自己的操作策略，达到投资有实效的目的即可。

第三节 纸黄金投资攻略

通过概念透视纸黄金

纸黄金是一种个人凭证式黄金,投资者按银行报价在账面上买卖"虚拟"黄金。投资者的买卖交易记录只在个人预先开立的"黄金存折账户"上体现,不发生实金提取和交割。

透过纸黄金的概念我们可以了解到:

(1)其为记账式黄金,不仅为投资人省去了存储成本,也为投资人的变现提供了便利。投资真金购买之后需要操心保存、存储;需要变现之时,又有鉴别是否为真金的成本。而纸黄金采用记账方式,用国际金价以及由此换算来的人民币标价,省去了投资真金的不便。

(2)纸黄金与国际金价挂钩,采取24小时不间断交易模式。国内夜晚,正好对应着欧美的白日,即黄金价格波动最大之时,为上班族的理财提供了充沛的时间。从价格上看,纸黄金更为敏感,当国际金价上涨或下跌时,纸黄金能随时反映这种变化。

(3)纸黄金提供了美元金和人民币金两种交易模式,为外币和人民币的理财都提供了相应的机会。同时,纸黄金采用T+0的交割方式,当时购买,当时到账,便于做日内交易,比国内股票市场多了更多的短线操作机会。

另外,中国银行纸黄金目前报价在同业之中最具有优势,较小的双边点差为投资人获得更多的收益提供了机会。正是由于投资者不用进行实金的提取,这样就省去了黄金的运输、保管、检验、鉴定等部分步骤,因此与其他黄金投资品种相比,它的交易费用是最低的。炒"纸黄金"每克的买卖差价为1元;高赛尔金条需要支付一定的加工费,一买一卖的差价是1.5元/克;而贺岁金条在回收时,一般报价里包含了约2%的手续费,即1克金条要收2元钱手续费。

但是与国际上的炒金业务相比,纸黄金目前最大的问题在于,它只能看涨不能看跌。所以当国际金价处于下降通道时,投资机会就很小。再加上它一般不会像股票那样暴涨暴跌,不仅没有任何存金利息,而且买卖间都有一定的差价,所以不太适合短期投资。

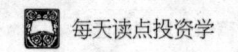

纸黄金的适宜人群

相对来说，纸黄金风险比较低，适合于刚入门、资金量不大，或者年长的投资者。

刘先生购买纸黄金 10 克，由于纸黄金的特性，购买按照卖出价成交，卖出按照买入价成交。

买入时价格：买入价 =210.64 元 / 克，卖出价 =211.34 元 / 克，中间价 =210.99 元 / 克

卖出时价格：买入价 =214.47 元 / 克，卖出价 =215.17 元 / 克，中间价 =214.82 元 / 克

收益：（214.47-211.34）×10=31.30 元

刘先生最终获利 31.30 元。

由于纸黄金全过程不发生实金提取和交收的清算交割行为，从而避免了交易中的成色鉴定、重量检测等手续，省略了黄金实物交割的操作过程。在业务操作上，与个人实盘外汇买卖相似。在交易中，银行与个人投资者之间不发生实金提取和交收，因此纸黄金交易实质上是一种权证交易方式。正是由于纸黄金的这些特征，尤其是灵活性，纸黄金的投资技巧尤为重要。

如何分析纸黄金行情

在决定黄金买卖成败的诸多因素中，最关键的是对黄金的价位走势是否能够作出正确的分析和判断。黄金买卖完全是靠运气，即使能够获得收入，但是结果根本不能控制，应通过一定的分析进行预测。预测价格走向的主要方法有两种：基本分析和技术分析。两者是从两个不同的角度来对市场进行分析，在实际操作中各有各的特色，因此投资者应结合使用。

1. 黄金投资基本分析

所谓基本分析，就是着重从政治、经济、个别市场的外在和内在因素进行分析。再加上其他的投资工具，以确定市场的目前状况是应该入市还是离市，并采取相应策略。

以基础分析为主要分析手段的分析家，一整天都在研究金矿公司的行情、政

府部门的有关资料以及各个机构的报告,来推测市场的未来走势。基本分析涉及的主要因素以前我们已经涉及,概括而言包括:

(1)政治局势。政治动荡通常都会促使金价利好情况的出现,战争会使得物价上涨,令金价得到支撑。而世界和平则会使金价受到不利的影响。

(2)美元走势。美元和黄金是相对的投资工具,如果美元的走势强劲,投资美元就会有更大的收益,因此美元的价格就会受到影响。相反,在美元处于弱市的时候,投资者又会减少其资本对美元的投资,而投向金市,推动金价的强劲。

(3)通货膨胀。当物价指数上升时,就意味着通货膨胀的加剧。通货膨胀的到来会影响一切投资的保值功能,故此黄金价格也会有升降。虽然黄金作为对付通货膨胀的武器的作用已不如以前,但是高通货膨胀仍然会对金价起到刺激作用。

(4)黄金的生产量。黄金生产量的增减,会影响到黄金的供求平衡。黄金生产量南非最大,任何工人罢工或其他特殊情况的发生,都会对其产量产生影响。另外,黄金的生产成本也会影响产量。在1992年,因为黄金生产成本提高,不少的金矿停止生产,导致了金价的一度推高。

(5)政府行为。当政府需要套取外汇时,不管当时黄金的价格如何,都会沽出所储备的黄金来获得。与此相对应,政府黄金回收的数据,也是影响黄金价格的重要指标。

(6)黄金需求。黄金除了是一种保值工具以外,更有工业用途和装饰用途。电子业、牙医类、珠宝业等用金工业,在生产上出现的变动,都会影响到黄金的价格。

(7)利率因素如果利率提高,投资人士存款会获得较大的收息,对于无息的黄金,会造成利空作用。相反,利率下滑,会对金价较为有利。

对于黄金走势的基本分析有许多方面,当我们在利用这些因素时,就应当考虑到它们各自作用的强度到底有多大。找到每个因素的主次地位和影响时间段,来进行最佳的投资决策。

黄金的基本分析在时间段上分为短期(通常是3个月)因素和长期因素。我们对于其影响作用要分别对待。

2. 黄金投资的技术分析

士兵要想在战争中获得胜利,除了要配备精良的武器以外,还要练就一身过硬的杀敌本领。同样,投资者在进行黄金交易时,除了要有准确的信息来源以外,

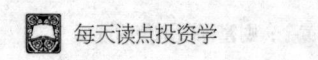

还要掌握技术分析这个武器。技术分析起源于统计学，它可帮助我们在市场上寻求最佳的介入价格，与基本分析相辅相成，都是不可缺少的分析工具。

技术分析是通过对市场上每日价格的波动，包括每日的开市价、收市价、最高价、最低价、成交量等数字资料，透过图表将这些数据加以表达，从而预测未来价格的走向。每种分析方法都不会是十全十美的。我们既不能对技术分析过分依赖，也不能偏向于基本分析。

从理论上来讲，在通过基本分析以后，可以运用技术分析来捕捉每一个金市的上升浪和下跌浪，低买高卖，以赚取更大利润。而且，技术分析是以数学统计方程式为基础的一种客观分析方法，有极强的逻辑性，它把投资者的主观见解进行过滤，要比凭借个人感觉的分析稳当得多。

（1）K线图。现在的图表都是通过电脑对每一天数据的处理后画出的，其最大的功能就是反映大势的状况和价格信息。柱状线可以将金市上每天的开盘价、收盘价、最高价、最低价在一根蜡烛线上表现出来。对金市每日的市场价格走势情况进行汇总，就可以绘成日线图。如果需要进行短线买卖，用同样的道理，可以用较短时间的图形（例如，5分钟走势图）来捕捉短线买卖信号。

图表是市场情况的反映，因此有着不同的走势。为了能够更好地进行分析，人们在图表上添加了一些辅助线，这样一些买卖信号就可以更容易被我们发现。市场上的常见辅助线有几十种，不同的投资者对它们也各有取舍。本章仅选择有代表性的几个向大家简要介绍。

（2）交易量直方图。交易量表示了在一定时间段内商品或金融工具总的交易行为。通常交易量用直方条来表示（从零点生起的垂直条）。在画图时，作在曲线图或K线图的下端，因而可以将每一时期的价格和交易量图示垂直方向的联系起来。交易量越大，垂直条的高度越大。

交易量图提供了表示市场中买卖数量情况的方法。当交易量放大时，表示投资工具的这一价格受到了市场的认可；相反，如果在某一个价位上的交易量很小，表示市场交易者缺乏交易兴趣，因此存在市场价格发生逆转的危险。在使用交易量图表确定价格趋势时，有必要记住，在市场放假之前或主要市场统计数据公布之前，市场交易也可能清淡。

纸黄金的投资策略——放长线钓大鱼

随着国内黄金市场逐步开放，个人黄金投资品种先后出台，给普通投资者提供了更多的投资选择，人们开始关注起黄金这个新兴的投资品种。纸黄金作为投资理财的一个重要组成部分，从其资产的安全性、流动性考虑，纳入整个家庭理财的投资组合中，不失为一种理智的选择。

美元的弱势会越来越明显，很多经济体都会增加外储中的黄金比例；同时，机构和个人为对抗通货膨胀，必然形成对黄金等贵金属的大量需求。因此，全球黄金牛市到来的可能性是比较大的，而且正由于相同的原因，也很可能持续下去。因此，对美元与美国经济的消息面应当进行重点关注。长期持有纸黄金，依现在的形势是不错的选择。

另外，目前国内银行的纸黄金投资点差较高，投资者选择做中长线比较有利。正常情况下，中长线行情1~3个月一次，波动幅度每克都在10~20元以上，有时候会超过40元。如果能够在低位或相对低位买进都会有比较好的收获，一年做好一到两波较大的行情就有丰厚回报。也就是说，纸黄金适合长线操作。

纸黄金就是个人记账式黄金，您可以通过把握市场走势低买高抛，赚取差价。但是，黄金市场风云变幻，金价走势受供求、政治、经济、技术和心理等诸多因素影响。有时大起大落，风高浪急。有时多空胶着，波澜不兴。那么，如何在金市中树立正确的投资理念呢？如何把握准确的买卖时机呢？如何才能长期稳定地获利呢？建议从以下5个方面入手。

第一，风险控制是第一位的。股神巴菲特曾经说过一句广为流传的话"规避风险，保住本金"，这是巴菲特几十年来最为精辟的总结之一。对投资者来说，最重要的事情永远是保住资本，风险控制强调到什么程度也不过分。因为本金没有了，在市场翻身的机会也就没有了。就像打仗首先需要子弹一样，战场上官兵希望用自己仅有的子弹打死更多的敌人，然后再从敌人那里缴获更多的子弹，如此反复才能获取最后的胜利；在没有把握取胜时首先是保存实力，节省弹药，寻找有利于自己的战机，一旦机会来临便主动出击，取得胜利。所以，你在纸黄金投资中，一定要在追涨的行情中注意止损，这是有效的风险控制手段。

第二，积小胜为大胜。黄金投资理财好比是一座金山，里面蕴藏着数不尽的财富。我们不可能把它的财富在一朝一夕都收入囊中。古人云："勿以善小而不为，勿以恶小而为之。"我们把它搬到理财中，可以理解为不要太贪，分批入场。在市场波动中有70%左右的时间都是震荡的,只有30%左右的时间是单边上冲或者下跌,那么积小胜为大胜就是长久立足的制胜法宝。进场和补仓的时候仓位要小,虽然利润少点,但积小胜为大胜,才是常胜。在炒金生涯中,我们都应坚持这样的投资理念:炒金最重要的不是一次能够赚取多少,而是能不能稳定地获利,长久地立足生存。

第三,减少无谓的交易。巴菲特曾讲过:"钱在这里从活跃的投资者流向有耐心的投资者。许多精力旺盛有进取心的投资人的财富渐渐消失。"其实不管你的理财理念怎样,这句话都适用。减少无谓的交易不等于我们平时就不交易,也不是说减少了无谓交易我们就必然能抓住有价值的操作机会。关键是我们每次交易一定要慎重考虑,设定止盈、止损线。了解市场目前是否具有好的进场点位等。适当的交易是与市场保持联系的重要手段,这有助于投资者的操作,尽量与市场趋势靠近,减少失误。

第四,资金管理很关键。纸黄金投资由于点差较大,一般考虑做中长线投资较好,不适合短线的频繁操作,那么资金管理就非常重要了。我们可以考虑把一部分资金,比如,40%~60%的资金用作中长线投资,在实金买盘淡季的时候逐步建仓。而剩下的资金就可以考虑做一些短线操作,进场的时候也不易一次满仓进入,可以考虑分批进场,有效降低市场风险。

第五,交易心理的控制。疾风知劲草,烈火炼真金。人性格中的贪婪、恐惧、犹豫、果断、勇敢、谨慎、从众等在市场的交易中暴露无遗。在一定程度上来说,赢利是对你交易过程中性格优点的奖赏,亏损是对你交易过程中性格缺点的惩罚。技术上好学,心理关难过。人的本性在市场的涨涨跌跌中一个个显现出来,控制好自己的心理,认清人的本性,远离羊群,站在大多数人的对面,在市场中你就已经赢了一半。

从上面的分析可以看出,纸黄金适合放长线钓大鱼。

化解下跌风险的3大策略

2010年6月,黄金现货价格出现了一个较大幅度的下跌,因为操作的是黄金现货延迟交收,所以灵活地做空,让肖利收获颇丰,心情愉悦。但是,一个客户打来的电话,让肖利突然感到一丝寒冷。他做的是纸黄金,他和朋友在180元/克的时候买入了10000克左右的纸黄金。因为当时有人说能涨到200元。所以他们大胆地买入了很多。但是黄金从180元/克下跌到现在的150元/克，仅仅用了1个月左右的时间，让这些重仓在高位买入纸黄金的投资者损失惨重。

这是一个典型的体现黄金投资风险的案例。

假设：你在180元/克时买入1000克黄金，花掉了180000元。现在黄金价格是150元/克，你亏损了30000元。总共占用了你180000元的现金。那么，你现在可以开设一个黄金现货延迟交收账户，开户资金50000元，但是只用10000元，作为黄金现货延迟交易的预付款，进行操作100盎司（1盎司=31.1035克，所以，你用10000元就控制了3110.35克黄金）黄金。

面对下跌风险，主要有3种策略应对、化解风险，即利用黄金现货延迟交收业务、短线操作、弥补纸黄金操作损失。

（1）黄金价格总体的发展方向，还是向上的。只是短期内受到商品期货、全球股市和6月份还贷等因素影响，出现价值回归形式的调整。所以，投资者可以在黄金价格触底反弹，确立上涨时，在黄金延迟交易市场做一手多单。一是可以降低你的平均购买黄金的成本。假设你在150元/克时做多，那么你现在手中的所有黄金的平均持仓价格就是158元左右。如果黄金在上涨的过程中涨到158元/克。你就可以将你在180元/克时买入的1000克黄金全部卖出，那么你的损失就全部补回。如果黄金重新又回到180元/克，你原来的1000克，没有收益，但是你只花1万元做的黄金现货延迟交收，就很容易为你带来巨额财富。（180元/克-150元/克）/8×3110.35克=11663元。而你在整个操作过程中，只投资了5万元，而使用了1万元。

当然，不排除你操作失误的可能，如果最开始投资的1万元预订金出现亏损，当出现50%时，也就是最多不超过5000元，证明你短期内的判断有错，要及时止损。

（2）如果通过各种信息，判断短期内黄金价格还要有小幅下跌，但是客户手中持有的纸黄金数量太多了，亏损严重；还有一些是手中有实物黄金的，也同样在黄金价格变动中出现了亏损。这些投资者在黄金继续下跌时，不舍得赔钱止损，不知道应该如何应对。这种投资心理是能够理解的，毕竟投资的目的是获利而不是亏钱。那么现在，由于纸黄金投资方式的缺陷，造成了只能做多，不能做空，占用资金太多，升值能力差等缺点。而黄金现货延迟交收方式，正好弥补了纸黄金的缺点，占用资金少，操作灵活，可以做空，它是作为我国金融市场与国际金融市场接轨的一个探路者，体现了金融风险投资的公平、公正、公开。

了解了黄金现货延迟交收，就可以利用它的交易特点，在不断波动变化的黄金市场中，以小博大，获得投资收益。以前面的假设为例，当黄金价格从180元/克，回落到150元/克时，黄金价格开始在一个价格区间内上下波动。假设伦敦现货黄金，基本会保持在560美元附近波动，每天都会有10~20美元的价差变化，那么，用黄金现货延迟交收方式，投资5万元，以1万元作为投资操作，短期内只求3~5美元的价差。这样，你就实现了占用少量资金获取投资回报，化解了纸黄金给你造成的损失。如果操作错了，那么也只是一个很小的投机损失，迅速改正后，可以很快将亏损补回。

（3）轻仓观望，等待市场降温。调整好心态，逐渐降低仓位，接下来要做的，就是观望。千万不要头脑发热，又全仓杀进去，到时候可能后悔也来不及。

年线附近，大盘开始震荡调整，不论是调整时间，还是调整空间，都很难说清楚。不管是哪种方式的调整，轻仓观望是最佳选择，只有等到前期那种躁动的情绪实实在在降温后，或许新的投资机会才会重新出现。毕竟，风险累积到一定程度，就必须要有一个释放的过程，在这个过程中，做一个旁观者有何不可呢？

以上3种应用黄金现货延迟交收来弥补纸黄金损失的方法都是很有效的，但是要求投资者根据自身对短期风险的承受能力，选择适合自己的方法。

第四节　实物黄金投资技巧

在哪里购买实物黄金更安全可靠

实物黄金目前的购买渠道如下。

1. 银行购买，各大行均有购买，收取的加工费不定

（1）建行买入的时候需要收取每克12~16元的加工费，回购的时候收取每克16元的手续费。一来一回需要30多元的加工费。对于购买多的朋友里面的火耗是非常大的。

（2）工行每克收取12元的加工费，不提供回购。投资者需要自己去寻找回购的公司和机构。

（3）中行主要提供纪念币的购买，都是限量发行的种类。虽然购买的时候比较贵，但是时间很长。品种的稀少性也会带来不错的升值空间，但是需要较长时间，适合留给下一代。

（4）农行推出的黄金，手续费和工行差不多，并且提供回购，购买比较方便。还有高赛尔黄金，也是比较理想的投资选择。

（5）其他商业银行购买的实物黄金普遍收取的加工费都会比四大行偏高，达到20元左右。因此需要根据不同的品种而定。

2. 国内的黄金公司，收取的加工费是10元左右

回购的基本需要回到原来公司回购。国内银行的报价，采用一天一报或者两报的形式报价。

香港购买实物黄金唯一的不足就是出入境不太方便，而在价钱和加工费上都是具有绝对优势。首饰类黄金，普遍比大陆黄金低15%。

在购买实物金条方面也是比较便宜，例如，香港万兆丰的投资金条，加工费收取8港币，提供回购，并且出售的金条在全香港的金店都会回购。回购不收取手续费。

网站时时报价和国际金价接轨，免费存贮，可以提供网络直接购买。这种购买不提取实物黄金，购买的金条由万兆丰代为保管在香港机场金库，客户有空才去香港提取实物也是可以的。当然也可以现场购买，客户可以直接到香港公司总部购买实物黄金，现场提取实物。

另外，实物黄金有一些辨别方法：

（1）看颜色：黄金首饰纯度越高，色泽越深。在没有比对金牌的情况下可按下列色泽确定大体成色（以青金为准则。所谓青金是黄金内只含白银成分）：深赤黄色成色在95%以上，浅赤黄色90%~95%，淡黄色为80%~85%，青黄色65%~70%，色青带白光只有50%~60%，微黄而呈白色就不到50%了。通常所说的七青、八黄、九赤可作参考。

（2）掂重量：黄金的比重为19.32，重于银、铜、铅、锌、铝等金属。如同体积的黄金比白银重40%以上，比铜重1.2倍，比铝重6.1倍。黄金饰品托在手中应有沉坠之感，假金饰品则觉轻飘。此法不适用于镶嵌宝石的黄金饰品。

（3）看硬度：纯金柔软、硬度低，用指甲能划出浅痕，牙咬能留下牙印，成色高的黄金饰品比成色低的柔软，含铜越多越硬。折弯法也能试验硬度，纯金柔软，容易折弯，纯度越低，越不易折弯。

（4）听声音：成色在99%以上的真金往硬地上抛掷，有声无韵也无弹力。假的或成色低的黄金声音脆而无沉闷感，一般发出"当当"响声，而且声有余音，落地后跳动剧烈。

（5）用火烧：用火将要鉴别的饰品烧红（不要使饰品熔化变形），冷却后观察颜色变化，如表面仍呈原来黄金色泽则是纯金；如颜色变暗或不同程度变黑，则不是纯金。一般成色越低，颜色越浓，全部变黑，说明是假金饰品。

（6）看标记：国产黄金饰品都是按国际标准提纯配制成的，并打上标记，如"24K"标明"足赤"或"足金"；18K金，标明"18K"字样，成色低于10K者，按规定就不能打K金印号。目前，社会上不法分子常用制造假牌号、仿制戳记，用稀金、亚金、甚至黄铜冒充真金，因而鉴别黄金饰品要根据样品进行综合判断来确定真假和成色高低。

如何选择实物黄金

根据世界黄金协会的统计，实物黄金仍是以中国和印度为代表的亚洲买金者的首选，在西方黄金投资者中，只有不到1/3的人持有金条或金币，而约有8成的亚洲投资者则希望持有实物黄金。将实物黄金产品作为投资的标的，其中包括金条、金币、金饰品等，这在我国的黄金消费投资需求中也占到了很大的比例，"藏金于民"便来源于此。

随着春节将至，市场迎来了黄金的消费旺季。股市的动荡和对通胀的担忧，使得很多敏感的投资者在金价不断走低之时选择了抄底。由于实物黄金产品具有投资型、收藏型、金饰品等形式，由此产生的投资成本和额外收益也会出现很多不同。因此，购买时注意考量其用途和溢价因素。

1. 投资型：溢价少，变现易

一般来说，投资性金条的纯度较其他纪念性金条或黄金饰品要高一些，几乎不含杂质。投资型金条价格通常都是参照上海黄金交易所原料金的实时牌价，溢价幅度在每克10元左右；而收藏型金条、金币等相关产品由于工艺成本高，溢价幅度要远远高于投资型金条。业内专家认为，对于以平衡资产风险与保值需求的投资者而言，投资型金条应该是最佳的投资品种。

从购买渠道来说，现在市场上已经包括了上海黄金交易所、银行代理实物黄金、金商自有品牌和银行自有品牌这几大类的投资性金条，一般规格为50克、100克、200克和500克甚至以公斤计算。上海金交所的实物黄金在提交时，价格以实时的交易所报价为基准，只需要收取一笔2元/克的提金费用，对于有藏金需要的投资者来说，无疑是投资成本最低的选择。

此外，投资型金条的一个重要特点就是回购简单。黄金投资专家梁山表示："金条金币的选择更多的是出于低买高卖的投资获利，因此投资者就应该在众多的同类产品提供商中，选择更加方便回购的商家。"需要注意的是，回购需要交纳几元至十几元每克的回购费。不过，不同卖场出售的投资型金条并不流通，只能是从哪里购买的，在哪里回购。

实物金的长线投资策略适合多数的普通投资者，无须多少专业知识和投入过多的时间和精力。由于金条金币占用资金量大，类似房产等固定资产投资，资金流转周期长，需要投资者有耐心，不迎合市场情绪。

2. 收藏型：工艺精，有内涵

虽然收藏型黄金产品在投资性方面有所不及，但由于其工艺精美，往往具有特殊的文化内涵，在受欢迎程度上并不逊于投资型金条。纪念性金条或金币一般都有发行题材和发行量的限制，例如，贺岁金条是以农历年生肖为题材制成的纪念性金条或金币。而随着上海世博会的来临，多家机构在2008年时就已经开始发售"世博金"，而且由于发行量的限制，成套销售的金条卖得非常火爆。

如果纯粹为了收藏纪念或鉴赏，专家建议投资者应选择权威产品，在鱼龙混杂的各类机构产品中择优藏金。一定要选择中国人民银行、中国金币总公司等权威部门发行的黄金制品，这主要是对于黄金制品的成色和品质的保证，也会对将来的兑现提供最好的保证。在保证权威部门发行的前提下，可以根据自己的喜好选择题材，像近年来热门的生肖、奥运以及世博题材黄金制品，其附加值都已经被市场所承认。

另外，因为收藏型黄金产品看重的是其艺术与收藏价值，而并不跟随现货价格涨跌。例如，"熊猫"金币就被视为最佳的收藏选择之一。一方面，中国发行的"熊猫"是世界上公认的五大投资金币之一，保证了其含量、成色、规格的稳定性，也提高了"熊猫"金币的被认可度。同时，"熊猫"金币也是国内金银币产品中升水最低的品种，在集藏市场中升水最小的是1盎司"熊猫"金币，其价格比同规格1盎司黄金材质高100~400元左右。与此同时，"熊猫"金币还具有较强的收藏特性，早期发行的"熊猫"金币产品具有很高的市场价值。

3. 金饰品：不具备投资价值

说起黄金投资，很多老百姓最先想到的是购买金饰品。但是，从纯投资角度而言，金饰品不适合做黄金投资。金饰品用来装饰、美化生活，它的意义在于美观、好看，购买黄金首饰并不是投资黄金，而属于消费层面，与真正意义上的投资实物黄金有着显著区别。

金饰品由于加工费用、工艺费用比较高，以及企业本身的利润需求，价格相对于金原料而言的溢价较高，其溢价幅度一般都会超过20%。此外，金饰品要变现又将面临很高的折价，折价的幅度常常会超过15%。一般首饰金店都会回收废旧黄金首饰，当前的金饰品如果要直接向一般的金店进行回售，其价格将远远低于同期上海黄金交易所金含量相同的原料金价格。

实物黄金当今形势及投资策略

从一个数据或许能看到，自2000年以来，无论是哪一年的价格幅度变化中，黄金价格的最高价与最低价之前的差距总是超过了100美元。比如，2008年最高时为1032美元/盎司，最低价为680美元/盎司，价差为350美元左右，所以投资者完全可以在一年内做两到三次逢低买入和获利卖出。

对于投资者如何选择最佳购买时机和最佳卖出价格，投资者自己可以做一套黄金投资策略。

在各大金店的实物金销售当中，很多咨询者表示，实物金投资中最大的问题是，选择买入的价格和准备卖出的价格不是很容易把握。近期，一些投资者更会发出这样的疑问，既然黄金价格逐年攀升，以至高位，是否还有继续投资的价值。其实，黄金价格和其他投资产品价格一样，在某种程度上，也有其自身的变化规律。实物黄金投资并不是简单的低买高卖，还得讲究策略，需仔细分析黄金的季度性变化、年度变化、长期变化。

1. 季节性变化

一般情况下，每年的黄金消费淡季5、6、7月份，投资者可以选择在这个时间段内购买，但购买量不能一下子达到饱和。也就是说，如果你准备用20万元做黄金投资，那么一次性购买不能超过投资总额度的1/2，就是一次性购买额度不能超过10万元，如果价格在这时还会继续下降，每下降60到100美元，继续拿出可用投资资金的1/2来购买，直到可用资金用完，这时候投资者所承受的风险是最小的。对于拥有实物黄金的投资者来说，黄金价格出现上涨的时候，就算握在投资者手上的实物金都有了获利空间，也不能一下子全卖掉，这一点非常重要，这一波黄金上涨的时候，很多投资者在930美元左右的时候就已经全部回购了，而在这之后，黄金价格又上涨了50多美元。

所以，建议投资者在没有迹象确定黄金价格是否会继续上涨或出现下跌的情况下，一定要有选择性地购买或谨慎回购，而不是全部一次性投资，这样的话，投资者承受的风险是最大的，而收益是最小的。投资者对回购的选择一般可以在每笔获利到80~300美元的范围内逐步进行，切忌武断地判断市场，走全买全卖的极端方式。

2. 短期行势：黄金价格上行动力不足

研究大宗商品的暴跌历史，不难发现，市场总是在接近疯狂的时候出现了更加疯狂的举动，而后，对理智的渴求似乎只有用一次暴跌才能换回。不过，本次黄金价格上扬是否是疯狂或不理智的行为，有待观察和分析，各个黄金专家也是各执一词，观点不一。

一些专家指出，市场的调节是中长期的，对短期内不合理的价格波动幅度，市场会给予调整，这是自然而然的事情，但这并不影响中长期内合理的价格走势。

从最基本的实物金需求来讲，近年来，国际上一些基金对黄金的持仓量不断升高，而并非是因为这些基金长期看好黄金，最主要的原因是此时此刻将资金放在黄金里面的安全系数远大于证券及货币市场。随着这一波贵金属版块的普跌及慢涨，在黄金价格持续走高的情况下，一些基金投行会另行考虑，他们也不愿意承受黄金价格高位压力及成本占用率高等问题，撤出一部分资金投放到其他同类市场完全是有可能的。随着美国经济刺激计划的实施及市场对全球经济大局远期依然抱有信心的时候，美股有望出现回调，一些避险资金从黄金中短暂抽走的可能性不是没有，市场对相对高位的黄金价格或有一个心理保护及理智调节。

3. 中长期形势：经济、政治支撑黄金价格

短期内全球经济持续恶化，东欧经济几乎面临崩溃边缘，似乎一切的发展朝着非常不可预知的方向前进。一些悲观主义经济学家也指出，本次金融危机导致的经济危机是历史罕见的，所以它所造成的损害需要很长的时间来弥补。在这种短期经济恶化的环境下，更多国际资本和个人投资者，在思想上的负担会化作一种寻求新型投资的动力。

黄金自金本位消失以来，很多学者将其金融货币属性软化，之后正好赶上经济形势及金融领域几乎是一帆风顺的发展浪潮，经济大势没有给世界主要信用货币太大冲击，但这一切在2008年下半年发生了巨变。目前，欧元区经济实在令很多银行和企业心惊胆战，再加上卢布的迅猛贬值，冰岛、乌克兰的债务危机，曾能够抗衡美元的"荣耀"货币欧元似乎已有些心有余而力不足，市场气氛一片狼藉。雪上加霜的是，国际油价泡沫的破裂，给俄罗斯等产油大国带来了更多苦恼，俄罗斯的强硬更是给全球经济及政治局势增添了几分警戒。这些类似喜欢将自身问题转嫁给他国头上的国家是否会以一种强制性干预行动出现在未来的国际社会当中，我们无法得知，但有一点是可以明确的，没有任何一个国家会自甘沉溺在经济危机当中，想办法度过危机和保护好自己的利益无可厚非，至于他们会用何种手段，以何种方式来实现，任何举动都是有可能的，都是一种情理之中、意料之外的事情。

黄金的避险需求在未来一段时间内，可能会因为悲观经济的主导而作为一种长期态势来持续，投资机构及个人对黄金持有量的信心高于其他避险领域，奠定了黄金中长期走势。

金条投资指南

一直以来，业内将投资收藏类金条约定俗成地分成"官条"和"民条"。所谓"官条"，是指其发行主体具有权威性，如中国金币总公司，是中国人民银行直属的、我国唯一一家经营贵金属纪念币的专业公司，是中央银行履行贵金属货币发行和贵金属储备的重要单位。而"民条"则是指普通的商业企业发行的金条。从权威性来看，"民条"自然不如"官条"。金条的制作工艺和制作单位也是投资者选择的一项重要依据。金条的制作工艺有"浇铸"和"油压"之分，相对来说，"油压"的图案更细腻、更清晰。

目前，市场上的金条可谓种类繁多。不过，总体来说不外乎两种：投资型金条和收藏型金条。投资型金条以高赛尔投资型金条为代表，这种金条就是原料金，没有任何特殊的造型和图案，其价格与黄金本身的价格直接挂钩，一般通过银行代销。另一类就是收藏型金条，这类金条除黄金本身的价格外，还有产品题材、制造工艺、文化内涵等因素。目前，市面上比较受百姓认可的有生肖金条、贺岁金条、奥运金条等。

很多人喜欢买贺岁金条，但黄金成品变现，要先回收熔化，测量纯度，然后才能根据当天黄金价格支付现金，且一般要收一定的手续费。因此，如果投资了金饰品、贺岁金条，必须待其价格上涨到覆盖掉加工费后才能有收益，但往往要等待几年。所以，黄金投资不会因为它做成了不同形状就会增值，贺岁金条的意义在于它的收藏价值。也就是说,如果你真正喜欢贺岁金条,而黄金又有保值特性,那就去买来收藏,不要考虑变现升值;如果出于投资黄金的目的,追捧眼下的牛市,那应该出手的是最接近国际金价的产品,在目前国内黄金投资品种很少的情况下,最朴素的金条应该是不错的选择。

秦小姐购买了 30 克的朴素型金条,当时价格为 210 元/克,过了一段时间,金价涨到 230 元/克,北交所回购。

花费:210 元/克 ×30 克 +(10 元/克 ×30 克)=6600 元

回购:230 元/克 ×30 克 -(2 元/克 ×30 克)=6840 元

收益:6840 元 -6600 元 =240 元。

秦小姐最终获利 240 元。

实际上,实物金风险低、也具有保值功能,适合刚入门的、资金量不大,长期投资、不能承受风险的投资者。

金条的保存需要注意两个问题。一个是安全问题,必须把黄金放在最安全的地方,防止被偷窃,有条件的可以购买保险箱。另外,就是现在购买的纪念性金条有比较好的外包装,不要随意损坏,有纪念证书的要一起保存好。另外,还需注意的是,收藏型金条,不宜投资。

国际黄金交易价格连连上涨,张女士购买的金条反倒"贬值"了。半年前,她听某金店店员介绍,今年金价持续看涨,投资黄金比炒股收益大。于是,她以 290 元/克的价格买了两根 100 克的金条,共花了 5.8 万元。

后来,张女士听说国际黄金价格高达每盎司 1356 美元,想去金店卖出金条,却被告知该金条无法回购,建议她去武汉黄金交易市场咨询。张女士辗转找到武汉黄金交易市场,工作人员告诉她该金条回购价只有 260 元/克,按这个价格算,张女士不但一分钱没挣,反而赔了 6000 元,张女士大呼"上当"。

原来张女士购买的是一款收藏型金条,这类金条一般都有固定题材、工艺成本较高,市场售价往往比上海黄金交易所价格高 40~150 元/克。价格虽高,在回购时却难卖高价,眼下,武汉只有武汉黄金交易市场和部分典当行可回购该类金条。

收藏型金条有没有收藏价值和升值空间?一位收藏界人士表示:"尽管很多收藏型金条都打出'限量版'旗号,但目前来看该类金条只有纪念价值,买回家压箱底，或留给子孙后代作纪念都可，要想升值，除非国际金价再上几个台阶。"普通百姓都以为买实物黄金可以保值增值，但事实上，若想通过买卖实物黄金增值，必须长期持有，这个周期可能长达10年以上，实物黄金可以传给后代，但绝不是中短期投资黄金的好方式。

黄金饰品及天然金块投资知识

目前，我国国内黄金投资渠道狭窄，可以方便投资的品种非常少，造成社会民众与学者对黄金的知识了解有限。许多普通公民迫切想投资黄金，但却存在不少的认识误区，为此必须先要掌握相关知识。

在国内，老百姓平常所能看到的黄金制品，主要是黄金饰品。但黄金饰品并不是一个好的投资品种。黄金饰品具有美学价值，购买黄金饰品本身所支付的附加费用非常高，购买价格与黄金原料的内在价值差异较大，从金块到金饰，珠宝商要进行加工，要加上制造商、批发商、零售商的利润，最终到达购买者手中时这一切费用都由购买者承担。而卖出时，这部分费用只有购买者自己承担，所以黄金饰品的实际交易成本费用非常高。此外，金银首饰在日常使用中会受到不同程度的磨损，如果将旧金银饰品变现时，其价格还要比原分量打折扣。

比如，2001年世界黄金价格处于近25年的历史最低位，平均价格为270美元/盎司，当时的黄金饰品价格为90元左右，而2005年黄金价格上涨到了480美元/盎司时，黄金饰品的市场价格为125元。假设当年购买黄金投资，单纯从黄金原料价格（参照美元价格）的角度看，投资收益率应该为77.8%。但如果投资者购买的是黄金首饰，2001年时的买入价格最低为85~95元/克，一般金商收购旧金的回购价格最高也不超过110元/克。可见，如果投资者投资黄金饰品，即使世界黄金价格上涨了这么多，同样也无法享受到黄金上涨的收益，投资首饰性黄金获得的大量投资收益，都将消耗到各种中间成本中了。

天然金块，简单地说就是直接从地表开采出来的天然的黄金块，未经任何的人工提炼和加工。每一枚天然金块的形成来源于其先天的形态构成以及后天的自然腐蚀。某些天然金块含有单一或者混合的水晶体，由此可以看出其缓慢的形成过程。

关于天然金块的市场价格，便宜的藏品通常在金价左右浮动，有很高审美价值的就会贵一些，但这有见仁见智的不同审美眼光的差异，因此有很多藏品还很

"便宜",尤其是从开采金矿人的手中直接买。但有一点不会变,就是越重的会越贵,这是由它的稀少特性而决定的。

第五节 黄金期货投资技巧

"黄金时代"的黄金期货投资

1. 黄金期货的"黄金时代"

首先,黄金期货创造了国内新品种上市首日交易之天量。2008年节月工资号,交易火暴、开盘涨停、盘中波动剧烈,用"火暴"来形容众目企盼的黄金期货绝不为过。806~812共7个合约均有成交,总成交量突破103364手;总持仓21810手,合约持仓总价值约为50亿元(以当日结算价计),以20%的保证金收取比例,黄金期货上市首日总持仓占用保证金规模约为10亿元。与2007年上期所新品——沪锌相比,相当于后者的将近10倍。此外,806合约无可争议地成为黄金期货市场的主力合约,该合约交易量与持仓量占比分别高达85%和75%。还有,开盘涨停,终盘涨幅亦高达6.34%,显示投资者对于黄金期货极高的投资热情。

其次,自2010年8月以来,国际黄金市场一直"牛气冲天"。9月底,交投最为活跃的12月合约更是连续改写历史最高纪录,24日盘中甚至突破了每盎司1300美元的心理关口。国际黄金期价为何屡创新高?市场对世界经济复苏的担忧是最根本的原因。世界各主要经济体的最新数据显示,目前全球经济复苏依旧缓慢,经济前景仍面临不确定性。因此,出于避险因素的考虑,投资者纷纷选择黄金作为主要的投资对象,市场买盘的增加推动了黄金期价不断走高。

2. "黄金时代"的黄金期货投资分析与建议

随着国际金价高位运行,黄金市场情绪也并不稳定。稍一下跌就有人惊呼黄金牛市到头,拐点来临;一旦冲高又有人鼓吹金价将一飞冲天,高不可攀。但业内专家指出,越是到价格高位,越要冷静分析,谨慎投资。

黄金出现过两次大牛市,分别是20世纪70年代和本次,而冷静比较这两次黄金大牛市可以得出许多对投资者有用的信息。两次牛市的共同点都是美元出了问题,而且都是金融市场中的问题。而不同点是本轮牛市美元危机更加深重,美元走势更加疲弱,美元在国际货币体系中的地位已今不如昔。

而从黄金价格分析，20世纪七八十年代的黄金大牛市名义金价涨了16倍，实际价格涨了7倍多；而本轮黄金牛市名义金价涨了5倍多，实际价格仅涨了2倍多。"所以涨幅并不算多，据测算，目前金价涨势水平相当于1980年黄金高点时的六成左右。"

要参与黄金投资，首先要把握基本面，目前黄金市场的基本面是全球货币体系从动荡到稳定要比20世纪70年代困难得多，所以黄金保值避险作用依旧可以发挥，金价也可以谨慎看多。

3. 目前黄金投资还须把握两个原则

首先，黄金虽有上涨空间，但绝不会出现一路上涨的单边行情，所以回调风险很大；其次，黄金市场其实是一个较小的市场，可以作为避险的工具，但容纳不了巨大的资金，如果投资者认为在目前股市震荡、楼市调控的背景下，可以将大量资金投入金市，其实并不可取，黄金市场容不下大资金，更不能完全化解货币市场的风险，只能作为保值避险的"救命稻草"。

所以，在高金价时代，投资者不妨以合适的比例和良好的心态，将黄金作为资产组合中的一种配置，从而降低结构性风险，而不能以"赌"黄金作为赢利工具。此外，黄金也是金融市场的风向标和指示器，用好黄金工具，其实可以指导其他市场的投资策略。

影响我国黄金期货价格的3大因素

影响我国黄金期货价格的因素主要有以下3种：

第一，供求关系的影响。虽然供求关系是决定商品价格的基础，但是在黄金产品上却有不同，因为黄金对于工农业生产来说并没有什么作用，所以供求关系是影响黄金价格长期走势的重要因素，但不是主要原因。每年的矿产金产量稳定在2500吨左右，仅占到社会存量15万吨的1.67%，所以供需之间的变化不会引起黄金价格的短期剧烈波动。

第二，货币与币值的变动。在布雷顿森林体系破产之前，黄金是作为发行货币的基础而存在，而现在由于浮动汇率制，黄金与货币的关系倒挂，黄金的价格在很大程度上取决于主要货币的币值。美元走势和黄金价格之间呈现完美的负相关关系。自2001年以来，美元进入漫漫熊途，几乎相对于所有主要货币都在贬值。其中，美元对欧元贬值幅度接近40%。2007年，美联储为了对付美国金融市场的次债问题，3次降低利率，对黄金价格的走势形成了重要的影响，2008年，美国经济仍有降低利率的要求。降息周期的来临，再次推高了黄金价格。

这里需要强调的是黄金的价格现在已经不仅仅取决于美元的汇率，全球范围的流动性过剩对黄金价格上涨的推动作用更大。

第三，黄金和物价水平相关度较高，特别是大宗商品的交易价格。从20世纪70年代开始，物价就再也没有停止上涨的步伐，进入了一个快速上涨的通道。通货膨胀问题会推高天然的保值产品黄金的价格。另外，从历史上看，被称作"黑金"的石油与黄金的价格相关度很高，一般的规律是石油价格上涨黄金价格也会上涨。从石油价格和黄金价格的历史走势上看，石油价格和黄金价格的上涨节奏惊人的相似：石油上涨，黄金上涨；石油下跌，黄金下跌。石油作为重要的战略物资，受到地缘政治影响较重。同时，中国、印度等国家的消费需求会对石油价格形成强劲支撑，2008年，石油价格会维持高位运行。

最后一点，从世界的政治经济走向来看，黄金作为一种重要的避险工具，有极强的政治敏感度。2007年，地缘政治事件进展成为短期黄金价格暴涨暴跌的主要催化剂。如果政治不稳定、经济走低的时候，黄金价格就会上涨，所谓"乱世藏金"就是这个道理。

除了这些影响因素以外，投资者的心理预期是影响黄金价格剧烈波动的重要因素。但是，心理预期不会单独起作用，往往配合其他方面因素的变化放大价格的波动幅度，从而给黄金期货和现货投资创造了大量的价差机会。

所有的因素，几乎都难以跟平稳联系起来，黄金价格波动也就理所当然，而以保证金、杠杆放大交易的期货品种，黄金期货的风险当然就更大。

黄金期货的套期保值操作指南

2007年与2008年之交，国际金价一路飙升，并在2008年3月17日达到1033美元/盎司的历史高位。金融危机深化后，黄金价格自历史高点回落，并在2008年10月24日跌破700美元/盎司，剧烈的价格波动使金矿企业面临黄金价格下滑风险，但黄金期货的适时推出给了企业进行套期保值及无风险套利的利器。以紫金矿业为例来介绍企业在期现套利的操作：

黄金期货上市首日价格高达230.99元/克，依据上述基差理论价格，806合约应该高于现货金价约5元，结果价差达到20多元，因此，紫金矿业果断地在期货市场抛空，同时在黄金交易所现货市场买入，进行无风险套利。事实上，产金企业也可以不使用对冲，而是进行套期保值。据了解，2008年1月9日，紫金矿业尝试性地卖出了130手合约，此后的3个交易日，紫金持有的空单数量大幅增加至1513手，且都是6月15号到期的。同时，在现货市场买入相等头寸现货进行严格的无风险套利，事实表明，套利的结果给紫金矿业带来了丰厚的利润。与套期保值相比，无风险套利手续简单、风险相对较小，但成本偏高。同样进行操作的还有紫金矿业、山东黄金、招金集团等金商。据报道，若以黄金期货806合约1月14日的结算价219.28元/克计算，短短4天，三大金商自营席位持有的空头合约价值就达到了5.48亿元，三大金商总持黄金期货806合约空单2498手。

为方便计算，我们假定紫金矿业期货空头头寸1513手，均价在230元/克，现货多头1.513吨头寸，均价为205元/克，6月11日平仓了结头寸，期现平仓价格均为195元/克。金交所交易手续费为0.12元/克，运保费0.07元/克，出库费0.002元/克，期交所交易手续费单边每手按照60元/克计算，仓储机会成本为1.8元/千克/天，每月30天，仓储期限158天。我们分别比较两种操作方式的效果：方案一，对未来几个月产出黄金进行套期保值，即1月9日建立1513手空头部位。方案二，进行期限无风险套利，在1月9日建立1513手空头部位，同时在现货市场上买入1.513吨现货金。

方案的结果分析是，企业在期货市场的赢利不变，仍为52955000元，而在现货市场的机会成本与方案一中现货上的亏损一致，仍为15130000元，盈亏相抵后总超额收益为赢利37825000元。成本方面，因为不涉及现货买入，所花费的成本仅仅是期货交易成本，即181560元，扣除成本后赢利37643440元，套保成功。

从上述分析可知，套期保值不仅可以使投资者获得超额收益，关键是因套保对金价稳定起到了巨大的作用。同时，也将促进黄金期货更好地发挥价格功能。

对于黄金生产商，其所面临的风险主要在于预期黄金价格下滑风险，即使用卖出套期保值，通常情况下，如果黄金期货价格高出现货价格，那么黄金矿产商就可以通过期货市场进行操作以实现稳定赢利。如某矿产企业黄金生产成本在130元/克，未来3个月会有5吨黄金产出，目前黄金现货价格为200元/克，而3个月黄金期货价格为210元/克，那么该矿产企业就有10元超额利润，而客观上期现价差有逐步缩小的可能，为了规避未来黄金价格下滑所产生的风险，该黄金矿产商可在期货市场上卖出5000手合约，若3个月后价差缩小至10元以下，那么套期保值成功(不计交易成本)。

对于用金企业,其所面临的是成本上升的风险,即采用买入套期保值。如某金饰品生产商需要在3个月后买入5吨黄金用于生产黄金首饰,现货市场黄金价格为200元/克,3个月期货价格为205元/克,为了避免现货价格上升所带来的风险,该金饰品生产商就可以预先在期货市场买入5000手3个月黄金期货合约,到期后若3个月后黄金期现价差扩大到5元以上,那么套期保值成功(不计交易成本)。

从用黄金期货进行"套期保值"的方法来看,黄金期货与其他黄金现货品种相比,具有低投入、低费用、高收益和高风险的特点,能够更好地在个人理财中发挥资产保值功能。对比实物黄金和纸黄金,黄金期货采用保证金交易,只需很少的投入就能实现资产的保值功能,并且当金价方向判断正确时投资收益也会成倍放大。对比上海金交所的延金T+D品种,虽然两者具有相同的保证金比例,但黄金期货的交易费用和持仓费用低很多,并且保值的期限具有更大的灵活性。

在运用黄金期货进行资产套期保值过程中要注意以下3点:

(1)在通货膨胀及其他理财项目面临较大风险的时候,黄金期货纳入理财组合是必要的,黄金期货的资金投入比例占个人理财组合的5%~10%较为适宜。由于黄金期货采用保证金交易,即使投入资金较少,也能通过财务杠杆作用获得较大数额的保值功能。据分析,如果以10%的理财资产投资黄金期货,则可以至少对30%的理财资产进行保值,充分提高资金的使用效率。

(2)与任何期货品种一样,投资黄金期货也需要严格控制资金风险。保证金数量一般情况下应保持在投入资金的1/3左右,否则有可能会因为短期内金价波动过大而被期货公司强行平仓。因此,投资者需要经常注意保证金账户情况,还应注意个人投资者不能进行实物交割的强制规定。

(3)应尽量在合约交割的两个月前进行移仓,以避免因交易保证金的提高而面临资金风险。根据上期所规定,在交割月的前两个月保证金比例要从7%上调到10%,并且越临近交割日保证金比例调高幅度越大。因此,投资者若需要继续套期保值,则应在保证金提高前选择合适的时机卖出黄金期货合约,同时再买入更远期的合约。

综上所述,投资黄金期货可以为个人理财实现"套期保值",使投资者在纸币贬值和经济危机中降低损失,黄金期货投资有望成为个人投资者理财的新渠道。

个人投资黄金期货的要点

张小强以 202 元／克的黄金价格卖了 1 手，195 元／克平仓。

保证金：202 元／克 ×1000 克 ×0.12=24240 元

手续费：（202+195）×1000×0.0004=158.8 元

盈亏：（202−195）×1000−158.8=6841.12 元

赢利：6841.12/24240=28.22%

张小强最终获利 6841.12 元。

黄金期货的投资风险高，适合于手头资金比较富裕，并且追求高收益的投资者。

在上面的例子中，我们可以看到，要想赚钱，对手续费的掌控，足额的保证金，保持一定的仓位，及时平仓至关重要。

随着黄金期货的上市，市场上黄金投资品种越来越丰富，各地市民炒金的热情也不断高涨。对于新近上市的黄金期货，很多投资者将其看作一种收益很快、更可观的黄金投资新品种，投身其中。但结果却让投资者"大跌眼镜"。其实，黄金期货与以往的黄金投资品种，以及股票、基金、债券等有着很大的区别，很多规则需要投资者作深入的了解。这里有几个要点是个人投资黄金期货需注意的。

1. 精打细算手续费，不要频繁交易

上期所统一征收 30 元／手的定额手续费，大概是合约价格的万分之一多一点，可看成是上期所新产品初上市优惠政策。另外，期货公司所收取的手续费可能是交易所手续费(30 元)的 1 倍到 2 倍，如果投资者资金量大，可以收取更低，但肯定不会低于每手 30 元。因此，普通自然人客户交易黄金期货，每手支付手续费约需 60 元或 90 元，这就是投资成本。所以，我们要精打细算手续费，不要频繁交易。

另外，投资者应注意交易所对交易中同一客户当天开平仓的，免收平仓手续费，对交易 6 个月后的合约，交易手续费按执行标准减半收取的规定，即如果客户同时持有同方向的当日仓和往日仓，可考虑先平当日仓。这样，手续费可折半。

2. 严防死守保证金

黄金期货合约上市交易最低保证金暂定为合约价值的 9%，比标准合约规定的 7% 提高了两个百分点。根据规定，一般期货经纪公司可在交易所的标准上再

提高一定的百分比，如5%。那么，参与交易的客户需要交纳的最低保证金大约是合约价格的15%。也就是说，约3万元可以进行一手黄金期货交易。

然而，众多自然人客户不熟悉、不习惯的是，黄金期货的保证金制度使其资金杠杆接近10倍。一个投资者如果满仓操作，只要价格上涨10%，资金就会翻倍。但不能忽视的是，一旦价格向下调整，如没有后续资金跟上，被强行平仓后将分文不剩。除此以外，期货交易"逐日盯市"，实行每日无负债结算制度。保证金管理至关重要，如果因为保证金不足而导致被平仓，就会导致"死在获利前夕"。因此，必须要做好保证金比例投资，及时关注和调整保持足够的保证金余额。

3. 及时止损

不少个人投资者觉得，买黄金期货被套了，可以像守股票一样坚守到底。这一投资逻辑，来源于国内股市近年来"熊市"转"牛市"的体验。不少在此轮牛市前的长期熊市中亏损严重的股票投资者，到后来索性不看账户，任其下跌。在经历股权分置改革后，终于云开见日，不仅填平亏损，而且获利丰厚。殊不知，期货市场的规则，是看多者和看空者的资金博弈。多空双向制的黄金期货交易，由于它的杠杆作用使赢利和亏损都被放大了。如果像做股票那样坚守到底，而没有及时止损，所带来的后果往往极其严重。期货市场根本不会像股票市场那样给亏损严重者翻身的机会。

因此，做黄金期货，必须时时注意保护自己的本钱，切不可放任自流，让损失无限扩大。

4. 要控制仓位，牢记"现金为王"

目前，不少股市投资者都是高举高打，满仓操作。一旦看准某些股票，就将账户上的所有资金全部买入。但成熟的投资者都清楚，"现金为王"是股市投资最重要的法宝。在期货市场中，"现金为王"被赋予了更加重要的意义。投资黄金期货，每次投入的资金不要超过总资金的20%。然后，根据经验的逐渐丰富和市场趋势的逐渐明朗，再慢慢加大自己的仓位。但即使这样，一个品种的最后持仓量也不要超过总资金的50%。否则，一旦操作失误，想翻身就会难上加难。

5. 要尽量避免隔夜仓

上期所的黄金期货交易时间是周一到周五上午9时至11时30分和下午1时30分至3时，而几大市场组成的全球黄金市场几乎全天24小时连续轮动。伦敦市场是北京时间的16时至凌晨1时，纽约市场是北京时间21时20分至次日凌晨3时40分。如果投资者在白天买涨，下午3时后，一旦国际市场黄金出现反方向波动，投资者即使想平仓也只能等到下一工作日才可以操作。所以，在中国还没有完全放开。境内投资者国际金融投资可实行跨市场套利之前，为更好地控制风险，投资者持隔夜仓一定要慎之又慎。

6. 时刻牢记交割月

期货有规定的交割日期，过了交割日期货合约就不复存在。黄金期货交易规定，自然人客户持仓不允许进入交割月，这就要求自然人客户在进行投资时要选择合适的月份合约，特别注意在进入交割期前择机对冲平仓，保证交割月合约持仓为零。否则，期货交易所在交割月的第一个工作日，将会对自然人投资者持有的当月合约按规定强行平仓，且由自然人投资者"承担强行平仓所发生的亏损"，即使有赢利也不归自然人客户。

黄金期货既是期货的一种，有着期货的属性，但黄金作为独特的投资品种，还有自己特有的属性，个人投资者投资黄金期货一定要熟记以上6点，在投资过程中先稳后赚。

关于黄金期货投资的几点忠告

黄金期货的基础知识上面已有相关介绍，这里关于黄金期货投资的几点忠告，主要从心理的角度来分析的，要克服懒、愿、贪、怕，希望对大家投资过程中能起到良好作用。

1. 懒

主要表现为不劳而获的心态。虽然人人都知道天下没有免费的午餐，但绝大多数人还是想获得免费的午餐。于是他们就不能从心里真正准确地回答下述问题：

（1）黄金期货投资是一项事业还是一种赌博。多数人是把它看成一种赌博，但是多数人绝不会在嘴上承认这一点。

（2）如果你把黄金期货投资看成是一项事业，那么你投入了多少时间和精力作为投资的准备工作？如果一个人想当一个数学家、物理学家、电机工程师或医生、律师等，他第一要做的事，一定是去上学以获取最必要的基础知识。黄金期货投资比上面各项专业难度更高，因为潜在的高回报率吸引了大量的人才。但是又有多少人付出了比做其他那些专家更多的时间和精力来研究投资市场的学问？从这点我们可以看出，任何一个投资品种，做好功课，学习知识是前提。

（3）大多数人总是想从朋友处、证券商、交易商处或其他各种渠道打听所谓的内部消息，或者十分注意报纸的所谓新闻。如果问他们，这市场上的大多数信息都是免费的，而免费的信息往往都是不值钱的。况且，市场上的任何信息都是有目的的，你对此又怎么看？很多投资者热衷于打听相互对市场的看法，看到什么就人云亦云，而不去仔细地分析。如果说打听别人的看法有百害而无一利，你信不信？比如，市场有很多评论，这其中一些有专业的咨询服务商的评论，还有一些是由交易平台提供的。一般来说，咨询服务商提供的评论比较客观，因为这个是他们的赢利来源，而交易平台提供的就好坏不一了。交易商的评论只是附带的，不会增加他们的赢利点。特别是现在我们国家这个市场还刚刚开始，甚至有些不合法的交易商也在提供市场评论。我们知道交易商的利润来源是交易量，所以他们会鼓励投资者在一些风险较大的行情介入，投资者操作越多，交易商的利润就越大。但投资市场是风险莫测的，操作越多，错误也就越多。而且这种短线的投机对普通人来说是很难把握的。

总之，不劳而获的心态有多种，甚至可以说是无所不在的。不付出艰苦的劳动，是不可能从市场上得到相应的回报的。即使短暂时间得到，也极有可能以后要在其他地方付出。

2. 愿

就是一相情愿的心态。它的表现主要有以下几方面：

（1）寻求对自己有利的消息。投资人从自己的利害得失出发，往往对市场走势有一种主观上的期盼，因而特别愿意得到对自己有利的小道消息。实际上，经验丰富的投资家都知道，市场上绝大多数所谓的"新闻、消息"，都是为了某个特别的利益集团的利益而散布出来的。一厢情愿的心态之所以是失败者的心态，就在于它是着眼于眼前的事物，而市场永远是只关心未来的。投资人对市场的观察如果不能客观，便已经输了先手。

（2）输了不认赔，还要加码。我们常常可以看到，很多人在得了绝症之后，便很容易上一些江湖骗子的当。不少投资人在明知道已经错了以后还不愿认错，而是在所谓"套牢"的借口下苦苦期盼。这些人犯的错误就是不尊重市场。当一个人输了的时候，就是市场明确告诉你犯了错误的时候。市场是客观的，对抗市场是绝不会有好下场的。尊重市场是一个投资人必须要意识到的。

（3）人的本性有一种倾向。只愿意相信自己潜意识中愿意相信的事，而不是真实的事。只愿意听到自己潜意识中感到舒服的话，而不是真实的话。有经验的投资家都知道，一个成功的投资决策往往是决策时内心感到很不舒服的决策。

投资决策过程经常就是一个选择过程。在多种可供选择的方案中，总有一个让你最难受的方案。在绝大多数情况下，这个方案往往是最成功的方案。

3. 贪

贪的表现是很明显的。人人都知道贪不是好事，可是绝大多数人却戒不了贪欲。

（1）在目前国内纸黄金市场上，由于交易规则的限制，全部是实盘，也就是说用一分钱买一分货，因为这种规则本身对投资人的贪欲是一种外在的限制。但在保证金或者期货市场上，由于是杠杆制度，投资人可以用一分钱买到十分货甚至二十分货，因此这个贪欲在无形中就被放大了。绝大多数投资人在商品现货和期货市场上失败的首要原因，往往是下手过重，他们经常存在一夜暴富的心理。在这种巨大利润的遣使下，他们会忽略相对应的巨大风险的一面，铤而走险。要有正确的风险管理，前提是戒贪。但戒贪实在是一件很难做到的事。

（2）贪的另一种表现就是我们常看到的"赚小钱赔大钱"的现象。大多数投资人由于贪欲遣使，当赚了钱时觉得账面上的数字不如落袋为安，急于获利了结。而当赔了钱时又死不认账，企图扳回平手而导致越输越大。有经验的投资家都知道在输的时候戒贪难，而在赢的时候戒贪更是难上加难。有人甚至认为在赢的时候不能戒除贪欲是获得巨大成功的最后障碍。

（3）投资人由贪欲控制，往往患有一种华尔街称之为"市场症"的病症。那就是操作欲望极强。恨不得天天有操作机会，甚至想一天操作几次。如果哪天甚至更短时间不去看盘，就会觉得坐立不安，茶不思饭不想。这种贪欲的表现在初级投资人中十分普遍。这种观念是严重错误的，从投资领域的历史经验来看，频繁的短线操作是风险很大的行情，做中长线的投资者赚钱的概率大些。而且目前国内银行的点差较高，更加限制了短线的操作空间。

（4）最后要说的就是做空，目前国内银行开发的纸黄金市场只能做多，上海黄金交易所的 AU-T+D 是可以做空的。一些投资者希望银行也开发做空机制，希望在市场中多空来回操作。这种观念也不一定是对的。在国外就一些成功的投资者，他们只做单边市场，比如，在牛市行情的时候只做多，熊市行情中只做空，而不去考虑短线或近中线的调整行情。这个也符合顺势操作的原则。

4. 怕

这是指大多数普通投资人的"怕"。其实，经验丰富的投资家也有"怕"，只是他们的"怕"和普通投资人正好相反。投资家怕市场，但不怕自己。他们对市场十分"敬畏",但对自己却十分自信。普通投资者正好相反。普通投资者对市场毫无畏惧,因此往往在最高点买进,而在最低点卖出。但是他们也有怕,那就是怕自己。在市场一涨再涨达到接近最高点时,他们怕自己误了班车而不怕市场已经十分脆弱。所以总是在高位套牢,而且是重仓。而在市场一跌再跌接近最低点时,他们怕世界末日到来而急于抽身逃跑。所以,成功的投资家的贪和怕,只不过和普通投资人正好相反。投资家是在普通投资者贪的时候怕,而在普通投资者怕的时候贪。普通投资者的"怕"还表现在投资决策时既犹豫不决,又容易冲动。这是同一弱点的不同表现。这就是说,普通投资者的"怕"是非常容易相互感染的,从而表现出一种强烈的群体性。当人们的情绪相互感染时,理智便不复存在。

由于黄金期货是属于杠杆式投资,资金量放大100倍,即投资1万元拥有100万元的黄金,获利高,一天有一倍以上获利的时机!投资杠杆在放大收入的环境下,放大危害。一天有时候获利一倍(前提是平仓)亦有时候损失一倍。而且,黄金颠簸大,根据国际黄金市场行情,按照国际故常举行报价。因受国际上各种政治、经济因素,以及各种突发事务的影响,金价经常处于剧烈颠簸之中。

由于以上种种原因,克服人类本性中的懒、愿、贪、怕更为重要,不然对黄金期货的投资只是冒险,更应称之为赌博。

·第十二章·

投资房产:"黄土"即黄金

第一节 投资房地产交易知识全掌握

开盘买房是良机吗

开盘是房地产项目已经由政府相关部门认可,拿到了房地产预售证书后,向社会公开发售本房产项目中的销售单元。也就是说,只有开盘后的房子才正式取得了预售资格,可以开始进行贷款等商业行为。

房产在开发之初卖出去是开发商募集资金的一个渠道,资金对任何开发商而言都是很有吸引力的,为了更多地吸引资金,刚开盘时,开发商都在价格上有较大的优惠。一般比买现房在价格上可优惠10%以上。

刚开盘的房子付款较为轻松,随施工进度而支付,一般分为3次。首次付款时间为开工时,付定金和首期房款,一般仅付1万元的定金和总房款的10%左右;第二次时间是工程进行一半时,付款额约为总房款的60%;第三次付款时间为房屋已经交工或者即将投放使用时,购房者付完全款,同时房地产商将房屋交给购房者。

购买刚开盘的房子时,由于大多是期房,也有一些不确定因素。

(1)根据图纸买房,看不到实物,看到的仅仅是欲购房屋的户型图、整个物业的效果图,而非实物。

(2)有关面积、户型、装修标准难以判断。虽然房地产商为你描绘了一幅美丽的图画,但是具体怎样还是要看最后拿到的实物。

(3)开发商情况难把握。若开发商在物业建设过程中因实力不足,缺乏必要的资金使工程停顿,那么购房者就会蒙受巨大的损失。

（4）市场行情与价格涨跌难以预测。

（5）看到的仅仅是样板房而已，与用户最终的房屋会有所差距。

所以，开盘时买房子虽然价格较低，但也会承担不少的风险。

尾房里"淘金"

长沙的房价节节上涨，对财力有限的购房者来说，如何买到价格适当、地段和房型都理想的房子，实在颇费心神。有一天，在某金融机构工作的张小姐就从某楼盘的尾房中淘到了一套如意的房子。

张小姐本来看中了一套4300元/平方米、90多平方米的期房。但在付款前她发现附近另一处原价在4800元/平方米左右的楼盘，正以4500元/平方米的特惠价出售尾房，面积在100平方米左右。经过比较，张小姐选购了一套尾房。她认为该楼盘品质不错，但原先的售价超出了她的购买能力。如今该房每平方米让利达300元，虽然房屋面积和价格都超出了她的购房计划，但她目前的经济实力仍可应付，而且从长远来看，这套尾房也较具投资价值。

一直以来，尾房给人的感觉就是被挑剩下的，基于"便宜无好货"的想法，许多购房者对此望而却步。但是，面对新房越来越贵，存量房市场却越来越大，不少聪明的消费者就瞄准了尾房市场。希望能在其中淘到便宜又不错的房子。

首先，可以了解一下产生尾房的原因：一些被客户挑剩下的尾房确实存在朝向差、楼层次、景观不理想、户型不合理等问题；但还有一部分尾房是开发商留作自用、出租，或作为精品典藏的户型；另外，还有部分尾房则是客户有意购买但暂时保留，或前期被人购买后又退房的。后面两种情况中，就不乏好房。

作为一个想买房却又财力有限的普通购房者，若能以全新理念审视尾房的价值，那么，有些物美价廉的尾房完全可成为一种上佳的投资选择。

那么，如何慧眼识宝，从尾房中"沙里淘金"呢？业内人士认为，应注意以下三个方面：

首先，要懂得区分尾房、烂尾房和空置房。烂尾房是由于开发商资金不足、盲目上马，或错误判断，而导致楼盘开发总量供大于求，或造成无法回收前期投资，更无力后续建设，甚至全盘停滞的积压楼宇。而尾房大多是已成现房，是整个楼盘最后出售的一批房子。对此，购房者可通过判断开发商实力、项目价值、居住环境等因素作决定，以免购买到烂尾房。而空置房中，有不少是因手续不全、历史遗留、拆迁周转等因素造成的房屋闲置，购买时只要查验开发商是否持有卖房所需证件及其真实性，就可避免损失。

其次，要择优购买，切勿只图低价而买了"假实惠"。验收尾房时，要仔细检查房屋的各类设施，以免买到质量差或缺乏竞争力的产业。另外，尾房在销售时，其整体楼盘项目可能已售出多时，尾房设施的保修期可能已所剩无几，购房者应与开发商签署相关文件，以明确责任。

最后，请教专业人士以获得切实可信的指点。目前，尾房销售与非尾房销售并无特别差异，主要有现场销售、展会推广两种形式。购房者若对一些楼盘早有垂青，可通过实地考察加以甄别，来选择尾房。若无特别明确的目标，而只想获得价格方面的优惠，那么，参加房展会不失为一种方便快捷的良策。眼下，一些开发商会在展会上推出尾房，消费者只需多走几个楼盘，兴许就能有所收获。

买房不可忽视哪些问题

房子越建越多，关于房屋的各种问题也开始接踵而至：房屋漏水、墙体脱落、房产纠纷……因此，购买房子之前，一定要注意以下几大问题。

1. 选准看房时机

一般来说，阳光明媚是看楼的好天气，这个时候，你应该到你喜欢的房子里去瞧瞧。首先看户型是否合理，通风是否良好，朝向景观如何，设备是否齐整好用；还得考虑一下夕照是不是很严重，夕照严重的房子会让你整个夏天差不多浪费掉一个房间。雨天也得去看看。关于市政配套，首先就是交通问题，然后是水电、煤气、暖气和菜市场等。

2. 要学会对比

如果想要买到合意又便宜的房子，货比三家是少不了的。如果通过房屋中介来买楼，可以要求多提供一些房源来比较，每个房源最好都参照第一条去"眼见为实"一下，然后列个表格比较优劣，找出最合适自己的那一套来。如果是自己找房子就利用一下互联网，到专业网站去多找些选择对象。

3. 要查清楚房子的产权问题

在签订合同之前千万别忘了查清楚房子的一些问题。首先，要求卖房者提供合法的证件，包括身份证、房屋所有权证、土地使用权证以及其他证件。其次，到当地房地产管理部门查验房屋的产权状况,包括是否真有产权,产权证上的记载事项是否真实,以及房屋是否属于禁止交易的房产。若房产已列入拆迁范围,或被法院依法查封,则房屋所有权人进行交易的行为是无效的。最后,要对欲购房产进行详细了解,如抵押贷款合同的还款期、利率、本息,房屋租赁协议中的租金、租期等问题。当然,身份证的真假也不可不判断清楚。

买房上如何"杀价"

杀价是一门大学问,它如三军作战,攻心为上。大至外交谈判,小到日常买菜,都要讨价还价一番。因此,掌握一些讲价技巧,不但可以为自己省钱,而且还能自得其乐。

但买房子的不同之处在于,买卖双方是内行与外行之间的较量。由于卖方多是卖场高手,而购房者充其量是业余爱好者,往往处于不利地位,因此更应学会"在战略上藐视敌人,在战术上重视敌人"。

对于大多数买房人来说,买房砍价的空间到底有多大是一个谜。有趣的是,许多购房者对自己的购房价格三缄其口,而不同的购房者对同一房产也能得到不同的报价。种种迹象表明,房地产价格存在较大的弹性空间,但并不是所有的购房者都能吃到房价折扣这块"蛋糕",许多人稍不注意就会成为"冤大头"。那么,房价的正常打折范围有多大?买房人如何砍价最有效?如何能买到最划算的商品房?

1. 商品房的利润空间

有多年房产开发经验的某开发公司总经理曾说,房地产开发市场有很多不可预知的因素,包括政策因素、土地因素、成本因素、市场因素等,如果前期没有充分估计,就有可能增加3%~5%的成本,利润如果低于8%就可能赔钱。一个规范的开发商,利润空间也就在3%~20%之间,如果运作得好,能达到15%或更高一些。另外,各开发商对自己项目的利润情况均讳莫如深,几乎每位被问者都打起了斑语:"不可说,不可说。"

2. 五次砍价机会

房产开发商的"斑语"是有道理的,3%~20%的利润空间为消费者砍价提供了丰富的想象力。一位业内资深人士说,对于消费者而言,他们有5次砍价机会:一是期房开盘之初,为了吸引购房者,开发商往往有一些优惠,但是这种优惠是和期房的升值预期挂钩的。由于从期房到现房，房价涨幅一般在10%左右，所以优惠幅度一般被控制在10%以内。二是在买房人一次性付款时，此时的折扣空间一般高于存款利率而低于贷款利率。三是团体购房时，因为开发商不仅节约了宣传和代理费，也不用操心楼层、朝向的调配，当然会让利销售。四是买尾房可以得到优惠。一般来说，开发商为了尽快收回资金或为下一楼盘做宣传，会将尾房打折出售，有的尾房甚至可以拿到8折的优惠。五是已经买了房的业主，你再带一个客户来买房子，一些开发商也会提供一些优惠措施作为回报，至于优惠的具体形式则视情况而定。比如，转变成物业管理费或者通过其他形式体现出来。

3. 不要一味追求砍价

正如人们常说的那样，"天下没有免费的午餐"，如果消费者一味追求砍价，价是砍下来了，恐怕得不偿失。某楼盘的销售部经理张小姐对买房如何拿到折扣深有体会："如果楼盘砍价空间很大，就意味着它有一些不规范的隐患存在。"张小姐的话虽有以偏概全之嫌，但她道出了行业内的公开秘密：暗箱操作的机会很多。对于一个具体的房地产项目来说，从拿地、立项，到最后的开工、销售，有一个漫长的过程，任何一个环节出现了问题，其整体利润肯定会受到影响。既然开发商费尽了周折才能完成一个项目，如果没有特殊原因，他们是不会愿意廉价卖房的。某市消协的统计分析显示，在受理的商品房质量投诉中，近60%的案件与业主片面追求折扣有关。由于一味地追求低价，开发商为了自己的利润，只好在房屋质量和售后服务上做文章。

4. 如何吃"折扣"

据业内人士介绍，正在热销的楼盘一般不会打折。但只要购房者下足功夫，还是能拿到折扣的。某楼盘销售部经理透露，这个功夫来自两个方面：首先，买房前一定要多了解这个项目及周边项目的情况，包括价位、性能，做到有自己的心理价位和心理预期；其次，要尽可能取得第一手"优惠情报"。一个楼盘如果出现了大的优惠，一般情况下只有两种可能，要么开发商急需一大笔资金，这时会有好的促销政策；要么是清盘，处理尾房。而这些信息，一般购房人不可能直接了解到，因此，如果你对某个楼盘情有独钟，不妨多花些工夫了解一下"内部情报"。

如何从合适的贷款中赚更多的钱

寻找最适合你的贷款，不光是有利于尽快还款和方便投资，精明的投资人还往往从一个合适的贷款中赚出钱来。根据贷款品种的功能，选择适合的投资方式和目的，关系到你的投资是否能获取更高的利润。

从节省的角度来看，少就意味着多，所以一个原则是要确保只支付你认为最有用的贷款产品开支。因而，你对与你的贷款相关的功能和开支了解得越多，就越容易寻找到最适合你的贷款。

有的投资者会想：虽然固定利率和浮动利率各有千秋，但从长线投资的角度讲，哪个利率会更好一些呢？很多专家的回答是：浮动利率更适合于房地产投资。

为了从贷款中赚出更多的钱，你就需要选择功能灵活的贷款产品。贷款产品的功能是至关重要的，有的产品对多还款和再取款有若干的限制，这会滞后还款期。有时这类产品以较低的初始利率来吸引客户，一些客户只看到其表面利率，不了解其稳定性、功能及限制条件。选择功能灵活的贷款产品，使各种收入直接进入贷款账产，在第一时间冲掉本金、抵消利息，可以大大缩短还款期。你可以采取以下措施。

1. 首先偿还自住房的欠款

如果有两个以上的物业，一个自住、一个用于投资的话，要尽快归还自住物业的贷款。对于投资物业，由于贷款利息可以享受税务优惠，在正常情况下，只保证最低还款额即可。

2. 先付抵押贷款的所有先期费用

除以现金付前期费用外，一些贷款机构允许你把前期费用加到你的借款中，虽然看上去很好，但应尽早避免。因为它意味着在整个还款期间，要多付许多的利息。

3. 将无抵押债权放在最后

如果你有几个贷款的话，当你的贷款账单累积起来威胁了你的还款能力的时候，你首先要做的是，排列债权人的偿还顺序，最好的策略就是将无抵押的贷款放在最后。不像拥有汽车或房屋抵押权的债权人，无抵押权人对付你的策略只能将你诉之法律，败诉的话，你会失去你的房屋。

4. 加快还款频率

最简单和最能减少还款时间和成本的方法，就是每半个月还款一次，也就是

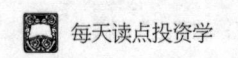

把你的月还款额分成两次，这样对你的可支配收入几乎没有什么影响，但却能很大程度地改变你的还款额和时间。

5. 优化组合贷款

组合贷款，或通常所知的综合贷款可让你有一部分的固定贷款和一部分的变动贷款，这实际上就是允许你对利息率是否上涨和涨多少押宝。如果利息上涨，你可以安全地知道你的一部分贷款是固定的，不会随之上涨；但如果利息率不动，你就可以利用变动贷款部分的灵活性尽快还那一部分贷款。

第二节　商品房投资技巧全攻略

如何判断房产投资价值

投资者在投资房产，就像投资其他资金一样，考虑最多的就是房产的未来升值问题，即房屋价格的升值和房屋租金的升值。

随着近几年房产市场的不断完善和健全，房产投资的风险大大降低了，保值、增值的机会增加了。然而，怎样才能判断房子的投资价值呢？以下几大要素可以帮助投资者准确判断房产投资的价值。

1. 房屋地段

房地产行家们的标准有3个：地段、地段、还是地段。什么样的地段建什么样的房子，才是这句话的真正含义。

2. 房屋质量

投资者选择好的房屋就要看开发商的实力怎样。有实力质量自然有保障，作出的承诺也能兑现。

3. 房子的状况

挑一个好的朝向、楼层、户型对出租有很大的好处，这就要看投资者的眼力和爱好了，不过关键还是要房子本身条件好才行。

4. 房屋现代化程度

现代社会科学技术发展迅速，住房也是日新月异，住房现代化也逐步成熟起来。因此，判断房子的投资价值，这一点与房子的地段和质量同样重要。

5. 社区文化背景

中国人在国外喜欢住唐人街，外国人在中国也喜欢聚居，这就是文化背景使然。所以，使馆区、开发区周围的公寓里外国人最多，这样使馆区、开发区周围的外销公寓也就十分抢手了。

6. 物业管理

物业管理的好坏直接取决于物业公司的专业程度。另有些物业管理有代理业主出租的业务，因此买房时要注意，一个得力的物业公司也许会给以后的出租带来很多方便。

哪种房产投资好赚钱

正确评估房产的价值是进行房地产投资的第一步。其次，要想继续在房产投资方面稳健地迈步前行，投资者还得了解什么房产才是最好的投资对象。

工业用地和交通水利用地一般都不是理想的投资对象。同样的房屋，城市的价格要比乡村的高出很多。在城市的房产中，商业区和住宅区都是较为理想的投资对象，文教区、农业区、保护区相对来说也可以算是较好的投资对象。

同样是商业区和住宅区，因地段不同也会有好坏之分。有的地段人口密集，商业发达，非常繁荣；有的地段则是待开发地段，许多设施尚未建设好。这样的话，对于投资者来说，投资兴旺地段或即将兴旺的地段，就是他们的首选。而城郊或离市中心较远的地段，一两年内不可能发展起来，则不是投资的理想地。

同一街区，同一地段的不同房产，其价值的大小与房产的位置有密切关系。地产界向来有"金角、银边、铜尾、黑爪子、草肚皮"的说法。"金角"是指临街的街角地，交通便利、客流量大、位置醒目、商业价值高，是设店开铺的首选位置。"银边"是指繁华街道的临街地，商业价值仅次于"金角"。"铜尾"则是指靠近相对清净一侧街道的临街地，商业价值虽不及"金角""银边"，但其价值远高于普通的住宅地。"黑爪子"是指超越街道建筑界限，伸出人行道的地段。"草肚皮"是指不沿街的地方，其商业价值不大，一般只作仓库和住宅用地。

房产所处的地段，对房地产投资的成败至关重要。房地产界流行一句名言："不怕好的地段买坏房，就怕不好的地段买到房。"

贪图价格便宜，在偏僻的地段投资房产是欠考虑的。虽然房产总价会提高，但如果急需用钱而找买主套现，难度会很大。

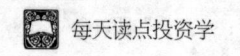

如何挑选商品房

购房者该如何挑选商品房呢?

一要挑价格。有些开发商为了加速资金周转,不惜以接近成本价甚至以成本价进行经销。购房者应适时抓住机遇,挑选购买升值潜力大、质量有保证、价格低廉的楼房。

二要挑地段。所谓地段即指商品房所处的地理位置。一般情况下,老年人多选择靠医院较近,便于就医看病的城区或郊区地段,那里有利于老年人生活起居。青年人多选择城中闹市区的黄金地段,那里便于互相之间交往及上下班。有小孩子上学的家庭大多选择靠近学校的地段,以便于孩子就近入学。当然,还要根据购房者各自家庭的经济实力而定。

三要挑质量。挑质量的实质是挑毛病。可以从下述两方面入手。首先,查阅档案资料。主要查看各种建材生产厂家及产品合格证书、各道施工工序质量监督验收单、工程竣工验收报告、工程质量等级等资料。其次,从表面细看外观。土建工程外表只能看墙柱和地基是否下沉、墙外有否裂缝、层面是否渗漏等。装饰工程查看地面是否平整,墙的批档、内外粉刷、油漆是否平整光滑等。

四要挑环境。挑选好的住宅环境,对于提高人们的生活质量大有益处。购房时应挑选商品房小区内绿草成片、绿树成荫、环境幽静而雅致、水和电等生活设施齐全,并能为住户提供休息娱乐的场所。

五要挑开发商。购房者在购房时,更应对房地产开发商进行多方了解,比如,开发商是否具备房地产开发经营主体资格,商品房建设项目是否合法,土地使用有无批件,开发资金实力如何,是不是靠预付款来维持工程进度,等等。总之,一定要挑有信誉的房地产开发商,以减少售后之忧。

如何评估升值潜力

目前,购房人在购房时,无论是用来自住,还是用来投资,都把房子的价值空间作为一项重要的参考指标,但许多购房人对房子的升值空间并没有非常清楚的认识。那么,究竟什么样的房子才具有升值潜力呢?

一些购房人将房价作为唯一的判断标准,认为只有房价涨了才是升值,这其实是购房人不理性的一种表现:一方面房价表面涨了,但不一定有价就有市;另一方面房子升值与否并不一定仅仅体现在房价上。一些有经验的开发商和购房人提出，房子交通、环境、配套的改善及好的物业管理、社区文化所带来的居住品质的提高，也是房子升值的一种体现。

1. 住得好才能卖得好

人们生活在社会中，必然要依赖于社会环境。交通是否便利、生活配套设施是否齐全会直接影响到人们生活质量的优劣。试想，如果业主每天上下班都要倒上三四趟公车，买一点生活用品就要花半个小时在路上，生活品质就无从谈起。对于居住型的项目来说，能使居住者更方便、更舒适的交通、配套、环境等硬件的改善，也是项目升值的一种体现。另外，有实力的开发商会在搞好楼盘质量这一硬件的同时，也把软件做好，为业主们创造良好的生活环境，让业主们乐于在社区中享受生活的种种乐趣。只有业主们认可了项目的居住品质，才愿意到这个社区中生活，才会对房价有良好的心理承受力，楼盘才可以保有价值甚至提升价值。

2. 高品质软件提升房子价值

楼盘项目就像一台计算机，良好的硬件设施固然重要，但如果没有过硬的软件，整个体系就会瘫痪，变得毫无用处。物业管理就像是操作员，时时维护着这个体系的运转，所以优秀的物业管理队伍也是房子高品质的一个重要体现。房子保养得好是房屋升值的基础。好的物业管理会给房子做定期的维护，保护楼盘原有的外观，这样的房子才不会在市场中失去竞争力。"孟母三迁"的故事尽人皆知，可见良好的人文环境对人类的成长和生活来说是十分重要的。现代的人们不仅要求高品质的物质生活，更需要高品位的精神生活。因此，社区文化也就成了房子能否升值的一个重要因素。目前，很多购房者在购房时也越来越关注项目的社区文化。业主们期望邻里之间能有更多的交流空间，老人、孩子们能得到更多的关爱，社区中有更多家的感觉。

交通、配套、物业管理和社区文化是房子内在的品质，这种品质的外在体现就是房子的升值潜力。在购买过程中，对楼盘的硬件和软件做全方位的考察是十分必要的。房子附近的交通条件、购物环境、教学设施的配套、物业管理的素质以及社区文化的建设等都应被列为考察的条件。良好的软环境对于生活的品质来说是至关重要的，更是房子在日后能够保值、升值的基础。好房子是住出来的，不是卖出来的。在选择房子的时候，作为消费者的你一定要擦亮眼睛，买到能升值的房子，才不会让你在掏了钱之后大呼上当。

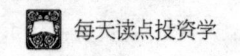

如何选择好户型

1. 好户型的数据标准

挑选户型要考虑的基本元素包括采光、热、隔音、降噪和通风。热、隔音、降噪更多的与房屋的建筑质量及地理位置有关,而采光和通风则更主要取决于有限面积内如何做好各功能区的比例布局。

做好采光和通风,房屋的面宽要合适。首先,以100平方米以内的两居室为例:起居室的面宽最低在3.8~4米,厅要大于20平方米;主卧要大于12平方米,面宽在3米左右;客卧要大于10平方米,面宽也在3米左右;厨房要大于3平方米;设置一个2平方米左右的储藏间非常有必要。

另外,110平方米以上的三居室的起居室一般面宽要大于4米,面积要大于24平方米。一般来说,客厅面宽与进深比例在3.9 : 4.2就比较舒服,三居室可设双卫。

在户型结构中,一味地追求大客厅是不合理的,客厅的面积要遵守"黄金分割"的原理。如果层高为2.7米的话,25~35平方米被认为是普通住宅的厅应有的合适面积,其中33平方米的客厅最为舒适,近似于"黄金分割"的计算原理。另外,此规模的客厅内阳光照射不到的地方必须少于7平方米(暗厅除外)。另外,在采光和通风方面,板楼比塔楼有优势。

2. 好户型的功能布局

好的户型除了要保证大跨度的空间、能够多面采光、坐北朝南、南北通透这些基本要素,一些细节对户型好坏的影响将更加明显。

据了解,储藏空间不够或没有,换鞋处的门厅考虑不足,洗衣间少有考虑如何晾晒衣服,厨房普遍狭长等问题,正在困扰着消费者。功能缺失反映出目前户型设计中的技术创新不足,因为有80%的技术创新是在厨房、卫生间、洗衣间等地实现的。这些缺陷在很多楼盘中也同样存在。而这些细节也是判断一个户型好坏的关键因素,购房者选房时不能不加以考虑。

3. 学会看图纸选户型,区分住宅基本功能

购房挑选户型,应当全方位、多层次地考虑地理位置、规划设计、经济价值、物业管理、居住理念等。在对"硬件"设施的考察中,除参观样板间外,购房者还必须依靠图纸"纸上谈兵"。但常常是精美的售楼书配以各种新潮的理念,让人眼花缭乱,线条和色块构成的平面图更让普通的购房者难以体会住宅性能的优劣。

一般来说，购房者接触到的图纸大多是简单直观的平面效果图，比施工图省略了大量的房屋构造信息，突出了房间面积、布局、设施几个基本要素，貌似简单，但可以体现出住宅设计中的很多原则性问题。

4. 挑选户型应看哪些图

挑选户型至少需要以下几种图：规划图、单元平面图、户型平面图。规划图反映了小区的规划布局，这直接关系到所挑选户型的具体位置，涉及环境、交通、服务设施等多方面因素；住宅单元平面体现了一个住宅单元中几种不同户型的布局，它们之间的关系可能会影响到住宅的使用，比如，窗户和阳台是否互相干扰，入口是否相邻太近等；户型平面图描述了一套住宅的面积与房间布局，其尺寸、位置、形状、相互关系等基本参数体现出住宅的基本功能和经济性能。

5. 区分住宅的基本功能

一套住宅应具备六大基本功能，即起居、饮食、洗浴、就寝、储藏、工作学习，这些功能根据其开放程度可以大体分为公、私两区；根据其活动特点可以分为动、静两区。

公共区：供起居、会客使用，如客厅、厨房、餐厅、门厅等。

私区：供处理私人事务、睡眠、休息用，如卧室、卫生间、书房等。

动区：活动比较频繁，可以有较多的干扰源，如走廊、客厅、厨房等。

静区：要求安静，活动相对比较少，如卧室、书房等。

这些分区各有明确的专门使用功能。在平面设计上，应明确处理这些功能区的关系，使之使用合理而不相互干扰。

起居室（客厅）：要注意两个基本原则，其一，起居室的独立性；其二，起居室的空间效率。现在，有的户型中起居室也仍然保留着过去"过厅"的角色；有的户型设计了独立的起居室和交通空间分离，但也因此相对增加了户型面积。此外，要考察起居室四周的墙面是否好用，开门、开窗、阳台、卫生间位置是否恰当，否则会影响家具的摆放与使用，降低空间使用效率。起居室的采光口小或采光口凹槽深，会影响室内采光，使起居厅较暗。

厨房：购房者应当首先考虑自己的烹饪、餐饮习惯。在空间布局方面，开放式厨房有着很好的空间效果，可以充分展示个性化装修的魅力，也适应现代化的生活时尚，但对于我国的传统烹饪方式其排油烟功能就有所欠缺。在面积标准方面，厨房是集储藏、备餐、烹调、配餐、清洗等功能于一体的综合服务空间，必备的设备需要足够的面积。根据建设部的住宅性能指标体系，3A级住宅要求厨房面积不小于8平方米，净宽不小于2.1米，厨具的可操作面净长不小于3米；2A级面积不小于6平方米，净宽不小于1.8米，可操作面不小于2.7米；1A级则分别是5平方米、1.8米和2.4米。

卫生间：满足3个基本功能，即洗面化妆、淋浴和便溺，而且最好能有所分离，可以避免使用冲突。从卫生间的位置来说，单卫的户型应该注意和各个卧室尤其是主卧的联系，双卫或多卫时，公用卫生间应设在公共使用方便的位置，但入口不宜对着入户门和起居室。从面积角度来看，带浴缸的卫生间净宽度不应小于1.6米，淋浴的净宽度不宜小于1.2米。

卧室：一般来说，主卧室的面宽不应小于3.6米，面积在14~17平方米左右，次卧的面宽不应小于3米，面积在10~13平方米左右；另外，应注意卧室的私密性，和起居室之间最好能有空间过渡，直接朝向起居室开门也应避免通视。

辅助空间：包括阳台、储藏间等。这部分面积虽小，但在日常生活中的地位非常重要。比如，储藏空间，包括杂物间、进入式衣柜等多种形式，可以很有效地节省户内的家具空间。

总之，根据户型面积不同，小户型经济住宅强调基本生活要求；普通型住宅强调主要功能齐全和空间的灵活适应性；豪华型住宅强调创造高质量的生活环境，注重细节，突出个性。

第三节　二手房如何投资得真金

如何挑选二手房

随着已购公房上市速度的加快，二手房交易程序的简化、税费的降低，市场也逐渐活跃起来。在城区购买一套面积适中的二手房，既是普通百姓购房自住不错的选择，也是投资置业的途径之一。怎样在二手房这个大市场中选择自住方便、将来又易于出租或出手的二手房呢？建议你注意以下5个方面。

1. 地理位置优势、交通便利是首要因素

如果你不想将每天两三个小时甚至更多时间，浪费在从偏远的家到市中心的办公室的上下班途中，而你又没有打算买车的话，在公司附近寻找一个合适的二手房将能满足你的要求。从北京各大房屋中介公司的信息来看，交通便利的旧居民区二手房房源很充足。沿着二环路东南西北方向以及东城二三环之间、东三环和北三环沿线，在商业企业聚集的海淀中关村、国贸、燕莎等商圈附近，都有成熟的居民区。大多数这样的居民区附近公交线路发达，可以直达四面八方，省去中途换车之苦。每天上下班不但可以节省交通费，更重要的是能够有更多可以自由支配的宝贵时间。将来有了更好的房子，这样的二手房也易于出手。

2. 方便的购物、就医、教育环境

大多数的旧居民区附近，大有成熟的大型超市，小有方便的小菜市场，不出500米就可以找到市属大医院、幼儿园、小学、中学等。多年的社区人文环境造就了周围各种各样繁荣的社区服务环境。作为一个有小孩在上学，或者有老人需要照顾，或者两者兼而有之的家庭来说，选择这样一个环境生活将会轻松许多。比如，北京的红庙、团结湖地区、市属朝阳医院、呼家楼电影院、朝阳剧场、京客隆超市、朝阳公园、首都经济贸易大学、朝阳体育馆、大中电器城等都在三四站地之内。劲松、安定门、东直门、海淀等地区的旧居民区附近，同样有这样方便的社区环境。

3. 避免潜在的质量隐患

俗话说"明枪易躲，暗箭难防"。由于上市的二手房大都已经居住了三五年至十年以上，如果房屋质量上存在什么问题，现在应该明显暴露出来了，或者已经被原房主或房管部门修缮过了。在挑选二手房时，消费者应通过仔细认真的检查以及询问房主、询问周围的住户来了解房屋本身的状况，做到心中有数。当然这里面也有门学问，需要有一定的观察力和敏感度，必要时可以找一些行家里手帮你检查。

4. 及时拿到产权证，为以后对房屋"处置"提供方便

如果你购买二手房是为了投资，那一定要买有产权的二手房，并且按照规定买卖双方缴纳应缴的税费，进行产权过户手续。那么，在你们的交易行为完成后，房管局将很快核发过户后的产权证。只有拿到了房屋的产权证，房子才算是真正意义上属于你，你可以合法地出租、出售，甚至办理抵押贷款，为以后更换新房提供有力支持。

5. 某些繁华地区，特别是二环沿线和二环内的二手房，有拆迁升值的潜力

以北京东直门地区成交的一套二手房为例，这套面积是52.54平方米的砖混结构二手房，成交价是28万元，合算单价是每平方米5329元。而附近地区的普通商品房单价在每平方米7000元以上。如果今后赶上拆迁，根据拆迁楼房的规定，

按照当地普通商品房评估价进行补偿，则至少可以获得 30% 的静态回报。从各个方面综合来看，遇到拆迁的情况时，楼房升值潜力较大，平房升值潜力则相对一般或者较小。当然，赶不上拆迁，再大的升值潜力也仅仅是潜力。

如果你在挑选二手房时注意以上 5 个方面，在逐渐红火起来的二手房市场上多"淘"一"淘"，没准还能"淘"出一块不大不小的"金子"来。

二手房如何浪里淘金

作为一种投资方式，买二手房的人大有人在，在这种情况下，如何浪里淘金就要讲究一些技巧。

1. 投资看前景

目前，购买二手房不论是自住还是出租，都是为得到一个最大的价值体现。自住的多是为了找到便利、实惠而又缓解了暂时的种种矛盾，而做投资的则是想用极少的钱，使其租金得到最好的表现，获得最大的利润。

从二手房供求市场来看，二手房以"小""旧"居多，大多数在商业区、繁华地段，它主要适合人群为城市外来打工族、部分学生、其他流动人口；没有经济实力购买新房、大房的居民；与儿女们分居的一些老年人；还有其他类型的人群等。总体上说，此类房产有相当大的市场空间。

2. 投资眼光要刁

投资二手房时要多看：

一是看项目所在地是否有足够的人气。

二是看项目所在地是否有良好的周边配套环境和市政配套。因为二手房多数是有一些年头的小区，小区的会所虽很成熟，但可能会不太完善，所以选择市政配套和生活配套设施完善的成熟住宅小区很重要。

要认真考察房屋周围有无噪声、有害气体、水污染、垃圾等污染源，还有小区环境、安全保卫、卫生清洁等情况。同时，要对房屋配套设施进行考察，比如，水质、供电容量、供热系统及方式、物业管理和各项收费标准、电视接收的清晰度等，小区附近还应有超市、邮局、餐馆等必备的配套设施。通过考察可以凭借这些使其租住价值得以提升。

三是看项目所在地是否有发达的交通和充足的停车位，尽量避免高架桥的阻隔，这样对居住和生活都会很方便。

四是看项目的户型设计，是否可以稍作一些改造就能使其升值。

3. 投资也玩小

投资二手房可据资金来选择，不过前期可先选择小户型的二手房，如一居的，或两居的，因为小一点的二手房占用资金不是太大，出租也较灵活。据了解，二手房中一居的租售成功率较高，二居的受多种因素影响，虽然房源合租需求大，但操作多，大部分是合租用。

由于合租，彼此的生活习惯、搬出的时间不统一，物业费用等容易出现多重纠纷，这些原因是影响二手房投资获利的一个因素。所以相对来说，一居比二居更容易投资获利，但如果是买二手房的两居再卖，那么相对于出租两居的更容易出手，因为买者多是小两口、三口之家或是买给父母居住，这类人多为了便利、实惠或者是居住、生活重心有所变动才选择买房，一般这类人也不会想长期租用。

4. 投资要对比

对同一供需圈内的规模相当的二手房进行价位、建筑面积、户型结构、建筑年代的差异性、装修标准、是否拆迁、配套设置是否成熟等方面的对比，交易时综合这些数据，再确定评估对象的回报率。

5. 投资瞄准靶心

靶心就是投资者所争夺的客户群。好地段、热门区域的二手房有良好的升值潜力，能保证日后稳定的租金收入。因此，确定出租给公司的，最好是选择同一楼层里有其他公司办公的商业办公大楼，不要购买居民区里三居室以上做投资，一般公司不会把办公地点选择在居民区里。投资二手房应选大型房产中介公司进行交易，大型房产中介公司的操作较规范，透明度高，也可委托一名专业人士做参谋。

投资二手房需要注意的问题

"密密麻麻的高楼大厦，找不到我的家，在人来人往的拥挤街道，浪迹天涯，我身上背着重重的壳，努力往上爬，却永永远远跟不上，飞涨的房价，给我一个小小的家，蜗牛的家，能挡风遮雨的地方，不必太大……"这首《蜗牛的歌》，曾被郑智化、张雨生多人唱过。也唱出了很多人的心声，对身在异乡的人而言更是如此，为了停止流浪的脚步，买房的念头在无数人的脑海里不断蔓延，但不断飙升的房价却让不少人望而却步。买新房似乎成了遥遥无期的梦想，所以二手房

就成了一种被追捧的方式,只是在购买二手房时也有很多问题需要注意:

(1)看房子要有恒心,要做好艰苦的准备。因为大多数单价便宜的房子基本上都不会让人很满意。下面就有一个人历时半年看房,最终确定一套房子的亲身经历。

"在东莞工作几年后,我逐渐对这座城市有了一定的感情,并有了安家东莞的想法,甚至曾一度梦想能买一套新房,哪怕小一点。"来东莞3年,从事媒体工作的傅岩说,由于压力太大和房价日渐攀升等原因,原有的想法开始逐渐被放弃。"我开始换位思考,并打算在二手房中为自己挑选一个合适的家。"

于是在2002年底,每逢周末,他和女友就游走于城区的大街小巷之间,并光顾了无数家中介公司。"大约看了20多套房,当然收获也不小,基本上做到心中有底。"他以略带几分得意的口吻说,对于每个区域的二手房只要到现场一看,大致就能摸准其处于什么价位,"中介公司压根儿别想浑水摸鱼"。

"看来看去,今年5月最终相中了南城老海关附近一套116平方米的二手房。"他认为,该房户型方正,空间利用不错且十分通透,公摊面积也相对较小,周边交通和购物场所均一应俱全,是比较理想的宜居之地。或许由于业主是本地人的原因,双方在杀价1.5万元之后,便于次日以36万元的价格爽快成交,真正做到了"该出手时就出手",从而结束了搬来迁去的租住生活。

在首付之后,他每月只需月供2000元,并可在5年内还清尾款。"与买新房相比,差不多省下了一半的价钱,如果除去原来每月六七百元的月租,实际支出完全在自己的承受范围之内。"傅岩欣慰地表示,此举将可让自己轻松地过好"小日子"。

(2)长辈看房子眼光独到,看中好的房子,带长辈看一下,更能决定结果。因为毕竟长辈和房子打交道的时间比自己长,更能明白什么样的房子是好的,什么样的房子是金玉其外,败絮其中。

(3)好的房子不能犹豫太久,出手尽量要快。因为现在买房子的人毕竟是多数,如果你下手稍微晚了一点,就会被别人抢先,而给自己添了无穷悔恨。

(4)不能完全排斥中介公司的作用,虽然他们收的费用比较高,但是为我们省去了很多烦心事。比如说,中介公司会帮我们办理各种证件,水电煤气物业费都会和房东了清,原房主的户口也会迁出,这对外地人购房非常重要。中介公司的收费有商量的余地。如果同一房源挂了很多中介公司,那么为了争夺客户,他们会有适当优惠；如果房东只委托唯一的中介公司，那么就比较难了。

（5）房子周围的设施很重要。淘房中对二手房所处区位环境的选择十分重要，如果不想将时间浪费在上下班的途中，最好在自己工作单位附近选择一套相对合适的二手房，同时考察其周边的大型超市、菜市场以及医院学校等设施是否配套，通常多年的老社区一般都会形成较为成熟的社区服务环境。同时，购房者最好事先了解一些必要的购房知识，以便在看房时充分检查房屋的自身质量，比如，楼板是否有裂缝或厨卫是否漏水等。切记购买有产权的二手房，这样的房子才能真正属于自己。

（6）找一个老练的中介员工，如果诚心帮你买房，你看房子的成功率会提高许多。"实际上，买二手房只要多看多走，一定能够淘到自己满意的房子。"这是"过来人"的真实感受。在淘房过程中，与中介公司人员多交朋友很有必要，毕竟现在低价急抛的二手房已经不多，一旦有明显低于市场价的好房源，通常都会在几天之内便被卖掉。而中介人员为了提高成交率，自然也会事先通知自己熟悉并有购买诚意的客户，这样便可随时掌握第一手信息。

（7）购买前，算好三笔账。一是算好市场前景账。二是算准购房经济账。据有关资料显示，大中城市地段较好的房屋每年的租金收入一般在房价的6%~8%。楼房设计使用寿命一般为50~70年，按最低使用年限50年计算，年折旧率为2%，扣除折旧因素实际年租金收入为房价的（即年收益率）4%~6%。投资二手房产比投资5年期国债收益高出0.86~2.86个百分点，即与年利3.14%的国债相比增加27.4%~91.1%的收益，比现行各类定期存款所得利息收益更高。二手房产价格受折旧和其他因素影响，比市场上新房价格便宜很多，实际所得收益会高于前述的平均收益。三要算清房价变化账。随着取消职工福利分房和住房分配货币化进程的加快以及工薪阶层增资机制的进一步规范，城镇居民的收入水平逐步提高，物价指数自然是稳中有升。对于二手房的投资，要结合本地区的实际情况，留出选择空间和余地，有计划地把二手房产作为一种投资和理财渠道。贷款投资二手房在经济上收益并非都划算，存在一定的风险。但是如果选择贷款还款额不超过家庭月收入的40%、贷款总额占房产总额50%以下的，仍是一种好的理财方式。所以，投资者只要能找出投资的最佳切入点，获得收益当在情理之中。

如何从拍卖行购买房地产

房产拍卖目前对广大消费者来说还显得比较陌生，可以先来了解一下这种房产交易方式的最基本流程。假如买拍卖的房子，需要以下几个必要步骤：

（1）阅读拍卖品的目录及图录资料。

（2）根据所选择的竞买标的意向查看标的。

（3）办理参加竞买的相关登记手续，并按规定交纳竞买保证金，保证金一般不超过标的物价值的5%。

（4）凭保证金收据及时领取号牌并按规定时间准时参加拍卖会。

（5）拍卖会竞拍成交，及时签拍卖成交确认书，按规定在一定时间内交纳竞买成交标的全部价款和佣金，领取竞拍成交标的交割的相关法律文书并领取标的物。

（6）若拍卖会竞拍未成交，拍卖人将退还全部竞买保证金。

拍卖行接受客户委托后，房产的所有人就作为委托人与拍卖行签署委托拍卖合同，拍卖行是委托人的代理人，在接受委托后以拍卖行的名义主持拍卖。对拍卖房产进行鉴定和估价是拍卖前的第一项准备工作，核定房产价值的评估必须由房地产评估师进行，并对评估结果承担相应责任。且以此来确定拍卖房产的底价，底价过高会导致拍卖失败，过低又会使委托人受经济损失。底价确定后，当事各方应保守秘密。

此外还要确定拍卖日期，日期拟订和拍卖房产的类别、用途和数量都有关。从刊登广告到公开拍卖，间隔可在一周左右，展样时间不得少于2天。拍卖作为一种公开竞买活动，应该发布拍卖公告，主要反映拍卖房产的内容、拍卖时期、拍卖地点及其他必要事项。

对竞买人的资格也需要审查。参加房产拍卖的竞买人应是具有民事权利与相应民事行为能力的自然人或法人，拍卖主持单位提供相应的证明文件。在拍卖程序中，竞买人需要缴付保证金，竞买人竞价成功后，其保证金可转为价金；竞买未成功，保证金应被如数退还。拍卖的房产一旦成交，最终买家应及时付款，即完成了拍卖房产的权属转移。买受人从拍卖行或执行法院领取房产权利转移证明后，就取得了该房产的所有权或使用权。

要注意的是，有些拍卖的房产是政府有关部门罚没的房产，它们一般都经过法院核准后才进入拍卖公司的，这样的房产一般都很"干净"，不但不会有产权纠纷，办理手续也相对经济简便，有时比购买二手房还要划算。

至于质量问题，正规的拍卖公司应该事先对标的进行详细的了解，并应该在预展时为有意参拍的人员提供相关资料作参考。你咨询时不妨多问一些细节问题，拍卖公司有真实回答的义务。如果你准备参拍，那么拍卖公司可依法收取保证金，双方还要签署《竞买协议书》，里面条款除规范双方权利义务外，也会明确规定何种情况、何时退款。按照行规，小笔金额的退款应在拍卖结束后一周之内完成，因此如果你没有违规，对方却扣留你的保证金，你可以持该文件提起诉讼。但是需要特别提醒你的是，相关文件上一定要加盖公章。

业内人士还提醒消费者应该注意，如果标的物较多，那么现场看房时，要注意多看几种户型，在和家人商量的过程中，多确定几个目标。拍卖会上一旦第一个标的争夺比较激烈，那么还可以考虑参与第二个标的争夺，这样无疑给自己多了几个选择的机会，在参拍时也比较容易获得成功。

实际操作中，有的公司是从办理入住到产权过户，一路负责到底；如果不负责办理相关事宜，那么在拍卖前应当做出说明，因此打算参拍的消费者应在预展时询问清楚，否则办理今后的入住和过户有可能真会把自己拖得筋疲力尽，那就得不偿失了。

最后，消费者应该到一些有拍卖资格的大拍卖行进行拍卖房产的交易，现在有些不规范的房产中介机构也在没有任何资质的条件下，私下举行所谓的拍卖会，这对我们来说是没有任何保障的。所以消费者在走进拍卖行之前一定要找有信誉的大公司。

小产权房是投资"雷区"

"小产权房"并不是一个法律上的概念，通常是指村集体经济组织在集体土地上集中建设用于安置集体内部成员的农民住宅楼后，擅自将其中一部分房屋销售给本集体经济组织以外的成员，擅自销售的那一部分房屋。这类房屋无法办理房屋所有权证，仅有乡或镇政府（街道办事处）或村委会（居委会）的盖章证明其权属。

近些年，随着房价的持续走高，许多购房者将目光转向了看似物美价廉的小产权房。殊不知，小产权房后面有很多不为人知的"雷区"。购买看似便宜的小产权房，实则可能要承担一系列风险。

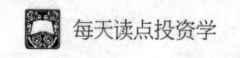

1. 落户是大麻烦

因为难以在当地落户，交社会医疗保险、行使选举权等都不能与当地相关部门进行对接，从外地迁入的业主，很难融入当地的生活圈子。

2. 业主权益难保障

真正让小产权房业主们普遍困扰的是在正当权益受到侵犯时，无法得到及时保障。小产权房因房价低，不仅基础设施配套跟不上，物业管理也是十分混乱。直到出现纠纷需要调解时，他们才被相关部门告知，由于不具备房屋产权，恐怕难以得到法律支持。

因为"小产权房"业主拥有的实际上只是集体土地房的使用权，所以涉及房屋产权人才有的权益时，根本无权主张，"他们至多算是业主代表，维权时身份很尴尬"。

3. 无法申请办理房屋产权登记，不能依法上市交易

小产权房不是在国有建设用地上建设的，没有国有建设用地使用权证，不能办理相关的用地规划、建设工程规划、建筑施工许可等批准许可手续以及质量、消防、环保等竣工验收手续，最终无法办理房屋所有权证。相应的，买受小产权房后再次出卖，也就只可能是进行"地下交易"，无法在房管部门办理登记过户手续。

4. 无法办理继承手续

小产权房手续不全，若买受人购房后去世，其继承人也无法办理正式的继承和登记手续。

5. 无法办理抵押借款

小产权房手续不全，银行等金融机构将不会同意以小产权房作为合法的抵押物发放贷款。

6. 房屋质量无法保证

小产权房的地质勘察、建设工程设计、施工、监理等各个环节均不是严格按照《招标投标法》的规定进行操作的，对建设工程施工承包人的资质和工程施工质量等问题也难以进行有效的监控，相关各方为追求利益的最大化难免会牺牲买受人的利益。因此，小产权房存在质量问题的情况是很常见的。一旦质量问题暴露出来，可能又要面临档案不全、各方面敷衍、回避、施工单位无处追寻等问题。

7. 存在政策风险

"2009年，北京通州5栋'小产权房'被强拆，这次事件应该引起所有'小产权房'拥趸的警觉。"小产权房如果遇到和国家规划相冲突，很可能就会被作为违章建筑拆除，而且很难得到拆迁补偿。"很多人当初购买'小产权房'，是出于一种侥幸心理，以为终会盼来'转正'的一天，但国家政策下步会怎样，谁也说不准，所以，购买'小产权房'肯定是步险棋。"

第四节　如何投资商铺获取高利

社区底商最适合中小投资者

低风险是社区底商最吸引人的地方。买住宅底商相当于同时"购买"了庞大的顾客群，随着住宅区的逐渐成熟，附近客源像滚雪球一样积累，投资者回报率自然有了保障。相对于产权酒店、写字楼等项目来说，住宅底商更适合资金比较少的中小投资者。一般来说，如果底商只占社区很小的面积比例，并且周边商业尚不成熟，住户对底商依赖性比较大，则投资者的投资回报率比较高。只要经营项目及风格与客户需求基本吻合，赢利前景才会一片光明。

社区底商最适合中小投资者，并且将成为新的投资热点。

1. 社区底商贵在"方便"

"方便"二字最能表达社区底商给居民带来的好处，对此，刚刚买了房子的张女士感触颇多："小区附近配套设施齐全，不仅购物方便，平时有个头疼脑热，不用跑大医院，走两分钟就是社区医院；家里来个亲戚朋友，楼下就是饭店，省去了自己在家做饭的麻烦。"

房产专家认为，居民不仅需要繁华的城市、地区商业中心，更需要网点齐全、业态合理、功能完备、具备一定服务水平的社区商业。在未来几年内，社区商业将有较大的发展空间，那些地理位置优越、交通便利的大盘底商的增值潜力也会彰显出来。它们通常在服务小区居民的同时，还会对周边区域住户、学校等产生辐射作用，只要商铺业态定位准确，势必会吸引附近众多社区居民，从而提升社区底商的价格。

2. 最适合个人投资

一般住宅，特别是高层住宅的第一层、第二层销售都比较困难，其价格也较其他层位低，开发商通过转向做底商，可以把价格卖得更好，同时小区的商业配套也得以解决。目前的长春市场上，大盘社区因为有多而稳定的住户，商铺的经营胜算相对较高，投资风险相对小一些，其底商也率先受到投资者的青睐。

房产专家认为，社区底商作为市场基础最成熟的商业地产类型，很适合个人投资者。一方面，只要售价合理，投资风险相对较低，空租率较低，租金收益可以得到保证；另一方面，如果住宅项目规模大，居住人口消费能力强，其投资收益可以很好地得到保证。

3. 社区底商潜力不小

"如果选择房地产投资，社区底商非常有前景！"今年57岁的李女士，以6000元/平方米购买了一处170平方米的社区底商，一些洗衣店、超市、快餐店等的经营者争抢着租，现在每月租金1万元。

据预计，10年内我国社区消费将占到全社会商品零售额的1/3以上，这是一个潜力非常巨大的新兴市场，低风险是其最吸引人的地方，买社区底商相当于同时"购买"了庞大的顾客群。

投资底商虽然赢利前景看好，但并不是所有底商都能赚钱。无论投资者自营、出租，还是转手出售，时间都是中小投资者最大的敌人。商铺需要养铺的时间，在商业氛围尚不成熟的阶段，底商投资者将承受相当一段时间的低迷期，投资的前几年内，店铺有可能出现零收益。所以，投资社区底商也有门道。

相对于其他地产投资来说，社区底商的投资风险虽然相对较小，但如果不仔细考察，也很容易造成不必要的损失。如何把投资底商的风险降到最低？有以下一些建议：

社区规模：既然是社区商业，当然要先考虑社区规模。社区规模的大小决定了入住人口的数量，入住人口越多，消费的总量就越大，这样商铺投资的前景就越好。

停车条件：底商的停车条件依赖于社区自身的停车设施。考虑到可能吸引外部消费者，所以在依赖社区停车设施的基础上，沿街并且朝向外部的商业门面依然需要一定数量的停车位。

广泛适应性：社区底商项目的规划设计指标要遵循广泛适应性原则，这样的商铺可以适用各种业态投资的需要。如加入排烟通风系统以方便以后进行餐饮投资，整个项目规划设计得科学与否，对于社区底商价值至关重要，投资者需要特别的关注。

区域的整体规划及社区本身的商业规划：选商铺时，还要看区域的整体规划以及社区本身的商业规划。在规划上是内聚性的还是外延性的，这决定了整体商业商圈的服务半径，这里面包括了商业功能的规划、交通以及相关的配套设施等。服务半径越长，商铺价值就越高。

投资产权式商铺要想清楚再出手

有一天，一则招商广告引起了李女士的注意。北京碧溪家居广场在北京某都市报上刊登了一则半版的招商广告，广告声称投资碧溪家居广场的产权式商铺，年收益可以达到10%以上，一次性投入只有16万元，并且可以分期贷款。广告还称投资产权式商铺后，投资人无须自己治理，由专业的投资治理公司负责经营。

李女士觉得投资这个项目比较适合自己，一来投资回报率比银行利息高得多，二来也不需要自己亲自经营。但是毕竟投入不小，她还是专门赶到碧溪家居广场进行了实地考察。位于西南三环的碧溪家居广场位置很不错，规模也很大，有5万平方米的营业面积，产权式商铺被分割成几千个13.34平方米的标准摊位进行出售。

对于投资风险问题，李女士咨询了碧溪家居广场的治理者。碧溪家居宣称，以碧溪家居广场5万平方米的房产、营业收入以及碧溪温泉饭店的收入、购买者的收益做担保。碧溪家居还提出了保值、增值性回购办法——碧溪3年内可原价回购商铺，超过3年，每年递增原价的5%，截至第10年为原价的135%回购。

最后，李女士决定投资碧溪家居广场的产权式商铺。她拿出16万元交给碧溪家居广场的治理公司。第一个季度李女士如期拿到了治理公司——北京腾飞物业投资公司发给的租金，然而从第二个季度开始，治理公司以资金周转出了一些问题为理由推迟发放租金。从第三个季度开始，李女士就已经拿不到租金收益了。不得已，李女士把碧溪家居广场告上法庭。经过调查才发现原来碧溪家居广场由于资金出现问题而将李女士及其他投资人投资的产权式商铺早已抵押给了银行。

事实上，2002年之前，碧溪家居广场就以大楼为抵押，向银行借款2.88亿元。随后又将大楼化整为零出售商铺。但是碧溪在向投资者出售商铺时，隐瞒大楼被抵押的实情。这导致了业主投资的商铺产权问题无法办理。最后，碧溪家居广场只能和业主摊牌。而此时，碧溪已与2000多人签订合同，销售额达6亿多元。

产权式商铺是近年来兴起的物业形态，投资者出于投资目的，将商铺委托发展商或品牌经营商统一经营，以获得稳定的投资回报——租金收益。这种模式始于深圳等沿海城市，盛行之初的成功运作，着实让它风光了一把，制造了一个又一个"投资小、风险小、回报稳定"的投资神话。

然而，北京碧溪家居广场的失败案例让投资者看到，所谓的"投资小、风险小、回报稳定"只是一种理想，任何一种投资行为都存在不可预料的风险，要害是在做投资前要做好分析和判定。对于如何投资产权式商铺，房产专家认为3个原则是不可忽视的：首先是看位置，最基本的依据就是人流；其次是要看开发商目前的经营状况，不要相信未来的承诺和许诺。此外，还要调查开发商的实力、经营治理水平以及明确产权的分割情况等。

具体到北京碧溪家居广场这个项目，从零售治理学角度讲，就要引入目标商店和附着式商店的概念。显然碧溪家居广场是定位成目标商店，但是作为一个家居广场，把整个项目划分为几千个小摊位来经营，这种做法在专业人士看来是没有前途的，存在巨大风险。毕竟家居广场不是小商品批发市场，过多的摊位没有足够的人流支撑是很难经营下去的，而碧溪家居广场城乡结合地带的位置也决定了客流不可能很大，很难满足数千个摊位的经营需求。碧溪家居广场要想成为一个成功的目标商店显然并不容易，其经营模式和定位都存在问题。对于这一点，是被多数投资者忽略的。

在专家看来，附着式商店的投资风险相对小一些，只要找对了成功的目标商店，和目标商店形成错位经营，附着式商店一般都可以取得不错的投资回报。

因此，从实际的经营看，产权式商铺投资在目前是一种高风险、高回报率的投资品种，存在许多风险。有没有人来租、租金有多少、赢利的来源等一系列问题都要考虑到。同时，产权式商铺涉及了开发商、经营者和众多分散投资者，利益分割很细，情况复杂。假如开发商、经营者任何一方出现问题，对小业主都会带来重大损失。所以，业主应该自发成立一个统一的组织，有利于统一意见，对维权活动的进行比较有利。

警惕产权式商铺暗藏的投资陷阱

目前，越来越多的人选择投资产权式商铺，正是为所谓的"高回报率"所诱惑，但结果往往是纠纷频发。

近年来，北京、上海等地均出现过因产权式商铺而引起的纠纷事件。当年红极一时的北京某产权式商铺总投资 6 亿元，拥有 4000 个商铺铺位，但最终因无法兑现"高回报"承诺，结果让数百名投资者血本无归。

产权商铺的投资回报率究竟在何种区间才合理？投资专家说："谁也无法给出答案，商铺投资的回报率最终还要靠后期的经营管理来获得，预期收益有很大的不确定性。"产权式商铺对投资回报的承诺，本身就存在"泡沫"成分。当前国内零售业平均利润仅为 2%，而多数产权式商铺会承诺 6%~8% 的年回报率，"本身就是一种比较虚的做法。"这也正是产权式商铺纠纷频发的根本原因。

而所谓的"售后包租"实际上是卖铺的一种噱头，更多的是开发商玩的一个财务技巧。从表面上看，开发商开出 8%、10% 甚至 12% 的售后包租收益率，但实际上，开发商通过提高商铺售价，已将今后要付给投资者的利息预提出来了。此外，"先售后租"也并非像商家承诺的那样是"绝对的零风险"。业内人士称，这种模式除利于开发商短时间内快速回笼资金外，最大的好处是将企业经营的风险层层下放到业主那里。因为按照协议，产权和经营权是分开的，企业万一经营不佳了，意味着业主商铺的价值也开始大打折扣，但这对于无产权的管理者来说，却是损失全无。

业内专家有种普遍的看法，认为中国的产权式商铺带有一定的投机色彩。一般来说，产权式商铺投资者分为投资者、管理经营公司和业主，通行的做法是开发商只建不管，商铺售完后抽身，委托一家管理公司运作具体经营。开发商希望开发周期越短越好，尽快套现，不太重视商铺的后续经营，尽量将经营风险转嫁给业主；管理公司也存在短线投资的硬伤，缺乏足够经验和对行业本身的了解。从业主来看，购买产权商铺，一是转让投资，二是自己经营，三是靠出租获取收益。由于产权过于分散，尽管有业主委员会从中协调，但开发商丧失整体项目的掌控权，无法对大局进行调整，业主各自为战，经营品种混乱，不能形成规模效应；商铺还可能因为投资者专业化程度不高、与区域内消费者的购买力不协调等因素，造成后期经营困难。

与国内大多数产权商铺不同，在西方一些国家，产权商铺由开发商开发以后销售给中小投资者。但投资者不参与经营，而是共同委托给有信誉、有经营能力的运营商来运营。投资者购买商铺，实际上只是获得了特定期限、特定回报率的回报。

目前，国内开始有一些产权商铺开发商自己经营管理，在看到了"一售了之"

带来的惨痛后果后，开发商在经营模式上开始摸索创新。如北京的不少产权商铺开始通过银行担保、包租、回购等多种模式保障投资回报，并建立专业运营团队进行管理。

那么，投资产权式商铺如何规避风险呢？

当前，一些房地产商为了使自己开发的商用楼盘尽快脱手，通过各种炒作，推出"产权式商铺"投资新理念。北京市上德律师事务所副主任骆巧玲律师提醒广大中小投资者，在当前商用房空置率较高的情形下，要特别警惕这种新的投资陷阱。

产权式商铺分为两种业态，中小投资者要注意识别。

一种是"虚拟产权式商铺"，开发商将超市、百货大楼等开放式卖场进行面积概念分割，小商铺之间无墙隔离，不划分实际区域，产权登记在投资者名下，并在一定期限包租，购房者无法自行经营。这种商铺本身不具有独立使用的价值，产权成了虚拟的收益权属。在这种情况下，投资者如期获得收益的前提是商场的整体经营必须良好，否则，一旦商场整体运作出现问题，投资者的回报就如同无本之木。目前，市场的商铺销售以"虚拟产权式商铺"为主，而事实也证明，"虚拟产权式商铺"纠纷频发。

另一种则是"独立产权商铺"。这种商铺与"虚拟产权式商铺"的根本区别是，真正拥有分割的独立产权的物业形态，购买这种商铺的投资者可以自营，也可以出租，或是让经营公司包租。这样投资者就真正拥有了处置权，拥有独立产权的独立商铺对投资者而言无疑是风险最低的。当然，投资者在选择这样的"独立产权商铺"时，还要综合考虑所选择商铺的各方面条件。一般而言，区位、交通物流、商业氛围、开发商背景、主力商户、项目规划、运营管理、升值潜力等九大要素，是每一个明智投资者在进行投资时都应考虑的。

产权商铺在销售中一般有以下3种模式：

第一种是委托经营。投资者买商铺，买后把商铺委托给开发商来经营，开发商把商铺出租给其他人，投资者坐等收益。开发商提出一个固定回报的保证，承诺如果收益达不到一定的比例，他会把房子买回来。从法律的角度看，这种模式的合法性是值得质疑的。

第二种是投资者直接把商铺出租给开发商，然后允许开发商转租，开发商会把商铺转交给经营单位。开发商按照通常房租的收益给投资者返钱，开发商会承诺，如果租金达不到承诺的比例，到时候可以把房子回购。回购是开发商对自己回报的担保方式，但这首先要看固定回报是否合法。从法律上来说，回购是一个担保合同，固定回报的做法本身是违法的。

第三种是房子卖给投资者，然后投资者又把房子委托给经营单位经营，开发商再给予一个保证。

专家认为，第二种模式相对还是比较可靠的。房子租给开发商，开发商给出一定回报，这是可以的。但是有一个大前提必须确定，产权商铺销售时必须是现房，不允许是期房。现房的意义是房子不单单是封顶，且要竣工，而且已经是验收合格备案了。

如何投资带租约商铺

目前商铺投资者选择投资购买商铺，一般有两种方式：一种是购买发展商的一手商铺；另一种是购买二手商铺。两种方式各有千秋，很多购买二手商铺的投资者，往往更看重稳定的租金回报，而二手商铺往往都带有租约，因此，受到了很多稳健型投资者的欢迎。那么，投资者该如何正确评估带租约商铺的投资价值呢？

2001年11月，有一个公司曾接受一家单位委托，出售一套面积为401平方米的底楼商铺。在签订买卖委托合同时，房东方同时提供了一份自2000年7月开始至2005年6月止，为期5年，租金为30万元人民币/年的租赁合同，租客是一家茶坊，出售委托价格为450万元人民币。

在推荐一些客户后，发现投资者都有兴趣实地去察看该商铺，但当了解到租约时，却普遍都表现出购买意愿不强，原因很简单：人们一致认为租金的投资回报率偏低。当时购买商铺的投资者，普遍心理预期均达到8%~10%，而该商铺的投资回报率仅为7%还不到。因此，投资者购买意愿显得不高。

经过实地调查，该商铺周边的商铺租赁行情当时达到4.00~4.50元/平方米/天，而委托商铺出租的单价仅达到2.04元/平方米/天，有明显被低估的嫌疑。

于是，在接下来继续向客户推荐时，该公司一方面说明租约的真实情况；另一方面也着重介绍了实地市调的真实租金情况，同时请投资者亲自去实地市调，一则了解租客的实际经营情况，二来以证实租赁行情数据的真实性。

结果，没过多久，就有一位睿智的温州投资者果断地出手买下了该商铺。

当租期到期后，该商铺重新出租时，年租金已达 80 多万元，以后出售时，利润很可能会越来越高。

确定了正常市场租金单价，这位投资者获得了较高的市场回报。

购买带租约商铺注意要点：

（1）租约的真实性：既要防止房东方为获取高售价而刻意拔高租金的现象，又要查询租客的经营能力。相对而言，品牌连锁商家的履约能力较强。

（2）租期长短：租期太长，有利有弊；有利的一面是租金收益稳定，不利的一面是租金失去了上涨空间，对此投资者应有自己的打算。

（3）关于回报率：建议投资者分两部分计算投资回报率。

第一部分计算租期内的回报率，因为这一部分一般是固定不变的，除非租客中途退租。

第二部分是租约到期后未来预期投资回报率，对于这部分投资回报计算应建立在市场真实租金的基础上。

10招教你投资写字楼获利

随着写字楼市场的日渐火热，越来越多的投资者非常注意办公楼行情，在投资办公楼时到底怎样选择质量较好的产品？希望以下能给投资者一些帮助。

1. 在准备投资写字楼之前，如何计算该盘的年回报率？

答：年回报率 =（每平方米的租金 ÷ 每平方米的售价）× 12 个月。如果某个写字楼单位年回报率达到 8%~10%，则可投资购买。超过 10% 的年回报率，自然最佳。

2. 哪些区域的写字楼投资及升值空间最大？

答：从地域分布看，一些正在规划升级中的城市副中心区和轨道交通便利的近郊地区正成为写字楼的扩张区，这些地方升值空间也相对较大。

3. 区域位置在投资中真的很重要吗？

答：区域位置在投资中的地位很重要。总的说来，交通便利且写字楼相对集中、办公氛围良好的地方投资价值更高。

4. 公共交通在写字楼投资中占据什么位置？

答：写字楼所处的交通位置及便利程度非常重要。如果某个写字楼地处偏远，交通不便，或交通拥挤，那肯定不适合投资。如写字楼处于地铁旁，周边交通线路发达，价格又合适，那就可以投资。除此以外，写字楼所拥有的停车位多少，也很重要。

5. 写字楼层高及电梯容量、数量重要吗？周边配套设施呢？

答：很重要。高层的写字楼，在里面办公感觉心情舒畅。而电梯数量的多少，决定上下班时的便利度及拥挤度，电梯容量则决定载运货物时是否便利，以及载人的多少。至于周边配套，就更重要了。选择投资某个写字楼时，一定要周密考察周边配套设施，如银行、商店、餐饮、公寓等，看功能是否齐全。

6. 写字楼周边自然景观及楼层小花园、绿化等，起什么作用？

答：如果某个写字楼周边全是高层建筑物，其视线必然被挡，就谈不上什么自然景观了。因为人工作到一定时候，势必疲惫。楼层里设置的公共小花园及小花园里的植被绿化，可以达到放松身心的目的。而写字楼外的自然景观，则可以让人凭栏远眺心旷神怡，以利于休息养神。

7. 写字楼的大堂和走廊重要吗？

答：当然重要。试想一下，如某个写字楼一楼大堂和走廊阴暗狭窄，客户进入该写字楼会怎么想？而宽敞明亮高空间的大堂和走廊，必让人心情舒畅，工作愉快。大堂也是决定写字楼档次的标志之一。

8. 为写字楼服务的物业公司重要吗？

答：非常重要。因为物业管理公司直接决定某个写字楼的用水、用电、垃圾清运、空调供应、车位管理等方方面面的问题。选择投资某个写字楼时，调查物管公司情况亦不容忽视。最好选择国际性的物管公司。

9. 如何办理写字楼租赁手续？

答：投资者购买了某写字楼后，如有租客求租，首先，买卖双方签署租赁合同；其次，将租赁合同原件、出租和承租人的身份证明、公司营业执照（复印件）、产权证原件出示给房屋所在地街道并做登记申请；最后，将租赁合同原件、出租和承租人的身份证明、公司营业执照（复印件）交至所在区房地产交易中心，办理租赁登记，并按规定缴付款项。

10. 选择带租约的二手写字楼如何？

答：此乃明智之举，尤其带租约的升值潜力大。据统计，租约长达3~5年的二手写字楼，哪怕售价与附近写字楼相比高出2000~3000元/平方米也可以考虑购买。如几个月空置，管理费的损失对写字楼整体租金收入影响很大。

· 第十三章 ·

投资收藏：寓财于乐

第一节　收藏品的种类有哪些

邮票投资——方寸之间天地宽

邮票俗称"小市民的股票"。早在20世纪40年代，邮票便成为欧美等国家普遍欢迎的投资对象。自20世纪80年代以来，邮票在股票之前就已成为我国个人投资的热门货。

邮票的种类主要有以下几种。

1. 新票、盖销票、信销票

在我国的邮票市场上，新票价格最高，盖销票次之，信销票最低。在国外的邮票市场中，人们比较重视信销票，最看不上盖销票。人们传统的邮票投资观念认为只有收集信销票才算是真正集邮，认为购买新邮票不算集邮。信销票的特点是难以收集，但是它作为邮资凭证使用过，有一定的邮政史料价值。对于较早期的邮票，中档以上的邮票新票和信销票价格的高低往往决定于收集难度的大小，并非只要是新票就价格高，信销票价格高于新票的现象也十分普遍。许多集邮者不重视信销票，而给予盖销票较高的地位，今后这种邮票投资观念将会改变。那些收集难度较大的高面值的成套信销邮票，价值很有可能高于新票。如果能够收集一个时期纪念或特种邮票的大全套信销票，其价值将是很高的。

2. 成套票和散票

成套邮票价格都高于散票，但是散票同样具有一定的市场价值。人们可以利用散票价格比成套票低的特点，收集和购买散票，以便凑成套票，使其价值升值。

3. 单票、方连票、整版票（即全张票）

一些人在邮票投资中持有一种错误的观点，即收集方连票，甚至整版票，认为它们的相对市场价格会高一些。从邮票投资上来讲，收集方连票、整版票实无必要，因为投资要比收集单枚票贵几倍至几十倍。如果是中、低档邮票，方连票、整版票很多，比起单票来说，也就没有更高的价值了。

4. 单枚套票、多枚套票、大套票

单枚套票是指1枚1套的邮票。多枚套票是指2~6枚1套的邮票。大套票是指7枚以上1套的邮票。

在早期J、T邮票中，单枚套票的增值明显高于多枚套票和大套票。

多枚套票和大套票的成套信销票收集难度较大，这是许多集邮者都选择购买新票的重要原因；多枚套票和大套票面值较高，这是集邮者购买新票的消极因素。两两相抵，使多枚套票和大套票收集难度高，因此多枚套票、大套票具有近期增值慢，而远期增值较快的特点。

5. 低档邮票、中档邮票、高档邮票

在通常情况下，低档邮票的市场价格比较稳定；高档邮票的邮市价格上下差异很大，不稳定，其价格受时间、地点、邮商和购买者的认识和售票者特点的影响很大；中档邮票的价格介于两者之间。

在我国市场上，高档邮票特别是珍稀邮票的价格仍然偏低。随着人们生活水平的提高，集邮人数的增加，集邮层次的普遍提高，高档邮票将出现迅速增值的趋势。它们与低档邮票之间的价格差距将更为悬殊。

6. 早发行的邮票和晚发行的邮票

邮票发行年代的早晚，在较短的时间内对邮票价格影响较大，往往发行得早的邮票价格高，发行得晚的邮票价格低。但是经过5年、10年，特别是过了20年以后，邮票发行年代的早晚对价格的影响已经微乎其微，甚至完全不起作用。有不少发行较晚的邮票会后来者居上，价格上涨得很高，也有不少早发行的邮票价格总是上不去。所以，以长远的眼光看，邮票发行的早晚对价格的影响是很小的。

7. 纪念邮票与特种邮票

"J"字头纪念小型张邮票具有以下3个特点：

（1）作为纪念邮票，以人物或以事件为标志，每一张邮票都包含一定意义。

（2）"J"字头纪念邮票设计制作时使用的颜色比较鲜艳，其中使用金粉较多。

（3）这类邮票一般具有较浓的政治色彩，有一定的教育启发作用，受国家、

地区限制，世界意义较小。

受这3种因素的制约，纪念邮票的收藏价值和市场交易价格不如特种邮票。纪念邮票在市场上较畅销的是近期发行的邮票。如"孔子""西藏""建国""亚运会小型张"和五号票"熊猫盼盼""孙中山""奥运会"等。

"T"字头特种邮票小型张，是一种市场畅销品种，它具有世界意义，市场价格也较高。其特点包括：

（1）特种票题材广阔、内容丰富。有山水、花、草、鸟、兽、鱼虫和濒临绝种的珍贵动植物，有名胜风景、古迹文物、文学故事等。由于此种邮票的艺术价值、欣赏价值高，包含的意义深刻，因此广受集邮者的青睐。

（2）特种票选择事物都具有典型意义，或者声望高，或者独一无二，对宣传中国文化具有重要作用。

（3）特种邮票的金粉少，易于保存，收藏风险较小，政治成分少而艺术价值大，适应性广，国内外集邮爱好者都喜爱。

"T"种邮票小型张可分为3大档次：

一是高档票，包括"奔马""工艺美术""公路拱桥""云南山茶花""万里长城""从小爱科学""齐白石""荷花""红楼梦""西厢记""牡丹亭""益鸟""辽彩"等，即1984年以前发行的"T"字头特种邮票都属于高档票。

二是中档票，从1985~1988年发行的邮票划归为中档票。

三是低档票，1989年以后发行的属低档票。其中，高档票中的"药用植物"，因其印数较多，落入中档票范围；"熊猫""白鹤"因其印量较大而落入低档票内。

8. 错票与变体票

在众多的邮票当中，有些邮票因设计上的错误或发行量很少等原因，被人们视为极珍贵的邮票。这些邮票在历次拍卖和市场中价格一再上涨，成为集邮家争相搜集的对象。如1990年5月26日，香港旭力集邮公司在第26次通信拍卖中，1枚蓝色的"军人贴用"新票上有约一厘米的撕裂，底价15万港元。

钱币投资——成为"有钱人家"

钱币有很多种类。以形态来分，可分为纸币和金属币两大类，金属币又可分为贵金属币和普通金属币；以国别来分，可分为中国钱币和外国钱币；从时间上来分，可分为古代钱币、近代钱币和现代钱币。

古今中外发行过的钱币有数百万种之多，钱币收藏者只能量力而行，分类收藏。收藏专家认为，钱币收藏要注意看以下 7 个方面：

（1）钱币是否有面值。没有面值的只能称为"章"，而不能称为"币"。币，必须是可以或者曾经可以作为货币流通。

（2）钱币涉及的题材。钱币所涉及的题材多为历史人物、历史事件、文化艺术、体育、动物、植物、自然景物等。由于每个人的学识情趣、文化品位不同，对题材的偏好各异，所以，收藏者可以选择自己所喜爱的题材进行系列收藏。最好是选择大众喜闻乐见的而且发行量不能太大，这样的品种比较有生命力。比如，野生珍稀动物系列纪念币，每套发行量都为上百万枚，而且有 1/3 向国外发行。

（3）钱币的纪年版别。钱币上的纪年是指铸造在钱币上的年份。相同图案、面值的钱币，纪年不同，其价值差异颇大。

（4）钱币的出处。比如说，银元就分为云南龙版、北洋龙版、江南龙版、贵州竹版等。

（5）钱币齿边形状。钱币的齿边形状大致可以分为平光边、丝齿边、装饰边、铭文边和安全边 5 大类，是区分铸币不同版别的一个重要依据。

（6）钱币的制作工艺、钱币上的字迹是否自然流畅，与整个钱币是否和谐。做工精美的品种，容易引起市场好感，具有较大的增值潜力。

（7）钱币的成色。钱币的品相是按"成"来划分的，其实，只要有七八成新就可以收藏，如果是珍稀品种，成色差一点也行。当然，十成新的最好，这就表明钱币没有任何脏污斑点，没有任何破损、裂缝，而且重要的是没有经过人工处理。

总之，对钱币鉴别时需要在"看"上下功夫，钱币收藏者往往需要随身携带放大镜。

中国的古钱币有着长达 3000 多年的悠久历史，各种各样的古钱币中包含着极高的考古学价值和收藏价值。

但是，古钱币投资与其他形式的投资一样，也存在极大的风险。投资者在古钱币的实际投资过程中，应掌握以下几个要诀。

1. 选准某一时期，把握好一点

我国历史上曾经出现过的货币形制成百上千，钱币版本更是成千上万，因此，对于各种各样的形制和版本，任何人都不可能做到一览无余，完全掌握。所以，涉足这一收藏领域的投资者，除了要下大功夫学习相关方面的专业知识之外，最

401

好先从某一时期的钱币着手，这样涉及的钱币种类少，能够把握好一点。等熟悉了基本情况以后，再循序渐进地逐渐扩大收藏范围。

2. 详细了解有关币种的价格情况

古钱币市场的价格体系复杂，文物价值与市场价格往往严重背离，很难准确把握。因此，古钱币投资者在确定了投资的具体方向后，还要详细了解有关币种的价格情况，要了解相同或相似种类的价格差别，以免遭受投资损失。

3. 密切关注古钱币的出土情况

古钱币的出土情况对市场行情的影响很大，难以预测。由于古钱币没有很高的艺术欣赏价值和使用价值，所以购买者大都是专门的钱币收藏者。因此，市场上对某一类古钱币的需求量在一定时期内是比较稳定的。古钱币在社会上的存有量差别很大，不同的古钱币之间的差价也是巨大的。古钱币的社会存有量有时会增多，因为它有一个巨大的不可预测的地下埋藏库。古钱币的出土情况报纸上常有报道。一般说来，墓葬出土或考古遗址的零星出土，古钱币的数量普遍较小；古人的藏宝之处出土的数量往往较大，币种也比较集中。如果一次挖出同一币种钱币的数量极多，又由于管理不当而流入了市场，那么市场上的供需平衡很快就会被打破，价格随之就会下降。总之，把稀缺币种作为收藏投资的对象时，一定要密切注意最新的出土情况，如果发现有可能影响市场价格的考古出土方面的报道，就应马上采取适当的应对措施。

4. 必须具备一定的识别能力

古钱币因形制简单，铸造容易，从近代开始就有人专门从事古钱币造假，所以，古钱币的收藏投资者必须具备一定的识别能力。

保存最完好的古钱币应该是带锈色而无锈蚀，表面光滑而发亮，各部分均完整无缺，字迹和花纹清晰可辨。

还有一点是投资者应该注意的，由于古钱币的铸造模具由手工雕刻，因此难免会有疏漏，版别漏验及试铸币便成为珍品。

5. 初涉古钱币收藏者可以先从银元做起

银元的发行流通时间短，磨损少，保存完好，目前在民间尚有不少持有量。由于银元本身是贵金属，自身的价值有保证，多少年来一直随着国际市场的金银价格上涨而缓慢爬升。因此，投资于银元既稳妥可靠，又有一定的获利机会，是初涉古钱币投资者较为理想的选择。

古玩投资——在玩赏中获取财富

有的人曾经很形象地把投资古玩形容为"玩并赚着的投资方式",确实如此,古玩投资不仅满足了投资者的个人爱好,又能给其带来丰厚的利润回报,岂不是一举两得的事情,何乐而不为呢?

1. 玉石翡翠的收藏

在我国历史上遗留下来的玉石翡翠珍品数量非常有限,但普通的古玉石翡翠种类繁多,差价很大,加上作伪者多,识别和辨伪的难度相当大。所以自古以来玉石翡翠非普通人所能及,都是作为皇亲国戚、富商大贾的掌中玩物被收藏的。现代社会随着人们生活水平的不断提高,老百姓手里有了闲余资金,玉石翡翠这些收藏品也逐渐为普通百姓所拥有,并作为投资对象。因此,对于想涉足玉石翡翠收藏的投资者来说,掌握一点玉石翡翠的鉴别与辨别真伪的基本知识是非常必要的。

由于玉石翡翠具有十分繁多的种类和形式,且有大量的伪作,所以,投资者一定要多读有关资料,掌握相关的知识,同时还要注意以下几个事项:

(1) 对照实物,多看多比较。玉石翡翠收藏非常注重实践性,所以,要求投资者必须经常接触实物,从而积累大量的实践经验。如果条件允许,投资者可以经常到文物博物馆、古玩专卖店或大商场及旅游商场的工艺品柜台,了解玉石翡翠收藏品的具体市场行情,并牢记各种制作工艺、品色方面的感性特征。另外,还要有意地去逛一些旧货市场或街头地摊,平时对一些小件玉器翡翠饰物多加留意。

(2) 具备长期投资的心理意识。玉石翡翠属工艺品,其价格主要受材质和制作工艺的影响,而这些标准又是比较客观的,所以玉石翡翠品的价格在国际国内一直处于稳中上升的趋势,少有大起大落,不像书画作品那样因作者名声的涨落而涨落。所以,除非投资者有非常方便又便宜的进货渠道,否则不适合进行短期投资。

(3) 仔细鉴定藏品的真伪。通常投资者仅用肉眼和凭个人经验来鉴别玉石翡翠的真伪。这种方法的可靠性非常有限,单凭经验有可能看走眼,造成投资损失。因此,在决定买较大件的玉石翡翠作为收藏投资的对象之前,一定要尽可能地通过专业鉴别机构或专家,使用专门仪器对玉质进行科学鉴别,从而得出颜色、透明度、光泽强度、比重、硬度等玉品质方面的分析指标,为玉石翡翠的收藏投资提供科学可靠的依据。

（4）密切关注国内外市场行情。由于我国是玉石的故乡，所以玉石制品基本上来源于国内。投资者既可以直接从商家购买，也可以在民间寻觅收集。然而，玉石制品的消费者主要集中在国外，特别是海外华人圈和西方的博物馆。尽管现阶段国内消费也逐渐扩大，但玉石制品的主流价格仍以海外市场为准。所以，有条件的投资者可以直接参与国际市场的拍卖活动，倘若没有这种条件，则要紧密注视国际市场的行情。

（5）以制作工艺作为选择的首要标准。在众多收藏品中，玉石制品的价格受其年代的影响较小，而主要受其制作工艺水平的影响。一般来说，一个年代久远但工艺简单的玉器，虽然有极高的考古学价值，但因为没有极高的艺术欣赏价值，所以，在国际市场上的价格往往不会很高。而一个现代玉石翡翠工艺品，只要工艺精湛，在国际市场上就可以卖出很高的价格。所以，投资者将玉器翡翠制品作为收藏投资对象时，一定要把制作工艺当作首要标准。

2. 青铜器的收藏

青铜是红铜与锡和铅的合金，因是青灰色，所以叫青铜。青铜器主要是指先秦时期用青铜铸造的器物。

从我国已发现的各类青铜器的造型和装饰来看，自夏始，中经商、西周、春秋、战国直到秦汉，每一时期既表现出各自的风格和特色，相互间又有沿袭、演变和发展，进而形成了独具特色的中国青铜文化艺术。我国青铜器艺术，在发展史上曾经有过商代晚期和战国时期两个发展高峰。商代晚期的青铜器，其质量和数量都得到空前的发展和提高，制作精良，纹饰繁缛，形制奇诡，图案丰富多彩，体现了商代人尚鬼的神秘气氛。战国时期的青铜器，则富于生活气息，注重实用而别出心裁，华贵绚丽又不失文雅。此时的纹饰已从过去奔放的粗花变为工整的细花，并向图案化方向发展，已无神秘色彩。在制作工艺上，最突出的是错金银、嵌红铜、包金银、鎏金和细刻镂等新技术的发明和应用。

鉴于中国青铜器历史悠久，品种纷繁，人们对其进行了详细的分类，其目的在于更清楚地区别青铜器的性质和用途，以利于研究、鉴赏和收藏。

我国青铜器不仅种类丰富，而且别具艺术特色，历来是中外收藏家注意收藏的珍品。由于青铜礼器的造型最为多样，也最能体现青铜器的艺术特色，所以千百年来收藏家都重视鼎、彝、钟、簋、尊、爵、卣、豆等礼器方面的传统收藏，尤其是带铭文的礼器，更是追逐搜寻的重点。本来青铜礼器的传世量就不多，而需求者有增无减，僧多粥少，所以青铜器历来价格昂贵，尤其是珍稀精品，只有王宫贵族和巨富商贾才玩得起。青铜礼器虽说值钱，但并非所有的礼器都有较高的经济价值，特别是那些工艺粗糙、破损严重的礼器。

如果投资者想通过青铜器投资来实现致富的目标，就应该先学会识别真伪青铜器的窍门：

（1）眼看，即看器物造型、纹饰和铭文有无破绽，锈色是否晶莹自然。

（2）手摸，凡是浮锈用手一摸便知，赝品器体较重，用手一掂就知真假。

（3）鼻闻，出土的新坑青铜器，有一种略有潮气的土香味，赝品则经常有刺鼻的腥味，舌舔时有一种咸味。

（4）耳听，用手弹击，有细微清脆声，凡是声音混浊者，多是赝品或残器。

3.古瓷器的收藏

"瓷器"的英文名称叫"China"，和"中国"用的是同一个英文单词。据说，在几个世纪前，当西方人第一次看到来自中国的精美瓷器时，无不对它的精美绝伦大加赞赏，但却不知它为何物，只好以它的产地国名——"China"来称呼。自明代郑和七下西洋，将中国的瓷器带到世界各地之后，中国瓷器就一直成为全世界的收藏家们喜爱和追求的珍品。在西方人眼里，中国瓷器是不可多得的珍宝，宫廷贵族富翁们常常在宴会上使用中国瓷器，借此来展示自己的富有。假若偶尔失手打碎瓷器，其碎片万万不可丢掉，而是用黄金把它们镶嵌起来，供为珍品。所以，中国的古瓷器在国际市场上一直以来都具有很高的价格。

多少年来，中国瓷器在国际市场上价格一直居高不下，致使许多趋利之徒从清代起就大肆制作古瓷器赝品。目前，在全国旧货古玩市场上遇到的所谓明清瓷器绝大部分都是这类伪作。因此，古瓷器收藏者如果想在拍卖场以外寻求投资机会，不但要了解各时期中国瓷器的风格特点，还要尽量掌握一些甄别瓷器新旧真伪的知识。

古瓷器之所以受中外收藏者喜爱，不仅是因为它具有极高的历史研究价值，更是因为它的质地、色彩和造型等制造工艺具有极高的艺术欣赏价值。可以说，收藏者看重的主要是瓷器的艺术性，而不是历史性。所以，判断一个瓷器的优劣既要看其年代，更主要的还是看它的制作工艺。如果是一个普通工艺制作的瓷器，即使具有悠久的历史，其收藏投资价值也不是很大。然而，如果是精工细作，能代表某时期工艺典型风格的瓷器，即使年代较近，也可能价值连城。比如，1997年上海春季国际古瓷拍卖会上，有人将一对清代雍正年间制造的斗彩竹纹碗以

100多万元人民币的成交价买走，而一只产于宋代的黑釉碗却以不足5000元人民币成交。两者价钱为何如此悬殊？其主要原因是工艺水平存在极大的差异。那对清代的斗彩竹纹碗是官窑名瓷，工艺精美绝伦，那只宋代的黑釉碗则是一般民窑制作的普通瓷器用品。所以，对于古瓷器收藏者来说，在关注瓷器年代上的同时，还必须留心判断瓷器的精美程度。

字画投资——高品质的艺术享受

投资古字画历来是收藏投资界所热衷的宠儿，因为它具有以下优点：

（1）在各类投资市场中，字画投资风险较小。与投资字画相比，购买股票或期货两者风险较大。

（2）字画投资收益率极高。一般投资收益率与投资风险成正比，即投资风险越大，投资回报率则越大；反之，投资风险越小，可能获得的投资回报率则越小。但是由于字画具有不可再生性的特质，因而其具有极强的升值空间。字画本身的特征决定了字画投资风险小、回报率高的优势。

艺术品都是集精神价值与商业价值于一体的。由于其中的精神含量和文化含量难以量化，所以，投资者在为艺术品定价时，往往会走入一种误区。主要表现为以下几个方面。

1. 依据艺术家知名度的高低定价位

通常来说，具有较高知名度的艺术家的作品相对比较成熟，其作品的价位也较高，但这并非绝对。在当今人们审美素质普遍不高的情况下，影响艺术家知名度的因素很多，其中不排除受他人眼光的影响，外界"包装""炒作"等。所以，艺术家的知名度不能与其艺术水平画等号。

2. 依据字画作品的规格定价位

一般人认为，画家创作大画费力，小画相对轻松。事实上，具有艺术字画创作实践经历的人都知道，同一题材在四尺三开、五尺三开乃至四尺整幅上创作其效果并没有太大差异，只是花费材料的数量有些不同而已。所以，如果仅以尺寸而为作品定价位就会导致画面越来越大，其艺术含量却越来越低。

3. 依据作画所用时间长短定价位

有些艺术成就极高的画家，往往能在半天就完成一幅"巨作"，照样能取得不朽的创造性的劳动成果。他们半天的"产品"，按照现在的价格来定，少说也要几十万元。但"半天"的背后是数十年的功力和超众的艺术才华。艺术家个人品质的修炼，其价值的含金量往往要大于技术修炼的含金量，况且两方面的修炼是互为影响的。这种漫长的人格锤炼和艺术锤炼的过程，是无法量化的。

4. 依据艺术品的构图疏密、用笔繁简或色彩多寡定价位

艺术品用笔的繁简和色彩的多少只是艺术表述方式，与其艺术质量无关。用笔简的画，可能是长时间构思的结果。它可能是艺术家长期积累、偶有一得，也可能是其彻夜不眠、反复推敲而得的力作。

5. 依据艺术家存世作品多少定价位

艺术品的收藏不能像古玩收藏那样，它的价格并不遵守"物以稀为贵"的商业规律。艺术大师可能终生勤奋不辍，为后人留下众多质量上乘、艺术价值极高的艺术作品。

古字画收藏的技巧：

对于有心在古字画收藏中一展身手的投资者来说，应该注意以下几个方面。

1. 必须具备一定的书画收藏和欣赏知识

中国历代的书法和绘画在其发展过程中都具有较大的统一性，因此，画家也常常就是书法家。由此可见，欣赏字画的道理也是相同的，主要包括欣赏字画作品的笔法、墨法（色彩）、结构（构图）和字画所反映的历史知识以及作者的身世等方面的知识。

2. 详细了解字画作者的身份

中国历朝历代的名画家非常多，有史料记载的达数万人之多。对投资者来说，详细了解每个人的身份显然是不太容易的，但可以对每个时期最有代表性的人物的身份作详细的了解，真正做到"观其画，知其人"。

3. 掌握一定的字画鉴别方法

对于一般的古字画收藏投资者来说，古字画鉴别的难度是极大的。由于中国古代的书画家极多，留下了许多优秀的书画作品，再加上各种临摹，各种假画伪画，以及后落款、假御题、跋、序等，是任何专业类图书都无法一一详细记载的。所以，即使国家级的鉴别大师在鉴别古字画时也不敢保证每次都千真万确。古字画的鉴别虽说难度很大，但其中还是有一些基本规律供投资者参考的。古字画的鉴别除了要注意字画的笔法、墨法、结构和画面内容等基本方面，还须注意字画中作者本人的名款、题记、印章和他人的观款、题跋、收藏印鉴以及字画的纸绢等相关细节方面，这样才能减少鉴别失误。

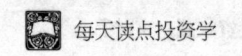

4. 了解字画伪造的种种方法

古代字画作伪之风源于唐代的摹拓和临摹。所谓的"摹"是将较透明的纸绢盖在原件上，然后按照透过来的轮廓勾线，再在线内填墨完成。"临"是指将原件放在一旁，边比照边写画。尽管摹写出的作品表面上更接近原件，但往往无神，也容易将原件弄脏；而临写则比勾摹自由，可在一定程度上脱离原件，因此是更高级的作伪方法。

由于古字画市场上鱼龙混杂、良莠不齐，所以，对古字画收藏者来说是有一定风险的。古代没有专门的鉴定机构和专家，因此，收藏者自己就必须是鉴定行家，不然就会吃大亏。现在的情况已经发生了很大的改变，国家有专门的鉴定机构，拍卖行也必须在取得一定的鉴定证书后方能拍卖，所有这些都给古字画收藏者提供了一定的投资保证。

字画投资要掌握如下技巧。

1. 选择准确是关键

字画投资不像其他投资，可以从繁乱的报表中得到参考数据，要想掌握字画投资市场状况，只有靠多看、多问、多听，逐渐积累经验。投资者平时要常逛画廊，多与画廊的工作人员交谈，从中就会发现哪些画廊的制度较健全，哪些画家的创作力较旺盛，从而积累一定的信息，但切莫"听话买画"。字画的优劣往往是比较出来的，只要多听、多看、多问，自然就有判断的标准。

2. 注意国际行情

字画在国际上大体可分为两大系统：代表西方系统的以油画为主；代表东方系统的则是中国字画。

投资者选择字画投资时，必须要有国际公认的行情，并非在某个画展上，随便买几幅字画就认为是字画投资了。字画作品需要经过国际四大艺术公司拍卖认定才会有更高的价值，才会具有国际行情。这四大公司分别为苏富比、克里斯蒂、建德和巴黎 APT。这四大国际艺术公司每年在全球各地拍卖高档字画，设定国际行情。

3. 优质字画选购常识

字画投资需要一定的金钱，但更需要的是独到的眼光。特别是收藏古字画，更要通晓这方面的知识和行情。古字画按类而分，价值不等。

（1）从绘画与书法的价值来说，绘画高于书法。道理很简单，绘画的难度大于书法。

（2）从质地来说，比较完整没有破损，清洁如新，透光看没有粘贴、托衬者为上品；表面上看完好无损，仔细看有托衬，但作品的神韵犹存者为中品；作品系零头片纸拼成，背后衬贴处，色彩也经过补描，即使是名家之作，也只是下品。

（3）从内容来说，书法以正书为贵。比如，王羲之的草书百字的价值只值行书一行的价值，行书三行值正书一行，其余则以篇论，不计字数。绘画以山水为上品，人物次之，花鸟竹石又次之，走兽虫鱼为下品。

（4）从式样来说，立幅高于横幅，纸本优于绢本，绫本为最小。立幅以高四尺、宽二尺为宜，太大或太小一般价值都不是很高；横幅要在五尺以内，横披要在五尺以外；手卷以长一丈为合格，越长价值越高；册页、屏条应为双数，出现单数则称失群；册页以八开算足数，越多越好；屏条以四面为起码数，十六面为最终数，太多则难以悬挂。

时代、作者名气、作品繁简、保存状况一般来说对古字画没有影响。按行情，宋代或宋代以上的作品，出自最著名几位大家的手笔，每件最低价在10万元以上。若作品完整、干净、内容又好，则可随交易双方自行议价，没有具体定价。元代以下作品价格稍低，但大名家的手笔最普通的也值几万元。

此外，带有名人题字、题跋，或曾有被著录、收藏的印鉴、证录的古字画，都有很高的价值。题字越多越好，一行字称一炷香。名人题跋则称为帮手。

至于近代字画，可以综合以下几点考虑：

（1）已成名的国内画家。推动近代美术发展的画家是目前身价最高的画家，如果以他们为重点，虽然需要的投资金额比较高，但是立即可以变现，风险较小。

（2）五六十岁的中坚画家。可就作品品质、价格、产量来评估。若其作品过去只有很少人收藏，则表示社会不易接受。

（3）风险最大的莫过于画价较低的年轻画家。虽然不必花费太多钱即可购得其作品，但其将来是否持续创作或成名，都会影响作品价值。

4. 评价字画的方法

（1）有时代感。不论任何作品，一定要与社会和时代相符。若让现代人画一幅清朝的画，根本不可能反映那个时代的状况潮流。

（2）有生命力。作品的生命力是从生动的线条中表现出来的，有灵性的作品就是有生命力的作品。

（3）自创一格。作品一定要有自己独特的风格，自成一家，模仿的字画是流传不了多久的。

中国字画的作者历来都以临摹为学习手段，技法崇尚古人。明清以来，画风因循守旧，书法则因科举影响而盛行馆阁体。书画家都以模仿前辈名家为荣，形成一种潮流，坊间画店多有模仿名家之作。书画家如果没能入仕途，没有功名，一般地位都比较低微，生活贫困，即使自身技法高超也不得不有意模仿名家之作，以维持生计。当然也有为牟取私利专造赝品者。因此，字画的鉴定辨别非常困难，只有经验丰富的专家才可以胜任。

古代字画历来流传有一定规律，名家精品多为帝王、达官贵族所收藏，历朝均有著录记载。但后因历代朝政的更迭，连年战乱，字画损失很大。许多有记载的名品实际上已经失传，余下的多为国内外博物馆或私人美术馆收藏。民间流传的字画，经历了近代鸦片战争、抗日战争、"文化大革命"等几次劫难，几乎损失殆尽。因此，古代名家精品在市场上流通量非常少。朝代越古、名气越大的名家，模仿其作品的人也越多。因此，对投资者来说，在投资古字画之前，若没有明确的专家鉴定，切不可以轻易投资。

现在在市场上流通的字画，大多数是近现代名家的作品。由于这部分作品中的精品市场价较高，且作者多已去世，因此收藏这些精品的机会比较少，所需资金与精力也比较大。虽然市场上有赝品充斥其中，但赝品与真品始终有距离，只要多请教专家、多看、多比较、多学习，就不难分辨其真伪。这些精品的投资虽大，但风险相对较小，是资金丰富的投资者的首选。

另外，目前在世的中青年画家作品许多已进入成熟期，其升值空间较大，此类作品是投资的重要选择。对投资者来说，投资这些作品需要的资金相对较少，但风险相对较大，回收期也较长。投资者要研究这些画家的经历、艺术轨迹和风格走向，评估其潜力和前景。投资者可以参照两个标准：一是学术标准，即其作品在国家权威艺术机构所举办的艺术活动中的学术地位和水准；另一标准是看其作品市场接受度、数量和质量，即收藏人数的多少。

珠宝投资——收益新宠

"宝石"也叫"宝玉石"，有狭义和广义之分。

狭义的宝石是指自然界中色泽艳丽、质地坚韧、无裂纹及其他缺陷、硬度较大的矿物单晶体，如金刚石、红蓝宝石、祖母绿等。

广义的宝石除上述单晶体宝石外，还包括各种玉石、雕刻石等。如今在工艺美术界，人们已将珍珠划入"生物质宝石"的范围。因此，所谓的"珠宝"也就是广义上的"宝石"或"宝玉石"。

我国传统上将宝石与珍珠、琥珀、珊瑚等小件翡翠合称为珠宝。由于珠宝的存量稀少、体积小、价格高，并能长期保值，甚至增值较快，同时又便于携带和永久保存，因此古今中外都视珠宝投资为一种极有利润的投资工具。

在投资过程中，影响珠宝价值的因素主要表现为：漂亮、耐用性、稀少、市场需求、传统文化心理、便于携带等。

1. 珠宝投资经营的主要特点

（1）珠宝具有"硬通货"性质。许多国家都将宝石资源划归国有，并将其作为国民经济发展的重点投资项目和国库储备的对象之一。

（2）全球珠宝贸易市场比较集中，其形式多种多样，贸易的对象也有原石、半成品和成品等。

（3）珠宝交易和其他商品贸易一样，但珠宝交易的一个显著特点是趋于保守和稳妥。

（4）由于珠宝贸易市场中的高额利润，珠宝市场的竞争十分激烈，欺诈、走私和黑市这些现象也就很难得到根本性控制。

2. 珠宝投资的范围

（1）钻石。在珠宝交易中，钻石占有相当大的市场份额。近年来，在戴比尔斯集团"中央销售组织"的严格控制下，钻石的价格每年都在稳步上升。

（2）有色宝石。有色宝石包括红宝石、蓝宝石和祖母绿等。有色宝石的回报率不如钻石那样稳定且容易掌握，但是从长远看，有色宝石的供应量比钻石少，所以升幅也可能会较大。

（3）名牌珠宝。品牌是决定珠宝价值的重要因素，世界上著名的珠宝公司如蒂佛尼、卡地亚、凡阿公司等的产品价格始终居高不下。

（4）古董首饰。目前古董首饰在市场上十分流行，也是值得投资的品种。

3. 在进行珠宝投资时应遵守的原则

（1）珠宝投资，必须选购具有市场价值的珠宝，即数量稀少，但需求量日益增加、价格不断上涨的珠宝。

（2）不论选购何种珠宝，最好到专业水平较高、信誉良好的珠宝店去选购，不要选购打过折的珠宝。投资珠宝必须选择佳品，才能确保其市场性与增值性。

（3）珠宝的价格受色泽、做工、重量等诸多因素的影响。在购买时一定要索取国际公认的鉴定书，以确保珠宝的品质与价值。目前国际最权威的珠宝鉴定书有：美国宝石学院 GIA 的鉴定书、欧洲联盟的 HRD 鉴定书。

我国珠宝来源丰富，品种繁多，人们佩戴和收藏珠宝的历史也很悠久，市场中人们对珠宝的需求量很大。珠宝具有特殊的品性，既是优美的饰品，又是一种特殊的财产。因而，珠宝投资越来越受到大家的欢迎。

第二节　收藏品的投资策略

收藏品的选择

俗话说："盛世玩古物，乱世收黄金"。记得改革开放之初，经常可以听到一些因收藏而产生的逸事：如某某家传一件古玩被外商以巨资收购，其家也一夜之间成为"巨富"云云。当时类似的传闻很多，听者表示羡慕，妒忌者大有人在。其实自古以来，古玩、名人字画就是官宦、富商和文人所看重的财富载体。至于富有天下的皇室、贵族，更是把其收藏作为炫耀、积累财富的手段。

如今，随着人们文化素质的不断提高，古玩、名人字画之类的收藏品也越来越受到大众的重视。民间收藏现在已经成为收藏界的主力军。据介绍，目前全国已有民间收藏品交易市场和拍卖行 200 余家，人们从事收藏，除了它们自身珍贵的艺术、历史意义之外，它们的经济价值也越来越高。

收藏物种有如下几个大类：书画、古籍善本、瓷器、陶器、玉器、赌石、奇石、家具、印钮、金石、各种材质的雕刻艺术品、古今钱币、邮品单证、各种刺绣、茶品、琴棋、古今兵器、车辆，还有火花、民间剪纸、皮影等民俗等，如果嗜好动物也算一种收藏行为的话，有些人也喜欢收藏名贵的品种，比如，古人有圈养良驹骏马的习惯。

某些收藏品的时空分为：高古、远古、明清、近代、现代，也有收藏横跨整个人类社会活动的时空的藏品。

总之，收藏是一种涉及范围很广的人类社会活动和兴趣爱好。随着民间收藏的日益兴盛，收藏品种类越来越多，从过去的古玩工艺品、名人字画收藏已经发展到现在的火花、票证、奇石、连环画等，连神舟飞船的一些实物都被爱好者收藏。

最新资料显示，目前我国收藏品的种类达 7400 多种，老式家具、瓷器、字画、毛泽东像章、文革票证、打火机、邮票、纪念币、拴马桩都成为新的收藏热点，在一些拍卖会上经常有藏品被拍出惊人高价。一些有实力的企业和个人也纷纷投入这一前景看好的行业，这些企业和个人收藏的数量之多、品种之全、品位之高令人瞠目，由收藏品众多而举办的民间博物馆也越来越多。而且，民间收藏有利于发掘、整理历史和文化资料。

收藏品的投资价格

在中国嘉德春拍卖场上，起拍价为9000万元的张大千的《爱痕湖》赚足了人们的眼光，在经过60轮各方叫价竞争后，《爱痕湖》最终以1.008亿元的天价被一位神秘买家收入囊中，从而标志着中国近现代书画品类作品首次突破亿元大关。

近现代书画品类作品单件过亿元，就像一个"节点"性里程碑，这标志着国内收藏品市场在经过长久的蛰伏后，目前已经达到一定高度。事实上，远不止张大千的《爱痕湖》受到疯狂的追逐，包括中国书画、瓷器玉器工艺品、现当代陶瓷及雕刻艺术、中国油画及雕塑、古籍善本、邮品钱币铜镜、珠宝翡翠等门类也受到不同程度的"追捧"。

在嘉德春拍卖场，古代书画、著录于石渠宝笈的清宫旧藏、罕见宋画《宋人摹郭忠恕四猎骑图》以7952万元的天价成交。瓷器工艺品总成交额超过3.4亿元，其中，"清乾隆青花红彩云龙纹贲巴壶"以3584万元折桂同类拍卖专场。而邮品钱币铜镜总成交近6780万元，其中，新"古钱王"存世孤品战国古钱武阳三孔布以352.8万元创下同类纪录；两整版猴票均拍出近百万元的高价。

进入2010年第二季度后，收藏品市场经过短暂回稳后再一次出现普涨，一个月涨幅高达40%左右，充沛的资金入场才能这么快地推升市场。现在收藏市场全线飘红，各种收藏品的价格普遍上涨。随着种种利好消息不断在收藏界传播，对收藏品价格的研究显得越来越重要，可以说，在收藏界研究好了价格，就成功了一大半。有人抱怨现在收藏品价格贵，说早知道收藏品价格涨得如此热烈，以前就是不吃不喝也要当个收藏家。可他却不知正是收藏品价格贵了，搞收藏才能更有魅力，如果现在收藏品的价格仍与5年前一样，相信不会再有几个人留恋此行当。

现在有些收藏品的价格已经物有所值，但更多的是物非所值，这一取决于人们的认可程度；二取决于参与人数的多少；三取决于人们收入水平的高低。收藏品价格总体上涨，但上涨的速度不一，这就需要人们有眼力去挑选。就是物有所值的，其价格也一直在涨，没有谁能阻止得了。

收藏品的价格是一种学问，是收藏学中一门主要的学科。因为一种收藏品的价格所反馈出来的信息是多方面的，存世量的多少、人气的强弱等都会暴露无遗。可以说，在收藏界，研究好了价格便是一名常胜将军，否则只能是盲人骑瞎马，到头来不是让人捡了漏就是高价买了垃圾。那么，收藏品价格如何鉴定呢？

判断收藏品的价格需先判断收藏品的收藏价值，主要从真、精、稀这三方面入手，这里以人民币为例进行分析。

（1）真：真就是指收藏品的权威性。例如：第五套人民币是国家货币，其权威性不容置疑。

（2）精：精就是指收藏品的珍贵性。到目前为止，我国一共发行了五套人民币，第一套价值昂贵，但没有对号一说。第二套市面上见过小全套有二位对号的出现过，也很稀少。第三套大全套有三位对号，数量一般不多，价值不菲。第四套有四位对号的大全套，非常普遍，很容易买到，价格相对便宜，是目前收藏的主流。值得一提的是，第四套出现了全同号的大全套，但那是用连体钞裁开的，很多人怀疑它的收藏价值，但尽管有怀疑，价格也在4000多元高居不下。从以上分析看出来，第五套是唯一，也是第一个出现真正全同号的人民币收藏品。所以说珍贵性不言而喻。另外，它还是收藏爱好者费尽心机，遍寻国内外才配成的，收藏难度很大，每一位收藏爱好者都视为珍品，轻易不出手。

（3）稀：现在第五套人民币的1999版已经只收不付了，2005版是流通的主流，所以说要配成大全同号，1999版成为了制约瓶颈。再者，1999版全同号量也很小，再与2005版配成全同号，那量上更是稀少。

以上三点说明第五套人民币的收藏价值是很高的，现在收藏人民币的人越来越多了，单纯的人民币已没有收藏价值，只有收藏这种有特殊性的东西才会在以后获得升值收益。试想，若干年后，第五套人民币不流通了，那这个全同号的价值肯定是相当高的，要珍惜现在收藏一套可以传世的东西的机会。

通过上述分析，相信大家可以明白在分析收藏品的收藏价值时，其实价格已经反映出来了。在收藏界，没有不增值的收藏品，一种收藏品一个时期的价格可能会出现波动，但从长远看，还是增值的，只是一个增值快慢的问题。现在一部分收藏品的价值还不能通过价格体现出来,有时差距还相当明显,有的仍是"藏在深闺人未识",许多收藏品的价值还待有心人去挖掘。

另外,在收藏界对于收藏品来说,"只选对的,不选贵的",因为只有品种选对了才能增值,搞收藏的人大多不是什么大款,所挣的一点可怜的工资还得养家糊口,靠投资收藏获利,就需要用四两拨千斤的巧劲。依靠大投资不现实,只要选对了品种,靠收藏加入大款行列的时间就不远了。有些收藏品现在买觉得贵,过一段时间回过头来看却觉得很便宜。基于此,有些含金量高的收藏品,即使购入价比市场价稍高点也不怕,只要东西对,时间不长就会物超所值。

收藏品的投资程序

收藏品投资者如果能将其投资行为建立在有条不紊的基础上,就有利于抓住机会,减少差错。为此,收藏品投资必须遵循一定的程序,否则,任一阶段的疏忽都可能造成巨大的损失。收藏品投资的基本程序如下。

1. 要具有收藏条件

(1)要具有一定的鉴别能力。想在收藏的过程中从一窍不通学起,要付出的代价太大,切不可尝试。在决定收藏某种品种前一定要先学习一定的相关知识。

(2)要有一定的资金储备。不然,在收藏爱好培养成后突然发现资金不足,使自己陷于遇到好东西买不起,放弃又不忍的痛心情况。所以收藏要量力而行。

(3)要有坚强的后方支持。进行收藏活动前一定要得到家人的支持,这样才能无后顾之忧,并且会得到众人拾柴火焰高的结果,还能与家人一起分享收藏的乐趣。

2. 确定收藏方向

(1)了解自己的爱好。

(2)了解哪种收藏品适合自己收藏。比如说,根据家里的收藏空间、收藏条件、经济条件、收藏渠道等来进行收藏。

(3)不与国家政策相违背。比如,飞机、武器、弹药等在我国是禁止被民间收藏的。

(4)不影响自己的正常生活工作导致"玩物丧志",不涉及别人的隐私。比如,照片等可以作为藏品,但哪些可以公开展示哪些不能,就涉及道德问题了。

(5)了解想要收藏藏品的升值趋向,当然非保值升值收藏品除外。

3. 选定艺术顾问

正如各个企业都有自己的生产、经营、技术方面的高级顾问一样，投资收藏品也需要专家给予指导。尤其是进行大宗、高价的艺术品投资，更缺少不了艺术顾问。艺术顾问的主要职责是帮助投资者选择所投资的收藏品种类、投资哪些艺术家的作品、投资时机及帮助投资者鉴定收藏品的真伪、质量等。

艺术顾问主要来自下述几种途径：

（1）艺术院校里的专家、教授。

（2）艺术研究机构及博物馆、美术馆等收藏机构的学者、专家。

（3）美术出版社或美术出版物的编辑。

（4）经常在艺术刊物上发表文章或出版艺术方面著作的作者。

（5）艺术公司专门研究艺术与市场发展规律的专家与学者。

（6）画廊、文物商店、珠宝商店、集邮用品商店等收藏品经营机构有经验的经营专家。

（7）熟悉艺术市场行情的艺术家及收藏品鉴定家。

如果收藏品投资者可能拥有一个涉及艺术领域各方面知识的艺术顾问小组，可以使投资者在收藏品投资中取得更大的收益。

4. 收藏品投资策划

收藏者根据自身各方面的情况及对艺术的了解，再结合艺术顾问的建议，在了解艺术市场行情的基础上制定收藏品投资决策。投资者所要掌握的艺术市场行情主要包括：

（1）艺术市场动向及其发展趋势。

（2）以前收藏品交易的成交价格情况。

（3）拟投资的艺术家情况及其发展潜力。

（4）有关法规对收藏品交易的规定。

在对上述艺术市场行情进行分析之后，投资者及其艺术顾问要做出如下决策。

1. 所投资收藏品的种类及其数量分布

无论是投资字画、珠宝，还是投资邮品、古董，各种艺术种类内部的投资选择，它们的数量分别是多少。

2. 艺术家选择

无论是购买国内艺术家还是购买海外艺术家的作品，他们的年龄结构如何等。在此基础上，投资者对收藏品投资作出预算。投资预算不仅要考虑收藏品的赢利机会，也要考虑投资者自身的经济承受能力。

收藏品投资的基本原则

对于许多收藏爱好者来说，把握艺术品投资收藏的基本方向，使自己在浩瀚无边的艺术海洋中不会迷失方向，这才是最重要的问题。有一些老一辈收藏人士收藏效果不好，花大代价买入一大堆文化垃圾，不仅财力不够而且心态不端，热衷于暴富神话，更根本的原因是没有处理好艺术品投资的基本原则问题。

艺术品投资的基本原则简要概括为九字箴言：真、善、美、稀、奇、古、怪、精、准。其奥妙在于收藏的实践活动中能灵活运用，举一反三，融会贯通，要求对每一藏品都得用九字原则在九个方面或者更多方面上进行全方位评估。九字箴言的合理内涵如下。

1. "真" 即藏品必须是真品

这是收藏的前提条件，任何伪或劣藏品均无收藏意义，存真去伪永远是收藏的主旋律。在兴趣和嗜好的引导下，潜心研究有关资料，经常参加拍卖会，游览展览馆，来往于古玩商店和旧货市场之间。有机会也不妨"深入"穷乡僻壤和收藏者的家中，多看、多听、少买，在实践中积累经验，不断提高鉴收藏真品水平，要求藏家要经常性地接触到真品实物，退一步讲，也是要大量地阅读古玩或艺术品图录，以学者的严谨态度认真研究，寻找同类规律或同时代风格等，这种严谨的态度是收藏成功的保证。藏家如有电视剧描写的人物：唐代狄仁杰断案的精明，宋代提刑官宋慈的逻辑严谨，分析透彻一般灵便，在收藏领域不成功也难。

2. "善" 即藏品的器形

存在的形式在藏家的位置及心里的地位。比如，帝王的印玺、名人的印章、官窑瓷品的创新精品、文房用品、宋元字画、玉雕神品、青铜重器、皇家或名人注录的藏品，等等；对收藏品要树立长期投资的意识，只有长期持有，才能获利丰厚。

3. "美" 即藏品的艺术性表现出来使人愉悦的反映

文物是文化之物，也是文化的载体，艺术性是评判文物价值最重要的准绳。人们不会忘记秦兵马俑的雄伟，汉马踏飞燕铜奔马的洒脱以及姿态的优美，宋代书画的线条描绘的繁华，人物的动感传神以及宋代字体独特字迹的稳重和狂草的不拘一格，宋代官瓷的宁静致远，小中见大，等等，好的艺术精品会摄人魂魄，让人神交，产生共鸣。

4. "稀"是指稀有

稀，对藏品的主观评测来讲，指稀有，也是存世量的小，稀有性要求以存量小来凸显藏品的存在价值。比如，玉的数量因受资源限制数量远远少于瓷器；唐宋元因年代久远的字画不易保存，数量往往珍稀；近现代字画存世量大，其价值往往不尽如人意（商业欺诈，恶意炒作除外），等等。

5. "奇"是指具有特点

"奇"是指艺术性中的个体特征，有特点，并且特点符合人的审美情趣，这样就越会吸引艺术市场细分化的艺术观众群体。有些古玩存世量存不多，但往往是不足为"奇"，因而影响力不足。

6. "古"和"怪"是指年代越古越好

"古"是时空的概念，也只有艺术性强的古代艺术品，才会有岁月沧海桑田的感受，才会有数量珍稀，制作难度大的联想。"怪"与"奇"相似，"怪"更侧重于代表性，表现形式的张扬和个性的特别，如三星堆铜器的艺术表现的独特。

7. "精"而"准"，是指选择收藏品要少而精，且量财力而行

收藏品种类繁多、范围广，应根据个人兴趣和爱好，选择其中的两三样作为投资的对象。这样才能集中精力，仔细研究相关的投资知识，逐步变为行家里手。同时，选择收藏品还要考虑自身的支付能力。如果是新手，不妨选择一种长期会稳定升值的收藏品来投资或从小件精品入手。

这里另外要强调的一点是：良好的心态。所谓的良好心态，就是积极的、理性的投资心态。在投资中，投资者要理性地分析要投资的项目，投资中的风险，等等诸多因素。那些侥幸的、盲目乐观或过于谨慎的做法都是不可取的投资心理。

首先，保持一颗平常心。收藏需要热情与理性的和谐，热而不狂，迷而不痴十分重要。藏家应该具有淡泊素质，也就是要有一种平静的心态，不可浮躁，更不能不切实际、想入非非。捡漏最能体现藏家的一种成就感，同时也是一剂精神鸦片。它最容易撩动内心的浮躁，让你产生以最小付出获取最大利益的奢望，而在物欲面前迷失自我。

从客观上说，投资收藏品只能以自己的财力、精力、爱好为出发点，以平常心待之，有取有舍，量力而行。其实，收藏的意义不仅限于价值的考量，而应该将更多的注意力放在藏品的历史价值和所蕴藏的文化内涵上。通过对藏品的研究，人们可以在文化的田野里领略人类文明的博大精深，找到民族传统与精神的脉搏，

更能拂去岁月的尘埃，让史籍记载的故事与细节鲜活地展示在面前。在每一件藏品面前，都要保持一颗平常心，心平气和地去把玩、去品味。

其次，学会在收藏中找到快乐。收藏无止境，乐在追求中。歌德说过："收藏家是最幸福和快乐的人。"其实收藏本身的过程赋予了投资者最大的幸福和快乐，所以投资者做收藏应该更多地从兴趣出发，学会把收藏与兴趣快乐相结合，这样才会乐此不疲，心情愉快。

收藏投资的操作技巧

随着经济的发展，在人们对物质的需求得以满足的同时，对精神文化的需求日益高涨起来，收藏风的刮起便是这现象的见证之一。但与此同时，收藏品的选择也成了新兴收藏者的困惑。这里提供几点操作技巧。

1. 扎实的专业知识

这要靠的就是平日的积累，作为一个成功的收藏者，系统的历史、民俗、文学、考古、工艺美术和社会知识是必不可少的。收藏需要具备"慧眼"，这种"慧眼"不是一朝一夕炼成的，而是日积月累，不断学习、不断总结经验后才可能具备的。只有虚心学习，不耻下问，才能不断提高鉴赏水平。

首先，要学会取经于典籍，以书为师。大量阅读收藏类书籍、报刊和浏览收藏类网站，尤其是要选择一些权威性著作精读、细读。

其次，要取经于真品，学会以物为师。不少收藏专家指出，仅仅是学习相关理论是不够的，练就一双鉴宝的"慧眼"还需和真品古玩"亲密接触"。经常到博物馆、文物商店、古玩店、画廊、地摊和拍卖会，接触实物，增加感性认识，把书上抽象的文字转化成形象鲜活的内容，牢记在脑海里。

最后，还要加强与藏友和专家的交流，做到以友为师。共同分享收藏知识和心得非常重要，藏友不论年龄长幼，职位高低，能者为师，有疑虑和不懂的地方，虚心向朋友求教。文博专家对收藏知识的系统性掌握，古玩商贩对藏品的识别能力和对行情的把握，藏友对某项收藏的知识经验，都是人们学习的内容。

比如说，书画鉴定，这门学问是人人都可以学的。只要你用心，长时间地对某一个书画家、某一个流派，或者是某一个时代的书画鉴定关注，能够获得许多的印象和心得，慢慢地积累、整理、校正，你就可以成为这方面的专家。所以，书画鉴定的学问，实际上跟其他的文物鉴定的学问一样，它首先是心得和经验的

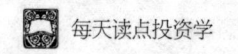

积累，这些是可以通过学习获得的。

2. 真正的兴趣爱好

古人是怎么玩书画的呢？在风和日丽的好天，窗明几净的书斋里，净手焚香，聚集三五知交，观书品画、纵论古今。现在有多少人把书画买回家之后会去细细品味、研究呢？如果把原本是学问的研讨、人文的涵养、情操的陶冶演化成仅仅是金钱的较量，如果花大价钱买回家的东西往保险柜里一放再也不看，就等着在市场的最高点出手，那还不如去做别的投资品种，还不存在真伪、好坏的问题。孔子曾经说过："骥不称其力，称其德也！"以蛮力显示出来的力量，终究不如知识的力量深厚而持久。

3. 良好的风险意识

收藏风险不可不防，收藏市场纷繁复杂，有淘宝的机会，也有深深的陷阱，是一个高风险的市场，投资者还必须加深对艺术品市场的足够了解，才更有可能取得成功。这其中最基本的包括政策法规的风险、操作失误的风险和套利的风险。

政策法规的风险。文物商品是特殊商品，我国为此制定了相关的法律《文物保护法》。它对馆藏文物、民俗文物、革命文物都有具体的界定，尤其是对文物的收藏和流通所作出的相关具体规定，应引起市场参与者的重视。例如，《文物保护法》明令禁止买卖出土文物，地下出土文物归国家所有。但这一条被许多人视而不见。尽管有的出土文物经济价值不大，买卖价钱相当低廉，但这种事情的严肃性不属于经济范畴。

操作失误的风险。就一般的古玩收藏爱好者而言，操作失误是指以真品的价格买了仿造品，或是以高出市场的价格买了真品。二者的区别在于后者有可能随着需求的变化，获得某些补偿、回报。而前者却只能使你亏损，回本无望。古玩收藏作为理财手段，具体由专业人士操作，在操作正确无误的情况下，尚且难免受到社会经济环境和供需要求等客观因素的影响导致回报预期无法兑现，更何况不具有专业鉴赏知识，对市场操作认识肤浅的爱好者，参与买卖古玩操作失误的风险就尤其明显了。

套利的风险。客观地讲，古玩市场毕竟是一个不健全、有待完善的交易市场。买与卖者之间能否做到公平、公正地交易在较大程度上都要看参与者对市场的参与和认知程度。

第三节　收藏投资中的赝品

赝品出现的原因

赝品是指将一个知名品牌的特征复制到另一个产品上，并达到可以乱真的程度，该复制品以原品牌的名义按照较低的价格在市场上出售（Eisend 和 Schuchert~Guler，2006）。

相对于真正的原始物品，赝品具有如下特点：

（1）赝品依附于真品而生存，如果没有真品本身的知名度以及对消费者的感召力，赝品根本没有生存的空间。

（2）赝品与真品形似而神不似，形似可以使消费者享受部分真品所带来的品牌体验，而神不似又可以让消费者享有普通商品所具有的实惠，例如，较低的价格和便利的购买渠道等。

（3）购买赝品一般不能获得普遍社会认同。一方面，赝品侵害了真品的知识产权，为社会法律所不容；另一方面，一旦赝品的真相暴露，将降低购买者的品位及在他人眼中的形象。所以购买赝品可能同时具有社会性风险与个人性风险。

长期以来，收藏者对赝品的态度大都是敬而远之，甚至谈"赝"色变的。古玩是一次性的，流传到现在的很少。新造的古玩便是赝品。赝品同真品相比有着本质的不同，粗劣的赝品自然谈不上什么价值，就是仿造得精美绝伦的赝品，也被玩家排斥。

赝品是一个巨大的市场，其产生和发展不能脱离市场规律的作用。从供求关系看，只有将赝品销售出去，厂商才能获得利润，才有动机继续生产赝品。因此，消费者对于赝品的盛行也有不可推卸的责任。那么，消费者为什么会购买赝品呢？现有研究多是从信息理论的角度出发，指出消费者在交易中处于信息不对称的弱势方，没有充分的信息辨别产品的真伪，从而给赝品以可乘之机。信息不对称理论只能解释消费者在不知情的情况下购买赝品的现象，但是现实中很多消费者是"知假买假"，即故意购买赝品。这种现象已逐渐引起学者的关注，并对此进行了一些探索。

简单地说，赝品之所以会在艺术品市场上出现，至少包括以下3个方面的原因：

1. 市场的需要

对于绝大多数艺术品的真品而言，供给量总是有限的。当人们对某种艺术品的需求量不断增加，而供给量的增加又难以满足需求量的增加时，这种艺术品的市场价格就可能会上涨。但即使如此，也常常不能满足艺术品市场的需求。如果收藏者仅仅希望得到心理上的满足和精神上的享受的话，那么，复制品和仿制品同样可以比较好地满足他们这些方面的需要。此外，随着人们生活水平的提高，居室装饰也越来越讲究。即使不喜欢收藏，许多人依然希望悬挂一些有品位的书画或摄影。但是，有品位的作品大多出自名家，由于名家作品的价格很高，令不少人望尘莫及。而且，现在的收藏已经成了一种时尚。在这种情况下，大多数人只能退而求其次，购买名家书画的复制品或仿制品，以满足对高雅艺术的渴求或附庸风雅之心。这样一来，赝品的大量出现也就不足为怪了。

成都市收藏协会的一位专家甚至直言："成都的假画应该比真画更有市场。"他认为，由于艺术品作伪技术的迅速发展，一般人甚至资深收藏者都很难分辨艺术品的真伪。赝品越来越多，一方面冲击了艺术品市场，打击了收藏者的信心，因为在一般人眼中，收藏一幅真画和收藏一幅工艺极高的假画，实际上并没有什么区别。即使收藏的是真迹，也可能得不到大众的认可，最后成了孤芳自赏，变得意义全无。另一方面，潜移默化地形成了一个"繁荣"的假画市场。反正"没有办法辨别，就干脆不辨别"，而且，现在还有很多人专门购买假画，一是因为不少赝品具有很高的工艺水平，可以用这些足以乱真的赝品来装饰自己的房间或者办公室；二是因为购买赝品的价格比较低廉。

2. 技术的进步

如果说市场的需要使赝品的出现成为可能的话，那么，技术的进步无疑使得赝品的出现由可能变为了现实。一方面，艺术品的复制技术和仿制技术有了长足的进步；另一方面，艺术品的作旧技术也得到了迅猛的发展。因此，从某种意义上讲，正是技术的进步使得赝品的制作日渐精美，日益逼真。甚至可以认为，就目前的情况而言，实际上是艺术品鉴定技术的进步速度赶不上艺术品作伪技术的进步速度。

广东某海关就遇到过一件大规模的"文物走私案"。为了确定这批走私文物的真伪和价值，该海关特意请来了6位文物鉴定专家进行鉴定。这些专家在经过仔细鉴定后一致认定，这批明清瓷器是国内罕见的珍品，其中，有的还是国家一级文物。海关方面顺藤摸瓜找到江西景德镇的卖主家中。卖主得知来意后，不慌不忙地从床底下拖出一只大浴盆，里面装满了清三代官窑瓷器。公安人员问道："这些东西哪里来的？"卖主则理直气壮地回答道："本人仿着玩玩，犯什么法？"在场的鉴定专家听后大惊失色，惊呼："看不懂，真看不懂了！"直到公安人员和鉴定专家亲眼看到了卖主制作的尚未烧制的器物后，才消除了最后一丝疑虑。这个大宗"文物走私案"也以近乎喜剧的色彩而告终。

不仅如此，现在的艺术品作伪实际上正在日益专业化、集团化和规模化：有人专门负责寻找旧纸和老墨，有人专门负责打稿，有人专门负责上色，有人专门负责刻印，有人专门负责仿造落款，还有人专门负责销售。甚至还出现了艺术品作伪的产业集群（industrial cluster）。举例来说，假瓷器大多来自江西景德镇。它们大多是在仿古样式生产后，使用药水蒸煮、烟熏、打磨、日照、土埋等方法加工而成的。假玉器则主要是安徽蚌埠、江苏扬州、河南南阳等地生产的。其中，以红山玉、汉玉和良渚玉居多。作旧方法则一般采用熏、烤、烧、煮、炸、蚀、沁色、酸蚀，等等。此外，在艺术品市场上，河南生产的假陶器、河北生产的假木器、安徽生产的假铜镜也都是远近闻名的。

3. 利润的吸引

马克思在《资本论》一书中，曾经引用过邓宁格（Dunninger）的话来描述人们在追逐利润时的贪婪："一旦有适当的利润，资本就胆大起来。如果有10%的利润，它就保证到处被使用；有20%的利润，它就活跃起来；有50%的利润，它就铤而走险；为了100%的利润，它就敢践踏一切人间法律；有300%的利润，它就敢犯任何罪行，甚至冒绞首的危险。"对于"赚钱仅次于贩卖军火和毒品"的艺术品作伪而言，利润的吸引显然是赝品大量出现的重要原因。

在全国各地的艺术品市场上，唐寅的美人、郑板桥的竹子、徐悲鸿的奔马、齐白石的群虾，举目皆是。有时候，店主甚至在刚刚卖出一张书画后，就立刻从柜台内取出一张完全一样的"名人书画"挂上墙去。不过，总的来看，那些价格昂贵的艺术品的赝品多是复制品，而那些价格低廉的艺术品的赝品则以仿制品居多。而且，精仿的复制品与低仿的仿制品的目标市场也是大不相同的。一般来说，精仿的复制品主要针对的是拍卖交易市场，而低仿的仿制品则主要针对的是地摊交易市场。

事实上，现在的作伪者制作复制品或仿制品的动机，已经不仅是牟取丰厚的

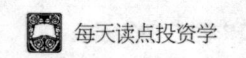

利润了。只要有利可图，不管利润多少，他们都会去复制或仿制艺术品，并且在适当的时候，将这些复制品或仿制品作为真品销售。

治理赝品：一个美丽的神话

尽管大多数收藏者对赝品的态度都是相当微妙的，然而，在赝品的治理这个问题上，人们的看法却显得见仁见智。

周侗认为："应该坚决打假。因为假货多了，一般人不敢轻易涉足艺术品市场。"所以，他主张应该对艺术品市场进行严格监管。

潘深亮也认为："必须坚决反对作假，并采取一些有力的措施。"就书画作伪而言，他建议："第一，要加强立法；第二，行政执法部门对于一贯作假、屡教不改的人，要进行严厉打击；第三，作者本人也要采取一些防伪措施，来保护自己的合法权益。"

盛茂柏指出："对于收藏者来说，如果他们花了很多钱，而买到的却是赝品，显然会极大地挫伤他们的收藏积极性。当然，对于艺术品市场的打假问题，应该具体问题具体分析。例如，以学习为目的临摹等，是不反对的。但是，对于那些牟取暴利，危害他人的违法犯罪行为，应该坚决打击、取缔。"

朱国荣进一步指出："允许造假，等于是允许用欺骗的手段来获取利润。放任伪作赝品在艺术品市场存在，其后果将会促使艺术品市场走向毁灭性的衰竭，到头来还是三败俱伤。"

牛双跃则强调："现在的艺术品市场是鱼龙混杂的市场，必须打假。但是，打假的关键在于建立健全的管理和监督机制，并且以法律的形式来规范它，这是最根本的。这些问题不解决，打假永远是句空话。"

当然，除了造假者以外，还有很多人不赞成以打假的方式来治理艺术品市场上的赝品问题。例如，有人就主张："在艺术品市场上应该允许艺术品有真有假，彻底实行自由贸易。"他指出，自己之所以不主张在艺术品市场上进行打假，是因为这是私有制和市场经济条件下不可避免的产物。这种造假现象不但过去有，现在有，将来还会有。因而在一段相当长的历史时期内，只能允许真假并存，由市场优胜劣汰的竞争规律去解决，由顾客日益聪明的慧眼去鉴别。

今天，如果违反规律，强行打假，必然会打不胜打，甚至真假难辨，搅乱市场交易的正常秩序。当然，一经发现造假者，应该进行教育，加以劝止；对于情节恶劣，危害严重的作伪诈骗罪行，还应该依法惩处。还有人则指出：对于艺术品市场打假这一提法，他觉得可以提，但不要过度，而应该具体问题具体分析。因为"艺术品作为商品有其特殊性，如果要打假，那么，复制品和仿制品本身不应该算在其中，以假充真才算是假。从现实可操作性来看，打假也并不容易。打假不仅需要法规，也需要财力。规范艺术品市场所涉及的问题非常多，而且是一个渐进的过程。"

当然，有人也强调："艺术品不同于一般商品，它有一定的特殊性。从宏观上看，从改革的大环境看，从法律的角度看，艺术品市场的打假应该是一个如何管理的问题，是从机制上如何改革的问题，是一个如何立法，加强法律保护和制约的问题。"所以，他不主张"简单地以打假的方式来解决这个问题，因为单靠这种简单的方法是解决不了问题的。这是一个市场问题，市场有它自身的规律，单靠行政手段解决不了问题。应该从加强管理，从立法方面来解决，要多调查、多研究，逐步来完善艺术品市场。"马未都则认为："艺术品市场打假之事比较复杂。首先要弄清'假'的概念是什么？"

中国历史上出现过多次全国范围的收藏热，但情况不一样，例如，北宋年间仿古成风，但那时的仿古多是为了追求时髦，不是为了作伪；到了清乾隆时期，许多仿古行为的目的就是作伪，追求商业利益。今天打"假"，打的应是作伪之假。由于立法不完善等原因，提出打假，方向是对的，但在短期内尚没有可操作性。

比较以上两种关于赝品治理的观点，不难发现，赞同强行打假者大都希望借助政府这只"看得见的手"来解决艺术品市场"失灵"的问题；而不主张强行打假者则大都希望凭借市场这只"看不见的手"来自动发挥调节作用。从本质上讲，这两种观点实际上并没有太大的分歧，只是分析的视角有所不同而已。前者强调的是规范意义上的"应不应该"，而后者关注的则是经验层面上的"可不可行"。事实上，艺术品打假是否可行，至少要受制于以下两个约束条件。

1. 打假的成本问题

在艺术品市场上开展声势浩大的打假活动，显然需要支付高昂的成本，这些成本包括：打假机构的日常运作费用、工作人员的培训费用、工作人员的薪水开支，等等。从某种意义上讲，高昂的打假成本实际上是大规模开展打假活动的第一个障碍。

与此相关的一个重要问题是，艺术品打假的运作成本到底应该由政府部门承担，还是应该由因为打假而受益的收藏者来承担？虽然维护市场秩序是政府的重要职能之一，但显而易见的是，作为发展中国家的中国，政府部门还有许多更为重要和迫切的地方需要庞大的经费支出。在这种情况下，寄希望于政府部门来完全承担打假的成本，似乎是很不现实的。那么，由那些因为"有效打假"而受益的收藏者来承担这些成本又如何呢？

事实上，这个方案更不可行，原因如下：

第一，不同的收藏者从"有效打假"中获得的潜在收益是不同的。从理论上讲，收藏者的潜在收益不同，应该支付的相应的成本自然也应该不同。但是，收藏者的这种潜在收益，无论在事前，还是在事后，都是难以准确度量的。例如，高端艺术品的收藏者与低端艺术品的收藏者在艺术品打假上的收益，就有很大的不同。而且，艺术品打假的实际效果究竟怎么样，实际上也是一个很难度量的问题。

第二，即使收藏者确实可以或多或少地从艺术品打假中受益。但是，一旦打假活动正式开始，每一个收藏者都会从中受益。换句话说，不管是由政府来支付打假的成本，还是由收藏者来支付打假的成本，不支付打假成本的收藏者照样可以坐享其成，获得因为打假而带来的收益，这就是所谓的"搭便车"现象，即收藏者通过隐瞒自己的偏好或意愿，以便从他人的支出中获得好处的行为。这就是说，部分收藏者实际上不必支付打假的成本，但仍然可以从其他人支付的打假成本中获得因为打假而带来的收益。

总而言之，艺术品打假的成本实际上相当高昂，而且很少有人愿意主动负担这种高昂的成本。

2. 真伪的鉴定难题

如果要在艺术品市场上强行打假，艺术品真伪的鉴定问题也是一个大问题。艺术品真伪的鉴定至少面临以下两个问题：

（1）艺术品的真伪如何鉴定？众所周知，鉴定是一门很深奥的学问。以中国书画为例，几千年来，中国历史上有名有姓的画家数不胜数。仅仅拿海派画家来说，就有至少上千人。因此，由一位专家鉴定每一个书画家的作品，显然根本不可能。即使由一位鉴定专家专门鉴定某一位书画家的作品，实际上也具有相当大的难度。就一位书画家的艺术成长历程而言，大致可以分为学习期、成熟期、巅峰期和衰退期，每一个时期都有各自的特点。

从艺术品市场的现实情况来看，书画作伪的名目繁多、五花八门：既有作伪者自书自画冒充而成的（具体可分为摹、临、仿、造四大类）；又有作伪者以旧作改头换面、移花接木而成的（具体可分为改、添、减、割等）；还有妻子为丈夫代笔而成的，弟子为老师代笔而成的，儿子为父亲代笔而成的；更有作伪者利用现代高新技术仿真印刷而成的。与此相对应的是，艺术品的鉴定至今仍然没有被文物界和收藏界公认的鉴定方法，大多依靠鉴定专家的经验和眼力。

然而，"艺术品的鉴定非真即假，即使随便指真道假，都会有50%的命中率。这里的关键，无论说真道假，都要拿出负责任的证据。"问题是，就目前的艺术品鉴定现状而言，关于艺术品真伪的鉴定理论，在很大程度上仍然停留在"只可意会，不可言传"的微妙境地。在这种情况下，鉴定专家在艺术品真伪问题上的意见往往大相径庭、见仁见智。

（2）艺术品的真伪由谁判定？从某种意义上讲，现在的艺术品鉴定在很大程度上还停留在经验判断的"眼学"层面上。因此，鉴定专家是不是真的"目光如炬""洞烛幽明"，实际上是很难说的。总的来看，目前艺术品鉴定领域的情况是"屡出新闻，错鉴不断""你真我假，众口不一""各执己见，互不相让"，并且还呈现出"泛专家化"的趋势。最终则导致了目前的艺术品鉴定"毫无权威性，人人可鉴定"的混乱局面。

例如，虽然一些权威文博机构的著名鉴定专家对中国古代书画较为谙熟，但是，他们对中国近现代书画的认识，却不一定比那些专门研究近现代名家的普通鉴定专家高明。另外，还有一些鉴定专家"业务不专，全面开花，无所不通"。甚至还有个别在古陶瓷、玉器或青铜器领域具有一定专长的鉴定专家，也在其他领域大显身手。在这种情况下，无论是采取"专家集体鉴定，少数服从多数"的办法，还是采取"专家集体鉴定，一票否决"的办法，恐怕都未必能得到令人满意的结果。

总而言之，通过打假的方式来解决艺术品市场上的赝品问题，实际上很有可能收效甚微，甚至步履维艰。事实上，艺术品市场是一个"难得买卖不骗人，鲜有买货不受骗"的特殊市场。艺术品有真有假，收藏者的眼力各有不同。有人看真，有人看假；买主看真，卖主看假的事情多如牛毛。在艺术品市场上，如果以赝品的价格买到了真品，称为"捡漏"；如果以真品的价格买到了赝品，则称为"打眼"，统统不能称之为骗人或受骗，双方都认为是眼力问题。这是中国收藏界的传统"行规"。在这种情况下，治理赝品问题很可能只是一个美丽的神话。

如何识别瓷器赝品

瓷器是收藏"大项"。近年来,在拍卖会和古玩市场中,明清古瓷因量稀物美而广受追捧,价格屡创新高,连原先不为人关注的民国瓷器的价格也不断走高。但古玩市场上所售的瓷器很多都是赝品,那么怎样提防和识别瓷器赝品呢?

1. 看造型

不同时代有不同的审美标准、生活习惯、风俗面貌和技术条件,因此,生产出的瓷器也有不同的造型特点,这给鉴定古瓷提供了重要依据。例如,一把"鸡头壶",我们应该知道这种壶是三国两晋南北朝的产物。假如是"宫式碗",则应该知道这是明朝正德年间产品的一种造型。如是"观音尊""棒槌瓶""太白缸""柳叶瓶"等,这些应是清朝康熙年间的器物。熟知各朝典型品种的各种器形,对于帮助我们鉴别真伪是非常重要的。只要我们头脑中有了准确的器形概念,对那些貌似的伪品,就能看出差别之处。这就好比手里拿了一把尺子,有了准确的尺寸,就不致出现"失之千里"的现象,将明代器物看成了唐代产品。

2. 看胎釉

不同时代、不同窑口烧制的瓷器,由于胎釉成分的烧制条件不同,烧成的器物的质地与釉色也各不相同。因此,细致地观察胎体和釉面,亦为判断年代、识别真伪的重要环节。例如,商周时代的青釉瓷器是青瓷的低级阶段,其胎为灰白色和灰褐色,胎质坚硬,瓷化程度高,其釉色青,釉层较薄,厚薄不均。这是当时采用洒釉方法进行施釉的缘故。再以明清两代瓷器为例。明朝永乐、宣德时,景德镇生产的青花瓷器釉色白腻、釉面肥润,隐现桔皮状的凹凸感,仔细观察,釉中可见大小不等的釉泡;而明朝末年生产的青花瓷,釉色迥然不同,薄而清亮,不可同日而语;明宣德时,大件琢器底部多无釉,露胎处常有红色点,俗称"火石红斑",还有铁锈斑点;而清康熙、雍正的仿宣德瓷器,却无此特征。此外,明朝胎体瓷泥陶炼的纯净度及烧结密度则远逊于清朝。如清代康熙瓷器胎质清纯、细腻、坚硬,居明清两代之首,有"似玉"之誉,而且与各代同一器皿相比,其胎体最重。

3. 看纹饰

瓷器上的纹饰,无论是题材内容和表现手法,都强烈地反映着当时人们的审美观和当时的社会文化。它好像是一个人的衣冠,有着明显的民族性和时代性。我们鉴定古代瓷器千万不要忽视这一点。譬如元代青花瓷的纹饰,布局繁密、层次较多，少则二三层，多则七八层；但到了明永乐年间，则趋于疏朗。

纹饰的内容，各个时代也不尽相同。明代正德瓷器多回文箴言及仙人朝圣、八宝图等图案，因为那时道教、佛教和伊斯兰教在社会广泛兴起。清代康熙瓷器常有各种刀马人物和清装射猎的图案，以及用诗词文字作为装饰的图案，这是由于皇帝吸取明亡教训，对"尚武"和"习文"极为重视。就是同一种常用的装饰，各个时期亦各有变化。如龙纹，有的叱咤风云，有的细软疲沓；有的威武雄壮，有的老态龙钟。这些都是鉴定古瓷的参考因素。

4. 看款识

款识是指刻、划、印或写在瓷器身上的文字，表明它的时代、窑口、制作者或使用者，等等。款识以纪年款居多，此外还有堂名款（如"正和堂制"）、陶人款（如"某某造"）、赞颂款（如"美玉雅观"）、吉言款（如"寿山福海"）、花样款（如双鱼、白兔等纹样图案）等。纪年款一般是在瓷器的中央，书写某某皇帝的年号。纪年款在明代以前少，自明代开国至清末，共500多年，换了27个皇帝，这一时期的瓷器，大多书写皇帝的年号。对于这些款识，我们在鉴定时，要从中找出其规律性和特殊性。明清的款识很多，但也有不少是托伪假款。因此，在鉴定时应多加比较，掌握每个朝代的字体、风格及每一笔画的特征，这样才能准确地判断出真伪。例如，从明宣德至清康熙间的年号款，都是六字楷书款；但雍正一朝，则楷、篆书款同时使用，有六字款（大清雍正年制）和四字款（雍正年制）；乾隆时款识，篆书盛行，楷书渐少。嘉、道两朝以篆书款为主；但自咸丰至宣统三年，又回复到了楷书写款，篆书款已不使用。这是明清款识的基本规律。另外，历朝年款的字体和风格及色泽深浅等也各有特点。把握了这些要素，便能逐步提高鉴别能力。比如，同治时的写款应是楷书，而当发现一件同治瓷器的写款是篆书，那就应该对这件瓷器的真伪打个问号。又如清末民初有多款仿清代康熙民窑的瓷器，器底书"大清康熙制"款，但字体、笔法与康熙时不同，一看就知道这是后代的仿制品。

造型、胎釉、纹饰和款识，是鉴定古瓷的基本要素。这4个方面缺一不可。因此，鉴赏者不可仅据局部或偶然巧合而轻率地作出判断。我国古陶瓷鉴定专家耿宝昌先生对这4个要素各自的作用及相互联系作了精辟的概括，这就是"造型为根本，胎釉是关键，纹饰辨时代，款识察真伪。"只有耳、目、手并用，细致观察、全面分析、慎重定论，才是正确的方法。当然，一个有志于古瓷器收藏的爱好者，除掌握以上"四看"外，重要的是多看真品，从真品入手再结合书本知识，才能形成经验。多与人交流切磋心得体会，优势互补，共同提高。不要轻信那些商贩保真的诺言，凭借对他们的信任决定取舍。要在收藏中学习鉴赏、鉴赏中指导收藏，循序渐进，逐步提高。

如何识别书画赝品

书画赝品，是书画家造出来的。因为不是确有些"能耐"的书画家，是造不出可以让人眼花缭乱的赝品的。

书画赝品的产生又几乎是和书画与生俱来的。因为绝大多数书画家总是先从临摹名作起笔的。而把名作临摹得惟妙惟肖，几乎是许多书画家成功的必由之路。何况，书画家还有文人的野趣逸兴。明代董其昌名噪不已，于是陈继儒以银两求沈士充画幅山水大堂，充作董画。丹青史便是如此，一些书画家成功了，一批赝品也就诞生了。

造赝品是书画家的功课，赝品是成功画家的扶手。靠扶手站起来的不知有多少成功的，甚至很杰出的书画家。倘若这个世界上，书画永远不成为商品，那么所有的可以乱真的赝品，永远会给人带来销魂蚀骨的美感。

在当今的书画市场上，古代书画赝品令藏家们非常苦恼。一些唯利是图的书画商为了牟取不法的高额利润，往往不择手段地造假。那么，如何鉴别书法和古画呢？以下是鉴别方法，供读者参考。

1. 书法鉴别

鉴别古书法，当先观其书法的结构、用笔、精神和照应，次观人为还是天巧、真率还是做作。然后考证其作品的古今、相传和来历等，再辨别它的收藏、印色、纸色和绢素。凡其书法仅有结构而无锋芒者，摹本也；有笔意而无位置者，临本也；笔势不连续，犹如算盘珠者，集书也。假若它是采用双勾法描摹的书法作品，通篇作品无精彩、精气之处的，一看就是赝品。从古书法的墨色上亦能分辨真伪，古书法的墨色无论燥润、肥瘦，俱透入纸，而赝品则墨气浮而不实，古画亦是这样。

2. 古画鉴别

古人物画要观其顾盼语言，花卉果品要观其迎风带露，飞禽走兽要观其精神逼真。山水画要观其山水林泉清闲幽旷，屋庐深邃，桥约往来，石老而润，水淡而明，泉流洒落，云烟出没，野径迂回，松偃龙陀，竹藏风雨，山脚入水澄清，水源来脉分晓，这样的画即使不知出自何人之笔，亦为妙手佳作。若人物似尸似塑，花果类瓶中所插，飞禽走兽只取其皮毛，山水林泉布置迫塞，楼台模糊错杂，桥约强作断形，境无夷险，路无出入，石无立体之效果，树无前后左右仰俯之枝。或高大不称，或远近不分，或浓淡失宜，点染没有法度，或山脚浮水面，水源无来路，虽然落款为某某名家，定是赝品，用此种眼光去辨别古书画，一般不大会走眼。

此外，从古书画的绢纸上也能分辨真假。唐代的绢粗而厚，有独梭，绢阔四尺。五代绢粗如布。元代和宋代的绢，等第稍失匀净。有一种浙江嘉兴宓家所制的"宓家绢"，其绢细而匀净厚密，赵孟頫、盛子昭、王若水等古代书画名家多用这种绢作画。古绢由于历经年代久远，它的基本丝绢性已经消失，同时经过装裱后，无复坚韧，用指在丝绢上微微拖过，则绢如灰堆般起纵，闻之有古香。若古绢有碎纹，则裂纹横直，皆随轴势作鱼口形，且丝不毛，伪作则反之。旧纸，色淡而匀，表旧里新，薄者不裂，厚者易碎，否则都为伪作。

如何辨别钱币赝品

随着人民生活水平的提高，从事钱币收藏和投资的人越来越多。在钱币市场中，有些钱币珍品的价格非常高，这就引起了不法之徒的觊觎。他们置法律于不顾，依葫芦画瓢炮制出赝品来，以图谋不义之财。

凡钱币市场上交易活跃的品种几乎都有赝品出现，尤其是古钱币和近代银币更成了制假重灾区。在一般古玩市场里，各种摊位上出售的古钱币和近代银币里的绝大部分都是赝品，真品反而显得难觅了。在钱币市场上，普通古钱币和近代银币的伪品尽管没有一般古玩市场里那么多，但一些档次较高的古钱币和近代银币赝品仍是不少，其手法也高明许多，有夹馅、拼镶、挖补和改刻等形式。

过去人们一直以为古钱币和近代银币里伪品很多，当代币中赝品较少，但是随着科学技术的不断进步，现在这个观念发生变化了，因为制假者的水平也有了很大的提高。目前当代币中第二套人民币里的叁元券、伍元券和贰角券出现了伪品，连第三套人民币里的贰元券（车床工人图案）中也发现了仿制品，而且做工还很精致，连水印都很逼真。至于雕刻和印刷工艺原本就较为简单的民国纸币和第一套人民币里的伪品就更为常见了。

制假者的手法真是五花八门，各种钱币赝品神出鬼没，令人防不胜防。流通纪念币原来一直是收藏安全领域（过去从没有赝品），现在也不太安全了，钱币市场里已发现的品种有建行、宁夏、大熊猫、建国35周年等中高档币。还有一些人以次充好，将已经流通过的纸币用邮票清洗剂漂洗后，再阴干夹平，冒充挺版出售。有些人将旧的流通纪念币用橡皮擦干净后，再轻轻抹上一层油，冒充新币坑人。现在有些识别钱币赝品特征的研究者都不敢在报刊杂志上公开发表揭伪的文章了，这是担心制假者改进后再祸害集币爱好者。但这种消极的做法，对整个钱币市场的发展毕竟不利。

  由此可见，各种赝品已成为近年来钱币收藏中的毒瘤，依靠集币爱好者的辨伪能力来识别，毕竟是一种滞后的被动做法。所以应防患于未然，今后造币厂在各类新钱币制作时就应该加强防伪措施，同时政府对制假者和贩假者还应加大打击力度。

·第十四章·

投资保险：花钱转移风险

第一节　投资保险，先热身

必不可少的保险知识

以下知识是你购买保险时应最先了解的。

1. 保险公司

一般指经营保险业的经济组织。在中国，主要是指经保险监督管理机构批准设立，并依法登记注册的商业保险公司。根据《保险法》的相关规定，保险公司可以采取股份有限公司和国有独资公司两种形式。

2. 构成保险的各个要素

每个保险合同都会有这几种内容：第一，投保的标的，即是人身还是财产。第二，投保的费用，即所需要交的保费。第三，投保的保额，即一旦出现符合保单中的条件的风险时，保险机构所应提供的金额。第四，投保人、被保险人和受益人。第五，保险的费率，即保费占保额的比率。第六，免责事项，即在某些情况出现时，保险公司不负责赔偿。

3. 保险的原则

保险的四大原则是最大诚信原则、保险利益原则、近因原则、赔偿原则。最大诚信原则是指双方必须互相告知关于保险以及被保标的的一切信息，保持最大限度的诚信，不允许有欺骗、隐瞒的行为。保险利益原则，也叫"可保利益原则"，是指要想让保险合同有效成立，投保人必须对保险标的具有法律上承认的利益。近因原则是指意外和危险事故的发生对于损失结果的形成，须具有直接决定性的因果关系，且近因在可保范围内，这样保险人才对发生的损失承担补偿责任。

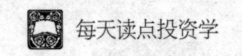

4. 保险的分类

从大体上分，可以分为社会保险和商业保险。商业保险又称普通保险。对于社会保险，其下还可分为养老保险、工伤保险、医疗保险、生育保险和失业保险。

根据保险的标的不同，可分为财产险和人身险。

根据投保方式的不同，可以分为个人保险和团体保险。

掌握必不可少的保险知识，将有助于你高效、顺利地进行保险投资！

如何选择保险公司

参加保险，是人们保险意识不断加强的表现。可保险公司有很多，应该选择哪一个呢？怎样评估一个保险公司呢？你可以参看如下的标准。

1. 公司实力放第一

建立时间相对较久的保险公司，相对来说规模大、资金雄厚，从而信誉度高，员工的素质高、能力强，他们对于投保人来说更值得选择。我国国内的保险业由于发展时间比较短，因此主要参考标准则为公司的资产总值，公司的总保费收入、营业网络、保单数量、员工人数和过去的业绩，等等。消费者在选择保险公司的时候不应该只考虑保费高低的问题，购买保险不是其他货品，除了看价格，业务能力也很重要。较大的保险公司在理赔方面的业务较成熟，能及时为你提供服务，尽管保费较高，但是其能够保证第一时间理赔，仅这一点，就值得你选择。

2. 公司的大与小

作为一种金融服务产品，很多投保人在投保时，在选择大公司还是小公司上，犹豫不决。其实，在这一点上要着重看它的服务水平和质量。一般来说，规模大的保险公司理赔标准都比较高，理赔速度也快，但缺点是大公司的保费要比小公司的保费高一些；相比之下，小的保险公司在这方面就有不足，但保费会比较低，具有一定价格上的竞争优势。

3. 产品种类要考验

选择合适的产品种类，就是为自己选择了合适的保障。每家保险公司都有众多产品，想要靠自己的能力一点点淘出好的来，并不容易。不过，找到好的保险公司就不同了。因为一家好的保险公司能为你提供的保险产品都比较完善，可以从中选择应用广泛的成品，亦可省了众多的烦恼。而一家好的保险公司一般应具备这样几个条件：种类齐全；产品灵活性高，可为投保人提供更大的便利条件；

产品竞争力强。

4. 核对自己的需要

保险公司合不合适最终都要落实到自己身上，你的需要是什么？该公司提供的服务是否符合你的要求？你觉得哪家公司提供的服务更完善？精心地和自己的情况进行核对、比较，这才是你做决策时最重要的问题。

如何让保费省钱

购买保险对资金进行合理安排和规划，可以有效防范和避免因疾病或灾难而带来的财务困难，同时可以使资产获得理想的保值和增值。但在当前省钱才是硬道理的经济形势下，如何才能让自己的保险买得经济又实惠呢？

1. 弄清自己买的是什么

保险公司在谈论人寿保险的时候，避免直接说"人寿保险"这个词，总是会用一些委婉的说法，例如，用"保障抵押""退休养老计划"或"避税方案"等加以包装。很多保险公司都要求保险顾问不要用最直白的说法告诉潜在的客户，某种保险的真正含义是什么。

但是，应该清楚的是，自己是在购买人寿保险。保险顾问总是强调保险降低风险、规避纳税等方面的优势，但是他们会尽量掩盖保险的另一面：高手续费、长年累月地定期缴纳，以及一旦提前终止所受到的巨大的损失。因此，不要被保险的包装所诱惑，一定要弄清某个保险方案是不是真正适合你。

2. 要考虑附加险

一般来讲，附加险具有交费低、保障高，最具保险的"以小钱换大钱"的特点。

例如，有一位女士购买了主险"重大疾病终身保险"，同时投保附加险"附加住院医疗保险"，主险基本保额和附加险年保险金额均为2万元，两项保险费总共不到1500元。后来，这位女士不幸被医生诊断患有急性淋巴细胞白血病，住进了医院，共花费治疗费用3万多元。保险公司按照合同，支付了6万元的赔款。如果这位女士仅买主险的话，要想达到相同的保障至少要多花出1倍的钱。

3. 选择合理的缴费方式

保费大多会在每月或每年按时、自动地从账户上划走，非常方便。但是，在每月或每年对账单的时候，你还是要问问自己这种支付方式是否合适，这些钱花得是否值得。因为有的时候年付比按月支付要便宜15%~20%。所以，不要在不知不觉中被"咬"了一大口。

保费的缴纳方式可以分为期缴和趸缴两种，顾名思义，期缴就是分期缴纳；趸缴是指一次性缴清，之后就不再负有缴费的义务而享受保障权利。不同的保险其缴费方式也不尽相同，选择合适的缴费方式不仅可以节省保费，还会影响到个人的理财习惯。

缴费期限不同，所缴保费总额也会有所不同。受利息影响，缴费期越短，利息成本越低，最终所缴纳的保费就越少；反之，缴费期越长，最终所缴纳的保费总额就越多。

期缴又分为月缴、季缴、半年缴和年缴，其中年缴又有5年缴、10年缴、20年缴或30年缴等方式。面对如此纷繁的选择，如何选择才最合适呢？

（1）以保障为目的，选择较长缴费期。一般而言，如果客户投保的目的是为了防范风险，以保障为目的，那么应该选择较长时间的缴费方式。比如，人寿保险、重大疾病保险。投保这一类保障型险种，有"以小博大"的优点。因为出现风险后保险公司的赔付与缴费方式无关，不论你选择了什么缴费方式，也不管保费缴纳了几期，只要是在保险期间发生意外，保险公司都有赔付的义务。

在购买传统保障型产品时，如果对多出的实际缴纳费用不是特别敏感的话，可以适当延长缴费期限，每年用较少的投入，将可能发生的重大经济损失风险转由保险公司来承担。

另外，有不少产品在保险责任设计中，还向消费者提供"豁免条款"，即当出现全残或某些约定的保险事故情况下，投保人可以免缴余下的各期保费，选择较长的缴费期就更能规避风险。

（2）以储蓄为目的，选较短缴费期。如果客户投保的主要目的是为了老有所养，所购买的保险属于储蓄性质，如两全险、养老险等，那么在经济能力允许的情况下，可以考虑选择较短的缴费期。因为相同的保额，或相同的储蓄目标，在缴费期较短的情况下，总的支付金额也较少。

此外，有些投保人面对长达二三十年的缴费要求，担心因为不能按期持续地缴费而影响保单的效力。这时，如果收入相对丰厚，或拥有一定的银行存款余额的客户，可选择在适当短的时间内完成保单缴费义务，以避免这种担心。

购买保险前的预备工作

在众多保险公司推荐的五花八门的产品中，你是否觉得无所适从？经过业务员的推荐，你在购买了某一寿险产品后，是否发现该产品并不像当初想象的有那么大的作用？在五花八门的保险产品中，你是否能够设计出最优的保险方案？在购买保险产品之前，要做好3大准备工作。

1. 明确需求

购买保险时切忌面面俱到。在购买保险以前，要确定自己的保险需求。根据自己的需求大小做一个排列，优先考虑最需要的险种。一般情况下，保险公司都会根据人们日常生活中的6大类需求来设计保险产品，分别是投资、子女、养老、健康、保障和意外。

如果投资人正是青春年少，处于投资的初级阶段，那大家优先的需求应当是意外健康、保障、养老、子女、投资（这个排序的前提是根据大家目前年龄段具有的特点来排列的），以健康需求为最大，购买保险以前一定要首先确定自己或家人将来要面临的医疗费用风险。

每个人面临的医疗费用风险是不一样的，因此所需要的保险保障范围也不同。影响风险的因素有职业、收入、地域、年龄和家庭等。比如，享有社会医疗保险的人，在医疗费用支出较大的时候，需要商业保险的保障。而不享受社会医疗保险的人，则需要全面的商业医疗保险。经济条件好的人，在生病时有足够的承受能力。而经济条件一般的人，可能因一场大病陷入贫困。肩负家庭重担的人，在疾病期间可能需要额外的津贴。而单身贵族，则很可能不存在这个问题。因此你应该视自己的真正需求有选择地购买保险，而不需要面面俱到。

另外，除了确定自己的保险赔付需求以外，各保险公司的产品在投保条件、保险期间、缴费方式、除外责任和理赔方式等方面各有特色。消费者可选择与自己的收入特点、支付习惯及品牌偏好相适应的保险。未来收入不稳定的人，可选择短期内缴清或有保单贷款功能的保险。希望保险产品能够升级的人，可购买具有可转换功能的产品。

2. 确定方案，注重长远保障

在了解和确定了自己的需求以后，就要通过对保险公司和保险产品的比较，综合确定一个方案。对此，业内专家认为，在保险产品的挑选上，保险公司占了很重要的位置。

人们平时买东西时，从一开始就会感觉到自己所购买的产品能够带来什么样的回报，售后服务如何。但与购买商品不同，大家只有等到需要它的时候，才是要跟保险公司打交道的时候。而在购买它的时候以及今后的一段时间内并不能体会到它的好坏，因此在购买以前选好保险公司很重要。

真正能维护你利益的时候，在很大程度上就在于这个保险公司的服务。人们在选择保险产品的时候也并不是"保险保障范围越大越好，功能越多越好"。专家指出，保险的价格和保障范围是成正比的，如果保险保障范围超出需要，则意味着支付了额外的价格。例如，一个教师发生工伤的机会微乎其微。如果其购买的保单范围包括工伤医疗费用，则白花了工伤保险的钱。请记住，要购买真正适合自己需要的保险产品。

因此，在购买保险之前一定要设计好一个能够保障长远利益的保险方案，这样才能得到物有所值的保险产品。

3. 学会签单，保证不受骗

当一切工作准备就绪以后，还需要做的一份作业就是要了解填写保单的时候应该注意哪些问题，不要因为自己的一个小疏忽，最后影响保险产品发挥其本身的作用。业内人士说，把握好5个关键步骤，就可以顺利地签署保险合同。

首先，当业务员拜访你时，你有权要求业务员出示其所在保险公司的有效工作证件。

其次，你应该要求业务员依据保险条款如实讲解险种的有关内容。当你决定投保时，为确保自身权益，还要再仔细地阅读一遍保险条款。

再次，在填写保单时，必须如实填写有关内容并亲笔签名，被保险人签名一栏应由被保险人亲笔签署（少儿险除外）。

再有，当你付款时，业务员应当当场开具保险费暂收收据，并在此收据上签署姓名和业务员代码，也可要求业务员带你到保险公司付款。

最后，投保一个月后，如果未收到正式保险单，应当向保险公司查询。

保险投资应遵循的原则

保险是现代家庭投资理财的一种明智选择，是家庭未来生活的保障。购买保险要根据自己的经济实力，选择最适合自己的保险项目及保险金额。从保险的回报来看，购买的保险最好不是单一的，以组合为佳。为此，要遵循以下原则：

1. 明确投保目的，选择合适险种

在准备投保之前，投保者应先明确自己的投保目的，有了明确的目的才能选择合适的险种。是财产保险还是人身保险？是人寿保险还是意外伤害保险？为了自己退休后生活有保障，就应选择个人养老保险；为了将来子女受到更好的教育，就要选择少儿保险等。总之，要避免因选错险种而造成买了保险却得不到预期保障的情况出现。

选择合适险种，投保人应从3个因素考虑：

（1）适应性。投保要根据自己或家人需要保障的范围来考虑。例如，没有医疗保障的人，可买一份"重大疾病保险"，这样一旦因重大疾病住院而使用的费用就转嫁给了保险公司，适应性很明确。

（2）经济支付能力。买保险是一项长期性的投资，每年都需要缴存一定的保费，每年的保费开支必须取决于自己的收入能力，一般来说以家庭年收入的10%~20%较为合适。

（3）选择性。无论是家庭还是个人都不可能投保保险公司开办的所有险种，只能根据家庭的经济能力和适应性选择部分险种。在经济能力有限的情况下，为成人投保比为独生子女投保更实际，因为作为家庭的"经济支柱"，其生活的风险总体上要比小孩高。

2. 量力而行，确定保险金额

一般来说，财产保险金额应当与家庭财产保险价值大致相等，如果保险金额超过保险价值，合同中超额部分是无效的；如果保险金额低于保险价值，除非保险合同另有约定，否则，保险公司将按照保险金额与保险价值的比例承担赔偿责任或只能以保险金额为限赔偿。

重复投保，即同种保险标的，向多家保险公司投保，法律虽然不禁止这种行为，但同样的重复投保的累计保险金额超过保险价值的，超过部分无效。一旦出险，保险公司将采取分摊赔偿金的办法，防止被保险人获得超额保险金。所以，为了得到多份赔偿而重复投保行为是不可取的。

人身保险的保险金额一般由投保人自己确定，可以投保多份，投保人必须考虑自己的支付能力，不能为追求高额保险金而不考虑自己的经济能力。否则，一旦出现不能承担保险费的情况，不但保险成了泡影，已缴的保险费也将蒙受很大损失，得不偿失。

确定适度的保险金额可从两方面来考虑：

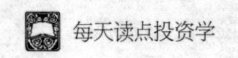

(1) 根据实际需要来确定。

(2) 根据投保人缴付保险费的能力来确定。

3. 保险期限长短相配

保险期限长短直接影响到保险金额的多寡、时间的分配、险种的决定，直接关系到投保人的经济利益。比如，意外伤害保险、医疗保险一般是以一年为期，有些也可以选择半年期，投保人可在期满后选择续保或停止投保。人寿保险通常是多年期的，投保人可以选择适合自己的保险时间跨度、交纳保费的期限以及领取保险金的时间。

4. 合理搭配险种

选择人身保险可以在保险项目上进行组合，如购买一个至两个主险附加意外伤害、疾病医疗保险，使保障性更高。在综合考虑所有需要投保的项目时，还需要进行全面安排，应避免重复投保，使投保的资金能够发挥最大作用。例如，因工作需要经常出差的人，就应该买一项专门的人身意外保险，而不要每次购买乘客人身意外保险，这样不但可以节省保费，而且在其他情况下所出现的人身意外，也会得到赔偿。如果你正准备购买多项保险，应当尽量以综合的方式投保。因为它可以避免各个单独保单之间可能出现的重复，从而节省保险费，得到较大的费率优惠。

第二节 管中窥豹——认识保险产品

分红险如何获得更多红利

市面上林林总总的保险种类有不少，每个种类又有不同设计的产品若干款，让人眼花缭乱。如果金融危机的影响越来越大，投保人该如何挑选出最实惠、最急需的产品保障财务状况和生活质量？在选择保险产品时，建议以各险种的分红型产品为主，因为这类产品往往可以通过保额分红的方式增加保额，抵御通货膨胀，防止保单贬值。

1. 什么是分红险

指保险公司在每个会计年度结束后，将上一会计年度该类分红保险的可分配盈余，按一定的比例、以现金红利或增值红利的方式，分配给客户的一种人寿保险。

分红险起源于保单固定利率在未来很长时间内和市场收益率变动风险在投保

人和保险公司之间共同承担。例如，1994~1999年，保单预定利率一般在8%~10%左右，这是当时的银行存款利率。保单的这个预定利率意味着保险公司要按照这个利率给付投保人，也必然要求保险公司的投资收益率高于这个水平。但事实上，后来银行连续7次下调利率，导致保险公司的投资收益率达不到预定的8%~10%，假定投资收益率是3.5%，则保险公司需要对这个差额进行贴补，这对保险公司很不利，而假定后来的投资收益率是15%，对客户又很不利，所以为了应付这个问题，就把利率（主要是利率）波动带来的风险由双方共同承担，由此就产生了分红险的概念。它意味着投资收益不好时没有分红，好的时候有分红。为了避免分红在不同年度间的波动，保险公司一般会把红利在不同年份之间平滑。

2. 分红险的红利从哪来

分红保险的红利到底从哪里来呢？保险公司的利润主要来自3个方面：利差益、死差益和费差益。所谓"利差益"是指保险公司实际的投资收益高于预计的投资收益所产生的盈余。所谓"死差盈"是指预定死亡给付高于实际死亡给付所产生的盈余。所谓"费差益"是指保险公司预定的经营费用高于实际的经营费用所产生的盈余。在一般情况下，由于保险公司的经营费用不会产生大的波动，因此这部分的盈余可以忽略不计。红利的主要来源是利差益和死差益。由这两部分收益产生的可分配盈余经董事会批准，70%可用于分配给持有分红保单的客户。

那么，红利又是如何分配的呢？目前客户中有一些错误的认识，他们认为红利的派发是按照每个人所交纳的保费或者投保的保险金额来计算的。实际上这是一种错误的理解，真正的红利分配是根据每一保单的年度末现金价值（或叫做解约金）进行计算，分配给投保人的。

另外，也应该看到由于保险资金受投资渠道的限制，并不是所有的分红保险都能产生红利，也就是说，不是所有的投资保险都可以赢利。

3. 分红险可分为几种类型

分红险依据功能，可以分为投资和保障两类。投资型分红险以银保分红产品为代表，主要为一次性缴费的保险，通常为5年或10年期。它的保障功能相对较弱，多数只提供人身死亡或者全残保障，不能附加各种健康险或重大疾病保障。在给付额度上，意外死亡一般为所交保费的两到三倍，自然或疾病死亡给付只略高于所缴保费。保障型分红险主要是带分红功能的普通寿险产品，如两全分红保险和定期分红保险等。这类保险侧重人身保障功能，分红只是作为附加利益。以两全分红保险为例，在固定返还生存金的同时，还有固定保额的身故或全残保障，红利将按照公司每年的经营投资状况分配，没有确定额度。保障型的分红保险通常都可作为主险附加健康险、意外险和重大疾病保险，能形成完善的保障计划。

4. 分红险适合哪些人群

分红险到底适合什么样的人群呢？保险专家指出，前提是家庭较为富裕、有稳定收入，且不太急于用此部分资金的人群，如夫妻双方均为国家公务员、经营夫妻店等收入稳定的家庭，短期内又没有大宗购买计划的，考虑到未来资产保值或者给孩子储备未来的生活资金，买分红保险是一种较为理想的投资。也有一种特殊情况，比如，要抚养丧失劳动能力的人，如残疾智障儿。残疾儿或智障儿由于身体的因素，很难买到其他保障型的险种。而且残疾儿或智障儿也不适合拥有太多的现金，通过年年定额返还年金满足这类情况。

另外，保险专家指出，保险的本质在于保障，购买分红险还是应该把保障放在第一位，然后再考虑收益状况。同时，还要考虑把资产放在多个篮子里，不可能一款保险就把所有投资需求囊括在内。

对于收入不稳定的家庭，比如，做大宗生意和打零工以及在效益不太稳定的公司企业就职者，不宜多买分红保险。这部分家庭应以储蓄存款为主，入保险时最好选择一年期短险，因为短险不占用资金，一旦发生意外其赔偿金额也较高。

不论是哪种类型的家庭，投资时一定要理智，切莫盲目跟风，一定要看到储蓄具有安全可靠、收益稳定、兑付资金能力强等多种优点，在拥有相当比例的储蓄的基础上，再根据自身情况去投资分红保险。

需要说明的是，分红险有一个特点是替代性，也就是说，它和其他金融产品可以相互替代。这个特点决定了人们在很大程度上将其作为投资理财的一种方式，一旦证券、基金等投资市场转好，人们就会把钱从分红险上转入其他投资项目中去。银行保险保费曾经一度下滑，主要就是由于证券、基金市场的牛市所造成的。而当证券、基金等投资市场环境恶劣时，人们又会选择将钱投入分红险中来，这也是我们即将看到的趋势。

如何合理选择健康险

健康是人类最大的财富。疾病带给人们的除心理、生理的压力外，还会面临越来越沉重的经济负担。有调查显示，77%的人对健康险有需求，但是健康险包括哪些险种，又应该如何购买，不少人对此懵懵懂懂。以下是保险专家为你如何购买健康险提出的一些建议。

1. 有社保宜买补贴型保险

刘先生买了某保险公司 2 万元的商业医疗保险。他住院花费了 12000 余元，按照保险条款，他应得到保险公司近 9000 元赔付。但由于他从社会基本医疗保险中报销 7000 余元药费，保险公司最后赔付他实际费用与报销费用的差额部分 5100 元。这让刘先生很不理解。

专家解答：商业健康险主要包括重疾险和医疗险两大类，重疾险是疾病确诊符合重疾险理赔条件后就给予理赔的保险，不管投保人是否医治都会给予理赔；而医疗险是对医治过程中发生费用问题给予的补偿。如果没有医治并发生费用，医疗险也无法理赔。

医疗险又分为费用型住院医疗险与补贴型住院医疗险。刘先生购买的是费用型保险。

所谓费用型保险，是指保险公司根据合同中规定的比例，按照投保人在医疗中的所有费用单据上的总额来进行赔付，如果在社会基本医疗保险报销，保险公司就只能按照保险补偿原则，补足所耗费用的差额；反过来也是一样，如果在保险公司报销后，社保也只能补足费用差额。

而补贴型保险，又称定额给付型保险，与实际医疗费用无关，理赔时无须提供发票，保险公司按照合同规定的补贴标准，对投保人进行赔付。无论他在治疗中花多少钱，得了什么病，赔付标准不变。

专家表示，对于没有社保的人而言，投保费用型住院医疗险更划算，这是因为费用型住院医疗险所补偿的是社保报销后的其他费用，保险公司再按照 80% 进行补偿。而没有社保的人则按照全部医疗花费的 80% 进行理赔，商业保险补偿的范围覆盖社保那一部分，理赔就会较多。反之，对于拥有社保的人而言，不妨投保津贴型住院医疗险。

2. 保证续保莫忽视

江女士已步入不惑之年，生活稳定，工作也渐入佳境，两年前为自己投保了缴费 20 年期的人寿保险，并附加了个人住院医疗保险。今年年初，江女士身体不适，去医院检查发现患有再生障碍性贫血。经过几个月的治疗，病情得到了控制，医疗费用也及时得到了保险公司的理赔。

不料，几天前，江女士忽然接到保险公司通知，称根据其目前的健康状况，将不能再续保附加医疗险。她非常不解，认为买保险就是图个长远保障，为什么赔了一次就不能再续保了呢？

专家解答：虽然江女士投保的主险是长期产品，但附加的医疗险属于1年期短期险种，在合同中有这样的条款："本附加保险合同的保险期间为1年，自本公司收取保险费后的次日零时起至约定的终止日24时止。对附加短险，公司有权不接受续保。保险期届满，本公司不接受续约时，本附加合同效力终止。"

目前，不少保险公司根据市场需求陆续推出了保证续保的医疗保险。有些险种规定，在几年内缴纳有限的保费之后，即可获得终身住院医疗补贴保障，从而较好地解决了传统型附加医疗险必须每年投保一次的问题。对于被保险人来说，有无"保证续保权"至关重要。所以，你在投保时一定要详细了解保单条款，选择能够保证续保的险种。

3. 根据不同年龄选择不同的健康保险

购买健康险也应根据年龄阶段有针对性地购买。专家建议：学生时期，学生好动性大，患病概率较大。所以，选择参加学生平安保险和学生疾病住院医疗保险是一种很好的保障办法。学生平安保险每人每年只需花几十元钱，可得到几万元的疾病住院医疗保障和几千元的意外伤害医疗保障。

单身一族也该购买健康保险。刚走向社会的年轻人，身体面临的风险主要来自意外伤害，加上工作时间不长，受经济能力的限制，在医疗保险的组合上可以意外伤害医疗保险为主，配上一份重大疾病保险。

结婚成家后的时期。人过30岁就要开始防衰老，可以重点买一份住院医疗保险，应付一般性住院医疗费用的支出。进入这个时期的人具备了一定的经济基础，同时对家庭又多了一份责任感，不妨多选择一份保障额度与经济能力相适合的重大疾病保险，避免因患大病使家庭在经济上陷入困境。

4. 期交更合适

健康保险也是一种理财方式，既可以一次全部付清（即趸缴），也可以分期付（即期缴）。但是跟买房子不一样，保险是对承诺的兑现，付出越少越好。所以一次性缴费就不太理性，理性的做法是要争取最长年限的缴费方式。这样每年缴费的金额比较少，不会影响正常生活支出，而且在保险合同开始生效的最初年份里保险保障的价值最大。

家长必须知道的少儿保险

父母对孩子最关心的事不外乎就是如何确保孩子平安健康的成长以及接受到良好的教育，而教育开支和疾病、意外等产生的费用都不菲。如果觉得有必要将这些费用细水长流地逐年分摊，如果想在出现万一时对孩子的爱得以延续，父母们不妨考虑一下少儿保险。

父母们也许会问：市面上有哪一些保险品种可以给自己的孩子购买呢？多大的孩子可以购买保险呢？怎样买更加划算呢？

1. 不同险种解决不同问题

据保险专家介绍，对于少儿险来说，不同的险种是为了解决不同的问题，家长为孩子购买保险，关键要看家长最关心的是什么。

第一类：防止意外伤害。孩子在婴幼儿阶段自我保护意识比较差，基本完全依赖于爸爸妈妈的照顾和保护；孩子在上小学、中学阶段，要负担照顾自己的责任，但作为弱小群体，为了避免车祸等意外，父母可以酌情为孩子购买这类险种，一旦孩子发生意外后，可以得到一定的经济赔偿。

第二类：孩子的健康。调查显示，父母对孩子的健康格外关注。目前，重大疾病有年轻化、低龄化的趋向，重大疾病的高额医疗费用已经成为一些家庭的沉重负担。如果条件允许，父母最好为孩子买一份终身型的重大疾病险，而且重大疾病险岁数越小保费越便宜。

第三类：孩子的教育储蓄。据介绍，它解决的问题主要是孩子未来上大学或者出国留学的学费问题。越来越高的教育支出，不可预测的未来，都给父母一份责任，提前为孩子做一个财务规划和安排显得非常必要。一旦父母发生意外，如果购买了"可豁免保费"的保险产品，孩子不仅免交保费，还可获得一份生活费。

2. 不同险种搭配更加实惠

对于一些家长来说，有的家长既关心孩子未来的教育，同时又关注孩子的健康，希望孩子拥有重大疾病和意外等保障，保险公司也了解到各家长的需求，从而开发出一些保险产品，适合不同需求的人士购买。

需要注意的是，一般家庭的总体保险开销占家庭收入的10%比较合理，特别是在家庭的上升期，儿童保险不宜占过多的比例，否则，常年支付使家庭压力相对较大。当然，高收入的家庭可以重点加强教育金的部分。

为了孩子有更多的保障，不少家长都为孩子买了数份保险。但是有部分家长

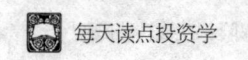

在购买时存在一些明显误区。为此,保险专家就以下误区一一剖析,以提高大家买保险的成效。

误区一:只重小孩,不重大人

中国的父母都认为孩子柔弱,需要更多的保护,于是在保险方面也优先为孩子投保,反而忽略了大人本身。这是最严重的误区。

从家庭财务的角度来看,大人是收入来源、家庭的经济支柱,也是孩子最好的"保护伞"。如果只给孩子买保险,大人自己却不买,那么大人发生意外时,保险公司不会赔一分钱。这个家庭很可能会因此陷入困境,孩子将来的教育也得不到保障。所以,为孩子投保之前,大人应首先为自己投保。这既是对自己负责,更是对孩子负责。

误区二:注重教育忽略保障

很多父母花大量资金为孩子购买教育金保险,却不购买或疏于购买意外保险和医疗保险,这将保险的功能本末倒置。

保险专家建议为孩子购买保险时的顺序应当是:意外险、医疗险、少儿重大疾病保险。在这些保险都齐全的基础之上,再考虑购买教育金保险。

误区三:保障过剩

少数不够诚信的代理人总是试图让客户更多地购买他们的保险,而不考虑保障是否已经过剩。因此,在为孩子投保商业保险前一定要先弄清楚,已经有了哪些保障?够不够?还有多少缺口需要由商业保险弥补?家长为孩子投保时,只需要补充那些不足的部分就可以了。

还有很重要的一点是,如果为孩子投保以死亡为赔偿条件的保险(如定期寿险、意外险),那么累计保额不要超过10万元,因为超过的部分即便付了保费也无效。这是中国保监会为防范道德风险所作的硬性规定。

误区四:保险期限太长

曾经有一位女士为她3岁的儿子购买了一种到60岁还可以领取保险金的少儿保险。

事实上,对于很多资金不是特别宽裕的家庭来说,为孩子购买终身寿险是一件太过"深谋远虑"的事情。尤其是大人自己的养老金尚没有储备足够的情况下,考虑孩子的养老问题确实无甚必要。

因此,为孩子买保险时,保险期限应以到其大学毕业的年龄为宜,之后就应当由他自食其力了。

当然，如果看重其终身寿险的"纪念意义"，在预算宽裕的情况下也可以考虑买一些。

如何投保重大疾病保险

重大疾病保险是每个人保险组合中非常重要的部分，因为重大疾病一旦发生，如果没有合理的保险保障，除要承受疾病的痛苦外，还要忍受经济的困窘。那么，在投保这类保险时，该如何做到合理安排呢？

首先，投保金额的选择须根据个人需要，同时也要结合保险公司对保险责任的具体规定。

以某公司的保单A为例，合同规定，被保险人初次发生合同指定的10种重大疾病时，可获得基本保额两倍的重大疾病保险给付；若被保险人身故或身体高度残疾，则按基本保额的3倍给付，但应扣除已给付的重大疾病保险金。

有统计资料显示，目前我国人均需要10万元左右的重疾医疗费支出，按现行医保政策，若身患重大疾病，大约有20%的医疗费用需要个人负担。从保障角度来说，有医保的人至少需要2万元的补偿，没有参加医保的则需要10万元的补偿。考虑到A保单提供基本保额两倍的重大疾病保险给付，因此，参加医保的人可投保1万元，没有参加的则需要投保5万元。

专家建议，在投保重疾保险等健康险时，尽量选择交费期长的缴费方式。一是因为交费期长，虽然所付总额可能略多些，但每次交费较少，不会给家庭带来太大的负担，加之利息等因素，实际成本不一定高于一次缴清的付费方式。二是因为不少保险公司规定，若重大疾病保险金的给付发生在交费期内，从给付之日起，免交以后各期保险费，保险合同继续有效。这就是说，如果被保险人交费第二年身染重疾，选择10年缴，实际保费只付了1/5；若是20年缴，就只支付了1/10的保费。

此外，不少寿险合同提供减额交清保险的选择，即在保险合同具有现金价值的情况下（一般投保两年以后），投保人可以按当时的现金价值在扣除欠交的保险费及利息后的余额，作为一次交清全部保费，以相同的合同条件减少保额，合同继续有效。这意味着选择分期交费的投保人，日后想减少保额或者发生交费困难时，除了退保之外，还能有折中的选择。

考虑到身染重病的其他相应支出，你还可以在健康重疾主险外附加住院医疗保险和住院生活津/补贴保险，这样在重大疾病确认时可以领到重疾保险金，而住院治疗的医疗护理支出也可得到补偿。专家认为，拿出收入的7%~8%投保重疾类保险是比较符合实际需要的。

如何购买意外伤害保险

俗话说："月有阴晴圆缺，人有旦夕祸福。"随着国人生活质量的提高，越来越多的人打破传统"忌讳"开始理性解读人生中的生死病残，这不仅是民众人生观念的巨大转变，更是中国人抛开传统束缚迈入理性消费时代的开始。

这不，刚刚结婚的张小姐计划和丈夫一起去蜜月旅行。素来擅长未雨绸缪的她准备在出行前为自己和丈夫购买一定数额的意外伤害险，可上网一查，发现意外伤害险有很多种，且购买方式五花八门，她一时没了主意。于是，打电话咨询。经过联系，专家为她支了招，最终满足了她明明白白买保险、安安心心度蜜月的愿望。

如何区分意外伤害保险的种类？

目前，市场上主要分3种：

（1）短期出游旅行全程保障的旅游类意外伤害保险，主要保险责任是旅行期间的意外伤害医疗、伤残、身故保障。

（2）乘坐交通工具期间的交通工具意外伤害保险，例如，航空意外保险、汽车乘客意外保险，主要保险责任是乘坐交通工具期间的意外伤害伤残、身故保障。

（3）一年有效的普通意外伤害保险，主要保险责任是全天24小时有效的意外伤害医疗、伤残、身故保障。

鉴于张小姐及丈夫此前已有普通寿险并附加过普通意外险，此次，专家建议她只购买前两种类型的险种。

那么，如何购买意外伤害保险呢？

意外伤害保险是一种比较简单的保险产品，价格低、保障额度高，与传统的一些保险相比，购买手续相对简单，主要有以下几种。

1. 到专业保险公司销售柜面购买

消费者填写投保单，保险公司收到保险费后出具保险凭证，保险生效。

2. 联系有资质的个人代理人购买

消费者填写投保单，通过个人代理人购买保险，保险公司收到保险费后出具保险凭证，保险生效。

3. 通过有资质的代理机构购买

保险公司将系统终端装置在代理机构，印刷好空白保险凭证交代理机构保管，客户提供投保信息并向代理机构交付保险费后，代理机构通过保险公司系统打印保险凭证给消费者，保险生效。

4. 通过网站购买

消费者在网上完成填写投保信息和付费，保险公司出具电子保险凭证通过电子邮箱或短信发送给客户，保险生效。

5. 通过保险公司电话销售中心购买

消费者在电话上提供投保信息，保险公司出具保险凭证后递送给消费者时，再要求消费者刷卡成功缴费后，保险生效。

现在骗保的情况很多，如何辨识中介或其他渠道购买到的保单是真还是假呢？

由于保险公司提供购买意外险的方式越便利，购买保险的人越多，觊觎保险费、侵占保险当事人合法权益的不法之徒就会越多。

为保护投保人、被保险人和保险人的合法权益，严厉打击制售假保单的违法行为，保险监管部门和公安部门分别制定了多项制度和专项打击措施；同时，也要求保险公司改善经营标准，实行"见费出单、自助查询"等措施，减少假保单的生存空间。具体如何检核所投保单的真伪，专家建议如下：

（1）由于监管要求投保信息实时进入保险公司系统，自2010年1月1日起，保险公司出具的意外险保单凭证都是通过保险公司核心系统实时记录，手工填写的保单通常无效。

（2）拿到意外险保单后，应查看是否有保单号、险种名称、保单生效时间、保险期间、保险金额、被保险人姓名及身份证号等关键内容，注意购买的是哪家保险公司的保单，查看保单印章是否清晰，是否印有该保险公司的客户服务电话和保单查询方式。

（3）收到保险凭证后，立即通过保险公司公告的服务电话和门户网站，查询保单是否真实有效，各保险公司的全国统一客服电话通常为"95"开头的5位号码，不要轻信其他号码。

（4）在销售航空客票、汽车票、公园门票等售票点购买意外保险的，查看该售票机构是否有保监局颁发的《保险兼业代理业务许可证》，以及《工商营业执照》经营范围含有代理销售保险业务。

（5）通过个人营销员购买意外险的，应在本地区保险行业协会网站上核查该营销员是否具备"保险代理人资格证书"。

（6）网上购买或激活的保单，应该收到保险公司的短信或邮件承保通知或电子保单，而非销售网站的通知，且在保险公司门户网站上能够自行根据保单号码等信息核查出保单真实性。

（7）与自己购买的意外险保单一样，通过票务公司或其他渠道获赠的意外险保单也请消费者注意查看保险凭证是否有保单号、险种名称、保单生效时间、保险期间、保险金额、被保险人姓名及身份证号等关键内容，是否有告知保险公司的客户服务电话和保单查询方式；并到售出保单的保险公司的门户网站核查即可。

没想到几元钱或几十元钱就能购买到的小小意外保险竟蕴藏着这么大的学问，看来将来购买此类险的时候，还真的要核实信息，确保万无一失！

第三节　人们一生需要购买哪些保险

人们的一生主要会投保哪些类型的保险

从前在一座小岛上，住着10户以捕鱼到陆地出售为生的渔民。10户渔民每家都有一艘货船，这些货船经常要将货物运到陆地上出售，在运送过程中如果其中的一艘货船遇难，就会致使一个家庭几个月甚至半年的生活无所依靠。

后来大家想出了一个办法，把每家的货物分成10份，每艘船上装1份，这样一来，货船遇难的时候，每个家庭都会受到损失，但损失的只是全部财产的1/10而已。

这就是保险最原始的核心功能之一。

除了足够富有的人需要为"闭上眼睛的瞬间财产减少一半"而规避损失以外，普通人员需要为"意外、健康和养老"而转移损失。这就是人生必保的"三大风险"。

1. 意外风险

意外事件每天都在城市的大街小巷上演。风险已经不再是小概率事件，而事故造成的损失总要有人来买单。

对于刚参加工作的年轻人或者收入不同的人群而言，购买高额的寿险是不现实的。经济能力使得他们没必要、也不乐意把所有的钱都放进保险公司的口袋里。但意外险是他们必备的一张保单。因为面对人生突如其来的意外，意外险能够较全面地构筑起保障被保险人利益的安全防线。

意外险的保费低，一份保额为10万元的保险，投保人只需交纳100多元的费用，可谓"小投入大保障"。

意外险种类很多，人们可根据自身的特点及需要选择适合自己的险种。一般的意外险，保障范围广，保障期通常为一年、不限制出险地等。一份保额适中（10万元到20万元）的意外险，适合所有人购买，作为意外保障；旅游意外险期限较短，对出险地也有严格限制，只保旅行期间的意外；交通工具意外险适合于经常出差的商务人士，保险公司对于被保险人在特定交通工具，如飞机、火车、汽车、轮船上发生的意外给予赔偿；航空意外险，适合每年坐飞机次数较少的人士，如很频繁则更适合投保交通工具意外险。

在低利率、低投资收益率的时代，购买意外险等纯保障险是非常必要的。

2. 健康风险

不知从什么时候起，我们开始害怕体检。尽管拿着不薄的薪水，但是内心里总有不安感。现代生活让一大半白领处于亚健康状态，大病发病率越来越高，年龄越来越低，这个问题谁也无法否认。客观而言，疾病的风险是任何人都难以回避的。

通过投保健康险可有效降低疾病对自己和家庭生活所带来的影响。被保险人以支付相对较少的保险费为代价，向保险公司转移和分散了无法预测的大额医疗费用的风险。

健康险是以被保险人身体的健康状况为基本出发点，以提供被保险人的医疗费用补偿为目的的一类保险。

健康险主要包括重大疾病保险和医疗保险等。重大疾病保险属于给付型保险，当保险人患保险合同中约定的疾病或发生其约定的情况时，保险人按合同所载金额一次性向被保险人给付保险金。

通常情况下，可以依照重大疾病保险管理长期重大风险，靠医疗保险应对平

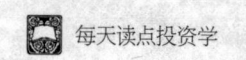

时短期风险。在金融危机时期,健康险可以说是人们必备的投资之一。

3. 年老风险

为了能让更多老人在退休后安度晚年,老年人应当趁早买份商业养老保险。养儿防老不如买份保险来养老。

养老保险有社会养老保险和商业养老保险。大多数情况下,指的是社会养老保险。但是,仅仅靠社会养老保险并不能让你的晚年生活得幸福,若是能再在社会保险体系外买一份商业养老保险作为补充,那你的老年生活就会过得安稳无忧。

商业养老金保险最早由中国人寿保险公司开设。在保险合同期内,被保险人获得的保障利益为:投保时选择一次性领取养老金的,被保险人按约定的养老金年龄一次领取;如选择定额领取养老金的,则被保险人从约定的领取年龄开始以月或年等额领取;如选择增额领取养老金的,则被保险人从约定的领取年龄开始以月或年增额领取养老金,并自领取的第二年开始按首年领取额的5%增加。

若被保险人中途身故,其受益人可继续领取该养老金至10年期满,保险合同终止;若被保险人在保险费交费期内身亡,公司向受益人给付身故保险金,保险责任终止。

凡年满16周岁至64周岁以下者,身体健康均可成为被保险人。自保险合同生效日起至规定领取养老金的前一日止为保险费交付期。被保险人从开始领取养老金日起至身故止为领取期。开始领取年龄为45、50、55、60、65周岁,由投保人在投保时选择。保险费交付有月交、年交和趸交(一次性交清)。

单身时期——医疗保险做伴侣

单身时期是事业开创和发展的阶段,很多年轻人认为自己身体健康,吃穿不愁,没必要上保险。淡薄的保险意识,为今后的生活种下了苦果。

陈小姐是家里的独生女,同父母住在一起。由于父母下岗,家里的主要经济来源都落在了她的身上。于是她更加勤奋工作,以希望能让父母生活得更安适些。可是,命运并没有因此给她过多的关照,相反,却悄悄酝酿了一场悲剧。

一天,她在办公室办公,突然觉得胃痛得厉害,结果到医院检查,是一种罕见的胃部疾病,由于她的胃已经有一小部分被感染,所以要动手术。这时她蒙了,她该去哪里筹措这笔钱?即便公司为她上了社会保险,可是也只是承担了一部分,剩下的她根本没办法弄到!

工薪阶层里,有的是刚步入社会,收入不高,身体健康的年轻人,可是却没有多少人想过要为自己买一份医疗保险!本应必不可少的东西被忽略掉了,而在遇到疾病的时候,束手无策!

很多年轻人都知道保险,但是很多人没有仔细想过选择或不选择它到底意味着什么。灾难是无情的,它不会给你防卫的机会。而你最应该做的就是在风险还没到来之前,就做好未雨绸缪的准备!保险,就是为你提供防卫的最佳武器!

由此,建议那些单身的人士,趁自己的收入还在增加,还没什么家庭负担,早些买份保险来保护自己的利益。而在险种的考虑上,最主要的就是要购买意外险和疾病险。因为一般单身人士还没有什么财产,不必顾虑车险和其他财产险,当然也没必要过早地买养老保险,所以最大的威胁就来自意外和健康!一次小小的意外事故,一次不大不小的住院,就能让你的资金超支,这对于工资收入还不是很稳定的你来说才是最严重的!

医疗保险买得越早,随着年龄的增长,保费也就增长,那你就为可能出现的意外准备得越充分。看来,保险也应当趁早,早些投保,就早日得到保护!

家庭形成期如何选择保险

苦熬了几年,你终于有了自己的家庭,收入稳定了,也有了自己的孩子,而这时候,你想过要给自己的家庭买保险吗?如果买,该买哪些保险?

明志的儿子终于降生了,一家人都沉浸在喜得贵子的气氛中,一切都以孩子为中心分配工作。这点被他的一个销售保险的朋友知道后,立刻上门拜访他,向他介绍婴幼儿保险。明志一听是为孩子买保险,全盘接受,还专门拿纸笔记了下来。后来,明志给孩子买了多种长期和短期的保险,而自己和其他人却一份都没买。虽说给孩子买保险十分有远见,可是大人从某种程度上讲更需要上保险。

新家庭的形成,孩子的诞生,让家里的一切都变得不一样了。生活的重心也逐渐向孩子靠拢,为孩子买保险没有什么错,可是大人一份都不买就不太理性了。万一大人出了什么事情,那孩子该怎么办?孩子还需要大人的哺育,而一旦家里的经济支柱倒了,孩子有保险有什么用?

同时，也要看到，此时，家庭的收入一般都趋于稳定，生活水平也在逐渐提高。但相对的，由于新家庭的形成，工作和生活压力都加大，心理负担加重，身体很可能会出现些许不适应不舒服的地方。据调查，当今社会处于这个年龄段的人的身体都处于亚健康状态，这样连自己都没办法保障，又怎么可能给孩子一个有保证的未来？

在普通家庭中，男士一般是经济支柱，也是承受压力最重的群体，因此，也就最应当买保险。这时就要抛弃总是保护家庭弱者的旧观念，因为无论在何时，首先保住家庭的支柱才是最正确的！

至于买什么保险，根据这阶段的情况，建议投保者，为自己和家人优先考虑意外险和疾病险，以应对可能遭遇的风险；然后再考虑子女教育险、养老保险等其他险种。当然，最好能有个投保计划，规划好以后都为什么人、投什么险、都投多少，等等。建立家庭，要考虑的事情很多，所以在买保险的时候也应尽量考虑周全！

在这个时期，孩子正不断成长，父母的收入丰厚并日趋稳定，而增长速度减缓，但是工作压力依然较大，对自己的身体要给予适当的关注。这段时间，夫妻所面临的风险逐渐增加，因此要把家庭中每个成员、每个因素都尽量当作一个整体来考虑。

朱先生和妻子都是公务员，收入较稳定。其中丈夫的收入略高于妻子。他们育有一子，在某高中就读。经过不懈地努力和奋斗，他们在市中心买了一套房子，一切基本就绪。本是幸福的一家，但没多久，朱先生突然检查出了得了癌症，很快就过世了。突如其来的打击让这个家庭一下子笼罩在黑暗之中。正在妻子因为高额的治疗费和丧葬费苦恼时，保险公司的业务员来到她面前。幸好以前朱先生曾经买了一份疾病险，所以得到了数额不菲的赔款，这样他的家人在医疗和生活上的负担减轻了许多。

40岁左右，正是人生事业的高峰期，但也是身体容易出现疾病的时期。有很多人在过了40岁后，检查出了不治之症。虽说平时注意，但还是有些疾病防不胜防。所以，这个阶段的人要注意检查身体，观察是否有不适的地方。

处于家庭成长期的人，建议首先要为自己购买疾病险，其次是意外险。万一遭遇到不幸，保险金还能为家里减轻一些经济上的负担。同时，也要为家人购买以上两种保险，以给家庭设置一个较全的保险屏障。再者，要有养老保险，为自己的退休生活做好充足的准备。

家庭责任依然重大，可你已经日渐衰老，甚至可以感觉到力不从心，买保险就显得至关重要。但也没必要整天忧虑重重，买过多的保险。该买多少，应按照家庭的实际情况来决定。但买保险最好能趁早，不要等到岁数大了才来想到要保障自己，不但费用高，还可能被保险公司拒绝！

买保险就是在买保障，是应对未来不可预测的各种危机的最佳方法。不要因为家庭条件不好而在这个问题上打折扣，殊不知，这也是在为你的安全系数打折扣！家庭成长期之后，很快就是退休期，也就是事业、人生都开始进入低潮阶段，这时候，有什么还会比买份合适的保险更能保证你的未来生活？

准妈妈如何选择一份合适的保险

随着社会对女性的关注越来越多，在保险市场中也开始出现了一些"女性保险"，颇值得关注。尤其对于准妈妈们来说，这种保险来得正是时候。由于女性妊娠期的风险概率比正常人要高得多，保险公司对孕妇投保都有比较严格的要求。一般怀孕28周后投保，保险公司不予受理，要求延期到产后8周才能受理。怀孕28周后，原则上不受理医疗保险、重大疾病保险以及意外险，只受理不包含怀孕引起的保险事故责任的普通寿险，且在投保时须进行普通身体检查。

对于进入生育阶段的准妈妈来说，生育保险到底有多重要？准妈妈们应当如何进行自己的保险规划呢？

1. 孕前投保健康险留意"观察期"

对于目前尚未怀孕而正准备做妈妈的女性们，可提前做出保障准备。眼下，很多保险公司都已经推出了能覆盖妊娠期疾病的女性健康险，保障女性生育期间的风险，有的以主险形式推出，有的则以附加险的形式推出。

但要提醒的是，投保这类保险切记要至少提前半年，这主要是因为女性健康险有一定的观察期，也就是该类保险合同一般要在90~180天以后才能生效，甚至更长时间。如果该保险观察期是180天，那等孩子生下来才能进入合同的保险期，怀孕期间一旦发生意外和疾病，就不能获得理赔。

2. 孕后选择母婴保险

对于已怀孕的准妈妈们来说，怀孕后选择保险的范围比较有限，如果有保障需求，可以考虑专门为孕妇以及即将出生的小宝宝设计的母婴健康类保险。一般情况下，20周岁至40周岁怀孕，且怀孕期未超过28周的孕妇都可以投保。和普通的健康险不同，这类保险是专门针对孕妇的，因此一旦投保即可生效，一方面对孕妇的妊娠期疾病、分娩或意外死亡进行保障，另一方面也对胎儿或新生儿的死亡、新生儿先天性疾病或者一些特定手术给予一定的保险金给付。

3. 买津贴型保险

津贴型住院医疗保险指保险公司按住院天数每天定额给付被保险人津贴的医疗保险，与社会医疗保险的报销没有任何冲突。对于医疗保障较为全面的准妈妈而言是最好的选择。这类保险对补足社保不给报销的药费或住院期间的误工费十分有用。

怎样给家中老年人买保险

杨小姐和老公都是独生子女，双方家境都属于普通工薪阶层，在老家的父母均在55岁以上，杨小姐和老公除了支付房贷等，还承担着4位老人的养老责任。虽然老人们都有一定的退休金，基本生活支出不需要他们负担，但杨小姐和老公还是想给他们买保险。然而令杨小姐困惑的是，不知道买什么险比较合适？

现在，随着我国计划生育政策的实施，很多身为独生子女的人都开始担当起养老的责任。许多人都像杨小姐一样考虑为父母买保险，一是想尽孝道，二是想解决老人"养老""重疾""意外"3个方面的问题，保障老人的晚年生活。

但是给老年人买保险划算不划算呢？应该怎样给老年人买保险呢？

其实，50多岁的老人买养老保险不是很合适了，因为不少寿险产品的费率随着年龄增大而提高，在这种情况下，老年人投保会出现保费"倒挂"现象外，即投保人缴费期满后所缴纳的总保费之和小于被保险人能够获得的各项保障以及收益之和。

比如，一位25岁的年轻人投保一款保额10万元的重大疾病保险，分10年缴费，每年需缴纳保费5900元，总共需缴纳保费59000元。一位55岁的中老年人同样投保这款险种，分10年缴清，每年就需缴纳保费11700元，共需缴保费117000元，到第九年保费投入就超过了保额。

老年人的保费高昂，是由老年人"高危"的特性所决定的——高风险必然带来高保费，但是从风险角度来讲，老年人恰恰是最需要保险的。除保费"倒挂"

现象外，另一种现状是适合老年人的险种也比较少，而且大部分寿险产品上限都在 65 岁，还有的险种上限是 55~60 岁。

专家建议，为老人选择保险要注意以下几点。

1. 重疾险尽量分期缴付

因为老年人的赔付比例高，保险公司承担的风险大，保费上靠近"成本"。因此，50 岁以上者购买重大疾病类保险要注意缴费期的问题，避免一次性缴清。

2. 以尽量低的主险来搭配尽量高的附加医疗保险

住院补贴类保险通常都是附加型保险，需要搭配一个主险购买，而主险一般都是保费较高的终身寿险、养老保险，老年人购买不是很划算，最好以尽量低的主险来搭配高的附加医疗保险。

3. 可考虑为老人投保短期意外险

短期意外险具有保费低、人身保障高的特点，且费率并不比年轻人高。另外，购买了意外险后，还可同时购买其他意外伤害医疗、手术费用等附加险。如果老人已拥有社保或农村合作医疗险，这样保障就比较全面了。

4. 可为父母单独买住院医疗险

家境富裕、老人身体状况较差的家庭，给家中老人购买健康险时，要注意看这份保险中是否含有保证续保的条款。如果保险产品不能续保，投保人在保险期限内发生保险责任事故，保险公司赔付后，就可以拒绝继续承保。

对那些家庭条件较差、老人又需要保障的家庭，保险专家建议购买相对便宜的住院医疗险，此外，有针对性地购买意外险。现在有不少保险公司都可以单独买住院医疗险，承保因意外或是疾病住院的费用，属消费型的，其优点就是无需附加在寿险上，保费较为便宜，3 万元左右的医疗费用报销在 1000~1300 元左右，保额最高可以买到 20 万元。专家建议，一般家庭购买 3~5 万元保额即可。

5. 有针对性地为老人购买老年意外险

与其他险种相比，意外伤害保险具有保费低廉、人身保障高的特点，65 岁以前投保，与年轻人投保的费率多是一样的。老年人群遭受意外伤害的概率要高于其他成年人群体，特别是交通事故、意外跌伤、火灾等事故对老年人的伤害更加严重。比如，因为老年人比较容易患骨质疏松，万一摔倒就可能花费不少医疗费用，因此市场上这几年出了几款专为老人设计的老年意外伤害保险，都内含了老人骨折的赔偿或津贴。

第四节 快速获得理赔有绝招

怎样办理理赔手续

对于保险客户来讲,最核心的问题便是保险理赔。那么,该如何办理理赔手续呢?

1. 通知保险公司

当发生保险事故时,应立即通知保险公司或业务员,通知的方式有:电话、信函、传真、上门等。

2. 提交申请材料

在通知保险公司以后,应该将保险合同约定的证明文件交给保险公司,也可以书面委托业务员或他人代办。这些文件主要包括:

(1)保险合同。

(2)理赔申请书。

(3)被保险人身份证明和出险人身份证明。

(4)门诊病历和处方。

(5)出院小结及诊断证明。

(6)医疗费用原始收据。

(7)住院费用明细清单。

(8)延长住院申请表(条款注明住院超过15天需要申请的)。

(9)重大疾病诊断证明书。

(10)意外事故证明(如:被保人驾驶机动车辆发生交通意外需提供有效驾驶证和行驶证,有交警处理的需要提供相关责任认定材料)。

(11)残疾鉴定报告(需要与理赔部联系)。

(12)授权委托书。

(13)被委托人身份证明。

(14)受益人存折复印件。

(15)受益人身份证明、户籍证明、与被保险人的关系证明。

(16)非定点医院申请。

（17）公安部门或本公司认可的医疗机构出具的被保险人死亡证明、殡殓证明、事故者户籍注销证明，如死亡医学证明书、火化证、户口注销等。

（18）与事故性质相关的证明材料：意外、工伤事故证明，医院死亡记录及相关病历资料，司法公安机关出具尸检报告书等。

3. 等待

提交申请材料之后，保险公司审核责任并计算赔款额。此时需等待一段时间。

4. 领款

保险公司一旦审核完毕，会将核赔结论用书面形式通知保险客户，保险客户带上身份证和书面通知去领取保险金即可。

保险理赔手续就完成了。

解除合同后不能申请理赔

张某几年前向某保险公司投保一份终身险，不久遭受了意外伤害，但当时并未向保险公司申请理赔。后来张某提出退保，保险公司也依约办理了相应的手续，张某无任何异议。数周后，张某却以保险期内曾发生过保险事故为由，要求保险公司给付意外伤残保险金。保险公司认为张某的保险金请求权因退保而不复存在，所以拒付了这笔保险金。

在保险理赔实践中，类似张某这样的事件每天都会发生。他们往往没有在合同有效期内申请理赔，等到合同解除了，采取申请，却被保险公司拒绝。因为从法律上来说，一旦合同解除，是不能申请保险理赔的。

这主要是基于以下几个原因：

（1）由于保险合同已被解除，任何当事人或关系人向保险公司索赔已无法提供保险合同凭证，由于缺乏最重要的单证——保险合同，保险公司无法立案，故无须履行给付保险金的义务。

（2）合同的解除与中止是有区别的。虽然保险事故发生在保险期内，但申请理赔给付的依据——保险合同因退保而解除，因而从属于保险合同的保险金请求权同样不复存在。从法律角度上说，合同解除后已不能让合同复效，即不可能恢复原合同项上的权利了。被保险人没有在合同有效期内提出理赔申请，只能视为放弃主张权利，因而保险公司无须给付其保险金。

那么，什么时间内申请理赔是有效的呢？

和买其他商品一样，买保险以及在保单持有过程中，都有一些类似于"索赔期"的关键时间点。即受益人向保险公司申请赔偿或给付保险金的权利是有时间限制的，如果超过了这一期限，受益人的权利就会丧失，保险公司可以依法拒赔。

如人寿保险以外的其他保险的被保人或者受益人，行使索赔权的期限是自其知道保险事故发生之日起两年内，而人寿保险的索赔权期限是五年。

在保险事故发生时，一定要在索赔权期限内申请索赔。此外，保险事故发生后，投保人、受益人或被保险人应在第一时间向保险公司报案，这样保险公司才能及时核赔，并提醒对方准备理赔所需材料。因为是否及时报案，会直接关系到保险理赔的效率，特别是一些重大理赔案，保险公司一般都会要求查看现场。

民事赔偿与保险赔付能相抵吗

2006年1月，北京市某游泳馆内一男游客突然发生异常情况，馆内救护人员和医务人员立即进行抢救，并呼叫救护车将其送往医院，但该游客终因抢救无效而死亡。医院认定其死亡原因为"猝死"，并出具死亡医学证明书。事后，游泳馆向该游客家属给付3.98万元赔偿金。

由于该游客生前曾投保人生意外伤害保险，因此，出险以后，该游客家属向保险公司要求赔付。

但是保险公司认为：被保险人投保了人身意外伤害保险，属保险事故，理应赔偿；但是游泳馆已对被保险人支付了赔偿金，保险公司无须重复赔付。

相信很多保险客户都碰到过与上面这个小故事相似的事情，即保险公司以第三者已经赔偿为由而拒绝向被保险人赔付保险金。但是，这种做法合法吗？民事赔偿与保险赔付能相抵吗？

其实，保险公司的这种做法是不合法的，民事赔偿与保险赔付并不能相抵。

因为依照我国法律规定，人身保险是以被保险人的身体和生命为保险标的，人的生命是不能用货币来衡量的，一旦遭受伤害，标的本身不能恢复再生，也不能对其进行补偿，只能解决所引起的经济需要。所以，并不存在保险公司的超额给付问题。不管在几家保险公司投保若干人身保险险种，只要被保险人发生保险责任事故，保险公司立即应当按合同规定给付保险金。

因此，第三者对被保险人的赔偿属于民事赔偿，并不能代替保险公司的保险赔付，我们应牢牢记住这一点。

怎样分清遗产与保险赔付金

胡某生前系个体司机，生有一子一女胡冬和胡欣。因职业的特殊性，遂在生前投保了一份3万元的人身意外伤害险，并一次性缴纳了全部的保险费，合同中指定了受益人为其女儿胡欣。

2001年6月15日，胡某在外驾车送货途中发生车祸死亡，保险公司在核对情况后如数支付了3万元的保险金。胡某之妻、儿子、女儿对胡某遗留的其他财产的继承均无异议。唯独对3万元的保险金归属意见不一。受益人胡欣认为，自己是父亲生前投保时指定的唯一受益人，保险金应归其所有。胡某之妻及其儿子胡冬则认为，该3万元保险金亦是胡某死亡时遗留的合法财产之一，属于遗产的范围。既是遗产，则应由3人分别继承。双方争执成诉，法院最后依法判决该3万元保险金归胡欣一人所有。

在上面的小故事中，法院为什么判决保险金归胡欣一人所有呢？在保险理赔时我们应怎样分清遗产与保险赔付金呢？

我国《保险法》第六十四条规定："被保险人死亡后，有下列情形之一的，保险金作为被保险人的遗产，由保险人依照《中华人民共和国继承法》的规定履行给付保险金的义务：（1）没有指定受益人的，或者受益人指定不明无法确定的；（2）受益人先于被保险人死亡，没有其他受益人的；（3）受益人依法丧失受益权或者放弃受益权，没有其他受益人的。受益人与被保险人在同一事件中死亡，且不能确定死亡先后顺序的，推定受益人死亡在先。"

请看以下这3种情况。

1. 无指定受益人

如果被保险人明确指定了受益人，则保险金不属于遗产，而是专属于受益人。如果被保险人没有指定受益人，即受益人的指定是采用法定的形式，此时保险金将作为遗产处理。

2. 受益人先死亡

受益人先于被保险人死亡，同时没有其他受益人，一旦发生保险事故，保险金也将作为遗产。为避免此种情况，一旦受益人先于被保险人死亡，被保险人应及时更改受益人，以获得应有的保障。如果受益人与被保险人在保险事故中同时遇难，若没有证据确切证明受益人晚于被保险人死亡，则法院推论受益人先于被保险人死亡，保险金将作为被保险人的遗产进行分割；若有证据确切证明受益人晚于被保险人死亡，则保险金作为受益人遗产进行分配。

3. 受益人丧权

受益人依法丧失受益权或者放弃受益权，没有其他受益人的。这在实际生活中主要是指受益人为使其得到保险金而故意制造保险事故或自愿放弃的情况，此时，保险金归于被保险人，在被保险人死亡后，成为其遗产。

由此看来，保险赔付金到底属不属于遗产，需分情况而论。如果有受益人，则不属于遗产；如果没有受益人、受益人先死亡或受益人丧权，保险赔付金就属于遗产。

故意伤害自己或被保财产能获得理赔吗

金小姐2010年2月刚买了一辆本田雅阁，上周，她在开门时不小心撞凹了一小块，因急于出差她就把车送到离家不远的汽车修理厂。该修理厂的负责人热情地接待了她，并说可以为其代办向保险公司索赔事宜，让她过3天来取车就行。金小姐签好保险索赔委托书后，便安心离去。由于出差临时取消，第二天晚饭后，金小姐遛弯时就顺道去了修理厂，想去看看车的修理进度，可令她意想不到的是，原本毫发未损的车前盖已被人砸得破烂不堪，就像刚发生了重大撞车事故一样。后经调查得知，原来该修理厂拿自己的"事故车"向保险公司索赔高达数千元的保险赔款，超出了车门撞坏的赔偿金十几倍……

现实生活中，很多人为了骗取高额的保险金，故意伤害自己或被保财产，但依照我国法律，这种做法是不能获得理赔的。

我国《保险法》规定，当出现以下情况时，保险公司的保险责任免除。

（1）如果投保人、受益人故意伤害，被保险人故意自伤。

（2）故意犯罪、醉酒、斗殴、无证驾驶、被政府拘禁、劳教或判刑入狱。

（3）被保险人未经医师处方注射、吸食、服用毒品或处方药品。

（4）感染艾滋病病毒。

（5）核爆炸、核辐射、污染、战争、暴乱、军事冲突等。

（6）获得固定报酬的体育运动、任何职业运动、进行探险、赛马、赛车或练习、潜水、空中飞行（以购买机票的乘客身份搭乘民用或商业航班除外）、跳伞、拳击、摔跤等活动。

（7）非承保药品、非承保医疗项目及非承保疾病。

从上面的规定来看，如果有人出于骗取保险金的目的，故意伤害自己或被保财产，保险公司是不给理赔的。

但是现实生活中，对于是不是自己伤害保险标的很难认定，这种骗保事件屡有发生，给保险公司及其他被保险人造成很大的损失。因此，保险公司应加强对保险事故的认定，以减少此类事情的发生。

· 第十五章 ·

投资商业：借力生财赚大钱

第一节　如何发现商业投资机会

与市场亲密接触，寻找市场需求

马克·扎克伯格（Mark Zuckerberg）的第一份全职工作就让他拾得头彩，这在亿万富翁中十分罕见。2004年，在扎克伯格还是个哈佛大二生的时候创建了社会化网站Facebook。仿佛眨眼间，Facebook迅速走红，扎克伯格自此便一飞冲天。到3月，扎克伯格的净值约达40亿美元。

很多亿万富翁都从微不足道的工作干起，逐步发展事业。查尔斯·施瓦布（Charles Schwab）曾在加州萨克拉门托附近的果园采摘并包装胡桃。都乐公司（Dole）董事长大卫·默多克（David Murdock）读完九年级后便辍学，在一家加油站为汽车更换满是油污的零部件，后应征入伍。银行业富豪安德鲁·比伊尔（Andrew Beal）将旧电视机修好，再挨家挨户将其兜售给贫困家庭。上中学时，史蒂夫·乔布斯（Steve Jobs）在技术先驱惠普公司获得了一份暑期工作，遇见了史蒂夫·沃兹尼克（Steve Wozniak）。1976年，两人创办了苹果公司。

Inter Active集团（IAC）创始人巴里·迪勒（Barry Diller）同许多娱乐大亨一样，都从星探机构威廉·莫里斯（William Morri）的经纪人培训项目中踏上了好莱坞之路。这个培训项目外号叫"收发室"，原因是培训之初受训者要在收发室轮岗。

送报员可谓《福布斯》选出400首富中最常见的第一份职业。帕特里克·麦戈文（Patrick McGovern）、布恩·皮肯斯（T.Boone Pickens）、丹尼斯·华盛顿（Dennis Washington）和谢尔登·阿德尔森（Sheldon Adelson）都是先送报后致富的例子。

探其原因，主要是送报员每天接触最多的就是客户和报纸，这两种都具有快速了解市场需求的特征，引领他们走向全球 400 首富，相信这是一个不容忽视的原因。

了解自己的资产，明确了想做什么和能做什么以后，这还不够。还要研究市场，市场需求是客观的，你能够做到的是主观的，主观只有和客观一致起来，才能变成现实，才能有效益。因此，要尽你所能，研究市场，捕捉信息，把握商机。机会从来都是垂青有心人的，做一个有心人，就会发现处处有市场，遍地是黄金，你就会发现你拥有的资产的最佳用处。可以从以下几方面进行市场研究。

1. 研究大家都在做什么，做什么最挣钱

如果你既缺乏本钱，又没有什么经商的经验，你不妨研究一下大家都在做什么，先随大流，也不失为一种切实可行的选择。看看市面上什么东西最畅销，什么生意最好做，你就迅速加入这个行业中去。当然，别人做挣钱，并不见得你去做也挣钱，关键是掌握入门的要领。为此，不妨先做小工向做得好的人虚心学习，学习他们经营的长处，摸清一些做生意的门道，积累必要的经验与资金。学习此行业的知识和技能，体会他们经营的不足之处，在你做的时候力争进行改进。比如，有的下岗职工在开饭店前先到别人开的饭店去打工，虽然苦点累点，一两个月下来便掌握了开饭店的基本要领；有的下岗职工在开美容院前先去别人开的美容院打工学手艺，为自己开业积累知识和经验。

2. 研究自己家庭生活经常需要什么商品和服务

研究大众需求先从你自己的家庭需要开始。首先，研究你家里每天什么东西消费得最多，在你居住小区购买方便吗？其次，研究你家里经常需要哪些服务，如家用设施维修、孩子上学路远、中午吃饭问题；子女学习辅导、理发、洗澡、量体裁衣，等等，这些问题在你居住的社区方便吗？最后，研究一下周围的居民小区及新建小区这些大众需求的方方面面。中国人口众多，一人买一瓶醋，就是十多亿瓶醋，一人用一块肥皂就有十多亿块肥皂。普通老百姓衣食住行的日常需要是你稳定而广阔的市场。

3. 研究当前及今后一段时间的社会热点、公众话题

1985 年，英国王子查尔斯准备耗资 10 亿英镑在伦敦举行 20 世纪最豪华的婚礼。这一消息传出，立即成为社会热点，成为英国老百姓最关注的话题之一。而精明的商人都绞尽脑汁，想趁机赚一笔。糖果厂将王子、王妃的照片印在糖果纸和糖果盒上，纺织印染厂设计了有纪念图案的产品，食品厂生产了喜庆蛋糕与冰激凌。除此之外，还有纪念章等各类喜庆装饰品和纪念品，就连平常无人问津的简易望远镜，也在婚礼当天被围观的人群抢购一空，众多厂家为此大大地赚了一笔。

社会在发展，热点会层出不穷，只要你留心观察，在你的周围都有大大小小的热点和公众的话题。1990年以后，全国的申办奥运会热、亚运会热、香港回归热、足球热、股票热、房地产热，等等热点不断。你所生活的城市和社区也会有局部的热点，如举鲜花节、啤酒节、旅游节、经贸洽谈会、申办卫生城市，等等热点及公众话题。对政治家来说，热点是政绩和社会繁荣的象征；对普通市民来说，热点是景象，是热闹，是茶余饭后的话题；而对精明的商人来说，热点就是商机，就是挣钱的项目和题材。抓住热点，掌握题材，独居匠心就能挣钱。同时，也注意潜在热点的预测和发现，在热点没有完全热起来之前，就有所发现，有所准备，在别人没有发现商机时，你能发现，就更胜一筹。

4. 研究社会难点，关注社会焦点

20世纪80年代初期，外出办公，经商的人普遍感到住宿难、行路难、吃饭难，如今这三难已基本解决，解决这三难的过程同时也是商家赚钱的过程。如今，各类个体饭馆满街都是，解决了吃饭难的问题；各类私营，个体出租车、小公共、大巴士到处跑，高速公路相继投入运营，飞机航班不断增加，火车提速，解决了行路难的问题；各类高中低档酒店、宾馆、个体旅馆如雨后春笋般涌现，解决了住宿难的问题；旧的社会难点问题解决了，新的社会难点还会出现。比如，不少农村出现的卖粮难，城市国有企业困难、下岗职工就业难、居民住房难等难点问题，围绕着上述难点问题的解决，同样充满了各种商机，就看你能不能发现。比如，解决农村卖粮难，还可以搞粮食出口和粮食深加工等项目。解决国有企业困难，需要调整产业结构，优化资本结构，这就为搞资产经营提供了难得的机遇，盘活资产的过程同时也是挣钱的过程。为解决下岗职工再就业兴办一些市场，提供一些必要的服务，发挥下岗职工的优势，同样可以挣钱；至于解决住房难，搞房地产业更是一个前景广阔的行业。

5. 研究市场的地区性差异

不同的地区需要不同的产品和市场，地理因素的限制会带来不同地区之间的市场差异。比如，外地有些好的产品和服务项目，本地还没有销售或开展业务。本地一些好的产品和服务项目在外地还没有推广，这就是商机。比如，在城市里过时的商品在农村不一定过时，也许刚刚开始消费；在发达地区过时的商品，也许在内地或边远地区依然畅销；在农村卖不出去的土特产品，也许在城市有广阔的市场。由此可见，市场的地区性差异是永远存在的，关键在于你能不能发现，发现差异并做缩小差异的工作，就是在满足市场需求，就是挣钱之道。

6. 研究生活节奏变化而产生的市场需求

现代生活节奏越来越快，越来越多的人接受了"时间就是生命""时间就是金钱"的价值观念。快节奏的生活方式必然会产生新的市场需求，用金钱购买时间，是现代都市人的时髦选择。精明的生意人就会看到这一点，做起了各种各样适应人们快节奏生活需求的生意。比如，在吃的方面，中国人口众多，随着人们生活水平的提高和生活节奏的加快，必然要求快餐食品品种更多、数量更大、服务质量更好，这方面市场拓展不定期大有文章可做。在穿的方面，由于生活节奏加快，人们偏爱随意、自然、舒适、简洁的服装，非正式重要场合，较少穿着一本正经的西服。在行的方面，拥有私家车对先富起来的人来说已成为现实，出租业已由城市向乡村发展，围绕着交通和汽车备品市场开展生意，前景也十分广阔。通信业迅速崛起，各类通信工具不断更新，这方面的商品及服务需求也会不断增加。

另外，还可以围绕着适应生活快节奏开展一些服务项目，如家务钟点工、维修工、物业管理服务、快递、送货服务、上门装收垃圾、电话订货购物，预约上门美容理发、看病治疗等都是可以为的项目。

7. 研究人们生活方式、生活观念的变化而产生的市场需求

人们的温饱问题解决后，更多地想到的是享受生活，追求个性完美，围绕着人们生活方式、生活观念的改变就会产生更多新的市场需求。爱美之心，人皆有之。首先追求自身的美，希望能青春永驻、潇洒美丽，这以收入较高的城市中青年女性最为突出。她们需要各种各样的美容商品和美容服务。除了女性，男性也爱美，男人用美容商品，进美容院今天也不是新鲜事了。不仅年轻人爱美，老年人也爱美。人们不仅追求自身的美，也关注与自身有关的美，如自己穿的衣服、用的东西、住的房间，等等都会不断追求美。围绕着人们对美的追求做文章，你会发现市场潜力巨大。

人们不仅追求美，而且还会追求"健"。身体健康长寿是每个人良好的愿望，围绕着人们追求健康长寿的心理也会大有作为的，如现在都市兴起的各种健身房、健美俱乐部、乒乓球馆、保龄球馆等。随着人们生活水平的提高，这方面的需求还会增加。人们物质生活富裕了，自然要求丰富多彩的精神生活。高雅的精神文

化产品和相关服务也正形成一种新的产业。节假日的增多,人们闲暇时间增多,走出家门,走出国门到外面世界走走看看的人越来越多,与此相关的旅游业务和产品发展前景也十分广阔。

8. 研究不同消费群体不同的需求特点

商业界有句名言:"盯住女人与嘴巴的生意就不会亏。"的确,如果你不做女士们的生意,那么你的市场空间就很狭小了。寻找挣钱之道,就必须想办法赚到女士们的钱。在现代社会,女性消费市场的范围日益广阔。女性已成为家庭日常消费品购买的主要决策者和购买者。至于女性专用商品,则基本由妇女自己决策购买。我国目前有15岁以上的女性3.5亿人,其中城镇15岁以上的女性约有1亿左右。因此,研究女性这一消费群体的消费心理、消费习惯和消费需求,开发女性消费品和服务市场,前景广阔。

儿童是又一重要的消费群体。独生子女在家庭中处于一种特殊的地位,据调查,现在很多已婚青年夫妇收入一半以上是用于子女消费的。我国目前14岁以下的儿童约有3.5亿,相当于美国与日本的人口总和,儿童消费品和服务市场是一个十分广阔的天地。

除此之外,还要研究青年消费群体、老年消费群体、男性消费群体等以人的生理的特点和年龄划分的几种特殊消费群体的消费心理、购买行为、消费习惯、消费需求,开发不同群体的消费品和服务市场,不同消费群体市场需求的专业化生产经营和专业化服务项目。

总之,社会在发展,人们的生活观念、生活方式在逐渐发生变化,与市场亲密接触。研究这些变化所带来的现实的需求和潜在的需求,就是你挣钱的着眼点。

人脉在手,投资商业就这么简单

在好莱坞,流行一句话:"一个人能否成功,不在于你知道什么,而是在于你认识谁。""人脉是一个营销人通往财富、成功的入门票!"就拿旅游行业来讲,刚进社会的年轻人,猛地进入旅行社做业务——认识的人顶多就是同学或同事,需要帮忙时常会陷入"求助无门"的窘境;就算是有工作经验的营销人,若不善于建立、维系关系,也很难进一步扩大人脉圈。

这也许是一个极端,但是了解人脉经营的另一个极端——就要了解一个新名词——"脉客"！"脉客"特指一些善于使用人脉、经营人脉的群体（mankeep）。mankeep译为"人脉经营"，我们称之为"脉客"。在台湾证券投资界，杨耀宇就是个将人脉竞争力发挥到极致的脉客。他曾是统一投资顾问的副总，后退出职场，为朋友担任财务顾问，并担任五家电子公司的董事。根据推算，他的身价应该有近亿元（台币）之高。为什么凭他一名从台湾南部北上打拼的乡下小孩，能够快速积累财富？"有时候，一通电话抵得上10份研究报告。"杨耀宇说，"我的人脉网络遍及各个领域，上千、上万条，数也数不清。"

同时，很多成功的商界人士都深深意识到了人脉资源对自己事业成功的重要性。曾任美国某大铁路公司总裁的A.H.史密斯说："铁路的95%是人，5%是铁。"美国钢铁大王及成功学大师卡耐基经过长期研究得出结论说："专业知识在一个人成功中的作用只占15%，而其余的85%则取决于人际关系。"所以说，无论你从事什么职业，学会处理人际关系，你就在成功路上走了85%的路程，在个人幸福的路上走了99%的路程了。无怪乎美国石油大王约翰·D.洛克菲勒说："我愿意付出比天底下得到其他本领更大的代价来获取与人相处的本领。"

从上面的事例中，可以看出：一个人思考的时代已经过去了，建立品质优良的人脉网为你提供情报，成了决定工作成败的关键。环绕四周的多半是共同寻乐和有利害关系的朋友，和他们交往虽然愉快，关系却不能长久。我们很容易分析得出结交朋友的过程，总不外乎因为某种缘分与别人邂逅，对对方产生好感，然后开始进行交流，于是进入"熟识"阶段。对朋友觉得有趣或愉快，通常都在这个阶段。熟识之后，开始有一种共患难的意识，彼此间产生友谊。认为朋友会对我们有帮助，通常是在这个阶段。这个阶段的友谊，联系性强，彼此间也容易产生超过利害关系的亲密感。说得更具体一点，交往的本质其实也就是互相启发和互相学习。彼此从不断摸索中逐渐改变逐渐成长，建立起稳固而深厚的友情。

在我们的工作和生活中，可以作为智囊的朋友，大抵可分为以下3类：

第一类：提供有关工作情报和意见的，称为"情报提供者"。这种人大都从事记者、杂志和书籍的编辑、广告和公关工作，即使你不频频相扰，对方也会经常提供宝贵的意见。

第二类：提供有关工作方式和生活态度的意见，称为"顾问"。这种人多半是专家，甚至是本行内的第一人，可以把他们视为前辈或师长。

第三类：则与工作无直接关系，称为"游伴"。原则上不是同行，通常是在参加研讨会、同乡会和各种社团认识的，有些也是"酒友"。他们不但可以是"后援者"，有时甚至是我们的"监护人"。

"人的情报"比"字的情报"重要得多。既然人脉如此重要。下面来讲述建立人脉的原则及方法。

建立人脉的原则：

（1）互惠：人与人之间都是相互的，所谓"赠人玫瑰，手有余香"就是这个道理，如果我们只想拥有而不想给予，那将是一个自私的人，而自私的人是不会拥有真正的朋友的。主动地帮助对方，并且不要拒绝朋友的帮助，人是越帮忙越近，越不好意思越远。

（2）互赖：包括互相依赖、互相信赖。"人"字本身就是一撇一捺互相依靠，互相扶持。

如何建立人脉：

（1）建立你的价值，在盘点人脉关系前，冷静问问自己：你对别人有用吗？你无法被人利用，就说明你不具有价值（比如说，职业规划无非是提升你的"被雇佣价值"），你越有用，你就越容易建立坚强的人脉关系。

（2）向他人传递你的价值，世界第一的推销员乔·杰拉德在台湾演讲时把他的西装打开来，至少撒出了三千张名片在现场。他说："各位，这就是我成为世界第一名推销员的秘诀，演讲结束。"然后他就下场了。一个老好人，固然有趣但毫无用处，但一个总不愿被人利用的精明人，也难以建立真正的人脉关系。在人际交往中，要善于向别人传递你的"可利用价值"，从而促成交往机会，彼此更深入地了解和信任对方。在日常社交中，有两种心态不太可取：一是自我封闭，傲慢。二是愤青心态，以超脱自居。

（3）向他人传递他人的价值，成为人脉关系的一个枢组中心，你身边也有很多朋友各有自己的价值，那么为什么不把他们联系起来，彼此传递更多的价值呢？如果你只是接受或发出信息的一个终点，那么人脉关系产生的价值是有限的；但是，如果你成为信息和价值交换的一个枢纽中心，那么别的朋友也更乐意与你交往，你也能促成更多的机会，从而巩固和扩大自己的人脉关系。所以，寻找并且建立自己的价值，然后把自己的价值传递给身边的朋友，并且促成更多信息和价值的交流，这就是建立强有力的人脉关系的基本逻辑。

科技型、创新型项目最适合白领投资

白领理财已经进入了小业主时代，这是一个很好的理财方向。但是要注意项目的选择，否则就可能遭遇失败。在项目选择方面，一定要注意：要有特色，投资成本不大，而且要有市场发展前景。同时，在理财过程中，不要影响自己的本职工作；在投资方面不要操之过急。做一个白领小业主应该是一件很幸福的事情，自己可以体会到当老板的滋味，但千万不能养成领导的作风派头，要低调做人。在投资额度上一般几万元就可以了，然后根据情况再调整规模，能做多大就做多大。如果合资经营，则一定要处理好与其他股东之间的关系。

对于目前白领兼职创业常见的创业项目，主要归纳为两类：一类是科技型的，如年轻IT族，他们拥有技术，热衷做IT的零配件、卖软件、软件开发等；另一类是创新型的，如踏入中年的人，他们一般做的是小商店。对于小商店这种形式，选择项目关键在于创新，创新不一定是没有被人尝试过的项目，只要思路上进行创新在传统项目上也可创新，创新之后门槛自然就提高了。创业的白领们，做事一定要有个长远的规划，不能把眼光局限在眼前的利益，清楚自己长远的着重点，做好创业和工作二者兼顾。

据了解，媒体从业人员、律师、会计师、咨询顾问人员、高校教师等工作时间弹性大的行业，是比较盛产兼职老板的行业。

兼职创业处境比较尴尬，需求却很旺盛，但政策不鼓励，企业不支持。兼职创业必须做到以下两点：首先是在完成本职工作的前提下；其次是不损害本职单位利益。尤其忌讳从事与本单位有竞争性的行业兼职创业，更不能利用原单位的资源和便利条件，甚至商业秘密为兼职创业谋利益。

创业不可高调也不可轻视：除处境较尴尬外，兼职创业本身也并非想象中那么容易。除启动资金等硬件外，由于为人打工的时间长了，思维方式往往局限于原来打工的层面上，短时间内很难调换过来，导致很多人第一次创业都以失败告终。再者，并不是所有的人都适合创业当老板，上班族创业遇到的困难更多。

另外值得注意的是，当本职工作和兼职创业两副重担压得你有些喘不过气来时，你应该首先要照顾好自己的本职工作，另请靠得住的人帮你拓展业务，在忙不过来的时候，请亲朋好友出手帮你一把，如果实在难以兼顾，那么你必须在工作和创业之间做一个明智的选择。吃着碗里的看着锅里的，这是任何老板都不能容忍的行为。所以，要有清醒的认识，创业既不可高调又不可轻视。

你适合投资哪一行业

虽然常听人说："三百六十行，行行出状元。"但真正能做到的恐怕是少数。"女怕嫁错郎，男怕入错行"道出了每个人的心声，由此可见，行业选择的重要性。在科技迅猛发展的今天，行业的烦琐令很多人头晕眼花，无从下手。如今什么行业最赚钱？什么行业是热门？这个行业是否适合自己……这些问题无一不在困扰着人们，特别是针对初次创业的有志青年，当大量的心血付诸东流，负债累累的他们该拿什么去生存？所以投资适合的行业是至关重要的！

选行业的步骤：大多数的人都希望能拥有一个属于自己的能够长远经营稳健发展的事业，但是在物竞天择、竞争残酷的当今社会，却天天有人破产，天天有人失败，原因何在呢？除了经营与管理不善之外，还有另一个非常重要的因素：那就是没有正确选择所经营的行业。那么该如何来选择好的行业？或者说，好行业应该具备什么样的特性呢？

1. 必须选择趋势性的、有前景的朝阳产业

这是好行业、好产品的第一个必备特性。所谓的朝阳产业指的是：这个产业或产品在未来的10~20年中将很有前景、很有市场，将被消费者广泛地接受和使用。大多数的富豪都因为具有超前的智慧与眼光，选择了很有前景的朝阳产业才取得成功。

比如，世界首富比尔·盖茨：他在大学时期就具备了超人的智慧和眼光，他清晰地看到：在未来的生活中，人人将离不开电脑，家家户户都将拥有电脑，因而毅然放弃学业，创立了微软公司，致力于小型家庭电脑及应用软件的开发。因为他当初选择了世界上最有前景的朝阳产业，所以今天他是世界首富。

2. 所选择的行业必须市场空间大，竞争对手少

很多人在选择行业的时候，往往是看到别人在一个行业中赚到了钱，然后也跟着去从事那个行业，其实这是一种严重的错误。为什么呢？因为你不是在这个地域中最早从事这个行业的人，大块的市场和利润已经被别人所占领，你会模仿，其他人也会很快模仿竞争，最后的结局就是大鱼吃小鱼，实力小的被淘汰出局。

举个例子：

在十几年前，福建地区很少有人从事茶叶销售、开茶庄，所以短短的几年时间，早期的极少数经营茶叶生意的人赚了大钱，结果很多人看到卖茶叶能赚钱就蜂拥而上，竞相模仿，如今一个小小的城市往往有几百人甚至上千人在开茶店，做茶叶生意。请问：这些人能赚大钱吗？当然不是完全不可能，但毕竟很难，因为整个市场利润都被瓜分了，因此选择好行业的第二个要素就是：市场空间大，竞争对手少，也就是说还没有人或很少人从事的时候，你要抢先一步，才有可能领先一路。

3. 市场需求量大，量大才能赚钱

以下例子可以说明量大赚钱，要经营的行业及产品要尽可能是人人都要用、家家户户都需要的产品，量大就能赚大钱，这是行业选择的第三个要点。

劳斯莱斯轿车是专门针对社会最上层人士所设计的价格最昂贵的轿车，但这家公司并不是世界上最赚钱的汽车厂，反而比本田、丰田、福特等汽车厂赚的钱少，为什么呢？原因很简单：销量不大，99.99%以上的消费者买不起。

台湾的7-11便利店24小时通宵达旦营业，各地共有2000家分店，生意都很好，每家分店都有卖一种东西：茶叶蛋。假设每个茶叶蛋7-11赚0.30元，每家分店每天平均卖500个茶叶蛋，我们来计算一下7-11便利店每年光茶叶蛋的利润有多少？ 0.3元×500个× 2000家×30天×12月=1.08亿元/年。仅一项茶叶蛋7-11每年的利润就有上亿元！

4. 投资少、高利润、高回报

薄利多销当然也能赚大钱，但是如果两款产品同样的销售量但不一样的利润，是不是经营利润高的产品能赚更多的钱？所以，选择行业的第四个要素就是：尽可能去选择利润较高的行业或产品，而且最好能投资不大（投资越大风险越高），却又能带来长期的高回报利润。

5. 售后服务少

这也是衡量好行业的一个标准。如果你选择的是需要长期不断地做售后服务的行业，将会浪费很多宝贵的时间和精力，因为售后服务通常是不赚钱的，但为了长期拥有客户及良好的信誉，你必须随时准备为客户服务，随叫随到，而且经常会碰到一些不是很友善的客户，是不是很让人头疼？

具备上述5个条件中2个以上的就不错，同时具备5个条件的，更是最佳行业。当然，在时代飞速发展的今天，仅仅懂得如何选行业是不够的，还必须跟进社会的发展步伐，了解当前的行业需求。结合上述的分析方法，那么目前最热门的行

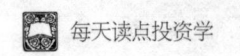

业有哪些呢?

1. 美容健身,专业是保障

《中国美容经济调查报告》显示,美容健身业正成为中国继房地产、汽车、旅游和电子通信之后的第五大消费热点。近年来,美容健身经济一直以每年15%以上的速度持续增长。预计到2010年,全国美容健身服务性总收入将突破3000亿元。由于美容健身业导入连锁经营相对较晚,目前多以产品代理或设备销售为主,因而美容健身行业成功的关键在于其专业性和技术性以及售后服务的情况。

俗话说,女人和小孩的钱最好赚,所以时下里盯紧女人做生意的人越来越多了。阿菊就是在其中掘了一桶金的有心人之一。不到3年的时间,阿菊已经成了拥有12家化妆品专卖店的老板。至于其中的收益如何,你看她的开店速度就可略知一二了。

其实阿菊的起步很简单,但也经过了深思熟虑。3年前,当一个知名品牌化妆品开始推出产品专卖店销售产品的方式时,阿菊仔细地观察了那些投资开店的人,然后自己暗地里偷偷算了一笔账:一是投资不算太大,自己还能承受得起;二是这个品牌口碑不错,在同档次产品当中拿货能得到的折扣还不少;三是现在人们的消费水平越来越高,女孩子们也越来越舍得为自己的脸面投资了。再加上阿菊觉得这个品牌为投资商提供的各种指导很全面……综合这些因素,阿菊觉得生意应该有得赚,而且她也看到身边已经有人在赚了。于是就投了第一笔资金,开了自己的第一个化妆品专卖店。阿菊自己也没有想到,不到3年,属于她的化妆品专卖店就增加到了12家。

2. 服装与饰品行业,突破平庸

服饰行业是连锁加盟的积极参与者和实践者。在传统行业中,服装、饰品行业是个永恒的朝阳产业。中国是世界上最大的服装、饰品消费国。很多城市月光族们的消费清单上,至少有1/3是为了追求靓丽而血拼服装、饰品的开支。与其他行业相比,服装、饰品行业的投资门槛低,不需要太多的专门技术,几万元就可以开个不错的小店,而且如果能选择一个正确的专业性加盟总部,即使没有创业开店的经验,也可在连锁总部的指导下较为轻松地创业成功,而面临的市场风险则相对较小。

3. 咖啡、奶茶是亮点

近几年,中国饮料年产量以超过20%的年均增长率递增,饮料市场已成为中国食品行业中发展最快的市场之一。未来很长的一段时期，国内饮料市场发展前景仍然看好。居民收入水平提高，使饮料生产量和消费量的持续增长成为可能；消费者对天然、低糖、健康型饮料的需求，促进了新品种的崛起。但增长点将会转移，碳酸饮料的传统主流地位已受到挑战，而咖啡、瓶装饮用水、茶饮料、果汁饮料、新鲜现做型饮料等将受到更多消费者的青睐。

4. 餐饮美食，理性发展

餐饮连锁是连锁加盟的主导力量，在连锁经营领域的发展中一直起着火车头的作用。对于广大创业者来说，餐饮行业一直以来都是创业者关注的焦点行业。一直以来，广大创业者最害怕的一个是进货渠道难找，人员培训复杂，店铺租金问题，顾客少，商品积压、过时，店铺选址不易等难题，对于餐饮业来说完全不是问题！所以，对于创业新手来说，餐饮业应该是他们的首选创业行业。

5. 装潢家居，良性发展

目前，我国的住宅装饰装修业已经成为国民经济发展的重要支柱产业，每年家庭装修消费和装饰用品消费都是非常庞大的数字。家装行业开展连锁经营正式从2001年开始。目前，我国家装行业的连锁经营还没有形成完整意义上的规范，整个家装市场还处于一个相对滞后、混乱的市场格局。但是，家装连锁经营模式前景十分广阔，其近6000亿元的巨大商业空间受到了越来越多投资者的青睐。而目前，企业也普遍地把精力从几年前的重数量扩张转向现有的重支持、提升连锁系统，实现系统的良性发展，从而为加盟商提供了更为广阔的利润增长空间。

6. 专卖零售，稳中求胜

据业内有关人士透露，在我国，扣除各种开支之后，便利店毛利率也在25%左右。除去每个月的工资、水电等高达2万元的费用后的净留存，加盟便利店的老板每个月挣个万儿八千的是没有问题的。这种诱惑对加盟者的吸引力是可想而知的。但是，便利店的投资也不能盲目跟风，投资者一定要精心挑选总部。强大的总部应该有一套可供复制的开店支持系统，包括加盟店选址的市场调研、店铺陈列、区域物流配送等。

可能很多人会有疑惑，只要投资那些热门行业就一定有收获吗？当然是不可能的，不管做任何事情，都会有失败有成功。如果你对那些没有兴趣，甚至排斥，只是一味地为了赚钱，结果将是得不偿失的。可以根据一个好的行业的特性，结合热门行业的发展趋势，创造出自己喜爱的另类赚钱行业。

第二节　商业投资模式的选择

巧借"东风"，合伙投资的智慧

在合伙公司的早期经营阶段，巴菲特同奥马哈一位商人接洽并请求他投资1万美元。这个商人告诉他的妻子说他想这么做，但是，他妻子告诉他说，他们拿不出1万美元。"我们可以借钱。"他说。"根本不可能。"他的妻子回答说。今天这个商人的儿子哀叹说他的父母没有投资，从而错失了成为百万富翁的机会，并补充说："从那以后，我们一直都在辛苦地工作来维持生计。"

查尔斯·海得尔是巴菲特早期的合伙人之一，今天，他是奥马哈市海得尔韦兹合伙公司中负无限责任的合伙人。海得尔说："我告诉我的家人说，'看呀！沃伦将时时刻刻为我们考虑如何用我们的钱进行投资。'"另外一个投资者是佛瑞德·斯坦班克，他在哥伦比亚见到巴菲特后，便对他留有深刻的印象。斯坦班克因为长期拥有伯克希尔公司的股票、福德赖恩公司的股票以及其他公司股票而闻名。

时光飞逝，原来的一些合伙人不断增加投资，另外一些合伙人进入董事会中来。后来，其他一些合伙公司也加入原来的合伙公司，到1961年末，巴菲特把10个合伙公司联合起来并把原来的名字巴菲特联盟变更为巴菲特合伙公司。

1957年，巴菲特合伙公司创下了赢利31615.97美元的纪录和10.4%的增长率。这可能听起来并不怎么令人激动。但是和那年暴跌8.4%的道·琼斯工业指数相比，情况就相当不错了。

巴菲特，当他在1956年开始经营合伙公司的时候，只有10万美元的资产。但是到1959年，他的资产已经达到了40万美元。巴菲特合伙公司的利润率总是高于道·琼斯工业指数的涨幅，从没有亏损的时候。平均来说，从1957~1962年间，尽管道·琼斯工业指数每年增长8.3%，但是，巴菲特合伙公司的增长率却是在26%。根据巴菲特的计算，巴菲特合伙公司的资产净值，即使在巴菲特家里经营的时候，已达到7178500美元！

从上述例子可以看出，巧借"东风"，巴菲特合理巧妙地运用了合伙投资这种创业方式，从10万美元的净资产到如今7178500美元的净资产，让我们来分析一下合伙投资的优点，主要有以下几点：

（1）合伙企业的资本来源比独资企业广泛，它可以充分发挥企业和合伙人个人的力量，这样可以增强企业经营实力，使得其规模相对扩大。

（2）由于合伙人共同承担合伙企业的经营风险和责任，因此，合伙企业的风险和责任相对于独资企业要分散一些。

（3）法律对于合伙企业不作为一个统一的纳税单位征收所得税，因此，合伙人只需将从合伙企业分得的利润与其他个人收入汇总缴纳一次所得税即可。

（4）由于法律对合伙关系的干预和限制较少，因此，合伙企业在经营管理上具有较大的自主性和灵活性，每个合伙人都有权参与企业的经营管理工作，这点与股东对公司的管理权利不同。

公司参与合伙对我国的经济发展具有不容忽视的积极意义。允许公司充当合伙人至少有以下好处：一是为公司法人提供多种投资机会和渠道。二是合伙人之间可以相互取长补短。发挥不同企业的各自优势，优化组合，充分实现社会资源的最优配置。三是有利于法人制度与合伙制度的相互借鉴。四是当公司作为普通合伙人时可以直接参与合伙企业的共同事务之管理，可以对自己的转投资财产的运用进行直接控制。五是利用合伙企业非法人身份的税收优惠之好处。这是公司法人选择投资合伙企业的最重要的根源所在。

因为如果公司转投资到其他有限公司或者股份公司，虽然可以享受有限责任制度的好处锁定自己的投资风险，但是，由于公司都是法人，需要以法人独立身份纳税，税后利润分配给公司法人股东时，公司法人要再次纳税。显然，双重征税大大降低了公司投资其他公司的吸引力。而公司法人加入合伙企业，就可以享受到合伙企业非法人不独立纳税的好处。

凡事有利有弊，对此应全面看待，合伙企业的缺点有：

（1）相对于公司而言，合伙企业的资金来源和企业信用能力有限，不能发行股票和债券，这使得合伙企业的规模不可能太大。

（2）合伙人的责任比公司股东的责任大得多，合伙人之间的连带责任使合伙人需要对其他合伙人的经营行为负责，更加重了合伙人的风险。

（3）由于合伙企业具有紧密联系的特点，任何一个合伙人破产、死亡或退伙都有可能导致合伙企业解散，因而其存续期限不可能很长。

合伙投资的优点自是不必多说，但缺点也是不容忽视的，如何巧妙运用，让利为我们所用，避开不利的一面，是我们走向成功投资的关键一步。

加盟连锁，投资成功概率倍增

3年前，还是成都一家服装企业女工的王汉香不会想到，因为加盟廖记棒棒鸡，现在她已经成了四川名小吃廖记棒棒鸡加盟店的老板。2007年夏天，32岁的王汉香因为工厂效益不好刚刚离职，一直希望能自己创业投资的她在与朋友聊天时，得知了廖记可以加盟的消息，"棒棒鸡在成都可谓家喻户晓，我当时就想到廖记在成都市内店面比较密集，如果能在郊区加盟一家店，一定能卖得不错。"王汉香很快下定了决心，用自己多年的积蓄，加上亲戚朋友的帮助，凑够了全部投资15万元。2007年底，她的廖记加盟店在成都郊县开业了。开业当天小店就在整条街上引起了轰动。这三年来，随着"棒棒鸡"的名声大噪，王汉香的熟客越来越多，生意也做得更顺了。

从上面的例子可以看出，加盟连锁是一种很好的投资方式。先来详细了解一下什么是加盟连锁。

加盟连锁经营是指总部将自己所拥有的商标、商号、产品、专利和专有技术、经营模式等以加盟连锁经营合同的形式授予加盟者使用，加盟者按合同规定，在总部统一的业务模式下从事经营活动，并向总部支付相应的费用。由于总部企业的存在形式具有连锁经营统一形象、统一管理等基本特征，因此也称之为连锁经营。加盟经营被称为商业形态的第三次革命。第一次是农业时代的杂货店，第二次是工业时代的百货超市，第三次是后工业时代的连锁——加盟经营。有资料表明，国际上著名的跨国公司，70%~80%的连锁店是通过连锁加盟经营方式建立的。国际上运用连锁加盟经营模式比较成功的有"可口可乐""麦当劳""肯德基""家乐福"等。

这种意义下的加盟经营一般适用于商业企业，"3K"正是借鉴这些著名跨国公司的成功经验，实行了独特的"特许加盟，连锁经营"的经营模式。加盟经营是一种新的现代商业运营组织方式。它适应市场经济的发展，能够更好地为客户服务。它利用知识产权的转让，充分调动了一切有利的资本并将其实现了最优化的组合。

品牌维护费是加盟商取得某一连锁体系单店经营权的必要投资，在签约当时必须给付，相对总部也要提供开店经营管理的支援与协助，加盟商从此被授予该店品牌的使用权。加盟商可以用加盟总部的形象、品牌、声誉等，在商业的消费市场上，招揽消费者前往消费。而且加盟商在创业之前，加盟总部也会先将本身的技术、经营方案等教授给加盟商并且协助其创业与经营，双方都必须签订加盟合约，以达到事业之获利为共同的合作目标，而加盟总部则可因不同的加盟性质而向加盟商收取相应的费用。

特许经营连锁模式对加盟者的好处如下。

1. 可以降低创业风险，增加成功机会

在当今日趋激烈的竞争环境里，市场机会对于小资本的独立创业者来说已是越来越少。每年全国几万家中小企业倒闭的事实告诉我们：一个资金有限，缺乏经验的投资者要在高度饱和的市场环境中独立开创一份自己的事业是困难重重，风险万分的。而投资者若选择一家业绩良好、实力雄厚、信誉颇高的特许经营连锁企业，加盟其连锁网络，其成功的机会将大大提高。有句俗话：树大好乘凉。小投资者加盟特许经营网络，有个连锁总部作"靠山"，又可以从总部那里获得专业技术等方面的援助，这对于缺乏经验的创业者来说，的确是一条通往成功的捷径。

2. 加盟商可以得到系统的管理训练和营业帮助

一家新店要独自摸索出一套可行的管理办法，往往需要很长的时间，或许在这套管理方法成熟之前，该店就因为多走了弯路而无法维持下去。但如果投资者加入连锁总部，他就不必一切从头做起，尽管他完全没有专业知识和管理经验，他也可以立即得到总部的管理技巧、经营诀窍和业务知识方面的培训。而这些经验是总部经过多年实践，已被证明是行之有效的，并形成了一套规范的管理系统，加盟商照搬这些标准化的经营管理方式极易获得成功。

3. 加盟商可以集中进货，降低成本，保证货源

连锁经营最大的优势主要体现在集中进货与配送上。由于加盟总部规模大，实力雄厚，可以获得较低的进货价格，从而降低进货成本，取得价格竞争优势。同时，由于加盟总部是有组织的，在进货上克服了独立店铺那种盲目性，加上总部配送快捷，加盟者能将商品库存压到最低限度，从而使库存成本相应降低。而加盟者卸下了采购重担，只需将全部精力放在商品推销上，这就加速了商品流转，提高了利润水平。加盟者由总部集中统一进货后，另一大优点是可以充分保证货源，防止产品断档。补给不足、商品缺货是一些个体零售商的常见现象。长此以往，势必影响店铺的信誉及客源。而加盟者则不需要担心这一点，总部已经为其提供了快捷方便的产品配送服务。

4. 加盟商可以使用统一的商标和规范的服务

现代社会的消费者关注的不仅仅是商品的价格。店铺良好的形象与高质量的服务已成了消费者关注的首选。因此，对于一个初涉商海的创业者来说，最头疼的问题就是不知如何提高自己的声誉，吸引消费者，即所谓的"打响招牌"。当然，他可以利用大量的广告展开宣传攻势。但一般的个体经营者，资金有限，他想要创出自己的招牌可谓难上加难。而绝大多数情况下，加盟总部已经建立了良好的公众形象和高品质的商品服务。若投资者加盟了连锁企业，可以分享到企业无形的资产，使自己的知名度和信誉随之提高。从消费者角度来说，一般也会把加盟者的分店看成是某大集团属下的企业，从而增加信赖感。因此，加盟者可以"借他人之梯，登自己发展之楼"，利用这种优势迅速稳固市场地位。

5. 加盟者可以减少广告宣传费用达到良好的宣传效果

个体经营者加盟连锁组织以后，可以坐享已经建立起来的良好信誉和知名度，省去初创业时"打响招牌"的广告宣传费用，这是不言而喻的。

6. 加盟者较易获得加盟总部的铺货支持

对于一个独立经营者或初创业者，最关心和最棘手的莫过于资金的筹集，他们往往会因为资金没着落或不足而不能顺利开业，丧失良好的市场机会，或者因为资金周转不灵而陷入困境。如果他们一旦加入连锁组织，资金的筹集就相对来说容易得多。连锁总部对有良好经营能力的加盟者，但一部分资金又暂时不能到位的情况，会采取铺货支持的办法，支援新店铺的开业。而加盟者就可以在前期将店铺顺利运转。

7. 加盟者可以获得连锁总部的经销区保护

避免同商铺的恶性竞争，共同对付其他竞争者，保证双方的利益。

8. 加盟者可以获得更广泛的信息来源

由于加盟连锁总部会从各加盟店收集来的信息数据加工后及时反馈给加盟店，并随时对周围的各种环境作市场调查和分析，其中包括：消费水平的变动、消费倾向的改变等，使得各加盟者能及早采取应对措施。

当然，特许经营连锁对加盟总部也是有好处的。首先，加盟总部可以迅速扩张规模。总部指在加盟经营活动中，将自己所拥有的商标、商号、产品、专利和专有技术、经营模式及其他营业标志授予加盟商使用的事业者。

加盟总部看重的是加盟者在自己的区域内有一定的优势，如销售渠道及网络资源优势，人际关系及公共关系等优势。总部，作为一个外来者去开拓一个市场，很难在上述优势上有本质的超越。因而,加盟连锁总部可以在短时间内迅速扩张规模。

其次,加盟总部在确保全国销售网络的同时,集中精力提高企业的管理水平,改善加盟店的经营状况,开发新产品,挖掘新货源,做好后勤工作,加快畅销产品的培养;总部可以研究改进店铺设计、广告策划、商品陈列、操作规程、技术管理等一系列问题,使各分店保持统一形象,形成新特色,更好地吸引消费者。

综上所述,特许经营连锁模式的好处是显而易见的。作为一个小资本的创业者,选择特许经营连锁组织不失为一个明智之举!自从国际连锁加盟巡展1998年落户中国,首次将连锁加盟的概念传输给投资者以来,连锁加盟业在我国如雨后春笋般地冒了出来。今天,无论是马路上随处可见的红茶馆还是干洗店都已推出了连锁加盟,并且培养出了一批批加盟者。连锁加盟带给投资者的将是一种在享受他人成功模式的同时,也能给自己带来丰厚的投资回报。

"借鸡生蛋"也不失为上策

俗话说得好,"近水楼台先得月,向阳花木易逢春"。1993年,上海亚太影视公司来学校招业务员,每月300元工资,还在读大二的江南春利用自己是校学生会主席的这个优势捷足先登,欣然揣着招聘海报前去应聘。一个月后,招来的30名业务员只留下了两名,江南春是其中的一位。当时是卖东方电视台一个叫东视旋律的节目广告,江南春一个月能做好几个客户。到1993年的时候,一个人大概做了公司1/3的营业额,约150万元。

初次推销的经验,江南春经常重复利用。那时主要做的是商业方面的广告,而上海新的商业街淮海路刚刚修建,江南春就去横扫淮海路,一家一家拜访。刚开始几个月他仅做销售,后来就开始做全案了,自己当导演,自己写广告剧本,自己出创意,自己拍,也自己卖广告。凭着这样的干劲,不久后,江南春就成为这家公司的二老板。

生性好强的江南春并不想一直打工。1994年2月,尚在读大三的他开始自己创业;同年7月,江南春与包括香港永怡集团在内的几个伙伴合资,注册成立永怡传播,注册资金100万元。作为中国最早一代的大学生创业者,可以肯定的是,他不是天生有钱的主儿。那么,这笔数额巨大的注册资金,究竟是从天而降还是另有隐情?其实,100万元注册资金江南春得来全不费功夫。机警而充满商业智慧的江南春，把握住一次机会巧妙"借鸡生蛋"，快速积累了最初的创业资本。

1994年，港资永怡集团老板为了整合旗下品牌，出资100万元让江南春组建永怡传播公司。这是一家以创意为主的广告代理公司。从公司成立之日起，除了身份证上的数字证明江南春只有21岁之外，言行举止以及生意场上的谈判风格已然是一个老练成熟的公司老板了。

尽管当时江南春只是拥有公司管理权，永怡传播公司不得不依附于永怡集团，但为了实现从管理权到所有权的转变，江南春又巧妙地两次"借鸡生蛋"，最终通过"还款""购买股份"方式让永怡传播公司改姓"江"。成为"江总"的江南春，开始马不停蹄地为自己的企业四处奔跑打拼。毕业前夕，江南春与一位志同道合的朋友合作成立了东广广告公司。这个公司的运作成功，在很大程度上展现了两个年轻人的商业远见和经营智慧。当时，无锡市正在大张旗鼓地进行市政建设，他们受上海南京路灯火通明的启发，搞了一个"让无锡亮起来"的策划方案，并想方设法说服对方，拿下了无锡的灯光工程。

以上海市的"灯光改造工程"游说无锡市政府在商业繁华地点建立灯箱广告，成本只有百万元，而收益却是六七百万元。事实上，江南春运作这个工程没有投入一分钱。500个灯箱前期的制作费是无锡市财政局为市政工程贷的款。江南春没有投入一分钱，而是借别人的钱，然后做别人需要的产品，产品做好之后，再用他要求的价格让别人买回去。用江南春的话来说就是"我来的时候带着创意和能力，走的时候口袋里装满了钱"。

前后演绎的几个"借鸡生蛋"的故事，让江南春真真实实地拥有了第一个50万元，也让他从真正意义上拥有了永怡公司的管理权和所有权。

俗话说，最会理财的人是自己根本就没有钱，纯粹是靠借钱用于投资，并且不给任何人带来损失的人；第二会理财的人是除了把自己结余的钱用于投资还不够，还会借更多的钱用于投资的人；第三会理财的人是自己有多少钱就投多少资，但不会借钱用于投资的人；第四会理财的人是比较理性地买股票和基金的人。而江南春就属于第一种人。下面来分析一个"借鸡生蛋"的投资方式：

"借鸡生蛋"是所有投资者不能不选择的发财方式。比方说，"我"在年初借人家一只母鸡，在一年中下了100个蛋，到了年底，"我"将鸡还给人家的时候，还拿50个蛋作利息给他，结果"我"也赚了50个蛋。但是，如果"我"不去借鸡，"我"能有这50个蛋吗？也许有人要问，人家一年能下100个蛋的鸡为什么愿意借给你来下蛋呢？你问得好，理由是：那个鸡的主人根本就不会喂鸡，他如果自己亲自喂一年只能下20个蛋，现在借给"我"之后，不但不需要自己喂养，而且多得了30个蛋，此等美事，何乐而不为呢？

当然，"借鸡生蛋"也同样是有技巧的。要能够比较顺利地"借鸡生蛋"，就要做到以下几点：

（1）恪守信用，一个不守信用的人是很难借到钱的。

（2）要有良好的心态，要把借钱投资当作一件很光荣的事，不要有任何"不好意思"的感觉。在这个世界上，任何一个不会借钱的人几乎就是不会投资理财的人，至少可以说不是投资理财的高手。再大的老板也要借钱，李嘉诚也不例外。打个比方：李嘉诚有100亿元的现金，但他现在正准备投资一个200亿元的项目时，他同样要去银行借100亿元，他不可能等到自己赚了100亿元之后再去上那个项目。正因如此，所以李嘉诚特别喜欢去银行借钱，因为他借了钱后可以赚更多的钱。而那些银行也非常喜欢将钱借给李嘉诚，因为借给他又安全批量又大。

（3）不管借谁的钱都要付利息，哪怕是借你兄弟姐妹或岳母娘的钱。因为你借钱是为了去赚更多的钱，所以付利息是天经地义的。并且因为绝大多数人都是趋利的，再好的关系，如果人家觉得借钱给你无利可图，你下次就很难借到他的钱了。

（4）利息不能付得太高也不能付得太低，并随着你的实力和信誉度的提高而递减。对于一个创业初期的人借钱以月利率10‰左右为宜，利率太高你负担不起；利率太低你很难借到钱。

（5）借钱一定要向你的债权人说明用途。因为你的亲戚朋友只想支持你去干值得支持的事业，比方说，如果你是借钱去赌博，谁会借给你呢？

（6）学会"化整为零"。比方说，你想要借10万元去创业，你就不能向任何一个人开口说向他借10万元。如果这样，那你就永远也借不到10万元。你必须将10万元分解成2个5万，或者3个3万加1万，或者4个2.5万，或者5个2万，甚至10个1万去借。

（7）要不断地积累"信用记录"。因为一个从来没借过钱的人很难借到钱，一个借钱不按时归还的人更借不到钱，只有经常借又每次按时归还的人才最容易借到钱。不妨在你暂时不需要钱的时候，去你周围的人那里尝试一下借钱的能力，你借的钱即使暂时用不上，也可以帮你建立起你的"信用记录"。你的"信用记录"

对你未来的投资一定是很有价值的!

（8）最好向不怎么会喂"鸡"的人去"借鸡"。"借鸡生蛋"要看对象，最好是吸收社会闲散资金和向那些只会将钱存到银行的人借。如果向商人和企业家去借钱就不是社会资源的优化配置，因为那些人都是养"鸡"高手，他们养的"鸡"也许比你养的"鸡"下的"蛋"还多，他们的"鸡"借给你就不会增加社会的新财富了。当然，临时应急借用几天还是可以的。

浙商的 14 式"吸金大法"

浙商的实力和活力从以下不完全统计名单可以窥其全貌：传化集团董事长徐冠巨当选浙江省政协副主席，开创中国私营企业家出任省级领导的先例；中国乡镇企业协会会长、万向集团创始人鲁冠球，是国内第一位领衔全国性行业协会一把手的企业一线负责人；在美国《财富》杂志的首次投票评选中，此前没有全国性知名度的华立集团董事长汪力成荣登"2001年中国商人"榜首，而在总共8人中，浙商就有2人。而《福布斯》的富豪榜，浙江人更是常客：从"中国50首富"中的9位，到百富榜上占据17位。在我国1999年度全国民营企业"500强"中，浙江占了112家，占比超过1/5，总量位居全国第一。其中4家企业进入全国民营企业前十强。而在2000年，"500强"的浙江产业更是达到了惊人的171席，一省就独占1/3强。2001年，前十名增加到5家，或者说7家，因为第一名联想的杨元庆，第七名上海复星的董事长郭广昌，都是浙江人。而这每一家民营企业身后，都站着一个或一群身家殷实的浙商。浙商如此成功，主要得益于以下14式"吸金大法"。

1. 吃得起苦

孟子曰："故天将降大任于斯人也，必先苦其心志，劳其筋骨，饿其体肤，空乏其身，行拂乱其所为，所以动心忍性，增益其所不能。"这种吃苦的精神在浙商身上表现得淋漓尽致。浙商自白：人要想永远成功，在每一个阶段都很艰难，只是艰难的程度不一样而已。几乎所有的浙商都认为，"只要肯吃苦，满地都是金子。"每一个浙商，在工作中都是非常善于吃苦的。浙江人能吃苦、善于吃苦的精神，已经得到全国人民的公认。许多刚开始创业的浙商都非常善于吃苦，他们能够"白天当老板，晚上睡地板"。他们什么苦都肯吃，什么脏活、累活都愿意干。别人不愿干的苦活，诸如弹棉花、补鞋子、磨豆腐、配钥匙等，浙江人都抢着去干；别人不肯受的辛劳，诸如走南闯北、远走他乡，浙江人都乐意去受。因为他们深深懂得，"天下没有免费的午餐"，要想获取财富，必须付出艰辛的劳动。

在20世纪80年代中期，市场经济政策刚刚放开，浙江人就外出打工、做生意。20年来，这些远离故乡的棉花郎、修鞋匠、钥匙大王等人，不仅挣到了血汗钱，而且在市场经济的大潮中学会了经商的基本法则。当他们挖到第一桶金的时候，当他们的资本积累到一定程度的时候，这些人或回乡创业，或在异乡扎根发展，一个个成了老板，走向了富裕。

例如，浙江001电子集团有限公司董事长兼总裁项青松出身农民。项青松从不避讳自己的身份，相反，他认为这是一个非常好的锻炼，因为从小种过地吃过苦，学了很多很多东西。他还举了一个例子说："1992年的时候，我在试制卫星天线，那个时候室外气温有40多度，有员工就讲，老板你要不要出去？我说没关系，我觉得我现在比种地好得多了。我一直有这样的心态，所以我做什么都不觉得苦。"

许多不愿意吃苦的人都认为浙商的行为很不可思议，甚至有点看不起浙商。但是，许多年后，这些睡地板的浙商都成功了，小企业成了大公司，小资本成了大财富。这时候，大家才意识到，"吃得苦中苦，方为人上人"这句古话在浙江商人的身上得到了验证。

2. 从小生意做起

浙商尤其是懂得聚少成多的道理，从白手起家，一点点拥有，最后聚集出惊人的财富。

1986年春节刚过，当许多人还沉浸在节日的欢乐气氛中，徐林义就已经在浙江老家打点行囊，准备来西部开创他精彩的人生，这一次他可是一点余地都没给自己留，信誓旦旦地说不闯出一番事业来绝不回乐清老家。几天几夜的折腾，先是汽车再是火车，晕头转向的徐林义终于到了青海省省会西宁。一下火车可把徐林义镇住了，早就听说青海是个"冰窟窿"，冻起来流出的鼻涕都能结冰，这一来还真是名副其实，南方早就已经春暖花开，可这里俨然一副冬天的景象，从小生活在江南温暖小镇的徐林义心里真是瓦凉瓦凉的。

可是，来都来了总不能打道回府吧，他想起当初离家的时候信誓旦旦的保证，就顾不了那么多了。徐林义就租了间房子，雇来几个工匠开始没日没夜地制作皮鞋，冷了就穿上厚厚的棉大衣接着干，虽然身子是暖和了，可手却又开始生冻疮了，再加上天天在散发着皮革、黏合剂气味的出租屋里干活，许多雇来的工匠都受不了苦，中途走了。员工少了，徐林义就自己既当老板又当伙计，晚上在出租屋里制作皮鞋，白天再一双双拿到街上去卖，那时候市场个体户摊儿上的皮鞋一双只卖15元到20元，除去成本，一双鞋只赚几块钱甚至更少，但徐林义却说生意都是从小做大的，哪怕一角钱也得挣。也许正是凭借着这样一股韧劲，徐林义才有了日后的辉煌。

善做准备的人总是离成功最近。经过近10年的艰苦打拼，1993年，徐林义终于有了足够的资金，他租了一个铺面，开了一家"三榆国货"，开始皮鞋自产自销，而这三颗榆树也成了日后他成立集团取名"三榆"的由来。尽管利润不多，但由于徐林义的皮鞋质量好，做生意又讲究诚信，他的生意是同行里最火的，很多顾客都成了回头客。经过几年的迅速发展，到了1997年徐林义再投入400万元，扩充2000平方米卖场，形成了以皮鞋销售为主的百货经营大型卖场。从此，徐林义开始了自己的企业发展之路。

3. 做敢于第一个吃螃蟹的人

"山海并利"的地理优势使浙江兼具内陆文化与海洋文化的长处，因此浙江文化既表现出山的韧劲，又显示出海的胸襟，浙江人既吃苦耐劳、敢于拼搏，又包容万物、敢于开拓。同时，人多地少的省情，使浙江人为开拓生存空间不断向外发展，最具典型的就是温州。温州山多田少，资源严重不足的实际促使温州人不断向海洋拓展发展空间，从而塑造了开放、包容、冒险的海洋文化，形成了敢为人先、冒险拼搏的温州精神。

美特斯·邦威的创始人周成建也是一个敢于"吃螃蟹"的人。在20世纪90年代中期，一些国外品牌的服装专卖店开始在温州出现，由于外国品牌服饰让人在购买的时候比较放心，因此，生意特别火暴。周成建意识到温州休闲服业已经出现了一个方向性的转弯，像过去那样仿制名牌已经不能使企业获得发展了。于是，他果断地推出了"美特斯·邦威（Meters Bonwe）"商标，并先后在全国和10多个国家和地区注册了这个商标。周成建吃的第一只"螃蟹"让他在发展的道路上站到了新的起点，从此，"美丽、独特集中在这里！""扬故乡之威！扬中华之威！"传遍了大江南北。在美特斯·邦威的发展中，周成建第一次"吃螃蟹"的精神不断被表现出来，尤其是在广告宣传上。

4. 讲信誉

浙商对信誉的重视是其成功的要素之一。多数情况下，浙商都能够自我约束信誉。比方说，一个人想要做生意却缺少资金，能够得到亲戚朋友资金上的帮助。还钱的时间到了，即使他们还不上，也要从其他地方借来把钱还上。由于浙商之间的团结和浙商对信誉的重视，使民间资金越来越活，使他们在经营中越来越顺，因此快速取得巨大的成功。而其他地方的商人很难做到这两点。很多商人不能很好地团结起来，生意还没有做好就开始"窝里斗"，这样一来，本来个人的力量就比较小，也不容易做好事情，再互相消耗、互相拆台，做不好事也就不足为奇。再拿借钱的例子来看看这些人的信誉。只要借了钱，能准时还的并不多见。不要说没有，即使手里有钱，也不一定会还，而是能推就推，能赖就赖。由于信誉问题，民间资金被限制死了，走不动了；由于不团结的原因，大家的能力得不到最大限度的发挥，因此就难以获得快速发展。

5. 团结

浙商之间互相团结是其成功的要素之一。浙商之间通常会有互利的活动。一个人发现商机时，大家会把每个人的资金都拿出来凑在一起，共同去做。这是其他地方商人很难达到的商业境界，也体现了浙商高度团结的精神。人们都知道，一根筷子很容易被折断，但想折断一把绑在一起的筷子就非常难了。商人的团结是成功的基础，企业的团结也是发展壮大的基本要求，不团结的商人难以获得最大的利益，不团结的企业也就不能实现利益最大化。俗话说"勤借勤还，再借不难"，这句话也道出了信誉的重要作用，商人的信誉是成功的关键，企业的信誉是持续发展的生命线，不讲信誉的商人赚了今天的钱不一定能赚明天的钱，不讲信誉的企业赢得当前的客户，未必赢得未来长期的客户。

6. 及时总结别人成败的经验

不要羡慕别人的成功，更不要鄙夷别人的失败，你首要应该做的是学会分析和总结现象背后的本质，找出别人失败或者成功的全部原因，取其长，补其短。而类似微软的故事，离你实在太遥远，你大可以不去管它。

7. 不要太在乎金钱的得失

古训有云，有所得就有所失，而有所失就有所得。天下自然有赚不完的钱，基本上你应该没有时间去计较一时的得失才对，哪怕你有的是时间去品茗赏色。

8. 给自己留条后路

预防众叛亲离，后路包括藏起一个存钱罐，虽然里面只有几块钱，但将来就是要靠这几块钱东山再起；也包括一栋法律意义上并不在你名下的房子，更包括一个并不经常来往的，但很仗义而且你也给过他很多帮助的朋友。

9. 不要事必躬亲

在能把握全局的前提下，不要事必躬亲，不要把自己搞得没有时间与朋友交流，最要紧的是不要让自己没有时间放松与思考。所以，在牢牢掌握核心业务的同时，应该学会让别人帮你打点生意。同样，把事情交给别人去做的风险，一定是你能够预防的，不然，你会成为一名忙碌的救火队员。

10. 资本决定发言权

但你不应该轻易让别人知道你有多大的发言权，男人的金钱应该和女人的年龄一样永远属于秘密，哪怕有一天连女人的年龄都已经不是秘密的时候，你的金钱也应该还是秘密。除非在你临死时即将捐献你的全部家产时，否则，你都绝对不要告诉别人！

11. 善于开拓市场，有创意

创意是创新的基础。如果说创新是行动，那么创意就是新的想法新的思路，创新始于创意。创意是逻辑思维、逆向思维、形象思维以及灵感直感的综合结果。创新创意都是创造性劳动，劳动是光荣的，创造性劳动更光荣，创新创意能够使一个落后的国家变成先进的国家，也能够使一个落后的企业变成一个先进的企业。其实创意就在每个人身边，只有人人都重视创意创新，才能形成企业整体的多方面创新。总之一句话，缺乏创意创新的领导不是先进的领导，缺乏创意创新的干部不是先进的干部，缺乏创意创新的员工不是先进的员工，缺乏创意创新的企业不是先进的企业。

12. 不与任何人讲自己的商业机密

即使是你枕边的人，无论这个女人是你众多情人之中的一个更或者是你已经结婚多年的妻子，你都应该不和她们谈你的商业细节：第一，你谈了可能她们也不懂；第二，你谈的细节里面会有对你不利的内容；第三，那涉及商业机密。

13. 有所为也有所不为

天下无事不可为，但商人有所为也有所不为。有句话说得好"勿以善小而不为，勿以恶小而为之"，说的是做人的道理，而生意也是如此：不要因为利润少就不去做，也不要因为风险小就去做。同样在中国，违背法律的事情和违背道义的事情则坚决不能做。

14. 不要轻易相信合约

哪怕合约让律师看过、公证处公证过都不要轻易相信。甚至当客户已经把钱汇入账户后，都必须确认，这笔钱能不能拿出来。而合约以外的涉及利益冲突的任何口头承诺都只是承诺，在对方兑现之前都不要沉湎其中。

第三节　商业投资有门道

3步瞄准投资项目

瞄准投资项目，主要有以下3步：

（1）寻找到能投资的项目，利用自己的生活圈，先汇集所有能找到的信息。主要有以下4种渠道：

第一是媒体渠道。关于投资创业信息的刊载传播，是很多媒体乐此不疲的，包括财经媒体和大众媒体，像《中国经营报》这样的财经类权威媒体更是对此关注有加，经常提供大版面的投资项目介绍和投资市场进入机会的分析。

第二是朋友介绍。有时，一单好的生意是在闲聊中谈成的，投资创业有时也是这样。多和身边的人聊聊，从不同的角度去获取多类信息，这里面就有可能是你所需要的投资创业信息。有时，好朋友介绍的项目可信度更高。

第三是实践寻找。如果厌倦了在浩如烟海的媒体信息中淘沙的烦恼，那就不妨走出去做一番实践考察，看看哪些店铺经营得很成功，多与一些成功的经营者聊聊，从中去发现市场机会，寻找可以经营的项目，这样既能增长见识又能发现市场机会，可谓一举两得。

第四最好的办法是参加投资展会。如果真想更快、更直接、更全面、更可靠地考察投资创业项目市场，那不妨去参加投资创业类展会。投资者只要到投资展会现场，在很短的时间内、在同一场所就能考察诸多项目信息，也就不难发现适合自己投资创业的项目。当然，到展会上找项目还是要去大型、专业、品牌知名度高可信赖的展会，诸如中国投资创业洽谈会、中国特许展等大型品牌展会，每一届推出数百上千个优质投资创业项目，很多人都是从这样的展会上找到适合自己的投资创业项目从而走上成功创业之路的。

中国创洽会推出的很多投资项目都受到投资者的青睐，在第五届中国创洽会上，奇旅网、黑猫卫士、巨源纱窗、扎西德勒藏饰及很多新兴科技项目等都有诸多投资者现场洽谈签约并交付定金，场面十分火暴。像中国投资创业洽谈会这样由中国投资协会、中国经营报等权威机构联合主办的大型、专业的投资类展会，以其实力和信誉为投资者搭建起一个直接、快速、可靠的投资选项平台，可以全面、直观、自主地考察项目信息，投资者完全可以走这条便捷之路去获取自己的项目之需。

（2）结合自己的实际情况，对自己已寻找到的项目进行筛选。

①你是否对你所要创业的行业了解，了解程度如何，做到知己知彼！其次是你有没有做好创业的前期准备，这个前期准备包含心理准备和资金准备。自主创业肯定是比打工强的，生意是人做出来的，没有任何生意是用嘴说着做的。只要努力做，没有生意做不好。思路决定出路。

②了解自己的目标：赚钱？赚多少钱？无明确目标的理财，定会迷失方向。

③不要高估报酬，不要低估风险。

④设定获利满足点与赔钱的停顿点，拒绝在生意场中浮浮沉沉。

（3）经过了第一步和第二步，对已经筛选出的项目进行可行性分析，了解到项目所拥有的独特资源，为什么这一项目值得投资，这一领域的市场前景及市场需求，等等。

①经济评估在可行性研究报告阶段进行，即完成了市场需求预测、规模选择、资源供应等研究论证，寻找到投资机会，及时提出项目投资的设想，并进一步通过对项目背景、需求预测、厂址选择、投资估算和效益评价等方面进行深入的研究，得到了"项目可行"的结论。这是投资前期的主要工作。

②项目投资分析案例以后，可在第一点的基础上进行设计、开工、施工，产生"竣工报告"这一投资期的工作。

③项目运行阶段，正常生产经营，回收投资并获取经济效益；企业能否达到预期的经济和社会收益，这点是非常重要的。结合众多项目投资分析的案例经验，不仅反映了投资前期可行性的质量和投资期的施工质量，也反映了生产运营期的管理水平，"后评价报告"对此将作一定的分析和论证。

适合上班族投资的 10 大项目

上班族有不少 8 小时之外的致富良方，即使是兼职，你也一样能捧出"金饭碗"来！

1. 做平面模特

如果天生有一副好的容貌和身材，这的确是一条不错的路子。不仅收入丰厚，而且相对来说，依靠的知识技能比较少一些。但也有一些"不好"之处：因为这一行比较树大招风，最好能获得公司上司的许可；同时，由于露脸机会太多，难免有公众人物之嫌，得时时注意个人仪表，不可再如普通人一样，工作中也会平添一些来自同事或是外界的压力。

2. 开加盟店

近年来，加盟连锁的滚滚热潮丝毫未褪，而且在这个不断壮大的队伍里，还出现了这么一个群体：在职白领。他们大多头脑活络，有钱有闲，想"钱生钱"但又不愿意放弃现在的工作，于是许多人不约而同地把加盟连锁作为自己的第二条创业途径。据统计，加盟者中30%为在职白领。加盟的确是种不错的兼职方式，特别是对白领而言，只要选对项目，收回成本一般也不成问题。

3. 业余摄影

数码相机的普及，给了不少网友发财的机会。只要受过一定的专业培训，选取的角度或是遇到的事件具有相当独特性，一般都能卖得好价。现在图片库需要的图片种类很多，什么突发事件、图片故事、旅游民俗、都市风情，只要有内涵的统统照单全收。另外，不少财经类杂志需要一些题材类的照片，而不是事件类的，这也给了摄影爱好者以捷径，可以寻找那些有名气的企业，去拍他们的厂房、车间、领导、招牌、广告；或是不断参加各种会议，将这些财经领域的工作片断、典型形象拍摄入镜，一般都会有下家购买。

4. 做翻译

做翻译一般都是针对有英语特长的人，海归、专八、大学英语教师等人士比较适合此道，但为了规避风险，有心于兼职此道的专业人士，最好还是请朋友介绍业务关系比较妥当。现在外面不少所谓文化、咨询公司，都是三脚猫底子，说不定在你交了"作业"之后就开始赖账，而且对方看准你"文化人"身份，还是偷偷摸摸干的兼职，难免于酬劳上做些小动作。所以，最好是事先签合同，特别商议好一个双方都能接受的付款方式。

5. 业余撰稿人

"挣外快"是因人而异的，能找准自己的擅长，也一定要认清自己的专长在

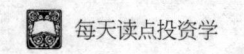

哪里。如果你擅长文字，不妨做业余的撰稿人，按照目前稿费 100~300 元 / 千字的均价，要是一篇上万字的短篇小说，收入也是几千元。

6. 销售和家教

兼职者以做销售和家教最多。兼职的道路万万条，但基本上以可向社会外包的职业为主。调查显示，业余时间兼职从事销售和家教的比例最高，分别达 29% 和 18%，其次依次为调查 14%、翻译和设计各 9%、贸易 7%、写作 6%、编程和导游各 4%。

7. 动画制作

FLASH 制作是一个价格落差相当大的兼职工作，要获得高薪，需要有良好的平面设计功底，较好的创意，较多的设计作品和成功案例，在业内有相当的知名度。会三维动画的高手凤毛麟角。一般需要熟练操作 3DMAX 等软件（计算机三维动画软件发展迅速，除 3DMAX 外，还有其他有特色的三维软件，如 Rhino、Maya、SoftImage 等），设计前卫大胆而有独创性，能够充分理解客户需求，最大限度地实现客户的各种设计理念，能胜任展览展示设计工作的要求。

8. 文案

文案类工作和普通秘书不同，一般来说，是为兼职公司撰写宣传软文或产品广告，也可能是为客户公司撰写形象类文章。需要兼职文案（策划）的公司以房地产和广告行业为主，主要工作是为销售的商品（楼盘或其他产品）写软、硬广告，这些工作创意性较强，故而需要兼职文案（策划）有很强的策划能力，富有创意，文字功底强，能写得一手"美文"；同时，也需要一定的相关行业知识。此类兼职形式灵活，一般每周去兼职单位"报到"一次即可。

9. 兼职会计

需要聘请兼职会计的公司大多为小企业。由于公司业务少，很难达到一个专职会计应有的工作量，因此为节约开支，聘请有经验的兼职会计人员是最好的方法。对兼职会计出纳的要求，是熟悉财务会计工作流程，具独立出具会计报表及制作增值税报表经验。由于会计属经验积累型职业，因此一般对兼职者的年龄要求是 35 岁以上，持会计上岗证，有多年会计从业经验，且熟悉国家各类相关法律、法规、政策。兼职会计的工作时间一般为每月月初 5 个工作日，或者每周平均 1 个工作日。

10. 财务咨询

财务税务咨询的主要工作是帮助企业财务人员了解相关会计、税务、金融政策。兼职人员最好能有注册税务师、注册会计师等资格证书。兼职财务咨询的薪酬不定，一般由双方协商，但比普通兼职会计的报酬要高。

10万元小资金的最佳商业投资项目是什么

对一般收入家庭而言，炒股、买房在资金上有些力不从心，谁都想让钱能生钱。有了10万元，存在银行，一年长不了几个钱，买债券，利息太低，时间太长，因此，你可以试试以下几招，这些是让一般家庭可着重考虑的致富之路。

1. 收藏

邮票、字画、珠宝、古玩和钱币投资品种进入寻常百姓家，在目前的市场上，收藏行业是一个阳光产业，即将会繁荣的产业。我国经济发展很快，人民生活大幅度提高。古话说："盛世兴藏"，就是这个道理。收藏这个行业，钱多，可以投资高档收藏品，赚大钱；钱少，可以对一些低档品投资，先小赚，再大赚。

收藏的物品只要不是赝品，保证有升值的潜力，特点就是稳妥。作为老百姓，只要能耗得起时间，就不必为之担惊受怕，提心吊胆也没有必要，因为收藏品随着时间的推移，只能越来越少，收藏的价值会上升，今年一个价，明年一个价。在收藏品中，最津津乐道的例子是1980年发行的猴年邮票，当时面值只有8分，现在翻了几千倍。稳妥是收藏的特点，买进一样东西，何时进，何时抛，赚多赚少，由你自己决定了。看着猴票投资回报率这么高，谁不会动心。有时候买进一个东西花了些小钱，换来回报却这么高，有些像"熊掌跟鱼翅可以兼得"，能不乐吗？收藏投资回报远远高于任何产业，现在国力富强，人民安居乐业，收藏已经成为人们所追逐的最文明、最高雅、最保险、最佳增值和保值的对象。

当然，只要不买赝品，就能保值升值，这个不是绝对的。比如邮票，要买些精品、稀有品，不要见邮票就买，邮票的增值一般是受供求关系影响；二是邮票本身的珍贵，如"文革"邮票，邮票增值是有条件的。

现在人民生活水平好了，收藏事业也红火起来，赝品也满天飞。进入收藏品投资，最好自己多少也懂些相关藏品的鉴别能力，专门的知识更显得尤为重要，有的东西离开专业知识和经验，就寸步难行，搞不懂真假古玩，搞不懂收藏品价格高低，就不要轻易进入这个行业。有了相关的经验和专门知识，收藏东西的时候，可以到边远小城市收购、淘金，可以进入古玩小摊淘到宝物，称"捡漏"，这样的回报是很巨大的。

2. 做服装生意

做服装生意是身边最常见的创业选择，可要把这买卖做好，却不是一件简单的事儿。要立于不败之地，需要有创意，以下有一成功的例子。

张小姐另辟蹊径，专给年轻丰满的女性做"妃美人"衣裳，在一个几乎被人遗忘的生意场上打拼，使经营者也获得了较为可观的回报。琳琅满目的服装，总会让人心动。但当营业员歉意地说"对不起，这里没有适合你的尺码"时，这样的"打击"，胖人朋友一定是遭受过不少。随着"心宽体胖"的现代都市人不断增多，"重量级"的消费群体正在迅速扩大，肥胖产业的触角可谓无孔不入，减肥药、瘦身班、纤体食品甚至抽脂等层出不穷。然而相对来说，胖体服装市场却几乎成了一个被人遗忘的角落。商场无论大小，专门为胖人准备的衣服非常有限，这成了胖人生活中的一个尴尬场景。爱美之心，人皆有之，胖人也不例外，尤其是胖体女性。其实生活中从来都不缺少商机，许多商机正是来自对消费者的理解和关爱。在上海就有这样一家名为"胖胖秀"的胖体女装专卖店，致力于为胖妹找到合体时装，同时也为自己带来可观的收益，目前已有固定会员1600多名，月销售额在10万元以上。

3. 开特色产品小店

比如，在国内拥有50年历史的飞跃鞋，曾经是中国人最熟悉的样子，尘封着无数中国人的记忆。这个如今在国内已难寻踪迹的中国品牌，不仅登上许多国外著名时尚杂志封面，还成为不少国际影星、模特脚下的宠儿，在欧洲卖出了每双50欧元以上的高价。对于现在的年轻人而言，经历了各类西方大牌纷纷进入中国的过程，受到了来自西方物质消费文化的冲击，然而在用遍了各式进口化妆品，看遍了所谓"时尚"跻身潮人的时候，突然发现经典国货并不比外国货差。在这种风潮下，将怀旧与时尚相结合，将现代与复古混搭，在一段时间内会继续流行。

4. 进口礼品专卖店——小礼品玩转大生意

城市正在越来越国际化，新成长起来的一代人也越来越不能仅仅满足于本土商品。上海人民广场地铁商城一家进口礼品小店，以便宜的价格、新奇的异域风格和周到的服务为卖点，从零售做到大量批发，小店更是与2010年世博会建立了合作关系。小店最主要的消费群体有两大部分，一部分是追逐时尚的白领，另一部分便是颇为识货的老外。时尚白领们通常喜欢买些稀奇古怪的小玩意儿放在家里或办公室里，作生活的调味料。老外们则大多因为从未见过这些东西而驻足把玩。还有小部分群体是佛教信奉者，来买印度商品。小店的招牌是"来自世界的礼品专柜"，各式各样，应有尽有，就好像店主收藏了全世界的小礼品。

5. 另类小型零食超市

大型超市里高高的货架上陈列的零食琳琅满目，纷繁复杂得让人眼花缭乱。几乎所有的超市都千篇一律。因此，可开一家另类小型零食超市，让它与一般的超市有绝对的区别。即在所住的小区大门附近租一个大约20平方米的门面。既然是另类零食超市，就不能卖一些大众化的商品，要有特色。综合各大商场和超市的特色零食，精心在零食批发市场、专卖店等处选择适合自己经营的品种进货，同时拜托经常出差的亲友物色各地有特色的零食，批发买回来。超市开张时，建议增加卡通糖、昆布丸、牛油果、锡兰茶、功夫盐等颇具特色的零食。

这样，前期的开店准备、装修费加上进货费，大约10万元就可以拥有这个超市了。所有商品明码标价出售，概不打折。

6. 保健面包房

开一家面包店对许多人来说，因其投资不大，应该是很容易的事。但用传统的烤制方式再加上传统的配料，从现在的市场看来，生意已显得有些冷清。顾客普遍带有一种求新求变的心理，希望在作为早餐的面包中得到更多的营养，所以，不妨开一家保健面包房，租一个20平方米的店面简单装修，产销合一，买一些必备的设备和原料。不懂烤面包，可请一个专业师傅，在经营种类上，可以选择以小麦胚芽为主要原料制成的胚芽面包——适合胃肠功能弱的人；用60%的糙米、40%的黑麦粉烤制而成的糙米面包——特别适宜于肥胖、糖尿病、动脉粥样硬化和心脏病患者食用；藻类面包——可以促进血液循环；由麦麸制品为原料，含有大量纤维素的减肥面包；等等。独具特色的保健面包房，每日销量一定不俗。

50万元资金最适合投资什么项目

1998年，马化腾等5人凑了50万元创办腾讯，没买房；就这样，腾讯现在发展为家喻户晓的上网工具。只要上网，都曾经用过QQ或现在一直在用QQ，腾讯现在有了自己的网站，有了自己的产品，事业做得很大。

1998年，史玉柱向朋友借了50万元搞脑白金，没买房；脑白金现在一直做得很火。史玉柱在经营过程中也遇到了很多困难，但是他克服了，有了现在的成绩。

1999年，漂在广州的丁磊用50万元创办163，没买房；163刚开始人们都在用，后来换成了收费的，用的人变少了。后来又开通了免费邮箱和博客，还有信息平台，一系列网络平台，还收购了126，他实在是个优秀的领导人。

1999年，26岁的陈天桥炒股赚了50万元，创办了盛大，没买房；26岁是一个刚刚毕业进入企业打工的年龄，而他用自己聪明的头脑，炒股不但挣了钱，而且投资盛大也是他明智的选择，真是年少有为。

1999年，马云团队18人凑了50万元，注册阿里巴巴，没买房；马云已经无人不知，无人不晓，从创业失败，到来到北京继续创业，真是精神可嘉。所以失败了并不可怕，可怕的是失败了站不起来了，马云拿着18个人凑的50万元纯粹是赌上一把，但是因为他的努力和聪明，他赌赢了。

5名网络名人50万元创业成功，那么在现在给你50万元，你能够创业成功吗？

如果当年他们用这50万元买了房，现在可能贷款都没还完。如果你有50万元，你会像他们一样聪明、努力，用智慧让事业成功吗？下面就具体地谈谈创业、经商、快速赚钱、赚大钱应该注意的几点：

（1）坚持不懈地加强学习，不一定非要学商业专业、营销专业，平时多看商业方面、管理方面、投资方面、社交方面的书籍杂志。比如说《商界》《现代营销》《创业指南》《大众投资指南》《演讲与口才》等；还可以在电视上多看财经新闻、营销辩论、经济管理讲座等；还可以在互联网上多看财经类博客，比如说，阿里巴巴、百度、腾讯博客里都有，包括投资理财的、经济管理的等；要知道水滴石穿，冰冻三日，绝非一蹴而就，要坚持不懈，日积月累。

（2）要努力提高自己的口才。有句俗话说得好，茶壶里煮饺子，肚里有货倒不出。创业、经商卖得就是产品和服务，如果口才不好，产品再好，别人也难以了解和接受，所以说要努力提高自己的口才和语言表达能力。另外，还应该练就一口流利的普通话。

（3）想要创业、经商、赚大钱，必须要学会做人。要严格要求自己做一个正直的人、道德的人、诚信的人、谦和的人、有内涵的人和有尊严的人。要想成就一番事业，自己本身的素质是客户考核你的一大要素。

（4）还有很重要的一点是很多商人都会忽略的，那就是要学会充分地尊重自己的竞争对手。只有在有竞争对手的圈子里你才能不断做大做强，如果一个行业圈里只有你一个人，你不是能独食而肥，而是会止步不前，这就是生存威胁的道理。一个企业发展壮大，是在不断地提高自己，甩掉竞争对手从而晋及前列甚至龙头老大的位置。

（5）另外就是要学会抉择。俗话说得好：女怕嫁错郎，男怕入错行。其实不管男女，只要自主创业、经商，都怕入错行。你看那街上经常有店开张、经常有人关张，其实店面、工厂转让95%是因为入错了行，抉择时因为认知高度不对、分析不透彻而失策。关于创业、经商抉择应该从多方面考虑：

①应当选时下比较热门的行业。

②应当选适合当地习俗，迎合当地消费者需要的行业；符合当地经济发展需要的行业。这就必须在进入某行业以前进行大量的市场调查，赔点腿力和时间算得了什么，没有调查贸然入行导致最后赔进去大量的积蓄那才是最痛苦的。比如说，两广人的广味食品在很多地方就很难打开市场；对贵州人的烤火、做饭两用的铁煤炉在其他地区推广得开吗？现在在全国很多地方强制性推广的保温砂浆，在云南昆明推广得开吗？

③应当选国家政策鼓励的行业。因为国家政策鼓励的行业在税收、用地、资金等各方面都有优惠；而且国家政策鼓励发展的，恰恰说明该行业具有良好的市场空间。比如说，养猪，近年国家大力鼓励，养母猪还有补贴，而现在养猪行业确实很乐观。

④应当选投资规模比较小的行业，情愿等到资本积累到一定的程度再考虑扩大经营。想做那一行，再看好也不能把所有的积蓄一下子完全投入进去，这就是风险防范意识的一点。因为一个项目再好，你来做赚不赚钱，还要由很多个人因素和外力因素决定，比如说，你的为人、经营能力、社交能力、管理能力、亲和力、市场变化、政策变化都直接决定着你来做这个项目赚不赚钱。日本的无线电之父松下幸之助的流动资金永远都有40%在睡大觉，正是因为这一招让他经历了许多大风大浪，终成一代无线电之父。再比如说，有个四川人举债三百多万元到昆明的阿拉乡公家村建厂房出租，后来由于公家村规划为城中村，划入经济开发区管辖，因此地皮从紧，建筑管理从严。刚好这家的土地许可证还没办下来，结果被政府的综合执法办推成平地。前车之鉴，希望广大创业者牢记。

⑤应当选资金回报率比较高的行业。资金回报率是任何一个创业者、经商者都不能忽视的一点，因为资本进入市场追逐的就是利润，追求的就是回报。这一点，广大的创业者必须谨慎，深入严格地分析，因为很多的项目方为了一己私利，他们绝大多数人都会把资金回报率很低的项目理想化甚至夸大几十倍几百倍。比

如说，网上有很多人吹嘘投资几万元，能做几十个亿的市场，一年能赚几个亿，可能吗？倘真如此，他不会自己做，他不会自己扩大规模做？他自己的行为就向你证明了项目的不可行性；倘真如此，早就有大量的风险投资公司介入，还轮得到你吗？倘真如此，中国一年得冒出多少家世界五百强企业来呀？把你的口袋捂紧点，找个有谱点的吧。

⑥应当选成长性比较好的项目。通俗地说，就是比较有远景，很长时间内产品不会被消费者抛弃、市场不会饱和、国家政策不会变动、具有良好的做大做强的后续发展性的项目。举个比较小的例子，昆明市昆船菜市场，先后开了好多家叫化鸡、荷叶鸡、符离集烧鸡、重庆烧鸡公、道口烧鸡等熟食店，刚开始都很红火，可是好景不长，基本上是不到一年就关张，长一点的也就是两年。

⑦应当选技术门槛比较高的行业。技术门槛太低的行业就是很容易被跟风，甚至当地本来没这个行业，因为你做得很火，而又没有技术门槛，结果很快就会冒出很多家来。到头来先做者倒成了抛砖引玉的引路人，人情都没有。如果是技术门槛相对较高的行业，情况就完全不一样。

⑧应当选项目方有区域保护的行业。一般有区域保护的行业，当你做得很火暴时，即使别人想要介入，也没有名额。这是一个创业者最起码的自我保护意识，千万不要马虎大意。

（6）当你通过市场调查和冷静分析后，确实看好某个项目时，一定要努力争取亲戚朋友的鼎力支持，否则，一意孤行的孤军作战一般是很危险的。甚至，很有可能会弄得众叛亲离。

（7）在入行以前，一定要做好风险预估，并想好、做好多种应对策略和方案，这就叫做风险预警机制。并且要做好失败的心理准备，有很多人仅仅一次失败就一蹶不振。

（8）选择项目一定要根据自己的资金实力来决定，有多大脚就穿多大鞋，千万不要好高骛远，不切实际。经过周密调查和深思熟虑确实看好自己资金势力不够的项目，可以借助其他忙人的闲散资金入股。拉别人的资金入股，可千万别小气，一定要多给别人股份，最好能承诺万一亏本只亏你自己不亏别人。也就是说，万一失败，别人投入的钱你要当债务来偿还他。要知道如果不是因为你别人是不用承担这种风险的，别人把钱投到你这里来就是为了在无风险的情况下尽量地"下蛋"。如果你能做到这两点，别人也很乐意把资金投到你这里，但是你最好给别人一个书面保证。

（9）当你自己的资金或精力不够，确实需要他人合伙经营时，选择合伙人一定要慎重。要选那种有魄力、有度量、有能力、有诚信、有上进心的人；一旦选中人选，在经营过程中要做到民主、透明、同心，千万不能有私心，合伙经营只有推心置腹才能打造辉煌的事业，否则，只会是分道扬镳或者陷入无休无止的纠纷。广东的顾地塑胶就是这样分家的典范。

（10）当你在有所收获想扩大经营时，一定要脚踏实地，量力而行，千万不可急功冒进。当年红红火火的沙市日化（就是活力28）就是急功冒进导致一夜间倒闭的。

投资商铺，主要有以下3种方案：

①购买专业街市上的新建铺位。商铺大小不等、位置不等、楼层不等，价格也不同，按现时行情测算，投资回报率为10%左右（不考虑商铺的自然增值）最好。

②购买社区型或便利型街市上的新建商铺。这类商铺因销售对象相对固定，稳定性较好，但上升空间有限。

③买一个二手商铺。旧城区里的商铺租金走势总体趋低，其投资价值在于获得动迁补偿，犹如"ST""PT"股票，部分人投资它的理由不是等待分红，而是等待重组。新的动迁实施细则对于商业补偿并不十分明朗，所以有些区政府要求动迁公司要落实一些小区内的商铺用于动迁补偿，以降低动迁难度。

100万元资金如何投资商业

1992年，中山市小榄镇7个没有任何背景、出身穷苦又想干大事的青年，怀着纯粹的理想凑钱创办了华帝公司。创业之初，7名老板订下一个对日后稳定发展起至关作用的"君子协定"：在股权分配上，开发区所在村占总股本的30%，余下的70%7人平分，每人拥有10%。中山市7个年轻人咬牙凑足100万元，招聘了20多个工人办起了生产灶具的小厂，点燃华帝的创业薪火，短短十余年，华帝之火烧遍全国，并成为一家社会广泛关注的公众公司。

接下来，他们对一些具体事务进行了磋商，并达成了共识：决策高度民主，求同存异，少数服从多数；年终分红一样多；不许亲戚进厂；不向妻子谈及企业的事，不准她们到公司来。

弹指13年，华帝的年销售额已达10亿元，连续10年稳坐灶具龙头老大的位置。随着华帝在行业内的地位和影响越来越大，7名老板的创业故事经社会的传播，

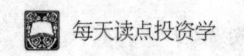

具有了强烈的传奇色彩。

这是100万元起家的故事。经过十几年的发展,现在已是一家非常优秀的企业。相对来说,100万元属于一笔不小的资金,对此,更该慎重投资。

资金能否快速安全地生出更多的资金来,主要是看投资的项目优秀与否。优秀的投资项目主要是指科技项目,因为科技项目与传统项目相比,具有投资少产出大的优势,很多科技项目只要你看准了,前期开发费用一投下去,马上就能获得产业化效益了。但是国家每年有十几万的科技项目产生,到底哪些项目具有投资价值,哪些项目会发生投资风险,在没有投下去之前很难搞得清楚。换句话说,投资人都想寻找好的投资项目,但应该怎么找就不知道了。

为了更理性地投资,为了让投资不仅仅是一腔热血,那么,在寻找投资项目时,应该做好以下几点。

1. 与广大的重点高校、科研院所、科技部门、科技企业等建立紧密联系

从目前的科技市场情况来看,我国的科技成果与技术项目绝大部分是从以上几个地方研发出来的,因为这些机构不仅有着众多的科研人才,还在科研设施、国家政策、研发资金等方面都占有非常大的优势。同时,研发科技成果和技术项目也是这些机构的基本职责,所以如果能和这些机构建立好关系,那么得到优秀科技项目的可能性就增加了不少。而且即使是在外部寻找到的科技项目,你也可以通过这些机构来进行检验,消除你的投资风险。

2. 与各地科技中介机构建立合作关系

众所周知,目前科技中介机构已成了我国科技成果转化的主要桥梁。虽然科技中介机构本身并不具有研发项目的功能,自己也没有所属的科技成果,但由于科技中介机构从事的技术转移、技术交易、成果转化、项目融资等工作,除与投资机构和投资人打交道外,主要就是和各地的科研院校、科技企业合作,在科技中介机构手里,掌握着大批的科技项目资源,技术持有人希望通过科技中介机构来寻找投资,而投资人也希望通过科技中介机构来寻找好的项目。这样一来,科技项目和投资资金就都在科技中介机构处进行对接,技术交易的成功率自然比较高。

所以,作为要寻找好的投资项目的投资机构而言,应该尽量和各地的科技中介机构建立良好的合作关系,把自己的投资信息包括投资数额、投资领域、合作方式等都告知给科技中介机构,那么科技中介机构在为科技项目寻找投资的时候,就能够把适合的项目信息提供给投资机构,供投资人挑选对接。

3. 进入项目信息网站或参加项目对接会

投资机构一般都有许多投资经理,这些投资经理每天都在全国各地寻找好的投资项目,所需的商务成本非常高,而且由于目标并不固定,所以效果也并不是太好。而目前国内有许多专门发布科技项目信息的行业网站,其中有几个网站专业程度非常高,科技项目信息资源也非常多,这些大型专业信息网站与小网站相比,具有信息量大且真实性高的特点,其中有相当一部分的项目是由技术持有人委托给网站进行操作的,所以投资人可以到这些网站上寻找到好的项目。

除了行业网站之外,各地的项目推介会、融资洽谈会等也是非常好的项目来源。因为在这些展会上,一般都会集中展示一批质量比较好的项目成果,不仅项目非常好,数量也比较多,投资经理参加一次这样的会议就能够接触到非常多的项目,有时还能够直接与项目持有人进行沟通,有利于项目投资合作的开展。

第四节 商业投资,你需要注意什么

选择你熟悉的领域投资

投资大师总有他们成功的原因,每个成功的投资者都有其标准,一些让他们引以为傲的投资法门,不见得适合其他人,于是投资出现了成功与失败。以自己不擅长的方式做投资,就如同一位政治家越过将军直接指挥一场战斗一样。巴菲特知道自己的长处,他说:"我是一个非常现实的人,我知道自己能够做什么,而且我喜欢我的工作。也许成为一个职业棒球大联盟的球星非常不错,但这是不现实的。"在投资上,他也只是做自己熟悉的业务。巴菲特认为:"当一个投资者不清楚自己本身的能力,去投资自以为是,其实一窍不通的企业时,往往是最具有风险的时候。"

投资活动是无形的,由于现在各种各样的推销策略和能把稻草说成金条的推销人才的产生,使许多投资项目能很容易从推销员手中转到投资者手中,而投资者似乎常常因为其高收益而不会被拒绝。同时,对许多众所周知高收益的投资项目,投资者也缺乏可靠的充分的检测手段,因而投资者常常尚未体会到高收益就已先体验了因追逐高收益伴随而来的高风险。大家都应该根据上市公司的年度财务报告来分析判断某公司股价的应有水平，从而做出自己在股市中的各种决策。

但市场的情况往往是各种假消息、小道消息满天飞，这些都给投资收益的获得增加难度，而投资风险也正是暗藏其中。在选择投资项目时，越是对各种投资项目不了解、不熟悉的投资者越是习惯于打听何种投资项目回报率高，或听信其他人的介绍进行投资。在糊里糊涂中，投资者持有了一些对于他们来说很神秘的投资筹码，其风险可想而知。

通常情况下，投资者不熟悉、不了解自己进行的投资项目时，只能任其波动，放任自流，这正是风险发生的最大突破口。投资者不熟悉自己所进行的投资，也只能听信其他人的介绍或相关信息，而道听途说或轻信正是投资者进行投资的大忌。购买自己不熟悉的投资项目，其收益越高，风险也越大，此时，对收益的追求可以说是贪婪可能压倒担心和谨慎。

相对来说，选择自己熟悉了解的投资项目，充分利用自己已有的专业知识和成熟经验，是投资稳定成功、安全获益的有利因素。可行的办法是在每次投资前，投资者可将自己目前所掌握的有关投资信息列出清单，并依次分析自己的熟悉程度与获利可能性，避免投向那些趋于跌值（不论是突然下跌还是和缓下跌）并可能造成重大损失的捉摸不定的投资项目。

投资者也不要轻信那些听起来都不可能的事。投资不应该急躁，绝对不能在与他人第一次交谈时就同意投资。在与任何人进行投资交易之前，要完全弄清对方及其所代表的公司的详细情况，对其信誉等进行全面的考证。而对于一些自称的经纪人或代理人所提供的相对有吸引力的投资细节，要对其进行宏观层面的分析，即从大处着眼对其思考。如价格便宜的房地产是否存在质量上的问题，而高收益的债券是否其信誉度很低。只有弄明白了有关问题，即投资者真正达到了熟悉该产品的程度时，才可下决心投资。

有一个简单的法则可以让你减少投资的忧虑，这个法则就是优先投资已知的领域、谨慎投资未知的领域；优先投资熟悉的领域、谨慎投资陌生的领域。这个法则的基本内容是：你必须将钱花在那些你知道的生活中需要的、或有义务支付的项目上，例如，食品、住房、交通、债务等，你必须先做到这一点，然后才能投资于那些未知领域，比如，更大的房子、房地产投资或非退休的股票账户。为什么呢？因为如果先投资于未知领域，然后才是已知领域，那么你就是在毁灭自己，毁灭你的安全、幸福和未来。

什么是已知的领域呢？

第十五章 投资商业：借力生财赚大钱

日常的固定开支是已知必须支付的，包括基本生活开支、房屋的水电管理费、交通通信费、必须按合约支付的楼宇及汽车按揭付款；子女的养育费用是必须要支付的，由于教育支出的时间和费用刚性，你必须提前做出准备；养老生活是漫长、不能失去经济支持和生活尊严的。30年后谁来养你？必须提前做出财务安排。生老病死是已知的，还有各种各样预期外的意外事件是人生难以避免的，通过预留紧急预备金和保险计划，可以减少突发事件带来的财务困扰。理财专家说："Pay yourself first。"首先投资的是自己的生活，其次才是未知的领域。未知的领域需要在做出生活安排之后，追求财富的成长，以实现其他人生目标。如果已经做好了固定支出、债务偿付、子女教育、养老和保险计划，又应该如何投资呢？优先投资熟悉的领域。市场的交易流程、游戏的潜规则、基本的技术分析方法、可信赖的投资经纪人是大额投资的必要前提。很多人买菜的时候还有兴趣讨价还价，在投资的时候却不愿意花时间和进行必要的学习。任何一项高额回报的投资都是风险投资，成要心中有数，败也要败个明白。

总的来说，如果你把大部分的资金用在可预见、可控制的事物上，然后再把额外的资金投进广泛以及未知的、风险资产上，这样将为你的财务生活带来一种全新意义上的安全和秩序。

发现你身边的机会

巴菲特提倡投资必须坚持理性的原则："如果你不了解它，就不要行动。一个人的精力总是有限的，不同的企业从事着不同的业务，这些业务不可能是我们都熟悉和了解的。不如将我们有限的精力集中在我们熟悉的企业上，尽可能多地了解这些企业的情况，这有利于我们的投资决策。"

巴菲特倡导的做自己熟悉的投资是比较普遍、容易被投资者运用的一种投资标准。投资熟悉的行业或公司，才有一定的准确性，对信息的真伪才有判断力，成功的概率也相对较高。投资的目的是为了使财富不贬值乃至数倍地增值，但我们也不能每天都像撑紧了的弹簧，没有放松的时候。最好的办法，就是从身边发现投资机会，全球著名公司大多已落脚中国，投资者应有更广阔的国际视野。

现今世界出现整体衰退的可能性不大，原因是全球一体化使经济互补能力加强。比如，制造业在西方国家式微，工人都失业了。按以前的看法，失业会使社会上很多人失去经济来源，消费力肯定不行，接着各行各业也会衰退。但是由于经济全球化，西方国家在制造业退出的资本可以跑到中国和东南亚去，又会产生回报，最终还会以各种形式回到国内，那么国内的人便可通过间接投资的方式享受到经济的发展，因此出现全球衰退的可能性不大。

有一句话说的是"东方不亮，西方亮"，讲的就是互补性。无论是地区国家之间，还是行业之间，都存在着互补。上面讲的就是国家之间的互补，那么行业之间呢？大家都清楚现在石油很贵，都觉得用不起，因此觉得涉及石油的行业，例如，石油化工、汽车，等等，都不乐观。但是，自从石油贵起来，世界上就开始有搞煤化工了，通过煤来炼油，一样可以替代。还有搞混合油的，就是85%的酒精和15%的汽油，可以用来开车。因此，投资观念应该改变，不要笼统地害怕衰退，应该多从身边开始留意投资机会的来临。

不做没有把握的事

马云成名之后，全球的著名学府，包括哈佛、沃顿、麻省理工等世界级顶尖名校都请马云去给它们做讲演。有一次，马云在哈佛做讲演的时候，曾有学生向马云请教阿里巴巴的成功秘诀是什么。马云很风趣地回答说："我为什么能够成功？原因有三，第一是我没有钱；第二是我对于Internet一窍不通；第三是我想得像傻瓜一样。"

马云说的是实话。他刚开始创业的时候的确没有资金，把自己和员工压箱底的钱都拿出来了，也才凑了50万元的起步资金。他的确不懂互联网技术，据说他的电脑水平只能够收发邮件，甚至连最简单的Word文档都不会打开。但是有一点他没有说，马云从来不做没有把握的事，这是他成功的一个关键因素。

马云第一次创业是搞了一个海博翻译社。为什么搞这个？因为马云的英语非常棒，毫不夸张地说，"可能当时在杭州是英语最好的一个人"。马云的夫人张瑛曾经开玩笑说："马云说梦话的时候都很少讲国语，80%的时候都是用英语。"马云的英语水平由此可见一斑。正是由于英语好，所以马云搞了一个海博翻译社。马云之所以搞阿里巴巴，原因就在于他对电子商务熟悉。马云正式下海后搞的第一个项目就是中国黄页，中国黄页实际上就是最早的电子商务。正是搞中国黄页的经历，使马云认识到了中国中小企业对于信息的迫切需求，使他对于电子商务的模式有了一定的了解，所以做起来才如鱼得水，最终取得了成功。

在《赢在中国》的点评现场，马云在点评一位选手的时候曾经披露过这样一件事："前段时间我跟吴鹰拜访了李嘉诚，他讲了一个事，在座的创业者可以思考一下。有人问李嘉诚凭什么到处投资，做这个，做那个，基本都成功，为什么中国绝大多数人都不成功，而你能成功？李嘉诚回答说，'手头上一定要有一样产品是天塌下来都能挣钱的。'因此，不一定做大，但一定要先做好。"

这就是马云的经营之道，做自己最熟悉的事情。

马云尚且如此，只做熟悉的事情，何况，作为创业者，无论是从一个行业转入另外一个行业，还是初入商场从事一项新的行业，都应该先从自己熟悉的入手。各行各业都能赚钱，关键就在"熟悉"两字。熟悉一个行业到一定程度或相当的程度，创业成功的概率就会大大增加。如果自己没有这方面的能力，只凭主观臆断，想要"见食就吃"，一旦大意或者市场发生了变化，就无法应付，最后的结果是只能以失败而告终。常言说得好，隔行如隔山。有的事情即使你不懂也没什么，但是做生意如果你不懂，那么就要冒着血本无归的危险了。所以，创业需要谨慎，在开创事业或是拓展业务时，最好是有制胜的把握再动手。

首先，做好准备工作。在开始创业之前，就要做好深入细致的考察工作，根据具体情况做出可行的计划。还要做到知己知彼，无论做什么事情都要做好事前的调查工作，客观地分析创业所面临的困难，做最坏的打算，制定最好的对策，争取把损失降至最低。这样就算失败了也不会有致命的伤害。如果没有把握就盲目上马，过于乐观，一旦市场变化或自己大意就会陷入被动了，导致最后惨败。所以，真正想创业，就要做到心中有数，而不做没有把握的事情。这就是要求创业者一定要对某一行业摸熟吃透，不要光凭冲劲、激情、主观想象来做事情。

其次，创业要做到有把握，就必须深入钻研。如果真的看好了一个行业，但自己对该行业不是很熟悉，就一定要在创业之初好好研究它。

闲谈中也有商机

从与人闲谈中发现商机。人们在生活中免不了要与人交流闲谈，在交流闲谈中有不少值得挖掘的"潜在市场"，只要做有心人，其背后往往隐含着某种市场信息和经营胜机。

江苏某公司成功地开发出新型感冒药"白加黑"，就是该公司经理从一次偶然的闲谈中得到的产品开发灵感。一位工程师访美归来,在和总经理的闲谈之中谈到美国的一种白天和晚上服用,组方成分不同的片剂药,说者无心,听者有意。总经理顿时来了灵感:何不开发一种新型的感冒药呢?于是,他和他的智囊团研究决定,迅速开发这一创意产品,仅一年时间,"白加黑"就实现产品产值2亿多元,完成利税2000多万元,创造了我国医药史上的奇迹。

从"上帝"(消费者)的创意中寻找商机。日常生活中,消费者经常有这样那样的创意或妄想,而这种创意或妄想其实就是消费者的消费需求和愿望,往往也是市场的"晴雨表"和企业开发产品、打开销路的"信号灯"。经营者若能多询问了解,把握消费者的各种妄想,并不失时机地攻关夺隘,巧于开拓,往往能为企业带来巨大的商机。

海尔洗衣机销到四川农村后,听到农民异想天开地说:"要是洗衣机能洗地瓜就好了。"聪明的海尔人独具慧眼,将这一妄想付诸实践,发明了深受农村欢迎的既能洗衣服又能洗地瓜的洗衣机,从而开拓出一片农村市场。还有"傻瓜"照相机、"电视遥控器"等新产品的研制推出,都是根据消费者的创意或妄想而带来的产品开发灵感,从而为企业带来了巨大的商机。

再比如,目前由于美容市场的竞争日益激烈,很多的发廊都在添加硬件设备、发廊装修方面下功夫。但却没有在软件、服务上做进一步思考。这样就造成了投入成本不断加大,而前来的客户并不多,员工的工作没有达到饱和状态。为什么会这样?原因是:坐在发廊里等机会,等着顾客上门,同时也没有好的办法吸引老顾客回头。这就是在坐商。如何改变?不仅要坐商,还要行商!就是要走出去,请进来!应该多思考一下如何扩大客源,如何保持老顾客的忠诚度,如何让顾客更加满意,如何让经营达到饱和状态。

这里就说明:在日常生活中,就有商机。尽管这个行业已进入了成熟期,还是有不少的商机,这里还有创业的机会。关键是如何发现它,如何能够做出差异化的服务。

激烈的市场竞争中,经营需要机遇,商机对于企业十分重要。商机无论大小,从经济意义上讲一定是能由此产生利润的机会。商机表现为需求的产生与满足的方式上在时间、地点、成本、数量、对象上的不平衡状态。旧的商机消失后,新的商机又会出现。没有商机,就不会有交易活动。商机转化为财富,必定满足5个"合适":合适的产品或服务,合适的客户,合适的价格,合适的时间和地点,合适的渠道。

机遇就是目标，商机就是财富，谁能发现和把握商机，谁就能在商战中制胜。虽然随着当前买方市场的形成，市场商机越来越难觅，但在生活的方方面面仍然蕴藏着无限的商机，许多商机就存在于我们眼皮底下和日常生活中，只有用敏锐的"嗅觉"去发现它，去开发它，去利用它，才不至于使市场机遇与你擦肩而过，失之交臂。

总之，商机无处不在，而且稍纵即逝。但它有一个特点就是对每一个经营者都是平等的，谁心有灵犀，看得准，抓得及时，谁就会从纷繁复杂乃至平凡小事上获得商机。假如你反应迟钝，缺少眼光，就很难发现、抓住它，使许多很有价值的商机从自己的眼皮底下白白溜掉。只有眼观六路，耳听八方，大脑中时刻绷紧捕捉商机这根弦，做市场的有心人，才能及时发现商机，抓住商机，并为自己所用，从而为企业拓展出新的市场。

永远保持"零度"状态

据说，犹太人在某项投资决定后，一般会制订投资一个月后、两个月后和三个月后3套计划。一个月后，即使发现实际情况与事前预测有相当的出入，他们也丝毫不会感到吃惊，仍会一个劲儿地追加资本；两个月后，实际情况仍不大理想，便进一步追加资本；第三个月后，若情况仍与计划不符，而又没有确切的事实证明将来会发生好转，那犹太人会毅然决定放弃这桩事业。所谓放弃这桩事业，也就是放弃迄今全部投入的资金和人力，甘心认赔。即使这样，他们也不会唉声叹气，尽管生意不尽如人意，但也比在一堆烂摊子中大伤脑筋、进退两难要强得多，而且是及时悬崖勒马，否则情况也许会更糟。犹太人这种适可而止、见到大事不妙便掉头的做法，和他们自己民族的经历是分不开的。他们永远保持"零度"状态，做出合理的投资。

通过上面的例子，相信大家对"零度"状态有了感性的认识，下面对"零度"状态进行更理性的认识。法国后结构主义领袖人物罗兰·巴特有篇著作，叫《写作的零度》，他认为，"零度"这个状态能保持最理想的独立性和自由性。《经理人》认为，创新的"零度"哲学亦是如此——它在自由状态下产生，既能独立地自主创造，又可以自由地将各种外部精华为自己所用，学习模仿借力。这种创新行为，不需要赋予太多外部资源，既可能产生领导者，更可能由企业基层员工参与和推动。

"零度"状态代表一种改变原有现状、规则的突破力，强调的是最具活力、理性的创新状态——既要保持冷静的独立性，自主创造，同时也要确保灵活的自由性——即使在没有太多外部资源、动力或者压力的情况下，企业仍然能够保持很强的创新活力。

创新的"零度"哲学，正是中国企业在发展进程中必不可少的！今天的中国经济，已经从一个疯狂吸金、滋生浮躁的年代，回落到正常状态，我们称之为经济学的"零度"。"零度"创新，就是要企业找到本质，从根源上去突破。

丰田召回事件，让我们对"标杆神话"有了另外一种解读。表面看，丰田是因为过度扩张、追求效益而导致质量控制不当，实际上，是创新力不足。解决丰田危机的关键，可能还要回到丰田赖以崛起的精益制造上来，让每一个员工，从每个细节进行创新。"不管是外界，还是企业内部，好像给了创新太多的压力，要业绩，要结果，这本身没有错，然而，越是如此，创新越难以释放，应该赋予创新更多的自由。"北京大学政府管理学院博士段磊说："其实，'零度'创新还代表着一种心态，企业应该保持平常心，创新能力和创新文化都需要慢慢培育，不必操之过急。""我们只用了5年时间，业绩增长了100倍，使奥图码从一个默默无闻的投影机品牌，变成全球市场占有率第二大的品牌，谁都很好奇我们为什么能做到，其实靠的就是创新，特别在早期资源比较缺乏的情况下，我们没有给员工太多束缚，支持他们做各种创新尝试，特别是营销和渠道的创新。这与'零度'创新倡导的理念完全一致。"奥图码亚太区总裁郭特利说。

"零度"创新标杆，持续高绩效：在过去一年多的研究中，《经理人》发现，很多"零度"创新的标杆型企业，譬如，万科、海尔、中粮、华为、比亚迪、腾讯、开心网、科兴，它们分布在各个领域，规模不等。小型公司因"零度"创新，而获得其他企业由衷的尊敬，迅速做大规模；大公司因为"零度"创新，获得了持久的竞争力，并且建立新的行业标尺。"零度"创新的标杆公司拥有几个共同的特征：

其一，在金融危机中业绩表现尤为出色，主要财务指标要明显高于行业水平。

其二，创新行动能够带来明显的收入增加，从而转化为企业利润。

万科是世界最大的住宅开发企业，在中国经济最困难的两年中，万科业绩持续上涨，2009年的总收入和利润，较上一年分别增长了19.2%和36.3%。在一般人看来，房地产开发企业与通常意义的创新公司相差很远，但是，万科的创新往往是开创性和前瞻性的，亦如王石对万科的定位："做一家新型公司。"万科成长的动力，要得益于王石管理思想的创新。譬如，20世纪80年代，万科率先在全国进行股份制改革及上市；后来提出不追求暴利，超过25%的利润不赚；再后来，主动卖掉赚钱的金融服务、商业等多元化业务，专注于房地产开发；王石还主动辞去总经理职务，让第二代职业经理人打理公司。直到今天，万科在2009年财报致股东的信中，提出打造绿色竞争力，强调企业与环境和谐共生。可以想象，不久的将来，这势必会成为行业的一个新标准。可以说，王石的每个管理思想创新都是开创性的，尽管在当时令很多人费解，但回过头来看，万科一步步走向其他企业难以企及的高度，成为行业典范。

·第十六章·

家庭幸福才会财源广进：家庭是我们最大的资产和负债

第一节 家庭收入并不比别人少，为什么常常陷入财务困境

大手大脚地乱花钱

马清今年26岁，目前在家做全职太太，老公在某公司任职，月收入过万，每年各种收入加起来有二三十万元，虽不是很富裕，但也有车有房，过着很滋润的日子。儿子刚满周岁，是全家人的希望。但在幸福之余，马清也不免有些担忧：因为老公虽然收入不低，但却花钱无度，结交了一帮酒肉朋友，经常傍着他吃喝，每月工资所剩无几。更甚的是，这帮朋友还经常向老公借钱，少则几千元，多则几万元，而且大多有借无还，至今仍有十几万元的债务未能收回。老公心肠软且好面子，只要手上有现钱，往往逢借必应，为此马清没少跟老公吵架，但收效甚微。

家庭乱花钱的现象，在很多家庭都存在，以至于家庭收入并不比别人少，但是存款永远比别人少。那么，如何改变这种习惯呢？以下招数，不妨试试。

招数一：以租养供投资买房。

房产因变现能力较差，流动性不强，适宜作长期投资。建议马清投资一些适合用于出租的小户型居住用房，最好是一房一厅，然后出租，以租养供。用于这部分的投资（首付资金）以不超过手中现金50%为宜。考虑到马清老公只要手中有现金，就很容易花掉或是借钱给人，利用房产投资占用一部分现金，减少手中现金存量，自然会控制现金的支出。

而且因房产变现能力差，即便想借钱给人，也只能根据手中现金量力而行，不至于要变卖房产，从而有效地保留住这部分资产。而且房子供完后的租金收入

可以成为家庭较为稳定的收入来源，可作为未来养老金的补充。

招数二：买保险守财增值。

在各种守财工具中，保险是兼具灵活与安全性的最好的守财工具之一，可强制性地将手中现金沉淀下来。除了做好家庭的基本保障之外，建议马清给儿子购买一些教育险。因教育险要到指定阶段才可以领取（如高中或大学），每年可以沉淀一笔现金，给儿子作专用教育基金，从而免除对未来教育开支的担忧。

除此之外，还可购买一些期缴型的投资分红保险，因在交费期内退保不划算，一般不会随便动用。最好不要购买趸缴型的保险，因为这种保险现金价值高，很容易退保，守财功能不如期缴型产品，而且期缴型产品一般有保费豁免功能，保障性更高。

招数三：定期定额买基金。

定期定额购买基金虽然不能完全起到守财的作用，因基金赎回只需几个工作日即可办妥，但可作为中短期强制储蓄的手段。每月定期定额将工资中的一部分用于购买基金，强制储蓄下来，至少可以控制平日的花费，即先储蓄、后消费。这种方式可作为前两者的补充，等资金积存到一定数量，可适时向前两者转化。

财商低往往导致贫困

某女，29岁，已婚，女儿2岁，月工资3000元左右，事业单位，科研工作，稳定。

先生，33岁，机械本科，在国营企业做生产管理，工资4000~5000元，不时有奖金，总共一年收入12万元左右，基本稳定。生活在北京。双方父母均在农村，其他兄弟姐妹照顾，自己主要出钱。

这是一个财商低的家庭。男方消费多随意，女方多节俭，偶有争议。有记账的习惯，但只记支出，不记收入。目前家里究竟有多少钱不清楚，大约3万元。基金和股票1~2万元，没有及时察看，基金应该还能有小赚而股票深套。定投每月300元指数基金作为小孩教育金，每年或者节日小孩的收入也投入平衡基金。

理财目标：

第一，买房。想买学区房子，方便小孩上好的小学和中学。有两种方案，一是在女方单位附近买个大房子（北京二环内），这需要150~200万元，恐怕需要把目前的住房（目前市值约100万元）卖掉；二是买一个小房子（50~100万元），自家不住，只要能给孩子上户口就可以了。

第二，想买车。有分歧，老公想买车，因为方便和高效率；女方不想买，一方面车费钱，另外，她也希望生活得环保一点。老公单位在郊县，而他们目前的房子在三环边，老公目前是坐班车上班，周末开公车回家，购物并带孩子玩。

第三，老公一直想考个在职的硕士文凭，因为工作忙等原因一直推迟，按计划单位会出学费；但如果单位不出学费，也想上，就需要自家出钱了。大约5万元左右。

理财建议：

（1）厘清自己家底，也就是家庭资产，包括现金、存款、基金和股票，还有保险价值和住房公积金，以及目前欠还贷款，自己列个清单，落到纸面上，心里清楚。

（2）明确收入支出，每个月都固定发生的支出是多少心里有数，节余有个预计。至少等你工作后，每月能节余下多少钱，做怎么样的配置，要自己想。

（3）坚持记账能有效帮助他们加强消费控制和现金管理。

（4）股票基金定期看看，至少知道走势如何，有能力的话，可以进行调仓换股和基金的优化组合。

以上几项清晰后，就可以在现在和未来之间进行安排，也就是根据目前的资产总值和结构，考虑未来的收入和支出，包括投资收益预计，将希望的理财目标纳入计算模型，在时间和可选方案（买哪套房）上进行调整，最后制定出一整套在未来一定时间内可操作的预期安排，这就是理财规划的思路了，但需要专业人士的指导。个人未必能想得那么完整和深入，但是这样的思路大家都可以有，一定会对个人和家庭的财务发展有益的。

家庭资产流失漏洞大

看到"资产流失"这几个字眼，人们首先想到的是国有资产的流失。其实，在生活中，只要稍不小心，家庭资产就会不知不觉地流失。理财专家提醒你，在财富时代，不要再扯后腿了，及时清理造成你资产流失的漏洞吧！

中国家庭资产流失的主要领域是以下几个方面：

1. 豪华住宅背上沉重负担

很多人可能都有这样的经历：在自己的小屋里向外眺望城市中丛林般的大厦，然后发出一声感叹："怎么没有一间房子是我的？"其实，买房子的人大部分也是在贷款，豪华住宅的背后，有的家庭不但投入了全部积蓄，而且还背上了债务，大部分家底都变成了钢筋水泥的不动产，导致家庭缺少投资的本钱或是错失投资时机。

2. 股市缩水几千亿

中国股市 12 年的发展成绩斐然，按较保守估计，中国股市的实际参与者至少应在 2500 万户左右，涉及近亿人群，这其中不乏数量庞大的新兴的中产阶级。但是从 2001 年下半年以来中国股市陷入了长达一年半的下跌和疲软状态，到目前为止根据 12 年来的相关统计，股市中共投入资金约为 23000 亿元换成了股票的资金，因为股价下跌、缴纳各种税费等，如今的证券市场的流通市值只剩下了 13000~14000 亿元。也就是说，12 年来股市黑洞共吞噬了近万亿的资金，如果排除其他背景的资金损失，那么中国普通老百姓家庭的资产在股市上至少流失了数千亿元。

3. 储蓄流失增值机会

储蓄本来是中国人保值增值最普及的手段，怎么会成为中国家庭资产流失的主要领域呢？这主要体现在两个方面：

（1）"过度"储蓄。善于储蓄是美德，但是一旦"过度"也将误入歧途。做个简单的测算，中国人的 8 万亿储蓄存款，如果相对于同期的国债之间 1% 左右的息差考虑到存款的利息税和国债的免税因素，那么中国人放弃了每年资本增值 800 亿元左右的潜在获利机会。其实对大多数人来说，防止这类流失的方法很简单，只需要将银行储蓄转为同期的各类债券就行了。目前，不仅有交易所市场还有银行柜台市场都可以很方便地完成这类交易，而且流动性也很强。

（2）"不当"储蓄。一样的存款要获得不一样的收益，存款的技巧很重要。有的家庭由于缺乏储蓄存款的知识，不懂得存款的技巧，使存款利息收入大为减少。

4. 过度和不当消费

过度与不当的消费也会让家庭资产流失。所以，花钱买的是什么，一定要想清楚。过度和不当消费又可分为以下几方面：

（1）"情绪化"消费或"冲动性"消费。例如，看到打折就兴奋不已，在商场里泡上半天，拎出一大包便宜的商品，看似得了便宜，实际上买了很多并不需要或者暂时不需要的东西，纯属额外开支。特别是在对大件消费品上，比如，楼盘、汽车、高档家电的一时冲动，往往也会过度消费，不仅造成家庭财政的沉重负担而且导致家庭资产的隐性流失。

（2）"炫耀"消费。为了"面子"而不是需求的消费，在消费上总喜欢跟别人较劲，人家能花的我也要花，不论有没有必要。

（3）愚昧消费。尤其是在农村，这样的愚昧消费情况更为严重。一些人为了盼发财、保平安、求升官，也不惜花费大量的钱财，去抽签算卦，去烧香拜佛，做道场，请神汉巫婆，修坟墓，建庙宇，如此等等。辛辛苦苦赚的钱，就这样在愚昧消费中流失了。另外，还有其他的所谓"赌气"消费、"畸形"消费、"超前"消费、"节日"消费，等等。

5. 理财观念薄弱

目前，有些家庭对于理财还未树立正确的观念，也不注意各种细微的节约。例如，使用信用卡时造成透支，且又不能及时还清，结果必须支付高于存款利息十几倍的循环利息，日积月累下来，债务只会如雪球般越滚越大。家庭资产的流失在很多时候都是隐性的，对钱财一定要善于监控管理，节约不必要的支出，不断地强化理财观，让资金稳定成长，才不会在不知不觉中失去了积蓄钱财、脱贫致富的好机会！

以上的几个方面是家庭资产流失的"重灾区"，而且具有相当大的普遍性。家庭资产流失很多时候都不显山露水，但只要稍一放松就可能造成家庭资产的流失，要不断地强化理财意识才能成功积累财富。

掉入家庭财务危机

如今，我国家庭传统的理财观念正在被不断颠覆，更符合时代潮流的新兴理财观正在出现。你掉入危机当中了吗？4大指标测试家庭财务健康状况。

1. 家里该留多少钱

健康指标：

流动性比率3~6为最佳。

指标解读：

流动性资产是指在急用情况下能迅速变现而不会带来损失的资产，比如，现金、活期存款、货币基金等。计算公式：流动性比率＝流动性资产÷每月支出。

专家指路：

专家指出，如某家庭月支出为 800 元，那么该家庭每月合理的流动性资产，也就是闲钱就应在 2400~4800 元之间。

如果该家庭的流动性比率大于 6，则表明这个家庭中的闲置资金过多，不利于资金的保值增值，也表明该家庭打理闲置资金能力的不足。反之，如流动性比率过低，则意味着该家庭已出现财务危机的迹象，也就是常说的资金"断流"。

此外，一旦该家庭出现家人病重住院等突发事件，如闲钱过少，受到的影响更是不可估计。

2. 每月该花多少钱

健康指标：

消费比率 40%~60% 为佳。

指标解读：

消费比率＝消费支出 ÷ 收入总额 ×100%。这一指标主要反映家庭财务的收支情况是否合理。

专家指路：

专家认为，如果家庭消费比例过高，则意味着该家庭节余能力很差，不利于家庭财务的长期安全，如比例达到 1，则表明该家庭已达到"月光族"的状况。

如比例过低，表明家庭用于日常花费很少，会影响家庭成员的生活质量。如果更低，就相当于我们常说的"铁公鸡"。

3. 每月还贷多少钱

健康指标：

债务偿还比率小于 35%。

指标解读：

偿债比率＝每月债务偿还总额 ÷ 每月扣税后的收入总额 ×100%。这一指标主要反映一个家庭适合负担多少债务更合理。

专家指路：

专家认为，债务偿还比率主要针对目前准备贷款或已经贷款的家庭而言，俗话说"无债一身轻"，如一个家庭的债务偿还比率为零，则表明该家庭财务自由度会非常高。

相反，如一个家庭债务偿还比率接近或高于 35%，再加上 40%~60% 的消费比率，那么该家庭会随时面临财务危机，只能一方面减少消费比例，另一方面不

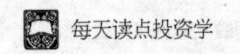

断增加收入。

4. 每月投资多少钱

健康指标：

净投资资产 ÷ 净资产，得出的数值等于或大于 50%。

指标解读：

这是反映一个家庭投资比例高低的指标。其中，家庭净资产是指包括房产和存款在内的家庭总资产扣除家庭总债务的余额。净投资资产是指除住宅外，家庭所拥有的国债、基金、储蓄等能够直接产生利息的资产。

专家指路：

专家认为，家庭投资理财应该是一种长期行为和习惯，目的在于提升家庭的生活质量，而这首先要建立在有财可理、有钱可投的前提下。如一个家庭投资比例过低，表明一个家庭节余能力不足，这与该家庭的债务偿还比率、消费比率、流动性比率都有关系。

如一个家庭投资比例过高，则意味着该家庭的资金面临的风险更大，一旦出现问题，对家庭生活影响更大。

由此可见，对于一个家庭来说，每个月保持合理、有效的财务指标是非常重要的。

你的家庭也出现"堰塞湖"了吗

"堰塞湖"一词曾经频频出现在关于汶川地震的报道中，堰塞湖一旦决口会对下游形成洪峰，处置不当会引发重大灾害。由此我们也想到了家庭理财中的"堰塞湖"现象。

1. 家庭理财中的第一个"堰塞湖"就是盲目投资

有位年轻人，曾经意气风华，精神十足。最近，突然变得精神萎靡。原来他深受盲目炒股之害，看到别人炒股都发了财，便倾其所有，按照"什么便宜买什么"的原则买了一只低价的ST股票。当时，他连这只股票是什么行业、业绩如何均一无所知，甚至连ST到底是什么意思都不知道。结果不足半年，股价已经跌去了60%。

其实，这位年轻人的教训警示我们：要有避灾意识，冲动是家庭理财最大的魔鬼，不要认为别人都赚钱，自己也一定能赚钱，投资之前一定要慎重。有投资大师说，买入股票能和卖出股票一样仔细斟酌的话，赔钱的概率会下降很多。另外，已经发生灾害之后，事实上已经形成了"堰塞湖"，坐在家里等待只能死路一条，应当怎么办？最好的办法就是和救灾人员处理"堰塞湖"，尽快导流，也就是在专业人员的指点下，把手里的不良股票进行分流或转换。前段时间有些5000多点买入而被套的股民通过及时转换股票，踏准市场节拍，结果不但化险为夷，还有所赢利。

2. 家庭理财中的第二个"堰塞湖"就是盲目负债

现在有人把负债当成一种时尚。其实，盲目过多负债也会形成一个家庭理财的"堰塞湖"。比如，盲目高负债购房，万一房价出现下跌，借款人一边要承担高额贷款利息，一边要忍受房价缩水的亏损，这也和头顶的"堰塞湖"一样，风险是相当大的。因此，贷款消费一定要根据个人的还款能力，量力而行，科学负债。

3. 家庭理财中的第三个"堰塞湖"就是热衷透支消费

目前有些年轻人热衷使用信用卡透支消费，认为这是"免费午餐"，可以尽情享用。需要提醒大家的是，银行卡透支是要还款的。如果无度透支消费，到期无法偿还透支款，轻则会被银行加收高额罚息，重则还有可能被公安机关以涉嫌恶意透支进行调查。

在家庭理财中，你是否也遭遇到过"堰塞湖"现象呢？无论什么时候，都别忘了避灾意识很重要！

第二节　夫妻携手合作，建立对投资的最大共识

为了婚后的富足生活，单身时就应该开始积蓄

为了使婚姻生活有一个好的开始，在单身时就应该有些积蓄。单身时间一般是1~5年，时间段一般是毕业后工作的1~5年中。

这段时间一般收入相对较低，而且朋友、同学多，经常聚会，还有谈恋爱的情况，花销较大。所以，这段时期的理财不以投资获利为重点，而以积累（资金或经验）为主。每月要先存款，再消费，千万不要等到消费完之后再存款。只有这样才能保证你的存款计划如期进行。

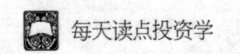

这段时期的理财步骤为：节财计划→资产增值计划（这里是广义的资产增值，有多种投资方式，视你的个人情况而定）→应急基金→购置住房。战略方针是"积累为主，获利为辅"。根据这个方针，具体的建议是分3步：存，省，投。

1. 存

即要求你从每个月雷打不动的收入中提取一部分存入银行账户，这是你"聚沙成塔，集腋成裘"的第一步，一般建议提取10%~20%的收入每月存款。当然，这个比例也不是完全固定不变的，这要视实际收入和生活消费成本而定。但是在说到存这一点的时候，要跟大家强调一点，存款要注意顺序，顺序一定是先存再消费，千万不要在每个月底等消费完了以后剩余的钱再拿来存，这样很容易让你的存款大计泡汤。因为如果每月先存了钱，之后的钱用于消费，你就会自觉地节省不必要的开销，而且并不会因为这部分存款而感觉到手头拮据。而如果先消费，再存款，则很容易就把原本计划存的钱也消费掉了，所以建议大家一定要养成先存款后消费的好习惯。

2. 省

顾名思义就是要节省、节约，在每月固定存款和基本生活消费之外尽量减少不必要的开销，把节余下来的钱用于存款或者用于投资（或保险）。看到这里，很多20世纪七八十年代出生的朋友们可能会觉得这一条难以执行，并把"省"跟"抠""小气"等贬义行为画等号，实际上这种认识也是有偏差的。打个比方，老王每月在抽烟上要花费400元，这是一笔完全不必要的消费，既对身体有害，又影响个人生活质量，是可以戒除的，这里就可以把这笔费用节省下来，一年能节省4800元，足可以给自己买一个10万元的返还型健康险了！

3. 投

在除去每月固定存款和固定消费之后剩余的那部分资金可以用于投资。比如：再存款、买保险、买股票（或其他金融产品）、教育进修等。所以，这里说的投资不仅仅是普通的资金投入，而是3种投入方式的总称：一般性投资、教育投入、保险投入。

因为短期内不存在结婚或者其他大的资金花费，所以可以多提高投资理财的能力，积累这方面的经验。可将每月可用资本（除去固定存款和基本生活消费）的60%投资于风险大、长期报酬较高的股票、股票型基金或外汇、期货等金融品种；30%选择定期储蓄、债券或债券型基金等较安全的投资工具；10%以活期储蓄的形式保证其流动性，以备不时之需。

上面是普通情况下的建议，当然也可以根据个人实际经济状况以及个人性格等方面的因素，把这部分资金用于教育投入和保险投入，或者做相应的组合。

如何由"月光一族"到精明主妇

女人天生心思细密，思维缜密。这也是一些家庭都是由女主人来掌管财政大权的原因。二十几岁的女孩，距离家庭还很远。大多过着"一人吃饱，全家不愁"的日子。有的女孩还有一个疼自己的男朋友，更不需要自己有什么花费。所以，他们放肆地购物，看见什么买什么，想买什么买什么，到头来成了盼着发工资的"月光一族"。可是未来一旦结婚，单身要变成"二人世界"，再从"二人世界"变成"三人生活"，那时如果没有储蓄的话，就会面临非常大的经济压力，"月光族"在财务上是没有未来的。所以，女人要摆脱做"月光一族"，就要学会做持家女人。从"月光一族"到持家女人，一共可分4步走。

第一步：建立家庭档案

每个家庭都有很多证件，购物后都有单据，还有许多藏在角落里不常用的东西。这些东西平时放得很杂乱，需要时如果找不到会有很大的损失。给你的家上档案，便于管理，也为你以后减少许多麻烦。

要想厘清家里各种重要的单据、文件，学会使用家计簿是必要的。家计簿有许多种功能，其一便是记录各种资格文件，包括出生证明、身份证、护照、户口本及毕业证书等。其他的像结婚证、领养监护文件及各种资格证书也应登记在册。一些资格文件虽不与财产发生直接联系，但它们都是经过自己长时间学习、花费了大量的金钱才得到的；有些根本无法补办，若不慎遗失则损失难以估量。

家计簿的另外一项重要记录为权利证明文件，包括房地产状况、家用电器的出厂文件及保修单；设定抵押文件、房屋出租合约等。这类文件直接影响着你的收入和支出状况，必须妥善保管。此外，财务文件也应归入家计簿中做记录，如银行存折、股票或债券的单据、保险单、信用卡、贵重物品清单及保险箱中的物品清单等。

整理文件要有系统，最好能集中管理，放在固定的地方并分类储存，如有电脑也可存入电脑中以方便查询。注意：所有的单据都应注明时间、内容、重要事项及用途等。

除了这些证件、票据以外，任何一个家庭都是由许多繁杂的东西组成，大到房子、汽车、家用电器；小到服装、书本，甚至针线等。清楚地了解家里有哪些物品，不但能够较好地控制消费，而且查找东西时也可以更加省时、省力。

如果你希望能够做得更好，可以把所有的物品都登记入册，有条件的还可以存入电脑。在每次准备购物前，可以直接打开记录本或电脑进行查询，家里的物品既能一目了然，而且需要什么、不需要什么也就变得很清楚了。

给自己的家上档案，虽然做起来很琐碎，但是做好以后在买东西之前看看家里是否已经有了，免去许多买重复的可能，省下不少钱。何乐而不为呢？

第二步：买东西之前列个清单

女性买东西缺乏计划性，常在急需的时候匆匆忙忙跑进商店买，结果根本来不及选择、比价；一进入商场就忘记自己要买的东西，反倒是买一堆根本用不着的东西。所以，家中的东西很多买了从来没用就过了保质期被迫扔掉。对付这个消费恶习最好的方法就是在买东西之前将自己需要的东西列个清单。进入商场对照单子上的东西一一选购，这样就不会进了商场就眼花，花一些没有必要花的钱，买一些根本不需要的东西。

第三步：在对的时候买对的东西

"买100送20，买100送40，满500就有好礼送，全场货品一律8折，有会员卡还可以享受折上折……"什么物品都打折，你似乎捡了个大便宜，于是，你每天都能买回一大堆商品。

如今的商场就像在进行降价购物大比拼，这对于消费者自然是件好事。但如果因为便宜而买回很多并不需要的东西，好事就成坏事了。聪明的消费者应该善于打时间差。就拿女人最关心的衣服来说，有些好牌子就一定要趁着刚打折赶快买，因为这种货一般数量有限，不要幻想再等折扣低一些，那时断码严重，估计你除了遗憾就是遗憾。而有一些品牌就一定要等到最后买，这些品牌就等着打折卖货呢，号码永远是全的。所以，打个时间差，在合适的时候买你喜欢的东西，这样，既做到了最大限度的节省，也买回了你心仪的东西。

第四步：砍价无极限

有些女性总会说："砍价？我好像不大在行，而且，好像只有在小贩那儿买东西才行，商场里哪能砍价啊？"

谁说商场里不能砍价？这是绝对错误的观念。如今，商场的经营方式都很灵活，商品价格都有回旋的余地。跟导购小姐商量，一般商品都能打折的。当然，你不砍价，谁会主动降价把东西卖给你？最重要的是，砍价可是门大学问，要察言观色，有进有退，关键时刻一定要坚持。不要不好意思，时刻记住：你多坚持一分，省下的实实在在是你兜里的钱。

只要走好了以上 4 步,你就可以摆脱"月光一族",不会到了月底看着空空的钱包发呆,你也会成为一个会花钱的高手。这种消费习惯一旦养成,成家以后你也会很容易把家里的财政理得井井有条,让你的老公对你刮目相看。

不是每个家庭都适合 AA 制

李先生和许女士结婚一年多,两人都是白领阶层,收入不菲,观念超前,婚前两人进行了财产公证,婚后又迫不及待地实行了 AA 制。两人各理各的积蓄和收入,并且有各自的责任分工,李先生负责供楼,每月偿还按揭本息;许女士负责供车,每月偿还汽车贷款。在日常生活中,双方每月各自拿出 300 元作为家庭开销,无论攒钱还是花钱,两人均称得上是地地道道的 AA 制。前段时间,李先生出差时遭遇车祸,右腿小腿骨折,需要动手术,而他自己的积蓄被股市套牢,收入又支付了住房贷款,所以,一时没有太多的钱。这时,许女士拿出自己婚前积攒的 3 万多元"合法私房钱"支付了手术费。但随后两人达成口头协议,这 3 万多元算是借款,日后由李先生分期偿还给许女士。

在家庭生活中,金钱毕竟不是最重要的东西,丈夫出了车祸,这时再分你的钱、我的钱,并且还要许诺日后偿还,这样会影响夫妻感情。因此,理财专家对家庭 AA 制理财提出了以下建议。

1.AA 制适合观念超前的家庭

实行 AA 制的先决条件是夫妻双方对这种新的理财方式都认可,如果有一方不同意,则不能盲目实行 AA 制。俗话说"强扭的瓜不甜",如果一方强行实行 AA 制,最终会因物极必反而影响家庭整体的理财效果。

2.AA 制适合高收入家庭

实行 AA 制的主要目的不单单是为了各花各的钱,而且还是为了各攒各的钱。对于一些收入较低的家庭来说,两人的工资仅能应付日常生活开支。这时则没有必要实行 AA 制,采用传统的集中消费和集中理财会更有助于节省开支。

AA 制适合夫妻收入相当的家庭。夫妻双方的收入往往有差异,如果丈夫月薪 10000 元,而太太仅收入 1000 元,这时实行 AA 制,难免有"歧视排挤低收入者"之嫌。从传统伦理上讲,夫妻收入差距较大的家庭不宜实行 AA 制。

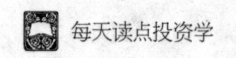

3.AA 制并不局限于各理各的财

对于那些不愿集中理财，也不便实行 AA 制的家庭，可以创新思路，实行曲线 AA 制。

首先，可以实行一人管"钱"一人管"账"的会计出纳制。这种理财方式由善于精打细算的一方管理现金，而思路灵活、接受新鲜事物快的一方则负责制订家庭的理财方案。这就和单位的会计、出纳一样，不是个人管个人的钱，而是以各自的分工来管小家庭的钱。

其次，可以实行"竞聘上岗"制。夫妻双方由于理财观念和掌握的理财知识不同，实际的理财水平也会有所差异，因此，擅长理财的一方应作为家庭的"内当家"。和竞争上岗一样，谁理财理得好、谁的收益高，就让谁管钱。如果"上岗者"在理财中出现了重大失误，这时也可以随时让另一方上岗，这种"轮流坐庄、优胜劣汰"的理财方式实际也是一种 AA 制。相对普通 AA 制来说，这种方式比较公平，避免了夫妻之间的矛盾，还能确保家财的保值增值。

动用"私房钱"作为家庭投资的"预备军"

私房钱，是婚姻中的一个敏感话题。说到私房钱，妻子一定会皱起眉头："存私房钱，建小金库，是不是有什么不良想法，做二手准备啊？"

曾几何时，私房钱仿佛成了丈夫的专利。以前，存私房钱更多的是妻子的"财政秘密"。英语里就把私房钱叫做"egg money"（鸡蛋钱），因为那时候家庭主妇经常从菜金里，譬如买鸡蛋的钱，扣取一部分留作私用。

而现在，时代不同了，男主外，女主内的家庭模式更加普及，妻子掌握着家中的财政大权。任丈夫在公司里叱咤风云，风光无限，到了发薪的日子，还是要把大笔银子放进妻子的荷包里。有人把这叫做"温柔一刀"，妻子一边带着满意的笑容，把资金划到公用账户上，一边大度地允诺，丈夫需要资金的时候，可以随时调用。

如何使用私房钱理财？如果能让私房钱成为家庭的理财预备队，那么，生活中的很多问题都会迎刃而解。

1."随时调用"不随时

在广告公司工作的大林，对这个"随时调用"的承诺，可是深有体会。妻子小倩紧握财政大权，自己除日常零用的1000元钱外，什么开销都要在小倩这边一请示、二报告、三总结。既要说明资金用途，阐述资金去向，还要提供发票和实物证据。在这个漫长的过程中，自己的"随时调用"就成了空话一句。像大学同学间的短期拆借、想给父母的"孝心钱"，在妻子的严格财务控制下，只能用一个尴尬的笑脸来回应。其实，最让大林懊恼的就是与一些投资机会擦肩而过。

大林是学美术出身的，对工艺品收藏颇有心得，平时也总爱在古玩市场上逛逛。有一次，他看中了一块形状奇特的黄河石，觉得极有收藏和投资价值，和古玩店的老板软磨硬泡了半天，终于把价格砍到了25000元。可是这笔资金从妻子那里调出，要比讲价的难度系数高无数倍。小倩觉得，与其花这么多钱"买块石头"，还不如到股票市场上去搏一搏呢。无论大林怎样反复强调这块黄河石的升值潜力，小倩就是不同意把钱拿出来。万般无奈下，大林只能作罢。有一天，大林从古玩老板那里了解到，黄河石在集藏市场上极受欢迎，当初大林看中的那块，已经升值到4万元了。在深深懊悔之余，大林充分体会到了自己有个"小金库"的重要性。有了私房钱，就等于为家庭理财建立了一个预备队，需要投资的时候，就可以让预备队投入"战斗"。

像大林这样，想存笔私房钱，建个小金库的丈夫们，不在少数。日常和亲人朋友间的开销，自己业余爱好的发展，投资的需求，都需要资金来支撑。而总是从妻子那里申请报告，一来不方便，二来未必能够得到批准，家庭间的矛盾反而升级，为钱斗嘴争吵成了家常便饭，影响了夫妻感情。

2. 如何积累私房钱

有句话说得精辟，私房钱起源于收入的多元化。假如收入只是由每个月的固定工资和年末的年终奖组成，那么你存私房钱的可能性几乎为零。妻子会拿着工资条，和你核对上缴的款项。处理得直白一点的，就索性就把工资卡直接囊入怀中。有时候，妻子对你每个月的资金进账，比你自己了解得还清楚。这样的话，你只能从每个月的零花钱里省下点私房钱了。

如果每个月的收入还有点额外进项，像大林这样，在广告公司工作，每个月公司会根据业务情况给予员工一些现金奖金。大林就可以从中"抹"点零头出来。完全扣下奖金，是不现实的，妻子可是火眼金睛哦。这样每个月从奖金里，转一部分资金到私房钱里，虽然金额不大，可是长期下来也能起到"聚沙成塔"的作用。要是有点投资意识，比如，经常看看理财类杂志，用不定期不定额的资金购买点风险低、流动性强的金融产品，还能小赚一笔，增强自己的财力。

3. 私房钱关键时刻显身手

其实，私房钱理财的精髓更在于由"地下"转为"地上"，让私房钱理财透明化。

在一家外企工作的老魏就深谙此道，由起初的"地下钱庄"，到了今日的"明明白白"私房钱。老魏说："妻子花钱比较大度，一进商场就流连忘返，不把家庭账户上的那点资金花到见底，决不罢休。多说几句，妻子又要生气。"老魏只能攒点私房钱，为财务风险做点防范。"刚开始的时候，我也是东躲西藏，就怕一朝东窗事发，家底被抄了不说，还要被上课受教育。后来，我就动动脑子，让妻子也尝到存私房钱的甜头。"有一次，岳父岳母来家里小住，家里的开销一下子就上去了，等到要还住房贷款时，魏太太的资金不够了。这时候，老魏悄悄地用自己的私房钱把房贷还上，给妻子减少了很大的财务负担。妻子在惊喜之余，也感受到了老魏的良苦用心，从此老魏就拥有了自己的透明"私房钱"。

当然，私房钱并不是男人的专利，女人存私房钱的例子也不少。

范先生一家就是一个典型。范先生在一家证券公司营业部当经理，由于收入较高，又从事金融行业，自然而然就获得了家里的财政大权。平时的主要开销都由范先生负责，范太太的收入全部成了私房钱。平时，范先生并没有把范太太的私房钱太放在心上，可到了关键时候，这笔私房钱还真派上了大用场。今年6月，范先生持有的武钢股份推出了增发方案，而参与增发需要一大笔钱，范先生手头的资金不够，这时候范太太的私房钱就起作用了。在征得太太同意后，范先生"挪用"了范太太的小金库。增发方案实施后，武钢股份股价大涨，范先生获得了不错的收益。

要是没有太太的私房钱，范先生只好抛售部分股票，然后再参与增发，最终的收益肯定没有现在多。

4. 私房钱理财以稳为主

有人总把"私房钱"和"私房情"联系在一起，觉得有了私房钱就是有了外心。其实不然，问问周围的男性朋友，八成都存下了私房钱。而私房钱的用途，只是为了滋润生活而已。每个月拿点零花钱，实在是不够生活啊。和哥们儿聚聚会，给父母点补贴，做点小投资，全部都靠"小金库"这个源泉了。

攒钱不容易，攒私房钱更不容易。用私房钱理财就成了门艺术。

私房钱的理财范围，小至一包烟，大到一套房。私房钱理财，要视自己的资金积累和使用目的而定。但有一点要注意，那就是私房钱的积累要有一个度，不能成为一个家庭资产的"出血点"，而应成为家庭资产的预备队，以备不时之需。

如果私房钱来之不易，一旦发生了损失，就直接影响到自己的生活，那么私房钱投资还是保守一点，以稳健投资为主。像那种来源于小额积累，目的在于补贴生活的花费型"小金库"，在理财的时候最要注重的就是流动性。流动性强的投资产品，虽然收益性不算高，可是稳健性强，而且随时可以变现，不会因为资金经常要动用而损失手续费、降低投资回报率。那种投资起点低、不限额、不限时投资的货币市场基金就可以作为主要的选择品种。

如果存私房钱的目的是为了实现一定的中长期目标，投资的时候，不妨多青睐一点中长期投资产品。例如，可转债，不仅能够保底地获取债券的收益，公司业绩好的时候，把债券转为股票，将股票抛售还能获取利差。

从理财的角度来讲，私房钱完全可以变成家庭资产的预备队，除让拥有者感到资金使用方面的便利外，还为家庭财务加上一道安全锁。如何"藏好"私房钱，是每一个家庭都不应该忽视的问题。

揪出造成债务危机的杀手

很多人以为债务只要在掌握之中，按照既定计划就能清偿完毕。不过，正所谓"天有不测风云"，造成财务危机的原因很多，稍有不慎，就有可能陷入高负债的循环噩梦。避免财务危机的最佳方式，就是将支出控制在小于收入的范围内，同时为意外支出或重大生活事件做好准备。

以下列出6项造成个人重大财务危机的主要相关事件，只要其中一项或更多事件发生时，便会使负债超出可掌握范围。

1. 生活及消费超过收入

倘若不为支出状况做追踪记录，很容易就会使消费支出金额超过收入，有时甚至大幅度地超过。特别是分期付款项目，因为"化整为零"的分期付款方式，会让很多人误以为每个月只有几千元的支出，还不至于超过每月的薪资所得，但是等到年底结算的时候，才发现过度的分期消费已经耗尽我们的年度收入。因此，经过长期累积，即使是一笔小额的每月支出款项，都有可能导致严重的财务危机，最常见的例子就是也许你目前已经使用多个"分期付款"来预支未来的消费。

2. 失业

突然失业往往会中断原本的还债计划，让生活面临沉重的压力。找一份工作通常需要一段时间，如果能够事先知道公司将要裁员或倒闭，则应限制个人的支出并缩减消费。假使转换跑道之后，必须接受一份比先前工作薪水低的工作，则应调整个人支出以配合新的薪资水平，并拟订一个实际的计划，以清偿在失业期间产生的负债。不论你目前的职场环境稳定与否，许多理财专家建议至少要储蓄3个月的薪水，作为临时应急所需。

3. 离婚

通常离婚代表支出增加，家庭薪资降低。离婚本身就是支出的过程，例如，法律费用、搬家支出及无数其他支出。此外，也许必须为配偶所累积的债务负责，例如，税、汽车贷款或其他有责任共同负担的项目。

4. 额外的健康或医疗支出

意外总在意料之外发生，不论你有没有保险，都有可能因为紧急危难而必须支付一大笔金钱，不少卡奴的产生便是因为临时有医疗需求，但是手边现金不够，只好转向信用卡求助。

5. 额外的家庭支出

如车辆故障、热水器损坏或屋顶突然漏水等生活上琐事的支出，同样很可能使你财务紧缩。

6. 不良的理财建议或诈骗行为

对于财务支出的错误选择以及将有限财产花在不必要的消费上，这些行为都会带来财务问题。还有近年来猖狂的诈骗集团，更让许多人辛苦累积的财产顿时化为乌有。

第三节 让你的孩子从小学会投资理财

为什么要让孩子学理财

如今孩子们的物质要求基本上都能得到满足，家长们就算自己勒紧裤带，仍会给小孩足够的零用钱，就算自己过得"抠门"一点，也巴不得把最好的全给孩子。

然而，在爱孩子的同时，做父母的是否想过，我们过度爱孩子，有时却在无意间害了孩子——物质生活太过丰裕，孩子就体会不到世事艰难的一面，就会形成错误的财富概念，甚至根本就不懂得什么是理财。如果寄希望于孩子长大后再改变理财上的坏习惯，这无疑会是一件十分困难的事情，说到底，理财教育从孩童时代开始才是最有用的。

让孩子从小学习理财，对于孩子未来的成长可以带来很多好处。从短期的效果看，会养成孩子不乱花钱的习惯；从中期的效果看，会养成孩子投资的能力和处理人际关系的能力；从长期的效果看，会养成孩子独立的生活能力和家庭责任感，成为一个对社会和家庭有用的人。此外，孩子在学习到更多的理财知识后，便会明白"天上不会掉馅饼"的道理，长大后也就不容易受到欺骗，增强了孩子的自我保护能力。

总的来说，让孩子学理财的目的是为了把孩子培养成一个独立的人、一个成功的人、一个能承担家庭责任的人、一个孝敬父母的人。一句话：让孩子成为一个有用的人。

如何让孩子学会理财

一直以来，国外人很注重从小培养孩子的理财意识，即使孩子只有2~3岁，父母也会从学习认识货币的面额、了解货币有什么用途等方面开始着手进行理财教育。比如，在美国等国家，父母对孩子的理财教育从3岁就开始了，他们把理财教育称为"从3岁开始实现的幸福人生计划"。目的是为了孩子接受以赚钱、花钱、与人分享钱财、借钱和让钱增值等为主要内容的理财教育。

我国自古以来重文轻商，不少父母觉得过早让孩子接触货币和金融问题可能让他们染上一身"铜臭"，对孩子的成长不利。但是，从小就有意识地培养孩子的理财能力，指导他熟悉、掌握基本的金融知识与工具，从短期效果来看是让孩子养成不乱花钱的习惯；从长远来看，将有利于孩子及早形成独立的生活能力，将来拥有可靠的立身之本。培养孩子的金钱意识可以从以下方面入手。

1. 父母让孩子学会掌控零花钱

根据孩子的年龄给他一定数量的零花钱，让孩子在掌控自己零花钱的过程中学会如何预算、节约和自己做出消费决定。在孩子掌控自己零花钱的过程中，父母无需直接干预，孩子因使用不当而犯错时，父母也没有必要呵斥训导他，只要让他体验自己的错误可能带来的不良后果就行了。只有这样，孩子才会在自己理

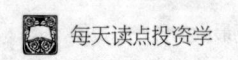

财的实践中懂得过度消费所带来的严重后果,学会对自己的消费行为负责。

2. 办个家庭小银行

每年的压岁钱对孩子来说都是一笔不小的收入,办个家庭小银行是教会孩子理财的好主意。父母可以给孩子买个储蓄罐,将孩子的压岁钱存起来,如果金额比较大,还可以把压岁钱直接存入银行,并简单告诉孩子存款发生变化的情况,让孩子通过这些增长的数字明白储蓄的概念。如果孩子要买零食与玩具,可以让孩子根据自己的储蓄金额自行决定。此外,父母也可以向孩子解释,如果将来想拥有更有价值的东西,他们就不得不在现在放弃一些价值不大的东西。存钱的习惯会使孩子懂得珍视自己的劳动所得。

3. 提供模拟成人生活开支的训练

为了帮助孩子为未来生活做好准备,父母可以经常给孩子算账,让他明白家里的钱是怎样花出去的;同时,也可以象征性地让孩子用自己的压岁钱买一些家具小用品,以帮助孩子了解该如何掌管家庭"财政"。

4. 给家人买礼物

给家人买礼物是表达爱的一种方式,也是孩子成人后不可缺少的一项开支。5~6岁的孩子就可以鼓励他们给爷爷奶奶或者外公外婆挑选一件礼物,并通过挑选礼物,让孩子了解该如何挑选礼物,如何付费,为他将来自己理财持家增长经验。

5. 为自己准备学费

快6岁的孩子就要进学校了。学校对孩子来说是个新奇而充满诱惑的地方。让孩子将压岁钱存起来购买文具或者充当学费,当孩子背上小书包上学那天,他就能体验到自己赚学费的自豪感。

为孩子买个保险,告诉孩子保险的意义,让他逐渐明白还可以通过这种方式为自己的未来提供一份保障。花不花孩子的零花钱或者压岁钱无所谓,孩子理不理解也无所谓,经常向孩子说说这些事情,父母就可以不着痕迹地给孩子灌输一些理财观念,对孩子的未来势必产生重大的影响。

用压岁钱打理孩子的金钱观

当我们还是孩子的时候,还记得自己有多急切盼着过年吗?过年似乎是寒冷冬天里唯一的渴望。到了除夕岁末,不只有好吃的、好玩的,还有零花钱。揣着一笔或多或少的压岁钱,我们的心中都在盘算如何实现自己的小计划了。可是好景并不长，年一过，父母就会用各种理由收缴了我们的压岁钱，最后我们的小计划还是落了空。那时候我们想，如果我们是父母的话，一定要让孩子自己拥有压岁钱。

而如今，我们由拿压岁钱的孩童到了给孩子发压岁钱的成人，摆在面前的问题就是：我们真的相信孩子们可以自己利用好这一笔钱吗？对此，不少父母感到忧心忡忡。让孩子"一切归公"吧，可能弄得孩子在本应高高兴兴、轻轻松松的节日里，少了快乐，多了压抑和烦恼，显然有悖发放压岁钱的初衷。另外，对压岁钱实行收缴，似乎理由也不充分。可是让孩子将成百上千元的钱揣在怀里，安全问题且不说，若孩子胡花乱用，惹出事情来怎么办？何况钱来得既多又容易，养成了孩子小钱看不来、大钱赚不到、有钱就乱花的坏习惯，那孩子的一生也许就毁在这些不良习惯上了。

其实，只要做到节前沟通、事前安排，就可以引导孩子合理花销，利用这个机会培养孩子的理财意识。

春节前，父母可以与孩子坐下来，就压岁钱的问题进行一些讨论和沟通。需要沟通的事项主要有以下几种。

1. 压岁钱的来源与实质

在讨论和沟通中，父母们应抓住一个重点，即压岁钱是父母对他人的一种情感和经济负债。说白了，孩子收到的压岁钱，并不完全属于孩子的"私产"，而是家庭的共同财产，其原因在于收到的绝大多数压岁钱，父母是需要偿还的。在与孩子沟通时，父母应就压岁钱的来源与性质，逐一地与孩子做些讨论，使孩子清楚地知道，哪些压岁钱可以收，哪些压岁钱不能收；哪些压岁钱可以花，哪些压岁钱不可以花。

2. 建立报告制度

收到压岁钱时，孩子应当告知父母。对于爷爷、奶奶、外公、外婆给的压岁钱，父母在随时掌握孩子"私产"的基础上，可以适时进行一些花钱方面的引导；对于亲朋好友给的压岁钱，孩子需在父母在场并同意的情况下收取，这样孩子收到了谁的压岁钱，数额具体是多少，父母就可以心知肚明，胸中有本账，以便日后"礼尚往来"。

3. 确定保管方式

确定压岁钱的保管方式，是父母与孩子必须讨论的话题。如果父母与孩子一道在外地过春节，那么，孩子收到的压岁钱可由父母代为保管。若孩子与父母在本地过春节,那么,孩子收到的压岁钱,可以先由孩子自己存入个人银行账户中并自行行使保管的职责。作为父母,同时应建议孩子,待到新学期开学前,再共同商量这些钱究竟该怎么花。

4. 明确列支零花钱

对于孩子收到的压岁钱,在一个什么样的额度内可以由孩子自由支配,父母们可在春节前夕与孩子沟通,约定一条杠杆。当然,这要以家庭所在城市的消费水平和消费习惯而定。我们简单列出划分的层次和金额,仅供参考。

(1) 5岁以下:全权代理。

一般来说,5岁以下儿童的压岁钱应当完全由父母掌控,现金就不要给孩子了。父母可根据孩子的消费习惯和消费要求,给孩子买些他们自己喜欢的实物。这是因为这一年龄段的孩子对于钱能换物的理财理念尚未形成,对生活的自理和自律能力也不强。也许压岁钱刚领到手就花了,或是丢了,或者是忘记放什么地方了。因此,在这一时期,父母应充当孩子的保姆,把孩子花钱的事管起来。

(2) 5~7岁:50元。

5~7岁的孩子,开始有了数字概念,钱能换物的理财观念也有所萌生。但是,在这一时期,孩子的自理能力和自制能力都不强。父母可以与孩子定个口头协议:春节期间,零花钱限定在50元以内。而且这部分列入零花钱的压岁钱,不应一次性全给孩子,而应当由孩子讲明事由,父母再分期分批发放。应注意的是,父母要记账,在孩子每次申请零花钱时,明确地告诉孩子,春节期间已经花了多少钱,按照计划还有多少可支配的零花钱,以引导孩子调节消费、计划花钱。

(3) 7~9岁:100元。

若父母教育引导有方,7~9岁的孩子就已经初步形成钱能换物的理财观念了。他们开始知道有选择地挑选商品,消费的目的性也比较明确了。比如,看到别的孩子有什么好玩的玩具,他心里就会总惦记着这个玩具,总想老爸老妈能给钱把它买回来。因此,对这一阶段的孩子,父母可从压岁钱中列支100元左右,作为他们春节期间的零花钱。当然,这笔钱仍应采取分期分批进行申报的办法,以引导孩子适度消费、合理规划。

(4) 10~13岁:200元。

这个年龄阶段的孩子,一般已有零花钱计划了。经过一段时间的理财教育独立操作,这些孩子大多能够独立、自主地处理个人财务问题了。因此,对这一时期的孩子，过年得到的压岁钱主要是作为零花钱的追加和补充。根据他们的消费特点，从压岁钱中列支的零花钱以追加在 200 元以内为宜。当然，对这些钱，父母就不必管了，由孩子自主地予以处置即可。

（5）初中期：400 元。

初中期的孩子，朋友多了一些，消费多了一些，零花钱的开销也大了一些。但是，这一时期的孩子拥有太多的钱并不好。作为父母，应根据孩子所在城市的消费水平和同龄孩子的消费习惯，适度对孩子的零花钱进行一些追加。就一般情况而言，这种从压岁钱中列支的零花钱追加，一般不要超过 400 元。当然，同孩子平时的零花钱一样，这笔钱该怎么花，父母也不必干预。

（6）高中期：600 元。

高中期的孩子，交友的范围更广了，消费的水平也升级了。作为父母，一方面对孩子的消费水平要适度地予以制约，不能让孩子染上高消费、攀时髦的毛病；另一方面，父母应对孩子加强思想引导，让孩子知道，钱是辛辛苦苦赚来的，不是轻轻松松捡来的。"谁知盘中餐，粒粒皆辛苦"，当然，对于这一时期的孩子，父母也不能做一毛不拔的"铁公鸡"。一般来讲，这种从压岁钱中列支的零花钱追加，一般不要超过 600 元。

（7）大学期：1000 元。

大学期的孩子，大多离开父母，已经开始了独立生活。在经济上，不少父母都采取"打包"的形式，将孩子一个学期的学杂费、生活费和零花钱一揽子给了孩子，由孩子自主独立地予以支配。当然，也有的父母，除一次性给孩子学费外，生活费和零花钱则按月转账到孩子的银行账户上。

可以这么说，除经济来源外，孩子在经济上是独立的。基于这种情况，这种从压岁钱中列支的零花钱追加也应适度，既不能太少，也不能太多。太少了，不足以满足孩子必要的需求；而太多了，则不利于孩子将来立业、成家。一般来讲，这种从压岁钱中列支的零花钱追加，在 1000 元左右为宜。

理财教育，让孩子提早认识金钱的价值

"给孩子鱼吃，不如给孩子钓竿"，毕竟再多的钱，都有被花光的一天，可是懂得理财，就可以使有限的资产不断累积，而正确的理财观念必须从小养成，对于孩子来说，这才是给他们最有价值的财产。同时，也表明理财教育的重要性。

1. 理财教育的 8 个秘诀

（1）尽早训练孩子的数字敏感度。对学龄前的孩子来说，即使会数数了，也未必懂得数钱，因为那只是抽象的声音或文字，必须让孩子感受数字的多与少到底有什么不同，才能建立金钱观。

（2）让孩子陪你去购物。在采购中，教孩子看价钱，并且清楚地让他们知道，这个东西的价钱过于昂贵所以你不买；怎样买比较划算；告诉孩子，货比三家不吃亏；以及要有购物预算等概念。

另外，在付款的时候，可以把钱交给孩子请他支付。甚至对于较大的孩子，不妨在需要到便利超市买酱油、盐的时候，请孩子帮忙跑腿，偶尔把找回来的零钱给孩子当奖励，并教孩子将钱投到储蓄罐里，开始建立储蓄的观念。不过，次数别太频繁，如果养成孩子一定在有奖赏才肯帮忙的习惯就不好了。

（3）教孩子具体设定理财目标。当孩子开始有零用钱的时候，就可以教他们定期审视自己存了多少钱，父母可以陪着孩子一起计算，并记录下来。而当孩子会写数字，并且具有基本的加减概念后，可以给孩子一本账簿，让他们学习如何记账。

（4）让孩子记账，导正消费观。就算是在同一个环境下长大的孩子，理财消费观念也可能差距很大，有些孩子天生个性慷慨、不拘小节，长大后往往容易成为入不敷出的人；但有些孩子则对钱有相当大的不安全感，进而成了一毛不拔的"铁公鸡"，但这些都是不健康的理财行为，父母必须从旁协助导正。

（5）为孩子开立银行账户教孩子储蓄。一般先从存储蓄罐开始，但当储蓄罐已经有不少的存款时，不妨带孩子一起到银行去开设一个属于他的存款账户，且最好让孩子保管自己的存款簿，如果不放心，也清楚地让孩子知道你将簿子放在哪里。有了这个账户后，不管存钱或是领钱，最好都让孩子全程参与，借此使其明白银行的功能，并教孩子看懂存款账簿。

（6）借钱给孩子，培养贷款观念。可以适度地"借钱"给孩子，让他有借钱、还钱、并支付利息的观念。这时最好请第三者当仲裁人，让其约定如何还款、何时还清等，最好以借据形式记录下来，使孩子了解到借、还钱的重要性，培养其责任感。

（7）从游戏中体认，善于理财才能致富。其实，坊间常见的"大富翁游戏"算是入门的理财学习法，有买卖、投资行为，而机会、运气的设置，更是让参与游戏的人可以体认到，人生有许多不能预期的变数和风险，所以必须要有适度的规划，否则有可能面临负债累累甚至破产的情况。

（8）从生活周遭找投资标的。投资，可以说是理财项目中，较为困难的一课，要让孩子彻底了解投资，更不容易。其实，父母只要让孩子知道，所谓的投资股票就是用钱购买该公司的股票，当公司获利，所投入的本金便会因此增加利息；反之，该公司一旦经营不善，则这些资金将会贬值。

2. 理财教育要遵守3大原则，避免教育效果适得其反

（1）让孩子真正拥有钱。在许多人的成长记忆中，父母都会给些零用钱，逢年过节也会从长辈手中拿到不少的红包，可是父母通常都会将孩子好不容易存下的零用钱或是长辈送的红包，用"爸妈替你存下来"的借口，全数收回去，这反而会造成孩子一拿到钱就赶快花掉的坏习惯，因为他们会认为存下来只会被大人"没收"。

（2）给建议但支配权交给孩子。大卫·欧文在其《我家老爸是银行》一书中点出，多数父母即使让孩子拥有存款，却完全不给他们支配权，往往孩子要买什么，父母认为不必要，便极力阻止，与其留下不好的沟通经验，倒不如给意见由孩子自行评估。他以儿子想换新脚踏车为例，他们不赞同但也不阻止，只是分析原本的脚踏车仍新且能用，而想购新脚踏车除外型漂亮之外，并没有特别好用的功能，但价格高出很多，可能花掉他所有的存款，分析后决定权还是在孩子，终于让儿子不再坚持。

大卫·欧文认为，毕竟孩子以后还是要自己决定如何支配金钱，现在做错决定也许只是损失几十元，最多几千元，可是却能换取一个教训，以免长大后一赔可能就上万元，甚至倾家荡产。

（3）让孩子花自己的钱。孩子开始有零用钱之后，就要让他学习如何花自己的钱，这样才会懂得珍惜金钱。可以和孩子协商，如果是学费、教材费用或是全家一起的花费，就由父母出钱；但如果是自己想买的玩具、出游时的纪念品、朋友的生日礼物等，则要让他们自己付钱。因为人性都是一样，一旦是别人付账，就容易出现乱花、浪费的情况。

只要父母给予孩子正确的理财观，引导他们采用合理的理财方式，加上秉持上述这些原则，不要以自己的立场去干涉孩子的理财细节，那么孩子便可以从中学习一辈子受用的金钱价值观，轻易借由理财就能致富。

如何做好孩子的财商教育

许多品学兼优的学生走上社会后，由于缺乏理财能力而陷入贫困之中。财商教育的兴起冲击着我们传统的教育模式和教育理念——"只要学习好就一切都好"。

美国劳工部的一项调查显示，100个收入相当、家境相当的25岁年轻人，到65岁退休后的经济状况为：1人富有，4人不需继续工作，5人仍需继续工作，12人破产，29人死亡，其余49人需要靠政府救济、他人借贷或社会福利的资助来过日子。诚然，导致以上社会现象的原因可能有很多，但财商的高与低是决定这100个年轻人退休后经济状况的最重要的原因。大部分年轻人理财观念滞后、理财意识不强、理财技能欠缺，使得他们终生为钱奔波，无法实现人生的财务自由。

财商，指的是一个人认识财富和驾驭财富的能力，是赚钱能力、管钱能力和花钱能力的集合。按照西方的理论，情商、智商、财商，是人一生成长中最重要的3个基本素质。美国教育基金会会长、培养出1000多名CEO的教育专家。夏保罗先生一直强调财商的重要性，他说："一个人智商不足，可以用财商来弥补；情商不足，也可以用财商来弥补；但如果财商不足，就算智商和情商再高也难以弥补。要想子女成材，就一定要从小对他们进行财商教育培养。"

如何做好财商教育呢？应着重做好以下几个方面：

一是财商教育重在理念的导入。财商教育最重要的是理财观念的教育，理财观念就像是内功心法，心法没练好，再多的招式都是徒劳。在中国，很少有人从小就接受系统、正规的财商教育，而多是父母、师长的言传身教。尽管不同年代的人接受的财商教育不尽相同，在储蓄、消费、投资等方面的认识差异也很大，但整体而言，由于受传统财富理念和价值观的影响，大多数表现出重储蓄，量入为出，缺少保障意识等理财共性。正确的理财观念应是，善于使用钱财使个人与家庭的经济财务处于最佳状况，使生活的质量和品位得到提高。

二是财商教育要适合孩子的认知特点。根据孩子感性化的认知特点，采取游戏、情景模拟、社会实践等孩子比较容易接受的体验式的教学方式，培养儿童正确的财富观念，让儿童掌握科学的理财方法。

三是教育孩子树立正确的金钱观和财富观。"财商"一词的提出者、《富爸爸穷爸爸》的作者罗伯特·清崎说："如果你不教孩子金钱的知识，将会有其他人取代你。"言外之意，金钱是把双刃剑，如果缺乏正确价值观的指导，金钱常常会变成"罪恶之手"。我们提高孩子财商的目的，绝不是让他们成为拜金主义者，而是想让他们懂得如何正确认识金钱以及运用金钱的规律，让他们去创造财富，过上富足、自由的生活。

四是从孩子习惯的养成入手，激发孩子的财商潜能。帮助孩子养成良好的理财习惯，一心一意地专注于理财目标，等到时机成熟时，这些良好的习惯，将为他们带来预期的财富。

总之，家长们应重视财商教育，系统地掌握提高财商的科学方法，教会孩子合理运用各种金融工具，走资本运作之路，最终走向财务自由。